THEOLOGIE FÜR LEHRERINNEN UND LEHRER (TLL)

herausgegeben von
Martin Rothgangel und Henrik Simojoki

Henrik Simojoki
Martin Rothgangel
Ulrich H. J. Körtner (Hg.)

Ethische Kernthemen

Lebensweltlich – theologisch-ethisch – didaktisch

Neuausgabe.
3., komplett neu erarbeitete Auflage

Vandenhoeck & Ruprecht

Bibliografische Information der Deutschen Nationalbibliothek:
Die Deutsche Nationalbibliothek verzeichnet diese Publikation in der Deutschen Nationalbibliografie; detaillierte bibliografische Daten sind im Internet über https://dnb.de abrufbar.

Satz: SchwabScantechnik, Göttingen
Druck und Bindung: ⊕ Hubert & Co. BuchPartner, Göttingen
Printed in the EU

Vandenhoeck & Ruprecht Verlage | www.vandenhoeck-ruprecht-verlage.com

ISBN 978-3-525-62449-4

Inhalt

Einleitung

Ulrich H. J. Körtner / Martin Rothgangel / Henrik Simojoki

Der Bedarf an Ethik ist in den letzten Jahrzehnten beständig gestiegen. Ob Biomedizin, Umwelt- und Klimaschutz, Technikfolgen oder Finanzmärkte: Überall wird der Ruf nach Ethik laut. Politische Auseinandersetzungen werden nicht nur als Streit zwischen konkurrierenden sozialen, ökonomischen oder nationalen Interessen, sondern auch als moralische Konflikte geführt.

Eine Antwort auf den gesteigerten Bedarf an ethischer Orientierung ist ihre Professionalisierung und Institutionalisierung. Seit der Jahrtausendwende wurden in Europa und weltweit nationale Ethikkommissionen eingerichtet, von der Biopolitik bis zum Sport. Gleichfalls hat die Praktische Philosophie in den letzten Jahren einen neuen Aufschwung erlebt. Es gibt eigene Lehrstühle für Medizinethik, für Technikethik, Maschinenethik und Ethik der Künstlichen Intelligenz. Es gibt hauptberufliche Ethikerinnen und Ethiker in Krankenhäusern und anderen Einrichtungen, außerdem eine Vielzahl von Angeboten im Bereich der Aus-, Fort- und Weiterbildung auf Feldern der angewandten Ethik.

Der Philosoph Ottfried Höffe (1993) spricht von der Moral als Preis der Moderne. Man sollte wohl besser sagen: Ethik als kritische Theorie der Moral ist der Preis der Moderne und der Dynamik ihres wissenschaftlich-technischen Fortschritts sowie der fortlaufenden Pluralisierungsprozesse in modernen Gesellschaften. Es drängt sich die Frage auf, was eine in viele gesellschaftliche Subsysteme ausdifferenzierte, weltanschaulich und religiös plurale Gesellschaft noch im Innersten zusammenhält. Die oder eine bestimmte Religion vermag dies offenbar nicht mehr zu leisten. Alternativ richten sich die Hoffnungen auf Moral und Ethik, was sich auch im schulischen Bereich bemerkbar macht: etwa in der Forderung nach einem (in Berlin bereits für die 7.–10. Klasse eingeführten) Ethikunterricht für alle Schülerinnen und Schüler (SuS) als Pflichtfach oder, wie in diesem Band, im Plädoyer für eine ethische Profilierung des Religionsunterrichts.

Auch das neu erwachte politische Interesse von SuS, Jugendlichen und jungen Erwachsenen, das sich besonders eindrücklich in der weltweiten Bewegung *Fridays for Future* manifestiert, ist in starkem Maße moralisch motiviert. Klimaschutz gilt eben nicht nur als eine Frage der Politik, sondern auch der Moral, wobei ein eigentümliches Amalgam von Moral und Wissen entsteht. In der

18. Shell Jugendstudie (Albert, Hurrelmann & Quenzel, 2019) tritt der ethische Wurzelgrund des verstärkten politischen und gesellschaftlichen Engagements von Jugendlichen ebenso eindrücklich wie differenziert zutage. Bei genauerem Lesen wird dann aber auch deutlich, dass die titelgebende Zuschreibung »Eine Generation meldet sich zu Wort« keineswegs auf alle Befragten zutrifft.

Der Ethikboom geht freilich mit einer Ethikkrise einher, steigt doch nicht nur die Komplexität moralischer Probleme und die konfliktträchtige Vielfalt an moralischen Überzeugungen. Es herrscht auch eine Vielfalt an ethischen Konzepten, deren Schnittmenge bisweilen gering ist. Universalistische Konzepte, die sich dem Erbe der europäischen Aufklärung verpflichtet wissen, stehen partikularistischen Konzeptionen gegenüber, die das postmoderne Ende der großen Erzählungen auch auf dem Gebiet von Moral und Ethik für gekommen halten.

In dieser Gemengelage genügt es offenbar nicht, sich auf moralische Intuitionen zu stützen. Es ist aber auch nicht mit einer ethischen Supertheorie zu rechnen, die alle gegensätzlichen Standpunkte in sich aufhebt. So bleibt nur das fortgesetzte diskursive Bemühen um ethische Verständigung. Das aber setzt nicht nur ethisches Wissen, sondern auch ethische Bildung voraus, zu der auch der Religionsunterricht einen konstitutiven Beitrag leistet.

Die Idee der Bildung im Sinne der humanen Selbst-Bildung hängt aufs Engste mit der Ethik als Theorie menschlicher, sittlich verantworteter Lebensführung zusammen. Im Unterschied zu Pflanzen oder Tieren lebt der Mensch nicht einfach sein Leben, und dieses läuft auch nicht als unbewusster biologischer Prozess ab. Der Mensch muss vielmehr sein Leben bewusst führen. Wie Bildung hat auch die Ethik die gesteigerte und über sich aufgeklärte Handlungsfähigkeit menschlicher Subjekte zum Ziel. Man kann auch sagen: Alle Ethik ist praktische Anthropologie und alle Bildung ist ethisch dimensioniert.

Unter bildungstheoretischen Gesichtspunkten ist der Aufschwung, den die Ethik bzw. die praktische Philosophie in den zurückliegenden Jahrzehnten genommen hat, zwiespältig zu beurteilen. Einerseits ist eine neue ethische Sensibilität entstanden, die zur Entwicklung einer Reihe von Bereichs- und Professionsethiken wie Medizinethik, Wirtschaftsethik oder auch pädagogische Ethik geführt hat. Andererseits lässt sich ein Trend beobachten, Ethik wie andere Fertigkeiten auch als ein Tool zu betrachten, das heute beispielsweise in den Werkzeugkasten eines umfassend ausgebildeten Arztes bzw. einer umfassend ausgebildeten Ärztin oder einer Pflegekraft gehört. Die Tendenz, Bildung auf berufsorientierte Ausbildung zu reduzieren und eine Bildungsgesellschaft mit einer zweckrationalen Wissensgesellschaft zu verwechseln, macht sich eben auch auf dem Gebiet der Ethik bemerkbar.

Das vorliegende Handbuch weiß sich demgegenüber einem Anliegen und Verständnis ethischer Bildung verpflichtet, die ihren Ausgangs- und Zielpunkt in den SuS und deren Befähigung zu einer mündigen Lebensführung und solidarischen Weltgestaltung hat. In diesem Sinne werden im vorliegenden Band 40 ethische Kernthemen für den Religionsunterricht aufbereitet. Das Buch setzt die Neuausgabe der Reihe »Theologie für Lehrerinnen und Lehrer« fort und will im Anschluss an den 2006 erstveröffentlichten Vorgängerband seinen Nutzerinnen und Nutzern »brauchbare Bausteine für eine reflektierte Ethik liefern, die grundständig und durchgängig didaktisch strukturiert und fokussiert ist« (Lachmann, Adam & Rothgangel, 2015, S. 8).

Während sich diese Intention in den 40 Themenbeiträgen materialisiert, führt die ihnen vorgeschaltete Einleitung in dafür wesentliche Grundbestimmungen, Hintergründe, Arbeitsweisen und Leitgedanken ein. Zunächst wird der Beitrag des Religionsunterrichts zu ethischer Bildung skizziert (1.). Darauf folgt eine historisch-systematische Kontextualisierung dieser spezifisch modernen Gestaltungsperspektive (2.). Anschließend werden in elementarer Verdichtung allgemeine Grundlagen theologischer Ethik und ethischer Urteilsbildung entfaltet (3.). Die weiteren Unterkapitel dienen der didaktischen Zuspitzung und Konkretisierung: Zunächst kommen Kinder und Jugendliche als Subjekte ethischer Bildung in den Blick (4.) – eine unabdingbare Basis für den danach präsentierten Überblick über aktuelle Zugänge und Methoden ethischen Lernens (5). Abschließend werden die konzeptionellen Leitperspektiven und Strukturentscheidungen des Bandes dargelegt und begründet (6).

Dabei wird deutlich, dass das vorliegende Buch in Kontinuität zum Vorgängerband steht, aber auch einige weitreichende Neuansätze enthält. Besonderes Gewicht kommt dabei der ökumenischen Öffnung und Profilierung der bislang evangelisch verankerten Reihe »Theologie für Lehrerinnen und Lehrer« zu: Weil sich dieser Band bewusst und gleichermaßen auch an katholische Lehramtsstudierende, Referendarinnen und Referendare sowie Lehrkräfte richtet, sind nun auch Autorinnen und Autoren beider Konfessionen an dem Gemeinschaftswerk beteiligt.

1. Der Beitrag des Religionsunterrichts zu ethischer Bildung

Bevor näher auf das besondere Potenzial des Religionsunterrichts für die Begründung (1.2) und die Begrenzung (1.3) ethischer Bildung eingegangen wird, ist in einem ersten Abschnitt der schulische Kontext des Religionsunterrichts und ethischer Bildung (1.1) näher in den Blick zu nehmen.

1.1 Ethische Bildung im Kontext Schule

Moral, Normen und Werte stellen einen wichtigen Bestandteil von Religionen dar. Von daher liegt es nahe, dass ethische Bildung[1] gleichermaßen für den Religionsunterricht konstitutiv ist. Allerdings ist im schulischen Kontext zu berücksichtigen, dass ethische Bildung keineswegs allein Aufgabe des Religionsunterrichts ist: Einschlägig ist – sofern er an einer Schule etabliert ist – der Ethikunterricht; darüber hinaus können alle Fächer mehr oder weniger einen Beitrag zu ethischer Bildung leisten. Exemplarisch hervorgehoben sei dies an den naturwissenschaftlichen Fächern Biologie, Chemie und Physik, bei denen »Bewertungskompetenz« (z. B. Bayrhuber, 2020, S. 35) einen der vier naturwissenschaftlichen Kompetenzbereiche darstellt. Allerdings kann der Religionsunterricht gemeinsam mit dem Ethikunterricht als Zentrum ethischer Bildung an Schulen dienen und, wo immer sich die Gelegenheit bietet, in Kooperation mit anderen Fächern ethische Themen behandeln.

Ethische Bildung vollzieht sich nicht nur im Fachunterricht, gleichermaßen bedeutsam ist die Schulkultur bzw. das Schulethos. Auch hier kann der Religionsunterricht zum einen durch eigene Projekte wie z. B. zum diakonischen Lernen oder zu Compassion (Kuld & Gönnheimer, 2000) sowie zum anderen durch die Beteiligung an fächerübergreifenden Projekten wie Gewaltprävention oder der Bildung für nachhaltige Entwicklung einen essenziellen Beitrag leisten.

Blickt man jenseits des schulischen Kontexts grundsätzlich auf die Frage, in welcher Hinsicht der Religionsunterricht ein Potenzial besitzt, um ethische Bildung anzuregen und zu fördern, so lässt sich analog zu den sozialethischen Überlegungen Körtners feststellen, dass er »nicht nur zur *Begründung*, sondern auch zur *Begrenzung* von Moral einen unverwechselbaren Beitrag« (Körtner, 2019, S. 24) leisten kann. Diese beiden Punkte sollen im Folgenden näher entfaltet werden.

---

1 Im Folgenden wird der Begriff »ethische Bildung« vorgezogen, um die für alle Bildung konstitutive Orientierung am sich bildenden Subjekt zu profilieren. Auch auf ethischem Gebiet dient der Bildungsbegriff dazu, im Sinne eines kritischen Regulativs Lernprozesse auf ihre Sachgemäßheit und Subjektdienlichkeit hin zu befragen und entsprechend zu gestalten (vgl. Schröder, 2012, S. 213–231). Eingeschlossen ist damit der in der Religionspädagogik wieder vermehrt rezipierte Begriff der »Wertebildung« (Lindner, 2017; Schweitzer, Ruopp & Wagensommer, 2012), der die Bedeutung handlungsleitender Einstellungen und Orientierungen akzentuiert.

1.2 Religiöse Begründungen von Werten[2]

Werte, Moral und Ethik stehen im Kontext bestimmter religiöser bzw. nicht-religiöser Sinnzusammenhänge. Dementsprechend werden durch Religion »grundlegende ethische Orientierungen immer wieder gleichsam neu gebildet und geschaffen« (Thaidigsmann, 2007b, S. 216). Dieses führt zwar nicht dazu, dass es bestimmte religiöse Werte geben würde, die sich nicht auch im säkularen Kontext finden lassen. Jedoch trägt der religiöse Begründungs- und Sinnhorizont von Werten erstens dazu bei, dass bestimmte Werte eine größere Bedeutung erhalten. So verdienen aus christlicher Perspektive z. B. folgende Werte eine erhöhte Aufmerksamkeit:

> »Barmherzigkeit, die Zuwendung zu Schwächeren, eine fundamentale Sensibilität für die Gabe der Schöpfung und des Lebens, die Erkenntnis, dass ein Mensch nicht zuerst von dem lebt, was er leistet und dass er in seiner unverwechselbaren Individualität [...] gerufen ist, seine eigenen Gaben zu entfalten und einzubringen in einem förderlichen Miteinander.« (Thaidigsmann, 2007b, S. 216)

Zweitens kann die biblische Perspektive zu einem spezifischen Verständnis bestimmter Werte wie z. B. Freiheit führen: Bereits dem Dekalog ist die Erinnerung an die Befreiung aus der Knechtschaft in Ägypten vorangestellt (Ex 20,2). In diesem Sinne lässt sich feststellen: »Gott will Freiheit für den Menschen, Gott gibt Freiheit als Voraussetzung für ein selbstbestimmtes Einhalten seiner Weisungen« (Lindner, 2017b, S. 113). Ein weiteres zentrales biblisches Motiv ist die Befreiung von Sünde und Schuld (u. a. Eph 1,4–8) – ein Aspekt, dessen Relevanz im folgenden Punkt weiter entfaltet wird. Bei alledem werden spezifische Akzente des christlichen Freiheitsverständnisses deutlich, die im schulischen Kontext bei der Reflexion von Freiheit eingebracht werden können. Solche Punkte tragen dazu bei, dass der Religionsunterricht ein wichtiger Ort im Gespräch über Werte ist. Aufgrund seiner religiösen und weltanschaulichen Neutralität bleibt dem Staat eigentlich nur die Option, dass er »die ihm in der Gesellschaft voraus liegenden Werthaltungen, seien sie religiöser, nichtreligiöser oder quasireligiöser Art, miteinander ins Gespräch bringt« (Thaidigsmann, 2007a, S. 100). Der Religionsunterricht – idealerweise im Kontext einer Fächergruppe – wird auf diese Weise zu einem wichtigen Erprobungsraum für diesen Dialog, welcher der Wertekonstruktion im Kontext einer unhintergehbaren Wertepluralität und

---

2 Hinsichtlich der folgenden beiden Abschnitte siehe Rothgangel (2021).

diversen Begründungsoptionen dient (vgl. Lindner, 2017b, S. 104). In diesem Zusammenhang stellt die metareflexive Thematisierung transzendenzbezogener Wertebegründungen eine spezifische religionsunterrichtliche Zielperspektive dar (vgl. Lindner, 2017b, S. 110). Hier sind auch die Differenzen zu thematisieren, die in religiösen Wertebegründungen innerhalb einer Konfession bzw. Religion oder zwischen Konfessionen oder Religionen bestehen.

1.3 Evangelium als Begrenzung von Werten

Die Kirchen und der Religionsunterricht würden gesellschaftlichen Erwartungen nach einer moralischen Orientierung in Anbetracht diverser Konfliktsituationen etwas Entscheidendes schuldig bleiben, wenn sie – theologisch gesprochen – nur mit dem Gesetz antworten und nicht auch das Evangelium zur Geltung bringen. Wenn dies aber nicht erfolgt, »dann verkommt die theologische Ethik zum dezisionistischen Appell« (Körtner, 2019, S. 100). Demgegenüber wird durch das Evangelium »die Rechenschaft fordernde Instanz zugleich als diejenige erfahren, welche Schuld vergibt« (S. 116). Diese, die Ethik begrenzende Befreiung von Sünde und Schuld kann durch »die Anerkenntnis der Schuldhaftigkeit und Widersprüchlichkeit menschlicher Existenz zur Absage an jeden ethischen Rigorismus« (S. 116) führen. Nach biblischem Verständnis ist es die Liebe, welche »das Gesetz als Struktur verantwortlichen Lebens zwar nicht verachtet, jedoch über dem Gesetz steht und sich zu ihm in Freiheit verhält« (S. 113). Sie überschreitet alle Moral auch dahingehend, dass man sie nicht erzwingen kann.

Im schulischen Kontext finden diese theologischen Gedanken ihre Entsprechung u. a. darin, dass eine Fehlerkultur etabliert wird, in der ein guter Umgang mit Fehlern stattfindet, der sich u. a. durch »nicht bloßstellen, ermutigen und fürsorglich sein, […] zur Auseinandersetzung mit Fehlern ermutigen und hilfreiche Strategien aufzeigen, […] eigene Fehler zu- und eingestehen« (Lindner, 2017a, S. 191, Fn. 256) auszeichnet.

2. Ethische Bildung im Religionsunterricht – historische und konzeptionelle Schlaglichter

Der vorliegende Band zielt darauf, ethische Kernthemen auf der Höhe des aktuellen theologisch-ethischen und religionspädagogischen Diskussionsstandes subjektorientiert für den Religionsunterricht zu erschließen. Der nun folgende kurze Überblick über Grundkonzepte ethischer Bildung im Religionsunterricht in Geschichte und Gegenwart dient vor allem dazu, tieferliegende Voraussetzungen und konzeptionelle Entscheidungen deutlich zu machen, die mit dieser Intention verbunden sind (vgl. Simojoki, 2021).

Dabei setzt die Selbstverortung bei einer Einsicht an, die sich erst in der Aufklärungszeit auf breiter Basis durchgesetzt hat: Der in diesem Band didaktisch fokussierte Zusammenhang von Religion, Ethik und Bildung ist nicht selbstverständlich, sondern begründungsbedürftig. Bis weit in das 18. Jahrhundert war die religiöse Einbettung ethischer Bildung eine weitgehend unhinterfragte Voraussetzung allen schulischen Unterrichts und pädagogischen Denkens. Erst in der Aufklärungszeit kehrte sich das herkömmliche Begründungsgefälle um. Für Jean-Jacques Rousseau (1762/2008) etwa war Religion nur insoweit erziehungsrelevant, als sie zur ethischen Zivilisierung der Zöglinge beitrug. Während der laisierende Impuls dieser Unterordnung in Frankreich voll durchschlug, nahm die konzeptionelle und institutionelle Entwicklung in Deutschland einen anderen Verlauf.

Bei Christian Gotthilf Salzmann (1780) diente der Begriff der »Gesinnung« als konzeptionelle Klammer für eine Erneuerung der Synthese von religiöser und ethischer Bildung unter aufgeklärten Bedingungen. Anders als Rousseau ging er davon aus, dass die für allen Unterricht leitende Aufgabe der Gesinnungsbildung das Gottesverhältnis und damit die Religion des Menschen einschließt. Musste daher für Salzmann der sittliche Bildungsauftrag der Schule ohne den Religionsunterricht unvollständig bleiben, lehnte Friedrich Schleiermacher (1799/1991) eine solche ethisch-pädagogische Inanspruchnahme der Religion als unangemessene Funktionalisierung ab. Für Schleiermacher ist Religion als Anschauung und Gefühl ein eigener Wirklichkeitszugang, der weder in Rationalität noch in Moralität aufgeht und sich als Anlage im Einzelnen frei entfalten soll. Folglich hat er die Nutzbarmachung von Religion für ethisches Lernen aufs Schärfste verurteilt und sich auch aus diesem Grund gegen einen schulischen Religionsunterricht ausgesprochen.

Diese Grundspannung zwischen konstruktiver Zuordnung und kritischer Abgrenzung prägt die religionspädagogische Diskussion um das Verhältnis von ethischer und religiöser Bildung bis heute. De facto blieb das Synthesemodell konfessionsübergreifend durch das 19. Jahrhundert bestimmend, auch wenn das Bewusstsein wuchs, dass nichtreligiöse Normenbegründungen nicht nur möglich, sondern auch immer attraktiver wurden. So tiefgreifend unterschiedlich die konfessionellen Pädagogiken Christian Palmers (1850, evangelisch) und Otto Willmanns (1882, 1889, katholisch) bzw. die stärker »modernen« religionspädagogischen Entwürfe von Joseph Göttler (1923, katholisch) und Friedrich Niebergall (1922, evangelisch) im Einzelnen waren, verband sie doch die tieferliegende Überzeugung, dass Religion und religiöse Bildung unverzichtbares

Fundament aller in Schule und Unterricht angestrebten Prozesse der Humanisierung, Versittlichung, Charakterbildung und Werteerziehung bilden.

Dieser Konsens zerbricht erst in den politischen, gesellschaftlichen und auch theologischen Umwälzungen nach dem Ersten Weltkrieg. Den religionspädagogischen Hauptanstoß dazu gibt Gerhard Bohne in seiner Programmschrift »Das Wort Gottes und der Unterricht« aus dem Jahr 1929. Radikal destruiert Bohne bislang tragende Gewissheiten im Verhältnis von religiöser und ethischer Bildung. Der Religionsunterricht sei kein Vehikel religiös-sittlicher Persönlichkeitsbildung, sondern deren »große Störung« (Bohne, 1929, S. 56). Statt den Schüler nach Maßgabe normativ aufgeladener Konzepte des Guten zu bilden, so Bohne, führe das durch die Lehrkraft bezeugte Wort Gottes ihn in die Entscheidung vor Gott und damit an die »Grenze seines Daseins« (S. 105). Auch wenn diese ideologiekritische Grundbestimmung Bohne nicht vor einer anfänglichen Affirmation der nationalsozialistischen Weltanschauung bewahrte, artikuliert sie eine unaufgebbare Grundeinsicht: Der Religionsunterricht darf sich nicht vor den Karren vorherrschender Konzepte der Wertbildung und ethischen Lernens spannen lassen, sondern soll SuS dazu befähigen, sich kritisch mit solchen Konzepten auseinanderzusetzen und diese gegebenenfalls auch zu hinterfragen.

Während die Kritik am »Moralisieren im Umgang mit dem Evangelium« (Kittel, 1949, S. 11) in der Evangelischen Unterweisung zunehmend subjektfern und holzschnittartig ausfiel, gewann die ethische Dimension religiöser Bildung nach 1968 in den verwandten Ansätzen des thematisch-problemorientierten Religionsunterrichts (vgl. Knauth, 2003) und ökumenischen Lernens (vgl. Simojoki, 2012, S. 254–266) neu an Profil. Mit dieser Neuorientierung verbanden sich konzeptionelle Grundentscheidungen, die den religionsdidaktischen Diskurs um ethisches Lernen bis in die Gegenwart hinein prägen: Zum einen wurden ethisch dimensionierte Bildungsprozesse konsequenter am Subjekt und dessen Emanzipation im Kontext gesellschaftlicher Verhältnisse ausgerichtet. Zum anderen bildeten individuelle und menschheitliche Schlüsselprobleme den maßgeblichen Horizont religiöser Bildung. Es entbehrt nicht einer Ironie, dass diese Hochphase ethischen Lernens in der Religionsdidaktik spätestens ab der zweiten Hälfte der 1990er Jahre sukzessive an Dynamik einbüßte, fällt doch der Abschwung genau in die Jahrzehnte hinein, in denen die Globalisierung in die Alltagserfahrung einging. In der Gegenbewegung einer ästhetisch ausgerichteten Religionspädagogik (Symboldidaktik, semiotische und performative Religionsdidaktik) verliert die ethische Dimension religiöser Bildung insgesamt an Bedeutung, und zwar auch dort, wo Ästhetik und Ethik nicht gegeneinander ausgespielt werden (vgl. als Diskursüberblick Schlag, Klie & Kunz, 2007). Die Häufung religionspädagogischer

Beiträge zum seit 2015 öffentlich geführten Diskurs um Flucht und Migration (vgl. Reese-Schnitker, Bertram & Franzmann, 2018) und insbesondere zur durch die *Fridays for Future* vitalisierten Nachhaltigkeitsdebatte (Bederna, 2020; Gärtner, 2020) deuten an, dass das Pendel aktuell wieder umschlägt.

Insgesamt greift es aber zu kurz, den Stellenwert der Ethik für den Religionsunterricht unter Beschränkung auf sog. religionspädagogische Konzeptionen zu bemessen. Letztlich viel bestimmender für die Entwicklung in den vergangenen 50 Jahren ist die Umformung ethischen Lernens zu einem eigenständigen und gleichzeitig begrenzten Aufgaben- und Gegenstandsbereich der Religionsdidaktik, vergleichbar mit biblischem, kirchengeschichtlichem oder interreligiösem Lernen. Dem damit einhergehenden Verlust an Reichweite entspricht ein Zugewinn an bereichsspezifischer Expertise, der sich im dialogischen Anschluss an Debatten der theologischen und philosophischen Ethik (vgl. bereits Stachel & Mieth, 1978), in der Rezeption entwicklungs- und moralpsychologischer Theorien (s. u.) und in eigenständiger empirischer Forschung (vgl. Ziebertz, 1990) manifestiert. Diese Entwicklung verdichtet sich in bereichsspezifischen Überblicksdarstellungen (Adam & Schweitzer, 1996; Mokrosch & Regenbogen, 2009; Englert et al., 2016) bzw. Gesamtentwürfen (bes. Lindner, 2017a) und findet ihren vorläufigen Kulminationspunkt im 2021 erschienenen »Handbuch ethische Bildung« (Lindner & Zimmermann, 2021). Gerade das zuletzt genannte Grundlagenwerk bildet einen wichtigen Bezugspunkt für die vorliegende Publikation. In gewisser Weise verhalten sich beide Veröffentlichungen komplementär zueinander. Während das Handbuch in 49 Beiträgen darauf zielt, »die Fülle der Forschungsperspektiven auf den Themenkomplex ›ethische Bildung‹ zu repräsentieren« (Lindner & Zimmermann, 2021, S. 5), steht im Folgenden die praxisorientierte Intention im Vordergrund, ethische Lernprozesse im Religionsunterricht fachlich zu fundieren, didaktisch zu orientieren und schließlich auch kreativ anzuregen.

3. Grundlagen theologischer Ethik und ethischer Urteilsbildung

3.1 Gegenstand und Aufgabe theologischer Ethik

»Kann mir jemand sagen, wo ich hin will?« Diese paradox anmutende Frage stellt Karl Valentin (1882–1948), der berühmte Münchener Kabarettist, in einem seiner Sketche. Genau mit dieser Frage hat es die Ethik zu tun. Nicht nur über die Ziele unseres konkreten Handelns und Verhaltens im Einzelfall, sondern auch über die langfristigen Ziele unserer Lebensführung müssen wir beständig nachdenken. Wie will ich leben, wie wollen wir gemeinsam leben? Wir fragen aber nicht nur, wie wir leben und handeln *wollen*, sondern auch, wie wir es *sollen*. Denn von klein auf sehen wir uns mit einer Fülle von Forderungen, Erwartungen und Anforderungen konfrontiert.

Karl Valentins paradoxe Frage bringt es auf den Punkt: Einerseits müssen wir uns fragen, was wir tun und wie wir leben *wollen*, andererseits suchen wir aber nach Orientierung, d. h. nach Rat, wie wir handeln und leben *sollen*. Wir wollen uns unser Handeln und Leben zwar nicht vorschreiben lassen und wehren uns gegen autoritäre Strukturen – Entlastung vom ständigen Entscheidungsdruck eines selbstverantwortlichen Lebens suchen wir aber sehr wohl.

Damit betreten wir das Feld von Moral und Ethik. Alltagssprachlich werden beide Begriffe oft synonym gebraucht. Im Fußball ist zum Beispiel von der Spielermoral die Rede, in Wirtschaft und Handel hingegen werden »ethische Produkte« angeboten. Ethik als wissenschaftliche Disziplin und als Unterrichtsfach arbeitet jedoch mit einer begrifflichen Unterscheidung. Während Moral ein Ensemble sittlicher Normen und Werte ist, die in einer Gemeinschaft, einer Gesellschaft oder einer Berufsgruppe in Geltung stehen, handelt es sich bei Ethik um die *Theorie* der Moral, d. h. um die Reflexion, welche menschliches Handeln und Verhalten sowie die beidem zugrundeliegenden Einstellungen und Haltungen anhand der Beurteilungsalternative von »gut« und »böse« bzw. »gut« und »schlecht« auf seine Sittlichkeit hin überprüft. Sodann lässt sich nochmals zwischen Moral als Gesamtheit sittlicher Normen und Prinzipien und dem Ethos als der inneren sittlichen Einstellung oder Haltung unterscheiden, die klassischerweise das Thema der Tugendlehre ist.

Die Aufgabe der Ethik besteht zunächst darin, die Begriffe »gut« und »böse« zu bestimmen und die Normen und Werte, nach denen in einer Gesellschaft üblicherweise über »gut« und »böse« entschieden wird, einer beständigen Überprüfung zu unterziehen. Sie fragt nicht nach *Ursachen*, sondern nach *Gründen* für ein konkretes Handeln. Ethik widmet sich der Frage, ob und wenn ja, welche *moralischen* oder *außermoralischen Gründe* vorliegen und wie sich ihrerseits moralische Normen, Prinzipien oder Maximen, Güter und Tugenden begründen lassen. Sinnvoll ist darüber hinaus die von Johannes Fischer eingeführte Unterscheidung »zwischen der *Begründung* einer Entscheidung oder Handlung durch ein Urteil oder eine Norm, auf das oder auf die man dafür rekurriert [...], und der *Rechtfertigung* einer Entscheidung oder Handlung *vor einem Urteil oder einer Norm*« (Fischer et al., 2008, S. 58).

Ethik ist von Hause aus eine philosophische Disziplin. In der biblischen Überlieferung taucht der Begriff Ethik nirgends auf. Spricht man von alttestamentlicher oder neutestamentlicher Ethik, so kann man eine solche allenfalls implizit aus den biblischen Texten erschließen, nicht aber im Sinne einer begrifflich-theoretischen Denkbemühung. Im Anschluss an Friedrich Schleiermacher lässt sich freilich argumentieren, dass es ein spezifisch christliches Ethos gibt, sodass die Eigenart theologischer Ethik in ihrer Bindung an dieses Ethos begründet ist (Schleiermacher, 1884). In jüngster Zeit wird eine vergleichbare Konzeption vor allem von Johannes Fischer vertreten. So wie es christliche Theologie gibt, weil es den christlichen Glauben gibt, gibt es nach Fischers Auffassung auch »so etwas wie ›theologische Ethik‹«, weil es faktisch ein unterscheidbar christliches Ethos gibt (Fischer, 2002, S. 78 f.). Folgt man dieser Bestimmung, wäre das Unternehmen einer *evangelisch*-theologischen Ethik dann begründet, wenn mit der Existenz eines spezifisch evangelischen Ethos zu rechnen wäre. Davon ist nun allerdings auszugehen, wie uns Ernst Troeltschs klassische Darstellung der Soziallehren der christlichen Kirchen und Gruppen lehrt (Troeltsch, 1994). Auch heute ist mit solch einem gelebten Ethos zu rechnen, allerdings in einer pluralen Ausformung, die nicht allein durch konfessionelle Unterschiede zu erklären ist, sondern auch mit der Individualisierung und Pluralisierung christlichen Glaubens in der modernen Gesellschaft zusammenhängt. Der Religionsunterricht ist ein Lernort, an dem auch diese Differenzierungsprozesse zum Thema zu machen sind. In einem weiterreichenden Sinne zielen evangelische Schulen auf »ein gestaltetes Schulethos als Ausdruck des christlichen Glaubens« (Kirchenamt der EKD, 2008, S. 69) ab.

Für die Behandlung ethischer Themen im Religionsunterricht kann auf der Theorieebene die Unterscheidung zwischen unterschiedlichen Ethiktypen hilfreich sein. Zum einen lässt sich zwischen strebensethischen und sollensethischen Modellen unterscheiden (vgl. Krämer, 1995). Strebensethische Konzeptionen wie die des Aristoteles stellen die Frage nach dem Guten, genauer gesagt nach dem guten Leben, das für erstrebenswert zu halten ist. Sollensethische Theorien wie beispielsweise die Ethik Kants fragen nach dem sittlich Gebotenen. Das Modell integrativer Ethik des Philosophen Hans Krämer trägt der Einsicht Rechnung, dass sich beide Grundtypen nicht in einer Synthese aufheben lassen, sondern sich komplementär zueinander verhalten. Dieser Sachverhalt lässt sich auch auf dem Gebiet der theologischen Ethik zeigen (vgl. Körtner, 2019, S. 18–24). Neben dem Typus der Gebotsethik steht der Typus einer christlichen Theorie menschlicher Lebensführung, die sich am Begriff des höchsten Gutes, des gelingenden Lebens oder dem Gedanken des Reiches Gottes ausrichtet.

Ergänzend kann man zwischen dem Typus einer normativen Ethik (Beispiel: Gebotsethik) und demjenigen einer deskriptiv-hermeneutischen Ethik (Beispiel: Schleiermacher) unterscheiden. Auch im Religionsunterricht ist das

Verhältnis von Wahrnehmung und Urteil, deskriptiv-hermeneutischem Zugang und normativem Zugang zu ethischen Fragen zu thematisieren. Es geht dabei um Probleme einer ethischen Wahrnehmungstheorie, um das Verhältnis von Ethik und Ästhetik bzw. Ethik und Phänomenologie. Der Begriff der Wahrnehmung ist ethisch in seinem doppelten Wortsinn zu bedenken: Nur wenn einzelne sich entschließen, moralische Verantwortung zu übernehmen, wird diese überhaupt als zu realisierende Möglichkeit entdeckt und *wahr*genommen. Die Wahrnehmung von Verantwortung im Sinne ihrer Übernahme setzt ihre Wahrnehmung im Sinne ihres Erkennens voraus. Beispielhaft lässt sich dieser Zusammenhang am Gleichnis Jesu vom barmherzigen Samariter erkennen (Lk 10,25–37). Die Moral, die Jesus aus der Beispielgeschichte zieht: »Gehe hin und tue desgleichen!« (V. 37), ist als Anleitung zu einer entsprechenden Aufmerksamkeit und somit Schulung der ethischen Wahrnehmungsfähigkeit zu verstehen. Insofern besteht ein unmittelbarer Zusammenhang zwischen Ethik und Ästhetik, die bei Søren Kierkegaard zu Unrecht einseitig in Opposition zueinander gesetzt werden. Die Beispielerzählung vom barmherzigen Samariter macht aber auch auf den Zusammenhang von *Wahrnehmen und Verstehen* aufmerksam. Die Frage des Schriftgelehrten in Lk 10, wer denn sein Nächster sei, zeigt nämlich, dass jede sog. angewandte Ethik auf *hermeneutische* Kompetenz angewiesen ist.

3.2 Moralische und außermoralische Gründe

Menschen handeln keineswegs nur aus moralischen, sondern auch aus außermoralischen Gründen. Sie haben persönliche Interessen oder verfolgen Zwecke, die zumindest nicht unmittelbar ethisch begründet sind. Instrumentelles Denken orientiert sich an technischer, ökonomischer oder politischer Zweckdienlichkeit. Neben dem moralischen Begriff des Guten steht das Gute im technischen Sinne – »das hat gut funktioniert« – und im ästhetischen Sinne – »es hat mir gut geschmeckt«, »das ist ein guter Film«.

Menschliches Handeln wird auch durch Emotionen wie Sympathie und Antipathie, Lust, Angst und Abscheu beeinflusst. Die Denkrichtung des Emotivismus vertritt die Auffassung, dass unser moralisches Urteilen und Handeln grundsätzlich nicht von rationalen Prinzipien, sondern von Gefühlen wie Zuneigung und Abneigung, Angst und Lust, Scham und Schuld, Hass und Aggression, aber auch von Mitleid und Empathie gesteuert werden. Eine objektive Moralbegründung sei dagegen eine Illusion. Die Hirnforschung belehrt uns, dass derartige Gefühle im limbischen System, also in weit tieferen und evolutionsgeschichtlich älteren Hirnschichten als dem Großhirn angesiedelt sind. Der englische Philosoph

Harold Arthur Prichard (1871–1947) gelangte zu dem Schluss, dass wir nicht aufgrund einer Argumentation zur Erkenntnis einer moralischen Verpflichtung gelangen. Vielmehr sei das Gefühl der Verpflichtung unableitbar und liege unserem Handeln wie auch unserem Urteil, ob ein Handeln richtig oder falsch ist, als nicht weiter begründbar zugrunde (Prichard, 1974).

Die Emotionsforschung unterscheidet zwischen Gefühlen und Emotionen. Von Gefühlen spricht sie, wenn es um die Selbstwahrnehmung des Subjekts geht, von Emotionen hingegen, wenn die Intentionalität von Gefühlen zum Ausdruck kommen soll, die also ein Handeln oder Verhalten, sei es spontan oder planmäßig, nach sich ziehen. Im gegenwärtigen Diskurs über die Moral oder auch die Politik der Gefühle wird diese Unterscheidung nicht immer deutlich getroffen.

Der evangelische Ethiker Johannes Fischer greift Prichards Überlegungen auf und übt scharfe Kritik an einer »desengangierten Vernunft« – ein Begriff, den der kanadische Philosoph Charles Taylor geprägt hat (Taylor, 1996, S. 290–297). Desengagement, so Taylor, äußere sich als Objektivierung von Dingen und Lebensbereichen, von denen man sich auf diese Weise distanziere und ihnen so ihre normative Kraft nehme, mit der sie auf uns wirken. Fischer plädiert nun für eine engagierte Vernunft, welche die Distanzierung überwindet und sich von den Dingen und Situationen anrühren lässt. Das moralische Empfinden und unsere moralische Urteilsfähigkeit würden ganz wesentlich durch selbst erlebte oder von anderen geschilderte Situationen und Begebenheiten, durch Narrative also, geprägt und gebildet. In solchen Narrativen wie überhaupt für die moralische Erkenntnis spielen nach Fischers Überzeugung Emotionen eine tragende Rolle.

Die Rolle von Empfindungen und Gefühlen wird besonders von Konzeptionen einer narrativen Ethik betont (vgl. Mieth, 1999, bes. S. 74–95). Narrative Ethik stellt nicht nur die Bedeutung der Lebensgeschichte moralischer Akteure heraus – wir alle sind in Geschichten verstrickt –, sondern sie argumentiert darüber hinaus, dass sich die Erfahrung und Wahrnehmung moralischer Phänomene vornehmlich durch Erzählungen, durch die Schilderung von emotional gefärbten Einzelsituationen erschließt, die paradigmatische Bedeutung haben.

Auch Empathie kann durch entsprechende Beispielgeschichten und Erfahrungsberichte gefördert werden. Gerade biblische Erzählungen wie Jesu Gleichnisse vom barmherzigen Samariter oder vom reichen Mann und vom armen Lazarus (Lk 16,19–31) haben eine enorme Prägekraft. In solchen Erzählungen finden wir auch eine narrative Anthropologie. Empathie ist freilich keine hinreichende Basis für ein Ethos und eine Ethik. Schließlich kann man aus reinem Mitgefühl das ethisch Falsche tun, bis dahin, dass Menschen sich verleiten lassen, aus Mitleid zu töten. Menschen können vom Mitleid oder Mitgefühl derart überwältigt werden, dass die Distanz, die für professionelles Handeln nötig ist, verloren geht.

Eine wichtige Aufgabe des Religionsunterrichts besteht eben auch darin, zum einen die Bedeutung von Gefühlen und Emotionen für sittliches Handeln bewusst zu machen, zum anderen aber auch das Bewusstsein für ihre ethischen Ambivalenzen zu fördern. An dieser Stelle ist auch der Unterschied zwischen Moral und Moralisieren einzuführen. Kann Moral schon grundsätzlich ambivalente Folgen nach sich ziehen – Menschen können zum Beispiel an moralischen Normen zerbrechen, moralisch verurteilt, geächtet und ausgestoßen werden –, so ist unter Moralisieren der gezielte instrumentelle Missbrauch von Moral für außermoralische Zwecke zu verstehen. Moralische Entrüstung und das Schüren moralisch aufgeladener Emotionen kann ein Mittel politischer und gesellschaftlicher wie privater Auseinandersetzungen sein. Der Soziologe Niklas Luhmann spricht vom »polemogenen« (= »Streit erzeugenden«) Charakter jeglicher Moral, durch deren Einsatz Konflikte zusätzlich verschärft werden. Nach Luhmann besteht die Aufgabe der Ethik, vor (zu viel) Moral zu warnen (Luhmann, 1978, S. 54). Das ist nun nach evangelischem Verständnis auch ein ureigenes Anliegen einer Theologie, die recht zu unterscheiden weiß zwischen dem Zuspruch des Evangeliums von der bedingungslosen Gnade Gottes und dem Gesetz, das das Gute will, aber die Sünde anstachelt und letztlich tötet. Diese Unterscheidung in Fragen der materialen Ethik, die im vorliegenden Handbuch behandelt werden, einzuüben, ist eine wichtige Aufgabe des Religionsunterrichts.

3.3 Schritte ethischer Urteilsbildung

Will Ethik auf argumentativem Wege zu begründeten Urteilen kommen, bedarf es dafür einer Methode. Das gilt besonders für Situationen, in denen nicht eine Person für sich allein, sondern eine Gruppe von Akteurinnen und Akteuren eine Entscheidung treffen muss. Das kann zum Beispiel eine Ethikkommission in einem Krankenhaus sein. Ethikberatung ist grundsätzlich prozessorientiert. Prozesse der gemeinschaftlichen ethischen Urteilsbildung einzuüben, kann auch im Religions- oder Ethikunterricht ein wichtiger Gegenstand sein.

In der evangelischen Ethik ist die Theorie ethischer Urteilsbildung, die Heinz-Eduard Tödt (1977) vorgelegt hat, bis heute einflussreich. Dietz Lange hat sein Schema weiterentwickelt (Lange, 2002, S. 508 ff.). Sein Modell besteht aus acht Schritten, die sich drei Hauptaspekten zuordnen lassen:

I. Wahrnehmen

1. Erste Annäherung an die Situation
   - Vorläufige Benennung des Konflikts (Interessen, Normen, Rollenerwartungen)
   - Feststellung der äußeren Fakten (Erwerb der erforderlichen Sachkenntnis, Diagnose)
   - Verständnis der inneren Situation der Betroffenen (seelische Befindlichkeit, Lebensgeschichte/Sozialisierung, Berufsethos, Gewissensorientierung, religiöse Einstellung)
2. Prüfung der subjektiven Bedingungen
   - Möglichkeit und Grenzen
     - des Einfühlungsvermögens
     - der erforderlichen intellektuellen und praktischen Fähigkeiten
     - des vorhandenen oder erreichbaren Kenntnisstandes
     - der seelischen und körperlichen Kraft zu vollem Einsatz der Person
     - der für einen sachgemäßen Entscheidungsprozess erforderlichen Distanz (die z. B. durch Stress, Befangenheit, egoistische Interessen aufgehoben sein kann)
   - Feststellung von Kooperationsmöglichkeiten
3. Genaue Bestimmung des Konflikts
   - Verknüpfung der bisher bekannten Faktoren
   - Einordnung der speziellen Situation in die Gesamtsituation der Betroffenen und der Handlungssubjekte (öffentliche Moral, gesellschaftliche Vorurteile, institutionelle Gegebenheiten – z. B. Rahmenbedingungen und »Unternehmensphilosophie« eines Krankenhauses, Recht, wirtschaftliche und politische Konstellationen, geistige Lage)
   - Genaue Einschätzung der einander widerstreitenden Kräfte, Interessen usw.

II. Reflektieren

4. Abwägen der Verhaltensalternativen
   - Feststellung der tatsächlich bestehenden Handlungsmöglichkeiten
   - Kalkulation ihrer wahrscheinlichen Folgen (kurz- und langfristig, begrenzt und weitreichend)
   - Feststellung der vorhandenen Mittel, Untersuchung ihrer technischen und ethischen (!) Anwendbarkeit und Verhältnismäßigkeit
5. Reflexion der Maßstäbe
   - Erhebung der relevanten konkreten Normen anhand der Kriterien des Menschseins und der Menschenwürde:

   - Schutz des Lebens und des Rechtes auf Leben
   - Seelische und körperliche Unversehrtheit
   - Autonomie und Wahrnehmung von Eigenverantwortung
 - Gewichtung der Normen und Bestimmung ihres Verhältnisses zu gesellschaftlich in Geltung stehenden Normen
 - Überprüfung a) der Verallgemeinerbarkeit, b) der Situationsgerechtigkeit
 - Bedenken einschlägiger Regeln kritischer Vermittlung (Vermittlung zwischen widerstreitenden Zielen und Motiven, Bestimmung des Verhältnisses von Zweck und Mittel: Der Zweck heiligt nicht die Mittel! Das gewünschte Ergebnis darf nicht in die Formulierung der Prinzipien einfließen)

6. Güterabwägung
   - Bestimmung des relativ höchsten erreichbaren Gutes bzw. des relativ kleinsten Übels

III. Urteilen

7. Entscheidung
   - begründete, d. h. argumentativ rechenschaftsfähige Wahl einer der zur Diskussion stehenden Handlungsalternativen
8. Überprüfung auf
   - Angemessenheit zu den Kriterien und Vermittlungsregeln des ethischen Urteils
   - Plausibilität der Begründung
   - Einmischung illegitimer Interessen des Handlungssubjekts

Man beachte, dass eine Überprüfung bzw. die Gegenprobe *vor* der praktischen Umsetzung der getroffenen Entscheidung gemeint ist. Die nachträgliche Evaluation unseres Handelns und von dessen Folgen ist davon zu unterscheiden.

3.4 Dilemmata und die Ambivalenz des Ethischen

Oftmals führen ethische Konflikte in Dilemmata, in denen sowohl im Fall des Tuns als auch im Fall des Unterlassens ein Schuldigwerden im moralischen Sinne (nicht unbedingt im strafrechtlichen Sinne) unvermeidbar wird. Weder unsere moralische Intuition noch eine Methodik der ethischen Urteilsbildung schützen vor tragischen und letztlich unauflösbaren Konflikten, in denen wir am Ende nicht nur auf Nachsicht, sondern auf Vergebung angewiesen sind. Zur Lebenswirklichkeit gehört außerdem die Erfahrung, dass das moralisch Gute oftmals nicht evident, sondern verborgen ist, aber auch die Tatsache, dass Menschen bisweilen das Gute zu erkennen glauben und es dennoch nicht tun. Gerade der Religionsunterricht ist ein Lernort, an dem diese Zusammenhänge erkannt und reflektiert werden können.

Grundsätzlich geht alle Ethik davon aus, dass das Gute verallgemeinerungsfähig ist. Die Forderung nach der Verallgemeinerungsfähigkeit ethischer Urteile hängt grundlegend mit dem Prinzip der Gerechtigkeit zusammen. Wie im Bereich des Rechts kann freilich auch im Bereich von Moral und Ethik die starre Befolgung allgemeiner Regeln im Einzelfall zu ungerechten bzw. unserer moralischen Intention widerstreitenden Ergebnissen führen. Daher kennt die ethische Tradition die Begriffe der Einzelfallgerechtigkeit, der Angemessenheit oder Billigkeit (griechisch *Epikeia*) sowie des ethischen Grenzfalls.

Zur ethischen Verantwortung gehört die Sensibilität für die Individualität des Menschen und seine jeweils besondere Situation. Auch aus Sicht theologischer Ethik ist es problematisch, den einzelnen Menschen *ausschließlich* nach allgemeinen Regeln behandeln zu wollen. Die christliche Tradition sieht in der Liebe *(Agape, Caritas)* die eigentliche Leitorientierung eines guten Lebens. Liebe aber übersteigt alle moralischen Normen. Das bedeutet keineswegs, dass Normen und Regeln grundsätzlich zu missachten wären, wie es dem Ansatz einer Situationsethik entsprechen könnte, die sich auf das missverständliche Wort des Kirchenvaters Aurelius Augustinus (354–430) beruft: »Liebe und tue, was du willst.«

Richtig ist aber, dass moralische Normen und Regeln unter dem Vorbehalt stehen, dass es Einzelfälle gibt, die nicht unter sie zu fassen sind und möglicherweise überhaupt nicht nach Regeln behandelt werden können. Eben darum gibt es auch den Gewissensnotstand. Es ist freilich auch nicht ethisch, jede Situation zur Gewissensfrage und zum Grenzfall zu erklären. Einzelfallgerechtigkeit und Grenzfälle kann es nur dort geben, wo es allgemeine Regeln gibt, die sich im Normalfall auch befolgen lassen. Die Aufgabe der ethischen Urteilsbildung besteht im konkreten Fall zunächst darin, zu verstehen, welche Regeln um der Liebe willen, d. h. im Interesse des Schutzes und der Förderung des Anderen auch in seiner Bedürftigkeit und Verletzlichkeit, Geltung besitzen und Beachtung verdienen. Wenn dies geklärt ist, gehört es allerdings ebenso zur konkreten Entscheidungsfindung, die Grenz- und Einzelfälle wahrzunehmen, die sich nicht unter allgemeine Regeln fassen lassen.

Die ethische Urteilsbildung basiert einerseits auf moralischen Intuitionen, andererseits aber auch auf Verfahrensregeln, die erlernt werden können und müssen. Auch wenn jeder Einzelfall für sich bewertet werden muss, gibt es doch Standardsituationen bzw. typische Fälle, aus denen sich allgemeine Regeln und Leitlinien ableiten lassen. Zur ethischen Kompetenz und Verantwortung gehört freilich die Sensibilität für den einzelnen Menschen, seine unverwechselbare Person und seine besondere Situation. Alle erlernbaren Regeln und Verfahrenstechniken ethischer Urteilsbildung stehen unter dem Vorbehalt, dass es Einzelfälle gibt, die alle Regeln sprengen. Zur ethischen Kompetenz gehört nicht nur der Mut zur Eigenverantwortung und zur Einzelfallgerechtigkeit, sondern auch die Anerkennung ethischer Dilemmata, in denen moralische Schuld unvermeidbar ist. Grenzfälle kann es nur dort geben, wo es allgemeine Regeln und Verfahren der Urteilsbildung gibt, die sich im Normalfall auch befolgen lassen.

Ethik hilft nicht, die Zwei- und Mehrdeutigkeiten des Lebens hinter sich zu lassen, sondern im besten Fall, mit ihnen reflektiert zu leben. Sie hinterfragt die Reduktion komplexer Lebenslagen und Handlungsalternativen auf das einfache Schema von »gut« und »böse« oder »richtig« und »falsch«. Ohne einem moralischen Relativismus das Wort zu reden, besteht die Aufgabe der Ethik in der Förderung von Ambiguitätstoleranz (Frenkel-Brunswik, 1949; Bauer, 2018) auf dem Feld der Moral. Zu den Ambiguitätsproblemen in der Ethik gehört auch die Ambivalenz ethischer Urteilsbildung und ihrer Folgen. Der Wille, das Gute zu tun, kann böse Folgen haben. Christliche Ethik richtet sich an den wirklichen Menschen, d. h. an den Menschen, der – mit dem Mythos vom Sündenfall (Gen 3) gesprochen – nicht jenseits, sondern diesseits von »gut« und »böse« lebt. Oft tarnt sich das Böse mit der Maske des Guten. Zumindest evangelische Ethik rechnet weniger mit der Evidenz als vielmehr mit der Verborgenheit des Guten, welche die ethische Entscheidung im Einzelfall schwermacht. Vor allem aber lässt sie sich von der Gewissheit der Rechtfertigung des Sünders leiten, in welcher der Mut zur Verantwortungsübernahme ihren letzten Grund hat.

4. Kinder und Jugendliche als Subjekte ethischen Lernens – empirische Perspektiven

Im Folgenden werden zunächst ausgewählte Ergebnisse entwicklungspsychologischer (4.1) sowie sozialwissenschaftlich orientierter (4.2) Wertestudien vorgestellt, bevor abschließend eine Studie zur Wertebildung im Religionsunterricht (4.3) präsentiert wird.

4.1 Ergebnisse entwicklungspsychologischer Wertestudien

Ohne auf Vorgängerstudien wie von Jean Piaget (1896–1980) oder auf jüngere Forschungsarbeiten eingehen zu können (Gibbs, 2019), soll an dieser Stelle allein die wegweisende Studie von Lawrence Kohlberg (1927–1987) zur Entwicklung des moralischen Urteils in der gebotenen Kürze dargelegt werden (Kohlberg, 2017). Zur Datenerhebung führte Kohlberg semistrukturierte Interviews zu bestimmten moralischen Problemsituationen durch, worunter das sog. Heinzdilemma am bekanntesten ist (S. 495–508). Auf dieser Basis konnte er drei verschiedene Niveaus des moralischen Urteils ermitteln: präkonventionell, konventionell und postkonventionell. Diese Niveaus weisen jeweils zwei Stadien auf, sodass daraus sechs Stadien des moralischen Urteils resultieren (S. 26 f.). Weil jedoch das postkonventionelle Niveau (Stufe 5: Orientierung am Sozialvertrag; Stufe 6: Orientierung an universellen ethischen Prinzipien) ohnehin nur von einer Minderheit erwachsener Personen erreicht wird, werden im Folgenden nur die ersten vier Stufen skizziert:

Präkonventionelles Niveau: Die Frage nach »gut« und »böse« entscheidet sich an den Folgen, die eine Handlung für das Individuum nach sich zieht.

- *Stufe 1:* Orientierung an Strafe und Gehorsam
(»Befolge Regeln, um Strafe zu vermeiden«, S. 27)
- *Stufe 2:* Orientierung an Kosten-Nutzen
(»Verhalte dich konform, um Belohnungen zu bekommen«, S. 27)

Konventionelles Niveau: Die Beurteilung des eigenen moralischen Handelns richtet sich nach den zugehörigen Bezugsgruppen.

- *Stufe 3:* Orientierung an zwischenmenschlichen Erwartungen
(»Verhalte dich konform, um die Mißbilligung und die Abneigung der anderen zu vermeiden«, S. 27)
- *Stufe 4:* Orientierung an Gesetz und Ordnung
(»Verhalte dich konform, um die Kritik durch legitime Autoritäten und daraus folgende Schuldgefühle zu vermeiden«, S. 27)

Obwohl Kohlbergs Studie z. B. von seiner Schülerin Carol Gilligan dahingehend kritisiert wurde, dass genderbedingte Differenzen unzureichend berücksichtigt seien und auch in anderen Hinsichten diverse Kritikpunkte vorgebracht wurden (Becker, 2011), können die ersten vier Stadien als eine hilfreiche (und hinterfragbare) Heuristik für die moralische Entwicklung von Kindern und Jugendlichen dienen.

4.2 Ergebnisse sozialwissenschaftlich orientierter Werteforschung

Ein wesentliches Ergebnis soziologischer Werteforschung besteht darin, dass gesellschaftliche Veränderungsprozesse wie Individualisierung, Enttraditionalisierung und Medialisierung zu einer Wertepluralität führen (Lindner,

2017a, S. 20–30). Aus dem Umgang mit dieser Wertepluralität folgt jedoch bei Jugendlichen keineswegs ein Werteverlust, vielmehr ist eine Wertesynthese zu beobachten (S. 30–34).

Beispielsweise zeigt eine Untersuchung von 2.000 befragten Personen in Deutschland (Ziebertz & Riegel, 2008), dass die Zustimmung zu den Wertedimensionen Autonomie, Beruf sowie Familie ausgesprochen hoch ausfällt. Auch die anderen Wertedimensionen Disziplin, Technik sowie Hedonismus finden durchweg eine positive Zustimmung, wenn auch nicht in diesem hohen Maße (S. 95). Im Sinne einer Wertesynthese wird festgestellt: »Demnach schließen sich eher traditionelle und eher moderne Wertebereiche für heutige Jugendliche nicht gegenseitig aus. Die Heranwachsenden halten Werte aus beiden Bereichen für wichtig« (S. 96).

Ähnliche Resultate zeigen auch internationale Untersuchungen. Eine vergleichende Analyse von Jugendlichen aus Deutschland, Großbritannien, Polen, Niederlande, Schweden, Finnland, Irland, Kroatien und Israel führt nämlich zu dem Ergebnis, dass in etwas veränderter Reihenfolge folgende vier Wertedimensionen in allen Ländern an vorderster Stelle stehen: Autonomie, Berufsorientierung, Menschlichkeit und Familienorientierung (Ziebertz & Kay, 2005, S. 201 f.).

Hervorgehoben sei schließlich die Studie von Feige & Gennerich (2008). Ihr kommt das Verdienst zu, die religionspädagogische Relevanz des Wertemodells von Shalom Schwartz aufgezeigt zu haben. Letztlich liegen diesem Wertefeld die Polaritäten »Beziehungsorientierung – Selbstorientierung« (= senkrechte Polarität) sowie »Autonomieorientierung – Traditionsorientierung« (= waagerechte Polarität) zugrunde (S. 111–115), woraus ein zweidimensionales Feld mit vier Quadranten resultiert. Je nach ihrer jeweiligen Ausprägung hinsichtlich der beiden Polaritäten können Jugendliche diesen vier Quadranten zugeordnet werden. Dabei bezeichnen Feige & Gennerich die stärker beziehungs- und autonomieorientierten Jugendlichen als Humanisten (= Quadrant links oben), die stärker beziehungs- und traditionsorientierten Jugendlichen als Integrierte (= Quadrant rechts oben), die stärker selbst- und traditionsorientierten Jugendlichen als Statussuchende (= Quadrant rechts unten) sowie schließlich die stärker selbst- und autonomieorientierten Jugendlichen als Autonome (= Quadrant links unten) (S. 116).

Konkret wird die Bedeutung der Wertefelder, wenn man sich die Ergebnisse des Sündenverständnisses Jugendlicher vor Augen führt. Zieht man nämlich die Wertefelder nicht in Betracht und richtet seine Aufmerksamkeit allein auf die Mittelwertvergleiche, dann ergibt sich folgender Befund: Sünde ist für die befragten Jugendlichen »eine ›Beziehungstat‹ im sozialen Nahbereich« (S. 49), da sich die höchsten Werte bei den Items »Vertrauen missbrauchen«, »in der Partnerschaft mal fremdgehen«, »gegenüber jemanden Gewalt anwenden«, »lügen«, »was im Kaufhaus mal ›mitgehen‹ zu lassen« finden lassen (S. 47 f.). Berücksichtigt man jedoch darüber hinaus das Wertemodell, dann wird deutlich, dass die »angebotenen Items zum Sündenverständnis tendenziell eher von traditionsorientierten Jugendlichen bejaht werden« (S. 138).

4.3 Wertebildung im Religionsunterricht

Vor dem Hintergrund der angesprochenen Befragung von Berufsschülerinnen und Berufsschülern (Feige & Gennerich, 2008) nimmt die Studie von Schweitzer, Ruopp & Wagensommer (2012) die Wertebildung im religionsunterrichtlichen Geschehen in den Blick. Ein wesentliches Ergebnis dieser Studie ist, dass die Jugendlichen mehr oder weniger eine »Nahbereichsethik« (S. 140) vertreten, in der die Familie und Freunde eine hohe Wertschätzung genießen, aber auch die hierarchischen Verhältnisse am Arbeitsplatz zum Ausdruck kommen (S. 137–139). »Als einheitliche Konzepte ethischen Handelns, die sich in den videographierten Unterrichtsstunden dokumentieren, können insbesondere das Prinzip der Wechselseitigkeit, ›tit for tat‹ und eine Orientierung an intuitiv erfassten Gewissensaspekten gelten« (S. 140). Dementsprechend orientieren sich viele SuS im Berufsschulunterricht gemäß Kohlbergs Stufen der Moralentwicklung »an präkonventionellen moralischen Urteilen« (S. 144).

5. Zugänge und Methoden ethischen Lernens im Religionsunterricht

Zunächst sei betont: Grundsätzlich lassen sich fast alle üblichen Zugänge und Methoden religiösen Lernens auch auf die ethische Lerndimension beziehen. Am Beispiel der performativen Religionsdidaktik oder der Kinder- und Jugendtheologie tritt aber beispielhaft zutage, dass gerade neuere Ansätze tendenziell eher nicht an ethischen Unterrichtsgehalten didaktisch konkretisiert worden sind (Schlag, 2021). Eine Ausnahme bildet die konstruktivistische Religionsdidaktik, die diesem Lernbereich ein eigenes Jahrbuch mit zahlreichen Unterrichtsanregungen gewidmet hat (Büttner et al., 2013). Auch auf methodischer Ebene erhärtet sich damit der Grundbefund, dass sich ethisches Lernen zu einem eigenen Lernbereich des Religionsunterrichts mit spezifischen Lernformen und -wegen entwickelt hat. Unter Rückgriff auf entsprechende Vorarbeiten (Schweitzer, 1996; Adam, 2015; Lindner

& Zimmermann, 2021, S. 291–332) sollen im Folgenden ausgewählte Methoden ethischen Lernens in groben Zügen vorgestellt werden.

Als Ordnungsprinzip dient die Unterscheidung von

1. Lernwegen, die ihren Schwerpunkt auf der kognitiv bestimmten Dimension ethischen Denkens und Urteilens haben,
2. Methoden, die an der affektiv bestimmten Dimension ethischer Orientierungen und Haltungen ansetzen, und
3. Lernformen, die stärker auf die pragmatisch bestimmte Dimension prosozialen Handelns und Verhaltens zielen.

Mit dem Attribut »bestimmt« ist ausgesagt, dass es sich um Gewichtungen handelt. Die Dimensionen sind nicht isoliert voneinander zu verstehen und zumeist miteinander verzahnt.

5.1 Stärker kognitiv dimensionierte Methoden und Zugänge

Unabhängig von ihrer religiös-weltanschaulichen Einbettung besteht eine vorrangige Aufgabe ethischer Bildung darin, SuS zu ethischem Denken und Argumentieren zu befähigen. Sie sollen verschiedene Standpunkte kennen, diese beurteilen und dann selbst Position beziehen können. Mit zunehmendem Alter kommt es also entscheidend auf die Kompetenz an, möglicherweise eher intuitiv getroffene Wertentscheidungen argumentativ zu fundieren und gegebenenfalls kritisch zu hinterfragen.

Bereits Lawrence Kohlberg hat in seiner Psychologie der Moralentwicklung auf das Potenzial von *Dilemma-Geschichten* für die Entwicklung des moralischen Urteils hingewiesen (vgl. als Überblick Schweitzer, 2010, S. 112–121). Dilemmata sind durch eine Problemstruktur charakterisiert, die keine einfachen Antworten zulässt, weil jeder Lösungsversuch einen Verstoß gegen moralische Ordnungen einschließt. Daher kommen Menschen, die mit ihnen konfrontiert sind, kaum umhin, ihre Begründungen offenzulegen. Auch das Nähe-Distanz-Verhältnis entspricht der pädagogischen Figur des Probehandelns: Die in den Dilemma-Geschichten konstruierten Situationen laden ein zur existenziellen Identifikation, betreffen die Lernenden aber nicht unmittelbar.

Kohlbergs Impuls wurde in der pädagogischen Psychologie aufgegriffen und zu komplexen Lernmodellen ausgebaut (vgl. bes. Lind, 2009). Die einflussreichste religionspädagogische Adaption stammt von Lothar Kuld und Bruno Schmid (2001). Ulrich Riegel (2018, S. 4 f.) schlägt fünf Schritte für die Inszenierung einer Dilemma-Diskussion im Religionsunterricht vor:

1. Präsentation der Dilemma-Geschichte und Klärung der Problemstruktur,
2. erste individuelle Positionierung durch die Lernenden,
3. Abgleich der Standpunkte und Austausch der Argumente in wechselnden Gruppenkonstellationen,
4. Überprüfung und ggf. Modifikation der eigenen Handlungsoption vor dem Hintergrund der vorangegangenen Diskussion,
5. Reflexion des Gesamtprozesses ethischer Urteilsbildung auf der Metaebene.

Wie die Methode der Dilemma-Diskussion hat auch das *Lernen an Fallstudien* seinen ursprünglichen Sitz im Leben in der wissenschaftlichen Forschung. Im Fokus steht hier die schrittweise Auseinandersetzung mit realitätsnahen oder authentischen Fällen, in denen sich eine für die SuS bedeutsame Problemstellung exemplarisch verdichtet. Idealerweise sollte der Fall die Komplexität der Problemsituation einerseits wahren (im Sinne wissenschaftlicher Repräsentation) und andererseits reduzieren, damit sie für die Lernenden sinnvoll zu bearbeiten ist. Monika E. Fuchs (2021, S. 309–311) gliedert den Prozess der Fallbearbeitung in sechs Schritte:
1. *Konfrontation mit dem Fall,*
2. *Information* durch bereitgestelltes Material und eigene Recherchen,
3. *Exploration* von Lösungsmöglichkeiten in Gruppendiskussionen,
4. *Resolution:* begründete Festlegung auf eine Lösungsvariante,
5. *Disputation:* öffentliche Auseinandersetzung mit den präsentierten Lösungsoptionen in der Gesamtgruppe,
6. *Kollation:* Abgleich der Gruppenlösungen.

5.2 Stärker affektiv dimensionierte Methoden und Zugänge

Methoden der *Wertebildung* tragen der Tatsache Rechnung, dass ethisches Denken und Handeln in individuell wie kollektiv verankerten Orientierungen, Überzeugungen und Haltungen eingelagert sind. Für den Religionsunterricht kommt der religiösen Einbettung von Werten besondere Bedeutung zu, und zwar in kritischer wie konstruktiver Zielrichtung. Folgt man dem Konzept der *Wertklärung* (value clarification), kann ein Beitrag des Religionsunterrichts zur ethischen Bildung darin bestehen, dass er SuS Explorationsräume eröffnet, in denen diese »sich ihrer oft nur unbewussten Wertorientierungen bewusst werden können, zwischen verschiedenen Werten wählen lernen und durch Reflexion Werte auswählen und im Handeln konkretisieren können« (Adam, 2015, S. 27). In ihrem Standardwerk präsentieren Louis Raths, Merrill Harmin und Sidney Simon (1976) eine breite Palette von Strategien und Interventionen, wie entsprechende Prozesse der Selbstreflexion angestoßen und kultiviert werden können. Allerdings ist bei der Rezeption Vorsicht geboten, weil dem Konzept überhöhte Selbstwirksamkeitserwartungen zugrunde liegen und »zudem (selbst) kritische Reflexionsprozesse gegenüber gesellschaftlich adaptierten Werteskalen kaum vorgesehen sind bzw. kaum gefördert werden« (Naurath, 2021, S. 225).

Dimensional reicher und auch komplexer ist das von Konstantin Lindner (2017a, S. 177–279) im Anschluss an das australische »Student-Action-Teams«-Programm entwickelte Konzept der »Wertbegründer*innen-Projekte«. In einem siebenphasigen Lernarrangement machen sich die Lernenden

- »auf die Suche nach Werten, die ihnen *Gründe* geben, sie zu realisieren«,
- »setzen sich mit deren *Begründungs*optionen auseinander – insbesondere den religiösen« und
- »gründen niedrigschwellige Initiativen zur Umsetzung ausgewählter Werte« (Lindner, 2017a, S. 278).

Allen bislang präsentierten Ansätzen ist gemeinsam, dass sie von den vorausgesetzten Denk- und Handlungskapazitäten her anspruchsvoll sind und daher nur bedingt im Religionsunterricht mit Kindern eingesetzt werden können. Hier scheint die tief in der Geschichte ethischen Lernens verwurzelte Orientierung an *Vorbildern* zu ihrem Recht zu kommen, zumal die Prägekraft personaler Repräsentation von Werten auch im aktuellen Wissenschaftsdiskurs unterstrichen wird. Pointiert hält Hans Joas fest: »Vorbilder, Zeugen, Beispiele und deren reales Handeln zählen mehr als verbale Bekundungen und Informationen« (Joas, 2002, S. 76). Allerdings hat sich die althergebrachte Vorbilddidaktik im deutschen Kontext spätestens mit ihrer totalitären Instrumentalisierung in der nationalsozialistischen Pädagogik auch in der Religionspädagogik restlos diskreditiert. Selbst wenn man damalige Exzesse vermeidet, bleiben drei Vorbehalte bestehen: Erstens eröffnet das traditionelle Vorbildlernen tendenziell zu wenig Möglichkeiten zur kritischen Reflexion und Distanzierung, zweitens werden die Lernenden oft auf unerreichbare Ziele fixiert und drittens befinden sich die vorzugsweise ins Licht gerückten »großen« Glaubensgestalten oft fernab der Lebenswirklichkeit heutiger Kinder und Jugendlicher.

Folglich hat sich der Fokus ethischen Lernens an fremden Biografien in zweifacher Hinsicht verschoben. Zum einen ist das Konzept des *Modells* an die Stelle der Vorbildidee getreten. Während ein Vorbild zur Nachahmung inspirieren soll, handelt es sich bei einem Modell um »ein problematisches Vorbild, das zu denken gibt« (Mieth & Mieth, 1977, S. 627 f.). Zum anderen hat Hans Mendl (2020) vorgeschlagen, ethisch-personales Lernen nicht mehr vorrangig an den Heiligen und Heroen der Christentumsgeschichte auszurichten, sondern die

»Local Heroes« stärker einzubeziehen. Gemeint sind Menschen, die sich »vor Ort« und »im Hier und Jetzt« sozial engagieren und dadurch prosoziales Handeln glaubhaft verkörpern. Dafür hat Mendl eine eigene Internetdatenbank errichtet, die ein breites Spektrum solcher »Helden/Heldinnen auf Augenhöhe« aus ganz Deutschland bereithält und den Userinnen und Usern auch Vorschläge zur didaktischen Gestaltung von Lernprozessen anbietet, die an »Local Heroes« orientiert sind (https://www.uni-passau.de/local-heroes/).

5.3 Stärker pragmatisch dimensionierte Methoden und Zugänge

Bereits an den zuletzt genannten Ansätzen wird deutlich: So wichtig es ist, SuS in ihrer ethischen Reflexions-, Argumentations- und Positionierungsfähigkeit zu fördern, bliebe ethische Bildung ein Torso, wenn sie sich ausschließlich auf diese Aufgabe beschränken würde. Vielmehr muss ethisches Lernen auch die Sphäre menschlichen Handelns und Verhaltens mit im Blick haben, mithin pragmatisch dimensioniert sein. In beiden Konfessionen haben sich seit den 1990er Jahren Ansätze herauskristallisiert, in denen wertbasiertes Handeln den Ausgangs- und Zielpunkt ethischer Bildung bildet (vgl. Toaspern, 2021).

Das Konzept *diakonischen Lernens* (Fricke & Dorner, 2015, mit zahlreichen Praxisbeispielen) hat seinen Entstehungskontext in evangelischen Schulen und vereint mittlerweile ein breites Spektrum von Lernoptionen, die von Kurzpraktika, Projektlernen, längeren Perioden des Engagements bis hin zu einem eigenen Fachangebot an Evangelischen Schulen mit entsprechendem Profilschwerpunkt reichen. Zumeist gliedern sich diakonische Lernprojekte in drei Phasen (Fricke & Dorner, 2015, S. 15 f., 79 f.): Im Klassenunterricht findet eine erste Phase der Annäherung (an Diakonie als Grunddimension christlichen Lebens) und der Vorbereitung (auf den Einsatz am diakonischen Praxisort) statt. Das eigentliche Herzstück bildet die Praxisphase in einer diakonischen Einrichtung, bei der Handeln und Reflexion Hand in Hand gehen. Der Lernprozess mündet in einer Phase der Nachbereitung, die zumeist einen Praktikumsbericht einschließt.

Ähnlich strukturiert ist das in der Erzdiözese Freiburg konzeptionell entwickelte *Compassion-Projekt* (vgl. Kuld & Gönnheimer, 2004). Der von Johann Baptist Metz geprägte Begriff der Compassion zielt im Sinne der Befreiungstheologie auf Empfindsamkeit für das Leid der Anderen. Im Zentrum von Compassion steht ein in der Regel zweiwöchiges Praktikum in einer (beliebigen) sozialen Einrichtung. Während die religiöse Erschließungsebene (auch im Vergleich zu diakonischem Lernen) »eher zurückhaltend angelegt ist« (Toaspern, 2021, S. 323), ist Compassion stärker auf der gesamtschulischen Systemebene angesiedelt. Das Praktikum ist für SuS an Compassion-Schulen verpflichtend und ist sowohl in der Vorbereitung als auch in der Nachbereitung in ein vernetztes Angebot fachspezifischen und fächerverbindenden Lernens eingebettet.

6. Ethische Kernthemen – zur Gesamtanlage dieses Bandes

Wie bereits die Neuausgabe von Band 1 »Theologische Schlüsselbegriffe« (Rothgangel, Simojoki & Körtner, 2019) steht auch diese Einführung in ethische Kernthemen in Kontinuität zum vor 15 Jahren erstmals erschienenen Vorgängerband. Das gilt zunächst grundsätzlich für die entschieden praxisorientierte Zielrichtung des Bandes. Er richtet sich an Lehrerinnen und Lehrer, die in der Schule Religion unterrichten bzw. dazu professionalisiert werden. Wieder gilt:

> »Ihnen will der Band zu einer schnell greif- und begreifbaren Hilfe bei der religionsunterrichtlichen Vorbereitung ethischer Themen oder dem akuten Gefragtsein bei Gelegenheit situativ bedingter Diskussion ethischer Schlüsselprobleme werden« (Lachmann, Adam & Rothgangel, 2015, S. 8 f.).

Auch der Aufbau der Beiträge setzt die Weichenstellungen der Erstausgabe fort: Sie beginnen mit »Lebensweltlichen Perspektiven«, in denen die Lebenssicht und die Erfahrungswirklichkeit heutiger Kinder und Jugendlicher mit ethisch herausfordernden Problemlagen der Weltgesellschaft vermittelt werden. Daran schließen sich »Theologisch-ethische Perspektiven« an, die das jeweilige Kernthema in Auseinandersetzung mit der biblischen Überlieferung, mit hervorgehobenen Positionen aus dem systematisch-theologischen Diskurs und in vielen Fällen mit außertheologischen Referenztheorien (etwa der philosophischen Ethik) elementarisierend erschließen. Die fachwissenschaftlichen Überlegungen münden in »Didaktische Perspektiven«, die einerseits auf grundlegende Orientierungen im Sinne kompetenzorientierter Bildung zielen und andererseits methodische Hilfestellungen sowie Materialhinweise für die konkrete Unterrichtsplanung enthalten. Abgerundet werden die analog strukturierten Beiträge durch ein knappes Literaturverzeichnis, das den einschlägigen Forschungsstand überblicksartig abbildet und dadurch zu vertiefender Beschäftigung mit den elementarisierten Themen anregt.

Zugleich wurden mit dieser Neuausgabe auch konzeptionelle Modifikationen eingeführt, die zum Teil weitreichend sind. Gliederte sich der Vorgängerband noch in elf Schlüsselprobleme und 17 Beiträge, werden nun, analog zur Anzahl »Theologischer Schlüsselbegriffe« im ersten Band, 40 »ethische Kernthemen«

mehrperspektivisch aufbereitet. Die höhere Zahl der Beiträge, verbunden mit einem tendenziell geringeren Umfang, spiegelt die Ausdifferenzierung ethischer Problemlagen und Diskurse wider. Sie ist aber auch didaktisch motiviert: Es ging darum, die Auswahl der Kernthemen noch konsequenter an den in Lehr- und Bildungsplänen enthaltenen Kompetenzerwartungen und Inhaltsbereichen auszurichten.

Für theologisch-religionspädagogische Professionalisierung wie für Planungsprozesse im Religionsunterricht gilt gleichermaßen, dass sie im doppelten Horizont von Fachwissenschaft und Fachdidaktik verantwortet werden müssen. Um zu gewährleisten, dass die von Religionspädagoginnen und Religionspädagogen verfassten Beiträge auch theologisch-ethisch »auf der Höhe der Zeit« sind, wurde die Herausgeberschaft, wie schon beim ersten Band der Neuausgabe, entsprechend erweitert.

Besonders weitreichend und, so steht zu hoffen, auch zukunftsweisend ist die mit diesem Band verbundene ökumenische Öffnung: Die Reihe »Theologie für Lehrerinnen und Lehrer« richtet sich nun erstmals explizit an Lehrerinnen und Lehrer sowie Lehramtsstudierende aller Konfessionen. Folglich wurden die Beiträge von Expertinnen und Experten aus der evangelischen und katholischen Religionspädagogik verfasst. Diese Öffnung entspricht der generellen Richtung sowohl des ethisch-theologischen Diskurses als auch der religionsdidaktischen Theoriebildung. Hier wie dort haben konfessionelle Differenzen insgesamt an Gewicht verloren; wo sie bedeutsam bleiben, sind sie in einem ökumenischen Deutungsraum zu verorten. Dabei ist die ökumenische Profilierung der Reihe nicht nur veränderten Realitäten geschuldet. Sie verdankt sich vielmehr der Überzeugung – theologisch ausgedrückt: der Hoffnung –, dass der Religionsunterricht der Zukunft, noch konsequenter als dies aktuell der Fall ist, im Zeichen der Öffnung stehen wird.

Das vorliegende Buch ist ein Gemeinschaftswerk vieler – und in einer Zeit entstanden, die im Schatten einer globalen Pandemie stand. Umso mehr Grund haben wir daher, abschließend zu danken. An erster Stelle sind hier Gottfried Adam und Rainer Lachmann zu nennen, die uns die Weiterführung »ihrer« Reihe anvertraut haben. Sodann gilt unser Dank allen Kolleginnen und Kollegen, die zu diesem Band beigetragen haben. Elementarisierung ist alles andere als einfach – entsprechend beeindruckt waren wir, wie konstruktiv sich die Zusammenarbeit gestaltete, gerade auch bei potenziell »nervigen« Fragen der Überarbeitung und Kürzung. Ebenfalls danken möchten wir Elisabeth Schreiber-Quanz und dem Verlag Vandenhoeck & Ruprecht für die einmal mehr exzellente Betreuung. Dass das voluminöse Werk tatsächlich publikationsfertig wurde, verdanken wir dem Einsatz unserer famosen Lehrstuhlteams. In besonderer Weise haben sich Petra Haupt, Sabrina Fabian und Emma Sandner (Berlin) sowie Karin Sima, Melanie Binder, Janett Baliga, Angelika Meirhofer, Stefanie Faugel, Stefan Haider und Elise Tebel (Wien) um die Korrektur und die redaktionelle Bearbeitung der vielen, vielen Texte verdient gemacht.

7. Literatur

Adam, G. (2015): Ethisches Lernen: Methoden und Formen. In R. Lachmann/G. Adam/M. Rothgangel (Hg.): Ethische Schlüsselprobleme. Lebensweltlich – theologisch – didaktisch (Theologie für Lehrerinnen und Lehrer 4) (2. Aufl., S. 23–37). Göttingen: Vandenhoeck & Ruprecht.

Adam, G./Schweitzer, F. (1996) (Hg.): Ethisch erziehen in der Schule. Göttingen: Vandenhoeck & Ruprecht.

Albert, M./Hurrelmann, K./Quenzel, G. (2019): 18. Shell Jugendstudie. Jugend 2019. Eine Generation meldet sich zu Wort. Weinheim: Beltz.

Bauer, T. (2018): Die Vereindeutigung der Welt. Über den Verlust an Mehrdeutigkeit und Vielfalt. Ditzingen: Reclam.

Bayrhuber, H. (2020): Biologiedidaktik. Bestandsaufnahme und Forschungsperspektiven. In M. Rothgangel/U. Abraham/H. Bayrhuber/V. Frederking/W. Jank/H. J. Vollmer (Hg.): Lernen im Fach und über das Fach hinaus. Bestandsaufnahmen und Forschungsperspektiven aus 17 Fachdidaktiken im Vergleich (Allgemeine Fachdidaktik, Bd. 2, S. 25–51). Münster: Waxmann.

Becker, G. (2011): Kohlberg und seine Kritiker. Die Aktualität von Kohlbergs Moralpsychologie. Wiesbaden: Springer (VS).

Bederna, K. (2020): Every day for Future. Theologie und religiöse Bildung für nachhaltige Entwicklung (2. Aufl.). Ostfildern: Grünewald.

Bohne, G. (1929): Das Wort Gottes und der Unterricht. Zur Grundlegung einer evangelischen Pädagogik. Berlin: Furche.

Büttner, G./Mendl, H./Reis, O./Roose, H. (Hg.) (2013): Ethik (Jahrbuch für konstruktivistische Religionsdidaktik 4). Hannover: Siebert.

Englert, R./Kohler-Spiegel, H./Naurath, E./Schröder, B./Schweitzer, F. (Hg.) (2015): Ethisches Lernen (Jahrbuch der Religionspädagogik, Bd. 31). Neukirchen-Vluyn: Neukirchener Verlag.

Feige, A./Gennerich, C. (2008): Lebensorientierungen Jugendlicher. Alltagsethik, Moral und Religion in der Wahrnehmung von Berufsschülerinnen und -schülern in Deutschland. Eine Umfrage unter 8.000 Christen, Nicht-Christen und Muslimen. Münster: Waxmann.

Fischer, J. (2002): Bioethik in theologischer Perspektive. In Ders.: Medizin- und bioethische Perspektiven. Beiträge zur Urteilsbildung im Bereich von Medizin und Biologie (S. 77–104). Zürich: TVZ.

Fischer, J. (2010): Sittlichkeit und Rationalität. Zur Kritik der desengagierten Vernunft (Forum Systematik 38). Stuttgart: Kohlhammer.

Fischer, J./Gruden, S./Imhof, E./Strub, J.-D. (2008): Grundkurs Ethik. Grundbegriffe philosophischer und theologischer Ethik (2. Aufl.). Stuttgart: Kohlhammer.

Frenkel-Brunswik, E. (1949): Intolerance of Ambiguity as an Emotional and Perceptual Personality Variable. Journal of Personality 18, S. 108–143.

Fricke, M./Dorner, M. (Hg.) (2015): Werkbuch Diakonisches Lernen. Göttingen: Vandenhoeck & Ruprecht.

Fuchs, M. E. (2021): Lernen an Fallstudien. In K. Lindner/M. Zimmermann (Hg.) (2021): Handbuch ethische Bildung. Religionspädagogische Fokussierungen (S. 304–310). Tübingen: Mohr Siebeck.

Gärtner, C. (2020): Klima, Corona und das Christentum. Religiöse Bildung für nachhaltige Entwicklung in einer verwundeten Welt. Bielefeld: transkript.
Gibbs, J. (2019): Moral Development and Reality. Beyond the Theories of Kohlberg, Hoffman, and Haidt (Fourth edition). New York: Oxford University Press.
Göttler, J. (1923): Religions- und Moralpädagogik. Grundriß einer zeitgemäßen Katechetik. Münster: Aschendorff.
Höffe, O. (1993): Moral als Preis der Moderne (stw 1046). Frankfurt a. M.: Suhrkamp.
Joas, H. (2003): Wertevermittlung in einer fragmentierten Gesellschaft. In N. Killius/J. Kluge/L. Reisch (Hg.): Die Zukunft der Bildung (S. 58–77). Frankfurt a. M.: Suhrkamp.
Kirchenamt der EKD (Hg.) (2008): Schulen in evangelischer Trägerschaft. Selbstverständnis, Leistungsfähigkeit und Perspektiven. Gütersloh: Gütersloher Verlagshaus.
Kittel, H. (1949): Vom Religionsunterricht zur Evangelischen Unterweisung (2. Aufl.). Hannover: Wissenschaftliche Verlags-Anstalt.
Knauth, T. (2003): Problemorientierter Religionsunterricht. Eine kritische Rekonstruktion. Göttingen: Vandenhoeck & Ruprecht.
Kohlberg, L. (2017): Die Psychologie der Moralentwicklung (8. Aufl.). Frankfurt a. M.: Suhrkamp.
Körtner, U. H. J. (2019): Evangelische Sozialethik. Grundlagen und Themenfelder (UTB 2107) (4. Aufl.). Göttingen: Vandenhoeck & Ruprecht.
Kuld, L./Gönnheimer, S. (Hg.) (2004): Praxisbuch Compassion. Soziales Lernen an Schulen. Praktikum und Unterricht in den Sekundarstufen I und II. Donauwörth: Auer.
Kuld, L./Gönnheimer, S. (2000): Wissenschaftliche Evaluation des Modellversuchs. In J. B. Metz/L. Kuld/A. Weisbrod (Hg.): Compassion: Weltprogramm des Christentums. Soziale Verantwortung lernen (S. 122–140). Freiburg i. Br. u. a.: Herder.
Kuld, L./Schmid, B. (2001): Lernen aus Widersprüchen. Dilemmageschichten im Religionsunterricht. Donauwörth: Auer.
Lachmann, R./Adam, G./Rothgangel, M. (Hg.) (2015): Ethische Schlüsselprobleme. Lebensweltlich – theologisch – didaktisch (Theologie für Lehrerinnen und Lehrer 4) (2. Aufl., S. 7–9). Göttingen: Vandenhoeck & Ruprecht.
Lange, D. (1992): Ethik in evangelischer Perspektive. Göttingen: Vandenhoeck & Ruprecht.
Lind, G. (2009): Moral ist lehrbar. Handbuch zur Theorie und Praxis moralischer und demokratischer Bildung (2. Aufl.). München: Oldenbourg.
Lindner, K. (2017a): Wertebildung im Religionsunterricht. Grundlagen, Herausforderungen und Perspektiven (= Religionspädagogik in pluraler Gesellschaft 21). Paderborn: Ferdinand Schöningh.
Lindner, K. (2017b): Wertebildung im Religionsunterricht. Die bildende Dimension religiöser Bezugnahmen in religionspluraler Zeit. In M. Schambeck/S. Pemsel-Maier (Hg.): Welche Werte braucht die Welt? Wertebildung in christlicher und muslimischer Perspektive (S. 100–117). Freiburg i. Br. u. a.: Herder.
Lindner, K./Zimmermann, M. (Hg.) (2021): Handbuch ethische Bildung. Religionspädagogische Fokussierungen. Tübingen: Mohr Siebeck.
Luhmann, N. (1978): Soziologie der Moral. In Ders./S. Pfürtner (Hg.): Theorietechnik und Moral (stw 206) (S. 8–116). Frankfurt a. M.: Suhrkamp.
Mendl, H. (2020): Helden wohnen nebenan. Lernen an fremden Biografien. Ostfildern: Grünewald.
Mieth, D. (1999): Moral und Erfahrung I. Grundlagen einer theologisch-ethischen Hermeneutik (SthE 2, 4. Aufl.). Freiburg i. Br. u. a.: Herder.
Mieth, I./Mieth, D. (1977): Vorbild oder Modell? Geschichten und Überlegungen zu einer narrativen Ethik. Katechetische Blätter 102 (12), S. 625–631.
Mokrosch, R./Regenbogen, A. (Hg.) (2009): Werte-Erziehung und Schule. Ein Handbuch für Unterrichtende. Göttingen: Vandenhoeck & Ruprecht.
Naurath, E. (2021): Übertragung, Erhellung, Entwicklung, Kommunikation, Erfahrung. Strategien ethischer Bildung im Religionsunterricht. In K. Lindner/M. Zimmermann (Hg.) (2021):

Handbuch ethische Bildung. Religionspädagogische Fokussierungen (S. 222–229). Tübingen: Mohr Siebeck.
Niebergall, F. (1922): Der neue Religionsunterricht. Bd. 1. Langensalza: Beltz.
Palmer, C. (1855): Evangelische Pädagogik (2. Aufl.). Stuttgart: Steinkopf.
Prichard, H. (1974): Beruht die Moralphilosophie auf einem Irrtum? In G. Grewendorf/G. Meggle (Hg.): Seminar: Sprache und Ethik. Zur Entwicklung der Metaethik (S. 61–82). Frankfurt a. M.: Suhrkamp.
Raths, L./Harmin, M./Simon, S. (1976): Werte und Ziele. Methoden zur Sinnfindung im Unterricht. München: Pfeiffer.
Reese-Schnitker, A./Bertram, D./Franzmann, M. (Hg.) (2018): Migration, Flucht und Vertreibung. Theologische Analyse und religionsunterrichtliche Praxis (Religionspädagogik innovativ, Bd. 23). Stuttgart: Kohlhammer.
Riegel, U. (2018): Art. Dilemmageschichte, Religionsunterricht. In WiReLex – Das Wissenschaftlich-Religionspädagogische Lexikon im Internet. https://www.bibelwissenschaft.de/stichwort/200372/ (Zugriff: 24.02.2021).
Rothgangel, M. (2021): Ethische Bildung mit oder ohne Religion? Der Beitrag des schulischen Religionsunterrichts zu ethischer Bildung. In K. Lindner/M. Zimmermann (Hg.): Handbuch ethische Bildung. Religionspädagogische Fokussierungen (S. 281–287). Tübingen: Mohr Siebeck.
Rothgangel, M./Simojoki, H./Körtner, U. H. J. (Hg.) (2019): Theologische Schlüsselbegriffe. Subjektorientiert – biblisch – systematisch – didaktisch (TLL 1). Göttingen: Vandenhoeck & Ruprecht.
Rousseau, J.-J. (1762/2008): Vom Gesellschaftsvertrag oder Grundsätze des Staatsrechts. Stuttgart: Reclam.
Salzmann, C. (1870): Ueber die wirksamsten Mittel, Kindern Religion beyzubringen. Leipzig: Siegismund & Volkening.
Schlag, T. (2021): Lernen durch Theologisieren zu ethischen Fragestellungen. In K. Lindner/M. Zimmermann (Hg.): Handbuch ethische Bildung. Religionspädagogische Fokussierungen (S. 332–339). Tübingen: Mohr Siebeck.
Schlag, T./Klie, T./Kunz, R. (Hg.) (2007): Ästhetik und Ethik. Die öffentliche Bedeutung der Praktischen Theologie. Zürich: TVZ Theologischer Verlag.
Schröder, B. (2012). Religionspädagogik. Tübingen: Mohr Siebeck.
Schleiermacher, F. (1799/1991): Über die Religion. Reden an die Gebildeten unter ihren Verächtern (7. Aufl.). Göttingen: Vandenhoeck & Ruprecht.
Schleiermacher, F. (1884): Die christliche Sitte nach den Grundsätzen der evangelischen Kirche im Zusammenhange dargestellt (2. Aufl.). Berlin: Reimer.
Schweitzer, F. (1996): Grundformen ethischen Lehrens und Lernens. In G. Adam/F. Schweitzer (Hg.): Ethisch erziehen in der Schule (S. 62–80). Göttingen: Vandenhoeck & Ruprecht.
Schweitzer, F. (2010). Lebensgeschichte und Religion. Religiöse Entwicklung und Erziehung im Kindes- und Jugendalter (7. Aufl.). Gütersloh: Gütersloher Verlagshaus.
Schweitzer, F./Ruopp, J./Wagensommer, G. (2012): Wertebildung im Religionsunterricht: Eine empirische Untersuchung im berufsbildenden Bereich. Münster: Waxmann.
Simojoki, H. (2012): Globalisierte Religion. Ausgangspunkte, Maßstäbe und Perspektiven religiöser Bildung in der Weltgesellschaft. Tübingen: Mohr Siebeck.
Simojoki, H. (2021): Ethische Bildung im Religionsunterricht. In K. Lindner/M. Zimmermann (Hg.): Handbuch ethische Bildung. Religionspädagogische Fokussierungen (S. 215–221). Tübingen: Mohr Siebeck.
Stachel, G./Mieth, D. (1978): Ethisch handeln lernen. Zu Konzeption und Inhalt ethischer Erziehung. Zürich: Benziger.
Taylor, C. (1996): Quellen des Selbst. Die Entstehung der neuzeitlichen Identität. Frankfurt a. M.: Suhrkamp.

Thaidigsmann, E. (2007a): Christlicher Glaube im Streit um ethische Bildung durch »Werteerziehung«. In H. Rommel/Ders. (Hg.): Religion und Werteerziehung. Beiträge zu einer kontroversen Debatte (S. 89–108). Waltrop: Spenner.

Thaidigsmann, E. (2007b): Unsichere Aufklärung. Zur Einführung eines verpflichtenden Werteunterrichts in Berlin. In H. Rommel/Ders. (Hg.): Religion und Werteerziehung. Beiträge zu einer kontroversen Debatte (S. 211–217). Waltrop: Spenner.

Toaspern, D. (2021): Lernen durch wertbasiertes Handeln. In K. Lindner/M. Zimmermann (Hg.): Handbuch ethische Bildung. Religionspädagogische Fokussierungen (S. 318–325). Tübingen: Mohr Siebeck.

Tödt, H.-E. (1977): Versuch zu einer Theorie der ethischen Urteilsfindung. Zeitschrift für Evangelische Ethik 21, S. 81–93.

Troeltsch, E. (1994): Die Soziallehren der christlichen Kirchen und Gruppen (GS 1) (1912, [3]1923), Nachdruck (UTB 1811/1812). Tübingen: J.C.B. Mohr (Paul Siebeck).

Willmann, O. (1882/1889): Didaktik als Bildungslehre. Nach ihren Beziehungen zur Socialforschung und zur Geschichte der Bildung dargestellt. 2 Bde. Braunschweig: Vieweg und Sohn.

Ziebertz, H.-G. (1990): Moralerziehung im Wertpluralismus. Eine empirisch-theologische Untersuchung nach moralpädagogischen Handlungskonzepten im Religionsunterricht und in der kirchlichen Jugendarbeit zu Fragen der Sexualität. Kampen u. a.: Deutscher Studien Verlag.

Ziebertz, H.-G./Kay, W. K. (Hg.) (2005): Youth in Europe. An International Empirical Study about Life Perspectives (Bd I). Münster: LIT.

Ziebertz, H.-G./Riegel, U. (2008): Letzte Sicherheiten. Eine empirische Untersuchung zu Weltbildern Jugendlicher. Gütersloh/Freiburg i. Br. u. a.: Herder.

1. Lebensweltliche Perspektiven

»Wer nicht arbeiten will, soll auch nicht essen« (2 Thess 3,10). Diese Weisung des Apostels Paulus mutet zunächst irritierend an. Als müsste man dafür, dass man lebt, Leistungen erbringen. Kontextuiert man die Bibelstelle, wird allerdings klar, dass die Weisung sich gegen den Müßiggang richtet und dazu auffordert, das Menschenmögliche für den eigenen Lebensunterhalt beizutragen. In der Arbeit, die oft mühselig ist, kann dabei Erfüllung liegen. Sie ist aber nicht alleinig das, was den Menschen ausmacht. Arbeit ist nicht Leistung, sondern theologisch gesehen »mühsame Tätigkeit, ›erbeyt‹« (Meireis, 2008, S. 75). Sie ist Alltagshandeln.

Arbeit ist mühselig und macht Freude; Arbeit ist fremden Erwartungen unterworfen und kann einen doch erfüllen; Arbeit dient Zwecken und kann doch auch Selbstverwirklichung sein. Arbeit lässt sich nicht auf einen Punkt bringen (Füllsack, 2009, S. 8–12).

Sie ist als Transformation von Lebensenergie in für sich selbst oder andere nutzbare oder anschaubare Dinge zu verstehen. Wo der Mensch sich transformierend in seine Umwelt einbringt, leistet er Arbeit. Diese Arbeit kann der eigenen Existenzsicherung dienen oder einfach der Freude, beispielsweise im Spiel. Grundsätzlich geht es bei der Arbeit darum, sich in unterschiedlichen Kontexten einzubringen, sei es in der Wirtschaft, dem Gesundheitswesen oder der Religion. Dieses sehr weit gefasste, formale Verständnis von Arbeit ist eng verbunden mit gesellschaftlichen Vorstellungen von Zeit. Denn Vorstellungen von Arbeit entfalten sich über der gesellschaftlichen Frage, in welchen Lebensabschnitten Arbeit im Sinne der eigenen Existenzsicherung geleistet wird und in welcher Intensität dies geschehen müsse. »Erst die Arbeit, dann das Vergnügen!«, steht sprichwörtlich für die Vorstellung, dass das Einbringen eigener Lebensenergie immer auch eine Wette auf die Zukunft ist (Luhmann, 2005). Es ist ganz offen, ob ein Vergnügen sich tatsächlich einstellen wird. Aber dass Kinder in funktional differenzierten Gesellschaften nicht arbeiten müssen, sondern sich entfalten und bilden sollen, ist eine Errungenschaft, die diese Wette auf die Zukunft institutionalisiert.

Der Beruf als Spezialfall der Arbeit steht für eine Qualifikation, bestimmte Tätigkeiten kompetent auszuführen. Ausbildungsberufe sind in Deutschland im Berufsbildungsgesetz benannt; andere Berufe setzen eine Hochschulbildung voraus, sind aber gesetzlich nicht weiter geregelt. Weil der Erwerb von beruflichen Qualifikationen an berufsbildenden Schulen oder Hochschulen zum einen mit dem jeweiligen gesellschaftlichen Bildungssystem und zum anderen mit den unterschiedlichen Bedarfen in Wirtschaft und Gesellschaft eng verzahnt ist, können Arbeit und Beruf nicht unabhängig von Zukunftsvorstellungen verstanden werden. In Gesellschaften mit Subsistenzwirtschaft, wie sie im Hintergrund der Genesis existierte, stellte sich die Frage der Qualifikation für bestimmte Arbeiten nicht, weil deren Ausübung oft unmittelbar einsichtig war. Herdentiere mussten gehütet, Getreide gemahlen und Essen zubereitet werden. In funktional differenzierten Gesellschaften wie unserer heutigen sind die Berufstätigkeiten so spezialisiert, dass zunächst eine schulische Ausbildung notwendig ist, um bestimmte Grundfertigkeiten zu erwerben. Erst dann können das berufliche Spezialwissen und die entsprechenden Fertigkeiten erworben werden. Gesellschaftlich ist deswegen auch akzeptiert, Kindheit und Jugend der Bildung zu widmen, während das frühe Erwachsenenalter der Hochschulbildung oder Ausbildung dient. Eng verbunden mit dieser Konvention ist die weitverbreitete Akzeptanz eines Lebensberufes, also einer beruflichen Spezialisierung, die man ein Leben lang ausführt (Eckert, 2009, S. 28). Das hat Vorteile, denn dadurch entfallen zusätzliche Phasen der Ausbildung. Weil der Beruf heute häufig die wesentliche Säule der Existenzsicherung ist, nennt man seine Ausübung auch Erwerbsarbeit. Darin wird deutlich, dass die Bedingung einer gelingenden Existenz in unserer Gesellschaft eng an ein ausreichendes Einkommen gekoppelt ist. Vor diesem Hintergrund ist die individuelle Berufswahl also eine sehr wichtige Entscheidung, weil sie das gesamte Leben prägt. Diese Entscheidung hat sich in den letzten Jahrzehnten sukzessive lebensbiografisch nach hinten verlagert. Junge Menschen treten die Ausbildung zu ihrem Lebensberuf heute durchschnittlich im Alter von über 18 Jahren an (für einen Überblick: Gronover, 2021).

In Anbetracht der Entwicklungsaufgaben dieser jungen Menschen, die nicht nur ihre eigene Berufsqualifikation leisten, sondern auch ihre persönlichen Beziehungen auf- und ausbauen müssen und dabei sinnstiftende Freizeitaktivitäten für sich entdecken sollten, kommt einer kompetenten Begleitung dieser Lebensphase, auch durch religiöse Bildung, eine besondere Bedeutung zu. Ein Augenmerk kommt hierbei der Frage nach dem Sinn des Lebens zu, die natürlich die berufliche Dimension des Daseins einschließt, aber sich vor allem auch auf die erheblichen Freizeitanteile im Alltag der Jugendlichen beziehen sollte. Das ist auch deswegen wichtig, weil derzeit in vielen Berufsbildern die Grenze zwischen Beruf und Freizeit verschwimmt, indem die Regelung des Übergangs zwischen beiden Sphären den Erwerbstätigen überlassen wird.

Vor diesem Hintergrund kann Freizeit als die Lebenszeit verstanden werden, die nicht fremdbestimmt den Interessen anderer dient, sondern selbstbestimmt den Interessen der eigenen Person. Dieses Freizeitverständnis verweist auf zwei religionspädagogisch bedeutsame Seiten. Einerseits ist Freizeit lebensweltlich gekennzeichnet durch Zeitverschwendung, die der persönlichen Entwicklung hinderlich sein kann. Verweildauern in sozialen Netzwerken und auf Videoportalen machen dies deutlich, vor allem, wenn man betrachtet, welche entwicklungsförderlichen Aktivitäten innerhalb dieser Freizeit möglich wären (z. B. Begegnungen, Sport, Pflege von Hobbys). Andererseits kann die selbstbestimmte Verwendung von Freizeit, auch und gerade im Sinne ihrer Verschwendung, eine »heilsame Unterbrechung im Tempodrom« gesellschaftlicher Zeitstrukturen signalisieren (Wunderlich, 2012, S. 310). Als Symptome dafür dürfen Langeweile, Ruhe und Rekreation gelten, die auf einen subjektiven Zeitsinn jenseits des gesellschaftlichen (und damit auch schulischen und wirtschaftlichen) Zeitregimes verweisen.

2. Theologisch-ethische Perspektiven

Biblische Perspektiven auf Arbeit betonen vor allem drei Aspekte, die hier wichtig sind: Erstens wird Arbeit als Mitarbeit an Gottes Schöpfung narrativ entfaltet; zweitens ist Arbeit mühselig und nicht immer Vergnügen; und drittens begreift die Bibel Arbeit in ihrem Wechselspiel mit Ruhe und Rekreation.

Zur Begründung dieser drei Wesensmerkmale der Arbeit wird immer wieder auf die Geschichte von Adam und Eva verwiesen, die im Garten Eden von Gott mit allem versorgt sind, was sie zum Leben brauchen, und doch den Garten bestellen müssen. »Siehe, ich gebe euch alles Gewächs, das Samen bildet auf der ganzen Erde, und alle Bäume, die Früchte tragen mit Samen darin. Euch sollen sie zur Nahrung dienen« (Gen 1,29). Die paradiesischen Zustände sind nicht deswegen paradiesisch, weil der Mensch nicht arbeiten muss, sondern weil alles der göttlichen Ordnung entspricht und der Mensch in diese Ordnung perfekt hineinpasst. Erst durch den Sündenfall entwickelt sich menschliche Individualität und die Ambivalenz des menschlichen Daseins wird sichtbar. Der Mensch verstößt gegen das göttliche Gebot und nimmt Früchte vom Baum in der Mitte des Gartens, sodass er Gut und Böse sehen kann (Gen 3,1–24). Daraufhin wird der Mensch aus dem Garten Eden verstoßen: »Da schickte Gott, der Herr, ihn aus dem Garten Eden weg, damit er den Erdboden bearbeite, von dem er genommen war« (Gen 3,23). Diese Arbeit ist mühselig, denn aufgrund der Sünde der Menschen ist der Erdboden

> »verflucht. Unter Mühsal wirst du von ihm essen alle Tage deines Lebens. Dornen und Disteln lässt er dir wachsen und die Pflanzen des Feldes wirst du essen. Im Schweiße deines Angesichts wirst du dein Brot essen, bist du zum Erdboden zurückkehrst« (Gen 3,19).

Gott lässt die Beziehung zu den Menschen nicht abreißen, aber die Grundlage seiner Existenz, der Ackerboden, wird verflucht und seine Bearbeitung mithin mühselig (Zenger & Dohmen, 2017).

Darin spiegelt sich die Erfahrung der Menschen zur Zeit der Entstehung dieses Textes wider. Ackerbau ist schweißtreibende Arbeit und die Erträge dieser Arbeit sind im Vergleich zu denen der Viehzucht oder des Handels gering. In den Geschichten von Genesis 1–4 wird aber gleichzeitig eine deutliche Spannung sichtbar, die eine Bewertung dieser biblischen Vorstellung von Arbeit präziser ermöglicht. Denn der Heilszusage Gottes steht das eigenmächtige Handeln des Menschen gegenüber, ohne dass das eine gegen das andere ausgespielt wird. Der Mensch ist gekennzeichnet durch seine Gottebenbildlichkeit (Gen 1,26) und darin grundsätzlich frei. Weil er aber gegen das Verbot Gottes verstoßen hat, vom Baum in der Mitte des Garten Eden zu essen, muss er seine Existenz fortan durch mühselige Arbeit sichern. Diese ist »eintönig, kräftezehrend und leidvoll. Um wahrhaft human zu sein, bedarf die Arbeit wie alles menschliche Handeln der ethischen Weisung und der rechtlichen Regelung. Letztlich bedarf sie wie die ganze Schöpfung der Erlösung« (Lehmann, 2010, S. 18). Auch in die biblischen Erzählungen ist ein Zeitindex eingewoben. Am siebten Tag soll der Mensch ruhen; und die Mühsal der Existenzsicherung bedarf der Hoffnung auf die Vollendung der Schöpfung durch Gott (Ex 20,9 f.).

Die Bibel zeichnet zwar keine eigenständige Theologie der Arbeit, ist aber geprägt von einer hohen Wertschätzung der Arbeit. Zum Beispiel war Paulus Handwerker (Apg 18,3; 20,34).

Auch für unser heutiges Verständnis von Arbeit ist diese Wertschätzung wichtig, weil nach der Transformation von der Subsistenzwirtschaft zur industriell geprägten gewinn- und leistungsorientierten Wirtschaft Arbeit zudem immer noch Teilhabe, Teilnahme, gesellschaftliche und persönliche Verantwortlichkeit und Lebenssinn verspricht (Meireis, 2008, S. 43–49). Diese Bezüge sind theologisch konnotiert. Als wichtiges Zeugnis gilt hier die benediktinische Formel des »ora et labora«, die das Zusammenspiel von Arbeiten und Ruhen analog zum Schöpfungswerk Gottes aufgreift. So sollen sich nach den Regeln des heiligen Benedikt die Zeiten des Gebets und der geistlichen Lesung mit den Zeiten der Arbeit abwechseln. Dabei spielt eine entscheidende Rolle, dass kein Leerlauf zu dulden sei. Die Furcht vor dem Müßiggang als »der Seele Feind« lässt sich vor allem als Furcht vor der Leere verstehen. Sinnstiftend ist allein das menschliche Mitwirken an der Schöpfung, Ruhezeiten sollen der Rekreation dienen.

Da auch im Mittelalter die Gesellschaft arbeitsteilig organisiert war, wurde der Arbeitsbegriff schon früh weit gefasst. So enthielt das mittelalterliche Verständnis von Arbeit durchaus auch geistige Tätigkeiten.

Die strikte zeitliche Struktur des menschlichen Lebens und die Vorstellung, dass jedes Leben einer Bestimmung folge, die es zu erfüllen gälte, um dem göttlichen Willen zu entsprechen, färbte bedeutend auf die Entwicklung der wirtschaftlichen Beziehungen der Klöster ab und damit auch auf das Arbeitsethos der mittelalterlichen Gesellschaft. So konnte gezeigt werden, dass im Umfeld von Zisterzienser-Klöstern schon früh eine Idee von Effizienzsteigerung entwickelt wurde. Der Orden wurde ursprünglich mit dem Ziel gebildet, die Unmittelbarkeit von Gebet, Arbeit und Existenzsicherung im Benediktinerorden wiederherzustellen. Da der Orden aber relativ schnell wuchs und gleichzeitig Schenkungen und Fronarbeit sowie Steuern nicht vorgesehen waren, mussten Überschüsse erwirtschaftet werden. Die eigene Landwirtschaft und der eigene Handel wurden streng organisiert. Die strikte Organisation des mönchischen Lebens führte zu einer Effizienznorm, die bald auf das Wirtschaften auch außerhalb der Klöster wirkte (Nagel, 2006).

Die Unterscheidung von *vita activa* und *vita contemplativa,* die auf die Mönchsregeln zurückzuführen ist, intendiert keine Trennung dieser Sphären, sondern gerade ihre Verbindung. Menschliche Arbeit ist Teilhabe an der Entfaltung der Schöpfung Gottes und sollte ihren Implikationen (ihrer Gutheit, Schönheit und Ausrichtung auf Vollendung) nicht widersprechen (Gaudium et Spes, Kapitel 39 f. & 67). Zugleich heißt das, dass der Mensch nicht durch die Arbeit zum Menschen wird, sondern dies durch seine Gottebenbildlichkeit immer schon ist.

Diese theologischen Merkmale von Arbeit führten bisweilen zur Überhöhung von Arbeit. So hatte Thomas von Aquin die *vita activa* und damit das (handwerkliche) Schaffen zugunsten der *vita contemplativa* herabgewürdigt, indem er in aristotelischer Tradition das beschauliche, reflektierte Leben *(bios theoretikos)* als höchste Form menschlicher Tätigkeit schilderte. Diese Form des Alltagshandelns folge der jeweiligen göttlichen Bestimmung, also der Berufung durch Gott. Im Wortstamm des Wortes Beruf wird dies noch deutlich, wenn darin anklingt, dass der Beruf einer Berufung folge. Demgegenüber lehnt Martin Luther entschieden die Überhöhung der Arbeit als menschliches Vermögen an der eigenen Erlösung mitzuwirken ab. Er depotenziert Leistung, Anstrengung und Erfolg: »Menschliche Handlungen können nicht als solche guten Werke angesehen werden, die vor Gott Verdienste erwerben« (Meireis, 2008, S. 75). Vielmehr sei jeder Mensch allein aus Glaube dazu berufen, all sein Handeln in den Dienst des Nächsten zu stellen. Alles, was im Gehorsam gegenüber Gott getan wird, gilt Luther als »Beruf«. Diese Erdung des Berufsverständnisses ist wichtig, weil aus seiner thomanischen Überhöhung ethische Probleme resultieren können – zum einen, weil die religiöse Vereinnahmung des Verständnisses von Beruf auch die religiöse Vereinnahmung der berufstätigen Menschen implizieren und damit auch ihre Autonomie infrage stellen würde.

- Zum zweiten, weil die Berufsausübung heute allein von sachlichen und fachlichen Erfordernissen her zu verstehen ist.
- Drittens, weil Arbeit immer geschichtlich-konkrete Tätigkeit ist.
- Und viertens, weil die Dynamik der Arbeitswelt mehr den Gesetzmäßigkeiten des Wirtschaftssystems folgt als der göttlichen Ordnung (Mieth, 2010, S. 163 f.).

Vor diesem Hintergrund sind Stimmen interessant, die gerade mit Blick auf die heutigen ökonomischen Zusammenhänge und die große Bedeutung der Wirtschaft für das Verständnis der Menschen nach neuen, menschengerechten Vorstellungen von Arbeit suchen. Die Kirchen bringen sich hier ein (Papst Franziskus, 2015; EKD & DBK, 1997). Aber auch säkulare Gesellschaftsanalysen fordern ein Umdenken. Zentrale Bestandteile hierbei sind vor allem ein erhöhtes Maß an Solidarität in der Arbeitswelt, einer partizipativen Gestaltung der Arbeit unter Maßgabe von Leistungs- und Verteilungsgerechtigkeit sowie ein Verständnis der Arbeit, das ihren integrativen und dienenden Charakter gegenüber der Gesellschaft betont. Das Umdenken der Arbeitswelt müsste in Richtung

> »zu mehr Integration und Partizipation auf Augenhöhe [gehen]. Die symbolischen und finanziellen Hierarchien in der Arbeitswelt und die mit ihnen einhergehende Klassenbildung sind längst so weit fortgeschritten, dass sie im Widerspruch zum demokratischen Verständnis der grundsätzlichen Gleichheit aller Individuen stehen« (Herzog, 2019, S. 185).

Ein solches Arbeitsverständnis wäre nicht individualistisch enggeführt, sondern auf eine durch Teilhabe geprägte Gesellschaft hin verstanden. Von dort aus wäre dann zu fragen, wo »die Seele bei der Arbeit« bliebe. Dabei rekurriert der Begriff der Seele auf ein Menschenbild, das sich eben auch bei der Arbeit voll entfaltet und nicht durch ökonomische Zwänge als entfremdet von sich selbst erfährt

(Berardi, 2019). Besonders unter den modernen Bedingungen des Arbeitens ist dieser Aspekt zu betonen, weil mit der Absorption von Lebensenergie in die Wirtschaft hinein immer auch eine Steigerung geistiger und körperlicher Nöte einhergeht, die dann aber nicht von der Wirtschaft, sondern von anderen Subsystemen der Gesellschaft (Gesundheitswesen, Sport, Kirchen usw.) gelindert werden müssen. Insofern jedwede Vorstellung von Arbeit immer einen Zeitindex trägt, wird ethisch stark zu betonen sein, dass Arbeitszeit Lebenszeit ist.

Zusammenfassend lässt sich sagen, dass Arbeit und Beruf vor allem in vier Hinsichten in modernen Gesellschaften geprägt sind:

1. Arbeitsabläufe sind zeitlich entgrenzt. Zwar kommt es in den produzierenden Sektoren des Wirtschaftssystems und im öffentlichen Dienst auf die genaue Einhaltung der Regelarbeitszeiten am Arbeitsplatz an. Gleichzeitig wird Arbeit auch immer mobiler, Homeoffice immer mehr etabliert. Dabei steht die Erfüllung von Arbeitsaufträgen über der Messung der genauen Arbeitszeit, die zur Auftragserfüllung aufgebracht werden musste.
2. Arbeitsabläufe werden immer präziser metrisiert. Die genaue Erfassung bearbeiteter Akten, Picks in der Logistikbranche oder von Kundengesprächen ist heute üblich und führt zu Normen, die Leistung über das Wohl der Arbeitskräfte setzen (Crouch, 2015, S. 193–234).
3. Arbeitsabläufe werden spezialisierter und standardisierter. In der Regel erfordert die Ausübung eines Berufs heute eine hohe Expertise und eine vergleichsweise lange Ausbildungszeit. Mit der Spezialisierung und Standardisierung einzelner Arbeitsabläufe nimmt aber auch die Fehleranfälligkeit einzelner Tätigkeiten zu, was wiederum eine stärkere Überwachung der Arbeitsabläufe nötig macht.
4. Arbeitsabläufe sind entkoppelt von lebensweltlichen Bedürfnissen der Menschen. Die Sehnsucht nach Ruhe und Geborgenheit, nach zwischenmenschlichem Austausch und positiver Resonanz wird primär nicht als Aufgabe des Arbeitsplatzes oder Arbeitgebers oder der Arbeitgeberin angesehen, sondern vollends ins Private und in die Freizeit verlagert.

Diese Beobachtungen zeigen die Gefahr auf, dass Arbeitszeit nicht mehr in ihrer Qualität als Lebenszeit wahrnehmbar bleibt, sondern immer mehr funktional verdichtet wird. Deswegen genügt es nicht, der dichten Arbeitszeit eine vermeintlich verschwenderische Freizeit gegenüberzustellen. Denn diese steht so immer im Schatten ihrer rekreativen Funktionalisierung durch ökonomische Erwartungen. Theologisch gesehen berühren sich Zeit und Ewigkeit sowohl in menschlicher Arbeit und Beruf als auch in der Freizeit. Unter dem Aspekt ihrer Zeitlichkeit besitzen all diese Dimensionen Dignität. Vor allem die oben genannten vier Aspekte von Zeitlichkeit in der Arbeitswelt werden in der religiösen Bildung der Berufsschule thematisiert und problematisiert.

3. Didaktische Perspektiven

Die oben genannten theologisch-ethischen Perspektiven lassen sich wie folgt zusammenfassen: Vorstellungen von Arbeit nehmen die Existenz des Menschen in den Blick und zeigen auf, dass Arbeit schweißtreibend und mühselig ist. Sie ist nicht beiläufig zu erledigen, sondern sie braucht Zeit, Planung und auch eine entsprechende Vorbereitung. Gleichzeitig zeigt der biblische Befund eine hohe Wertschätzung der Arbeit, die Teil des Menschseins ist und als Beitrag des Menschen zum Schöpfungswerk Gottes verstanden wird. Dieser Aspekt hat hohe ethische Implikationen, weil die Arbeit damit zum einen auf die Vollendung und Schönheit der Schöpfung hingerichtet ist und zum anderen dem Menschen bei seiner Selbstentfaltung hilfreich sein soll. Die vorgetragenen didaktischen Perspektiven beziehen sich darauf und verbinden diese mit dem Religionsunterricht an berufsbildenden Schulen und besonders mit religiöser Bildung in der dualen Ausbildung (Gronover, 2020).

3.1 Didaktische Orientierungen

Wie einleitend angemerkt, befinden sich die Auszubildenden in beruflichen Schulen in einer biografischen Übergangsphase. Diese ist geprägt von Herausforderungen, die sich vor allem auf ihr privates Umfeld und die Schnittstelle zwischen Bildung und Beruf beziehen. Im privaten Umfeld müssen die Auszubildenden ihre Beziehungen zu Mutter, Vater und den Geschwistern neu definieren und die Loslösung aus dem Elternhaus bewältigen. Das schließt ein, neue Beziehungen aufzubauen und für die eigene Person förderliche und sinnstiftende Freizeitaktivitäten zu entwickeln. Im Übergang zum Erwachsenenleben müssen Qualifikationen erworben werden, die den jungen Menschen die Türen zu beruflichen Feldern öffnen. Das führt dahin, sich auf Abschlussprüfungen vorzubereiten, um den Anforderungen zukünftiger Arbeitgeberinnen und Arbeitgeber zu genügen. Im Hintergrund steht dabei auch, sich durch die Qualifikation in materieller Hinsicht eine Existenz aufzubauen (Schröder, 2018).

Da diese Entwicklungsaufgaben die Lebenswelt der Auszubildenden dominiert, hat die berufsorientierte Religionspädagogik schon früh die Strukturierung religiöser Bildungsprozesse an den Bedarfen der Auszubildenden orientiert. Beispielsweise hat Prälat Wilhelm Vospohl (1899–1974) nach dem Zweiten

Weltkrieg ganz bewusst Probleme aus der Lebenswelt von Auszubildenden in die Mitte des Unterrichts gestellt und von dort aus theologische Antwortmöglichkeiten mit den Schülerinnen und Schülern (SuS) entwickelt (Stratomeier, 2009).

Die didaktische Entwicklung der letzten zwanzig Jahre stärkte die Umsetzung religiöser Bildungsprozesse in den Lernfeldern der Berufskollegs und Berufsschulen, die ihrerseits die Auszubildenden vor ein zentrales Problem stellten, das dann von den verschiedenen Fächern in unterschiedlicher Weise bearbeitet werden sollte. Ein solches Problem könnte zum Beispiel bei Industriemechanikerinnen und Industriemechanikern sein, dass der Teileausschuss in der Produktion viel zu hoch sei. In den Fächern der Berufsfachkompetenz kann so das Prinzip der vollständigen Handlung am Beispiel der Herstellung eines Werkzeugteiles erarbeitet werden; der Religionsunterricht könnte den menschenwürdigen Umgang mit Fehlern thematisieren. Für die Auszubildenden würde im Lerngang durch das Lernfeld so eine Gesamtschau auf die Menschen im Produktionsprozess entstehen, die sie im alltäglichen Tun in dieser Form nicht erwerben würden.

Heute hat man den Gedanken des Lernfelds weiterentwickelt. Anforderungssituationen, die gesellschaftliche, berufliche oder private Problemkonstellationen anschaulich machen und den Auszubildenden die Möglichkeit geben, selbstständig und handlungsorientiert eigene Lösungsmöglichkeiten zu erarbeiten, greifen den Aspekt der Kontextualität von Lerninhalten im konkreten Arbeitsleben auf. Gleichzeitig spitzen Anforderungssituationen solche Fallvignetten allerdings auf fachspezifische Fragen zu. Denn die Einbindung religiöser Bildung in ein Lernfeld ist pädagogisch anspruchsvoll und organisatorisch oft sehr schwer umzusetzen. Mit Anforderungssituationen lässt sich unabhängig von anderen Fächern didaktisch selbständig arbeiten.

Da die Leistungsfähigkeit in Klassen der Berufsausbildung sehr heterogen ist, müssen auch die Materialien für die Bearbeitung von Anforderungssituationen in ihrem jeweiligen Niveau und innerhalb von Klassen differenziert werden. Es ist auch nicht immer damit zu rechnen, dass alle Auszubildenden flüssig lesen und schreiben können (zu den didaktischen Herausforderungen: Gronover & Wagensommer, 2018).

3.2 Didaktische Konkretisierungen

Der Religionsunterricht in berufsbildenden Schulen wird in der Regel vor Klassen erteilt, deren SuS unterschiedlichen Religionen angehören oder sich selbst als areligiös, konfessionslos und auch atheistisch bezeichnen. Diese Situation stärkt neben dem Aspekt, ohnehin handlungsorientiert zu unterrichten, nochmals die Maßgabe, die Auszubildenden möglichst selbstständig arbeiten zu lassen und sich so auch im Diskurs des Unterrichts eine eigene Position und Meinung zu bilden.

Gleichzeitig besteht eine große Herausforderung darin, allgemeinbildende Forderungen der Erziehung zu Frieden, Toleranz und Gerechtigkeit auch im Religionsunterricht immer wieder umzusetzen. Didaktische Konkretion sollten also die Querschnittsthemen Menschenwürde, gesellschaftliche Normen in ihrem Verhältnis zu heiligen Texten (Thora, Bibel und Koran) und Toleranz (also Menschen, mit deren Einstellung und Meinung man nicht übereinstimmt, aktiv zu ermöglichen, ihre Meinung zu sagen und zuzuhören) immer mit im Blick behalten.

Anforderungssituationen sind Fallvignetten, die den Auszubildenden die Möglichkeit geben, ihre religiöse Fachkompetenz zu entwickeln und sich selbst im Angesicht eines Problems zu positionieren. Eine solche Anforderungssituation ist zum Beispiel:

»In einem Friseurbetrieb in einer Einkaufsmall möchte die kinderlose, muslimische Angestellte Fatima im Ramadan zwei Wochen Urlaub nehmen. Diese Zeit fällt in die Ferienzeit. Die drei anderen Friseurinnen sind Mütter und wollen ebenfalls frei haben.« In der Aufgabenstellung werden die Auszubildenden gebeten, einen Gesprächsleitfaden zu entwickeln, um den Urlaubsplan zu erstellen. Dazu müssen sie sich über den Fastenmonat schlau machen, seine Bedeutung im religiösen Leben der Muslime erschließen und ausloten, welche Bedeutung religiöse Normen im Alltag von Muslimen haben. Gleichzeitig müssen sie wirtschaftliche Erwägungen in Betracht ziehen und überlegen, in welchem Verhältnis religiöse Bedürfnisse zum Erholungsanspruch der anderen Angestellten stehen. Die Lehrkraft kann das Material dafür entsprechend vorbereiten und je nach Leistungsfähigkeit der Klasse auch ein Konzept für solch einen Leitfaden vorschlagen.

Inzwischen sind viele Materialien erschienen, die mit Anforderungssituationen arbeiten und Aufgabenstellungen niveaudifferenziert vorhalten, zum Beispiel für technische Ausbildungsberufe (Hiller et al., 2015), zur Digitalität (Katholisches Institut für berufsorientierte Religionspädagogik, 2021) oder auch für den Zusammenhang von Sport und Religion (Gronover & Knoblauch, 2021).

Didaktische Konkretionen bemessen sich in berufsbildenden Schulen an den Möglichkeiten der Klassen. Die Bildungspläne sind bewusst offen, weil Kompetenzorientierung sich hier weniger an den fachwissenschaftlich festgelegten Standards orientiert als an der Entwicklung und den Entfaltungsmöglichkeiten der SuS. Das verlangt den Lehrkräften im Religionsunterricht eine sehr hohe Kompetenz ab, denn Medien und Materialien müssen immer wieder auf ihre Eignung hin geprüft werden. Gleichzeitig ist immer wieder in Erinnerung zu rufen, worum es geht. Für die Auszubildenden ist die religiöse Bildung oft der letzte Kontakt mit professionell strukturierten religiösen Fragestellungen. Religiöser Kompetenzerwerb geschieht hier im direkten Ausblick auf den Beginn eines eigenständigen Lebens.

4. Literatur

Berardi, F. (2019): Die Seele bei der Arbeit. Von der Entfremdung zur Autonomie (Aus dem Englischen von Kevin Vennemann). Berlin: Matthes & Seitz.

Crouch, C. (2015): Die bezifferte Welt. Wie die Logik der Finanzmärkte das Wissen bedroht (2. Aufl.). Berlin: Suhrkamp.

Eckert, A. (2009): Globale Perspektiven auf die Geschichte und Gegenwart von Arbeit – eine Skizze. In H. König/J. Schmidt/M. Sicking (Hg.): Die Zukunft der Arbeit in Europa. Chancen und Risiken neuer Beschäftigungsverhältnisse (S. 19–32). Bielefeld: transcript.

EKD & DBK (1997): Für eine Zukunft in Solidarität und Gerechtigkeit. Wort des Rates der evangelischen Kirche in Deutschland und der Deutschen Bischofskonferenz zur wirtschaftlichen und sozialen Lage in Deutschland. Hannover/Bonn.

Füllsack, M. (2009): Arbeit. Wien: Facultas.

Gronover, M./Wagensommer, G. (2018): Didaktisch-methodische Herausforderungen in der Praxis. In R. Biewald/A. Obermann/B. Schröder/W. Schwendemann (Hg.): Religionsunterricht an berufsbildenden Schulen. Ein Handbuch (S. 266–206). Göttingen: Vandenhoeck & Ruprecht.Gronover, M. (2020): Art. Ausbildung. In WiReLex – Das Wissenschaftlich-Religionspädagogische Lexikon im Internet. https://www.bibelwissenschaft.de/stichwort/200745/ (Zugriff: 10.01.2021).

Gronover, M. (2021): Berufliche Schulen. In U. Kropač/U. Riegel (Hg.): Handbuch Religionsdidaktik (S. 459–464). Stuttgart: Kohlhammer.

Gronover, M./Knoblauch, C. (2021): Sport und Religion. Bausteine für den Religionsunterricht an beruflichen Schulen. Göttingen: Vandenhoeck & Ruprecht.Herzog, L. (2019): Die Rettung der Arbeit. Ein politischer Aufruf. Berlin: Hanser.

Hiller, S./Gather, J./Gronover, M./Kemmler, A. (2015): Technik – Leben – Religion. Materialien für kompetenzorientierten Religionsunterricht in technischen Ausbildungsgängen. Göttingen: Vandenhoeck & Ruprecht.Katholisches Institut für berufsorientierte Religionspädagogik (KIBOR) (2021): Mensch 4.0 – Maschine 4.0. Bausteine für den Religionsunterricht an berufsbildenden Schulen. Göttingen: Vandenhoeck & Ruprecht.Lehmann, K. (2019): Arbeit als Realisierung der Gottesbeziehung. In A. Biesinger/J. Schmidt (Hg.): Ora et labora. Eine Theologie der Arbeit (S. 13–31). Ostfildern: Grünewald.

Luhmann, N. (2005): Wirtschaft als soziales System. In Ders. (Hg.): Soziologische Aufklärung 1. Aufsätze zur Theorie sozialer Systeme (7. Aufl., S. 156–290). Wiesbaden: VS.

Mieth, D. (2010): Wandlungen in der christlichen Spiritualität der Arbeit. In A. Biesinger/J. Schmidt (Hg.): Ora et labora. Eine Theologie der Arbeit (S. 155–184). Ostfildern: Grünewald.

Nagel, B. (2006): Die Eigenarbeit der Zisterzienser. Von der religiösen Askese zur wirtschaftlichen Effizienz. Marburg: Metropolis.

Meireis, T. (2008): Tätigkeit und Erfüllung. Protestantische Ethik im Umbruch der Arbeitsgesellschaft. Tübingen: Mohr Siebeck.

Papst Franziskus (2015): Enzyklika Laudato si'. Über die Sorge für das gemeinsame Haus. Rom: Vatikan Druckerei.

Schröder, B. (2018): Die Schülerinnen und Schüler im BRU. In R. Biewald/A. Obermann/Ders./W. Schwendemann (Hg.): Religionsunterricht an berufsbildenden Schulen. Ein Handbuch (S. 134–163). Göttingen: Vandenhoeck & Ruprecht.Stratomeier, H.-J. (2009): Religionsunterricht an der Berufsschule – im Spiegel seiner Lehrplanentwicklung. Von der katechetischen Unterweisung zum adressaten- und berufsbezogenen Religionsunterricht. Münster: LIT.

Wunderlich, R. (2012): Freizeit: Zeitverwendung/Zeitverschwendung. In R. Lachmann/G. Adam/M. Rothgangel (Hg.): Ethische Schlüsselprobleme. Lebensweltlich – theologisch – didaktisch (S. 302–322). Göttingen: Vandenhoeck & Ruprecht.Zenger, E./Dohmen, C. (2017): Das Buch Genesis. Stuttgarter Altes Testament. Bd. 1 (S. 6–105). Stuttgart: Katholische Bibelanstalt.

1. Lebensweltliche Perspektiven

Eigentum ist (auch) in der Bundesrepublik Deutschland – und damit nicht zuletzt im Erfahrungsraum von Schülerinnen und Schülern (SuS) – ungleich verteilt. Das gilt sowohl für Einkommen als auch für Vermögen. Während die Ungleichheit der Einkommen in den letzten Jahren stabil blieb, wuchs und wächst die Ungleichheit der Vermögen. In der Regel gilt: Wer hat, dem wird gegeben (sog. Matthäus-Effekt nach Mt 25,29).

> 2017 besaßen die reichsten 10 % der Haushalte 50 % des *Vermögens*, während auf die unteren 50 % der Haushalte nur 1 % des Vermögens entfielen (5. ARB, S. 507). Was die *Einkommen* angeht, so erhalten die obersten 10 % mehr als 120.000 EUR pro Jahr (5. ARB, S. 591 f.). Diejenigen, die als »arm« gelten, haben hingegen nur 23.000 EUR im Jahr oder weniger zur Verfügung (Angaben nach Eurostat). »Der Anteil der Bezieher von Leistungen aus den Mindestsicherungssystemen blieb im Zeitraum von 2006 bis 2015 relativ stabil zwischen rund 9 und 10 Prozent [sc. der Bevölkerung]. Dies entspricht zwischen rund 7 und 8 Millionen Personen« (5. ARB, S. 565). Mit einem erhöhten Armutsrisiko lebt knapp ein Viertel der bundesdeutschen Bevölkerung (5. ARB, S. 556) – dieses Risiko ist jedoch keineswegs linear verteilt: Von den Menschen mit Migrationshintergrund sind es knapp 33 %, die von Armut betroffen oder bedroht sind, von den Kindern und Jugendlichen unter 18 Jahren sind es 36 %, von den Alleinerziehenden sind es 57 % und von den Arbeitslosen knapp 80 % (5. ARB, S. 556).

Dabei muss man sich vor Augen halten, dass Armut in diesem Sinne nicht allein einen niedrigen Lebensstandard anzeigt, sondern auch geringere Teilhabemöglichkeiten im Blick auf Bildung und Kultur, nicht selten Enttäuschung im Blick auf die eigenen Perspektiven und den Zustand von Gesellschaft und Demokratie (dazu etwa Butterwegge, 2020). Als »arm« gilt bei alldem, wer 60 % (oder weniger) des mittleren durchschnittlich zur Verfügung stehenden Einkommens zur Hand hat (Fachausdruck: Median des Nettoäquivalenzeinkommens), derzeit die besagten knapp 23.000 EUR pro Jahr. Da Armut somit durch den Vergleich der Einkommen in einer gegebenen Gesellschaft errechnet wird, spricht man von *relativer Armut.*

Zieht man die weltweiten Verhältnisse in Betracht, werden die Diskrepanzen noch krasser: Das Pro-Kopf-Einkommen in den am wenigsten entwickelten Ländern der Erde lag 2019 z. T. lediglich bei durchschnittlich 2–3 US-Dollar Kaufkraftäquivalent pro Tag (etwa in Burundi); in den höchst entwickelten Flächenländern demgegenüber bei ca. 180 US-Dollar (z. B. in Norwegen; hier nach den »Human Development Data« des UNDP aus dem Jahr 2020). Als »arm« gilt, wer nur wenige US-Dollar pro Tag zur Verfügung hat – dabei handelt es sich um einen Indikator *absoluter Armut.* Wer so wenig Kaufkraft zur Verfügung hat, kann sog. Existenzbedürfnisse nicht stillen: Essen und Trinken, (saubere) Luft zum Atmen, Behausung, Kleidung, medizinische Versorgung, Arbeit (die eben diese Existenz sichert). Obwohl der prozentuale Anteil der Menschheit, der in absoluter Armut lebt, seit 1800 kleiner geworden ist (Rosling, 2018, S. 69), spreizen sich die Unterschiede zwischen Arm und Reich weltweit weiter auf (anschaulich im »Atlas der Globalisierung«, theoretisch ausgearbeitet etwa bei T. Piketty, 2016).

In einer Welt, deren wirtschaftliches Handeln seit dem Zusammenbruch der sog. »Zweiten Welt« weithin *konkurrenzlos* vom Paradigma der freien Marktwirtschaft geleitet wird, markiert die extrem ungleiche Verteilung von Eigentum ein Schlüsselproblem der ökonomischen und politischen Ordnung – nicht ohne Grund gehört es zu den 17 Zielen für nachhaltige Entwicklung der Vereinten Nationen, die bis 2030 erreicht werden sollen, »Armut in all ihren Formen und überall [zu] beenden« (UN-Agenda 2030).

So gewiss Armut und Reichtum durch verschiedene Faktoren begünstigt werden – etwa das Vorkommen oder den Mangel natürlicher Ressourcen, die politische Struktur und Geschichte des jeweiligen Landes, die Konditionen des Welthandels, die individuellen Dispositionen von Menschen usw. –, wird man wohl übereinkommen können, dass die vorfindlichen Verhältnisse nicht den ethischen Werten und Normen entsprechen, auf die sich ein großer Teil der Menschheit verständigt hat, etwa der »Allgemeinen Erklärung der Menschenrechte« (1948). Ethische Reflexion zielt deshalb über die *Situationsanalyse* hinaus darauf, die *Handlungsoptionen* für Individuen wie Gruppen, die zur Verfügung stehen, um die Verhältnisse in Richtung auf mehr Gerechtigkeit zu beeinflussen, zu prüfen und evtl. zu erweitern. Unter diesem Gesichtspunkt fächert sich das Thema »Armut und Reichtum« auf in eine Fülle von Teilthemen, die hier nur angedeutet werden können, etwa »gerechte Entlohnung von Arbeit« oder »(voraussetzungsloses) Grundeinkommen«, »nachhaltige Geldanlagen« (ethisches Investment) und Steuergerechtigkeit, »Fairtrade« und Konsumsteuerung oder »zivilgesellschaftliches Engagement zugunsten von Menschenrechten«.

Eine nicht unerhebliche Rolle spielt neben der Situationsanalyse und der Prüfung von Handlungsoptionen *die persönliche Beteiligung* derer, die sich mit der Problematik befassen. Es macht einen Unterschied, ob »ich« die Verteilung von Geld und Eigentum aus der Perspektive desjenigen wahrnehme, der von »Hartz IV« lebt, oder derjenigen, die dank eines gut dotierten Arbeitsvertrages mehr verdient, als sie auszugeben vermag. SuS haben einen Blick für ihre eigene Situation und diejenige ihrer Mitschülerinnen und -schüler; dank der Social Media können sie zudem intensiver denn je wahrnehmen, was bewunderte Personen des öffentlichen Lebens über ihren (hohen) Lebensstandard preisgeben. Die Lebenswelt armer Menschen bleibt demgegenüber eher im Verborgenen – allerdings dürften Fernsehformate wie »Reich trifft Arm« (RTL) oder »Plötzlich reich, plötzlich arm« (Sat.1) die Wahrnehmungs- und Urteilsschemata nicht weniger Menschen prägen.

2. Theologisch-ethische Perspektiven

Eine theologisch-ethische Frage, die sich im Blick auf Reichtum und Armut stellt, sei hier herausgegriffen: Eigentum ist nicht *gleich* verteilt – ist es gleichwohl *gerecht* verteilt? Und: Wäre Eigentum gerecht verteilt, wenn es gleich verteilt wäre? Schon diese anfangshafte Überlegung lässt auf drei grundsätzliche Problemfacetten aufmerksam werden: Zum einen zeigt die Differenzierung zwischen Gleichheit und Gerechtigkeit, dass »Gerechtigkeit« kein selbstverständlicher, sondern ein *definitionsbedürftig*er Begriff ist. An welchen Kriterien lässt sie sich messen? Zum zweiten sticht ins Auge, dass wohl jeder und jede die eingangs aufgeworfenen Fragen zu beantworten vermag. Vermutlich lautet die Antwort auf beide Fragen zumeist »Nein«. Doch handelt es sich dabei zunächst um intuitive Antworten – demgegenüber ist es Aufgabe ethischer Reflexion, *methodisch ausgewiesen und kriteriengeleitet* zu einer Einschätzung oder Handlungsorientierung zu kommen (dazu näherhin Tödt, 1988, S. 30–37). Zum dritten wird erkennbar, dass Armut und Reichtum nicht per se *ein ethisch zu reflektierendes Problem* sind. Man kann die Eigentumsverteilung in der Welt oder in der Bundesrepublik auch bloß empirisch beschreiben, ihre Hintergründe analysieren, sie politisch bearbeiten. Ethisch relevant wird sie erst, wenn *ein Individuum* sich dadurch in seinem »Sich-verhalten-zu«, also als Handelnder, Leidender oder nach Identität Strebender herausgefordert sieht (Tödt, 1988, S. 30 f.). Für Menschen, die ihr Leben und ihre Lebensführung im Licht des

Evangeliums zu interpretieren suchen, liegt eben dies nahe – denn »Gerechtigkeit« (hebr. *ṣedāqāh;* gr. *dikaiosynē*) ist ein grundlegender Begriff und ein zentrales Postulat biblischer Kommunikation des Evangeliums.

Im Folgenden soll eine theologisch-ethische Beurteilung von Armut und Reichtum *teilweise* vorgestellt werden; das Augenmerk liegt auf der Prüfung der ethischen Kategorien, die auf dieses Problem angewendet werden können: Welche Art von ethischer Norm steht beim Umgang mit Eigentum auf dem Spiel? Welches Verständnis von »Gerechtigkeit« liegt zugrunde? Worin besteht der theologische Beitrag zur Diskussion um Gerechtigkeit?

2.1 Umgang mit Eigentum – Prüfstein für Tugenden, Güter und/oder Pflichten?

Beim Umgang mit Eigentum geht es auf den ersten Blick um die Verteilung von *Gütern,* unmittelbar um das Gut »Wohlstand«, mittelbar – insofern Wohlstand die Voraussetzung für deren Erwerb ist – etwa um die Güter »Gesundheit« und »Bildung«. Greift man die Frage nach Eigentum dergestalt im Rahmen einer *Güterethik* auf, so stellen sich folgende Fragen: Welchen Stellenwert hat das Gut »Wohlstand« für »mich«, für die Bezugsgruppe meiner Reflexion (etwa die Schüler*innen*), für die Gesellschaft? Konkurriert dieses Gut mit anderen Gütern etwa dem Gut »intakte Umwelt« oder dem Gut »Glück« (Aristoteles, Nikomachische Ethik, 1095a und 1097a/b), und ist deshalb eine Güterabwägung erforderlich? Tragen die Verhaltensweisen Einzelner und die Strukturen der Gesellschaft dazu bei, das Gut »Wohlstand« für möglichst viele ihrer Mitglieder zu verwirklichen?

In den Denkfiguren der *Tugendethik* geht es beim Thema »Armut und Reichtum« um die Bewährung einer Tugend, der Gerechtigkeit. Gemeint sind mit dem Begriff »Tugend« ohne Zwang und auf Dauer angeeignete, habitualisierte Verhaltensdispositionen, die jemand kognitiv als angemessen ansieht, als affektiv anziehend empfindet und deshalb verwirklichen *will.* Zu den Tugenden gehört seit Platon neben Besonnenheit, Tapferkeit und Weisheit die Gerechtigkeit (Platon, Politeia, 427d–434d). Im Umgang mit Eigentum sieht sich somit der oder die Einzelne gefordert, die angestrebte Tugend in der eigenen Lebensführung und bei der Beurteilung makroökonomischer Zusammenhänge zur Geltung zu bringen. Entspricht »mein« Umgang mit Eigentum diesem Ideal der Gerechtigkeit?

Im Umgang mit Eigentum geht es darüber hinaus um die Einlösung sozialer Verpflichtungen. Gerechtigkeit ist in der Perspektive der *Pflichten- oder Verantwortungsethik* Korrelat der Freiheit: Unter der Voraussetzung der Freiheit, die in der Bundesrepublik Deutschland staatlich geschütztes Recht ist, sind die Individuen moralisch und zum Teil auch rechtlich verpflichtet, einander im Umgang miteinander (prozedurale Gerechtigkeit) wie auch in den Resultaten ihrer Interaktion (Ergebnisgerechtigkeit) gerecht zu werden. Exemplarisch verdeutlichen lässt sich dies an Artikel 14 des Grundgesetzes. Der Freiheit der Eigentumsbildung (»Das Eigentum und das Erbrecht werden gewährleistet.«) entspricht das Gebot der Gerechtigkeit (»Eigentum verpflichtet. Sein Gebrauch soll zugleich dem Wohle der Allgemeinheit dienen.«). Theoriegeschichtlich ist für dieses Verständnis der Gerechtigkeit insbesondere an Immanuel Kants Ethik anzuknüpfen, die sich im »Kategorischen Imperativ« verdichtet (Kant, 1983, S. 51).

Der Umgang mit Eigentum kann also mithilfe aller drei traditionellen Schulen ethischer Reflexion, der teleologischen, der aretologischen und der deontologischen, mit Gewinn beleuchtet werden. Das Augenmerk fällt auf jeweils unterschiedliche Problemfacetten – allerdings durchweg in erster Linie auf die *personale* Verwirklichung oder eben Nicht-Verwirklichung von Gerechtigkeit. Demgegenüber wird Gerechtigkeit in aktuellen Diskussionen vor allem als mögliches Attribut *sozialer* Systeme verstanden; dementsprechend kreisen Überlegungen aus der philosophischen Ethik sowie der theologischen Sozialethik um die Gerechtigkeit sozialer Strukturen (vgl. etwa J. Rawls, A. Sen und M. Walzer).

2.2 Theorien der Gerechtigkeit

Die klassische begriffliche Bestimmung der Gerechtigkeit geht auf Plato zurück und hat in der Formulierung des römischen Juristen Ulpian (um 200 n. Chr.) Eingang gefunden in die abendländische Rechtstradition: Gerechtigkeit äußert sich als gleichbleibender und anhaltender Wille, jedem sein Recht zuteilwerden zu lassen *(Iustitia est constans et perpetua voluntas ius suum cuique tribuens).* Allerdings bleibt hier materialiter unbestimmt, was unter »Gerechtigkeit« zu verstehen ist. Die Frage lautet: Was ist »das Seine«, das »jedem« gebührt?

Unter den Bedingungen der Ständegesellschaft lief die Anwendung jenes Grundsatzes auf eine »Besitzstandsgerechtigkeit« (EKD, 1991, S. 109) hinaus: Jedem gebührt, was er an Status oder Besitz bereits hat (das damit zugleich als rechtmäßig erworben anerkannt wird). Mit der Auflösung dieser stabilen sozialen Ordnung in der Moderne – de jure spätestens durch die Weimarer Reichsverfassung von 1919 – verliert »das Seine« seine Eindeutigkeit – es kann nun sowohl über »Leistung« als auch über »Bedürftigkeit« und »Chancengleichheit« definiert werden. Kurz: Die klassische Formel kann prinzipiell durch verschiedene (widersprüchliche) Definitionen von Gerechtigkeit »gefüllt« werden. Vier solcher Definitionen sollen vorgestellt werden:

Eine erste Definition versteht unter »Gerechtigkeit« *Leistungsgerechtigkeit.* Gerecht ist, wenn jemand so viel Eigentum erwirbt und/oder besitzt, wie es seiner Leistung entspricht. Wer viel oder gut arbeitet, soll auch viel verdienen; wer nicht arbeitet, hat demnach keinen Anspruch auf Eigentumsbildung. Begriff und Verständnis dieser distributiven Gerechtigkeit gehen auf Aristoteles (Nikomachische Ethik V) zurück.

Eine zweite Definition interpretiert Gerechtigkeit als *Bedürfnisgerechtigkeit.* Gerecht ist, wenn Eigentum so verteilt wird, dass alle Glieder der jeweiligen Gemeinschaft ihre Bedürfnisse befriedigen können. Auch wenn jemand – aus welchem Grund auch immer – nicht in der Lage ist, sich selbst versorgen zu können, soll ihm oder ihr um der Gerechtigkeit willen zur Verfügung gestellt werden, was zum Leben notwendig ist. Dieses Verständnis von Gerechtigkeit wird etwa in der Katholischen Soziallehre vertreten, wie sie in der Sozialenzyklika »Rerum Novarum« aus dem Jahr 1891 grundgelegt ist.

Eine dritte Definition bestimmt Gerechtigkeit als *Nachteile ausgleichende, für den größtmöglichen Nutzen Vieler sorgende Gerechtigkeit.* Gerecht ist es, wenn Eigentum zugunsten derer umverteilt wird, die benachteiligt sind. Dies kann durch Umverteilung der Zugewinne (z. B. über Steuern auf Gewinne) oder des bereits erworbenen Eigentums (z. B. durch Erbschaftssteuer) geschehen. Dahinter steht die analytische Einsicht, dass die bestehenden Benachteiligungen nicht den Benachteiligten selbst, sondern ungerechten Wirtschaftsstrukturen, ungerechtem Verhalten der bisherigen »Gewinner« u. Ä. zuzuschreiben sind. Für dieses Verständnis von Gerechtigkeit lassen sich zwei prominente Beispiele anführen: zum einen die befreiungstheologisch motivierte »vorrangige Option für die Armen« der lateinamerikanischen Bischofskonferenz (vgl. Bedford-Strohm, 1993, S. 150–203, 306–313), zum anderen die »Theorie der Gerechtigkeit« des US-amerikanischen Philosophen John Rawls (Rawls, 2002, S. 336).

Die vierte und letzte Definition von Gerechtigkeit, die hier vorgestellt werden soll, ist diejenige der *Chancengerechtigkeit.* Als gerecht anzusehen ist die Verteilung von Eigentum dann, wenn (möglichst) alle Individuen die gleiche Möglichkeit hatten, um sie zu erwerben. Da dies nicht ohne Weiteres der Fall ist, soll ethisch reflektiertes (politisches und wirtschaftliches) Handeln darauf zielen, den Individuen möglichst gleiche Chancen zu eröffnen. Diese Konzeption von Gerechtigkeit lässt sich bereits bei Immanuel Kant angelegt finden; sie wird in der Gegenwart etwa in den Denkschriften der Evangelischen Kirche in Deutschland – dort allerdings nicht ausschließlich – vertreten (vgl. etwa EKD, 1991, S. 108 f.), liegt aber auch dem sozialstaatlichen Handeln der Bundesrepublik zugrunde.

Solche Gerechtigkeitskonzeptionen sind einerseits darauf zu prüfen, ob sie operationalisierbar (hier: tatsächlich anwendbar) sind, andererseits, ob sie ihrerseits den Kriterien sowohl der christlich-theologischen Ethik als auch der Ökonomie genügen. Als solche Kriterien sind hier etwa Schutz und Förderung des Einzelnen, Erhalt einer Solidargemeinschaft und Anreiz zu effizientem Handeln zur Geltung zu bringen. »Gerechtigkeit« erweist sich aus dieser Sicht als ein *Idealtyp*, dessen Realisierung man sich lediglich annähern kann.

2.3 Theologische Momente der Gerechtigkeit

Theologische Überlegungen beziehen über diese Gerechtigkeitskonzeptionen hinaus die »Gerechtigkeit Gottes« ein. Exemplarisch kann dies anhand biblischer Gerechtigkeits-Reflexionen verdeutlicht werden. Der entscheidende biblische Befund liegt darin, dass sowohl im Alten als auch im Neuen Testament Gerechtigkeit *von der Gerechtigkeit Gottes her* bestimmt wird. Dabei wird »Gerechtigkeit« als *Verhältnisbegriff* verstanden: Gerechtigkeit bezeichnet die heilvoll-heilsame Beziehung zwischen Gott und Menschen, die sich dann auch in der Beziehung unter Menschen abbilden kann. Es ist somit das *Gerecht-Sein Gottes*, das überhaupt erst die Möglichkeit und die Maßstäbe gerechten Handelns der Menschen freisetzt. Folgerichtig sieht sich das Volk Israel wie auch die Gemeinde Christi aus Juden und Heiden in der Pflicht, der Gerechtigkeit Gottes Raum zu geben. Dem Judentum gilt dazu die von Gott empfangene Tora als Richtschnur; die christliche Gemeinde orientiert sich – nach der synoptischen Überlieferung – an der »besseren Gerechtigkeit«, die als Botschaft Jesu beschrieben wird (Mt 5–7; vgl. 5,20).

> Um einem möglichen Missverständnis vorzubeugen, sei betont: Damit wird die Gerechtigkeitskonzeption, die im Judentum prägend wurde, keineswegs »überholt«. Vielmehr birgt die rabbinische Literatur zahlreiche Anstöße und Beispiele für den gegenwärtigen Gerechtigkeitsdiskurs, etwa in Gestalt des komplementären Begriffspaars aus »Gerechtigkeit« *(ṣ^{e}dāqāh)* – sie bezeichnet den pflichtgemäßen und verbindlichen Einsatz für das Lebensnotwendige der Mitmenschen – und Barmherzigkeit *(g^{e}mjlūt ḥæsæd)* – sie bezeichnet die unkonditionierte, geschenkhafte, nicht erwartbare Zuwendung zum Nächsten (dazu Müller, 1999, S. 358).

Neben diese *Grundfigur theonomer Reziprozität* (Rudolf Bohren) zwischen Gottes Gerechtigkeit und menschlicher Gerechtigkeit tritt besonders in den Briefen des Apostels Paulus eine zweite, für das theologische Gerechtigkeitsverständnis zumal evangelischer Lesart schlechterdings grundlegende Einsicht: Gerechtigkeit können Menschen *nicht* aus eigener Kraft verwirklichen. Sie wird ihnen vielmehr von Gott geschenkt, indem Gott sie für gerecht *erklärt*, ihnen also seine eigene Gerechtigkeit zurechnet. Wenn Menschen dies im Glauben annehmen, können sie dementsprechend handeln (vgl. Röm 1–4). In diesem Verständnis koinzidieren Gottes Gerechtigkeit und Gnade: »Gott ist nicht sowohl gnädig als auch gerecht. Sondern Gott ist mit seiner Gnade im Recht« (Jüngel, 1972, S. 78).

Der Ertrag dieser theologischen Impulse für die ethische Reflexion liegt vor allem in der Einsicht, dass Gerechtigkeit nicht machbar ist, sondern ihre Verwirklichung von etwas abhängt, über das Menschen nicht verfügen können – diese Einsicht entbindet freilich nicht vom Bemühen um Gerechtigkeit. Vielmehr gilt es, sich gedanklich wie praktisch für Gerechtigkeit einzusetzen *etsi deus non daretur* (als wenn es keinen Gott gäbe); zugleich aber sich der Gerechtigkeit Gottes anzuvertrauen, als ob unser Handeln belanglos wäre. Dietrich Bonhoeffer formulierte dies so: »Unser Christsein wird heute nur in zweierlei bestehen: im Beten und im Tun des Gerechten unter den Menschen« (Bonhoeffer, 2015, S. 532 f., auch 435).

3. Didaktische Perspektiven

3.1 Didaktische Orientierungen

»Gerechtigkeit« gehört zu den klassischen Themen des evangelischen (und katholischen) Religionsunterrichts. Sie wird in der Regel bereits in der Grundschule sowie in der Sekundarstufe I aufgegriffen. Gerechtigkeit im Blick auf »Armut und Reichtum« kommt etwa bei der Behandlung »Prophetischer Gestalten« oder auch beim Thema »Kirche und Diakonie« in den Blick. Zu fördern ist dabei primär die Wahrnehmungs- und Urteilskompetenz; unter den inhaltlichen Kompetenzen geht es darum, »ethische Entscheidungssituationen im individuellen und gesellschaftlichen Leben wahrnehmen, die christliche Grundlegung von Werten und Normen verstehen und begründet handeln [zu] können« (EKD, 2010, S. 17 f.).

3.2 Didaktische Konkretisierungen

Didaktische Zugänge werden im Folgenden nicht im Blick auf einzelne Schulstufen, sondern gleichsam »systematisch« benannt. Die Frage nach »Gerechtigkeit« sollte spiralcurricular wiederkehren, um der Entwicklung des moralischen Urteils hinreichend viele Anstöße zu geben.

1) Zugang über Lernen am Modell: In diesem Sinne kann der Unterricht bekannte oder bisher unbekannte Menschen in den Blick nehmen, die angesichts einer bestimmten eigenen Erfahrung begonnen haben, sich für Gerechtigkeit zu engagieren, etwa der Berufsschulpfarrer Hans A. de Boer (1925–2017), der Bürgermeister Friedrich Wilhelm Raiffeisen (1818–1888), die Künstlerin Käthe Kollwitz (1867–1945) oder die Gründer/Gründerinnen von »attac« (Ignacio Ramonet u. a.). Im Internet werden Informationen gesammelt, dann werden Reportagen geschrieben, die vor allem auf die Motive und die Art der Initiative der betreffenden Personen abheben, und diese werden schließlich in einem Sonderheft der Schulzeitung veröffentlicht. Durch diesen Zugang wird unübersehbar, dass Reden von »Gerechtigkeit« persönliche Beteiligung (commitment) voraussetzt; didaktisch handelt es sich um »Lernen am Modell«.

2) Thematisch-problemorientierter Zugang: Das Bischöfliche Hilfswerk Misereor veröffentlicht alljährlich zur Passionszeit ein sog. Hungertuch, das in der Regel Armut und Reichtum thematisiert. Ein solches Hungertuch bietet vielfältige Erschließungsmöglichkeiten: Neben der *Bildbetrachtung* ist eine *aktualisierende Collage* oder sogar der Entwurf eines eigenen Hungertuchs durch die SuS möglich. Materialien von »Brot für die Welt«, namentlich die Zeitschrift »Global lernen«, bieten fortlaufend Material für thematisch-problemorientiertes Unterrichten. Die Komplexität der Verhältnisse kann durchsichtig und bearbeitbar gemacht werden anhand von Fallstudien, die alltagsrelevante Themen (beispielsweise die Herstellungs- und Handelsbedingungen von Kleidung) behandeln.

3) Kinder- und jugendtheologischer Zugang über Werteklärung: Ausgehend von Erfahrungen der Ungerechtigkeit, die SuS machen, und von Vorverständnissen von Gerechtigkeit, die sie mitbringen, werden biblische Texte zur Gerechtigkeit, etwa die Parabel von den Arbeitern im Weinberg (Mt 20,1–14) oder Schüsseltexte der o. g. Gerechtigkeitskonzeptionen thematisiert. Ethikdidaktisch geht es in dieser Art von Zugang im Kern um »value clarification« (Louis Raths), also darum, die eigenen, bereits vorhandenen Gerechtigkeitsvorstellungen bewusst und damit bearbeitbar zu machen. Der Ausgang von eigenen Erfahrungen hat darin sein Recht, dass gerade im Lernfeld »Gerechtigkeit« die Sozialisation in Familie, Peergroup und hidden curriculum der Schule großes Gewicht haben dürfte.

4) Zugang über Soziales Lernen: Hier wird SuS Möglichkeit gegeben, etwa im Rahmen eines Praktikums, selbst in Kontakt zu kommen mit Situationen ökonomischer Verteilungs*un*gerechtigkeit (etwa im Arbeitsamt, in diakonischen/caritativen Einrichtungen, in einer Familie, die von der Sozialhilfe leben muss). Ihre Erfahrungen werden im Unterricht verschiedener Fächer, etwa in »Religion«, »Politik« und »Geschichte«, vor- und nachbereitet.

5) (Bibel-)hermeneutischer Zugang: Die biblischen Propheten, etwa Amos, kritisieren Ungerechtigkeit in einer für SuS fremden Lebenswelt. Diese Verfremdung erleichtert es, Strukturen der Ungerechtigkeit zu beschreiben und zu durchschauen; die so gewonnenen Einsichten gilt es für die Bearbeitung heutiger Konstellationen fruchtbar zu machen.

6) Suche nach methodisch ausgewiesener sittlicher Urteilsfindung: Die oben genannten Reflexionen auf Gerechtigkeit nehmen vielfach Bezug auf die ethische Theorie sittlicher Urteilsfindung von Heinz Eduard Tödt. Die von ihm vorgeschlagenen Schritte der Urteilsfindung können auch im Unterricht zur Bearbeitung ethischer Probleme gegangen werden. Ziel ist in diesem Fall neben der Entwicklung von Antworten ausdrücklich die methodische Schulung der SuS in Sachen sittlicher Urteilsfindung.

7) Interreligiöses ethisches Lernen: Armut und Reichtum sind Thema aller traditionsreichen Religionen; der in ihnen aufgehobene Schatz an Vorbildern, ethischen Weisungen, Reflexionen auf Gerechtigkeit kann im Religionsunterricht exemplarisch gehoben werden (Bauer & Sommerhoff, 2014) – zumal dann, wenn SuS verschiedener Religionszugehörigkeit am Unterricht teilnehmen.

Ethisches Lernen anhand des Themas »Armut und Reichtum« ist voraussetzungsreich – nicht allein in entwicklungspsychologischer und methodischer, sondern auch in sachlicher Hinsicht. Religions- und Ethikunterricht können in den wenigen Unterrichtseinheiten, die wirtschaftsethische Bezüge erkennen lassen, den ökonomischen Sachverhalten kaum gerecht werden. Nicht um »die Menschen zu stärken«, wohl aber um »die Sachen zu klären« (Hartmut von Hentig) und, vor allem, um die Strukturen zu durchschauen, ist der Religionsunterricht hier auf fachübergreifende Kooperation verwiesen.

4. Literatur

Bauer, J./Sommerhoff, M. (2014): Für eine gerechte Welt – Prophetinnen, Propheten und wir (Interreligiös-dialogisches Lernen). München: Kösel.

Bedford-Strohm, H. (1993): Vorrang für die Armen. Auf dem Weg zu einer theologischen Theorie der Gerechtigkeit. Gütersloh: Gütersloher Verlagshaus.

Bonhoeffer, D. (2005): Widerstand und Ergebung. Werkausgabe, Bd. 8. Hrsg. von C. Gremmels/E. Bethge/R. Bethge in Zusammenarbeit mit I. Tödt. Gütersloh: Gütersloher Verlagshaus.

Bundesministerium für Arbeit und Soziales (2017): Lebenslagen in Deutschland. Der Fünfte Armuts- und Reichtumsbericht (5. ARB) der Bundesregierung. Berlin: Bundesdruckerei. https://www.armuts-und-reichtumsbericht.de (Zugriff: 15.05.2021).

Butterwegge, C. (2020): Die zerrissene Republik: wirtschaftliche, soziale und politische Ungleichheit in Deutschland. Weinheim: Beltz Juventa.

Evangelische Kirche in Deutschland (1991): Gemeinwohl und Eigennutz. Eine Denkschrift der EKD. Gütersloh: Gütersloher Verlagshaus.

Evangelische Kirche in Deutschland (2010): Kompetenzen und Standards für den Evangelischen Religionsunterricht in der Sekundarstufe I (EKD-Texte 111). Hannover: EKD.
Jüngel, E. (1972): Gottes umstrittene Gerechtigkeit. In Ders.: Unterwegs zur Sache (S. 60–79). München: Chr. Kaiser.
Kant, I. (1983): Grundlegung zur Metaphysik der Sitten (1785). In Ders.: Werke in sechs Bänden. Hrsg. von W. Weischedel. Bd. IV (S. 9–102). Darmstadt: Wissenschaftliche Buchgesellschaft.
Luz, U. (1985). Das Evangelium nach Matthäus, Bd. 1. Zürich u. a.: TVZ/Neukirchener Verlag.
Meireis, T. (2015): Ethik des Sozialen. In W. Huber et al. (Hg.): Handbuch der Evangelischen Ethik (S. 265–330). München: C. H. Beck.
Le Monde Diplomatique (2019): Atlas der Globalisierung: Welt in Bewegung. Berlin: taz.
Müller, K. (1999): Diakonie im Dialog mit dem Judentum. Heidelberg: Universitätsverlag Winter.
Penzold, M. (2013). Wirtschaftsethik. Themenheft für den evangelischen Religionsunterricht in der Oberstufe. Göttingen: Vandenhoeck & Ruprecht.
Piketty, T. (2016): Ökonomie der Ungleichheit. Eine Einführung. München: C. H. Beck.
Rawls, J. (2003): Theorie der Gerechtigkeit (amerik. Orig. 1971). Frankfurt a. M.: Suhrkamp.
Rich, A. (1984): Wirtschaftsethik. Gütersloh: Gütersloher Verlagshaus.
Rosling, H. (2018): Factfulness. Berlin: Ullstein.
Sen, A. (2020): Die Idee der Gerechtigkeit (2. Aufl.). München: C. H. Beck.
Tödt, H. E. (1988): Versuch einer ethischen Theorie sittlicher Urteilsfindung (1979). In Ders.: Perspektiven theologischer Ethik (S. 21–48). München: Chr. Kaiser.
Walzer, M. (2006): Sphären der Gerechtigkeit (amerik. Orig. 1983). Frankfurt a. M.: Campus.

Behinderung / Inklusion

Bettina Brandstetter / Oliver Reis

1. Lebensweltliche Perspektiven

Wenn in diesem Beitrag Behinderung und Inklusion zu einem gemeinsamen Gegenstand des ethischen Lernens zusammengezogen werden, dann ist dies schon eine folgenreiche Entscheidung, die aber durchaus dazu passt, wie Inklusion und Behinderung auch von Kindern und Jugendlichen wahrgenommen werden. Der Begriff *Inklusion* ist dabei nicht sehr weit verbreitet – er ist ein politisch-technisch-administrativer Begriff geblieben, der zwar durchaus Erwachsene für eine bestimmte ethische Haltung emotionalisiert und deshalb auch selbst einen gewissen Wert darstellt (Schweiker, 2016, S. 22), aber er ist als Wertbegriff nicht in die Lebenswelt von Kindern und Jugendlichen eingedrungen. In der Praxis von Schule ist das Wertanliegen von Inklusion durch den Begriff der *Inklusionskinder* übersetzt worden; ein Begriff, der es auch in den Duden geschafft hat und dort so erklärt wird: »Kind mit spezifischem Förderschwerpunkt, das gemeinsam mit Kindern ohne Förderschwerpunkt einen Kindergarten, eine Schule besucht« (Duden online). Die Förderschwerpunkte sind wiederum diagnostizierte Förderbedarfe, an die sich traditionell der Behinderungsbegriff gehängt hat. Der Begriff *behindert* gehört zum einen in die Alltagssprache von Kindern und Jugendlichen (»Du bist doch behindert!«/»Ich finde die Situation voll behindert!«). Er ist dann abstrakt abwertend im Sinne von *»das passt so nicht«* gemeint. Er wird aber auch zur Markierung von Menschen in Abgrenzung zu *normal* benutzt. Grundschulkinder können *normal* und *behindert* schon in vielfältige Beziehung setzen: entweder normal oder behindert, alle normalen sind irgendwie auch behindert oder alle Behinderten sind irgendwie auch normal (Brehme, Gerullis & Huber, 2020, S. 57). Kinder und Jugendliche thematisieren implizit, aber auch explizit die Normabweichungen und diskutieren die damit verbundenen Bewertungen. Die negative Bewertung von *behindert = eingeschränktes Leben = zurecht ausgrenzbares Leben* ist also unter Kindern und Jugendlichen genauso im Raum wie die Ablehnung eines solchen Denkens, die aber nicht mit dem Begriff der Inklusion bzw. Integration gefasst wird.

Man könnte den Beitrag nun vereinfachend so anlegen, dass es darum geht, wie man *Behinderung = Unnormalsein = Abwertung einer Lebensform und -weise* durch die Fokussierung auf Inklusion als Gegenwert – jede Lebensform hat ein Recht sich nach eigenen Zielen zu verwirklichen, dieses Recht ist zu akzeptieren und zu befördern (Hinz, 2014, S. 45 f.) – zum Gegenstand des ethischen Lernens im Religionsunterricht machen kann: Inklusion als die ethische Herausforderung durch Behinderung. Doch würde dieser Zugang etwas Wesentliches übersehen, das für Inklusion und Behinderung von Bedeutung ist: die Konstruiertheit dieser ganzen Beziehung und die Prämissen, die damit verbunden sind. Innerhalb der Inklusionsdebatte wird die enge Verknüpfung von Behinderung und Inklusion kritisiert, weil damit bereits eine Norm bestätigt wird, die Ausgrenzung legitimiert. Die Differenz normal/un- bzw. abnormal selbst ist das Problem (Grosche & Vock, 2018, S. 261). Schon die Unterscheidung in Inklusionskinder und unbestimmte, »normale« Kinder ist problematisch und unterläuft das Grundanliegen der Inklusion. Wenn ein Schulsystem, das in sich immer weiter die Differenz behindert/nicht-behindert tradiert und die Inklusion der Behinderten als ethische Aufgabe der Nichtbehinderten fasst, also Inklusion zum *Gegenstand* macht, dann kann dieser Unterricht selbst nicht emanzipativ sein. Der Anspruch lautet also: nicht über *etwas* zu unterrichten, sondern die Exklusionsmuster innerhalb des Unterrichts bzw. der Klasse selbst zum Gegenstand zu machen, die ja ein Spiegelbild der Gesellschaft sind. Die Religionslehrkraft ist selbst Teil eines Systems, das über Differenzen Schülerinnen und Schüler (SuS) markiert, einordnet und Bildungschancen zuteilt oder verwehrt (Brandstetter & Reis, 2020). Inklusion als Wert betrifft die SuS und ihre Bildungschancen in der Klasse selbst.

Beim Lerngegenstand Inklusion bzw. Behinderung ist also dezidiert eine didaktische Reflexion notwendig, die den tatsächlichen Gegenstand, die SuS und auch die Lehrkräfte mit ihren Überzeugungen heterogen denkt. Erst wenn die verschiedenen Konstruktionen und die damit verbundenen Optionen deutlich werden, lassen sich didaktische Entscheidungen treffen (Reis, 2021).

2. Theologisch-ethische Perspektiven

2.1 Behinderung/Inklusion aus theologischer Perspektive

In einer theologischen Auseinandersetzung mit Behinderung/Inklusion lassen sich unterschiedliche Strategien erkennen. Man kann

- mit der Bibel und theologischen Überzeugungen Exklusionen von Menschen, konkret den ausgrenzenden Umgang mit Behinderten oder die soziale Konstruktion von Behinderung, in der Gesellschaft kritisch beobachten (Grasser, 2014, S. 35–40).

- von einem bestimmten gesellschaftlichen Überzeugungsstandpunkt aus kritisch auf Inklusions- und Exklusionsmuster der biblischen Narrative und der kirchengeschichtlichen Entfaltung schauen (Schiefer-Ferrari, 2014/2019).
- beobachten, dass weder die Bibel und die Theologie noch die Inklusionstheorien ein exklusionsfreies Leitbild für ein bestimmtes gewünschtes Verhalten im Umgang mit Differenzen abgeben (Leutzsch, 2016, S. 68–70).

So ließe sich z. B. die Einladung zum Gastmahl bei Lk 14,15–24 »als Muster einer nicht diskriminierenden Gesellschaft« (Crossan, 1996, S. 98) als biblische Grundlage für die Fürsorge um körperlich eingeschränkte Menschen bestimmen, die u. a. zur institutionalisierten Barmherzigkeit in den christlichen Kirchen geführt hat. Man kann aber auch aus der Perspektive der *Disability Studies* gerade an dieser Perikope auf die Verachtung körperlich eingeschränkter Menschen im Alten und Neuen Testament hinweisen, die als unheiliger Rest dazu dienen, den Gottesfrevel der eigentlich heilig gedachten Mitglieder des Volkes zu spiegeln (Schiefer-Ferrari, 2019, S. 35 ff.-). Nach Martin Leutzsch sollte man die Bibel weder als Leitbild für gelungene Inklusion behaupten, die in der außerbiblischen Umwelt fehlt, noch sie für ihre Exklusionen schelten, die nach heutigem gesellschaftlichem Standard unmöglich sind. Die Bibel setzt sich mit ihrer Umwelt auseinander, ist mit ihr verwoben, reflektiert sie, bearbeitet bestimmte Differenzen, verändert gesellschaftliche Ordnungen und schafft neue (Leutzsch, 2016, S. 64–67). Die biblischen Narrative sind also selbst produktiv und weisen eine Ambivalenz im Umgang mit Differenzen auf, die sich in den geschichtlich-theologischen Reflexionen und kirchlichen Praktiken fortsetzen. Hinsichtlich des Unterrichts ist nun entscheidend, in diesem vielseitigen Geflecht die eigenen Überzeugungen zu entdecken und die eigenen Praktiken des Einschließens und Ausschließens zu verstehen. Das betrifft insofern die ethische Perspektive des Unterrichtens, weil über die jeweilige Vorstellung von Inklusion normative, handlungsleitende Ordnungen konstruiert werden (Rabenstein, Laubner & Schäffer, 2020), die über die Partizipations- sowie Entwicklungsmöglichkeiten der anvertrauten Kinder entscheiden.

2.2 Differenztheoretische Standpunkte und ihre normativ-ethische Funktion

Der pädagogisch-didaktische Umgang mit Behinderung und gesellschaftlicher Vielfalt hat sich seit den 1980er Jahren in zahlreichen Konzeptionen ausgeformt, die von einer integrativen Pädagogik über diskriminierungskritische Ansätze bis zu Diversity Management und Inklusion reichen. Auf der Basis unterschiedlicher Differenztheorien werden im Folgenden praxisbezogene Denkformen re-konstruiert, die aufgrund ihrer normativen Aufladung die ethische Frage im Unterricht unterschiedlich leiten. Damit wird den Leserinnen und Lesern eine Matrix zur Verortung und Reflexion der eigenen Inklusionspraxis zur Verfügung gestellt.

(1) Inklusion als Wertschätzung von Vielfalt

In religionspädagogischen Kontexten wird Vielfalt häufig als positiver Wert und Bereicherung angesehen, den es auf der Basis eines christlichen Menschenbildes anzuerkennen und wertzuschätzen gilt (Frick, 2010). Unter dem Motto »Es ist schön, verschieden zu sein« soll die Unterschiedlichkeit der Kinder gewürdigt werden. Inklusion als Bereicherung anzusehen, stellt eine affirmative, präskriptive Form des Umgangs mit Heterogenität dar. Begriffe wie Chance, Nutzen und Bereicherung deuten auf einen subtilen Utilitarismus hin (Walgenbach, 2014). Eine Stärke dieses Zugangs besteht darin, dass Vielfalt nicht defizit-, sondern stärkenorientiert aufgenommen wird. Allerdings werden zumeist nur bestimmte Qualitäten als anerkennungswürdig angesehen, während befremdliches oder herausforderndes Verhalten negiert, abgewertet oder ausgeblendet bleibt. Wenn Besonderheiten in kulturalistischer Manier hervorgehoben werden, kann es betroffenen Kindern mitunter sehr unangenehm werden, über bestimmte Merkmale definiert und zugleich als abweichend oder fremd markiert zu werden (Wagner, 2008, S. 25).

(2) Inklusion als Sondersituation

Neben der skizzierten Affirmation überwiegt im Bildungskontext historisch gesehen die Wahrnehmung von Vielfalt als Herausforderung und Belastung (Walgenbach, 2014). Von Behinderung, Migration oder prekären Verhältnissen betroffene Kinder werden als Opfer einer schwierigen Lebenslage angesehen und gelten als Erschwernis in der pädagogischen Arbeit. Pädagoginnen und Pädagogen sehen sich mit außergewöhnlichen Herausforderungen konfrontiert, die zu einer pädagogisch-didaktischen Sonderbetreuung (»Sonderpädagogik«) auffordern. Die Stärken eines solchen Zugangs liegen darin, dass versucht wird, die Lebenslage der Kinder wahrzunehmen und ernst zu nehmen. Hierbei kann es aber auch zu einer Reduktion auf die Bedürftigkeit oder zu einer Viktimisierung kommen, worauf paternalistisches Handeln folgt (Brandstetter, 2020, S. 67). Solche Festschreibungen rechnen mitunter Entwicklung oder Veränderung der Lebenslage erst gar nicht ein (Brandstetter & Reis, 2020).

(3) Inklusion als Fürsorge

Eine andere Denkform wäre unter dem Anspruch, innerhalb von Inklusion Differenzen zu bearbeiten. Ausgangspunkt ist dabei eine bestimmte Vorstellung von Normalität oder *Homogenität,* an die von Abweichung betroffene Kinder möglichst angeglichen werden sollen. Dafür ist es notwendig, Standards zu definieren und vor dem Hintergrund derselben den Grad der Abweichung zu diagnostizieren (z. B. Sprachstandserhebung, Entwicklungsbögen). Diese Praxis beinhaltet eine Bewertung: Es gibt immer etwas, das erstrebenswerter ist als das andere. Sie stellt eine integrativ ausgerichtete Zielgruppenpädagogik dar, die sich an *abweichende* Kinder richtet, während als *normal* geltende Kinder nicht betroffen sind (Riegel, 2016). Als Stärke dieses Zugangs ist zu benennen, dass Bildungsinitiativen differenziert und individualisiert den Bedürfnissen bestimmter Kinder angepasst werden. Gleichzeitig kommt es gerade durch die Diagnose zu einer Reifizierung stigmatisierender Differenzkategorien, d. h., dass die diagnostische Praxis die ausgrenzenden Differenzmerkmale selbst aufruft, tradiert und damit verstärkt (Grümme, 2019, S. 109).

(4) Inklusion als Reflexionsvorgang

Hier geht es darum, den Konstruktionscharakter von Inklusion aufzudecken und die eigene Beteiligung am *doing difference,* an der Hervorbringung von Unterschieden zu reflektieren (Walgenbach, 2014, S. 105). Diese Denkform basiert auf dem Bewusstsein, dass jede Inklusion neue Exklusionen auslöst und sich niemand diesem Prozess entziehen kann. Da Differenzierungspraktiken immer mit bestimmten Interessen verbunden sind, werden in einem reflexiven Zugang die vorhandenen Machtverhältnisse aufgedeckt. Damit kommt neben der horizontalen Ebene der Verschiedenheit auch die vertikale Ebene der Ungleichheit in den Blick (Grümme, 2019). Stärken dieses Ansatzes sind im Perspektivenwechsel und in der Verantwortungsübernahme zu sehen. Eine Schwäche besteht darin, dass Differenzkategorien auch in dieser kritischen Denkform immer noch als essenzialistische, distinkte Größen angesehen werden.

(5) Inklusion als diskursethischer Rahmen

In dieser Denkform stellt Inklusion (als vorhandene Vielfalt) den Ausgangspunkt dar, von dem aus Identitäten ausgehandelt werden (Brandstetter, 2020). Subjekte sind vor diesem Hintergrund nicht als statisch und mit bestimmten Merkmalen ausgestattet gedacht, sondern das (vorübergehende) Produkt permanenter Aushandlungsprozesse. Differenzierungsprozesse werden als produktiv wahrgenommen, wobei diese immer an konkreten Orten und zu bestimmten Zeiten stattfinden und daher kontextuell, kontingent und historisch sind. Sie spiegeln vorhandene Interessen und Ordnungen wider und sind daher als machtvolle Praktiken zu verstehen. Individuen werden vor diesem Hintergrund adressiert und als Subjekte hervorgebracht bzw. stellen sich selbst entsprechend dar. Stärken dieser Sichtweise bestehen in der Annahme pluriformer bzw. multipler, unabgeschlossener Identitätsentwürfe. Gerade die fehlende Positionalität kann zugleich als Schwäche betrachtet werden, weil sie politischen Einsatz erschwert und zu Relativierung neigt (Straub, 2004). Die Vorstellung einer Aushandlung von gleichartigen Differenzaspekten neigt dazu, reale gesellschaftliche Benachteiligungen sowie spezifische Bedürfnisse z. B. von Menschen mit körperlichen oder intellektuellen Einschränkungen zu übersehen (Walgenbach, 2014, S. 49; Zonne-Gätjens, 2014). Trotz eines weiten Inklusionsbegriffs ist es deshalb zuweilen wichtig, unter dem Anliegen von Inklusion eng und konkret vorhandene Subjektpositionen stellvertretend parteiisch wahrzunehmen, wenn die vorhandenen Ordnungen dies nicht tun (Brandstetter, 2020).

3. Didaktische Perspektiven

3.1 Didaktische Orientierungen

Wie die bisherigen Ausführungen gezeigt haben, verbietet sich beim Lerngegenstand Behinderung/Inklusion eine klare lineare Entfaltung vom Gegenstand zu seiner methodischen Durchführung. Vorliegende Beschreibungen von Unterrichtsvorhaben zu Behinderung/Inklusion (z. B. Schweiker, 2018; Kropač, 2016; Kammeyer & Jesuthasan, 2013) gehen jeweils von unterschiedlichen differenztheoretischen Standpunkten aus, wählen dementsprechend auch unterschiedliche pädagogische Ziele. Geht es eher um eine empathische Exklusionssensibilisierung anderer, um den praktischen Umgang mit Differenzen in der Klasse selbst oder um die theoretische Auseinandersetzung mit gesellschaftlichen Mechanismen? Dementsprechend werden auch biblisch-theologische Quellen oder Reflexionen je nach Strategie (Kap. 2.1) anders eingesetzt. Jede dieser Unterrichtsbeschreibungen hat Stärken und Schwächen. Jede tariert anders aus, wer zu Wort kommt und wer nicht, wie stark das eigene Verwickeltsein mitreflektiert wird, welche Lernwege welche Zugangsvoraussetzungen erfordern. Wir versuchen deshalb, mit fünf Lernszenarien didaktische Grundentscheidungen zu skizzieren, wie Behinderung/Inklusion zum Gegenstand des Religionsunterrichts werden können. Diese *Szenarien* betonen unterschiedliche differenztheoretische Denkformen, Grade kognitiver bzw. handlungsauffordernder Beanspruchung und Modelle des ethischen Lernens.

3.2 Didaktische Konkretisierungen

Die fünf Szenarien sind Verdichtungen vorhandener pädagogischer Praxis oder theoretischer Überlegungen zu Praxisvorstellungen entlang bestimmter Merkmale: Sie unterscheiden sich *erstens* grundlegend darin, ob sie von »normalen Menschen« ausgehen, die mit dem Angebot etwas über unnormale Menschen lernen können oder ob sie grundlegend diese Differenz für die Gesellschaft und für die Lerngruppe aufzuheben versuchen. Gerade im Umgang mit Behinderung ist diese Unterscheidung wichtig, ob die Behinderung außerhalb oder innerhalb der Lerngruppe gedacht wird. Damit ist *zweitens* ein eigener differenztheoretischer Zugang verbunden, in dem die Unterscheidung normal/unnormal selbst anders verstanden wird und damit auch eine andere pädagogische Strategie verfolgt. Diese pädagogische Strategie lässt sich *drittens* in den verschiedenen Modellen des direkten bzw. indirekten ethischen Lernens fassen, die in der religionsdidaktischen Tradition entwickelt wurden (Lindner, 2017, S. 192–211). Jedes dieser Szenarien hat seinen Sinn in der Schule, erfüllt auf gewisse Weise eine Funktion im ethischen Lernen, besitzt aber auch Schwächen.

a. Fest der Vielfalt

Das Fest der Vielfalt ist ein buntes, möglichst unbeschwertes Format z. B. bei Projektwochen, bei dem bestimmte Besonderheiten der jeweils anderen in exotisch/kulturalistischer Weise hervorgehoben werden. Im Feiern der Vielfalt wird das befremdlich Andere zugleich unsichtbar gemacht, wodurch reale Begegnungen ausbleiben. Differenztheoretisch ist hier die Denkform (1) und begrifflich Inklusion als Diversität dominierend. Ethisch realisiert sich hier ein *Werterleben:* »Die Welt ist bunt und das ist eine Bereicherung.« Es handelt sich dabei um eine eher indirekte Praxis. Im freundlichen Austausch der Kulturen und Religionen wird in der Praxis selbst gelernt, dass Differenzen keine Angst zu machen brauchen. Behinderungen lassen sich schlecht feiern, aber auf dem Gruppenfoto ist es gut, auch diese Form von bereichernder Differenz abzubilden.

b. Empathie mit denen am Rand

Am Beispiel der Martinslegende oder der Sternsingeraktion wird im Religionsunterricht versucht, den Fokus auf gesellschaftlich Marginalisierte oder Benachteiligte zu lenken und für deren Lebenssituation zu sensibilisieren. Diese anderen am Rand sind in einer deutlich schlechteren Lage, können sich nicht selbst helfen, brauchen die Starken, die Verantwortung übernehmen können (2). Die anderen sind in den Sammelaktionen oder Spendenläufen, die durch den Religionsunterricht (mit-)vorbereitet werden, außerhalb der Gruppe. In Form einer *Wertübertragung* sollen die normalen Kinder Empathie mit an den Rand Gedrängten entwickeln, während die anderen zu Objekten des Lernens, zum Lernanlass werden. Ein hohes Spendenaufkommen ist zugleich Indikator für ein erfolgreiches Lernen. Mitgefühl wird durchaus abstrakt entwickelt, aber eher als Gefühl von Selbststärke.

c. Hilfe für die Randständigen bei der Integration

Im Religionsunterricht werden Projekte angeschoben, die Randständigen im nahen Umfeld (z. B. Obdachlose, sozial Schwache, Alleinerziehende, Trauernde) unterstützen, damit sie an den gesellschaftlichen Vollzügen teilhaben können, denen sie entglitten sind. Es geht darum, über wirkliche Compassion die Situation anderer zu verbessern (3). Nicht der Rahmen dieser Situation wird verändert, aber das Erleben der Situation. In diesem Handeln lernen auch die Kinder und Jugendlichen der Mitte etwas, sie werden auf ihre eigenen Werte aufmerksam, nehmen die anderen als eigenständig wahr, die eigene Werte verfolgen. Die *Werterhellung* geschieht hier in der Differenz vom anderen, aber die Compassion soll in dieser eher indirekten Strategie zum Teil des Selbstkonzeptes werden.

d. Streit um mehr Gerechtigkeit

Religionslehrkräfte können in Reihen des ethischen Lernens versuchen, die Kinder für den eigenen Anteil an den Lebensverhältnissen unserer Gesellschaft oder Welt zu sensibilisieren und einen Perspektivenwechsel anzuregen (4). Sie werden sich ihrer Werte bewusst *(Werterhellung)* und überlegen, wie sie selbst an einer besseren Welt mitgestalten können. Was sind sie bereit aufzugeben? Welcher Rahmen bietet allen einen guten Ort? Innerhalb dieser Praxis ist es möglich, die Opfer unserer Lebensweise in der Dritten Welt zu verorten, um die innere Homogenität zu stabilisieren. Es ist aber auch möglich, Marginalisierungen in der Schule selbstkritisch anzusprechen und Betroffenen Selbstartikulation einzuräumen, in der sie sich für eine Veränderung ihrer Situation einsetzen können. In Gedankenexperimenten des *Schleiers des Nichtwissens* bei Rawls (1979, S. 159–165) können gesellschaftliche und schulische Strukturen daraufhin befragt werden, wem sie dienlich sind und wie man sie – ohne um die eigene Position zu wissen – hinsichtlich mehr Gerechtigkeit verändern könnte (5). Dann wird neben der *Werterhellung* auch eine Arena für die *Wertkommunikation* eröffnet, in der Ressourcen- oder Anerkennungskonflikte zwischen verschiedenen Mitgliedern der (Welt-)Gesellschaft bzw. Schule ausgehandelt werden.

e. Inklusion im fachlichen Alltagsunterricht

e.1 *kooperative Arbeitsweisen:* Die Lehrkraft verfügt über eine hohe Diskurssensibilität, d. h., sie weiß um gesellschaftliche Ordnungen und Machtverhältnisse und gestaltet Lernsettings vor dem Hintergrund der jeweiligen Subjektpositionen. In gemeinsamen Aufgaben ist Heterogenität die Ausgangslage, unterschiedlich begabte SuS arbeiten so zusammen, dass über den praktischen Vollzug inhaltlicher Arbeitsprozesse die Differenzen nachrangig werden. Dieses Ziel der inklusiven Didaktik lebt davon, dass es einen gemeinsamen Rahmen gibt, in dem z. B. Differenzen von Leistungsfähigkeit Leistung nicht vermindern. Hier geht es nicht um asymmetrische Hilfssysteme, sondern um ko-konstruktive Kooperation an *einem* hochwertigen Ziel, das für alle Beteiligten Neuland darstellt. Anders als beim Fest der Kulturen sind die Differenzen und das Risiko, das von Differenzen ausgeht, bewusst. Jederzeit kann die Kooperation zur Koexistenz werden. Aber die besonderen Momente, wenn der gemeinsame interaktive Rahmen hält, verändern die Handlungsmöglichkeiten aller. Das wäre eine besondere Form des indirekten *Werterlebens* von Inklusion, weil der Gegenstand *nicht* sprachlich mit den Kindern thematisiert werden muss. Trotzdem stellt diese Unterrichtserfahrung vermutlich eine wesentliche Grunderfahrung für das stark kognitiv-arbeitende Lernszenarium (5) dar.

e.2 bibelhermeneutische Arbeit mit Heilungsgeschichten: Der Fachunterricht kann selbst zum Anlass werden, Dis/ability zu thematisieren und dabei starre binäre Muster (etwa: normal/abnormal) zu unterlaufen. Kammeyer und Jesuthasan (2013) werten ein Unterrichtsprojekt aus, in dem zehn- bis zwölfjährige Kinder mit Hörbeeinträchtigungen die Heilung des blinden Bartimäus (Mk 10,46–52) in vielfältigen Sprech- und Schreibanlässen interpretieren, die die Kinder als potenzielle Akteurinnen und Akteure in der Erzählung ansprechen, aber nicht auf die Bartimäus-Rolle festlegen. Wird der Text in Klassen ohne körperliche Beeinträchtigungen gelesen, folgt rasch eine Wahrnehmung der Blindheit als Symbol. In Klassen mit blinden Kindern wird der biblische Text mit seiner Unterstellung von Disability eher materiell und kritisch interpretiert (siehe 2.2). In der Klasse mit Hörbeeinträchtigungen hat sich dagegen gezeigt, dass die Bibelstelle als sehr konkreter Text über Fähigkeiten, Unfähigkeiten und Hoffnungen der Akteurinnen und Akteure gelesen wird. Inklusion heißt hier vorhandene Einschränkungen sichtbar zu machen, ohne auszusondern (siehe (5.)).

4. Literatur

Brehme, D./Gerullis, A./Huber, C. (2020): Normalität und Behinderung aus Kindersicht. Vierteljahresschrift für Heilpädagogik und ihre Nachbargebiete, 1, S. 50–63.

Brandstetter, B. (2020): Kulturen, Religionen und Identitäten aushandeln. Elementarpädagogik zwischen Homogenisierung und Pluralisierung. Münster/New York: Waxmann.

Brandstetter, B./Reis, O. (2020): Machtvolle Differenzierungen. Wie Inklusionsdiskurse (religions-)pädagogische Praxis prägen. In T. Knauth/R. Möller/A. Pithan (Hg.): Inklusive Religionspädagogik der Vielfalt. Konzeptionelle Grundlagen und didaktische Konkretionen (S. 375–385). Münster/New York: Waxmann.

Crossan, J. D. (1996): Jesus: ein revolutionäres Leben. München: C. H. Beck.

Duden online (o. J.): Art Integrationskind, das. https://www.duden.de/rechtschreibung/Inklusionskind (Zugriff: 24.01.2021).

Frick, E./Haas, S./Peterseil, J./Stadlbauer, U./Walter, E. (2010): Religionspädagogischer Bildungsrahmenplan für elementare Bildungseinrichtungen in Österreich. Wien/Linz: Eigenverlag.

Grasser, P. (2014): Inklusion im Religionsunterricht. Vielfalt leben. Göttingen: Vandenhoeck & Ruprecht.

Grosche, M./Vock, M. (2018): Art. Inklusion. In D. Rost/J. Sparfeldt/S. Buch (Hg.): Handwörterbuch Pädagogische Psychologie (5. Aufl., S. 260–268). Weinheim: Beltz.

Grümme, B. (2019): Religionspädagogische Denkformen. Eine kritische Revision im Kontext von Heterogenität. Freiburg i. Br.: Herder.

Hinz, A. (2014): Vom sonderpädagogischen Verständnis der Integration zum integrationspädagogischen Verständnis der Integration? In I. Schnell/A. Sander (Hg.): Inklusive Pädagogik (S. 41–74). Bad Heilbrunn: Klinkhammer.

Kammeyer, K./Jesuthasan, J. (2013): Wie gehen Kinder mit Behinderungen mit Heilungsgeschichten um? In M. Zimmermann/C. Klein/G. Büttner (Hg.): Kind, Krankheit, Religion (S. 211–230). Neukirchen-Vluyn: Neukirchner Verlag.

Kropač, U./Bantzhaff, S. (2015): Inklusion als Lerngegenstand. Katechetische Blätter, 140, S. 54–59.

Leutzsch, M. (2016): Biblisch-theologische Perspektiven auf Heterogenität, Inklusion und Exklusion. In U. Liedke/H. Wagner (Hg.): Inklusion. Lehr- und Arbeitsbuch für professionelles Handeln in Kirche und Gesellschaft (S. 54–70). Stuttgart: Kohlhammer.

Rabenstein, K./Laubner, M./Schäffer, M. (2020): Diskursive Praktiken des Differenzierens und Normalisierens. In H. Leontiy/M. Schulz (Hg.): Ethnographie und Diversität (S. 187–208). Wiesbaden: Springer.

Rawls, J. (1979): Eine Theorie der Gerechtigkeit. Frankfurt a. M.: Suhrkamp.

Reis, O. (2021): Unsichtbar, lähmend oder steuernd. Heterogenität als didaktischer Akteur im Unterricht. In G. Grümme/T. Schlag/N. Ricken (Hg.): Heterogenität. Eine Herausforderung für Religionspädagogik und Erziehungswissenschaft (S. 137–150). Stuttgart: Kohlhammer.

Riegel, C. (2016): Bildung, Intersektionalität, Othering. Pädagogisches Handeln in widersprüchlichen Verhältnissen. Bielefeld: transcript.

Schiefer-Ferrari, M. (2014): Gestörte Lektüre. Dis/abilitykritische Hermeneutik biblischer Heilungserzählungen am Beispiel von Mk 2,1–12. In B. Kollmann/R. Zimmermann (Hg.): Hermeneutik der frühchristlichen Wundererzählungen. Geschichtliche, literarische und rezeptionsorientierte Perspektiven (S. 627–646). Tübingen: Mohr Siebeck.

Schiefer-Ferrari, M. (2019): Erlesene Tischgemeinschaften in der Bibel. (De-)Konstruktionen von In- und Outsidern. In A. Pithan/A. Wuckelt (Hg.): Miteinander am Tisch. Tische als Ort sozialer Utopien (S. 28–47). Münster: Comenius-Institut.

Schweiker, W. (2016): Prinzip Inklusion. Grundlagen einer interdisziplinären Metatheorie in religionspädagogischer Perspektive. Göttingen: Vandenhoeck & Ruprecht.

Schweiker, W. (2018): »Kein Haus zum Leben«. Euthanasiemorde als Thema im förder- und inklusionspädagogischen RU. rpi-Impulse, 1, S. 16.
Straub, J. (2004): Identität. In: F. Jäger/B. Liebsch (Hg.): Handbuch der Kulturwissenschaften. Grundlagen und Schlüsselbegriffe 1 (S. 279–303). Stuttgart: Springer.
Wagner, P. (2008): Handbuch Kinderwelten. Vielfalt als Chance – Grundlagen einer vorurteilsbewussten Bildung und Erziehung, Freiburg i. Br.: Herder.
Walgenbach, K. (2014): Heterogenität – Intersektionalität – Diversity in der Erziehungswissenschaft. Opladen/Toronto: Barbara Budrich.
Zonne-Gätjens, E. (2014): Religionspädagogik und Inklusion. RPB, 71, S. 7–15.

1. Lebensweltliche Perspektiven

Demokratie als Herrschafts-, Regierungs- und Lebensform stellt in Gesellschaften, in denen sie historisch gewachsen ist, verfassungsmäßig garantiert und politisch umgesetzt wird, eine Selbstverständlichkeit dar. Dennoch versteht sich Demokratie nicht von selbst. Vielmehr bedarf diese zu ihrer dauerhaften Legitimation und Stabilität der immer wieder neuen, oftmals überaus kleinteiligen Ausgestaltung und nicht selten überaus mühevollen Weiterentwicklungsprozessen. Deshalb gehört es zum Wesensmerkmal des demokratischen Zusammenlebens, dass die »Arbeit an der Demokratie« auf sehr vielfältigen Ebenen, in unterschiedlichsten Formen geschieht. Diese umfassen über die klassischen demokratischen Beratungs- und Entscheidungsinstanzen hinaus – also Legislative, Exekutive und Jurisdiktion – eine Vielzahl von weiteren Institutionen und Organisationen (etwa Parteien und NGOs, Verbände, Gewerkschaften und Kirchen bzw. Religionsgemeinschaften), die sich an der Gestaltung des demokratischen Lebens beteiligen und brennende Themen, Diskussionsprozesse sowie Entscheidungen medial transparent machen.

Von eminent politischer und auch erheblicher pädagogischer Relevanz für eine solche diskursive politische Öffentlichkeit ist es, dass die einzelnen Bürgerinnen und Bürger und damit auch Kinder und Jugendliche auf mündige Weise an deren Gestaltung partizipieren können: »Nur die Demokratie bietet den Menschen die Chance, sich umfassend an Willensbildung und Entscheidungsfindung zu beteiligen und ihre Angelegenheiten selbst in die Hand zu nehmen.« (Vorländer, 2020, S. 125). Die einzelnen Akteurinnen und Akteure werden ihrer demokratischen Verantwortung also dann gerecht, wenn sie sowohl um ihre verfassungsmäßig garantierten Freiheitsrechte wie auch um ihre je individuellen Möglichkeiten und Pflichten der Verantwortungsübernahme im Blick auf die aktive Beteiligung und Mitgestaltung wissen.

Damit dies gelingt, ist ein demokratisches Gemeinwesen wesentlich darauf angewiesen, dass die notwendigen demokratiebezogenen Kompetenzen gelernt und erworben werden können. Insofern ist die Pflege eines demokratischen Bewusstseins erheblich davon abhängig, dass der demokratische Staat dafür die notwendigen Bildungsmöglichkeiten und -chancen gerechter Teilhabe bereithält. In diesem Sinn sind alle Gestaltungsprinzipien des demokratischen Zusammenlebens auf denkbar engste Weise mit den Zielsetzungen und Praktiken schulischer und außerschulischer Bildung und damit auch mit dem Selbstverständnis und Auftrag des Religionsunterrichts verbunden.

Eine solche zugegebenermaßen ideale Zeichnung der Demokratie und der dafür förderlichen Bildungspraxis ist gegenwärtig wieder besonders deutlich in Erinnerung zu rufen. Denn in jüngerer Zeit zeichnen sich eine Reihe von lebensweltlich relevanten Entwicklungen und Debatten ab, die sowohl die Grundprinzipien wie die Verfahrensmechanismen des demokratischen Gemeinwesens erheblich infrage stellen und damit für alle Bildungsorte zum zentralen Thema werden. Dies ist zum einen dort der Fall, wo in theoretischer Hinsicht ein Verfall der klassischen Demokratie konstatiert wird: Im Schatten politischer Inszenierungen werde die eigentliche, reale Politik von gewählten Regierungen und Eliten gemacht, die vor allem die Interessen der Wirtschaft verträten. Zum anderen zeigt sich durch Bewegungen wie Pegida oder im parlamentarischen Kontext der AfD eine Form rechtspopulistischer identitärer Fundamentalkritik, die als bewusste Aushöhlung demokratischer Willensbildungs- und Entscheidungsprinzipien anzusehen ist. Bei populistischen Phänomenen handelt es sich um eine Art kulturkämpferischer Selbstvergewisserung mit Exklusionsdynamiken nach Maßgabe eines »Freund-Feind-Denkens« (Müller, 2016). Zudem kommt es hier zu einer verstärkten Moralisierung von Politik, durch die Kompromisslösungen erschwert und politische Handlungsfähigkeit eingeschränkt werden (Mudde & Kaltwasser, 2017). Demzufolge ist auch der Populismus nicht als Gegenbewegung zu postdemokratischen Tendenzen zu verstehen, sondern dieser führt in erster Linie zu deren Verschärfung (Crouch, 2021).

Nicht zuletzt durch die in den vergangenen Jahren erheblich ausgeweiteten digitalen Kommunikationsmöglichkeiten verbindet sich dies zugleich häufig mit antisemitischen Verschwörungsbehauptungen und antidemokratischen Radikalisierungstendenzen, besonders augenfällig in den Querdenkerbewegungen im Zusammenhang der Regierungszeit Donald Trumps und der globalen Pandemiekrise. Im Gewand der vermeintlich unbezweifelbaren »Entmündigung des Volkes« und »Ignoranz des eigentlichen Volkswillens« führt dies nicht nur zu Diffamierung der politischen und gesellschaftlichen »Eliten«, sondern mindestens indirekt auch zur prinzipiellen Infragestellung der parlamentarischen Spielregeln und demokratischen Grundprinzipien, verschärft durch kaum noch überschaubare und noch viel weniger kontrollierbare digital-indoktrinierende Artikulationsformen.

Aus diesem Grund ist die Bildung und Pflege demokratischen Bewusstseins gegenwärtig von großer Dringlichkeit, um solchen antidemokratischen Haltungen und Praktiken eine wirksame Gegenmacht gegenüberzustellen. Und hier ist zweifellos Hoffnung erlaubt, insofern eine Reihe gesellschaftspolitischer Themen zu starken Artikulations- und Aktivierungsdynamiken in der jungen Generation führen, in denen meist erhebliche Demokratiekompetenz erkennbar wird. Ideen und Ansprüche an die Gestaltung der Zukunft werden von Jugendlichen vermehrt geäußert und zugleich neue politische Weichenstellungen eingefordert. Auch wenn das generelle politische Interesse der jungen Generation in den letzten Jahren eher leicht rückläufig zu sein scheint (Albert, Hurrelmann & Quenzel, 2019), werden konkrete Beteiligungsformate verstärkt genutzt: Man denke hier etwa an »Attac«, »Fridays for Future«, »Black Lives Matter« oder »MeToo«. Zu verweisen ist aber auch auf die verstärkte politische Bedeutung verschiedener Formen digitaler Einflussnahme durch eine wachsende Zahl von Influencerinnen und Influencern und deren immer wieder politisch ausgerichtete Statements. Insofern sind in lebensweltlicher Hinsicht für die junge Generation Fragen politischer Macht, neue Fundamentalismen sowie drohende Exklusionstendenzen deutlich im Bewusstsein und führen häufig zu intensivem Engagement, das alles andere als eine Politikverdrossenheit offenbart.

Die Bedeutung dieser höchst unterschiedlichen aktuellen Artikulationsformen und der damit kaum mehr überschaubaren Komplexität kann für die politische Bewusstseinsbildung junger Menschen schwerlich überschätzt werden. Und zur Pflege demokratischer Mündigkeit ist medienkritische Bildung bereits im Kindes- und Jugendalter unbedingt notwendig. Deshalb bestehen für den Religionsunterricht nicht nur im Blick auf die Standards demokratischen Zusammenlebens, sondern auch für den Umgang mit dem Populismus sowie den damit häufig verbundenen antisemitischen Tendenzen erhebliche Herausforderungen. Für die kritische und zugleich vertiefte Auseinandersetzung mit diesen demokratierelevanten Phänomenen ist deshalb die mögliche Orientierungskraft religiöser Bildung intensiv zu reflektieren und in pädagogischer Hinsicht am Ort des Religionsunterrichts sprachmächtig und tatkräftig mit ins Spiel zu bringen.

2. Theologisch-ethische Perspektiven

Die Aufgabe religiöser Bildung für die Pflege demokratischen Bewusstseins und die notwendige Kritik an antidemokratischen Grundhaltungen bedarf zuallererst einer historischen und theologisch-ethischen Klärung dieses Grundzusammenhangs. Dabei zeigt der historische Verlauf gerade in »kirchenoffiziellen« Schriften wesentliche ethisch-theologische Entscheidungen, die bis in die Gegenwart hinein von programmatischer, orientierender und aktueller Relevanz sind.

Vorneweg ist zu sagen, dass Kirchen und Theologie sich historisch gesehen nur äußerst zögerlich und zurückhaltend in ein positives Verhältnis zur demokratischen Nachkriegsordnung gesetzt haben. Diese lange während Zurückhaltung liegt nicht zuletzt darin begründet, dass man sich als Kirchen und Theologie lange Zeit nicht in ein konstruktives Verhältnis zu einem Staat zu setzen wusste, der auf religiöse Begründungsfiguren seiner Verfassungsprinzipien bewusst verzichtete und diese ausdrücklich unter der Maßgabe religiöser Neutralität etabliert wissen wollte. Dazu kommt als Zweites, dass beide Kirchen im Lauf der ersten Nachkriegsjahrzehnte mehr und mehr ihren wertbezogenen Monopol- und Exklusivitätsanspruch als gesellschaftlich zentrale Orientierungsmächte verloren und sich demzufolge in das plurale Gesamtensemble gesellschaftlicher Gestaltungskräfte zu integrieren hatten. Schließlich ist nicht von der Hand zu weisen, dass die weitreichenden gesellschaftlichen Auf- und Umbrüche der 1960er Jahre eine Klärung der eigenen Position im demokratischen Gemeinwesen notwendig machten. Als über Jahrhunderte hinweg etablierte Großinstitutionen sah man sich nun eben auch selbst in Hinsicht auf die eigene gesellschaftliche Bedeutung dazu herausfordert, sowohl nach innen wie nach außen Rechenschaft über die eigene Haltung gegenüber der bundesdeutschen Demokratie abgeben zu können.

Dies geschah auf programmatische Weise – angeregt schon durch die Enzyklika »Rerum novarum« (1891) – zuerst innerhalb der katholischen Soziallehre auf dem Hintergrund des stark gemachten Subsidiaritätsprinzips und in der Folge in der Sozialenzyklika »Centesimus annus« (1991), auf protestantischer Seite erstmals ausführlich in der sog. Demokratie-Denkschrift (EKD, 1985). Zu einer theologisch reflektierten Akzeptanz des demokratisch-pluralistischen Gesamtgefüges sowie dessen aktiver Unterstützung ist es somit erst viele Jahrzehnte nach der Etablierung des demokratischen Verfassungsstaates gekommen.

Dazu war es notwendig, dass man sich in der Weise in ein positives Verhältnis zum demokratischen Gemeinwesen setzte, dass man die gleichsam weltlichen Begründungsfiguren mit den eigenen Glaubensüberzeugungen in ein konstruktives Entsprechungsverhältnis brachte. Die Grundherausforderung bestand darin, die eigenen Wert- und Wahrheitsansprüche mit den Gegebenheiten gesellschaftlicher Pluralität und ihren mannigfaltigen Wertedebatten in einen stimmigen Gesamtzusammenhang zu bringen. Die primäre Begründung für eine positive Grundhaltung gegenüber der Demokratie erblickte man – und dies gilt bis in die Gegenwart praktisch ungebrochen – in der verfassungsrechtlich grundgelegten Menschenwürde, an die man durch die theologische Figur der Gottebenbildlichkeit konsistent anzuknüpfen wusste. Von durchaus unterschiedlichen normativen Ausgangspunkten aus wurde und wird mithilfe einer anthropologisch-schöpfungstheologischen Begründungsleistung darauf abgezielt, die Vereinbarkeit des demokratisch verankerten Menschenwürdeprinzips mit dem christlichen Menschenbild herauszuarbeiten. Durch eine erkenntnistheoretische Grundfigur pluraler Deutungsmöglichkeiten von christlicher Wahrheit entstand Raum für eine theologisch-ethisch begründete Anerkennung der Pluralität politisch-gesellschaftlicher Überzeugungen. In stärker ethischer Hinsicht konnte man sich von theologischer und kirchlicher Seite aus auf den Kanon demokratischer Werte wie Gerechtigkeit oder Toleranz stützen, indem man diese im Horizont biblischer Überlieferung näher beleuchtete und damit ebenfalls einen Sinnzusammenhang demokratischer Wertekultur und christlicher Schrift- und Glaubenskultur herstellte. Zudem stellte sich unweigerlich die theologisch-ethische Frage nach der möglichen Begründung für eine demokratiekompatible Grundverfasstheit von Kirche selbst. Hier haben die Kirchen nicht zuletzt aufgrund ihres je unterschiedlichen Selbstverständnisses im Blick auf den theologischen Charakter der Institution Kirche und das damit verbundene Amtsverständnis keineswegs in jeglicher Hinsicht demokratische Gestalt gewonnen. Nicht zu unterschlagen ist sowohl in historischer wie in theologischer Hinsicht der maßgebliche Einfluss bzw. die intensive Mitwirkung der Kirchen und einer Vielzahl von Theologinnen und Theologen im Zusammenhang mit der deutsch-deutschen Wiedervereinigung. Hier kann ohne Übertreibung gesagt werden, dass die persönlichen theologischen Grundüberzeugungen wertvolle Ressourcen waren, mit deren Hilfe der Boden für ein konstruktives Engagement der Kirchen unter den neuen (west-)demokratischen Bedingungen mitgeschaffen wurde.

In ökumenischer Hinsicht wurde die theologische Wertschätzung der Demokratie in den vergangenen Jahren in Form mehrerer programmatischer gemeinsamer Worte deutlich gemacht. In diesen ermutigen »die Kirchen zur Wertschätzung der Demokratie und zur Nutzung ihrer Chancen« (Kirchenamt der EKD & DBK, 2006, S. 15) und zeigen hier auch theologisch begründet die Bedeutung christlichen Handelns für das demokratische Gemeinwesen auf. Darüberhinausgehend und in überraschend starker Aufnahme des Sittlichkeitsbegriffs ist dies jüngst auch bildungsbezogen weitergedacht worden, wenn formuliert wird: »Die Teilnahme am demokratischen Streit der Meinungen und der Sinn für die Mitgestaltung des Gemeinwesens müssen eingeübt werden. Das setzt Bildungsprozesse voraus, in denen Menschen den Wert und die Würde der demokratischen Beteiligung theoretisch begreifen und persönlich erleben« (DBK & Kirchenamt der EKD, 2019, S. 49).

Zusammenfassend gesagt zeigt sich sowohl auf katholischer wie auf protestantischer Seite durch die vergangenen Jahrzehnte hindurch ein spannungsvolles, letztlich aber konstruktives theologisch-ethisches Ringen um ein positives Verhältnis zur demokratischen Gesamtkultur. Die Wahrung der Menschenwürde lässt sich evangelischerseits so näher beschreiben, dass Menschenwürde im Kontext reformatorischer Theologie als eine im Gewissen angeeignete »Menschenwürdegewissheit« (Scheliha, 2013, S. 226) verstanden wird. Von dort ausgehend lassen sich enge Verbindungen zwischen dem Geist des Grundgesetzes und der Bibel, konkret etwa dem demokratischen Freiheitsverständnis und dem Grundgedanken christlicher Freiheit, herstellen. Welche theologisch-ethischen Deutungsmöglichkeiten sich hingegen angesichts der oben angedeuteten, prekärer gewordenen Grundbedingungen des demokratischen Zusammenlebens und den populistischen Gefährdungen nahelegen, ist bisher noch kaum systematisch reflektiert. Hinzuweisen ist allerdings auf das reformationstheologisch konturierte Plädoyer für eine kluge »christliche Tugend der Geduld« im Umgang mit dem Populismus (Scheliha, 2018, S. 362) sowie auf die ökumenisch und interdisziplinär ausgerichteten Reflexionen zum Populismus und dem möglichen Umgang der Kirchen damit (Nord & Schlag, 2021).

In theologisch-ethischer und zugleich bildungsrelevanter Hinsicht ist zudem auf die Denkschrift »Konsens und Konflikt« zu verweisen (EKD, 2017). Diese steht vor dem Hintergrund der Auseinandersetzung um die Flüchtlingsfrage und die damit verschärfte Zugehörigkeitsdebatte sowie die damit verbundenen politischen Fundamentalisierungstendenzen. Erinnert wird dort daran, dass im Rahmen der demokratischen Meinungsbildungs- und Entscheidungsprozesse die Akzeptanz von Meinungsvielfalt, Gleichberechtigung und Toleranz sowie die Aushandlung unterschiedlicher Interessen die Basis und den Kern des demokratischen und zivilgesellschaftlichen Miteinanders bilden. Für den Austausch von Argumenten und durch kommunikativ wie rechtsförmig geregelte Verfahren bedürfe es »des Mutes, gerade auch die kontroversen und schwierigen Themen als Aufgabe der demokratischen Urteilsbildung und des politischen Handelns zu begreifen und sie nicht etwa der Kraft der herrschenden Verhältnisse oder der Märkte zu überlassen« (EKD, 2017, S. 19). Der Streit um das Richtige und Angemessene gehört folglich zur Demokratie unbedingt dazu und kann nicht durch vermeintliche Eindeutigkeiten stillgestellt werden. Von theologischer Seite her steht die Artikulation eindeutiger Urteile gerade in politischen Fragen und Einschätzungen immer unter dem Komplexitätsvorbehalt. Theologische Ethik und Kirchen tun insofern gut daran, jeglichen Allmachtsgestus zu vermeiden oder im Gewand vermeintlich objektiver Aussagen exklusive Deutungshoheit zu beanspruchen. Zugleich ist gerade angesichts eines grassierenden Populismus überall dort deutlich Widerstand zu leisten, wo Begründungsmuster und Aktivitäten gruppenbezogener Menschenfeindlichkeit eine unübersehbare Gefahr sind.

3. Didaktische Perspektiven

3.1 Didaktische Orientierungen

Wesentlich ist für den vorliegenden Zusammenhang, dass sich der konfessionell verantwortete Religionsunterricht bereits seit den späten 1960er Jahren zunehmend intensiver mit gesellschaftlichen Fragen und Problemlagen auseinandergesetzt hat. Durchaus zeitlich verschoben zu den oben geschilderten eher mühsamen Annäherungen aufseiten von Theologie und Kirchen hat man die Zusammenhänge zwischen der Pflege demokratischen Bewusstseins und der öffentlichen Verantwortung des Religionsunterrichts um einige Zeit früher im Blick gehabt. In inhaltlicher Hinsicht zeigt sich dies darin, dass in den Curricula und Schulbüchern seit den 1970er Jahren dezidiert politik- und demokratierelevante Themen zum festen Bestandteil des Lehrens und Lernens wurden – nicht selten in emanzipatorischer und befreiungstheologischer Ausrichtung. Dem folgte um die Jahrtausendwende herum ein gewisses konjunkturelles Abflauen der politischen Dimensionierung des Religionsunterrichts. Theoretische Bearbeitungen des Zusammenhangs von religiöser und politischer Bildung erfolgten sowohl aufseiten katholischer wie evangelischer Religionspädagogik erst in jüngerer Zeit wieder verstärkt (Grümme, 2009; Schlag, 2010; Könemann, 2016; Schlag, 2016), zuletzt in kritisch-emanzipatorischer, interdisziplinärer und zugleich ökumenischer Ausrichtung (Gärtner & Herbst, 2020). Im Zusammenhang damit ist auf religionspädagogische Studien zu verweisen, die diese Thematik insbesondere von Aspekten der Menschenwürde und Menschenrechte her bildungstheoretisch näher beleuchten (Schweitzer, 2011; Suhner, 2020).

In Verbindung mit der gegenwärtigen Kompetenzdebatte lassen sich einschlägige kompetenzorientierte Modelle (vgl. etwa Kirchenamt der EKD, 2010) auch auf ihre demokratierelevanten Perspektiven hin lesen: Als grundlegende prozessbezogene Kompetenzen religiöser Bildung stellen hier Wahrnehmungs- und Darstellungs-, Deutungs-, Urteils-, Dialog- sowie Gestaltungs- und Handlungsfähigkeit die Zielperspektive dar. Thematisch relevante Kompetenzen sind von dort aus: »den eigenen Glauben und die eigenen Erfahrungen wahrnehmen und zum Ausdruck bringen sowie vor dem Hintergrund christlicher und anderer religiöser Deutungen reflektieren«, »ethische Entscheidungssituationen im individuellen und gesellschaftlichen Leben wahrnehmen bzw. die christliche Grundlegung von Werten und Normen verstehen und begründet handeln können« und »mit Angehörigen anderer Religionen sowie mit Menschen mit anderen Weltanschauungen respektvoll kommunizieren und kooperieren«. Religiöse Bildung in einer solchen kompetenzorientierten, demokratisch relevanten und populismuskritischen Perspektive kann dabei zugleich an die demokratiepädagogisch gefassten Kompetenzen und Standards des sog. Überwältigungs- und Indoktrinationsverbots sowie des Kontroversitätsgebots anknüpfen. Dabei sollte der Religionsunterricht allerdings nicht auf ethische Themen des Politischen eingeschränkt werden, weil damit gerade das spezifisch religionsbezogene und theologische Profil des Faches gefährdet werden würde. So ist es durchaus in einem weiten Sinn als Beitrag zur Demokratie zu verstehen, wenn Aspekte der Menschenwürde und der Anerkennung des Anderen, der Gleichheit unabhängig von Geschlecht, Herkunft, Rasse oder Religion, ökologische Fragen oder auch Themen wirtschaftlicher Gerechtigkeit und Nachhaltigkeit aufgeworfen werden. Damit allerdings die Unterscheidung zur politischen Bildung einerseits möglich und die Verengung auf eine reine Werteerziehung andererseits vermieden wird, sind dezidiert religionsbezogene und theologische Zugänge zu diesen Themen unbedingt gefragt.

Von wesentlicher Bedeutung für eine demokratierelevante religiöse Bildung ist zugleich aber auch ein professionstheoretischer Aspekt: Lehrpersonen stehen vor der Verantwortung, die eigene Haltung zu Aspekten der Demokratie und des Politischen zu reflektieren. Hierfür ist ein spezifisches Ethos erforderlich, von dem aus Lehrpersonen sich bei der Planung und Behandlung jedes Themas fragen, inwiefern dieses demokratierelevant ist bzw. werden kann. So sollte die Frage mit am Horizont sein, ob und wie sich einzelne Themen mit dem Geist der demokratischen Verfassung und in besonders intensiver Weise mit den unterschiedlichen Bestimmungen des Grundrechtskatalogs verbinden lassen. Auf diese Weise können Verantwortliche des Religionsunterrichts ihren Unterricht nicht nur als wesentlichen allgemeinbildenden Beitrag, sondern auch als wichtigen Bestandteil demokratischer Schulkultur und damit einer weiterreichenden Gemeinwohlorientierung religiöser Bildung zum Vorschein bringen.

3.2 Didaktische Konkretisierungen

Im Vergleich zu den in den vergangenen Jahren erschienenen programmatischen und leicht greifbaren religionspädagogischen Abhandlungen sind didaktische

Konkretisierungen insbesondere für Fragen des Umgangs mit dem Populismus bisher Mangelware (vgl. etwa eine gänzlich ausfallende Praxisorientierung des entsprechenden WiReLex-Artikels von Kronenberg & Becker, 2020). Dazu kommt, dass aufgrund der thematischen Aktualität sowohl die Curriculumsentwicklung wie auch die Erstellung von Lehr- und Lernmaterialien den konkreten demokratisch relevanten Prozessen erheblich hinterherhinken. Immerhin sind auf verschiedenen Portalen der Kirchen substanzielle Handreichungen zum Umgang mit Populismus und Rechtsextremismus zu finden, bei denen auch die Bildungsdimension bzw. die konkrete thematische Arbeit im Bereich des Religionsunterrichts im Blick ist (Sekretariat der DBK, 2019; exemplarisch für mehrere evangelische Landeskirchen ELKB, 2017).

Exemplarisch wird im Rahmen der EKD-Initiative »Dein Glaube/Deine Demokratie« (EKD, 2019) deutlich, wie man sich solche didaktischen Konkretisierungen vorstellen kann, wenn es etwa – verbunden mit der »Einladung zu Beteiligung und kreativer Mitgestaltung« – heißt:

> »Politik ohne religiöse Bildung verwechselt allzu schnell Gott und Mensch und glaubt, die ›Welt‹ retten zu müssen. Darum: Setz Dich ein für unsere Demokratie, konkret, klug, praktisch – im Vertrauen darauf, dass der Rest Gottes Sache ist.«

Erkennbar wird auch hier der bewusst diskursiv offene und zugleich theologisch fundierte Charakter eines solchen Engagements, wenn gefolgert wird:

> »Christlicher Glaube hilft, demokratisch zu streiten. Er lehrt, dass man selber immer wieder irrt. Und er erinnert daran, dass der Andere stets mehr als ein politischer Gegner ist. Darum: Kämpfe leidenschaftlich für unsere Demokratie gegen alles, was sie gefährdet – aber nie gegen Menschen.«

Insofern lebt eine demokratierelevante religiöse Bildung nicht einfach von der Thematisierung von »Demokratie«, sondern vielmehr bei Behandlung jeglichen Unterrichtsstoffes von der thematischen Sensibilität, impliziten Bezugnahme und expliziten Berücksichtigung ethischer Aspekte (Lindner & Zimmermann, 2021, allerdings ohne expliziten Bezug auf Demokratie oder Populismus). Gleichwohl steht einstweilen für den Religionsunterricht die intensivere Reflexion über die didaktische Verbindung biblischer Themen und Motive mit der Bearbeitung aktueller theologischer Fragestellungen noch aus. So wäre etwa genauer zu bedenken, mit welcher Zielsetzung und welchem Geltungsanspruch etwa die Thematisierung von Propheten bzw. einzelnen prophetischen Büchern gerade in lebensdienlichen und relevanten Formen erfolgen kann (vgl. dazu in einer ersten Annäherung Schlag, 2017).

Demokratie und Wehrhaftigkeit gegen menschenfeindliche Stimmungen und Praktiken stellen in jedem Einzelfall nicht nur einen Inhalt dar, sondern markieren viel weiterreichend den Wert und die Bedeutung einer religiös mitgeprägten Bildungskultur. Für eine pluralitätsrelevante und differenzsensible Religionspädagogik im Angesicht aktueller Demokratiegefährdungen sind sowohl eine persönlichkeitsorientierte, ich-stärkende und emotionale Bildungsarbeit wie auch eine historisch kundige und theologisch-ethisch ausgewiesene demokratiestärkende, wehrhaft-widerständige Bildung zentrale und unhintergehbare Ausgangs- und Zielperspektiven.

4. Literatur

Albert, M./Hurrelmann, K./Quenzel, G. (2019): 18. Shell Jugendstudie. Jugend 2019. Eine Generation meldet sich zu Wort. Weinheim: Beltz.

Crouch, C. (2021): Postdemokratie revisited. Frankfurt a. M.: Suhrkamp.

EKD (Hg.) (2017): Konsens und Konflikt. Politik braucht Auseinandersetzung. Zehn Impulse der Kammer für Öffentliche Verantwortung der EKD zu aktuellen Herausforderungen der Demokratie in Deutschland. Hannover.

EKD (Hg.) (2019): »Dein Glaube –Deine Demokratie!« Ein protestantischer Aufruf zur Stärkung der Demokratie der EKD-Bildungskammer. Hannover.

ELKB (Hg.) (2017): Ja zu gelebter Menschenfreundlichkeit Gottes. Nein zum Rechtsextremismus. Haltungen, Erfahrungen und Perspektiven der ELKB. München.

Gärtner, C./Herbst, J.-H. (Hg.) (2020): Kritisch-emanzipatorische Religionspädagogik. Diskurse zwischen Theologie, Pädagogik und Politischer Bildung. Wiesbaden: Springer VS.

Grümme, B. (2009): Religionsunterricht und Politik. Bestandsaufnahme, Grundsatzüberlegungen. Perspektiven für eine politische Dimension des Religionsunterrichts. Stuttgart: Kohlhammer.

Kirchenamt der EKD (Hg.) (1985): Evangelische Kirche und freiheitliche Demokratie. Der Staat des Grundgesetzes als Angebot und Aufgabe. Gütersloh: Gütersloher Verlagshaus.

Kirchenamt der EKD/Sekretariat der Deutschen Bischofskonferenz (DBK) (Hg.) (2006): Demokratie braucht Tugenden. Hannover/Bonn.

Kirchenamt der EKD (Hg.) (2010): Kompetenzen und Standards für den Evangelischen Religionsunterricht in der Sekundarstufe I. Ein Orientierungsrahmen. Hannover.

Könemann, J. (2016): Art. Politische Religionspädagogik. In WiReLex – Das Wissenschaftlich-Religionspädagogische Lexikon im Internet. http://www.bibelwissenschaft.de/stichwort/100114/ (Zugriff: 17.05.2021).

Kronenberg, V./Becker, M. (2020): Art. Populismus. In WiReLex – Das Wissenschaftlich-Religionspädagogische Lexikon im Internet. https://www.bibelwissenschaft.de/stichwort/200757/ (Zugriff: 17.05.2021).

Lindner, K./Zimmermann, M. (Hg.) (2021): Handbuch ethische Bildung. Religionspädagogische Fokussierungen. Tübingen: Mohr Siebeck.

Mudde, C./Kaltwasser, C. R. (2017): Populism. A Very Short Introduction. Oxford: Oxford University Press.

Müller, J.-W. (2016): Was ist Populismus? Ein Essay. Berlin: Suhrkamp.
Nord, I./Schlag, T. (Hg.) (2021): Die Kirchen und der Populismus: Interdisziplinäre Recherchen in Gesellschaft, Religion, Medien und Politik. Leipzig: Evangelische Verlagsanstalt.
Scheliha, A. von (2013): Protestantische Ethik des Politischen, Tübingen: Mohr Siebeck.
Scheliha, A. von (2018): Rechtspopulismus als Herausforderung für die protestantische Ethik des Politischen. In Ders.: Religionspolitik (S. 341–364). Tübingen: Mohr Siebeck.
Schlag, T. (2010): Horizonte demokratischer Bildung. Evangelische Religionspädagogik in politischer Perspektive. Freiburg i. Br. u. a.: Herder.
Schlag, T. (2016): Art. Demokratie. In WiReLex – Das Wissenschaftlich-Religionspädagogische Lexikon im Internet, http://www.bibelwissenschaft.de/stichwort/100207/ (Zugriff: 17.05.2021).
Schlag, T. (2017): Alttestamentliche Prophetie als Thema religiöser und interreligiöser Bildung. Hermeneutische Überlegungen zur religionspädagogischen »Wahrnehmung« des Alten Testaments. Evangelische Theologie 77/2, S. 146–160.
Schweitzer, F. (2011): Menschenwürde und Bildung. Religiöse Voraussetzungen der Pädagogik in evangelischer Perspektive. Zürich: Theologischer Verlag Zürich.
Sekretariat der DBK/Kirchenamt der EKD (Hg.) (2019): Vertrauen in die Demokratie stärken. Bonn/Hannover.
Sekretariat der DBK (Hg.) (2019): Dem Populismus widerstehen. Arbeitshilfe zum kirchlichen Umgang mit rechtspopulistischen Tendenzen. Arbeitshilfen Nr. 305. Bonn.
Suhner, J. (2020): Menschenrechte – Bildung – Religion. Bezugsfelder, Potentiale, Perspektiven. Paderborn: Ferdinand Schöningh.
Vorländer, H. (2020): Demokratie. Geschichte, Formen, Theorien (4. Aufl.). München: C. H. Beck.

Digitalisierung / Big Data / Künstliche Intelligenz

Birte Platow

1. Lebensweltliche Perspektiven

Die Erfahrungen einer Pandemie haben im dritten Jahrzehnt des 21. Jahrhunderts deutlich werden lassen, wie umfassend inzwischen das individuelle wie gesellschaftliche Leben auf digitalen Strukturierungen basiert. In kürzester Zeit wurden im Angesicht der Corona-Pandemie reale soziale Kontakte auf ein Minimum reduziert und stattdessen auf sämtlichen Ebenen in den digitalen Raum verlagert. Berufliche Handlungsvollzüge wurden weitgehend virtuell realisiert, Gespräche und Begegnungen in digitale Meetings transformiert, für die eigens »Wege«, »Räume« und eine eigene »Kultur« konzipiert wurden. Auch im Privaten wurden informelle Begegnungen über digital gestützte Kommunikationsmedien wahrgenommen; selbst ritualisierte Ereignisse, die traditionell durch den gemeinschaftlichen Vollzug in Präsenz konstituiert sind (Geburtstagsfeiern, Jubiläen, aber auch kirchliche Kasualien), wurden versuchsweise durch digitale Formate ergänzt oder sogar kurzzeitig ersetzt. Die Erfahrungen dieser Phase zeigen: Neben einer »echten« analogen Lebenswirklichkeit hat sich schon vor der Pandemie eine weitere Sphäre etabliert, in der Handlungen, Kommunikation, individuelle wie gesellschaftliche Profile und Institutionen digital abgebildet sind. Dieses Phänomen ist mit dem Begriff der »Digitalisierung« bezeichnet (Bendel, 2018b). Die digitale Abbildung realer Lebenswirklichkeiten scheint inzwischen so umfassend zu sein, dass sie phasenweise Manifestationen und Funktionen des analogen Lebens imitierend realisieren und sogar mit spezifischer Eigendynamik fortzuführen vermag. Zugleich markiert die durch eine Pandemie forcierte konzentrierte Verlagerung des analogen Lebens in den digitalen Raum die Grenzen dieser Möglichkeit: die Abwesenheit einer körperlichen Präsenz, die daraus folgenden Differenzen zwischen einer digitalen Gemeinschaft versus einer real präsenten, die Defizite einer digitalen Begegnung gegenüber einer »echten«, um nur einige wenige Aspekte zu nennen.

Während »Digitalisierung« ein globales, sich auf quasi alle Sphären erstreckendes Phänomen beschreibt, vor dessen Hintergrund Differenz- und Defiziterfahrungen im Vergleich zur analogen Lebenswirklichkeit augenscheinlich werden, bezeichnet »Big Data« eine zunächst oft unspezifische Sammlung großer Datenmengen. Diese werden zum Teil absichtsvoll erhoben, Big Data sind aber auch ein »Nebenprodukt« unseres digital gestützten Lebens, das über die Nutzung mit dem Internet verbundener mobiler wie fester Endgeräte wächst und später interessengeleitet zur Grundlage einer bereichsspezifischen Funktion werden kann. Big Data sind in technischer Perspektive Datenansammlungen, die sich einerseits durch enorm großes Volumen auszeichnen und andererseits durch eine ausgeprägte Veränderungsdynamik bzw. schwache Strukturierung, sodass sie sich traditionellen manuellen Methoden der Datenverarbeitung entziehen. Sie werden daher »mit speziellen Lösungen gespeichert verarbeitet und ausgewertet« (Bendel, 2018a). Damit aus unstrukturierten Datenmengen ein wirkkräftiges Instrument wird, bedarf es zweier Elemente: zum einen einer Fragestellung, zum anderen einer Technologie, die die Daten zielgerichtet auf die Frage zu beziehen vermag. Fragestellungen finden sich in quasi allen Lebenssituationen, von Navigation über Suchanfragen aller Art bis hin zu wissenschaftlichen Fragestellungen und vor allem konkreten Aufgaben, wie sie sich in diversen Berufen ergeben. Die technologische Strukturierung wird von »Künstlicher Intelligenz« (KI) übernommen, wobei hier unterschiedliche Arten von KI zum Einsatz kommen: »einfache« Algorithmen mit linearer Programmierung, aber zunehmend auch selbst lernende, sog. Deep-Learning-System, die Aufgaben über schematische Trial-Error-Prozesse und paralleles Lernen durch Verstärkung lösen (Görz, Schmid & Braun, 2020).

Dem Menschen stellt sich in der Interaktion mit Big Data und KI eine vierfache Herausforderung: Er muss erstens klare, mit Daten beantwortbare Fragestellungen formulieren. Zweitens ist eine begründete und reflektierte Auswahl an Daten für die Bearbeitung der Frage zu definieren. Drittens sind die technologisch generierten Antworten zu evaluieren, zu kontextualisieren und zu reflektieren, bevor daraus gegebenenfalls technologisch generierte Entscheidungen und Handlungsempfehlungen angenommen oder abgelehnt werden. Und schließlich gilt es, sich kontinuierlich der eigenen Rolle und Funktion im Gesamtprozess gewahr zu sein und diese zu hinterfragen, um verantwortlich zu sein und zu bleiben. Führt man sich nochmals vor Augen, in welchem Ausmaß unsere Gesellschaft inzwischen digitalisiert ist, wird klar, welches Gewicht, mithin welche Autorität Daten und KI unbewusst zugeschrieben wird (Platow, 2020). Im Angesicht einer zumindest in der Datenverarbeitung weit überlegenen Technologie (KI) haben sich Berufsbilder und Institutionen des gesellschaftlichen Lebens markant verändert: Auf Datenbasis durch KI perfektionierte Bild-, Text- und Spracherkennung ergänzen und übertreffen menschliche Fähigkeiten bereits in diversen medizinischen Berufen, etwa überall dort, wo bildgebende

Verfahren konstitutiv sind (Topol, 2019). Gleiches gilt für die Rechtsprechung und Verwaltung (wo Rechtskorpora und Inzidenzfälle technologiegestützt selektiert werden), für die Polizeiarbeit (Abgleich von Bildern und Daten zu Personen), im Bildungssektor (wo digital permanent verfügbares Wissen in ein neues Verhältnis zu bestehenden Bildungs- und Lerntheorien zu setzen ist) und vielen weiteren Bereichen. Big Data und dazugehörige Technologien sind näherhin unabkömmliche Instrumente wissenschaftlicher Forschung; dies gilt für Naturwissenschaften gleichermaßen wie für Geistes-, Human- und Sozialwissenschaften. Ganze Wirtschaftszweige (u. a. der Kapitalmarkt, Versicherungswesen) sowie Politik (Analyse, Meinungsbildung u. v. m.) sind von Big Data und ihrer vielseitigen Verarbeitung inzwischen zu Teilen abhängig. Und selbst in Tätigkeitsbereichen, die lange Zeit exklusiv menschlichen Agentinnen und Agenten vorbehalten schienen, halten Big Data und KI Einzug. So lassen sich nicht mehr nur Sprache und Text, sondern auch Kreativität und Emotionalität technisch perfektioniert simulieren. Inzwischen bestehen in der Folge nicht wenige Programme und Systeme den Turing Test und machen die Unterscheidung zwischen Mensch und Maschine bzw. Programm für das menschliche Urteilsvermögen unmöglich (Davidson, 2004).

Es ist augenscheinlich, dass Digitalisierung als gesellschaftliches Phänomen sowie Big Data und KI auch theologische Fragestellungen aufwerfen, die Gegenstand religiöser Bildung sein sollten, sofern diese den Anspruch erhebt, zur Realisierung von Freiheit in Verantwortung zu qualifizieren.

2. Theologisch-ethische Perspektiven

Digitalisierung, Big Data und KI als vielfältig prägende Faktoren gegenwärtiger und vor allem zukünftiger Lebenswirklichkeit werden bislang vor allem in operativer Perspektive als Gegenstand theologisch-ethischer Reflexion wahrgenommen. In der Tat ergeben sich aus der Verwendung von Big Data, wie sie oben beschrieben ist, konkrete ethische Fragestellungen.

Mit »Daten«, insbesondere Daten in großer Menge, verbindet man in einer rational-wissenschaftlich orientierten Gesellschaft mitunter vorschnell intuitiv Neutralität und Objektivität. Im Fall von Big Data ist dies jedoch nicht angemessen, weisen unkritisch wahrgenommene Datenkorpora in aller Regel doch diverse »biases« (bspw. in Bezug auf Geschlecht, Ethnie oder sozialen Status) als kritische Vorannahmen auf – insbesondere, wenn sie unsystematisch von einem Kollektiv erzeugt sind (Crawford, 2013). Im Entstehungsprozess von Big Data kommt es wie bei jeder anderen Sammlung zu Selektionen in

Folge von fehlender bzw. überproportionaler Verfügbarkeit und in der Folge zu Verzerrungen der vermeintlich abgebildeten empirischen Realität und zu diskriminierenden Wertungen. Diese werden im Fall von Big Data in kürzester Zeit intransparent, da die Menge sowie dynamische Struktur der Daten aus menschlicher Perspektive nicht mehr überschaubar sind. Hinzu kommt, dass die Big Data strukturierende Technologie (KI) aufgrund ihr inhärenter Techno-Logiken verstärkend wirkt. Diskriminierende Zusammenhänge können derart erzeugt bzw. unbemerkt befördert werden und zuletzt sogar in Entscheidungs- und Handlungsempfehlungen übersetzt werden. Gegenstand ethischer Bildung sollten daher insbesondere Fragen der Transparenz und im Zusammenhang damit die nach Autonomie und Verantwortung sein. Luthers Diktum zur Dialektik von Freiheit – »Ein Christenmensch ist ein freier Herr über alle Dinge und niemandem untertan. Ein Christenmensch ist ein dienstbarer Knecht aller Dinge und jedermann untertan.« (Luther in Linde, 2011, S. 21) – oder korrespondierend 1 Kor 9 sowie Röm 13,8 können Hintergrund und Denkfigur sein, wenn es folgende Fragen zu klären gilt: Wie kommen Datensätze zustande, was könnte sich an ihnen als problematisch erweisen? Dabei ist auch an die individuelle Situation zu denken: Was geschieht mit meinen Daten, und wie kann ich Kontrolle darüber erlangen? Und übergeordnet im Zusammenhang mit beiden Fragen: Wie kann die Teilhabe an Daten und KI-basierten Prozessen so gesichert werden, dass die Funktion des Menschen nicht auf die unreflektierte Übernahme von technisch erzeugten Entscheidungs- und Handlungslogiken reduziert ist bzw. die Teilhabe daran einigen wenigen Agierenden vorbehalten ist? Was auf den ersten Blick als ein primär politisches oder juristisches Unterfangen erscheinen könnte, ist im Kern ein ethisches, da die beschriebenen Prozesse und Logiken deutliche Erzeugungsmomente von Normativität aufweisen. Dafür zu sensibilisieren und implizit generierte Normen in einem theologisch-ethischen Paradigma zu diskutieren, ist Aufgabe ethischer Bildung.

Vor eben diesem Hintergrund gilt es auch, neuere Entwicklungen im Bereich von KI zu diskutieren, wie das Anliegen, KI-Systeme selbst zu moralischen Agenten zu machen, indem zuvor vereinbarte moralische Standards Teil der Programmierung bzw. des Lernauftrags von KI werden (Misselhorn, 2019). Wo Programme und Maschinen in Zukunft Entscheidungen treffen könnten, u. a. beim autonomen Fahren, in Verwaltungs- und Zuteilungsakten u. v. m., ist sehr grundsätzlich zu diskutieren, welches ethische Paradigma hier Pate stehen soll. Die Techno-Logik sowie die Tatsache, dass dieser Diskurs in globaler Perspektive geführt wird, befördert derzeit utilitaristische Kategorien; eine christlich-ethische Perspektive erweist sich im Diskurs dementsprechend als eine spannende und spannungsreiche. Hier bildet nicht der optimierte Nutzen für eine größtmögliche Menge an Personen den Ausgangspunkt, sondern der einzelne Mensch. In christlich-anthropologischer Perspektive zeichnet sich jeder einzelne Mensch durch Gottebenbildlichkeit und eine darin begründete unveräußerliche Würde aus, der aus utilitaristischer Sicht naheliegende Abwägungsmodelle kategorial entgegenstehen (Simanowski, 2020).

Weiter stellen sich im Zusammenhang mit neuen Technologien umweltethische Fragen. Einerseits haben Digitalisierung, Big Data und KI das Potenzial, Umweltprobleme zu reduzieren, indem über »smart data technologies« Ressourcen und Energie passgenau eingesetzt werden (bspw. über optimiertes Heizen im Smart Home, Smart Mobility u. a.) oder aber über die Transformation von materiellen Ressourcen in Daten und Datenströme (Industrie 4.0.). Weiter lassen sich mit Big Data und KI Zusammenhänge im Ökosystem identifizieren, die bislang so nicht bekannt waren und zur Lösung drängender Probleme (bspw. Klimawandel) beitragen könnten. Auf der anderen Seite entsteht durch potenzierte Bewegung und Speicherung von Daten selbst ein erhöhter Bedarf an Ressourcen (seltene Erden und Metalle) und Energie (für Speicherung, Kühlung an Speicherorten und für Datenverkehr). Vor allem dort, wo neue Technologien physisch werden (Robotik sowie simple Verkörperungen), sollte der Bedarf daher nach umweltethischen Maßstäben hinterfragt werden.

Zuletzt stellt sich aus christlich-theologischer Sicht die Frage, ob es Bereiche gibt, die sich gegenüber einer Durchdringung neuer Technologien verschließen sollten, weil andernfalls die Würde des Menschen verletzt würde. Hier ist etwa an diakonische und seelsorgerische Tätigkeitsbereiche zu denken. Wenn Programme und Maschinen inzwischen Sprache, Emotion, Mimik und Gestik authentisch imitieren können und sich dabei auch jeweils individuell auf das menschliche Gegenüber einstellen können (indem Daten der betreffenden Person Teil der Datengrundlage werden), wenn sie sich autonom bewegen und antrainierte/programmierte Handlungen übernehmen können, sind sie zumindest theoretisch in der Lage, diakonische und seelsorgerische Aufgaben zu übernehmen, die bisher im Dienst christlicher Nächstenliebe exklusiv Menschen zukamen. In der Pflege sind dies Dokumentation und Logistik (Speicherung und Verwaltung von Gesundheitsdaten, Laufwege und Transport), physische Versorgung (Heben, Wenden, Stützen u. a.), aber auch kommunikative Zuwendung über Gespräche und Körperkontakt (Mokry, 2020). Während es kaum Vorbehalte gegenüber technologisch realisierter Dokumentation und Logistik von Pflegeaufgaben gibt, wird virulent diskutiert, ob ein von Hologrammen begleitetes Sprachprogramm durch reproduzierendes Paraphrasieren eine demente Person unterhalten oder eine Roboterrobbe als simuliertes Lebewesen körperliche Zuwendung spenden darf. Oder etwa: Darf ein

Algorithmus in Suchmaschinen Fragen im Zusammenhang mit Suizidgedanken mit involvierenden Gegenfragen auffangen, wie dies ein Seelsorger/eine Seelsorgerin täte? Die zitierten Beispiele zeigen in exemplarischer Funktion auf, was es zu diskutieren gilt: In welchem Ausmaß darf die Simulation des Menschlichen Teil des Zwischenmenschlichen werden? Ist die Würde eines Menschen verletzt, wenn er in seinen Bedürfnissen nicht durch einen Menschen wahrgenommen und versorgt wird, sondern technologisch? Oder ist es vielmehr so, dass der Dienst am Nächsten sich konsequentialistisch an seinem Wohlergehen bemisst und andere Ideale dahinter zurücktreten müssen? In christlich-theologischer Perspektive können Technologien durchaus als Weiterschöpfungen im Sinne einer *creatio continua* interpretiert werden, die von Entwickelnden und Nutzenden als *cooperatores Dei* (Mitarbeiterin und Mitarbeiter Gottes) in bester Absicht eingesetzt werden – allerdings sind sie dann auch nach christlich-ethischen Maßstäben und im Kontext einer christlichen Anthropologie zu bewerten.

Technische Phänomene und Technologien wie Digitalisierung, Big Data und KI in einem theologischen Paradigma wahrzunehmen und zu diskutieren, scheint also naheliegend, weil diese Technologien ethische Fragen aufwerfen und zudem traditionell theologisch fundierte Tätigkeitsbereiche berühren. Es gibt jedoch noch einen weiteren Aspekt, der in besonderer Weise das Anliegen religiöser Bildung betrifft: Die genannten Technologien sind konstitutiv am Prozess der Identitätsbildung beteiligt und übernehmen dabei Funktionen, die traditionell der Religion zufallen (Schwarke, 2012; Platow, 2021). Die Existenz einer parallelen digitalen Sphäre, in der Individuen und Gemeinschaften imitierend oder aber inszenierend abbilden können, wie sie die empirische Realität wahrnehmen bzw. alternativ imaginieren, fordert nämlich zu reflexiven Prozessen auf, die durchaus als Selbst transzendierend zu qualifizieren sind. So finden sich in den diversen Formaten von Social Media, Videoplattformen aber auch episch anmutenden Online-Spielen in funktionaler Betrachtung genuin religiöse Motive, wie das der individuellen oder weltumfassenden Vollendung (Eschatologie) oder (Neu-)Schöpfung.

Neben einer inhaltlichen Ausprägung religiöser Motive mit den Mitteln moderner Technologien können auch die Technologien selbst Gegenstand religiöser Aufladung werden. So wird in der Interaktion mit KI diese in der Wahrnehmung von Individuen mitunter als funktionales Äquivalent des Gottesgedankens identifiziert (Platow, 2020), etwa wenn Daten verarbeitende Systeme kraft ihrer rechnerischen Überlegenheit als »omniscient, omnipotent« oder im Gefolge der Digitalisierung »omnipräsent« wahrgenommen werden. Hinzu kommt, dass es der individuellen Selbstwahrnehmung – auch und gerade einer christlich konnotierten – widerspricht, berechen- und vorhersagbar zu sein. Eben dies gelingt KI frappierend gut; der damit einhergehenden narzisstischen Kränkung begegnen wir mit religiöser Aufladung der Technologie. Als Nebenwirkung geht damit einher, dass KI situativ ungerechtfertigt Autorität zugeschrieben wird, was zugleich bewirkt, dass das Gefühl für die individuelle Verantwortung beeinträchtigt wird.

Als weitere Nebenwirkung ist wohl der Reflex zu beurteilen, dass in der Interaktion mit Big Data und KI-Technologien bei Individuen nicht selten ein Impuls zur Selbstoptimierung, (»enhancement«) ausgelöst wird (Diebel-Fischer, 2019). Es entsteht das Bedürfnis, »mithalten« zu können und technologisch ausgewiesene Schwächen kognitiven oder physischen Ursprungs zu kompensieren. Lernprogramme, Smartwatches, Fitnesstracker und diverse Apps verabsolutieren technologisch definierte Teleologien und machen zugleich vermeintliche Defizite zum Ausgangspunkt individueller Selbstwahrnehmung. Unbemerkt begibt sich das Individuum dabei nicht nur in Konkurrenz zur Technologie, sondern auch zu sich selbst. Nun kann man zurecht bemerken, dass auch die christliche Religion eine mit der Gottebenbildlichkeit eingeschriebene Ermöglichungskultur repräsentiert, die durchaus den Anspruch erhebt, ihrerseits teleologisch ausgerichtet zu Selbstoptimierung aufzurufen – sei es im Kontext eschatologischer oder anthropologischer Bestimmungen. Allerdings nimmt christlich motivierte Teleologie ihren Ausgangspunkt beim Potenzial des Menschen (Gottebenbildlichkeit) statt bei seinen Defiziten. Beide Bestimmungen des Menschen sind für ihn konstitutiv vorgesehen (simul iustus et peccator – zugleich gerecht und Sünder) als eingeschriebenes Recht zu scheitern, wie es Trutz Rendtorff (1991) einmal sinngemäß für jede ethische Kultur gefordert hat. Theologisch steht hier natürlich die Idee von Rechtfertigung Pate, die Scheitern, Schwäche und Fehler als Konstituierendes und Proprium des Menschseins vorsieht, aus dem sich maßgeblich die Beziehung zu Gott speist. Diese inhaltlich und strukturell ganz anders geartete Bezogenheit auf ein ultimates Gegenüber, das Wissen darum und die lebensweltbezogene Auseinandersetzung mit diesem Gedanken helfen, im Bildungsprozess zu Freiheit und einem guten Umgang mit KI und Big Data in einer digitalisierten Lebenswelt zu befähigen. Zugleich befragen über Big Data und KI technologisch erzeugte Anthropologien die christliche kritisch – etwa in Bezug auf Anthropozentrismen. Theologische Kritik kann im Diskurs mit Technologiereligionen also durchaus auch zur Theologiekritik werden.

3. Didaktische Perspektiven

3.1 Didaktische Orientierungen

Wie deutlich wurde, sind Lebenswirklichkeiten heute u. a. davon geprägt, dass eine digitale Realität parallel »mitläuft«. Ob als unbewusstes Breitenphänomen oder explizit und Selbstbild prägend in Interaktionssituationen mit KI – in beiden Fällen stellt sich die Aufgabe, Lebenswelt und Handlungsvollzüge an konkreten Situationen wahrzunehmen, Mechanismen und Dynamiken differenzierend zu erklären, beurteilen und bewerten zu können. Die Kontexte der Lernenden sollten dabei Ausgangspunkt sein, bieten sie doch bereits hinreichend lebensweltenschließende Lernanlässe: Smartphone, Social Media sowie der individuell im Internet erzeugte digital footprint. Technologische und mediale Grundkenntnisse bilden hier die Grundlage, vor deren Hintergrund Urteilsvermögen und kritische Reflexion überhaupt erst möglich werden. Fächerübergreifende Perspektiven wären dementsprechend für den Lernprozess vor allem in der ersten Phase naheliegend.

Daran schließt sich die Kompetenz an, ethische Problemlagen in der Technologie sowie ihren Grundlagen (Big Data) zu identifizieren und differenzierend für relevante Situationen und Kontexte beschreiben zu können sowie eigenständige Urteile zu entwickeln, die mit entsprechenden Wahrnehmungs- und Handlungskategorien verbunden sind. Die Lernenden sollen ein Bewusstsein dafür entwickeln, dass die Verwobenheit von Technologie und Lebenswelt zwar keine grundsätzliche oder gar automatische Bedrohung für die individuelle Autonomie darstellt, sehr wohl aber dazu auffordert, die eigene Rolle und Verantwortung in wechselnden Situationen immer wieder neu wahrzunehmen und zu konturieren. Das lutherische Traktat von der ambivalenten Freiheit eines Christenmenschen kann hier gleichermaßen veranschaulichend wie Reflexion anregend sein (vgl. auch 1 Kor 9 sowie Röm 13,8). Außerdem schlägt es die Brücke zu der Frage, wie es um die Wahrnehmung der eigenen Verantwortung gestellt ist, wenn Individuen mit Technologien interagieren, die ihnen anlassspezifisch überlegen sind und sie mit Entscheidungs- und Handlungsvorschlägen konfrontieren. Die hier geforderten Kompetenzen sind vor allem selbstreflexive: Lernende sollten an konkreten Interaktionssituationen (bspw. Vorschläge bei Navigation, Kaufempfehlungen oder Hinweise durch Fitnesstracker, Smart Watches und Co) wahrnehmen, wie sie über konkrete Inhalte hinaus befragt sind – nämlich danach, wie sie ihre Fähigkeiten, Potenziale und Defizite und damit verbunden ihre Handlungsmöglichkeiten in kleinen wie großen Zusammenhängen in der Folge beurteilen. Die Einsicht in eine technologisch dimensionierte Anthropologie fordert in der Auseinandersetzung mit der christlich-theologischen zur Fähigkeit auf, Normendiskurse beschreiben zu können, eigene Positionen zu profilieren und situationsdifferenzierende Möglichkeiten wahrgenommener Verantwortung zu entwickeln.

3.2 Didaktische Konkretisierungen

Die didaktischen Orientierungen zeigen, dass die Bildungsprozesse zu Digitalisierung, Big Data und KI auf drei Ebenen anzusiedeln sind: a) die lebensweltbezogene Vermittlung technischen Grundwissens verbunden mit einer kritischen Revision der eigenen Wahrnehmungen und Gewohnheiten. Technologisches Grundwissen bietet auf verständliche Weise Wolfgang Ertels »Grundwissen Künstliche Intelligenz. Eine praxisorientierte Einführung«. Das technische Nachvollziehen von KI und Big Data sollte lanciert sein von Überlegungen zum Potenzial der Technologie in Bezug auf Chancen und Risiken und darin persönlicher Verantwortung. Offene Arbeitsformen, bspw. Entwürfe von Zukunftsvisionen einer neuen Lebenswirklichkeit oder Arbeitswelt durch die Lernenden, können ergänzt und befragt werden von solchen, die Fachleute entwerfen. Hier erweist sich das Werk des theoretischen Physikers Max Tegmark »Leben 3.0« als ergiebig. Es ist durchwoben von philosophischen Überlegungen; insbesondere eine eingangs positionierte Parabel zur »Geschichte des Omega Teams« provoziert, ohne zu sehr science-fictionesque anzumuten. Zudem erweist sie sich im Umfang und in Komplexität als unterrichtstauglich für die Sekundarstufen. Tom Hillenbrands Roman »Hologrammatica« entwirft auf den ersten Seiten eine Vision einer Welt, in der alle physische Präsenz von Hologrammen überzeichnet und »Echtheit« kein Kriterium mehr ist. Schon der Ausschnitt weniger Seiten ruft dazu auf, das Phänomen der Digitalität und digitaler Erlösung zu diskutieren.

Auf einer weiteren Ebene geht es b) um ethische Schlüsselaspekte der Technologien wie Fairness, Transparenz und um die Frage, wie individuell Verantwortung wahrgenommen werden kann. Um Aspekte einer gesellschaftlich wahrgenommenen Verantwortung zu veranschaulichen und zu diskutieren, lohnt eine Recherche zur Organisation »Algorithm Watch« (https://algorithmwatch.org), einer europäischen Initiative zur Kontrolle und Eingrenzung digitaler Machtverhältnisse, die auch konkrete Hinweise zu Verhaltensweisen gibt. Diese können handlungsorientiert konkretisiert werden, indem Lernende selbst Crowd-Sourcing-Projekte recherchieren und sich ggf. beteiligen, bspw. bei der Enquete-Kommission »Künstliche Intelligenz« des Deutschen Bundestages (https://enquetebeteiligung.de) oder anderen.

Auf einer dritten Lernebene c) gilt es schließlich, die Einblicke in Normen und Anthropologien (vgl. Lernebene a)) vertiefend auf die eigene Existenz zu beziehen und in einen stärker theologisch konturierten Diskurs zu überführen, bei dem nach Verantwortung für die Schöpfung und dem Menschen nach Gottes Ebenbild gefragt wird. Dafür eignen sich neben den einschlägigen biblischen Texten die im Eingangskapitel von »Maschinen wie ich« (Ian McEwan) vorfindlichen Reflexionen des Protoganisten. Weiter fokussieren der Kurzfilm »Invention of Trust« (Regie: Alex Schaad) sowie der Spielfilm »Ex Machina« (Regie: Alex Garland) die Frage nach dem Menschen in der Zukunft. Beide genannten Filme wie auch das Werk von McEwan sind vorrangig für die Sekundarstufen geeignet und stellen verstärkt die Frage nach der Einzigartigkeit des Menschen – bzw. stellen diese für die Zukunft vielseitig herausfordernd infrage.

4. Literatur

Bendel, O. (2018a): Big Data. https://wirtschaftslexikon.gabler.de/definition/big-data-54101/version-277155 (Zugriff: 03.01.2021).

Bendel, O. (2018b): Digitalisierung. https://wirtschaftslexikon.gabler.de/definition/digitalisierung-54195/version-277247 (Zugriff: 03.01.2021).

Crawford, K. (2013): The hidden bias in big data. https://hbr.org/2013/04/the-hidden-biases-in-big-data (Zugriff: 21.02.2021).

Davidson, D. (2004): Turings Test. In Ders: Probleme der Rationalität. (S. 141–156). Frankfurt a. M.: Suhrkamp.

Diebel-Fischer, H. (2019): Für mein besseres Ich? – Selbstoptimierung als Technik des Enhancements. Eine theologische Annäherung. http://www.ethik-und-gesellschaft.de/ojs/index.php/eug/article/view/2-2019-art-1 (Zugriff: 21.02.2021).

Ertel, W. (2016): Grundkurs Künstliche Intelligenz. Eine praxisorientierte Einführung (4. Aufl.). Dresden: Springer.

Görz, G./Schmid, U./Braun, T. (Hg.) (2020): Handbuch Künstliche Intelligenz (6. Aufl.). Berlin: De Gruyter.

Hillenbrand, T. (2018): Hologrammatica. Köln: Kiepenheuer & Witsch.

Luther, M. (2011): Von der Freiheit eines Christenmenschen. Studienausgabe. Hrsg. von G. Linde. Stuttgart: Reclam.

McEwan, I. (2019): Maschinen wie ich. Zürich: Diogenes.

Misselhorn, C. (2019): Grundfragen der Maschinenethik (3. Aufl.). Stuttgart: Reclam.

Mokry, S. (2020): Die Pflege von morgen im Diskurs – Hoffnung, Befürchtung, Forderung. In S. Mokry/M. Rückert (Hg.): Roboter als (Er-)Lösung. Orientierung der Pflege am christlichen Menschenbild. Forschung-Technik-Praxis (S. 17–30). Paderborn: Bonitfatius.

Platow, B. (2020): Gott mit seinem perfekten Ebenbild konfrontieren. Religionspädagogische Reflexionen zu Künstlicher Intelligenz. Religionspädagogische Beiträge, 82/2020, S. 37–48.

Platow, B. (2021): Selbstwahrnehmung und Ich-Konstruktion im Angesicht von Künstlicher Intelligenz. In M. Huppenbauer/P. Kirchschläger/G. Ulshöfer (Hg.): Digitalisierung aus theologischer und ethischer Perspektive. Konzeptionen – Anfragen – Impulse. Baden-Baden: Nomos (im Erscheinen).

Rendtorff, T. (1991): Vielspältiges. Protestantische Beiträge zu einer ethischen Kultur. Stuttgart: Kohlhammer.
Schwarke, C./Neumeister, K./Renger-Berka, P. (2012): Technik und Transzendenz, Stuttgart: Kohlhammer.
Simanowski, R. (2020): Todesalgorithmus. Das Dilemma der künstlichen Intelligenz. Wien: Passagen Verlag.
Tegmark, M. (2017): Leben 3.0. Mensch sein im Zeitalter Künstlicher Intelligenz. Berlin: Ullstein.
Topol, E. (2019): Deep Medicine Künstliche Intelligenz in der Medizin. Frechen bei Köln: mitp.

1. Lebensweltliche Perspektiven

Dilemmatische Situationen beschreiben Ausweglosigkeiten. Der Begriff Dilemma kann mit *Zwickmühle, in der Klemme sein* übersetzt werden. Eine klassische Beschreibung für eine dilemmatische Situation in der Literatur bietet schon die Tragödie »Antigone« von Sophokles: Antigone steht zwischen dem Verbot des Königs und der Pflicht, ihren Bruder zu beerdigen (Beispiel 1). Dem Kinderbuch »Die Abenteuer des Huckleberry Finn« von Mark Twain kann Beispiel 2 entnommen werden: Huckleberry Finn lügt für die Rettung des gesuchten Sklaven Jim und täuscht die Blattern vor. Dilemmatische Situationen aus dem Alltag – Beispiel 3: Das den Eltern gegebene Versprechen von Ina, nicht zu spät nach Hause zu kommen, steht gegen die Begleitung der besten Freundin, die eine Fahrradpanne hat und das Rad durch die Dunkelheit nach Hause schieben muss. Beispiel 4: Du weißt, Diebstahl ist strafbar, aber wenn du zur Clique gehören möchtest, ist diese Mutprobe erforderlich. Beispiel 5: Es werden Herzaussetzer bei einer 83-jährigen dementen Frau festgestellt. Eine Herz-OP ist eher Routine, die Narkose beschleunigt den Verlauf der Demenzerkrankung. Beispiel 6: Darf man trotz der apodiktischen Aussage »Du sollst nicht töten« als Theologe/Theologin aktiv an der Planung zur Tötung eines Diktators beteiligt sein? Beispiel 7: Stimmt das Kantische Argument, dass es keine einzige Situation gibt, die Lügen rechtfertigt, angesichts der Frage der Gestapo, ob im Haushalt Juden versteckt sind?

Alle, zum Teil konstruierten, Beispiele dilemmatischer Situationen weisen Gemeinsamkeiten auf. Es wird ein moralisches Urteil verlangt. Für die Findung eines solchen Urteils liegt kein Präzedenzfall zur Orientierung vor. D. h., solche Urteile folgen einer individuellen Rationalität, die Entscheidungsinstanz dafür dürfte das Gewissen sein, eine innere Stimme, die nicht verallgemeinerungsfähig ist. Das Fällen solcher Urteile muss plausibilisiert werden können. Die Plausibilisierung erfolgt ganz individuell vor sich selbst. Dieser Vorgang berührt das Innere des Menschen, der sich selbst das gefällte Urteil und die daraus abgeleitete Handlung einsichtig machen will und kann. Kategorial zu differenzieren ist hierbei das prospektive Gewissen und das retrospektive Gewissen. Obwohl der

Kontext der Plausibilisierung identisch bleibt – umgangssprachlich formuliert zwischen Pest und Cholera wählen zu sollen – hat sich die Perspektivität der Urteilsfindung verändert. Als dritte Abwägungsoption in dilemmatischen Situationen ist ein *Nicht-Handeln* zu benennen. Der abzuwägende, eine Entscheidung verlangende Zustand bleibt erhalten, dennoch liegt eine Entscheidungshandlung vor: das Nichtstun.

Diese abstrakten Überlegungen lassen sich am Beispiel 3 gut veranschaulichen. Das Versprechen von Ina gegenüber den Eltern, nicht zu spät nach Hause zu kommen, basiert auf einem Vertrauensvorschuss und ist ein Sollensanspruch. Die Eltern können berechtigt annehmen, dass Ina um diesen weiß und sich daran zu halten gedenkt. In Opposition dazu steht der Vertrauensvorschuss der besten Freundin, die berechtigt davon ausgehen kann, sich auf Ina in dieser Notsituation verlassen zu können. Das prinzipielle Versprechen gegenüber den Eltern steht in Opposition zu einer prinzipiellen Grundbedingung von Freundschaft. Egal wie Ina sich entscheidet, sie muss vor sich selbst plausibilisieren können, weshalb sie sich für die eine der beiden Handlungsoptionen (angenommen, die Freundin zu begleiten) entschieden hat. In diesem Beispiel handelt es sich (in Anlehnung an Nagel, 2012) um ein echtes moralisches Dilemma, zwei Sollensansprüche prallen ohne Alternative aufeinander. Die dritte hier benannte Abwägungsoption lässt sich z. B. in Aussagen finden, die plausibilisieren wollen, weshalb nichts gegen ein Unrecht unternommen und deshalb geschwiegen, weggesehen, nicht gehandelt wurde.

Ethisch interessant sind Dilemmata deshalb, weil durch sie verschiedene Moralien, also geltende Handlungskonventionen, Werte oder Regularien methodisch reflektiert auf Begründungszusammenhänge untersucht werden können. Ein methodisches Werkzeug für die Untersuchung solcher Begründungszusammenhänge ist das Argumentieren, eine Fähigkeit, die, in ihrem rationalen Kern beschrieben, etwas Strittiges in Unstrittiges überführen will und kann (vgl. Nussbaumer, 1995). Beim Argumentieren handelt es sich um Abwägungsprozesse. Eine aufgestellte Behauptung zu begründen oder zu kritisieren, Geltungsansprüche überzeugend darzustellen, Plausibilität für eine Überzeugung zu erlangen oder neue Fragehorizonte zu eröffnen gehören zum Sprachspiel Argumentieren (vgl. Weiß, 2016). Unterrichtlich interessant sind Dilemmageschichten, da sie die moralische Urteilsfähigkeit von Schülerinnen und Schülern (SuS) herausfordern und damit fördern. Gerade weil in einer dilemmatischen Situation zwei Sollensansprüche aufeinandertreffen, die beide zugleich nicht erfüllt werden können – im Umkehrschluss: einer der beiden Ansprüche muss verletzt werden (mitunter auch beide) – eignen sich Dilemmageschichten zur Bewusstmachung des eigenen moralischen Urteilsvermögen.

2. Theologisch-ethische Perspektiven

2.1 Der Begriff Dilemma: philosophisch

Die Entwicklung menschlicher Gesellschaften ist ohne ein Nachdenken über Verhaltenskodizes nicht vorstellbar. Pflichtgemäßes (deontologisches) oder an einem Ziel ausgerichtetes (teleologisches) Verhalten, Sollensansprüche für ein gelingendes Miteinander (z. B. christliche sozialethische Ansätze), moralisch gebotenes, verbotenes oder indifferentes Handeln, die Unterscheidung zwischen Sein und Sollen; dieses und anderes wurde konstruiert, diskutiert, in menschlichen Praxen erprobt und reflektiert. Im abendländischen Kontext folgte dieses Nachdenken über »vernünftige normative Systeme zur Handlungsorientierung für vernünftige moralische Akteure« (Raters, 2013, S. 11) dem aristotelischen Ansatz der Widerspruchsfreiheit (Satz vom ausgeschlossenen Widerspruch): »Daß nämlich dasselbe demselben in derselben Beziehung [...] unmöglich zugleich zukommen und nicht zukommen kann, das ist das sicherste unter allen Prinzipien« (Aristoteles, 1989, 1057b). Kontradiktorische Elemente im vernünftigen Denken und Argumentieren sind durch dieses aristotelische Prinzip ausgeschlossen.

Bis in das 20. Jahrhundert hinein hat sich deshalb die moralphilosophische Diskussion (moralischer Realismus) darum bemüht, unter deontologischen Prämissen mit dem Problem moralischer Dilemmata umgehen zu können bzw. ist auf metatheoretischer Ebene der Frage nachgegangen, ob »Moralphilosophie ihren Anspruch, vernünftige Systeme von Handlungsorientierungen entwickeln zu können, aufgeben muss, wenn sie das Problem des moralischen Dilemmas nicht grundsätzlich lösen kann« (Raters, 2013, S. 11). Raters zeichnet diese metamoralische Debatte für den angelsächsischen Raum nach und verweist zurecht auf zwei Denker, die für diese Debatten grundlegend sind: Thomas von Aquin und Immanuel Kant (vgl. Raters, 2013, S. 13–27). Bei aller Unterscheidung zwischen Thomas und Kant ist doch die Gemeinsamkeit beider Denker, dass Moral in sich keine Widersprüchlichkeit aufweisen kann, weil sie ihre Quelle in einer vollkommen vernünftigen Instanz hat. Bei Thomas ist dies der Geist Gottes, bei Kant die praktische Vernunft.

Moralische Entscheidungen in dilemmatischen Situationen folgen allerdings nicht dieser in einer konkreten Gesellschaft als verankert gedachten vernünftigen Instanz, sondern versuchen das Problem auf einer individuellen Ebene zu bewältigen, wohlwissend, anschließend kein »reines Gewissen« haben zu können. Auch wenn solche individuellen Entscheidungen vor dem Hintergrund der bestehenden moralischen Rationalitätskonzepte getroffen werden, sind bei

Dilemmata die Grenzen einer ethischen Rationalität deutlich sichtbar, da bei jeder moralischen Entscheidung »ein Rest von Unsicherheit, die die Richtigkeit der Entscheidung in Frage stellt«, bleibt (Zoglauer, 1998, S. 311).

Zusammengefasst zeigen diese kurzen moralphilosophischen Streifzüge, dass ein Dilemma einer im Normativen angelegten Rationalität ein Stachel bleibt, da sich die Entscheidungsfindung zwar an einer Norm ausrichtet, allerdings eine andere damit brechen muss. Mitunter können beide nicht erfüllt werden. Dilemmata als moralische Konflikte zwischen bestehenden Sollensansprüchen sind, wie Sellmaier (2008, S. 42) hervorhebt, von ethischen Dissensen zu unterscheiden, die auf Konflikte zwischen verschiedenen moralischen Systemen fokussieren.

2.2 Der Begriff Dilemma: theologisch

Vor dem Hintergrund des aufgezeigten begrifflichen Verständnisses von Dilemma ergibt sich in theologischer Perspektive als entscheidende Frage: Kann es überhaupt eine religiös konnotierte dilemmatische Situation geben? Eine grundsätzlich theologische Diskussion zur Problematik Dilemmata vor dem Horizont von Widerspruchsfreiheit könnte beim Stichwort Theodizee vermutet werden. Theodizee ist allerdings »eine rein theoretische neuzeitliche Problemstellung, die darin besteht, gewisse Prädikatoren der postulierten Gottesbegrifflichkeit widerspruchsfrei und kohärent in einem religionsphilosophischen System in Einklang zu bringen« (Eickhoff, 2002, S. 43) und damit eben nicht mehr Religion.

Dilemmatisch ist eine Situation sicherlich nicht mehr, wenn angesichts von Naturkatastrophen eine Abwendung vom leibnizschen metaphysischen Optimismus geschieht. Es prallen hier keine zwei Sollensansprüche aufeinander. Naturereignisse (z. B. Erdbeben) sind dem Sollensanspruch des Menschen gegenüber indifferent. Eine ganz andere theologisch relevante Perspektive zur Theodizee ergibt sich natürlich angesichts der größten Katastrophe der bisherigen Menschheitsgeschichte: der Shoa. Widerspruchsfrei von einem vollkommenen, allmächtigen, guten, liebenden Gott zu sprechen ist in Kenntnis von Auschwitz nicht mehr möglich. Aber wird damit theologisch das Problem des Dilemmas berührt? Auch in der Geschichte von der Opferung des Isaak (Gen 22,1–19) ist erst einmal keine dilemmatische Situation auszumachen, obwohl die Erzählung so verstanden worden ist. Der Text gibt schlicht den zweiten Sollensanspruch – die Liebe zum Sohn, worauf beispielsweise Ruff (2007) abhebt – nicht her.

Lassen sich diese Beispiele verallgemeinern? Ist Religion, sind biblische Texte frei von dilemmatischen Situationen? Könnte dies begründbar sein u. a.

mit der schleiermacherschen Überzeugung, dass Religion zu unterscheiden ist von Moral und Metaphysik? Theodizee oder die Geschichte der Opferung des Isaaks können nur dann als dilemmatische Situationen gelesen werden, wenn das Gottesverständnis verkürzt wird und Gott nur noch ein moralischer Bezugspunkt ist. Allmacht, Güte, Weisheit sind dann moralisch konnotierte Attribute Gottes. Erst durch die Einnahme dieser theologisch-reflexiven Außenperspektive auf biblische Texte ist die Konstruktion einer dilemmatischen Situation möglich (vgl. für die Geschichte der Opferung des Isaak Heilig, 2016, S. 81–91). Solche Konstruktionen sind daraufhin zu prüfen, ob es sich nicht doch eher um ethische Dissense handelt und nicht um Dilemmata.

Anders stellt sich die Situation dar, wenn als Perspektive die in biblischen Texten vorhandenen moralischen Kodizes bemüht werden. Von dieser Perspektive ausgehend lassen sich durchaus dilemmatische Situationen identifizieren. Als Beispiel herangezogen werden aus der Erzählung *Vom Barmherzigen Samariter* (Lk 10,25–37) die Verse 31 und 32: Der Priester und der Levit gehen an dem unter die Räuber Gefallenen vorüber. Wird diese Situation vor dem Hintergrund des Reinheitsgebotes (Lev 21,1–3) gelesen, so wäre eine echte dilemmatische Situation gegeben. Der Sollensanspruch, sich als Priester nicht zu verunreinigen, steht gegen den Sollensanspruch der unbedingten Hilfestellung. Rüggemeier (2016, S. 72) argumentiert, dass es

> »in Vers 31 explizit [heißt], dass der Priester des ›gleichen Weges *hinabzog*‹, sich also wie der Überfallene auf dem Weg *von* Jerusalem in Richtung Jericho und damit bergab in Richtung Jordansenke befand. Auf ihrem Heimweg hätten die religiösen Autoritäten aber keineswegs die eigene Reinheit über die gebotene Hilfe stellen müssen.«

Diese Aussage ist kein Argument gegen die Identifizierung dieses Erzählabschnittes als dilemmatische Situation, sondern eher eine Pro-Aussage, denn Priester und Levit entschieden sich für das Einhalten der eigenen Reinheit – aus welchen Motiven auch immer – und damit gegen den von Jesus und dem in der Geschichte auftretenden Schriftgelehrten identifizierten unbedingten Anspruch des Doppelgebots der Liebe. Ein Beispiel aus dem Alten Testament ist mit der bekannten Geschichte *Daniel in der Löwengrube* (Dan 6,2–29) gegeben. Es ist nicht Daniel, der in der Klemme sitzt, sondern König Darius, der sich zwischen der Bewunderung über die Fähigkeiten des Daniel (Anerkennung und Respekt) und dem von ihm selbst erlassenen Dekret, dreißig Tage an keinen Gott oder Menschen eine Bitte zu richten als nur an ihn selbst (Gesetz) entscheiden muss bzw. entscheidet.

An dieser Stelle unterbrochen und zusammengefasst ergibt sich: In theologischer Perspektive kann nur von dilemmatischen Situationen die Rede sein, wenn Gott nicht auf moralische Attribute beschränkt wird. Innertextliche biblische Erzählperspektiven in den Vordergrund gerückt muss klar benannt sein, dass die Entscheidungsträger Menschen zwischen zwei Sollensansprüchen sind, egal ob historisch gelebt oder erzählerisch erinnert.

2.3 Ethisches Argumentieren

Bisher wurde gezeigt, dass Dilemmata Abwägungsprozesse verlangen, die zu einem moralischen Urteil führen sollen, welches immer auch falsch ist. Dilemmata sind verbunden mit moralischen Handlungsansprüchen bzw. moralisch konnotierten Erwartungshaltungen, sodass berechtigt davon auszugehen ist, dass es keine ethischen Dilemmata geben kann. Kann sich in Konfliktfällen nicht auf Gott berufen werden, fällt alle Verantwortlichkeit dem Menschen selbst zu, trotz, aber auch wegen seiner Geschöpflichkeit. Die Suche nach entsprechenden Lösungsansätzen ist dann immer getragen von Vorläufigkeit, die Motivation betrifft das Emotionale.

Vor sich selbst die eigene Handlungsentscheidung plausibilisieren zu können, verlangt allerdings einen rationalen Kern. Damit ist das Sprachspiel Argumentieren angerissen. Am Beispiel 3 wird deutlich: Ina, die um den Vertrauensvorschuss der Eltern weiß, sich allerdings für das Begleiten der Freundin entscheidet, hat eine kontextuelle Gewichtung vorgenommen, die sie gegenüber den Eltern rechtfertigen/plausibilisieren könnte bzw. sicherlich auch muss. Ina könnte sagen, dass es sich um einen Notfall gehandelt habe (Ursache) und deshalb das Begleiten der Freundin (Wirkung) im Kontext (es war dunkel) wichtiger gewesen sei, als pünktlich nach Hause zu kommen. Sie würde damit kausal argumentieren in der berechtigten Hoffnung, ihre Eltern von ihrer Entscheidung überzeugen zu können. Auch der Samariter, würde er gefragt werden, könnte argumentieren, in diesem Fall ausgehend von der Autorität des Doppelgebots der Liebe.

Zu einem *ethischen Argumentieren* werden solche Aussagen, wenn sie im Kontext moralischer Sollensansprüche erfolgen, die mit der Argumentation selbst reflektiert (gewichtet) werden. D.h., Argumentieren ist immer rückgebunden an den Kontext und damit an die, diesem Kontext innewohnende Rationalität. Argumentiert werden muss immer dann, wenn sich keine kontextuellen Wissens-Überschneidungen zwischen den Beteiligten ergeben. Dies verlangt Übersetzungsleistungen, um aus der eigenen Motivation heraus das Gegenüber überzeugen zu können. Beispielsweise wäre vor dem Hintergrund der Überzeugung, dass Freundschaft ein höheres Gut als Pünktlichkeit ist, die

Handlungsentscheidung von Ina plausibilisiert. Vor dem Hintergrund der eigenen Überzeugung (mein Glauben), dass Gott mich als verantwortliches Wesen angesprochen hat, ist das Handeln am anderen kein Mitleiden, sondern eine Ver-Antwort-ung, die weit über die goldene Regel hinausreicht. Auch wenn Mitleiden die Handlungsmotivation sein kann, ist die Handlung selbst ethisch anders gerechtfertigt als nur aus Mitleid heraus.

Argumentieren kommt in dilemmatischen Situationen die Funktion zu, sich seines Entscheidungsurteils reflexiv bewusst zu werden und dieses gegebenenfalls gegenüber anderen einsichtig zu machen. Damit ist klar, dass ethisches (und auch theologisches) Argumentieren von Urteilen geprägt ist, die mit *vorläufig geltend, probabilistisch* und *intersubjektiv nachvollziehbar* zu beschreiben sind.

3. Didaktische Perspektiven

3.1 Didaktische Orientierungen

In einem Religionsunterricht an der öffentlichen Schule sind ethische Themen im Bildungsplan unter dem inhaltlichen Stichpunkt *Welt und Verantwortung* fest verankert. Gefördert werden soll beispielsweise im Bildungsplan für die Grundschule Baden-Württembergs als prozessbezogene Kompetenz das Urteilen:

> »Die Schülerinnen und Schüler können religiöse und ethische Problem- und Fragestellungen in konkreten Situationen erkennen, unterschiedliche Positionen zu diesen vergleichen sowie eine eigene Position einnehmen und begründen« (vgl. Bildungspläne BW, GS, 2016, S. 7).

In der Sekundarstufe I wird diese Kompetenzförderung erweitert durch:

> »[…] im Zusammenhang einer pluralen Gesellschaft einen eigenen Standpunkt zu religiösen und ethischen Fragen einnehmen und ihn argumentativ vertreten; Modelle ethischer Urteilsbildung bewerten und diese beispielhaft anwenden« (Bildungspläne BW, Sek I, 2016, S. 9).

Fachdidaktisch wird unterschieden zwischen ethischer Bildung und ethischer Erziehung. *Ethische Bildung* ist definiert als

> »Einübung in eigenständige ethische und moralische Urteils-, Entscheidungs- und Bewertungsfähigkeit […], Befähigung zur eigenständigen Begründung

von Werten, Normen, Regeln und Tugenden […], Erarbeitung von eigenständigen Handlungsmaximen in eigenen und fremden Lebenssituationen.«

Ethische Erziehung

»hat dagegen die Aufgabe, ethisches Urteilen, Entscheiden, Bewerten und Begründen Kindern, Jugendlichen und Erwachsenen so nahe zu bringen, wie es Gesellschaft und Kultur erwarten. Ethische Erziehung enthält oft einen Anteil Fremdbestimmung, während Ethische Bildung allein Selbstbestimmung fördern möchte« (Mokrosch, 2016, S. 1).

Hier ist klar eine Spannung zu erkennen. Ethische Bildung will Selbstbestimmung und Mündigkeit, ethische Erziehung gesellschaftskonformes Verhalten fördern. Diese Spannung stellt ein Dilemma dar, und zwar solange, bis sich der Einzelne in seiner Selbstbestimmtheit – vor sich selbst einsichtig – entsprechende Verhaltenskodizes der Gesellschaft als seine eigenen verinnerlicht hat bzw. diese vor sich selbst plausibilisieren kann. Mokrosch liefert in seinem Beitrag verschiedene Modelle ethischer Bildung und Erziehung und fasst diese unter dem Stichwort einer Pluralität von Gesellschaft zusammen.

Eine didaktische Orientierung zur moralischen Urteilbildung lässt sich aus den erhobenen und ausgewerteten Daten der Studie »ETiK« entnehmen (Benner & Nikolova, 2016). Erhoben wurde eine moralische Urteilskompetenz, eine moralische Handlungskompetenz und moralisches Grundwissen zum Messzeitpunkt Ende Sekundarstufe I und Ende gymnasiale Oberstufe. Das in Berlin konzipierte Projekt hat während der zweiten Laufzeit auch internationale Beachtung gefunden. Erhebungen fanden in Österreich, Polen und China statt und wurden teilweise, wie in Österreich, mit religiöser Kompetenz verglichen (Breinbauer et al., 2016). Die Formulierung von empirisch nachweisbaren Niveaustufen ermöglicht Kenntnisse, was SuS am Ende ihrer Schullaufbahn gelernt haben müssten. Es handelt sich um ein (valides) Testinstrument, sodass keine didaktischen Aufgaben daraus abgeleitet werden können. D. h., die Ergebnisse lassen keine Schlussfolgerungen über die Qualität von Unterricht zu. Diese fachdidaktische Absage betrifft auch die Stufenmodelle moralischer bzw. religiöser Entwicklung. Der Wert solcher Forschungen liegt darin, dass sie u. a. Hinweise für eine Einschätzung der konkreten Lerngruppe geben können.

Anders verhält es sich mit verschiedenen methodischen Ansätzen, die von konkreten dilemmatischen Situationen ausgehen. Zu nennen ist hier die Konstanzer Methode der Dilemmadiskussion (Lind, 2012). Diese Methode orientiert sich an der Theorie moralischer Entwicklung von Kohlberg (1964) und will methodisch die kognitive Reflexionsfähigkeit, aber auch handlungsorientierte Aspekte fördern. Obwohl Lind diese Methode nicht für den schulischen Unterricht konzipiert hat, sondern »nur« mit Studierenden erprobte, lässt sie sich in unterrichtliches Geschehen integrieren.

Kopp (2017), die auch auf diese Methode verweist, zählt weitere, für den Unterricht brauchbare Methoden auf, die von Dilemmasituationen ausgehen: den *Wertediskurs* nach Oser (S. 8–10), den Ansatz *Values and Knowledge Education* (S. 10–12) sowie den Ansatz *Dilemmageschichten in der Grundschule* (S. 12). Allen methodischen Ansätzen ist gemeinsam, dass SuS vor eine unlösbare Situation gestellt werden, die sie abwägend überprüfen und mittels Argumenten (explizit im Wertediskurs und Values and Knowledge Education) eine begründbare Entscheidung herbeiführen sollen. Die Autorin gibt umfassende Einblicke in Ziele und didaktische Arbeitsschritte zu den einzelnen Methoden. Sie präsentiert auch altersgerechte Dilemmageschichten. Kopp verschweigt die Nachteile einer unterrichtlichen Bearbeitung von Dilemmageschichten nicht. Zu diesen zählt sie die häufig fehlende Zeit, wodurch sich zusätzlich das Problem von nachhaltigen Lernerfolgen stellt. Als problematisch wird von ihr angesehen, dass wertorientiertes Handeln ohne Erprobungsraum nicht unbedingt zu den gewünschten Ergebnissen führen dürfte (vgl. S. 16).

Problematisch für ethische Bildung im Religionsunterricht ist die Tatsache, dass es kaum Forschungsergebnisse oder didaktische Aufgaben zum Argumentieren gibt. Auch wenn für den Bereich theologisches Argumentieren erste Ansätze zu verzeichnen sind (vgl. Schwarzkopf, 2015; Weiß, 2018), so lassen sich doch weit mehr Forschungsergebnisse in anderen Fachdidaktiken ausmachen (vgl. Budke et al., 2015).

3.2 Didaktische Konkretisierungen

Von dilemmatischen Situationen ausgehend einen guten Religionsunterricht aufzubauen ist reizvoll; SuS werden nicht nur angehalten, eine eigene Entscheidung zu finden, sondern müssen diese auch argumentativ begründen. Neben bekannten Geschichten wie dem *Heinz-Dilemma* oder dem *Trolley-Dilemma* ist es durchaus lohnend, biblische Texte auf dilemmatische Aussagen hin zu untersuchen und diese unterrichtlich zu verwenden, wie hier am Beispiel der *Samaritererzählung* oder *Daniel in der Löwengrube* kurz vorgestellt.

Die Konstanzer Dilemma-Methode eignet sich sicherlich für einen solchen Unterricht. Soll allerdings im Abwägungsprozess bzw. bei der Urteilsfindung ein Fokus auf das Argumentieren gelegt werden, so erscheint das *Sokratische Gespräch* unterrichtlich zielführender. Dieses basiert auf Regeln, wie Redezeit (max. eine Minute), nur eigene Überlegungen gelten (also kein Rückbezug auf Autoritäten), Wiederholungen sind unzulässig, der Redebeitrag muss eine begründete Aussage hervorbringen. Der entscheidende Vorteil dieser Gesprächsmethode ist es, dass sie sich in Durchführung, Vor- und Nachbereitung über mehrere Unterrichtsstunden erstrecken und vor allem auch schon in der Grundschule eingesetzt werden kann.

Für die Sekundarstufe I hat beispielsweise Kurzo (2019) eine Unterrichtseinheit mit Dilemmageschichten erstellt. Die Autorin geht von insgesamt acht schülernahen Dilemmata aus, hat die notwendigen unterrichtlichen Planungsschritte erarbeitet und stellt zusätzlich entsprechende Arbeitsblätter zu Verfügung.

Eine andere Möglichkeit wäre – zumindest in den höheren Klassen der Sekundarstufe I – SuS von einem Fallbeispiel ausgehend selbst ein Dilemma konstruieren und diskutieren zu lassen. Der unterrichtliche Einsatz von dilemmatischen Situationen/Erzählungen eignet sich schließlich auch dazu, verschiedene Perspektiven einzunehmen. Dilemmageschichten könnten somit einen inhaltlichen Beitrag für einen fachübergreifenden schulischen Unterricht leisten.

4. Literatur

Aristoteles (1989): Metaphysik Buch I bis VI. Hrsg. von H. Seidl. Hamburg: Meiner.

Benner, D./Nikolova, R. (Hg.) (2016): Ethisch-moralische Kompetenz als Teil öffentlicher Bildung. Der Berliner Ansatz zur Konstruktion und Erhebung ethisch-moralischer Kompetenzniveaus im öffentlichen Erziehungs- und Bildungssystem mit einem Ausblick auf Projekte zur ETiK-International. Paderborn: Ferdinand Schöningh.

Bildungsplan Baden-Württemberg Grundschule (2016): http://www.bildungsplaene-bw.de/site/bildungsplan/get/documents/lsbw/export-pdf/depot-pdf/ALLG/BP2016BW_ALLG_GS_REV.pdf (Zugriff: 23.02.2021).

Bildungsplan Baden-Württemberg Sekundarstufe I (2016): http://www.bildungsplaene-bw.de/site/bildungsplan/get/documents/lsbw/export-pdf/depot-pdf/ALLG/BP2016BW_ALLG_SEK1_REV.pdf (Zugriff: 23.02.2021).

Breinbauer, I.-M./Krobath, T./Ritzer, G./Schluss, H. (2016): ETiK-International-Wien. Ethikunterricht und Religionsunterricht in Österreich: Forschungsfragen, Ansatz und Befunde. https://www.researchgate.net/publication/320560255_ETiK-International-Wien_Ethikunterricht_und_Religionsunterricht_in_Osterreich_Forschungsfragen_Ansatz_und_Befunde (Zugriff: 22.02.2021).

Budke, A./Kuckuck, M./Meyer, M./Schäbitz, F./Schlüter, K./Weiss, G. (Hg.) (2015): Fachlich argumentieren lernen. Didaktische Forschungen zur Argumentation in den Unterrichtsfächern. Münster/New York: Waxmann.

Eickhoff, J. (2002): Das Problem der Theodizee im Werk von Paul Tillich. Neue Zeitschrift für Systematische Theologie und Religionsphilosophie, 44 (1) 1, S. 43–70.

Habermas, J. (1996): Versöhnung durch öffentlichen Vernunftgebrauch. In Ders.: Die Einbeziehung des Anderen. Studien zur politischen Theorie (S. 65–94). Frankfurt a. M.: Suhrkamp.

Heilig, B. (2016): Dilemmageschichten im Religionsunterricht. Wien (Diplomarbeit). https://othes.univie.ac.at/41879/ (Zugriff: 18.02.2021).
Kohlberg, L. (1964): Development of moral character and moral ideology. Review of child development research, 1, p. 381–431.
Kopp, B. (2017): Einsatz von Dilemmata zur Wertebildung in Schulen. Ludwig-Maximilians-Universität 2017, URN: urn:nbn:de:0111-pedocs-147965.
Kurzo, T. (2019): Schülernahe Dilemmasituationen. Eine Unterrichtseinheit für die Sekundarstufe I. In erg.ch – Materialien zum Fach Ethik, Religionen, Gemeinschaft (Online Publikation). www.ethik-religionen-gemeinschaft.ch/kurzo-schuelernahe-dilemmasituationen/ (Zugriff: 23.02.2021).
Lind, G. (2012): Die Methode der Dilemmadiskussion. In F. Brüggen/W. Sander/Ch. Igelbrink (Hg.): Basistexte zur Urteilsbildung. Münster: LIT.
Mokrosch, R. (2016): Art. Ethische Bildung und Erziehung. In WiReLex – Das Wissenschaftlich-Religionspädagogische Lexikon im Internet. https://www.bibelwissenschaft.de/stichwort/100188/ (Zugriff: 23.02.2021).
Nagel, T. (2012): Letzte Fragen. Mortal Questions. Erweiterte deutsche Neuausgabe. Hrsg. von M. Gebauer (3. Aufl.). Hamburg: Europäische Verlagsanstalt.
Nussbaumer, M. (1995): Argumentation und Argumentationstheorie. Heidelberg: Julius Groos.
Raters, M.-L. (2013): Das moralische Dilemma. Antinomie der praktischen Vernunft? Freiburg i. Br./München: Karl Alber.
Ruff, W. (2007): Abrahams Versuchung. Verstehensansätze für ein ethisches Dilemma. https://ojs.ub.unimuenchen.de/index.php/MThZ/article/viewFile/3668/1404 (Zugriff: 17.02.2021).
Rüggemeier, J. (2016): Strategisches Erzählen und Strategiewechsel im Umfeld neutestamentlicher Erzähltexte. Das lukanische Gleichnis vom barmherzigen Samariter als Anschauungsbeispiel. In DIESESIS interdisziplinäres E-Journal für Erzählforschung 5 (2). https://www.diegesis.uni-wuppertal.de/index.php/diegesis/issue/view/12 (Zugriff: 17.02.2021).
Schwarzkopf, T. (2015): Vielfältigkeit denken. Wie Schülerinnen und Schüler im Religionsunterricht argumentieren lernen. Stuttgart: Kohlhammer.
Sellmaier, S. (2011): Ethik der Konflikte. Über den moralisch angemessenen Umgang mit ethischem Dissens und moralischen Dilemmata (2. Aufl.). Stuttgart: Kohlhammer.
Weiß, T. (2016): Fachspezifische und fachübergreifende Argumentation am Beispiel Schöpfung und Evolution. Theoretische Grundlagen – Empirische Analysen – Jugendtheologische Konsequenzen. Arbeiten zur Religionspädagogik, Bd. 63. Göttingen: V&R unipress.
Weiß, T. (2018): Die Frage nach der Auferstehung. Theoretische Voraussetzungen und unterrichtspraktische Modellierungen zu Markus 12,18–27. In »Es ist schwer einzuschätzen, wo man steht« – Jugend und Bibel. Jahrbuch für Kinder- und Jugendtheologie 2, S. 153–162.
Zoglauer, T. (1998): Normenkonflikte. Zur Logik und Rationalität ethischen Argumentierens. Stuttgart: frommann-holzboog.

Diskriminierung/Rassismus

Joachim Willems

1. Lebensweltliche Perspektiven

Diskriminierung und Rassismus sind Themen, denen Schülerinnen und Schüler (SuS) auf Schritt und Tritt begegnen (können). Diskussionen um Rassismus in Kinderbüchern (z. B. *Pippi Langstrumpf*, *Die kleine Hexe* oder *Jim Knopf*), Debatten um die Darstellung von Schwarzen in Weihnachtskrippen oder um das *Blackfacing*, z. B. bei den Sternsingern, erreichen Schulen, Familien und auch die Kinder-Nachrichtensendungen des öffentlich-rechtlichen Rundfunks. In der Schule begegnen SuS (und auch Lehrkräfte; vgl. Fereidooni, 2016) in unterschiedlichen Rollen Mobbing und Diskriminierung aufgrund unterschiedlicher (zugeschriebener) Merkmale, z. B. aufgrund ihrer Hautfarbe und ihres Aussehens, ihrer Religion oder Weltanschauung, ihrer Zugehörigkeit zu einer sozialen, ethnischen oder kulturellen Gruppe (Sprache, Nationalität, Kultur), ihres Geschlechts (Gender), ihrer sexuellen Orientierung, aufgrund von Beeinträchtigung, Behinderung, Krankheit. Im Unterricht verschiedener Fächer und im Schulleben können Kinder und Jugendliche aber auch erleben, dass Diskriminierungen thematisiert, problematisiert und sanktioniert werden.

Schon jüngere SuS können Kenntnis von Diskriminierungen und Rassismus außerhalb ihres unmittelbaren persönlichen Umfelds bekommen. Berichtet wird etwa über rassistische Gewalttaten und deren Folgen, z. B. über die Anschläge der Terrorgruppe NSU zwischen 2000 und 2007 mit mindestens zehn Todesopfern, die Anschläge von Halle 2019 mit zwei und von Hanau 2020 mit neun Todesopfern.

Über die Proteste der *Black-Lives-Matter*-Bewegung als Reaktion u. a. auf den Tod des Schwarzen Teenagers Trayvon Martin wurde seit ihren Anfängen im Jahr 2013 auch in Deutschland umfassend berichtet. Mithilfe der entsprechenden Hashtags in den sog. sozialen Medien (#BlackLivesMatter; #blm) verbreitete sich die Bewegung außerhalb der USA. Nachdem George Floyd im Jahr 2020 während seiner gewaltsamen Festnahme durch die Polizei in Minneapolis ums Leben gekommen war, fanden Demonstrationen mit mehreren tausend Teilnehmenden auch in Deutschland statt. Ali Can startete in Deutschland (als Anspielung auf #metoo) eine Kampagne zur Nutzung des

Hashtags #metwo, mit dem Menschen, die sich nicht nur einem einzigen Land oder einer einzigen Kultur zugehörig fühlen, Erfahrungen mit Ausgrenzung dokumentieren.

Für eine lebensweltliche Perspektive auf Diskriminierung ist bedeutsam, von wem und wo Diskriminierung als solche wahrgenommen wird. In diesem Zusammenhang fällt auf, dass in Schulen und darüber hinaus häufig umstritten ist, was als Diskriminierung zu gelten habe und wie häufig Diskriminierungen vorkommen. Julia Bernstein stellt die Wahrnehmungen von nichtjüdischen Lehrkräften einerseits und von durch Antisemitismus Betroffenen andererseits gegenüber: Dabei zeigt sich, dass die befragten nichtjüdischen Lehrkräfte angeben, sie selbst würden keine antisemitischen Vorfälle erleben; wenn, dann seien das Einzelfälle an anderen Schulen, von denen sie nur aus den Medien wüssten. Aus Sicht der Betroffenen stellt sich das ganz anders dar (Bernstein et al., 2018, S. 114). Dies zeigt sich etwa an der Verwendung des Wortes »Jude« als Schimpfwort: Aus Sicht der nichtjüdischen Lehrkräfte werde das Wort an der eigenen Schule nicht oder kaum als Schimpfwort gebraucht, und wenn doch, dann sei es nicht antisemitisch gemeint. Dagegen geben jüdische Lehrkräfte sowie SuS an, dass das Wort sehr häufig vorkomme und im jeweiligen Kontext eindeutig antisemitisch sei (S. 113). Entsprechend unterscheidet sich der Umgang mit Antisemitismus: Die Lehrkräfte, die ihrer eigenen Selbsteinschätzung nach »aufgeklärt und engagiert« seien, bagatellisieren häufig den Antisemitismus, auch »wenn er offensichtlich für die Betroffenen vorliegt«. Die Betroffenen erlebten dagegen, dass von ihnen erwartet werde, sie sollten »nicht so sensibel« reagieren und »nicht überempfindlich sein« (S. 116). Ähnliche Differenzen in der Wahrnehmung lassen sich auch bei anderen Formen von Diskriminierung beobachten.

Vor diesem Hintergrund und angesichts der Tatsache, dass in deutschen Lehrerzimmern schwarze, jüdische und muslimische Menschen und insgesamt Personen »mit Migrationshintergrund« im Vergleich zur Gesamtbevölkerung deutlich unterrepräsentiert sind, überrascht es nicht, dass über zwei Drittel von Meldungen an Berliner Antidiskriminierungsstellen solche Diskriminierungen betrafen, »die von Lehrpersonal und der Schule ausgingen«, während die von Diskriminierung Betroffenen weit überwiegend SuS waren; die große Mehrzahl dieser Fälle bezog »sich auf die tatsächliche oder zugeschriebene ethnische Herkunft (Hautfarbe, Sprache, Kultur), Religion oder Nationalität« (Yegane Arani, 2020, S. 170 f.). Zuweilen nehmen die Betroffenen selbst Diskriminierungen allerdings nicht als solche wahr, etwa in Fällen von mittelbarer oder institutioneller Diskriminierung, oder sie verharmlosen und entschuldigen Diskriminierungen, um in ihrem schulischen Umfeld zurechtzukommen (Willems, 2017).

2. Theologisch-ethische Perspektiven

Rudolf Leiprecht zufolge handelt es sich bei *Rassismus* »um individuelle, kollektive, institutionelle und strukturelle Praktiken der Herstellung oder Reproduktion von Bildern, Denkweisen und Erzählungen über Menschengruppen, die jeweils als statische, homogene und über Generationen durch Erbfolge verbundene Größen vorgestellt werden, wobei (explizit oder implizit) unterschiedliche Wertigkeiten, Randordnungen (Hierarchien) und/oder Unvereinbarkeiten zwischen Gruppen behauptet und Zusammenhänge zwischen äußerer Erscheinung und einem ›inneren‹ Äquivalent psycho-sozialer Fähigkeiten suggeriert, also in dieser Weise ›Rassen‹, ›Kulturen‹, ›Völker‹, ›Ethnien‹ oder ›Nationen‹ konstruiert werden« (Leiprecht, 2006, S. 322). Solche Gruppen sind demnach also als solche nicht einfach gegeben, sondern werden in sozialen Interaktionen konstruiert und hierarchisiert. Dies geschieht beispielsweise, wenn angesichts eines tatsächlichen Kontinuums von Hautfarben und anderen äußeren Merkmalen willkürliche Grenzen gezogen werden (also etwa ein US-Präsident mit »weißer« Mutter und »schwarzem« Vater als »schwarz« und nicht als »weiß« gilt) und den so gebildeten Gruppen Merkmale zugeschrieben werden, die angeblich die »Angehörigen« dieser Gruppe typischerweise miteinander teilen.

Insofern bezieht sich Rassismus nicht auf (nur vermeintlich tatsächlich) gegebene »Rassen«, sondern »auf soziale Konstruktionen von ›Rassen‹ bzw. Prozesse der *Rassialisierung*« (Leiprecht, 2006, S. 319). Rassialisierende Kategorisierungen werden im Alltag in vielfältigen Formen vorgenommen, häufig auch nicht bewusst. Ein solcher Alltagsrassismus, also die subtilen, unauffälligen, verdeckten und latenten »Rassismen der Mehrheitsgesellschaft«, werden von Angehörigen der Mehrheitsgesellschaft »häufig *nicht* als Rassismus« identifiziert (Leiprecht, 2006, S. 319).

Wenn Leiprecht in seiner Definition neben den Begriff der »Rasse« u. a. auch den Begriff »Kultur« setzt, verweist er darauf, dass die rassistische bzw. rassialisierende Konstruktion von Menschengruppen nicht nur über den Verweis auf »Biologie« geschieht, sondern dass sich »auch Rassismen beobachten [lassen], die auf ›kulturelle‹ Begründungen zurückgreifen (die also *kulturalisierend* wirken)«, indem sie »u. a. die Einheitlichkeit und Unveränderlichkeit von ›Kulturen‹« behaupten und »›Kulturmischungen‹ als prinzipiell schädlich und zu Degeneration und Untergang führend« darstellen (Leiprecht, 2006, S. 322). Ergänzen könnte man hier, dass auch der Verweis auf »Religion« dieselbe Funktion erfüllen kann. Dies zeigt sich im Falle von Antisemitismus, der nicht notwendig biologistisch ausgerichtet sein muss, sondern »die Juden« auch als in sich geschlossene und von anderen Menschen unterschiedene *kulturelle* oder *religiöse* Gruppe imaginieren kann. Diskriminierungen von Musliminnen und Muslimen beziehen sich ebenfalls vorrangig auf eine angeblich unveränderliche und in sich homogene Kultur oder Religion »des« Islam und können auch Menschen treffen, die sich selbst gar nicht als religiös verstehen, die aber aufgrund ihrer Herkunft durch Rassialisierungsprozesse zu Musliminnen und Muslimen »gemacht« werden (Attia, 2019). Insofern ist nicht nur »Kultur« ein »potenzielles Sprachversteck für ›race‹, für Rassekonstruktionen«, sondern auch Religion (Mecheril in Boehme et al., 2020, S. 407). Mit Blick auf den Islam wird deshalb der Begriff des antimuslimischen Rassismus kontrovers diskutiert; allgemeiner könnte man von »religionistischem« Rassismus sprechen (Willems, 2020b).

Wie mit Blick auf Rassismus, so gilt auch mit Blick auf andere Formen von Diskriminierung, dass die »Konstruktion von Unterscheidungen von sozialen Gruppen und Personenkategorien« die Grundlage bildet *»für die Herstellung, Begründung und Rechtfertigung von Abgrenzungen und Hierarchien, insbesondere von Machtasymmetrien, sozioökonomischen Ungleichheiten und ungleichen Chancen der Anerkennung«* (Scherr, 2017, S. 42).

Religion (und damit auch Theologie als Reflexion von Religion) hat somit auf unterschiedliche Weise mit Diskriminierung und Rassismus zu tun:

1. Religion fungiert als (durch Selbstzuschreibung) zugeschriebene Identität, durch die sich Menschen von anderen abgrenzen, wodurch Diskriminierung dieser anderen Menschen möglich wird.
2. Religion fungiert als (durch Fremdzuschreibung) zugeschriebene Identität, wodurch Menschen einem (imaginierten) Kollektiv zugerechnet werden, sodass sie als Angehörige einer Religionsgemeinschaft Diskriminierung erfahren (können), beispielsweise Antisemitismus oder antimuslimischen Rassismus.
3. Religion fungiert als Ressource für Diskriminierungen, indem religiöse Weltdeutungen Diskriminierungen legitimieren und motivieren, beispielsweise die Diskriminierung von Frauen oder von Menschen in nicht heterosexuellen Beziehungen.
4. Religion ist eine Ressource für die Reflexion und (im Idealfall) Überwindung von Diskriminierung, zum Beispiel wenn religiöse Weltdeutungen die Konstruktion von Eigen- und Fremdgruppen unterlaufen.

In theologisch-ethischer Perspektive ergibt sich daraus zum einen die Aufgabe zur selbstkritischen Bearbeitung der christlichen Tradition unter der Fragestellung, inwiefern christliche Vorstellungen dazu beitragen, Diskriminierungen möglich zu machen, indem sie Bilder von »Anderen« entwerfen und Hierarchisierungen legitimieren. Zum anderen ergibt sich die Aufgabe der Arbeit gegen

Diskriminierung, indem rassismuskritische, antisemitismuskritische und ähnliche gegen Diskriminierungen gerichtete Potenziale des (christlichen) Glaubens expliziert und entfaltet sowie entsprechende Handlungsoptionen auf individueller und gesellschaftlicher Ebene bedacht und angebahnt werden.

Wilfried Härle zufolge ist Diskriminierung als »Ausschluss von Menschen von der Teilhabe an der Rechtsgleichheit innerhalb einer Gesellschaft« zu verstehen. Damit einher gehe, »Menschen ihr Menschsein zumindest teilweise abzusprechen und ihnen daraufhin die Rechte, die Partizipationsmöglichkeiten und die Achtung zu verweigern, die ihnen als Menschen zustehen« (Härle, 2018, S. 226). Dies widerspreche der Menschenwürde als der »alle Menschen verbindende[n], weil ihnen allen unterschiedslos und in gleicher Weise zukommende[n] Würde« (S. 219). Würde als »das Anrecht auf Achtung als Mensch, das jeder Mensch hat« (S. 227), sei biblisch begründbar. Eine ähnliche Vorstellung wie die von allgemeiner Würde werde in der Bibel mit den Begriffen »Ehre« und »Herrlichkeit« (Ps 8,6) bzw. »Bild Gottes« (Gen 1,26 f.; 9,6) ausgesagt. Theologische Grundlage für die Vorstellung einer allgemeinen und gleichen Würde aller Menschen sei, dass Gott zu allen Menschen in Beziehung stehe, »unabhängig von Verdienst, Leistung, moralischer Beschaffenheit oder religiöser Befindlichkeit« (S. 219 f.).

Auf eine ähnliche Weise lassen sich auch im Neuen Testament Anknüpfungspunkte dafür finden, Grenzziehungen zwischen Menschengruppen zu unterlaufen. So kann die für Jesu Predigt zentrale Botschaft vom anbrechenden Gottesreich als Kritik an irdischen Machtverhältnissen gelesen werden (Mk 10,35–45; Mt 5,1–11) und als Aufruf, sich besonders den Schwachen und Ausgegrenzten zuzuwenden (Mk 2,17; Mt 25,31–46; Lk 10,25–36). Das Gebot der Nächstenliebe in der Hebräischen Bibel radikalisiert Jesus bekanntlich zum Gebot der Feindesliebe (Mt 5,43–48) mit der universalisierenden Begründung, auch Gott lasse »seine Sonne aufgehen über Böse und Gute und […] regnen über Gerechte und Ungerechte« (Mt 5,45).

Freilich lassen sich in der Bibel auch Anknüpfungspunkte für die Legitimation von Diskriminierung und Rassismus finden; so ist beispielsweise schon der Bezug auf die Schöpfungserzählungen (Gen 1–3; vgl. auch Dtn 32,8; Apg 17,26) ambivalent, weil schöpfungstheologisch Unterschiede zwischen Geschlechtern, Völkern und »Rassen« naturalisiert werden konnten und können, so u. a. durch die »Deutschen Christen« im Nationalsozialismus (Benk, 2018, S. 229; Schlag, 2019, Kap. 3).

Im Sinne einer rassismus- und diskriminierungskritischen Theologie wäre mit Blick auf unterschiedliche Diskriminierungsmerkmale und Differenzdimensionen differenziert zu untersuchen, welche Potenziale, aber auch welche

Fallstricke mit unterschiedlichen theologischen Motiven, Lehren und Konzepten verbunden sind. Eine diskriminierungskritische Christologie müsste auf die je spezifischen Herausforderungen mit Blick auf die Diskriminierung von Frauen, von Schwarzen oder von Jüdinnen und Juden eingehen: Die Auseinandersetzung mit dem Argument gegen die Ordination oder die Weihe von Frauen, Gott sei in Jesus nicht nur Mensch, sondern spezifisch Mann geworden und könne deshalb auch nur durch Männer repräsentiert werden, setzt den Akzent anders als eine christlich-theologische Selbstkritik, die sich damit auseinandersetzt, wie die Hinrichtung des Juden Jesus durch die römische Besatzungsmacht als Sühnegeschehen gedeutet wurde und wird, indem »den Juden« die Rolle der »Christusmörder« zugewiesen wurde (so in der Wirkungsgeschichte von Mt 27,25).

Noch einmal andere Akzente setzt eine rassismuskritische Kreuzestheologie, die mit James H. Cone das Kreuz vor dem Hintergrund der Lynchmorde an Schwarzen in der *lynching era* zwischen 1880 und 1920 und darüber hinaus versteht: Die äußerst brutale Gewalt durch weiße Mobs gegen Schwarze kulminierte oft in der öffentlichen Hinrichtung und Zurschaustellung der Opfer an Bäumen. Diese *lynching trees* und das Kreuz Jesu würden sich wechselseitig interpretierten:

> »Der Gekreuzigte und die Gelynchten teilen die gleiche Geschichte der öffentlichen Hinrichtung. Diente die Kreuzigung historisch der Durchsetzung und Demonstration der Macht Roms, so diente die Praxis des Lynching dem Aufrechterhalten und Sichtbarmachen weißer Vorherrschaft. […] So wie sich schwarze Menschen inmitten ihrer Leidens- und Widerstandsgeschichte immer wieder mit dem Gekreuzigten und seiner Geschichte identifizierten, identifiziert sich der Gekreuzigte mit den Gelynchten und ihren weiter unter Stigmatisierung leidenden Nachfahren. Nicht etwa, weil sie es wollten, wohl aber durch ihre Leidensgeschichte sind schwarze Menschen deshalb Christusrepräsentationen […]. Durch diese Identifikation mit den Gelynchten zeigt Gott in Jesus Christus Gottes Bejahung schwarzer Existenz« (Gautier, 2015, S. 201 f.).

3. Didaktische Perspektiven

3.1 Didaktische Orientierungen

Nimmt man ernst, dass Rassismus und Diskriminierung mit der Konstruktion von Menschengruppen beginnen, in die Individuen eingeordnet (oder besser: eingesperrt) werden, dann ergibt sich als eine zentrale Aufgabe rassismuskritischer Religionsdidaktik, stereotypisierende Zuschreibungen zu reflektieren und zu unterlaufen. Hilfreich ist in diesem Kontext der Begriff des Othering. Damit wird der Vorgang bezeichnet, in dem Menschen durch die Zuordnung zu einer bestimmten Gruppe als »Andere« gekennzeichnet und zu »Anderen« gemacht werden. Häufig geht dies einher mit der Konstruktion einer »eigenen« Identität, die komplementär auf den oder die »Andere(n)« bezogen ist: Indem sich jemand von »vormodernen«, »zur Demokratie unfähigen«, »unterdrückenden« Muslimen und/oder »unterdrückten« Musliminnen abgrenzt, erscheint die eigene »deutsche«, »christliche« oder »europäische« Identität als »aufgeklärt«, »freiheitlich« und so weiter.

(1) Gerade im *interreligiösen Lernen* werden solche Mechanismen auch gegen die Intention der Unterrichtenden wirksam, etwa wenn entsprechend stereotypisierende Bilder von Angehörigen anderer Religionen in unterrichtlichen Kontexten gezeichnet werden, obwohl eigentlich Toleranz, Anerkennung und Verständnis gefördert werden soll (vgl. zum Othering und für Beispiele im Religionsunterricht Willems, 2019; 2020a). In diesem Kontext hat das interreligiöse Lernen die Aufgabe, Zugehörigkeitserfahrungen zu thematisieren und Zuschreibungsmuster zu reflektieren (Mecheril, 2008, S. 183 f.) sowie binäre Unterscheidungen und die damit einhergehenden Wertungen und Ausschlüsse zu dekonstruieren: »Praktische Anerkennung von Mehrfachzugehörigkeit und die Anerkennung hybrider Phänomene sind mithin als bedeutsame Aspekte zu verstehen. Denn nichts widerspricht dem Rassismus so sehr wie die Mischung« (S. 187). Ein antisemitismus- und rassismuskritischer Unterricht thematisiert und dekonstruiert deshalb vermeintlich homogene Identitäten, indem religiöse Identität als nur ein Teil der in sich pluralen Identität eines Menschen verstanden und auch »die« Identität einer Religionsgemeinschaft (z. B. »des« Judentums) als in sich hochgradig plural erkannt wird (Dihle et al., 2021; mit umfangreichen Unterrichtsmaterialien).

(2) Das *ökumenische Lernen* bietet die Chance, Pluralitätssensibilität zu fördern, wozu auch gehört, interne Differenzen innerhalb von religiösen Traditionen wahrzunehmen. Dies kann einerseits über die Thematisierung konfessioneller Unterschiede geschehen (ohne den Blick auf das Verbindende aus den Augen zu verlieren), andererseits über die Thematisierung von kulturellen, frömmigkeitlichen und weiteren kontextbezogenen Unterschieden innerhalb des weltweiten Christentums, nicht zuletzt auch vor dem Hintergrund historisch gewachsener gesellschaftlicher Machtstrukturen.

(3) Da Rassismuskritik nicht ohne (historisches) Wissen auskommt, finden sich im *historischen und kirchengeschichtlichen Lernen* weitere Anknüpfungspunkte für rassismus- und diskriminierungskritischen Religionsunterricht:

In den Themenbereichen »Kirche und Judentum« und »Kirche im Nationalsozialismus«, auch im religionspädagogisch unterbelichteten Themenfeld »Kirche, Mission und Kolonialismus« können die Bedingungen für rassistische Diskriminierung und die Wirkungsgeschichte diskriminierender Verhältnisse historisch erarbeitet und mit gegenwartsbezogenen Aspekten verbunden werden (Bezugnahme auf christliche Traditionen, um rassistische oder antisemitische Diskriminierung zu legitimieren oder zu kritisieren; Fortwirken antisemitischer Stereotype, teils in modifizierter Form; christliche Verantwortung für die von Diskriminierung und rassistischer Gewalt Betroffenen).
Neben der notwendigen Vermittlung von Wissen gehört zur rassismuskritischen Bildung auch der Blick auf die Kontexte des Unterrichts: Sie ist angewiesen auf eine entsprechende Schulkultur und eine antirassistische Performanz, also etwa den Verzicht auf die Verwendung von diskriminierenden Begriffen und den aktiven Einsatz gegen Rassismus und andere Formen von Diskriminierung (Mecheril, 2008, S. 182).

3.2 Didaktische Konkretisierungen

Neben der expliziten Bearbeitung von Rassismus und Diskriminierung (z. B. Peter, 2020) steht professionelles Handeln im Sinne einer rassismus- und diskriminierungskritischen Religionsdidaktik beim *interreligiösen Lernen* zunächst vor der Aufgabe, Othering nicht selbst zu praktizieren. Dazu werden Materialien verwendet, die stereotype Bilder und Zuschreibungen vermeiden bzw. reflektieren, indem die innerreligiöse Vielfalt in den jeweiligen Religionen einschließlich der unterschiedlichen Formen und Intensitäten gelebter Religiosität aufgezeigt und Kategorien von Zugehörigkeit und Nicht-Zugehörigkeit problematisiert werden (so z. B. für die Grundschule ZEOK, 2015; für die Sekundarstufe Dihle et al., 2021).

Othering sollte darüber hinaus im Unterricht altersangemessen thematisiert werden: Welche Bilder von »dem« Judentum oder »dem« Islam sind gesellschaftlich verbreitet, welche Eigenschaften werden diesen (oder anderen) Religionen zugeschrieben bzw. den Menschen, die als diesen Religionen angehörend betrachtet werden? Wessen »Zugehörigkeit« gilt als selbstverständlich? Wer muss die eigene »Zugehörigkeit« unter Beweis stellen oder »integriert« werden, wer wird in welchen Situationen ausgeschlossen? Wo werden unterschiedliche Religionen (systematisch) gleich oder ungleich behandelt, und inwiefern korrespondiert das mit gesellschaftlichen Dominanzstrukturen? Als Anlass zur Reflexion von Zugehörigkeitszuschreibungen und des Verhältnisses von Christentum und Islam in den Sekundarstufen I und II kann ein Interview-Auszug mit einem muslimischen Schüler bearbeitet werden, der davon berichtet, wie ein Mitschüler ihn provozieren möchte, als sie im Musikunterricht ein Weihnachtslied singen. Denn der provozierende Schüler versteht Jesus als Symbol der Abgrenzung von seinem muslimischen Mitschüler (Arbeitsblatt mit Erläuterungen bei Willems, 2014). Lohnend für den Unterricht sind Podcasts und Videos, in denen junge Menschen ihre Erfahrungen mit Religion und Diskriminierung thematisieren und zugleich die Bilder und Stereotype unterlaufen, die sich eine »weiße« Mehrheitsgesellschaft von ihnen macht: Im YouTube-Kanal der »Datteltäter«[1] thematisiert das Video »Der Ausländer Workshop – Integriert euch! Aber nicht zu sehr …« ambivalente Erwartungen in einer Gesellschaft, in der Integration gefordert, aber den »Integrierten« zugleich die selbstverständliche Anerkennung der Zugehörigkeit zu Deutschland verweigert wird. In der Folge »7 Arten von Fastenden« werden ironisch u. a. der Gesundheitsbewusste, der Ramadan-Polizist und der Scheinheilige porträtiert. In den Podcasts »Gedankensalat mit Delal und Erva« beschäftigen sich zwei junge Frauen mit antimuslimischem Rassismus, dem Umgang mit der Frage nach ihrer Herkunft oder Reaktionen auf das Kopftuch.[2] Der Film »Masel Tov Cocktail« (Regie: Arkadij Khaet & Mickey Paatzsch) thematisiert humorvoll-bitter unterschiedliche Formen von jüdischem Alltag und Antisemitismus in Deutschland.

Mit Blick auf die in die Gegenwart hineinwirkende Geschichte liegen Unterrichtsmaterialien zum Themenfeld Kirche, Nationalsozialismus und Antisemitismus in hoher Zahl vor (z. B. Arnhold & Lenhard, 2015 oder das Heft Nr. 38/2020 der Zeitschrift *Religion 5–10*). Ein Thema wie die US-amerikanische Bürgerrechtsbewegung (meist mit besonderem Fokus auf Martin Luther King) gehört gleichermaßen in den Bereich des historischen und kirchengeschichtlichen Lernens wie auch in den Bereich des ökumenischen Lernens mit Blick auf das weltweite Christentum und die innerchristliche Pluralität. Eine Reihe von Unterrichtsmaterialien dazu beschäftigt sich auch grundsätzlich mit den Themen Rassismus und Diskriminierung (eine aktuelle umfangreiche Sammlung hat die Arbeitsstelle für evangelische Religionspädagogik Ostfriesland vorgelegt; ARO, 2020). Dabei wird deutlich, wie Widerstand aus dem christlichen Glauben heraus motiviert sein kann. Wichtig ist dabei, individuelle (moralische) und gesellschaftlich-politische Perspektiven zu verbinden und nicht gegeneinander auszuspielen.

---

1 Siehe https://www.youtube.com/channel/UCF_oOFgq8qwi7HRGTJSsZ-g (Zugriff: 07.04.2021).
2 Siehe https://www.podcast.de/podcast/647311/archiv/ (Zugriff: 07.04.2021)

4. Literatur

ARO (2020): Martin Luther King on Stage. Aurich: Arbeitsstelle für evangelische Religionspädagogik Ostfriesland. Bd. 1: Biographisches, Hintergründe, Zugänge. Unterrichtsmaterialien für Schule und Gemeinde (SEK I/II). https://www.material-e.de/media/pdf/22/2b/5a/Martin-Luther-King-on-stage_Hauptteil_RZ_neu-KopietUPHpXmz88N5B.pdf. Bd. 2: Materialblätter. https://www.material-e.de/media/pdf/59/5e/ec/Materialblaetter_Martin-Luther-King-on-stage_RZ-Kopie.pdf (Zugriff: 07.04.2021).

Arnhold, O./Lenhard, H. (2015): Kirche ohne Juden. Christlicher Antisemitismus 1933–1945. Göttingen: Vandenhoeck & Ruprecht.

Attia, I. (2019): Unzumutbare Koexistenz. Rassialisierungsprozesse von Muslimen und Musliminnen in historischer Perspektive. In B. Uçar/W. Kassis (Hg.): Antimuslimischer Rassismus und Islamfeindlichkeit (S. 125–140). Göttingen: Vandenhoeck & Ruprecht.

Benk, A. (2018): »Schöpfung«: trivialisiert, separiert, historisiert und instrumentalisiert – oder eingebunden in den befreienden Horizont biblischer Hoffnung? Kritische Sichtung unterrichtspraktischer Materialien zur Schöpfungsthematik. In S. Altmeyer, B. Grümme/H. Kohler-Spiegel/E. Naurath/B. Schröder/F. Schweitzer (Hg.): Schöpfung (Jahrbuch der Religionspädagogik, Bd. 34) (S. 229–248). Göttingen: Vandenhoeck & Ruprecht.

Bernstein, J./Diddens, F./Theiss, R./Friedlender, N. (2018): »Mach mal keine Judenaktion!« Herausforderungen und Lösungsansätze in der professionellen Bildungs- und Sozialarbeit gegen Antisemitismus. Frankfurt a. M.: Frankfurt University of Applied Sciences.

Boehme, K./Mecheril, P./Uçar, B./Konz, B./Willems, J. (2020): Bildung, Werteerziehung, Integration? Die Aufgabe von Religionsunterricht in der religiös-weltanschaulich diversen Migrationsgesellschaft – Eine Diskussion. In J. Willems (Hg.): Religion in der Schule. Pädagogische Praxis zwischen Diskriminierung und Anerkennung (S. 403–423). Bielefeld: transcript.

Dihle, A./Hlásková, H./Kononova, A./Saathoff, A./Sieg, U./Stern, A. (2021): Religiöse Identität als ein Identitätsbaustein von vielen. Ein Unterrichtsentwurf zum Thema Identität am Beispiel Schabbat. Magazin für Religionspädagogik (1), S. 2. https://www.arp-ol.de/fileadmin/arp/magazin/Magazin_fuer_Religionspaedagogik_01-2021.pdf. Dazu Unterrichtsentwurf unter https://www.arp-ol.de/fileadmin/arp/magazin/Hands_on_-_Unterrichtsentwurf_zum_Thema_Identitaet_-_Artikel_Magazin_1-2021.pdf (Zugriff: 29.04.2021).

Fereidooni, K. (2016): Diskriminierungs- und Rassismuserfahrungen im Schulwesen. Eine Studie zu Ungleichheitspraktiken im Berufskontext. Wiesbaden: Springer VS.

Gautier, D. (2015): »The Cross and the Lynching Tree«. Die Kreuzestheologie James H. Cones. Ökumenische Rundschau 62 (2), S. 198–206.

Härle, W. (2018): Ethik (2. Aufl.). Berlin/Boston: De Gruyter.

Leiprecht, R. (2006): Zum Umgang mit Rassismen in Schule und Unterricht: Begriffe und Ansatzpunkte. In Ders./A. Kerber (Hg.): Schule in der Einwanderungsgesellschaft. Ein Handbuch (2. Aufl., S. 317–345). Schwalbach/Ts.: Wochenschau-Verlag.

Mecheril, P. (2008): Vom antirassistischen zum rassismuskritischen Ansatz. In Informations- und Dokumentationszentrum für Antirassismusarbeit in NRW: Reader zum Fachgespräch »Rassismus bildet«. Bildungsperspektiven unter Bedingungen rassistischer Normalität. 5./6. Dezember 2008 (S. 175–189), Bonn: CJD.

Peter, D. (Hg.): Nein! Unterrichtsbausteine zum Thema »Menschenfeindlichkeit« für die Sekundarstufe I. Loccum: Religionspädagogisches Institut Loccum.

Scherr, A. (2017): Soziologische Diskriminierungsforschung. In A. Scherr/A. El-Mafaalani/G. Yüksel (Hg.): Handbuch Diskriminierung (S. 39–58). Wiesbaden: Springer VS.

Schlag, T. (2019): Art. Rassismus. In WiReLex – Das Wissenschaftlich-Religionspädagogische Lexikon im Internet. https://www.bibelwissenschaft.de/stichwort/200632/ (Zugriff: 29.04.2021).

Willems, J. (2014): Interreligiöse Kompetenz fördern. Lernen an einer interreligiösen Begegnungssituation. Zeitsprung 2, S. 4–6. https://akd-ekbo.de/wp-content/uploads/2_2014.pdf (Zugriff: 29.04.2021).

Willems, J. (2017): »Dann merke ich auch hier, ich bin der Moslem«. Interreligiöse Kompetenz und Differenz, Diversität, Dialogizität. In S. Alkier/M. Schneider/C. Wiese (Hg.): Diversität – Differenz – Dialogizität. Religion in pluralen Kontexten (S. 360–378). Berlin: De Gruyter.

Willems, J. (2019): »Zweifel unerlaubt! Zweifel unerlaubt?« Der Zusammenhang von Auto-Stereotypen und islambezogenen Hetero-Stereotypen in evangelischen Schulbüchern. KZG/CCH 32 (2), S. 291–319.

Willems, J. (2020a): Judentum und Islam, interreligiöses Lernen und Othering im christlichen Religionsunterricht. In S. Altmeyer/B. Grümme/H. Kohler-Spiegel/E. Naurath/B. Schröder/F. Schweitzer (Hg.): Judentum und Islam unterrichten (Jahrbuch der Religionspädagogik, Bd. 36) (S. 149–161). Göttingen: Vandenhoeck & Ruprecht.

Willems, J. (2020b): ›Religionistischer‹ Rassismus und Religionsunterricht. In K. Fereidooni/N. Simon (Hg.): Rassismuskritische Fachdidaktiken. Theoretische Reflexionen und fachdidaktische Entwürfe rassismuskritischer Unterrichtsplanung (S. 473–493). Wiesbaden: Springer VS.

Yegane Arani, A. (2020): Die multireligiöse Schule als Ort von Diskriminierung. In J. Willems (Hg.): Religion in der Schule. Pädagogische Praxis zwischen Diskriminierung und Anerkennung (S. 163–188). Bielefeld: transcript.

ZEOK (2020): Mein Gott – dein Gott – kein Gott. Vielfalt entdecken und Lebenswelten vergleichen im Ethikunterricht: Judentum, Islam, Christentum (2. Aufl.). Augsburg: Auer.

1. Lebensweltliche Perspektiven

Familie in Form der Herkunftsfamilie hat (fast) jeder, aber nicht jeder macht die Erfahrung des Elternseins und gründet eine eigene Familie. Ungefähr drei Viertel der Deutschen gehen im Laufe ihres Lebens diesen Schritt. 2018 wurden Frauen durchschnittlich mit 30 Jahren zum ersten Mal Mutter und bekamen zwei Kinder (vgl. Bundesministerium, 2020, S. 81, 83). Väter waren bei der Geburt des ersten Kindes im Durchschnitt 33 Jahre alt. Die Vaterschaftsziffer lag 2019 bei 1,45 Kindern je Mann, wobei sie in Ostdeutschland deutlich niedriger ausfiel als in Westdeutschland. Die lebensgeschichtliche Zeitspanne, in der man Kinder bekommt, ist enger geworden und steht unter dem Vorzeichen einer Konkurrenz mit vielfältigen anderen Aufgaben. Damit einher geht eine Abnahme der Kinderzahlen. 2018 wurden in Deutschland 787.523 Kinder geboren. Das sind halb so viel wie 1964, aber circa 105.000 Kinder mehr als noch zehn Jahre zuvor.

Die Wege zur Elternschaft sind vielfältig wie selbstverständlich zugleich. Einerseits sind alternative Modelle jenseits der zweigeschlechtlichen Ehe dabei, »zum quantitativen ›Normalfall‹ zu werden«, wobei gegenwärtig Konstellationen »jenseits der Heteronorm« (Wimbauer, 2021, S. 91) (sog. Regenbogenfamilien) verstärkt sichtbar und selbstverständlich werden. Andererseits dominieren in den Familien mit minderjährigen Kindern nach wie vor die Eltern-Familien mit formaler Eheschließung (2018: 70 %), auch wenn es hier deutliche Unterschiede zwischen Ost (53 %) und West (74 %) gibt. Dem korrespondieren unterschiedliche Anteile in den alternativen Familienformen. So gab es 2018 unter allen Familien in Ostdeutschland 23 % nichteheliche Lebensgemeinschaften und 25 % Alleinerziehende. In Westdeutschland waren es 9 % bzw. 17 %. Zudem gab es 6.000 gleichgeschlechtliche Lebensgemeinschaften und 4.000 gleichgeschlechtliche Ehepaare, die mit minderjährigen Kindern im Haushalt lebten (= 0,1 % aller Familien, vgl. Bundesministerium, 2020, S. 40).

Zu bedenken ist bei alledem auch, dass die Familiengründung für einen durchaus beachtlichen Teil der Gesellschaft problematisch ist. Ein Sechstel der Bevölkerung in Deutschland zwischen 25 und 59 Jahren ist ungewollt kinderlos (Klein, 2018, S. 24, Anm. 23). Dazu kommt ein wachsender Anteil von jungen Paaren, die sich einer Kinderwunschbehandlung unterziehen müssen (2017 wurden 2,7 % der Kinder nach künstlicher Befruchtung geboren). Auf diese Weise ergeben sich komplexe Elternschaftskonstellationen, deren rechtliche Anerkennung und Vereinbarung mit Art. 6 Abs. 2 S. 1 GG kontrovers beurteilt wird (Beißel, 2021, S. 35).

Neben diesen Konstellationen, die dem Leitbild der romantischen Liebe und Zweierbeziehung folgen, finden sich Elternkonstellationen, die jenseits davon agieren. Unter dem Begriff des Co-Parenting werden beispielsweise Konstellationen in den Blick genommen, in denen Menschen ohne romantische Liebe zueinander in die Elternschaft eintreten. Dabei kann es sich um eine heterosexuelle »Zwei-Eltern-Konstellation« handeln, die sich nicht als Paar versteht »oder um verschiedene Formen von Mehrelternfamilien wie ›Regenbogenfamilien‹ mit weiteren sozialen Eltern« (Wimbauer, 2021, S. 90).

Faktisch alle heute auftretenden Lebensformen haben auch früher schon existiert. Neu ist lediglich, dass Vielfalt sich nicht nur als Dimension des Faktischen zeigen darf, sondern rechtlich legitimiert ist. Besonders deutlich wird das im Feld homosexueller Beziehungen: Die Regelungen zur Strafbarkeit von Homosexualität in den §§ 175 und 175a wurden zunächst in der DDR und später auch in der alten Bundesrepublik liberalisiert und 1994 ersatzlos gestrichen. Die sog. »Ehe für alle« wurde 2017 ermöglicht (Leonhardt, 2019, S. 395 f.). Zugleich ist die Anerkennung von Vielfalt nicht darauf beschränkt. Vergleichbares gilt beispielsweise auch für die Gleichstellung von ehelich und außerehelich geborenen Kindern, von Vätern und Müttern sowie von unterschiedlichen Geschlechtsidentitäten. Neben dieser rechtlich fixierten Anerkennung von Vielfalt ist auf medial vermittelte Prozesse der Sichtbarmachung und Normalisierung von Vielfalt im Feld von Paar- und Familienbeziehungen zu verweisen (z. B. *Commuter-Ehen, Living Apart Together, Patchwork*-Konstellationen unterschiedlichster Art, Polyamorie).

Paarbeziehungen, Ehe und Familie existieren nicht einfach in einer unabänderlichen und festen Gestalt über die Zeiten hinweg, sondern werden in ihrer Ausformung und Profilierung aufs engste von ökonomischen und damit zusammenhängenden kulturellen und religiösen Normkomplexen bestimmt. Insofern stellt sich die Herausforderung, gegenwärtige Entwicklungen nicht nur im längeren historischen Vergleich, sondern auch in ihrer Ambivalenz wahrzunehmen. Dazu kommt, dass Ehe, Familie und Paarbeziehungen nicht einfach nur da sind, sondern permanent hergestellt werden müssen. Praxistheoretisch reflektiert wird das mit Blick auf Familien unter dem Konzept des *Doing Family* (Jurczyk, 2014). Auf drei Aspekte ist hinzuweisen:

1. Zweifelsohne zeigen sich im Feld von Ehe, Familie und Paarbeziehungen Pluralisierungstendenzen, die aus der zunehmenden Individualisierung

resultieren. Mit Blick auf Familienbildungsprozesse und Rollenzusammensetzungen lassen sich derzeit 20 verschiedene, rechtlich mögliche Familientypen benennen (Nave-Herz, 2019, S. 18). Dazu kommen Konstellationen, die rechtlich nicht erlaubt sind (wie beispielsweise die Polygamie), aber doch »von vielen zehntausend Menschen offen gelebt« (Frenschkowski, 2020, S. 75) werden sowie solche, die sich quasi dazwischen bewegen und statistisch nur schwer einzufangen sind, nicht zuletzt deshalb, weil sich im Familienverlauf selbst eine Reihe von Änderungen ergeben können. Vergleichbares gilt auch für das Feld der Paarbeziehungen. Zugleich aber stellt die Ehe nach wie vor für den größten Teil der Menschen eine attraktive Partnerschaftsoption dar und fungiert so als mehr oder weniger unhinterfragte »Referenzfolie« (Wimbauer, 2021, S. 59 f). Die meisten Menschen heiraten in ihrem Leben mindestens einmal und knapp zwei Drittel der jungen Menschen unter 40 Jahren halten die Ehe »nicht für überholt« (Bundesministerium, 2020, S. 92). Die Zahl der Eheschließungen ist in den letzten 10 Jahren stetig angestiegen, wobei das Erstheiratsalter mit 32 Jahren bei Frauen und 35 Jahren bei Männern eher hoch ist (Bundesministerium, 2020, S. 92, 94).

2. Bei aller Wertschätzung der Ehe ist zu konstatieren, dass sich der Zusammenhang von Ehe und Familie deutlich gelockert hat. Besonders klar kommt das in Ostdeutschland zum Ausdruck, wo 2018 über die Hälfte der Kinder (55 %; Westdeutschland 29 %) nichtehelich geboren wurden. Damit ist ein Trend angezeigt, der sich auch im europäischen Vergleich findet. Darüber hinaus »entscheiden sich Menschen heute eher für eine Scheidung als noch vor 10 oder 20 Jahren«, wobei »bei der Hälfte aller Scheidungen« (Bundesministerium, 2020, S. 97, 99) gemeinsame minderjährige Kinder betroffen sind. Nach derzeitigem Stand wird etwa jede dritte Ehe geschieden. Zugleich werden die meisten Ehen nach wie vor durch den Tod eines Partners beendet (2018 war das bei 72 % der Ehelösungen der Fall). In der Summe hat die Überzeugung von der Notwendigkeit der Ehe stark nachgelassen. Es wird später und auch seltener geheiratet. Die Ehe ist zu einer Option der eigenen Lebensführung geworden, die nur dann gewählt wird, wenn sie mit den individuellen Zielen und Wünschen vereinbar ist und eine Befriedigung dieser Bedürfnisse verspricht. Aus einer Institution der Paarbeziehung, aus der Kinder hervorgehen (können), ist eine Institution geworden, die in besonderer Weise auf Kinder bezogen ist. 2018 gab es in 22 % aller geschossenen Ehen voreheliche Kinder (Westdeutschland 18 %; Ostdeutschland 39 %). Dieser Anteil hat sich seit 1991 mehr als verdoppelt (Bundesministerium, 2020, S. 96).
3. Äußere Stabilitätsfaktoren haben für Ehe und Familie an Bedeutung verloren. Intrinsische Motivation ist entscheidend. Dass angesichts der damit

verbundenen hohen »Eigenleistung« (Karle, 2014, S. 177) Menschen heiraten und eine Familie gründen, hat viel mit den damit gesetzten Sinnzusammenhängen zu tun. Dass die »Mehrheit der Menschen bereit ist, sich industrieller Arbeitsdisziplin in außerhäuslicher Arbeit zu unterwerfen, hat seine Ursache nicht zuletzt darin, dass sie es ›für ihre Familie‹ tun« (Sieder, 1987, S. 291). Dem korrespondiert, dass die Familie nach wie vor ein wichtiger, für die Mehrheit der Bevölkerung sogar der wichtigste Lebensbereich ist. Auch für Jugendliche ist Familie »nach wie vor zentral und ein gutes Familienleben ganz elementar« (Wolfert & Quenzel, 2019, S. 133). Dahinter steht nicht zuletzt das Bedürfnis nach einer Gemeinschaft, die ein Angenommensein der ganzen Person verspricht und dazu hilft, mit den Herausforderungen und Belastungen des (Erwerbs-)Lebens zurechtzukommen.

2. Theologisch-ethische Perspektiven

Christliche Ethik ist keine »autarke Größe«, sondern agiert »in Auseinandersetzung mit der paganen Ethik« (Leonhardt, 2020, S. 34). Wie diese auch fragt sie nicht einfach nur nach der vorfindlichen, sondern nach der richtigen Moral. Das wiederum lässt sich nicht in zeitlos gültigen Maßstäben, sondern nur im Blick auf konkrete Gegebenheiten umsetzen. Die Norm einer normativen Ethik liegt nicht ein für alle Mal fest, sondern ist immer wieder neu auszuloten, indem nach lebbaren Formen in den jeweiligen Kontexten gesucht wird. Dies gilt nicht nur für die heutige Zeit. Vielmehr ist jegliche Normativität zeit- und kontextbedingt.

Bei den biblisch überlieferten Normativitäten sind zwei Grundperspektiven von vornherein zu berücksichtigen. Zum einen finden wir in der Bibel keine ausgefeilte Ethik von Paar- und Familienbeziehungen, sondern bestenfalls Bausteine dafür, die als »Reaktionen auf reale Lebensverhältnisse« (Frenschkowski, 2020, S. 99) »ein vielschichtiges, aber auch irritierendes Anknüpfungsfeld für divergierende Ethiken« (S. 104) bieten. In beiden Teilen der Bibel geht es »weniger ums Prinzip« (Schüle, 2020, S. 120) im Sinne einer »grundsätzliche(n) Bewertung von Lebensmodellen« (S. 126), »sondern um ganz konkrete Verhältnisse in dörflichen und kleinstädtischen Strukturen« (S. 120). Dazu kommt, dass es zwar einen Zusammenhang von Partnerschaft, Ehe und Familie gibt, dabei allerdings Familie nicht einfach von Ehe und Partnerschaft her verstanden und gestaltet werden kann. Denn damit geht unter, dass in der Lebensform Familie viele unterschiedliche Akteurinnen und Akteure, die jeweils eigene Bedürfnisse, Ansprüche und Recht haben, miteinander und füreinander Verantwortung tragen (Braun, 2021, S. 81).

Ehe, Familie und Partnerschaft biblisch zu reflektieren, heißt, sich ihrer Fremdheit im Sinne grundlegender Verschiedenheiten und zugleich vorhandener Gemeinsamkeiten zu vergewissern. Vor diesem Hintergrund soll auf folgende Aspekte verwiesen werden:

1. Die Frage einer angemessenen (christlichen) Lebensform wird biblisch nicht im Singular, sondern im Plural zum Thema, insofern unterschiedliche Modelle der Lebensführung nebeneinanderstehen. Dabei kommt der familialen Einbettung eine fundamentale Bedeutung zu. Sie fungiert als Raum, in dem die Nachkommenschaft aufwächst und alte Menschen versorgt werden. Sie ist Lebens- und Sozialversicherung zugleich. Eingebettet sind diese Formen des Zusammenlebens in eine patriarchale Struktur. Sie bestimmt nicht nur, wer für die Weiterführung der familialen Linie zu sorgen hat, sondern prägt auch das Zusammenleben von Mann und Frau.
2. Sexualität wird als natürlich angesehen und ist »kein Tabuthema« (Schüle, 2020, S. 113). Gehört sie nach heutigem Verständnis zur Privatsphäre, so war das zu biblischen Zeiten anders. Angesichts der räumlichen Enge im Zusammenleben war sie »sichtbar und hörbar«, gehörte also »zum öffentlich wahrnehmbaren Raum« (2020, S. 115) und wurde entsprechend geregelt. Dazu gehörte auch die Partnerschaftsfrage. Biblische Ehen sind (mehrheitlich) arrangierte Ehen. Biblische Perspektiven dazu zeichnen sich durch einen eher nüchternen, d. h. an der vorfindlichen Realität ausgerichteten Blick aus. Beschrieben werden »lebbare Partnerschaften«, »keine perfekten Ehen« (Frenschkowski, 2020, S. 110).
3. Im Alten Testament gilt die heterosexuelle Ehe als selbstverständlich, wobei poly- und monogame Formen nebeneinander bestehen. Sie fungiert als »Institution des privaten Vertragsrechts« zwischen den Familien der Ehepartner (Otto, 1999, Sp. 1071). Ihr Hauptzweck ist »die geordnete Fortpflanzung der Genealogie einer Familie« (Sp. 1072). Vor diesem Hintergrund sind auch die Sanktionen zum Ehebruch, zur sog. Leviratsehe (Dtn 25,5–10 – der Verpflichtung des nächsten Verwandten eines Verstorbenen, dessen Witwe zu heiraten und für einen männlichen Nachkommen zu sorgen) – oder zur Nebenehe (z. B. Gen 16,1–4: mit einer Sklavin) zu sehen. Ein Ehebruch wie auch eine Ehe ohne männlichen Nachkommen gefährdeten das Überleben des gesamten Sozialverbandes, waren also nicht nur Thema der Beziehung zwischen Mann und Frau. In diesem Horizont ist auch die schroffe Ablehnung der Homosexualität (von Männern) zu sehen (bes. Lev 18,22). Der gemeinsame Nenner dabei ist, dass »durch diese Praktiken das männliche Ejakulat als biologische Rohmasse verschwendet« (Schüle, 2020, S. 125) wird. Wie beim Ehebruch und der Sodomie, also dem Geschlechtsverkehr

mit Tieren, entzieht man sich auf diese Weise der Fortpflanzungsaufgabe (Lev 20,10–15).

4. Im Neuen Testament bewegt man sich hinsichtlich der Ehemoral ganz auf der jüdischen Traditionslinie. Dass Sexualität an die Ehe als privaten Akt zwischen zwei Familien gebunden (1 Kor 6,16) und darin zu leben ist, gilt unhinterfragt. Zugleich jedoch erfahren Ehe und Familie eine Relativierung. Denn im Reich Gottes gelten andere Kategorien. Da hat die Ehe keinen Platz (Mk 12,25) »und offenbar wird es Jesus zufolge in einem angelomorphen Leben keine Geschlechtsunterschiede mehr geben« (Frenschkowski, 2020, S. 106) (Lk 20, 34–36). Dementsprechend verändern sich die Maßstäbe. Die »Geburt in die Familie Gottes hinein wurde höher bewertet als die natürlichen Familienbindungen (z. B. Mk 3,31–35 parr.; Joh 1,12–13)« (Deming, 1999, Sp. 1074). Paulus schätzt denn auch die zölibatäre Lebensweise (1 Kor 7,25–40) hoch ein, und das frühe Christentum befürwortete neben der Ehe auch andere Lebensweisen (z. B. die Witwen- und Jungfrauenschaft sowie das Wanderpredigertum). Jesus nachzufolgen, heißt immer auch, mit Familienwerten in Konkurrenz zu treten und bisweilen sogar mit ihnen in Konflikt zu geraten (Lk 14,25–27; Mk 10,28–21; Lk 12,40–53).
5. Daneben finden sich auch Aussagen, die (die vorfindlichen Formen von) Ehe und Familie stützen, allen voran Jesu kritische Worte zur Ehescheidung (Mk 10,1–12 parr.). In Auseinandersetzung mit griechisch-römischen wie auch jüdischen Vorstellungen, die deutlich weiter waren, stand das frühe Christentum hier vor der Herausforderung, aufgrund der Radikalität dieser Jesus-Worte zu einem eigenen Profil zu kommen und sich vom Rest der Gesellschaft abzugrenzen. Schon im Neuen Testament finden sich unterschiedliche Standpunkte. Bereits das Matthäusevangelium fügt in das Scheidungsverbot einen Ausnahmefall ein (»außer im Fall der Unzucht«; in zwei Formulierungen: Mt 5,32; 19,9). Paulus geht noch einen Schritt weiter, indem er die Scheidungsfrage im Zusammenhang mit der Herausforderung von christlich-heidnischen Ehen thematisiert (1 Kor 7,10–16). Wenn der heidnische Partner die Scheidung will, ist der christliche Partner nicht an die Ehe gebunden. Damit wird das Scheidungsverbot Jesu einer neuen Situation angepasst, und dabei in seiner Radikalität aufgehoben. In der »direkten Missionssituation« wäre ein vollständiges Scheidungsverbot »nicht lebbar« gewesen. »Mit seiner Zurückhaltung gegenüber Scheidungen brachte das Christentum faktisch in Sachen Ehe die größten Veränderungen im Lebensstil sowohl gegenüber den griechisch-römischen wie auch jüdischen Kulturräumen mit sich« (Frenschkowski, 2020, S. 105).

6. Schließlich begegnet in den Haustafeln (Eph 5,21–6,9; Kol 3,18–4,1) eine »wertekonservative Form christlicher Ethik« (Frenschkowski, 2020, S. 100). Sie zeichnen den Ständen des antiken Hauses eine ethische Orientierung vor, die hierarchisch strukturiert ist und in der jede Person ihren Platz hat. Dabei lehnt man sich an antike Vorgaben an, deutet sie jedoch um. Das Motiv der Unterordnung steht unter dem Vorzeichen einer beiderseitigen Unterordnung unter Christus und geht mit einer gegenseitigen Verpflichtung einher. »Es bleibt eine offene Frage, ob dieses Bild einen Kompromiß zw(ischen) christl(ichen) Werten und den patriarchalen Strukturen der Gesellschaft darstellt oder einen ersten Versuch, diese Strukturen zu verchristl(ichen).« (Deming, 1999, Sp. 1074).
7. Auffällig ist, dass in diesen ethischen Positionierungen das für Paulus zentrale Diktum von der christologisch bedingten Bedeutungslosigkeit des Geschlechterunterschieds (Gal 3,28) nicht auf die Rollen der Ehepartner angewendet worden ist, obwohl sich durchaus erkennen lässt, wie eine daraus resultierende Sichtweise auch den Bereich von Ehe, Familie und Partnerschaft in ein neues Licht stellt. Das Christusereignis initiiert ein neues Miteinander, das auch im Feld partnerschaftlicher und familialer Beziehungen Ausdruck finden soll. Dabei wurden verschiedene Lebensmodelle als ethisch legitim angesehen, wobei immer eine christologische und pneumatologische Begründung gesucht wird. Die ethischen Entscheidungen werden an das Evangelium rückgebunden und sind zugleich immer Entscheidungen in einem spezifischen Kontext mit speziellen lebensweltlichen Herausforderungen. Dabei kann man sich an allgemeine Entwicklungen anlehnen, ihnen aber auch Widerspruch entgegensetzen.
8. Weder im Alten noch im Neuen Testament findet sich ein Regelwerk, das alle ethischen Probleme lösen würde. Fragen der Lebensführung werden in dem Maße bedacht, wie sie für die Christinnen und Christen von Bedeutung sind. »Der Lern- und Sensibilisierungsprozess für ethische Fragen ist mit dem Neuen Testament nicht abgeschlossen (Joh 16,12 f. und ergänzend 26)« (Frenschkowski, 2020, S. 111).
9. Christentumsgeschichtlich wurden Fragen der Paarbeziehungen lange Zeit ausschließlich mit Blick auf die Ehe und hier vor allem von der Sexualität her bedacht. Entscheidend dabei war die Beurteilung der sexuellen Lust. Augustinus z. B., der ein »höchst ambivalentes Verhältnis zur menschlichen Sexualität« (Leonhardt, 2019, S. 387) hatte, kommt einerseits zu einer ausgesprochenen Hochschätzung der Ehe bezüglich der Gemeinschaft von Mann und Frau, relativiert sie andererseits jedoch massiv, indem er sie als »von Gott eingesetzten Ort für diejenigen« versteht, »die nicht enthaltsam

leben können«, also »zu schwach sind für ein erheblich gottgefälligeres und verdienstvolleres Leben in Keuschheit.« (Witt, 2020, S. 51). Das ehelose Leben ist grundsätzlich dem ehelichen Leben vorzuziehen. Deutlich anders positioniert sich Luther. Einerseits »entkirchlicht« er die Ehe, indem er ihr den Sakramentsstatus abspricht (»ein weltlich Ding«). Andererseits »rechristanisiert« er sie, indem er sie als »vollkommen natürlich und gottgefällig« (Witt, 2020, S. 56, 58) versteht. Die Ehe gehört nach Gottes Ordnung als »heiliger Stand« selbstverständlich zum menschlichen Lebensvollzug. Sie ist kein Selbstzweck. Vielmehr dient sie der Erziehung des Nachwuchses.

10. Ehe, Familie und Partnerschaft sind auch, aber nicht ausschließlich aus der Perspektive menschlicher Sexualität heraus zu bestimmen. Zugleich gilt es, sie in ihren jeweiligen Eigenheiten zu bedenken. Obwohl Familie nicht gegründet werden kann, ohne sich zu einer Partnerschaft zu verhalten, kann Familie nicht nur von Ehe und Partnerschaft her verstanden werden, wie auch Ehe und Partnerschaft nicht nur im Blick auf Familie zu reflektieren sind. Zudem sind die jeweiligen Lebensformen immer auch in ihrer Ambivalenz »aus Anfälligkeit für Gewalt und liebevollem Raum der Selbstwerdung« (Braun, 2021, S. 82) in den Blick zu nehmen. Von dort her rücken Ehe, Familie und Partnerschaft auch als Orte der Identitätsbildung in den Blick, an denen »Individuen lernen mit-einander in Freiheit zu wachsen und zu leben, sich zu achten und Umgangsformen für und mit der Vulnerabilität der jeweils anderen zu finden (Braun, 2021, S. 88; Domsgen, 2019, S. 385–420). Sie lassen sich als »Möglichkeitsräume« verstehen, in denen »Anerkennungserfahrungen gemacht werden können«, in denen »Identitätsbildung gelingen kann, aber nicht muss und unter Umständen auch vereitelt bzw. massiv irritiert, ja zerstört werden kann« (König, 2021, S. 49). Es handelt sich hier um Lebensformen, also um Spielräume zur Lebensführung, die nicht neu erfunden, aber doch immer wieder neu auszugestalten sind. Dabei kommt der Gestaltung der Beziehungen zueinander eine zentrale Bedeutung zu. Letztlich geht es dabei immer auch um ein grundlegendes soziales Ethos, mit dem eine »Grundsolidarität« eingefordert wird »angesichts der Zentrifugalkräfte, die eine Gesellschaft auseinandertreiben können. Themen der Sexualität und der Sexualmoral haben, damals wie heute, das Potenzial solche Kräfte freizusetzen« (Schüle, 2020, S. 131) und müssen daher sorgsam reflektiert werden. Zugleich jedoch darf damit nicht der Blick auf andere, damit im Zusammenhang stehende, aber nicht darin aufgehende Themenfelder verstellt werden.

3. Didaktische Perspektiven

3.1 Didaktische Orientierungen

Eine kompetenzorientierte Unterrichtsplanung setzt bei der Identifikation von Anforderungssituationen an. Dabei spielen unterschiedliche Herausforderungen eine Rolle, denen sich Kinder und Jugendliche im Laufe der eigenen Entwicklung zu stellen haben (Obst, 2010, S. 149 f.).

Grundlegende existenzielle Fragen: Ehe und Partnerschaft werden im Religionsunterricht in der Regel im Zusammenhang von Liebe und Sexualität thematisiert. Der Schwerpunkt liegt dann auf sexualethischen Fragen. Dabei kommt jedoch zu kurz, dass Liebe und Sexualität religionspädagogisch nicht nur als ethische Themen behandelt werden dürfen. Denn lange bevor Menschen sexuell aktiv sind, verstehen sie sich als einem Geschlecht zugehörig. Die damit aufgerufenen Fragen sind hier nicht primär diejenigen nach einem verantwortungsvollen Umgang mit Sexualität, sondern »Identitätsfragen, die unabhängig von sexueller Praxis das Selbstverständnis von Menschen betreffen« (Lütze, 2020, S. 203). Dabei umfasst das auf Geschlecht und Sexualität bezogene Selbstverständnis unterschiedliche Aspekte, die in der »Unterscheidung zwischen Geschlechtsrolle (wie verhalte ich mich?), Geschlechtsidentität (welchem Geschlecht fühle ich mich zugehörig?) und sexueller Präferenz (welches Geschlecht spricht mich sexuell an?)« (Lütze, 2020, S. 203) gut erfasst werden können. Sexuelle Identität beruht auf Vorgaben, die vom Einzelnen nicht verändert werden können, zugleich aber zu gestalten sind. Letztlich geht es »um die Kunst, sich unter vorgegebenen Bedingungen selbstbestimmt und selbstbewusst zu entfalten« (Lütze, 2020, S. 205). Diese Aufgabe stellt sich allen Heranwachsenden, ist aber nicht für alle gleichermaßen herausfordernd, weil nach wie vor die Mehrheitsposition zur Normal- und damit zur normativen Position erklärt wird. Dem sollte der Religionsunterricht nicht Vorschub leisten. Deshalb ist beispielsweise Homosexualität als eine Variante von Liebe zu thematisieren, »ohne dass eigens darauf geachtet oder hingewiesen werden muss« (Lütze, 2020, S. 210).

Elementare Erfahrungen und Widerfahrnisse: Familie ist für Heranwachsende ein wichtiges Thema, nimmt sie doch als primäre Sozialisationsinstanz eine wesentliche Rolle ein. Die hier gesammelten Erfahrungen prägen Menschen ein Leben lang. Familie kann einerseits Raum der Zuwendung und Solidarität sein, aber andererseits auch Ort der Vernachlässigung und Gewalt. Familie steht potenziell für beides: für Erfahrungen eines besonderen Kooperations- und Solidaritätsverhältnisses und für Erfahrungen eines Konflikt- und manchmal auch Vernachlässigungsraums. Die Auseinandersetzung mit biblischen

Familiengeschichten und Positionierungen kann hier zu einem Impuls werden, sich eigener Erfahrungen zu vergewissern und dabei zu sehen, dass einerseits auch aus schwierigen Konstellationen Heilvolles erwachsen kann und andererseits Familie immer auch zu relativieren ist.

Zentrale Strukturen des Christseins heute: Partnerschaft und Familie haben einen hohen Stellenwert für Kinder und Jugendliche. Vor allem ältere Jugendliche fragen – nicht zuletzt in kritischer Auseinandersetzung mit dem Leben der Eltern und Großeltern – verstärkt danach, wie ein Zusammenleben gelingen kann. Partnerschaft und Familie sind nicht einfach da, sondern müssen gestaltet werden. Der christliche Glaube bietet hier einiges an Anregungspotenzial für *Doing Parship* und *Doing Family.* Fragen der Auseinandersetzung damit können sein, ob und wenn ja, wie Partnerschaft und Ehe bzw. Ehe und Familie zueinander gehören. Auch die Frage nach dem Rahmen von Liebe und Sexualität ist hier zu thematisieren. In alledem geht es um eine klare Sicht auf die Erwartungen, die daran geknüpft werden und den Belastungen, die damit einhergehen. Zentral wird dabei die Frage sein, inwiefern »die Hoffnung auf Gottes Begleitung im persönlichen Bereich« dabei hilft, »sein Leben in der Balance von Selbst- und Nächstenliebe zu gestalten« (Grethlein, 2006, S. 265). Hier wäre dann auch die Frage zu thematisieren, inwiefern »die christliche Hoffnung auf Zukunft hin« in der »Zeugung neuen Lebens« seinen »besonderen Ausdruck findet« (Grethlein, 2006, S. 265), oder anders formuliert, inwiefern Partnerschaft und Ehe auf Familie auszurichten sind.

Fundamentale Geltungsansprüche religiös pluraler Orientierungsangebote: Gerade im Feld von Ehe, Familie und Partnerschaft treten unterschiedliche Einschätzungen und Profilierungen zutage. Bereits biblisch-theologisch lässt sich eine Pluralität nachzeichnen, die sich mit Blick auf andere religiöse und weltanschauliche Orientierungsvorhaben auch in der Gegenwart zeigen. Sie bieten in ihrer Zuspitzung im Sinne fundamentaler Geltungsansprüche interessante unterrichtliche Bezugspunkte, die kritisch zu prüfen und auf ihren Gehalt hin abzuklopfen sind. Grundlegend ist dabei die Frage, inwiefern es die propagierten Lebensformen tatsächlich vermögen, »einen Gestaltungsrahmen zu bieten, in dem Menschen über Generationen hinweg mit- und füreinander verantwortlich mit der Vulnerabilität menschlichen Lebens umzugehen lernen« (Braun, 2021, S. 89). Dass dabei nie nur über unterschiedliche Lebensformen gesprochen wird, sondern diese in den Kindern und Jugendlichen in personifizierter Form selbst im Raum sein können, ist immer zu beachten.

Bedeutende religiöse Spuren und Traditionen im gesellschaftlich-kulturellen Umfeld: Dass Ehe und Familie in Deutschland grundgesetzlich geschützt sind, bietet Anlass danach zu fragen, inwiefern diese Regelungen sowie das daraus resultierende Familienrecht »als eine Synthese bzw. Mesalliance des Familienideals der bürgerlichen Frühmoderne mit bestimmen Elementen des evangelisch-christlichen Ehe- und Familienverständnisses« (Leonhardt, 2020, S. 41) verstanden werden können. In alledem stellt sich die grundlegende hermeneutische Frage nach dem Verstehen biblischer Überlieferung. Die Thematik von Ehe, Familie und Paarbeziehungen ist wie kaum eine andere dazu geeignet, nach den Voreinstellungen zu fragen, mit denen wir an biblische Texte gehen und sie deutend zueinander ins Verhältnis setzen. Die Frage nach der Mitte der Schrift stellt sich hier in starker lebensgeschichtlicher Relevanz.

3.2 Didaktische Konkretisierungen

1. Die Thematisierung von Beziehungen jenseits der Heteronorm in identitätsbildender Perspektive steht oft in der Gefahr »eines peinlichen Dementis«: »Kirche ist gar nicht so verklemmt, wie man immer denkt« (Lütze, 2020, S. 209). In sehr gelungener Weise werden alterstypische Erfahrungen von Liebe und Begehren sowie Hingabe und Enttäuschung im Text »Kussentfernung sozusagen« aus Spuren lesen 7/8 thematisiert. Er erzählt von einer Freundschaft zwischen zwei Mädchen und der Sehnsucht der einen nach einem Kuss von der Freundin, die stattdessen aber von einem Jungen schwärmt. (Büttner et al., 2008)
2. Die Auseinandersetzung mit Ehe, Familie und Partnerschaft bewegt sich lebensweltlich oft auf einer anderen Ebene als die ethisch-theologische Auseinandersetzung. Für viele Kinder und Jugendliche ist nur schwer einsichtig, dass Glaube und Religion mit diesen Themen zu tun haben könnten und sollten. Hier hilft es sehr, sich auf das einzulassen, was Jugendliche bewegt, und Unterricht von dort her zu gestalten. Eine Reihe hilfreicher Texte, Arbeitsblätter und Impulse dazu finden sich in den »Unterrichtsideen Religion«, in den »Materialien für einen schülerorientierten Religionsunterricht« sowie »RU praktisch«. Sehr anregend sind auch Teile des Buches von A. J. Jacobs, »Die Bibel & ich«, in dem der Autor von einem Selbstversuch berichtet: Ein Jahr lang versuchte er, alle biblischen Gebote zu befolgen. Die Ausführungen zum 6. Gebot laden zu einer lebhaften Auseinandersetzung darüber ein, welche Formen von Ehe eigentlich biblisch im Blick sind. (Asshoff & Höppener, 2020; Günther, 2019; Rupp & Scheilke, 2011; Jacobs, 2017).
3. Dass Familie ausdrücklich zum Thema wird, geschieht eher selten. In der Grundschule werden im Zusammenhang mit biblischen Geschichten zumeist Verknüpfungen mit Erfahrungen versucht, die auch Familie berücksichtigen. Wie in weiterführenden Schulen Familie (jenseits der Frage nach Liebe und

Sexualität) als lebensdienliches Miteinander thematisiert werden kann, zeigt sich im Schulbuch Ortswechsel 7/8. Der Idealisierung bestimmter Familienformen wie auch einer Überhöhung der Familie wird bewusst entgegengewirkt. Auf dem Weg zum Erwachsenwerden sind Unterscheidungen und Loslösungen nötig, die zur Sprache gebracht werden. Darüber ist hier auch ein Blick auf die Praxis der Arbeit mit Konfirmandinnen und Konfirmanden anregend (Grill-Ahollinger, Görnitz-Rückert & Rückert, 2014, S. 81–102).

4. Literatur

Asshoff, A.-C./Höppener, L. (2020): Liebe, Sexualität und Partnerschaft. Materialien für einen schülerorientierten Religionsunterricht. Augsburg: AV.

Beißel, K. (2021), Der Familienbegriff im Wandel. Aktuelle Fragen aus rechtlicher Perspektive. In B. König/M. Kreft (Hg.): Protestantisches Familienbild? Theologische und sozialphilosophische Reflexionen auf ein strittiges Konzept (S. 17–35). Leipzig: EVA.

Braun, M. (2021): Vulnerables Leben. Eine theologische Ethik der Lebensform Familie. In B. König/M. Kreft (Hg.): Protestantisches Familienbild? Theologische und sozialphilosophische Reflexionen auf ein strittiges Konzept (S. 75–90). Leipzig: EVA.

Bundesministerium für Familie, Senioren, Frauen und Jugend (Hg.) (2020): Familie heute. Daten. Fakten. Trends. Familienreport 2020. Berlin.

Büttner, G./Dieterich, V.-J./Herrmann, H. J./Marggraf, E./Roose, H. (Hg.) (2008): SpurenLesen 2. Religionsbuch für die 7./8. Klasse (Neuausgabe). Stuttgart/Braunschweig: Calwer/Diesterweg.

Deming, W. H. (1999): Art. Ehe. III. Neues Testament. In Religion in Geschichte und Gegenwart. Handwörterbuch für Theologie und Religionswissenschaft. Bd. 2 (RGG⁴) (4. Aufl., Sp. 1073–1075). Tübingen: Mohr Siebeck.

Domsgen, M. (2006): Familie und Religion. Grundlagen einer religionspädagogischen Theorie der Familie (2. Aufl.). Leipzig: EVA.

Domsgen, M. (2019): Religionspädagogik. Leipzig: EVA.

Frenschkowski, M. (2020): Anders als erwartet. Beobachtungen zu Ehe, Partnerschaft und Sexualität im frühen Christentum. In A. Schüle (Hg.): »Es ist nicht gut, dass der Mensch allein sei!« Partnerschaft, Ehe und Sexualität als Themen der Theologie (S. 73–112). Leipzig: EVA.

Gäfgen-Track, K./Haeske, C./Martini, U./Nord, I. (Hg.) (2017): Themenheft Familie. KU Praxis 62. Gütersloh: GV.

Grethlein, C. (2006): Ehe/Familie/Gleichgeschlechtliche Beziehungen. In R. Lachmann/G. Adam/M. Rothgangel (Hg.): Ethische Schlüsselprobleme. Lebensweltlich – theologisch – didaktisch (S. 250–266). Göttingen: Vandenhoeck & Ruprecht.

Grill-Ahollinger, I./Görnitz-Rückert, S./Rückert, A.(Hg.) (2014): Ortswechsel 7/8. Evangelisches Religionsbuch für Gymnasien. München: Claudius.

Günther, M. (2019): Liebe(n) lernen. Bausteine für den Religionsunterricht an berufsbildenden Schulen. Göttingen: Vandenhoeck & Ruprecht.

Jacobs, A. J. (2014): Die Bibel & ich. Von einem, der auszog, das Buch der Bücher wörtlich zu nehmen. Berlin: List.

Jurczyk, K. (2014): Doing Family. Der Practical Turn der Familienwissenschaften. In A. Steinbach (Hg.): Familie im Fokus der Wissenschaft (S. 11–138). Wiesbaden: Springer VS.

Karle, I. (2014): Liebe in der Moderne. Körperlichkeit, Sexualität und Ehe. Gütersloh: Gütersloher Verlagshaus.

Klein, S. (2018): Familienrealitäten und Familienvorstellungen heute. Ein Blick auf Empirische Befunde. In Dies. (Hg.): Familienvorstellungen im Wandel. Biblische Vielfalt, geschichtliche Entwicklungen, gegenwärtige Herausforderungen (S. 11–32). Zürich: TVZ.

König, B. (2021). Die Familie als potentieller Ort gelingenden Lebens. Grundeinsichten eines protestantischen Familienbegriffs. In B. König/M. Kreft (2021): Protestantisches Familienbild? Theologische und sozialphilosophische Reflexionen auf ein strittiges Konzept (S. 37–52). Leipzig: EVA.

König, B./Kreft, M. (Hg.) (2021): Protestantisches Familienbild? Theologische und sozialphilosophische Reflexionen auf ein strittiges Konzept. Leipzig: EVA.

Leonhardt, R. (2019): Ethik (Lehrwerk Evangelische Theologie 6). Leipzig: EVA.

Leonhardt, R. (2020): Ethik als Reflexionstheorie provisorischer Moral. Ein Beitrag zur Entkrampfung innerkirchlicher Debatten. In A. Schüle (Hg.): »Es ist nicht gut, dass der Mensch allein sei!« Partnerschaft, Ehe und Sexualität als Themen der Theologie (S. 27–47). Leipzig: EVA.

Lütze F. M. (2020): Ein Leib, viele Glieder. Sexuelle Identität und Bildung im Religionsunterricht. In A. Schüle (Hg.): »Es ist nicht gut, dass der Mensch allein sei!« Partnerschaft, Ehe und Sexualität als Themen der Theologie (S. 198–211). Leipzig: EVA.

Nave-Herz, R. (2019): Familie heute. Wandel der Familienstrukturen und Folgen für die Erziehung (7. Aufl.). Darmstadt: WBG.

Obst, G. (2010): Kompetenzorientiertes Lehren und Lernen im Religionsunterricht (3. Aufl.). Göttingen: Vandenhoeck & Ruprecht.

Otto, E. (1999). Ehe. II Altes Testament. In Religion in Geschichte und Gegenwart. Handwörterbuch für Theologie und Religionswissenschaft. Bd. 2 (RGG^2) (4. Aufl., Sp. 1071–1073). Tübingen: Mohr Siebeck.

Rupp, H./Scheilke T. (Hg.) (2011): Unterrichtsideen Religion NEU 7./8. Schuljahr 1. Halbband, Arbeitshilfe für den Religionsunterricht in Hauptschule, Realschule und Gymnasium. Stuttgart: Calwer.

Sieder, R. (1987): Sozialgeschichte der Familie. Frankfurt a. M: Suhrkamp.

Schüle, A. (Hg.) (2020): »Es ist nicht gut, dass der Mensch allein sei!« Partnerschaft, Ehe und Sexualität als Themen der Theologie. Leipzig: EVA.

Schüle, A. (2020), Sexualität und Perversität im Alten Testament. Levitikus 18 und 20. In Ders. (Hg.): »Es ist nicht gut, dass der Mensch allein sei!« Partnerschaft, Ehe und Sexualität als Themen der Theologie (S. 113–132). Leipzig: EVA.

Wolfert, S./Quenzel, G. (2019): Vielfalt jugendlicher Lebenswelten: Familie, Partnerschaft, Religion und Freundschaft. In M. Albert/K. Hurrelmann/G. Quenzel: 18. Shell Jugendstudie. Jugend 2019. Eine Generation meldet sich zu Wort (133–161). Weinheim: Beltz.

Wimbauer, C. (2021): Co-Parenting und die Zukunft der Liebe. Über post-romantische Elternschaft. Bielefeld: transcript.

Witt, C. (2020): Luthers Reformation der Ehe. Eine theologiegeschichtliche Skizze. In A. Schüle (Hg.): »Es ist nicht gut, dass der Mensch allein sei!« Partnerschaft, Ehe und Sexualität als Themen der Theologie (S. 49–59). Leipzig: EVA.

Ernährung

Katrin Bederna

1. Lebensweltliche Perspektiven

Jeder Mensch isst. Jeder Mensch muss essen, von den ersten Tropfen Muttermilch bis zur Verweigerung der Nahrungsaufnahme am Lebensende. Hungern und Dürsten sind Inbegriff der Angewiesenheit.

Ernährung ist ein umfassendes naturales und soziales Phänomen: Sie ist *kulturell* (Auswahl, Zubereitung, Tischsitten, ...), ökonomisch (Landeigentum, industrielle Verarbeitung, Werbung, ...), *sozial* (milieu-, geschlechts- und altersspezifisch, familial, ...), *politisch* (friedensstiftend, kriegstreibend, subventioniert, ...), ökologisch (Verlust von Böden, Artensterben und Treibhausgasausstoß, ...), *medizinisch* (Fitness, Übergewicht, ...) und *spirituell:* Was, wie viel, wie, wo, wann, in welchem Tempo und mit wem Menschen essen, ist Ausdruck ihrer Identität. Mit Ludwig Feuerbach gesagt: Der Mensch ist, was er isst.

Sich Ernähren ist *mühsam,* von Anbau und Ernte, Aufzucht, Melken und Schlachtung über Verarbeitung und Zubereitung, Einlagern und Haltbarmachen bis zum Säubern der Küche, vom Kauen und Verdauen bis zum Ausscheiden. Wer fähig sein will, sich und andere zu ernähren, muss vieles lernen. Das Können ist hier ein Ausdruck fundamentaler Souveränität. Diese Souveränität schwindet u. a. durch Arbeitsteilung und ist bei manchen auf »Einkaufen und Erhitzen« reduziert.

Sich Ernähren ist *gewaltsam und asozial.* Es zerstört das Leben von Pflanzen und Tieren, verwandelt anderes Leben in Speise für mich, in eigenes Leben. Was der eine isst, kann die andere nicht mehr essen:

> »Nahrung gehört zu den wenigen Ressourcen, deren Nutzung exklusiv ist und damit maximale Konkurrenz zwischen den Individuen erzeugt« (Rosenberger, 2014, S. 173).

Sich Ernähren ist *sozial.* Die gemeinsame Nahrungsaufnahme – statt des heimlichen Alleine-Essens, des Naschens – befriedet die Nahrungskonkurrenz und stiftet Gemeinschaft: Wer miteinander (cum) das Brot (pane) teilt, ist Kumpane. Und auch ohne gemeinsame Mahlzeit gilt: Niemand nährt sich allein. Das betrifft nicht nur das Kind, das gestillt und gefüttert wird. Das betrifft sogar den »Eigenbrötler«. Nahrung ist immer auch mit- und füreinander vorgesorgte und insofern geteilte Nahrung.

Vor allem aber ist das Ernähren *nährend, lustvoll und tröstend,* Zeichen von *Sicherheit, Zuwendung und Liebe.* Das gemeinsame Sattwerden ist biblisch der Inbegriff des Heils (vgl. Dtn 6,10–12; 8,7–10, Mk 6,30–44 parr.).

All dies gilt menschheitsübergreifend. Was aber wissen wir über die Ernährung von Kindern und Jugendlichen in der Bundesrepublik Deutschland heute? Drei Aspekte seien im Folgenden herausgegriffen.

Essstörungen

Der Langzeitstudie des Robert-Koch-Instituts (RKI) zur Gesundheit von Kindern und Jugendlichen in Deutschland zufolge stagnieren Übergewicht und *Adipositas* unter 3- bis 17-Jährigen auf hohem Niveau: 15,4 % dieser Altersgruppe sind übergewichtig, fast 6 % adipös (RKI, 2018, S. 51). Als Gründe dafür nennt die Studie einerseits Bewegungsmangel, bedingt durch Schule, Medienkonsum und eine bewegungsfeindliche Umwelt u. a. aufgrund des Autoverkehrs, andererseits die zu hohe Energiezufuhr, bedingt durch ständige Verfügbarkeit energiedichter Nahrungsmittel, gesüßter Getränke und altersspezifischer Werbung (beispielsweise durch Influencerinnen und Influencer). In niedrigen sozialen Schichten sind diese Essstörungen und ihre Folgeerkrankungen etwa dreimal häufiger als in höheren (Landsberg et. al., 2008). Umgekehrt verhält sich die Abhängigkeit vom sozio-ökonomischen Status bei *Anorexia* und *Bulimia nervosa.* Diese Krankheiten betreffen zudem mehrheitlich Mädchen. Insgesamt gehören Essstörungen »im Kindes- und Jugendalter zu den häufigsten chronischen Gesundheitsproblemen« (Schlack & Hölling, 2007, S. 794).

Orte, Zeiten und Gemeinschaft

Umso jünger die Kinder, umso mehr ist das Essen in die Familie eingebettet. Eltern sind hier Ernährerinnen und Ernährer im ganz unmittelbaren Sinn. Von Anfang an geht es dabei auch um Selbstbestimmung: Was und wie viel esse ich wann? Für Pubertierende gehört die Ernährungssouveränität (mit Freunden essen, außerhalb essen, selbst kochen) zum alterstypischen Freiheitsgewinn.

Insgesamt war die Gesellschaft vor der Corona-Pandemie gekennzeichnet von einer zunehmenden räumlichen Trennung von Wohnen und Essen. Für Kinder und Jugendliche sind Kita, Schule und Schnellimbisse relevante Orte der Nahrungsaufnahme, was die pädagogische Relevanz der Gestaltung und Rituale beispielsweise für Schulmensen erhöht. Gesamtgesellschaftlich ersetzt das situative Essen »zwischendurch« oft regelmäßige Mahlzeiten in festem Kreis.

Als Zeiten des regelmäßigen Essens in der Familie bleiben die Abende und die Wochenenden: An Werktagen essen 26 % der Heranwachsenden täglich mit mindestens einem Familienmitglied zu Mittag (9 % Ost, 29 % West) und 75 % zu Abend, jüngere häufiger als ältere, in größeren Familien häufiger als in kleineren. Die Wochenendmahlzeiten werden hingegen von bis zu 85 % der Befragten im Familienkreis eingenommen. Fast ebenso viele geben an, beim Essen darüber zu reden, was sie den Tag über erlebt haben, und sich Zeit beim Essen zu lassen (Deutsches Kinderhilfswerk, 2020). Das Essen erfüllt hier also eine wesentliche soziale innerfamiliäre Funktion.

Veganismus, Vegetarismus und die Generation Greta

Veganismus und Vegetarismus haben in den letzten zehn Jahren in der Bundesrepublik Deutschland von 4,3 % auf 6 % zugenommen. Dies liegt vor allem an den Jüngeren: Gut 20 % der 15- bis 19-Jährigen ernährten sich im Jahr 2020 fleischlos (2 % vegan). Dies ist ein so großer Teil, dass sie zu Trendsettern ihrer Generation werden könnten. Soziologisch fällt dabei der hohe Anteil an Frauen (ca. 70 %) und die Korrelation zu politischer und ethischer Orientierung auf:

> »Wer wenig Fleisch konsumiert, ist umwelt- und insbesondere ernährungs- und tierschutzbewusster. Bei den Veganern und Veganerinnen sehen sich 75 Prozent als Teil der Klimaschutzbewegung, bei den Vegetariern und Vegetarierinnen fast 50 Prozent; bei den Omnivoren und Omnivorinnen sind es nur 15 Prozent« (Chemnitz & Benning, 2021, S. 34, dort auch die obigen Daten).

Fleischfreie Ernährung ist insbesondere klimaethisch, tierethisch sowie durch das eigene Wohlbefinden motiviert. Aus dem Kontext der Klimabewegung stammen auch die von Jugendlichen getragene Food-Sharing- und die Urban-Gardening-Bewegung. Ernährung ist für Jugendliche also ein zentrales Feld nachhaltiger Praxis. Andere, ökologisch ebenso schädigende Lebensfragen wie beispielsweise Mobilität werden von ihnen weit weniger nachhaltig bespielt. An der Ernährung als Identitätsmarker wird der Streit um den richtigen Lebensstil ausgetragen.

2. Theologisch-ethische Perspektiven

Ernährungsethik fragt einerseits aus der Perspektive der Moraltheologie und Spiritualität nach Tugenden und Werten, nach einer *Lebensgestalt,* die sich in einer Weise des sich Ernährens bildet: Was ist *wichtig?* Andererseits fragt sie *normativ:* Was ist *richtig?* Hier sind neben Fragen der Selbstsorge vor allem tierethische, ökologische und sozialethische Aspekte relevant.

Sachlich und auch pädagogisch sind beide Zugänge komplementär. Es geht schulisch beispielsweise nicht allein darum, zu hören, dass in Deutschland pro Jahr so viele Lebensmittel weggeworfen werden, wie auf der Fläche Mecklenburg-Vorpommerns hergestellt werden können (Dräger de Teran, 2015, S. 357), zu diskutieren, ob das sittlich vertretbar ist, und sich auf die Norm »Du sollst keine Lebensmittel wegwerfen!« zu einigen. Es geht auch um die Entwicklung von Ehrfurcht gegenüber der Nahrung durch Lernen am Vorbild, durch Erfahrung der Mühe beim Gärtnern und Ernten oder durch Kennenlernen und Ausprobieren von ehrfürchtigen Ritualen wie dem Bekreuzigen des Brotes. Die Haltung der Ehrfurcht gegenüber der Nahrung ist als Lebensstil Selbstzweck. Sie minimiert die Gewalt, die im Verzehren steckt, statt sie durch Wegwerfen zu verdoppeln. Zugleich motiviert sie das Tun des als normativ Erkannten.

Im Folgenden sollen exemplarisch drei zukunfts- und schulrelevante Felder der Ernährungsethik skizziert werden. Das erste (Fasten und Gemeinschaft) ist tugendethisch, das zweite und dritte (Ökologie und Hunger) sind normativ ausgerichtet. Für tierethische Fragen der Ernährung sei auf das entsprechende Kapitel dieses Buches verwiesen.

2.1 Vorbild Jesus? Von Gastmählern und Fasten-Zeiten

Das Christentum ist die »Mahlreligion par excellence« (Rosenberger, 2014, S. 23). Charakteristisch für den biblischen Jesus sind die Gastmähler, die zu neuer Gemeinschaft der Sünder mit Gott führten:

> »Der Menschensohn ist gekommen, er isst und trinkt und ihr sagt: Siehe, ein Fresser und Säufer, ein Freund der Zöllner und Sünder« (Lk 7,34, vgl. Mt 11,18–19).

Die Evangelien erzählen zwölfmal von Gastmählern Jesu mit insgesamt dreißig Wundern (Rosenberger, 2014, S. 218–223). In manchen Gleichnissen, beispielsweise vom Himmelreich als Hochzeitsmahl (Mt 11,1–14) oder vom barmherzigen Vater (Lk 15,11–32), bildet das gemeinsame Essen ein zentrales Element der Handlung: das Festmahl für den Jüngeren, das unterbliebene Mahl des Älteren mit seinen Freunden. Im Mittelpunkt steht nicht allein das Sattwerden, sondern Gnade und Fülle. Dasselbe gilt für die Hochzeit zu Kanaan (Joh 2,1–12) oder die Speisung der 5.000 (Mk 6,30–44): Es bleiben zwölf Körbe übrig. Selbst der Auferstandene setzt sich zum Mahl und wird erkannt am Tischritual, dem Brotbrechen (Lk 24,30; Joh 21,12–13). So ist es schlüssig, dass die *Eucharistie*, also ein gemeinsames vegetarisches Mahl, zum Zentrum des Christentums wurde: Gottesgemeinschaft als Mahlgemeinschaft, Verzehren Gottes, das die Gewalt des wechselseitigen Verzehrens mindert.

Zu dieser genussvollen Gelassenheit im Umgang mit der Ernährung passt, dass das Christentum (vom kurz relevanten Verbot des Götzenopferfleischs abgesehen) keine Speisetabus entwickelt hat. Zudem wirkt die Ablehnung von Speisevorschriften inkludierend, ist also ein relevanter Faktor bei der Ausbreitung des Christentums

> »Denn alles, was Gott geschaffen hat, ist gut und nichts ist verwerflich, wenn es mit Dank genossen wird; es wird geheiligt durch Gottes Wort und das Gebet« (1 Tim 4,4).

Dazu passt ebenfalls die Fastenpraxis Jesu und der jungen Kirche: Wie schon im Judentum war das Fasten vor allem eine freiwillige, an Buße und Umkehr gebundene Praxis (Rosenberger, 2014, S. 151–159). Das ist das Fasten auch heute wieder. Verpflichtend sind katholisch nur die Freitage als Abstinenz- sowie Aschermittwoch und Karfreitag als Fast- und Abstinenztage. Sinn des Fastens ist Transformation: Fasten klärt auf über die eigenen Sehnsüchte. Es hilft, die eigenen Gewohnheiten zu unterbrechen. Es übt Maßhalten, Suffizienz und damit eine neue, dankbarere und demütigere Beziehung zu dem, was uns nährt. Zum Fasten gehört zudem das Fastenbrechen, der Wechsel zwischen Ernährung und Pausen des Sich-Einverleibens.

Der hier skizzierte genussvolle, gemeinschaftsstiftende, teilende, rhythmisierte und nicht verfressene Umgang mit der Ernährung ist keine ethische Norm. Es ist das Angebot einer Spiritualität der Ernährung. Für sie sprechen zahlreiche gute Gründe. Vielleicht böte sie einen Ausweg aus krankmachenden Ernährungspraktiken. Die im Folgenden entwickelten sozialethischen Normen können ohne solche Haltungen nur schwer zu eigener Praxis werden.

2.2 Die Erde, die noch nährt: Überschreitung der planetaren Grenzen

Essen kommt nicht aus dem Supermarkt. Essen kommt von der Erde. Für die Erde aber ist vielfach Corona: Das Modell der planetaren Grenzen beschreibt neun planetare Krankheiten. Teils haben sie bereits die Grenzen, jenseits derer die Stabilität des Gesamtsystems gefährdet ist, überschritten (Rockström et al., 2015). Sie beeinträchtigen die Ernährungssicherheit und werden durch Ernährungspraktiken mitverursacht.

- *Klimawandel* und *Ozeanversauerung:* Je nach Studie sind dem Ernährungssektor 21–37 % des weltweiten Treibhausgasausstoßes anzulasten (IPCC, 2020, 439). Ursächlich dafür sind die Umwandlung von Ökosystemen (Wälder, Feuchtgebiete etc.) in Pflanz- und Weideflächen und der damit verbundene Treibhausgasausstoß, die energie- und damit emissionsintensive Herstellung von Kunstdünger, intensive Anbaumethoden, die die Kohlenstoff-Aufnahme des Bodens verringern, sowie Verpackung, Transport, Kühlung und Verarbeitung.
- *Landnutzungswandel:* »Etwa ein Viertel der eisfreien Landfläche der Erde ist von durch Menschen verursachter Degradierung betroffen« (IPCC, 2019, S. 5). Zu den Ursachen gehört neben Klimawandel und Bau die Landwirtschaft: Die Bodenerosion landwirtschaftlicher Flächen ist bei konventioneller Landwirtschaft u. a. aufgrund enger Fruchtfolge und Überdüngung bis zu 100-fach höher als die Bodenbildungsrate. Die größten Treiber sind dabei Viehhaltung und Futtermittelanbau, allen voran Soja für die Intensivtierhaltung (FAO, 2020).
- *Süßwassermangel* ist Folge von Klima- und Landnutzungswandel, u. a. durch Wetterextreme, Versalzung und abnehmende Speicherfähigkeit der Böden. Er wird zudem direkt landwirtschaftlich befördert beispielsweise durch Bewässerung sowie Ammoniak- und Nitratbelastung aus der Tierhaltung. Der Wasser-Fußabdruck von Rindfleisch ist 50-mal höher als der von Gemüse (FAO, 2020, S. 11).
- Der *Stickstoff- und Phosphorkreislauf* ist durch Kunstdüngung gestört.
- Alle fünf genannten Krankheiten treiben zusammen mit landwirtschaftlichem Pestizideinsatz das *Artensterben* an. Bislang wurde Ernährung anthropozentrisch thematisiert. Die genannten ökologischen Krisen gefährden jedoch auch die Ernährung von Tieren und Pflanzen.

Ethisch relevant ist dies aufgrund der sozialen Folgen, aus tierethischen Gründen und allgemein schöpfungsethisch: Es zerstört dauerhaft den Raum guten Lebens für alle. Das komplexe Problem lässt sich reduzieren auf fünf Schlüsselfaktoren: Erstens die *Anzahl der zu Ernährenden* (Menschen und ihre Haustiere), zweitens *wie viel wovon gegessen wird* (die ökologische Belastung durch tierische Produkte übersteigt die pflanzlicher um ein Vielfaches), drittens *wie das Essen angebaut wird* (der ökologische Schaden durch biologische Landwirtschaft ist auf allen genannten Ebenen deutlich geringer als durch Intensivlandwirtschaft), viertens *woher das Essen kommt* (wie weit gereist, Freiland oder Gewächshaus) und fünftens *was nicht gegessen wird:* Ca. 25–30 % der global produzierten Lebensmittel werden vernichtet (IPCC 2019, S. 3). Der zuvor angerichtete Schaden wäre also mindestens für diese Mengen leicht vermeidbar.

Ethisch sind angesichts dieser Sachlage drei Ziele gut begründeter Konsens: Nötig sind eine biologische, treibhausgasminimierende und land- und artenerhaltende Landwirtschaft, Regionalisierung und Saisonfolge der Nahrungsmittelproduktion sowie eine Kultur wesentlich pflanzlicher Ernährung. Dies würde der Vernetzung (Retinität) allen Lebens gerecht werden. Es zielt auf intergenerationelle Gerechtigkeit. Und nur so wird Gott auch in Zukunft als Ernährender und alles Leben Erhaltender gepriesen werden können, wie Psalm 104 es tut. Andernfalls wird die Erde immer weniger Lebewesen immer weniger nähren. Die Frage konditionaler Ethik, was also von wem getan werden soll, um diese Ziele zu erreichen, ist allerdings politisch höchst umstritten und verlangt eine kulturelle Transformation.

2.3 Hunger

Die weltweite Unter- und Mangelernährung ist seit der Jahrtausendwende prozentual zurückgegangen. Die absolute Zahl der Hungernden hingegen wächst. Am stärksten vom Hunger betroffen sind die afrikanischen Länder südlich der Sahara und das südliche Asien. Landbewohner sind stärker betroffen als Stadtbewohner, Frauen und Kinder stärker als Männer. Im Jahr 2019 waren ca. 690 Millionen Menschen, also 8,9 % der Weltbevölkerung unterernährt. Diese Zahl werde sich allein durch die Corona-Pandemie im Jahr 2020 um ca. 83 Millionen erhöhen (FAO et al., 2020, S. 11, 18).

Eine zentrale und zunehmende Ursache dafür sind die genannten ökologischen Krisen. Hinzu kommen instabile politische Lagen (insbesondere Kriege, die allerdings immer öfter ökologische Gründe haben), Land-Eigentumsverhältnisse (beispielsweise Verdrängung von Kleinbauern durch Großkonzerne) und Armut. Noch ist Hunger global kein Mengenproblem, sondern ein Problem falscher Verteilung und mangelnder Kaufkraft. Letzteres wird verschärft durch globale ökonomische Faktoren wie Lebensmittelspekulation an den Börsen und Preisanstiege durch die Konkurrenz von Teller, Trog und Tank, also durch die Konkurrenz von Nahrungspflanzen, Futterpflanzen und Energiepflanzen. Essen ist folglich, wie bereits oben bei den ökologischen Fragen deutlich wurde, politisch.

Komplexitätssteigernd wirken ökonomische Zusammenhänge innerhalb der Nahrungsketten selbst, wie beispielsweise der Verbleib der »Reste«. Exemplarisch sei dazu das Huhn genannt: Europa isst von den zum Essen getöteten Hühnern nicht alles Essbaren. Europa isst Hühnerbrüste. Die in afrikanische

Länder exportierten Mägen, Hälse etc. zerstören die dortigen Märkte und führen so zu Hunger und mangels Kühlketten zu Krankheiten (Tanzmann, 2015).

Bei wachsender Bevölkerung, abnehmender Bodenfruchtbarkeit, Desertifikation, Überschwemmungen, Extremwetterlagen und abnehmender Bestäubungsleistung wird Ernährung in Zukunft auch wieder ein Mengenproblem sein. Zugleich ist die Intensivlandwirtschaft, die zu nie gekannten Ertragssteigerungen führte, ökologisch kritisch. Diskutiert wird, inwieweit grüne Gentechnik einen Ausweg bieten kann. Problematisch ist diese u. U. für die Biodiversität. Zudem setzen die Patente haltenden Großkonzerne bisher auf industrielle und exportorientierte Landwirtschaft, zu Lasten der hungernden Kleinbäuerinnen und -bauern (Vogt, 2021, S. 605 ff.). Allerdings scheint der Ökolandbau in den Entwicklungsländern und insbesondere bei kleinbäuerlicher Landwirtschaft bis zu 80 % ertragreicher zu sein als konventionelle Landwirtschaft. Er könnte die mit der ökologischen landwirtschaftlichen Transformation im globalen Norden verbundenen Ertragseinbußen überkompensieren (Badgley et. al., 2007). Zudem stünde durch Umwidmung der »Fleischflächen« für menschliche Nahrung auch längerfristig ausreichend für alle zur Verfügung. Die globale Tendenz geht allerdings in die entgegengesetzte Richtung.

Hunger widerspricht der Achtung der Menschenwürde. Hungern und Dürsten sind der Inbegriff der Verhinderung menschlicher Entwicklungs- und Entfaltungsmöglichkeiten. Dass die Bekämpfung des Hungers jedes Einzelnen und die Vermeidung zukünftigen Hungers sittlich geboten sind, ist wohl selbstverständlich. Christlich sollte das Ende des Hungers aufgrund der Option Gottes für die Armen zentrales Ziel politischen Handelns sein. Ist es das nicht, wird die Bitte des Vaterunser »Unser tägliches Brot gib uns heute« heuchlerisch. Was das konkret heißt, ist allerdings komplex, wie es die den Hunger verursachenden Probleme sind. Es geht um Friedenssicherung, Stärkung der einheimischen Märkte, des Landeigentums und insbesondere der Kleinbäuerinnen und -bauern, Unterstützung ökologischen Landbaus und Verfügbarkeit von Saatgut, Eindämmung von Artensterben, Landnutzungswandel und Klimawandel, Reduktion des Fleischkonsums im globalen Norden und im akuten Notfall um die Speisung der Tausenden. Sittlich geboten sind folglich die Bereitschaft zu teilen, die individuelle Verhaltensänderung und der entsprechende politische Einsatz.

3. Didaktische Perspektiven

3.1 Didaktische Orientierungen

Ernährungslernen zielt auf die Fähigkeit, ein gutes Leben in wohltuenden Beziehungen zu Menschen, Tieren und Mitwelt zu führen. Der Religionsunterricht versucht, die Perspektive des Glaubens hier hilfreich einzuspielen.

Ethisches Lernen zu Ernährungsfragen ist Teil von *globalem Lernen* und *Bildung für nachhaltige Entwicklung* (BNE). Es zielt auf die Kompetenz zur *Perspektivübernahme* (derjenigen, die vom eigenen Ernährungsverhalten betroffen sein werden), auf die *Kompetenz zu Antizipation* (der Alternativen, der Folgen der Ernährung), zur *Kooperation und Partizipation* (denn niemand transformiert sich allein), zur *Motivation anderer* und zum *moralischen und politischen Handeln* (Bederna, 2020, S. 244–246).

Ernährungslernen hat eine *spirituelle* und eine *normativ-problemorientierte* Seite. In *spiritueller Hinsicht* sind die *liturgisch-sakramentale*, die *leiblich-ästhetische*, die *soziale* und die *anamnetisch-antizipative* Dimension von Religion und Religionsunterricht relevant: die Annäherung an die Eucharistie als gemeinschaftsstiftendes Mahl, das gemeinsame interkulturelle und interreligiöse Kochen und Feiern, die Erinnerung an Gastmähler und Speisungen Jesu, die Antizipation einer möglichen Zukunft, in der jeder das eigene Korn isst und unter »seinem Weinstock sitzt« (Mi 4,4; Jes 62,9), das Kennenlernen prophetischer Visionen und die anfängliche Realisierung eigener Visionen guten Lebens für alle. In *normativer Hinsicht* geht es um das Kennen von Gründen unterschiedlicher Ernährungsstile, die Unterscheidung von guten und schlechten Gründen und die Frage, welche dieser Gründe das eigene Handeln leiten sollen. Es wird also *theologisiert.*

Beide Seiten gehören religionsunterrichtlich zusammen: *Theologisierend* nähern sich die Schülerinnen und Schüler (SuS) intuitiv Ernährungsfragen an. Sie reflektieren ihre »Gründe für sich« (z. B. »Ich esse Fleisch, weil es mir schmeckt.«). Sie klären mit den anderen argumentierend, welche dieser Gründe sie teilen, welche also auch »Gründe für andere« sind (z. B. »Die Tiere sollen auch leben dürfen.«). Dies zielt, u. a. durch Einbezug der Perspektive nicht Anwesender, auf »Gründe für alle« (vgl. Brosow, 2020): »Wenn alle oft Fleisch essen, wird die Klimakrise noch schlimmer.« Welche Gründe schließlich wiederum zu eigenen werden, also die Intuition und das Handeln prägen, wird weniger beeinflusst vom Wissen und Urteilen als von positiven sozialen Erfahrungen, orientierenden Erzählungen und Ausprobieren neuer Möglichkeiten, also von dem, was handelnd und deutend gelernt wird. Im Gegenzug sollten *handlungsbezogene Elemente* (siehe 3.2.) gemeinsam theologisch begründet und evaluiert werden.

Ernährungslernen ist *fächerverbindend.* Der Religionsunterricht bringt hier spirituelle, ethische und politische Aspekte ein. Ernährungslernen geht zudem die gesamte Schule an *(Whole Institution Approach).* So führt eine verschmutzte laute Schulmensa ohne Tischrituale mit Flugerdbeeren im Advent und täglichem Fleischangebot die hehren Überlegungen aus der Unterrichtszeit ad absurdum. Ernährungslernen ist Aufgabe von Schulleitungen und Kollegium, von Elternarbeit und städtischer Politik. All diese Akteurinnen und Akteure können vielleicht vom Unterricht bzw. den Kindern und Jugendlichen selbst provoziert werden, sodass sich die schulischen Ernährungspraktiken wandeln.

3.2 Didaktische Konkretisierungen

Staatliche, kirchliche und Umweltorganisationen bieten eine Fülle an Unterrichtsmaterial zum Hunger und zu ökologischen Fragen der Ernährung. Bei der Auswahl sollte darauf geachtet werden, ob das Material das Problem hinreichend komplex thematisiert, ob es die Ernährungsgewohnheiten der SuS und deren strukturelle Eingebundenheit erfahrungsbezogen aufnimmt, ob es eigene Entscheidungen ermöglicht (statt nur Tipps zu geben), ob es neugierig macht auf Neues und politische Mitgestaltungsmöglichkeiten eröffnet (statt zu mahnen und Ernährung zu individualisieren). Gelungene Beispiele sind das Changemaker-Projekt (Care, 2019), Es(sen) reicht (BDKJ, 2013) oder das inklusiv angelegte Blaue Wunder (bezev, 2014).

Ein Beispiel zielführender handlungsbezogener Lernformen für die Sekundarstufe I sind Selbstexperimente. Diese bestehen aus drei *Handlungs-* und drei *Reflexionsphasen:*

1. Ethisch-theologisierende Problementdeckung und Handlungsplanung
2. *Beobachtung des eigenen Normalverhaltens (2–4 Wochen)*
3. *Selbstexperiment anderen Verhaltens: 2–4 Wochen vegetarisch oder vegan oder regional oder plastikfrei oder nur gemeinsam essen oder nichts Essbares wegwerfen oder eine Fastenpraxis ausprobieren, …*
4. Vorstellung und Reflexion der Erfahrungen, Planung des Weiteren
5. *Implementierung: Versuch, das Gute daran zu verbreiten, beispielsweise durch ein veganes Fest für die Stufe, eine Aktion im Supermarkt o. Ä.*
6. Theologisierende Gesamtreflexion: Wie wollen wir leben?

In Phase 2 und 3 wird der ökologische *foodprint* berechnet (mit: https://www.klimaschutzgemeinsamwagen.de/selbstexperimente/). Der Vergleich zeigt den vermiedenen Schaden. In Phase 5 geht es um den *handprint,* also um die gemeinsame Transformation von Strukturen. Zentral ist die *kontinuierliche Begleitung*, das Lernen aus Schwierigkeiten und die theologische Reflexion: Wen schließen meine Essgewohnheiten aus? Sind sie sittlich gerechtfertigt? Wem tun sie gut, wem nicht? Machen meine Essgewohnheiten mich selbst zu meinem eigenen Gott? Vor allem in Phase 1 und 6 kann der Dialog mit Stimmen der christlichen Tradition diese Reflexion bereichern: von der Sättigung aller durch Gott in Psalm 104, über den feiernden Jesus, bis hin zu heutigen Christinnen und Christen, für die *anderes Essen* zur Gottesbeziehung gehört.

4. Literatur

Badgley, C./Moghtder, J./Qintero, E./ Zakem, E./Chappell, M. J./Avilés-Vázquez, K./Samulon, A./ Perfecto, I. (2007): Organic agriculture and the global food supply. Renewable Agriculture and Food Systems, 22, S. 86–108.

BDKJ-Diözesanstelle Rottenburg-Stuttgart (2013): Es(sen) reicht! Jetzt kommt der Hunger auf den Tisch. Wernau. URL: www.bdkj.de.

Bederna, K. (2020): Every Day for Future. Theologie und religiöse Bildung für nachhaltige Entwicklung (2. Aufl.). Ostfildern: Matthias-Grünewald.

Behinderung und Entwicklungszusammenarbeit e. V. (bezev) (2014): Blaues Wunder. Wie das Wasser unser Leben bestimmt. Inklusives Globales Lernen in der Grundschule. Essen. Verfügbar unter https://www.globaleslernen.de.

Brosow, F. (2020): »TRAP-Mind-Theory. Philosophizing as an Educational Process«. Journal of Didactics of Philosophy IV, 1, S. 14–33.

Care Deutschland e. V. (2019): Changemaker. Über den Tellerrand hinaus. Bonn. Verfügbar unter https://www.globaleslernen.de.

Chemnitz, C./Benning, R. (2021): Fleischatlas. Daten und Fakten über Tiere als Nahrungsmittel. Berlin.

Deutsches Kinderhilfswerk e. V. (2020): Studie: Essensrituale von Familien in Deutschland. Ernährungssoziologische Rahmenbedingungen für Kinder und Jugendliche innerhalb der Familie. Verfügbar unter: https://www.dkhw.de/.

Dräger de Teran, T. (2015): Unsere Welt auf dem Teller. In G. Hirschfelder/A. Ploeger/J. Rückert-John/G. Schönberger (Hg.): Was der Mensch essen darf. Ökonomischer Zwang, ökologisches Gewissen und globale Konflikte (S. 345–360). Wiesbaden: Springer.

FAO (2020): The State of Food and Agriculture 2020. Overcoming water challenges in agriculture. Rom.

FAO/IFAD/WHO/WFP/UNICEF (2020): The state of food security and nutrition in the world. Transforming food systems for affordable healthy diets. Rome.

Hölling, H./Schlack, R. (2007): Essstörungen im Kindes- und Jugendalter. Erste Ergebnisse aus dem Kinder- und Jugendgesundheitssurvey, Bundesgesundheitsblatt, Gesundheitsforschung, Gesundheitsschutz, 50, S. 794–799.

IPCC (2019): Klimawandel und Landsysteme. IPCC-Sonderbericht über Klimawandel, Desertifikation, Landdegradierung, nachhaltiges Landmanagement, Ernährungssicherheit und Treibhausgasflüsse in terrestrischen Ökosystemen.

IPCC (2020): Climate Change and Land. An IPCC Special Report on climate change, desertification, land degradation, sustainable land management, food security, and greenhouse gas fluxes in terrestrial ecosystems.

Landsberg, B./Lange, D./Plachta-Danielzik, S./Müller, M. (2010): Soziale Ungleichheit, Migrationshintergrund, Lebenswelten und Übergewicht bei Kindern und Jugendlichen. Ergebnisse der Kieler Adipositas-Präventionsstudie (KOPS). Bundesgesundheitsblatt, 53, S. 707–715.

Robert Koch Institut (RKI) (2018): Journal of Health Monitoring, 2.

Rockström, J./Steffen, W./Noone, K. et al. 2009): A safe operating space for humanity. Nature 461, S. 472–475.

Rosenberger, M. (2014): Im Brot der Erde den Himmel schmecken. Ethik und Spiritualität der Ernährung. München: oekom.

Tanzmann, S. (2015): Das globale Huhn und seine Folgen. In G. Hirschfelder/A. Ploeger/J. Rückert-John/G. Schönberger (Hg.): Was der Mensch essen darf. Ökonomischer Zwang, ökologisches Gewissen und globale Konflikte (S. 333–343). Wiesbaden: Springer.

Vogt, M. (2021): Christliche Umweltethik. Grundlagen und zentrale Herausforderungen. Freiburg i. Br. u. a.: Herder.

Frieden und Krieg/Terrorismus

Elisabeth Naurath

1. Lebensweltliche Perspektiven

Während das Thema »Krieg« sofort Bilder in uns wachruft, ist es gar nicht so leicht, sich »Frieden« vorzustellen. Was gehört unbedingt dazu? Was muss auf jeden Fall fehlen? Vielleicht hilft der Weg über Symbole: Wer assoziiert mit dem Thema Frieden/Friede nicht das Symbol der Friedenstaube mit einem Olivenzweig im Schnabel? Bei Oster- und Friedensmärschen wie auch lokalen Friedensinitiativen ziert die weiße Taube den Rahmen. Hintergrund dieses weltweit bekannten Friedensbildes ist das Ende der Sintflut-Erzählung mit der Rückkehr der Taube als Botin für den Neubeginn des Lebens (Gen 8,11) und den unauflösbaren Friedensbund zwischen Gott und Mensch. Auch wenn das Symbol der Taube schon vorbiblisch für den Frieden stand, so hat es doch mit der Verknüpfung zur Sintflut-Erzählung in der Hebräischen Bibel einen theologischen Hintergrund für alle hieran anknüpfenden Friedensbewegungen bekommen – wie beispielsweise auch in dem berühmt gewordenen Entwurf Pablo Picassos für den Weltfriedenskongress 1949 deutlich wird.

Deshalb hat Friedenspädagogik – wenigstens im kulturellen Gedächtnis – Bezüge zur religiösen Dimension eines Friedens, der zu Beginn der Schöpfung gegeben war und am Ende aller Zeiten als eschatologischer Frieden ersehnt wird. Christliche Religionspädagogik intendiert daher sui generis Friedenserziehung bzw. Friedensbildung und sollte im Lehrplan ab der Grundschule ein evidentes Anliegen sein. Allerdings verhält es sich unterrichtspraktisch mit dem Thema Frieden ähnlich wie mit dem Thema Eschatologie, denn die Annäherung über Bilder und Vorstellungen vom ewigen Leben, vom Heil, von Paradies und Naturfrieden geschehen meist via negationis, also in der Entgegensetzung zu dem, was wir als heilungsbedürftig, zerstört, beängstigend und belastend erleben. Hinzu kommt, dass auch das Böse eine Faszination in sich trägt, die trotz seines Schreckens unser Hinsehen-Müssen magisch anzieht. Die mediale Begeisterung für Krimis und Horrorfilme, für »sex and crime« quer durch alle Altersstufen spricht für sich und zeigt, dass der motivationale Weg zur Friedenspädagogik meist über das alltägliche Erleben des Gegenteils geschieht. Die Unterrichtssituation mit einem Grundschulkind, das zum Thema »Frieden« ein Kriegsbild mit Panzern und Bomben abwerfenden Flugzeugen malte und auf Nachfrage meinte, dass es am Ende des Malprozesses alles rot durchstreiche werde, um ein Friedensbild zu haben, spiegelt diese Faszination für das, was uns erzittern und erschrecken lässt.

Allerdings ist es auch so, dass im Lebenskontext der Schülerinnen und Schüler (SuS) tagtäglich die mediale Relevanz von Kriegsszenen einen kontinuierlichen Einfluss hat. Bilder aus dem Syrienkrieg oder den Anschlägen der Taliban in Afghanistan sind quasi alltäglich geworden und führen zu bedenklichen Gewöhnungseffekten. Seit dem Erstarken der Terrorgruppe des sogenannten Islamischen Staats (IS) vor einigen Jahren ist »nine-eleven« – also der Anschlag vom 11. September 2001 – zum Synonym für die drohende Gefahr des weltweiten islamistischen Terrorismus geworden. Doch wir werden auch in wachsendem Maße mit Bildern von rechtsextremistischen Terroranschlägen im deutschen Kontext konfrontiert: Antisemitische Gewalttaten wie der Anschlag am 9. Oktober 2019 in Halle, bei dem ein Massensterben in einer jüdischen Synagoge intendiert war, konfrontieren mit der Erkenntnis, dass auch in unserer direkten räumlichen Nähe die Angst auf die Weise Einzug gehalten hat, dass wir uns an Betonpoller vor Weihnachtsmärkten oder an große Lastwagen auf Flohmärkten zum Schutz vor terroristischem Amoklauf gewöhnen mussten.

Das Phänomen einer Gewöhnung oder Abstumpfung angesichts alltäglicher Nachrichten zu Kriegen oder Terrorakten kann auch bei der jungen Generation zu wachsenden Ohnmachtsgefühlen führen: Wir können ja doch nichts dagegen tun, dass syrische Städte wie Geisterorte nur noch aus Ruinen zu bestehen scheinen, dass die Menschen im Jemen aufgrund der jahrelangen Bürgerkriege verhungern, dass Eltern mit ihren Kindern in überfüllten Flüchtlingslagern im Morast sitzen, dass ein Terroranschlag in Afghanistan erneut 30 Menschen auf offener Straße von einer Sekunde auf die andere in den Tod gerissen hat oder auch, dass ein antisemitischer Terroranschlag auf eine Synagoge in unserem Land verübt wurde. Die Fülle und kontinuierliche Wiederkehr von medialen Kriegs- und Terrorbildern, die über die alltäglichen Monitore in Wohnzimmern selbstverständlich auch schon Kinder jeden Alters erreichen, lösen vielfältige Emotionen aus: Vorrangig werden Ängste geweckt, denn vor allem Kinder können oft nicht einordnen, wo und warum dies alles gerade geschieht und ob die Gefahr nicht auch schon sehr nah ist.

Jasmin Kriesten untersucht in ihrer Dissertationsschrift Kinder im Grundschulalter zu deren Vorstellungen von Frieden respektive Krieg und erhielt von einem neunjährigen Mädchen folgende Einschätzung: »Krieg, weil zum Beispiel ich weiß wie der Krieg ist. Zum Beispiel ein Land […] nicht so groß wie das andere und das andere Land wollte halt mehr und das kleinere Land wollte auch etwas. So haben sie Krieg gemacht und wollten immer alle Menschen in diesem Dorf töten, damit die diese Hälfte auch bekommen.« Gepaart sind diese Erklärungsversuche jedoch auch meist mit Bewältigungsstrategien, wie das folgende Zitat des gleichen Kindes zeigen soll: »Ich finde, eine friedliche Welt braucht kein Krieg, keine Gewalt, kein/und dass sich die Menschen vertragen und damit nicht jemand jemanden anderen beleidigt: … ›Du siehst so fett aus. Du hast so dicke Schwabbelbeine.‹ Jeder so, wie er ist.«

Für die friedenspädagogische und damit ethische Bildung im Religionsunterricht ist es daher in emotionspsychologischer Hinsicht beeindruckend, dass auch schon kleine Kinder mitfühlende Kompetenzen haben (Naurath, 2010), die deren Gespür dafür aufzeigen, dass der Friede im Großen seine Wurzeln im zwischenmenschlichen Umgang hat, wie auch, dass das Mitfühlen mit anderen und die Perspektivenübernahme für die Lebenssituation anderer Menschen ein erster und grundlegender Schritt zur Friedensbildung sind (Naurath, 2019a, S. 214–221).

2. Theologisch-ethische Perspektiven

2.1 Biblisch-theologisch

Frieden ist biblisch betrachtet kein Randthema, sondern beinhaltet im Terminus »šalôm« eine heilsgeschichtliche Perspektive, die über alles menschliche Leben und Agieren auf die schöpfungstheologische Dimension im Sinne eines »Siehe: Es war sehr gut!« (Gen 1) verweist. Das heißt, dass die Universalität von Frieden an die Segen verheißende Gottesbeziehung geknüpft ist, die wie ein Bogen vom Anfang der Zeit bis zum Ende aller Tage gespannt ist und im Sinne einer eschatologischen Hoffnung das Kommen des Reiches Gottes auch schon im Hier und Jetzt meint. Für den biblischen Friedensbegriff fällt auf, dass im Alten wie im Neuen Testament »Frieden« und »Gerechtigkeit« häufig verbunden werden, so z. B. in Ps 85,11: »Gnade und Treue finden zusammen, es küssen sich Gerechtigkeit und Friede.« Aus diesem Grund ist der »›gerechte Friede‹ als Leitperspektive einer christlichen Friedensethik« (Kirchenamt der EKD, 2007, S. 50) zu sehen. Gemeint ist hierbei auch, dass nicht allein die Abwesenheit bzw. die Negation von Gewalt oder Terror den biblisch intendierten Frieden ausmacht, sondern vielmehr eine umfassend auf Gerechtigkeit basierende Sozialordnung, die allen Menschen eine gleichwertige Würde und Möglichkeit zur Teilhabe an der Gesellschaft zuspricht. Als theologischer Begriff ist »Frieden« daher an Heilung und Heil, an Segen und an eine Realisierung von Gerechtigkeit geknüpft.

Diese Weite des šalōm-Verständnisses basiert auf dem Glauben an Gott, der allein Frieden im Sinne eines »pax et bonum« garantieren kann. Die ausdrückliche Betonung dieses šalōm-Verständnisses als theologischer Verbindungslinie von Hebräischer Bibel und Neuem Testament ist wichtig, da nicht selten aus christlicher Perspektive ein angeblicher Kriegs-Gott des Alten Testaments einem neutestamentlichen »Gott der Liebe und des Friedens« (wie etwa 2 Kor 13,11) entgegengestellt wurde und wird. Auf der Basis der dringenden Forderung, auf blinde Flecken einer antijudaistischen Tradition christlicher Theologie hinzuweisen, ist daher Differenzsensibilität erforderlich: In allen religiösen Traditionen standen und stehen Menschen in der Gefahr, das schöpfungstheologisch begründete Friedenspotenzial von Religion in sein Gegenteil zu verkehren, durch Missbrauch des Namens Gottes eigene Machtallüren zu instrumentalisieren und kriegerische wie auch terroristische Handlungen im Sinne eines »Gott mit uns« blasphemisch zu karikieren. Auch das Christentum ist trotz einer jesuanischen Friedensethik nicht davor gefeit und bedarf eines selbstkritischen Blickwinkels.

Um auch von biblisch-theologischer Seite mehr Klarheit in die Verhältnisbestimmung von Frieden, Krieg und Terrorismus zu bringen, ist es nötig, die theologische Frage nach dem Grund des Bösen (»unde malum?«) zu stellen und differenzierend die Kriegs- und Terrortexte der biblischen Schriften unter die Lupe zu nehmen. Deutlich zeigt sich, dass die Bibel alles andere als ein harmloses oder die Wirklichkeit verharmlosendes Buch ist, denn »texts of terror« (Phyllis Trible) sind auch hinsichtlich der Gewalt an Frauen quasi an der Tagesordnung und deuten auf grundlegende Zusammenhänge von Religion, Gewalt und Geschlecht (Naurath, 2008). Gerade weil die menschliche Wirklichkeit so von Gewalt und der Universalität von Kriegen durchdrungen ist, spiegeln die biblischen Texte ein Ringen um die Qualität der Gottesbeziehung als Frage nach Gnade, Vergebung und Erlösung angesichts von Schuld, aber auch als Klärung einer biblisch begründeten Ethik in der Unterscheidung von Gut und Böse.

Problematisch ist hierbei jedoch, dass das biblische Gottesbild selbst nicht frei von Gewalt ist:

> »Es gibt im Gottesbild der Bibel eine zusammenhängende Kette von ›Gott-und-Gewalt-Verben‹ von den ältesten Schriften des Alten Testaments bis zu den jüngsten Texten des Neuen Testaments. Gott rottet aus, vernichtet, reißt nieder, schlägt, zerschmettert, durchbohrt, tötet, schlachtet, macht kinderlos, frisst, verschlingt, zerreißt, macht krank, lässt hungern und verhungern, stachelt zum Kampf an …« (Oeming, 2005, S. 68 f.).

Die sogenannten »Jahwe-Kriege« stehen dafür, dass Israels Gott in die Kriege seines Volkes unterstützend eingreift, indem er beispielsweise Stadtmauern erzittern lässt oder unter den Feinden Verwirrung stiftet. Mit der Errettung seines Volkes am Schilfmeer als dem Urbekenntnis des jüdischen Glaubens streitet Jahwe sogar allein gegen die Ägypter (Ex 14,25b). Doch wie kann eine monotheistische, auf Universalität Anspruch erhebende Heilsgeschichte mit einer derartig erschreckenden Parteilichkeit Gottes zusammenpassen? Äußerst problematisch ist zudem, dass die Wirkungsgeschichte dieser Texte, die Gott zum Krieger machen (Ex 15,3), dazu führte, als Legitimation der Parole »Gott mit uns« in Kriegen den Gottesnamen zu missbrauchen, auch wenn Reinhard Müller in biblisch-theologischer Hinsicht relativiert: »Ein Urteil über diese Dimension der alttestamentlichen Kriegstexte sollte aber nicht gefällt werden, ohne dass ihr traditionsgeschichtlicher Hintergrund, ihr literarischer Zusammenhang und ihr theologiegeschichtlicher Ort berücksichtigt werden« (Müller, 2009, S. 282). Dennoch bleiben diese Textcorpora äußerst anstößig und fordern zu kritischer Diskursivität und auch theologisch-ethisch begründeter Abgrenzung auf – dies besonders auf dem Hintergrund eschatologischer Friedensverheißungen, dass Schwerter zu Pflugscharen und Spieße zu Sicheln werden sollen (Jes 2,4; Mi 4,3).

Allerdings verweisen biblische Texte wie Jes 45,7 (»Ich bilde das Licht und schaffe die Finsternis. Ich wirke Heil und schaffe Unheil. Ich bin der Herr, der dies tut.«) auch auf die unhinterfragbare Souveränität Gottes im Glauben. Wenn eine heutige Leserschaft biblische Texte mit ethischen Qualitätskriterien konfrontiert und ein »humanisiertes Gottesbild« einfordert, widerspricht dies letztlich einer Gottesbeziehung, die den Menschen eben nicht an die Stelle Gottes setzen kann. Biblische Formen des Umgangs mit diesen herausfordernden Fragen finden eher in den Schriften des Psalters oder des Hiob-Buches als Klage und auch Anklage gegen Gott ihren Ausdruck.

Festzuhalten bleibt, dass die Bibel (wie auch andere als heilig angesehene Texte der Weltreligionen) von Krieg und Terror handelt, die als Erfahrung der Glaubenden mit einem Gott gesehen werden können, der parteiisch und positionell eingreifend ihre Feinde vernichtet und damit Unterdrückungssituationen beendet hat. Mittels historisch-kritischer Forschung kann derartigen Texten als religiösen Zeugnissen ein »Sitz im Leben« zugeschrieben und damit deren Gewaltpotenzial relativiert werden. Andererseits besteht jedoch hier die Gefahr, dass Interpretinnen und Interpreten »überzeitliche Parallelen zwischen dem vermeintlich ›direkt‹ zugänglichen heiligen Text und der aktuellen Situation [ziehen], indem sie direkte Handlungsaufforderungen daraus ableiten« (Wohlrab-Sahr, 2004, S. 239). Insofern ist es evident, dass eine Religionsdidaktik, die ihren Beitrag zur Friedensbildung leisten möchte, zur innertheologischen Auseinandersetzung mit biblischen Gewalttexten bereit ist. Die christliche Grundüberzeugung eines dem Menschen zugewandten mitfühlenden Gottes benötigt einen diskursiven Rahmen, der in einer lebendigen Gottesbeziehung auch Emotionalität und Positionalität einbezieht und die grundlegende Vorstellung eines Friedens, der Barmherzigkeit und Gerechtigkeit in Einklang bringt, nicht vorschnell auflöst (Naurath, 2010).

Frieden ist daher im biblisch-theologischen Sinn keine Selbstverständlichkeit, sondern im Konzert der Widersprüchlichkeiten, Spannungen und Polaritäten des Lebens ein Segens-Gut, um das wir ringen, das wir erarbeiten und erbitten müssen: »Für den christlichen Glauben gründet das Ethos der Friedensstifter (Mt 5,9) in der von Gott gewährten Versöhnung der Menschen mit ihm und untereinander« (Kirchenamt der EKD, 2007, S. 51). *Si vis pacem para pacem* (Wenn Du Frieden willst, bereite Frieden vor) – ist daher die Aufgabe für die Religionen.

2.2 Systematisch-theologisch

Aktuelle Gegenwartsfragen, die nicht erst seit der Corona-Pandemie das Wort der globalen »Mega-Krise« laut werden lassen, sind auch für die Frage nach dem theologischen Umgang mit dem Thema Frieden relevant: Die zunehmend undurchschaubaren Vernetzungen und Abhängigkeiten der Globalisierung, die postkolonialistisch fortgesetzten Ungerechtigkeiten der weltweiten ökonomischen Verteilungs- und sozialen Partizipationsstrukturen, die rasant wachsende Umweltzerstörung (Klimawandel) und damit auch einhergehende Hungersnöte stellen massive Bedrohungen des nationalen wie weltweiten Friedens dar. Folgen sind u. a. auch ein aktuell beobachtbares Erstarken von Nationalismus mit rechtsradikalen Tendenzen, von diktatorischen Regimes, von Flüchtlingsbewegungen aufgrund von Bürgerkriegen bzw. aussichtlosen Zukunftschancen wie auch ein wachsender Terrorismus als Folge der Ohnmachtsgefälle und -gefühle. Bei all dem zeigt sich das zunehmende Problem der Undurchschaubarkeit von Zusammenhängen, denn trotz medialer »Omnipräsenz« ist die Transparenz der Konflikte und damit auch die Option der Konfliktbewältigung schwieriger geworden. So spricht man im 21. Jahrhundert von hybrider und auch asymmetrischer Kriegsführung als der bewussten Synchronisation von konventionellen und nichtkonventionellen Mitteln wie parallellaufenden Desinformationskampagnen, dem kriegerischen Einsatz von Drohnen, Cyberangriffen, terroristischen Einzelschlägen, Schwächung der Wirtschaft durch Sanktionen u. a. Besonders problematisch ist hierbei die Diffusität von politischen und militärischen Wegen, die dem Kriegsgeschehen selbst eine Art

Chamäleoncharakter gegeben hat. Angesichts dieser rasanten und evidenten Veränderungen der Kriegsführung, der Erscheinungsformen von Terrorismus wie auch der Bedrohung des sozialen Friedens im Inneren (v. a. durch rechtsextremistische Gewalt antisemitischer und antiislamischer Couleur) bedarf es einer dringenden theologischen Neuorientierung und Sensibilisierung zur friedenspolitischen Debatte.

Mehr denn je sind christliche Theologie und Religionspädagogik herausgefordert, die traditionell theologisch diskutierte Frage nach dem »gerechten Krieg« im Sinne des modernen Völkerrechts zur Frage nach dem gerechten Frieden neu zu buchstabieren. Ähnlich sind auch international bewaffnete Friedensmissionen aufgefordert, Fragen der Verhältnismäßigkeiten, völkerrechtliche Grundlagen und politisch-gesellschaftliche Friedensaufgaben konstruktiv in ihr Handeln einzubeziehen. So wie sich die Formen moderner Kriegsführung geändert haben, sind auch Formen moderner Friedensförderung neu zu justieren. Insofern macht gerade die Komplexität heutiger Konfliktbewältigungsstrategien einen neuen Blick auf das friedensfördernde Potenzial von Religionen dringlich, wie dies beispielsweise 2019 bei der Weltkonferenz von »Religions for Peace« als größter transnationaler interreligiöser Friedensorganisation gefordert wurde. In theologischer Hinsicht liegt die Chance des Perspektivwechsels darin, die Kooperation mit anderen Religionen und Weltanschauungen zu suchen, um sich aus einem gemeinsamen, für das Überleben der Menschheit notwendigen Friedensinteresse für alle der Gewalt in der Welt entgegenzustellen.

Allerdings bedarf es hierzu eines theologisch fundierten Perspektivenwechsels: Denn in gesellschaftlichen Diskursen wird Religion oft in einem Atemzug mit Gewalt genannt, sodass die berühmte These des Dalai Lama (Alt, 2019), eine Welt ohne Religion sei friedlicher, für viele Menschen aus scheinbar ersichtlichen Gründen einleuchtet. Andererseits ist es doch gerade so, dass in den heiligen Texten der Weltreligionen der Anspruch eines grundlegenden Friedenspotenzials in ihrem Plädoyer zu Barmherzigkeit und Nächstenliebe nachzuweisen ist. Wie lässt sich dieser auch theologisch zu betrachtende Widerspruch von Wirklichkeit und Anspruch, von Krieg und Frieden in den Religionen und durch die Religionen klären? Begründet wird die Diskrepanz meist so, dass mit einem theologischen Wahrheitsverständnis nicht selten ein Absolutheitsanspruch einhergeht, der in dieser holistischen, auf Vollkommenheit ausgerichteten Weltsicht Ausnahmen, Abtrünniges, Unreines und Unheiliges so radikal abwertet, dass nur dessen Bekämpfung als Rettung verstanden wird. Aus religionspsychologischer Perspektive liegt genau in diesem fundamentalistischen Denken dann die Gefahr von Extremismus, die Gewalt und Terrorismus nach sich zieht: »Wo versucht wird, das Vollkommene ins Leben zu ziehen und das

Himmelreich auf Erden zu schaffen, sind Inhumanität, Zwang und Gewalt die Folge, wird Religion zum Treibstoff für äußeren Terror« (Heine, 2004, S. 141).

Auch wenn kritische Analysen zur Gewalt – und das heißt auch Schuldgeschichte von Religionen (z. B. in Religionskriegen oder fundamentalistischen Entgleisungen) – unabdingbar sind, ist es an der Zeit, die grundlegende Kraft der Religionen zum Friedenstiften auch als Potenzial zur Friedensbildung aufzuzeigen. Indem Religionsgemeinschaften ihre friedensfördernden Potenziale im öffentlichen Diskurs stärker einbringen und konstruktiv umsetzen, können friedenspädagogische Impulse mit Blick auf die Weltpolitik wie auch auf innenpolitische Zusammenhänge gewinnen. Konkret bedeutet dies für die christliche Friedensbildung, dass sie mehr denn je einer Multiperspektivität bedarf, die sich nicht davor scheut, komplexe Analysen im interdisziplinären wie auch internationalen Kontext zu sichten, aus christlich-theologischer Perspektive klare Strukturen zur Orientierung zu benennen, Zusammenhänge von religiöser und politischer Bildung zu fokussieren und im Kontext von friedenspädagogischer Verantwortung in formalen, non-formalen und schließlich auch informellen religiösen Bildungsprozessen voranzubringen.

3. Didaktische Perspektiven

Auf der Grundannahme basierend, dass Religion und Religiosität auch weiterhin einen charakter- und kulturbestimmenden Einfluss und damit auch eine mentalitätsentwickelnde Verantwortung haben, bedarf unsere Gesellschaft um der Friedenspädagogik willen eines grundständigen Angebotes an religiöser Bildung. Zugleich muss jedoch der Friedenspädagogik ein höherer Stellenwert im Bereich religiöser Bildung zukommen. Während vor wenigen Jahrzehnten die religionsdidaktische Reflexion zum Thema Frieden mit der Friedensbewegung oder dem Konziliaren Prozess für Gerechtigkeit, Frieden und Bewahrung der Schöpfung in aller Munde war, hat man heute den Eindruck, dass mit Blick auf die Religionen vorrangig von Gewalt gesprochen wird. Insbesondere die religiöse Aufladung fundamentalistischer Terrorakte führt daher mit Dringlichkeit zum Aktualitäts- und Relevanzbezug friedenspädagogischer Impulse für religiöse Bildungsprozesse. Doch wie kann man Frieden lernen? Wie können friedensbildende Impulse religionsdidaktisch implementiert werden?

3.1 Didaktische Orientierungen

Mit Blick auf die gesellschaftliche Pluralisierung in religiöser und weltanschaulicher Hinsicht, auf die heterogenen Bedingungen des heutigen Schulalltags sowie auf die mit wachsender Sorge wahrzunehmenden Phänomene von Antisemitismus und Islamfeindlichkeit kann und muss interreligiöse Bildung geradezu als Friedenspädagogik für unsere Gesellschaft schlechthin bezeichnet werden. Mehr denn je ist der soziale Friede durch wachsende Vorurteile und Feindbilder gegenüber religiösen Minderheiten bedroht, die sich nicht selten in religiösem Mobbing oder auch Gewalt ausdrücken.

Insbesondere im schulischen Kontext, in dem wie in einem Brennglas der Gesellschaft Differenzen und Konflikte offen zutage treten, ist es daher dringend nötig, die Kompetenzen von Dialog- und Pluralitätsfähigkeit auf der einen Seite und der interreligiösen Bildung auf der anderen Seite zu fördern. Zunächst ist es hierfür wichtig, Lehramtsstudierende in interreligiöser Hinsicht zu professionalisieren bzw. Lehrkräfte fortzubilden. Konkret bedeutet dies, sich folgenden Fragen zu stellen: Tragen differierende konfessionelle, religiöse oder weltanschauliche Glaubens- und Lebensformen ein Konfliktpotenzial in sich, das von Lehrkräften stärker wahrgenommen werden sollte? Kann religiöse bzw. interreligiöse Bildung eine Chance bzw. ein Garant für gewaltpräventives Lernen am Lern- und Lebensort Schule sein? Wie kann es gelingen, die Vielfalt der religiösen Einstellungen, Lebensformen und Wertvorstellungen als Fülle und Bereicherung des Lebens wahrzunehmen statt mit Orientierungslosigkeit, Irritationen oder gar Abgrenzungen und Fundamentalismen zu reagieren? Wie können religiös bedingte Konfliktthemen (Ernährung, Kleidung, Fest- und Feiertage, Geschlechterverhältnis etc.) in der Schule und im Klassenzimmer so geklärt werden, dass auf Wertschätzung und Respekt basierende Lösungswege gefunden werden? Lehrkräfte – am besten aller Fächer – sind schon während des Studiums so auszubilden, dass sie Kompetenzen interreligiöser Bildung und Mediation erwerben (Naurath, 2019b).

Kompetenzorientiertes Ziel der Friedensbildung ist in Anknüpfung an die EKD-Denkschrift »Religiöse Orientierung gewinnen« (Kirchenamt der EKD, 2014) vor allem Pluralitätsfähigkeit, die der Bildung von religiöser Sprachfähigkeit, religiöser Reflexionsfähigkeit und religiöser Dialogfähigkeit bedarf. Konkret ist es für alle SuS wichtig, religionswissenschaftliche Grundkenntnisse, Deutungskompetenzen hinsichtlich religiöser und weltanschaulicher Einstellungen, religiöse Urteilsfähigkeit, aber auch Kompetenzen zur Perspektivenübernahme und Empathiefähigkeit zu gewinnen. Zusammengefasst kann man jedoch sagen, dass der Krieg in den Köpfen der Menschen beginnt (»wars begin in the minds of men«), sodass Persönlichkeitsbildung für alle Friedensbildung im Vordergrund stehen sollte.

3.2 Didaktische Konkretisierungen

Trotz der beschriebenen gesellschaftlichen Mega-Krise mit friedenspolitischen Auswirkungen führt das Thema »Frieden« gegenwärtig eher ein Schattendasein im Religionsunterricht und muss wieder stärker in Lehrpläne und Unterrichtsmaterialien aller Jahrgangsstufen und Schularten Eingang finden. Didaktisch grundlegend ist jedoch der Ausgangspunkt bei den Einstellungen der SuS, die im Sinne eines forschenden Lehrens zunächst kontextuell zu sichten sind. Anknüpfend an die eingangs genannte Studie von Jasmin Kriesten kann es beispielsweise sinnvoll sein, zunächst im Religionsunterricht die Präkonzepte der SuS zu erheben, indem sie ihre Vorstellungen bzw. Bilder zum Thema Frieden versus Krieg beschreiben oder gestalten (via Zeichnungen, Collagen, kreativem Schreiben etc.). Diese subjektorientierte Zugangsweise ermöglicht es der Lehrkraft, die Zuordnungen der SuS zum Thema bzw. deren Schwerpunktsetzungen oder Betroffenheiten in den Blick zu nehmen und von hier aus deren Fragen altersgemäß – und auf der Basis entwicklungspsychologischer Kenntnisse – zu konkretisieren. Persönlichkeitsbildende Impulse bedürfen des konkreten Kontextbezugs, anknüpfend an Lebens- und Alltagserfahrungen des friedlichen Miteinanders bzw. des Austauschs zu Erfahrungen von Vorurteilen, Feindbildern oder gar Gewalt. Diesbezüglich wäre ein weiterer fachdidaktischer Weg, beispielsweise über die Thematisierung von Emotionen wie Wut und Ärger aufzuzeigen, wie sich Aggressionen intensivieren oder auch durch Konfliktstrategien bewältigt werden können. Zusammenhänge der Dynamik einer entstehenden Gewaltspirale können so vom engeren und den SuS geläufigen familiären Kontext bis zu globalen Konflikten veranschaulicht werden. Wichtig ist hierbei, die Möglichkeit der Perspektivenübernahme bzw. des Mitgefühls didaktisch so zu verdeutlichen, dass die Strukturen von Diskriminierung, Verfolgung und Krieg erkennbar werden. In der Sekundarstufe I könnte hierzu beispielweise der Roman »Krieg. Stell dir vor, er wäre hier« von Janne Teller als geeigneter literarischer Weg gewählt werden, um nachvollziehen zu können, wie es einem Menschen ergeht, der unschuldig in einem fremden Kontext mit Vorurteilen und Feindbildern konfrontiert wird.

Gerade im Religionsunterricht ist es wichtig, den Zusammenhang von Religion und Gewalt zu thematisieren, um pauschale Zuschreibungen, dass es besser sei, nichtreligiös zu sein, offen zu diskutieren. Hier muss einerseits ein historischer Blick auf den – eigene Machtinteressen verschleiernden – Missbrauch von

Religionen geworfen werden und andererseits auch theologiekritische Klärungsprozesse zu gewaltbezogenen Texten und Gottesvorstellungen in den Religionen initiiert werden. Wichtig ist, das Friedenspotenzial der Religionen – beispielsweise auf der Basis schöpfungstheologischer Prämissen – deutlich zu machen und zu stärken. Hier wäre auch der didaktische Ort für die Diskussion verschiedener Modelle von Pazifismus und deren Begründungszusammenhängen.

Aufgrund des eingangs benannten wahrnehmungspsychologischen Phänomens, dass angesichts von Krieg und Terror meist erst bewusst wird, wie wertvoll der als selbstverständlich vorausgesetzte Frieden ist, muss es in der Friedensdidaktik auch um konkrete Konflikte und deren Bewältigungsmöglichkeiten gehen, sodass die Notwendigkeit eines Engagements für den Frieden deutlich werden kann. Allerdings bedarf es hierbei einer didaktischen Sensibilität, denn es ist durchaus damit zu rechnen, dass Kriegserfahrungen (z. B. bei Flüchtlingskindern), Gewalterlebnisse (z. B. bei häuslicher Gewalt) oder auch (medial verstärkte) Ängste vor Terrorismus bei den SuS virulent sind. Daher ist es wichtig, Zusammenhänge der Friedensfähigkeit im Nah- und Fernbereich (Mikro- und Makroebene) aufeinander beziehen zu können und Konfliktstrategien zu erlernen. Eine gute didaktische Option ist beispielsweise das Quergruppenprinzip, um die Vieldimensionalität der Perspektiven ins Gespräch zu bringen: Friedhelm Kraft (2018) hat am Beispiel des Nahostkonflikts als Thema des Religionsunterrichts gezeigt, wie die Lerngruppe in zwei Gruppen aufgeteilt wird und auf der Basis von Quellentexten zu »Experten« bzw. »Expertinnen« eines israelischen und eines palästinensischen Narrativs werden können.

Der biblisch-theologische Zusammenhang von Frieden und Gerechtigkeit ist friedensdidaktisch im Unterricht so einzubeziehen, dass die Komplexität der Abhängigkeiten bzw. Verstrickungen politischer wie auch ökonomischer Art – am besten auch in fächerübergreifenden Unterrichtsprojekten – thematisch nachvollziehbar wird (Armut, Hunger, fairer Handel, Klimawandel und der Schutz der Ressourcen, Flüchtlingskrise und Asyl etc.). Ethisches Lernen bedarf hierbei immer einer Ergänzung der kognitiven Lerndimension durch emotionale wie auch pragmatische Lernangebote, um persönlichkeitsbildend zu wirken. Insofern ist das Prinzip interreligiöser Friedensbildung immer auch daran geknüpft, dass konkrete Erfahrungsräume eröffnet werden, um Dialog zu ermöglichen, um miteinander Unterschiede auszuloten und Gemeinsamkeiten zu stärken.

4. Literatur

Alt, F. (Hg.) (2019): Der Appell des Dalai Lama an die Welt: Ethik ist wichtiger als Religion (17. Aufl.). Elsbethen: Benevento.

Haußmann, W./Biener, H./Hock, K./Mokrosch, R. (Hg.) (2006): Handbuch Friedenserziehung. Interreligiös – interkulturell – interkonfessionell. Gütersloh: Gütersloher Verlagshaus.

Heine, S. (2004): Religion als Treibstoff gewaltsamer Politik – Eine religionspsychologische Perspektive. In B. Rollett/M. Herle/I. Braunschmid (Hg.): Eingebettet ins Menschsein: Beispiel Religion (S. 139–145). Lengerich: Pabst Science Publishers.

Kirchenamt der EKD (Hg.) (2007): Aus Gottes Frieden leben – für gerechten Frieden sorgen. Eine Denkschrift des Rates der Evangelischen Kirche in Deutschland (2. Auf.). Gütersloh: Gütersloher Verlagshaus.

Kirchenamt der EKD (Hg.) (2014): Religiöse Orientierung gewinnen. Evangelischer Religionsunterricht als Beitrag zu einer pluralitätsfähigen Schule. Eine Denkschrift des Rates der EKD. Gütersloh: Gütersloher Verlagshaus.

Kraft, F. (2018): Grenzgebiete. Liebe in einem zerrissenen Land. Lehrermaterial. Stuttgart: Calwer.

Kriesten, J. (voraussichtlich 2022): »Das kann man doch auch friedlich klären!« – Eine qualitative Studie zum kindlichen Friedensbegriff als Perspektive für die religionspädagogische Friedensbildung. Unveröffentlichtes Manuskript.

Mokrosch, R./Held, T./Czada, R. (Hg.) (2013): Religionen und Weltfrieden. Friedens- und Konfliktlösungspotenziale von Religionsgemeinschaften. Stuttgart: Kohlhammer.

Müller, R. (2009): Jahwekrieg und Heilsgeschichte. ZTK 106, S. 265–283.

Naurath, E. (2008): Religion, Gewalt und Geschlecht: Gender als vernachlässigte Frage im Diskurs religiöser Gewaltforschung. Zeitschrift für Wissenschaft und Frieden 26 (4), S. 4043.

Naurath, E. (2010): Mit Gefühl gegen Gewalt. Mitgefühl als Schlüssel ethischer Bildung in der Religionspädagogik (3. Aufl.). Neukirchen-Vluyn: Neukirchener Verlag.

Naurath, E. (2019a): Gewaltpräventives Lernen. In S. Eisenhardt/K. Kürzinger/E. Naurath/U. Pohl-Patalong (Hg.): Religion unterrichten in Vielfalt. Konfessionell – religiös – weltanschaulich (S. 214–221). Göttingen: Vandenhoeck & Ruprecht.

Naurath, E. (2019b): Zusatzqualifikation Interreligiöse Mediation – ein Angebot für alle Lehramtsstudierenden der Universität Augsburg, In S. Eisenhardt/K. Kürzinger/E. Naurath/U. Pohl-Patalong (Hg.): Religion unterrichten in Vielfalt. Konfessionell– religiös – weltanschaulich (S. 330–333). Göttingen: Vandenhoeck & Ruprecht.

Nipkow, K. E. (2007): Der schwere Weg zum Frieden. Geschichte und Theorie der Friedenspädagogik von Erasmus bis zur Gegenwart. Gütersloh: Gütersloher Verlagshaus.

Oeming, M. (2005): Gott und Gewalt im Alten Testament. Unzeitgemäße Betrachtungen eines Exegeten. In N. Ammermann/B. Ego/H. Merkel (Hg.): Frieden als Gabe und Aufgabe – Beiträge zur theologischen Friedensforschung (S. 67–86). Osnabrück: V&R unipress.

Ratzmann, W. (Hg.) (2004): Religion – Christentum – Gewalt. Einblicke und Perspektiven. Leipzig: Evangelische Verlagsanstalt.

Wohlrab-Sahr, M. (2004): Religion und Gewalt. Überlegungen zu den sozialen Voraussetzungen einer Wahlverwandtschaft. In W. Ratzmann (Hg.): Religion – Christentum – Gewalt. Einblicke und Perspektiven (S. 233–250). Leipzig: Evangelische Verlagsanstalt.

Geld / Finanzmärkte / Finanzwirtschaft

Thomas Heller

1. Lebensweltliche Perspektiven

Was unterscheidet den Menschen vom Tier? Die Antworten auf diese Frage fallen vielfältig aus: Es ist das Nachdenken über sich selbst, die Erschaffung von Werkzeugen, das Malen von Bildern, das Musizieren, eine Charakteristik als »Mängelwesen« (Arnold Gehlen) oder gar das Lachen. Eine Antwort, die hier nur selten vorgebracht wird, lautet: Es ist die Entwicklung und Nutzung von Geld (ausführlich dazu und zu vielen der folgenden Punkte Heller, 2019b; kurzgefasst auch Heller, 2020; mit Schwerpunkt auf einer Kritik der Systemtheorie Niklas Luhmanns, Heller, 2019a). Zutreffend ist diese Antwort insofern, als dass Phänomene, die zum Tauschen, Wertaufbewahren und Bewerten genutzt werden – so die u. a. in der Wirtschaftswissenschaft gängige Bestimmung des Geldes –, sich weltweit bereits für jungsteinzeitliche Kulturen nachweisen lassen, wobei diese einzelnen Kulturen in ihrer weiteren Entwicklung dann auch nie wieder in einen vorgeldlichen Zustand »zurückgefallen« sind. Die jeweilige Einführung des Geldes geschah dabei vermutlich, um den Tauschhandel zu vereinfachen; zugleich wurde so eine Arbeitsteilung ermöglicht, deren Differenzierung bis heute voranschreitet.

Geld gehört damit seit einem sehr frühen kulturellen Entwicklungsstand zur Menschheit. Abhängig von Zeit und Ort konnte und kann das Phänomen dabei vielgestaltig vorkommen: Geschichtlich fungierten Äxte, Metalle, Kaurischnecken, Pelze, Salz, Spieße oder gar Zigaretten (im besetzten Deutschland nach 1945) als Geld (sog. Tauschgeld); aktuell wird hier eher auf Münz- und Papiergeld sowie das sog. Buchgeld (ein Anspruch gegen eine Bank auf Basis einer Kontobeziehung) hinzuweisen sein. Auch sog. Kryptowährungen wie die Bitcoins, denen keine dingliche Erscheinungsform korreliert – die also nicht wie das Buchgeld in Münz-/Papiergeld umgetauscht werden können –, haben in den letzten Jahren an Bedeutung gewonnen. All diese Geldformen können auf verschiedenen sog. Märkten genutzt werden: Auf den Real- bzw. Gütermärkten findet im Rahmen der sog. Realwirtschaft mittels des Geldes der An-/Verkauf von Gütern und Dienstleistungen statt, auf den Finanzmärkten werden im Rahmen der sog. Finanzwirtschaft das Geld selbst bzw. sog. Finanzinstrumente (also geldwerte Forderungen bzw. Verpflichtungen) zur Ware. Oft werden dabei drei Finanzmärkte unterschieden: der sog. Geldmarkt (auf dem Finanzinstrumente mit einer Laufzeit von bis zu zwei Jahren gehandelt werden), der sog. Kapitalmarkt (auf dem Instrumente mit einer Laufzeit von über zwei Jahren gehandelt werden) sowie der sog. Devisenmarkt (auf dem Währungen gehandelt werden). Bedeutsam für die Praxis ist noch die Differenz von originären und derivaten Finanzinstrumenten: Originäre Instrumente wie Aktien haben ihren Wert »in sich«, der dann »nur« von der Entwicklung des Unternehmens abhängig ist. Derivate Instrumente (oft kurz: Derivate) hingegen sind immer auf einen oder mehrere sog. Basiswerte bezogen (den Wert einer Aktie, eines Rohstoffes oder einer Devise) und stellen eine Vereinbarung dar, dass dieses sog. Underlying zu einem späteren Zeitpunkt zu einem konkreten Preis gekauft/verkauft werden kann (die sog. Optionen) bzw. gekauft/verkauft werden muss (die sog. Futures). Diese auch als Termingeschäfte bezeichneten Instrumente können damit zur Risikominimierung dienen; sie eignen sich aber auch zur Spekulation: Anlegerinnen und Anleger, zu denen dann auch oft die sog. Hedgefonds zählen, können mit ihnen auf Wertsteigerungen/-senkungen »wetten« und mit sog. Hebelprodukten sogar überproportional von der Entwicklung der Basiswerte profitieren. Ein ähnliches Prinzip liegt auch den sog. Leerverkäufen zugrunde, die im März 2020 im Kontext der Corona-Pandemie einen Höhepunkt erlebten. Hier verkauften Hedgefonds Aktien z. B. aus dem Bereich der Tourismusbranche, die nur ausgeliehen und später noch zu kaufen waren. Die Fonds setzten dabei auf weiter fallende Kurse – wobei sie mit ihren Verkäufen diesen Kursverfall freilich noch verstärkten und Milliardengewinne erwirtschafteten (einleitend journalistisch Steiner, 2020).

In die gegenwärtige Lebenswelt von Kindern und Jugendlichen reichen diese Themen in doppelter Hinsicht hinein. So ist zunächst auf einer konkreten Ebene festzuhalten, dass Schülerinnen und Schüler (SuS) in vielerlei Hinsicht mit Geld bzw. Finanzmärkten und der Finanzwirtschaft in Kontakt geraten: Sie bekommen Geld geschenkt und erhalten Taschengeld, bestimmen Kaufentscheidungen in der Familie mit, üben Ferienjobs aus und spielen geldbezogene Spiele wie *Monopoly, Hotel Tycoon* oder *Das Spiel des Lebens,* bei denen zugleich finanzwirtschaftliche Praktiken wie die Aufnahme von Hypothekendarlehen eingeübt werden. 67 % der 16–25-Jährigen verfügten im Jahr 2019 über ein eigenes Girokonto, 43 % über ein Spar-/Festgeldkonto, 9 % über ein Wertpapierdepot – und immerhin 25 % konnten sich vorstellen, in Wertpapiere zu investieren (Comdirect, 2019, S. 20, 23). Weiterhin wird zumindest das Geld beständig in den von Kindern und Jugendlichen konsumierten populären Medien thematisiert, wobei hier eher weniger auf explizit geldbezogene (und dann häufig auch geldkritische) Medien wie den Kinofilm *100 Dinge* (s. dazu auch Kapitel 3) hinzuweisen ist, sondern vielmehr auf die Tatsache, dass das Geld in diesen Medien immer wieder beiläufig erwähnt und gerade derart als normal/üblich dargestellt wird (was bereits der Fall ist, wenn in einem PC-Spiel ein Verkauf stattfindet oder in einer Lern-App virtuelle Goldmünzen als Belohnung vergeben werden). In summa sind Kinder und Jugendliche so weitreichenden Sozialisations- und Erziehungsprozessen ausgesetzt, welche dazu führen, dass sich in den ersten beiden Lebensjahrzehnten eine zunehmende Orientierung an Geld bzw. Besitz entwickelt. So finden 6–14-jährige Kinder insbesondere Freundschaft, Familie, Vertrauen/Zuverlässigkeit, Geborgenheit oder Ehrlichkeit wichtig (GEOlino & UNICEF, 2014, S. 5 ff.) – womit sie Bedürfnisse artikulieren, die sich »nicht kaufen« lassen. Für 12–25-Jährige sind hingegen auch Unabhängigkeit, Lebensgenuss, Sicherheit oder ein hoher Lebensstandard (Bedürfnisse also, die sich mittels Geld besonders gut befriedigen lassen) und darüber hinaus auch Geld selbst von großer Relevanz (Gensicke, 2015, S. 239, 245; Leven, Quenzel & Hurrelmann, 2015, S. 79 f.). Hierzu passt denn auch, dass von Konfirmandinnen und Konfirmanden das Motiv »um am Ende Geld oder Geschenke zu bekommen« als wichtigster Grund zur Teilnahme an der Konfirmandenarbeit angegeben wurde (Schlag, 2009, S. 99 f.).

Die Geldbestimmtheit von Kindern und Jugendlichen ist damit freilich erst zum Teil erfasst. Denn es ist auf einer abstrakten Ebene zu betonen, dass sie in einer arbeitsteiligen Gesellschaft leben, welche nur aufgrund dieser durch das Geld ermöglichten Differenzierung Güter und Dienstleistungen bereitstellen kann, die auf ihre Bedürfnisse abgestimmt sind bzw. entsprechenden Erfordernissen nachzukommen vermögen. Die Liste dieser Güter und Dienstleistungen ist kaum abzuschließen: Medizinische Vorsorgeuntersuchungen sind hier ebenso zu erwähnen wie die Betreuung von Kindern in Kindertagesstätten oder Horten, der Zugang zu (weiteren) Bildungsangeboten ebenso wie die Zur-Verfügung-Stellung von z. B. Wohnraum, Kleidung und Essen. Im Ganzen sind SuS so während ihres gesamten Aufwachsens von der Macht des Geldes »ergriffen [und] grundlegend bestimmt« (Rickers, 2002, S. 111).

2. Theologisch-ethische Perspektiven

Phänomene, welche zum Tauschen, Wertaufbewahren und Bewerten dienen, werden in den biblischen Schriften in einer Vielzahl von Stellen benannt (die nachfolgenden Bibelbelege sind größtenteils exemplarisch). Zu erwähnen sind hier Rinder (Gen 47,16 f.), Sklavinnen und Sklaven (Ex 21,21), Gold (Mt 2,11) oder Erze (Mt 10,9). Besonders häufig sind allerdings zwei Erscheinungsformen: Im Alten Testament dominiert Silber in Form des sog. Hacksilbers (Silberstücke/-staub; Gen 23,15 f.); im Neuen Testament sind insbesondere Münzen griechischer und römischer Herkunft von Bedeutung (Mt 10,29 *par.*; 22,19 *par.*; Lk 15,8 f.). Auch viele finanzwirtschaftliche Praktiken sind der Bibel geläufig, sei es das Verleihen von Geld gegen Zins (Dtn 23,20 f.), der Umtausch von Währungen auf Basis eines Aufgeldes (Mt 21,12 *par.*), die Tätigung von Investitionen (Mt 25,14–30 *par.*), kalkulatorisches Handeln (Lk 14,28–30) oder die Diversifikation/das Verteilen von Risiken (Koh 11,2).

Diesem Geld und diesen Praktiken gegenüber bezieht die Bibel eine klare Position, bei der zwei Aspekte wichtig sind. So ist einerseits zu betonen, dass nicht nur die Sterne (Gen 1,14) oder der Mensch (Gen 1,27) Teil der Schöpfung sind, sondern auch das Geld. In Prov 16,11 wird festgehalten, dass die Gewichte, welche nötig waren, um das Hacksilber abzuwiegen, Werk Gottes sind. Zahlreiche Verse wie Gen 23,15 f. und Mt 10,29 f. *par.* verdeutlichen, dass jeder Mensch Geld zur Befriedigung seiner Bedürfnisse bzw. zur Reaktion auf Erfordernisse nutzen kann. Geld erscheint so zunächst als sog. Adiaphoron (einführend Herms, 1998): Es ist nichts, das an sich gut oder schlecht wäre (wie Mord), sondern es ist etwas »Sekundäres«, »Nebensächliches« – ein Werkzeug, dessen Gebrauch in verschiedener Hinsicht möglich ist, was dann analog auch auf finanzwirtschaftliche Praktiken übertragen werden kann. Hierzu passt, dass die Bibel die Potenz des Geldes lobt (Koh 10,19), Reichtum als Segen Gottes darstellen (Gen 24,35) sowie mittels des Zehnten (Dtn 14,22–29), der Tempelsteuer (Ex 30,11–16; Neh 10,33 f.) und des Verzichts auf Zinsen (Ps 15,5) »in die Nähe Gottes« (Ps 15,1) gelangt werden kann. Auch Jesus vermag derart in der lebensweltbezogenen Sprache seiner Gleichnisse affirmativ auf das Geld bzw. Praktiken der Finanzwirtschaft einzugehen: Er freut sich mit der Frau, die ihre Drachme wiederfindet (Lk 15,8–10), stellt den Diener, der den enormen Betrag von fünf Talenten Silber (mehr als 100 Kilogramm) durch Investitionen verdoppeln konnte, als Vorbild dar (Mt 25,20 f.), gleichfalls das (freilich im Vergleich unrentable) Anlegen von Geld gegen Zins (Mt 25,27 f. *par.*) – und nimmt gar positiv Bezug auf Betrug bei Kreditvergaben (Lk 16,1–9). Zugleich wird eine entsprechend affirmative Metaphorik auch gebraucht, um Gott, Jesus und die Gemeinde zu charakterisieren. Zu dieser gehören der Ausdruck, dass Gott »wie Silber« (Hi 22,25) ist, und die Rede vom Reichtum Gottes, Jesu und der Gemeinde (Röm 10,12) – sodass Paulus auch sagen kann, dass in Jesus Christus »verborgen liegen alle Schätze der Weisheit und der Erkenntnis« (Kol 2,3), und die Zuwendungen aus Philippi als »Einlage« in seine Mission samt Dividendenausschüttung konturieren kann (Phil 4,10–18). Gleichfalls liegt die oft genutzte

Rede von Gott und Jesus als Löser bzw. Erlöser (Dtn 7,8; Röm 3,24) auf dieser Linie. Denn auch dieses wichtige Gottes- und Christusattribut nutzt einen ökonomischen Begriff: Löser bzw. Erlöser waren ursprünglich Personen, die versklavte Familienmitglieder freikauften/freikaufen sollten (Lev 25,47–55).

Dennoch wäre es andererseits falsch, der Bibel eine positive Einstellung gegenüber dem Geld, den Finanzmärkten und der Finanzwirtschaft zu bescheinigen (populärwissenschaftlich u. a. Grözinger, 2012). Vielmehr ist das Gegenteil der Fall: Gerade, weil Geld bzw. finanzwirtschaftliche Praktiken zunächst als Adiaphora in den Blick geraten, gilt, dass Glauben und Handeln der Menschen hiervon nicht beeinflusst oder gar bestimmt werden dürfen. Eine Vielzahl biblischer Stellen verdeutlicht, dass der Gebrauch von Geld bzw. finanzwirtschaftlichen Praktiken in einen »höheren Dienst« zu stellen ist, konkret: die Unterstützung armer Israelitinnen und Israeliten (so die vorrangige Position des Alten Testaments; Lev 25; Dtn 15) bzw. aller armen Menschen (so die vorrangige Position des Neuen Testaments; Mt 6,1–4; 19,16–26 *par.;* Lk 12,33; 16,19–31; Gal 2,10). Auch die Gründe hierfür werden klar erkennbar: Im Alten Testament soll dies vorrangig aus einer Verantwortung gegenüber dem »Volk Israel« heraus geschehen (nochmals Lev 25; Dtn 15), im Neuen Testament, um den alttestamentlich überlieferten Willen Gottes zu beachten (Mt 5,17; Lk 16,29.31). Flankiert wird dies neutestamentlich dann nochmals mit Argumenten aus den Bereichen der Weisheit (Mt 6,26–29 *par.*) und der Eschatologie (Mt 6,19 f.; 19,16–30 *par.;* 25,31–46; Lk 16,1–9; Jak 5,1–6) sowie zu einer Ablehnung von Besitz selbst ausgeweitet: Der Mammon ist der eine große Widersacher Gottes (Mt 6,24 *par.*) und überall dort, wo er (noch) vorliegt, gibt es keine Ausrichtung des »Herzens« (Mt 6,21) auf Gott (ähnlich bereits Dtn 17,17). Dazu passt, dass Habgier nicht etwa ein »Kavaliersdelikt« darstellt, sondern »Götzendienst« (Eph 5,5; Kol 3,5), und damit relevant ist gemäß dem Ersten Gebot. Wer entsprechend dieser Vorgaben handelt, gerät als Vorbild in den Blick: die Jünger, die ihre Häuser und Äcker verlassen haben (Mt 19,27–30 *par.*), der weithin besitzlos lebende Paulus (1 Kor 9,4–27), die Mitglieder der Urgemeinde, die ihre Immobilien verkaufen (Apg 2,42–47), oder die arme Witwe, die noch ihre letzten Münzen spendet (Mk 12,41–44 *par.*). Vice versa findet die Bibel deutliche Worte für all jene, deren Glauben und Handeln weiter durch Geld beeinflusst oder gar bestimmt werden – seien es die Erstgeladenen bei der königlichen Hochzeit (Mt 22,1–14) oder die Reichen in der Perikope »Das Gericht über die Reichen« (Jak 5,1–6), seien es der reiche Mann, vor dessen Haustür Lazarus stirbt (Lk 16,19–31), oder Hananias und Saphira (Apg 5,1–11). Und selbst dem Bauern aus Lk 12,16–21 mit seinem nachvollziehbaren Wunsch, die Früchte seiner Arbeit genießen zu können, bleiben am Ende nur Tod und Auflösung des Erbes: »So geht es dem, der sich Schätze sammelt und ist nicht reich bei Gott« (Lk 12,21). Resümierend erscheint Geld in der Bibel derart, was analog auch auf finanzwirtschaftliche Praktiken übertragen werden kann, als »Adiaphoron und Konkurrent Gottes zugleich« (Heller, 2019, S. 175; ähnlich Merz, 2001, S. 82).

Jeder Mensch, für den die Bibel normative Kraft hat, steht so vor einer kaum lösbaren Aufgabe. Diese ist noch umso schwieriger, da Geld ja nicht nur ein Tausch-, Wertaufbewahrungs- und Bewertungsmittel ist, sondern, auf dieser Grundlage, zahlreiche weitere, teils konträre Funktionen ausübt. Diese wurden in soziologischen und psychologischen Untersuchungen ausführlich beschrieben: Geld kann u. a. zur Förderung von Frieden wie Unfrieden, Gleichheit wie Ungleichheit sowie Rationalität wie Irrationalität genutzt werden; Geld kann Defizite kompensieren und glücklich machen; Geld vermag Kontingenzerfahrungen herbeizuführen und kann helfen, Kontingenzen zu bewältigen; und nicht zuletzt vermag es eine Sucht nach sich selbst zu erzeugen, die, so auch bereits Koh 9,5, mit immer mehr Geld stets nur vorläufig gestillt werden kann (einleitend zu solchen Funktionen Hedtke, 2014, S. 128–140; Jonas, Maier & Frey, 2007). Es ist daher nachvollziehbar, wenn bereits der Volksmund festhält, dass Geld mit Macht gleichzusetzen sei – und wenn die biblischen Schriften mit den o. g. Stellen nun einen Gott-Geld-Antagonismus vorbringen sowie weitreichende Armenfürsorge oder Besitzlosigkeit fordern, dann fordern sie zugleich, auf diese Macht zu verzichten.

Kirchen- und theologiegeschichtlich wurde dies kaum geteilt: Während eine sog. perfektionistische Deutung, die u. a. in der sog. radikalen Reformation vertreten wurde, genau hierfür eintrat, versuchten viele andere Deutungen, die Position der Bibel zum Geld – und ähnlich radikale Forderungen wie die nach Feindesliebe – zu relativieren. Zu erwähnen sind hier die sog. Zweistufenethik u. a. von Thomas von Aquin (bei der sich die geldbezogenen Forderungen der Bibel nur an spezifische Personen wie Mönche richten), die sog. Interimsethik insbesondere von Johannes Weiß (in deren Rahmen z. B. die Forderung nach Besitzlosigkeit einzig unmittelbar vor einem nicht eingetretenen Weltende zu befolgen gewesen wäre) sowie die sog. Gesinnungsethik u. a. Wilhelm Herrmanns (bei der Armut nur »der Gesinnung nach« umzusetzen wäre). Auch die von Martin Luther vertretene Unterscheidung von Amt und Person wäre hier zu nennen (bei der die geldbezogenen Forderungen der Bibel nur vom Menschen »als Person«, nicht aber u. a. als Vater zu befolgen wären), ebenso wie die Christologie Eduard Thurneysens (bei der allein Jesus solch radikale Forderungen erfüllen kann). Anhalt im Text finden diese einschränkenden Deutungen jedoch nur bedingt (einführend Honecker, 1990, S. 270–278). »Immerhin« verbleibt als Kompromiss zwischen der Macht des Geldes und der biblischen Positionierung die Rechtfertigungslehre. Denn wird dieser gefolgt, dann sind Texte wie Mt 6,19–34 *par.* in dreifacher Hinsicht zu verstehen: Erstens sind sie wörtlich gemeint; zweitens stellen sie einen die eigene Sündhaftigkeit aufzeigenden »Spiegel« dar; und drittens bieten sie Orientierung für die gerechtfertigten Menschen, die »aus sich selbst heraus« »gute Früchte« (Mt 7,17) erbringen. Ein leichtfertiges Ignorieren der biblischen Imperative ist damit freilich nicht gemeint: Sie sind weiter möglichst weitreichend zu verwirklichen, da ja noch immer der ersten oder der dritten dieser Lesarten zu entsprechen ist. Allerdings lässt sich die Umsetzung in der dritten Deutung vielfältig denken. Hierzu kann gehören, die eigenen geldbezogenen Wünsche zu reflektieren sowie – im Sinne einer »sozial, ökologisch und global verpflichteten« (Kirchenamt, 2009, S. 8) Wirtschaft – Fair-Trade- oder Bio-Produkte zu kaufen, zugunsten sog. alternativer Geldanlagen auf (höhere) Renditen zu verzichten und die eigenen Ressourcen für Friedensarbeit oder die Bewahrung der Schöpfung einzusetzen. Ebenfalls kann hierzu zählen, bestmöglich auf Besitz zu verzichten. Ganz sicher gehört jedoch nicht zu dieser Auflistung, sich unter Nutzung von z. B. Steueroasen und spekulativen, auf Derivaten und Leerverkäufen basierenden Termingeschäften einer größtmöglichen Gewinnmaximierung zu widmen.

3. Didaktische Perspektiven

3.1 Didaktische Orientierungen

Wird von Lehrplänen und Schulbüchern ausgegangen, so spielen die Themen »Geld«, »Finanzmärkte« und »Finanzwirtschaft« im Religionsunterricht aktuell kaum eine Rolle. Das mag damit zusammenhängen, dass es sich um komplexe, abstrakte und gegebenenfalls als rein »weltlich« angesehene Sachverhalte handelt, aber auch damit, dass unklar ist, wie die Position der Bibel zum Geld bzw. zu finanzwirtschaftlichen Praktiken didaktisch aufgegriffen werden kann. Oft dürfte hier auch noch erschwerend ein Widerspruch zur Lebenspraxis der ja häufig fest angestellten und zumindest im Vergleich gut bezahlten unterrichtenden Personen hinzutreten: Denn wenn diese z. B. auf die biblischen Forderungen nach Besitzverzicht positiv Bezug nehmen, dann dürfte dies nur selten Anhalt in der eigenen Lebensführung haben. Religionspädagogisch akzeptabel wird diese Leerstelle damit freilich nicht. Fokussiert auf das Geld: Ein Phänomen, das in den biblischen Schriften als Widersacher Gottes benannt wird, sollte in einem Religionsunterricht, der mit Artikel 7.3 des Grundgesetzes in »Übereinstimmung mit den Grundsätzen der Religionsgemeinschaften« zu erteilen ist, auch gebührend thematisiert werden.

Dies gilt umso mehr, als dass SuS im Rahmen einer im Religionsunterricht vollzogenen Auseinandersetzung mit Geld bzw. mit den Finanzmärkten und der Finanzwirtschaft wichtige Kompetenzen religiöser Bildung anbahnen, erwerben und weiterentwickeln können. So kann, ausgehend vom Kompetenzmodell des Comenius-Instituts (zu den folgenden Kompetenzen Comenius, 2006, insbesondere S. 19 f.), eine Erarbeitung der biblischen Position zum Geld bzw. zu finanzwirtschaftlichen Praktiken und eine Erarbeitung möglicher Deutungen wesentlich dazu beitragen, dass sie über »das Christentum evangelischer Prägung (theologische Leitmotive […]) Auskunft geben« können. Im Umkehrschluss dürfte sich, was vor dem Hintergrund von Kapitel 2 deutlich zu betonen ist, diese Kompetenz nur bedingt verwirklichen lassen, wenn Verse wie Mt 6,19–34 *par.*, 19,16–26 *par.* und Mk 12,41–44 *par.* sowie ihre rechtfertigungstheologische Deutung nicht bekannt sind.

Hiervon ausgehend können dann weitere Kompetenzen in den Blick geraten, von denen jeweils zwei noch benannt seien. So kann einerseits eine Auseinandersetzung mit Fragen wie »Ist mir ein hohes Einkommen wichtig?«, »Wie soll ich mein Geld anlegen – gewinnorientiert oder nachhaltig?« oder auch »Wie beurteile ich Leerverkäufe?« (ab Klassenstufe 11, im Rahmen eines Projekts mit dem Wirtschafts-/Rechtsunterricht), bei der auch die biblische Position zum Geld bzw. zu finanzwirtschaftlichen Praktiken in ihrer rechtfertigungstheologischen Deutung zur Sprache kommt, vollzogen werden. Dies kann dann dazu beitragen, »[r]eligiöse Grundideen […] als Grundwerte in gesellschaftlichen Konflikten zur Geltung bringen« zu können sowie »Entscheidungssituationen der eigenen Lebensführung als religiös relevant [zu] erkennen sowie mithilfe religiöser Argumentation [zu] bearbeiten«. Für den Religionsunterricht dürfte dies nochmals insofern wichtig sein, als dass hier anhand eines lebensweltlich wichtigen Themenkomplexes deutlich wird, dass der Religionsunterricht nicht etwa auf Themen wie »Abendmahl« und »Gotteslehre« beschränkt ist, sondern dass es vielmehr kaum Themen gibt, die hier nicht relevant sind. Denn auch wenn z. B. die von Niklas Luhmann vorgelegte Systemtheorie eine Trennung u. a. von Religion und Wirtschaft nahelegt, so gilt doch mit Kapitel 2, dass auch Geld bzw. finanzwirtschaftliche Praktiken von religiöser Bedeutsamkeit sind. Ein Religionsunterricht, der nicht selten als »weltfern« oder »unnütz« angesprochen wird, kann hier klarstellen, dass er »mitten im Leben steht« und auch und gerade zu Phänomenen wie derivaten Finanzinstrumenten und Leerverkäufen etwas zu sagen hat.

Andererseits kann u. a. unter Nutzung empirischer Studien (s. mit Beispielen Kapitel 1) analysiert werden, was aktuell in Deutschland lebenden Kindern und Jugendlichen »wichtig ist«, und z. B. mittels einer Auseinandersetzung mit lebensweltlich relevanten Medien untersucht werden, wie diese Orientierungen generiert werden. Auf Basis der eingangs getroffenen Ausführungen wird dann zwangsläufig auch eine Wertschätzung von Geld bzw. von finanzwirtschaftlichen Praktiken wie dem Wertpapierhandel in den Blick geraten – und insgesamt kann eine solche Auseinandersetzung dann dazu beitragen, dass SuS die »persönliche Glaubensüberzeugung bzw. das eigene Welt- und Selbstverständnis wahrnehmen« sowie »religiöse Motive und Elemente in der Kultur [...] identifizieren [und] ideologiekritisch reflektieren« können. Wie wichtig dies ist, sei nochmals an einem Beispiel formuliert. Denn wenn Konfirmandinnen und Konfirmanden den Erhalt von Geld bzw. Geschenken als wichtigsten Grund für ihre Teilnahme an der Konfirmation angeben (s. o.), dann sollte dies mitsamt den Sozialisations- und Erziehungsprozessen, die hierzu geführt haben, im Religionsunterricht nicht gleichgültig sein. Sondern vielmehr sollte es thematisiert sowie – auf Basis der biblischen Position zum Geld in ihrer rechtfertigungstheologischen Deutung – reflektiert werden. Ein solcher Unterricht würde dann u. a. Anknüpfungspunkte zum sog. sozialisationsbegleitenden Religionsunterricht aufweisen, der bereits in den 1970er Jahren von Dieter Stoodt vorgeschlagen wurde.

3.2 Didaktische Konkretisierungen

Wenn religionsunterrichtlich versucht wird, im Rahmen einer Auseinandersetzung mit den Themen »Geld«, »Finanzmärkte« und »Finanzwirtschaft« die o. g. Kompetenzen anzubahnen, zu erwerben und weiterzuentwickeln, dann steht dieser Unterricht u. a. vor der Herausforderung, dass nur wenige (u. a. Penzold, 2013) sowie oft auf den Unterricht an Beruflichen Schulen fokussierte (u. a. EIBOR, 2018) entsprechende Unterrichtsmaterialien existieren.

Dennoch stehen viele Möglichkeiten für einen anschaulichen und lebensweltbezogenen Unterricht bereit. Drei Punkte seien benannt. So existieren erstens auf Internetvideoportalen zahlreiche, auch oftmals als Werbung eingespielte Videos, mit denen »Finanzcoaches«, »Erfolgsautoren« oder »Beratungsagenturen«, häufig untersetzt mit Bildern von teuren Häusern oder Autos, »Geheimtipps« oder »kostenlose Seminare« für schnelle Gewinne u. a. an den Börsen anbieten – und dies auch ohne Startkapital oder Vorwissen. Diese Videos können z. B. gut hinsichtlich der in ihnen enthaltenen (und durch sie generierten) Werte untersucht sowie mit der biblischen Qualifizierung von Habgier als »Götzendienst« in Beziehung gesetzt werden. Zum Zweiten sei darauf hingewiesen, dass die Position der Bibel zum Geld bzw. zu finanzwirtschaftlichen Praktiken kein singuläres Phänomen darstellt, sondern dass zumindest einige Medien existieren, die analoge oder ähnliche Beurteilungen vorbringen. Hierzu gehören Songs wie *Leichtes Gepäck*, Märchen wie *Sterntaler* und *Der Fischer und seine Frau* sowie

Kinofilme wie *100 Dinge* (Regie: Florian David Fitz), *Captain Fantastic* (Regie: Matt Ross), *Into The Wild* (Regie: Sean Penn) und *Wolf of Wall Street* (Regie: Martin Scorsese). Diese lebensweltlich relevanten Medien können u. a. genutzt werden, um eine Überleitung zur biblischen Bewertung des Geldes zu finden und um diese zu plausibilisieren. Abschließend sei noch erwähnt, dass die hier fokussierten Themen zwar komplex und abstrakt sind, jedoch zugleich immer wieder anhand von Personen »greifbar« werden, was dann Möglichkeiten zum sog. Lernen an Biografien eröffnet. Zu solchen Personen gehören (weithin) auf Besitz verzichtende Menschen wie Simeon Stylites der Ältere, Franz von Assisi, Mutter Teresa sowie der »Aussteiger« Christopher McCandless, aber auch Börsenmakler wie Jordan Belfort und Unternehmer wie Adolf Merckle, die wohl lebenslang nach einer größtmöglichen Gewinnmaximierung strebten – mit am Ende tragischen, teils bis zum Suizid führenden Konsequenzen.

4. Literatur

Comdirect (Hg.) (2019): comdirect Jugendstudie 2019. Repräsentative Befragung von Jugendlichen zwischen 16 und 25 Jahren. www.comdirect.de/cms/ueberuns/media/comdirect-190121-Jugendstudie-final.pdf (Zugriff: 16.01.2021).

Comenius-Institut (Hg.) (2006): Grundlegende Kompetenzen religiöser Bildung. Zur Entwicklung des evangelischen Religionsunterrichts durch Bildungsstandards für den Abschluss der Sekundarstufe I. Münster: Comenius-Institut.

EIBOR (Hg.) (2018): Wie reich macht Geld? Bausteine für den Religionsunterricht an berufsbildenden Schulen. Göttingen: Vandenhoeck & Ruprecht.

GEOlino/UNICEF (Hg.) (2014): GEOlino-UNICEF-Kinderwertemonitor 2014. www.unicef.de/informieren/aktuelles/presse/2014/kinder-legen-wert-auf-werte/56986 (Zugriff: 16.01.2021).

Gensicke, T. (2015): Die Wertorientierungen der Jugend (2002–2015). In M. Albert/K. Hurrelmann/G. Quenzel: 17. Shell Jugendstudie. Jugend 2015. Eine pragmatische Generation im Aufbruch (S. 237–272). Frankfurt a. M.: Fischer.

Grözinger, R. (2012): Jesus, der Kapitalist. Das christliche Herz der Marktwirtschaft (2. Aufl.). München: FBV.

Hedtke, R. (2014): Wirtschaftssoziologie. Eine Einführung. Konstanz/München: UVK.

Heller, T. (2019a): Die Macht des Geldes als Herausforderung für Politik und Religion, Politik- und Religionsunterricht. Systemtheoretische Überlegungen und fachdidaktische Konkretionen. Theo-Web. Zeitschrift für Religionspädagogik, 18 (2), S. 79–92.

Heller, T. (2019b): »Denn wo Dein Schatz ist, da ist auch Dein Herz« (Mt 6,21). Eine religionsdidaktische Auseinandersetzung mit dem Geld unter Nutzung wirtschaftswissenschaftlicher, historischer, soziologischer, psychologischer, exegetischer und systematisch-theologischer Einsichten und Zugänge. Jena: Friedrich-Schiller-Universität (Hochschulschrift).

Heller, T. (2020): Art. Geld. In WiReLex – Das Wissenschaftlich-Religionspädagogische Lexikon im Internet. https://www.bibelwissenschaft.de/stichwort/200751/ (Zugriff: 18.06.2021).

Herms, E. (1998): Art. Adiaphora. In Religion in Geschichte und Gegenwart. Handwörterbuch für Theologie und Religionswissenschaft. Bd. 1 A–B (RGG[1]) (4. Aufl., S. 115–119). Tübingen: Mohr Siebeck.

Honecker, M. (1990): Einführung in die theologische Ethik: Grundlagen und Grundbegriffe. Berlin/New York: De Gruyter.

Jonas, E./Maier, G. W./Frey, D. (2007): Psychologie des Geldes. In D. Frey/L. von Rosenstiel (Hg.): Wirtschaftspsychologie (S. 75–147). Göttingen u. a.: Hogrefe.

Merz, A. (2001): Mammon als schärfster Konkurrent Gottes. Jesu Vision vom Reich Gottes und das Geld. In S. J. Lederhilger (Hg.): Gott oder Mammon. Christliche Ethik und die Religion des Geldes (S. 34–90). Frankfurt a. M. u. a.: Peter Lang.

Leven, I./Quenzel, G./Hurrelmann, K. (2015): Familie, Bildung, Beruf, Zukunft: Am liebsten alles. In M. Albert/K. Hurrelmann/G. Quenzel: 17. Shell Jugendstudie. Jugend 2015. Eine pragmatische Generation im Aufbruch (S. 47–110). Frankfurt a. M.: Fischer.

Penzold, M. (2013): Wirtschaftsethik. Themenheft für den evangelischen Religionsunterricht in der Oberstufe. Göttingen: Vandenhoeck & Ruprecht.

Kirchenamt der Evangelischen Kirche in Deutschland (Hg.) (2009): Wie ein Riss in einer hohen Mauer. Wort des Rates der Evangelischen Kirche in Deutschland zur globalen Finanzmarkt- und Wirtschaftskrise. Hannover: Kirchenamt der Evangelischen Kirche in Deutschland.

Rickers, F. (2002): Die Macht des Geldes. Anstöße zum interreligiösen Lernen. In E. Gottwald/Ders. (Hg.): www.geld-himmeloderhölle.de. Die Macht des Geldes und die Religionen. Anstöße zum interreligiösen Lernprozess im Zuge der Globalisierung (S. 111–129). Neukirchen-Vluyn: Neukirchener Verlag.

Schlag, T. (2009): Motivation Geld? Konfirmandenunterricht in lebensweltlicher Perspektive. In Ders./R. Neuberth/R. Kunz (Hg.): Konfirmandenarbeit in der pluralistischen Gesellschaft. Orientierungen – Deutungen – Perspektiven (S. 95–109). Zürich: TVZ.

Steiner, N. (2020): Trittbrettfahrer der Krise: Angriff der Hedgefonds. www1.wdr.de/daserste/monitor/sendungen/corona-hedgefonds-100.html (Zugriff: 03.01.2021).

Gender / Gendergerechtigkeit

Andrea Lehner-Hartmann

1. Lebensweltliche Perspektiven

In den letzten Jahrzehnten lassen sich größere Veränderungsprozesse in Gesellschaft und somit auch im Bildungsbereich beobachten, die ein geschlechtergerecht(er)es Zusammenleben ermöglichen sollen. Dazu zählen sowohl Maßnahmen, die auf EU-Ebene (Gender-Mainstreaming) gesetzt werden als auch jene, die von den einzelnen Ländern ergriffen werden (Quotenregelung, Förderung von Mädchen und Frauen im MINT-Bereich etc.). Trotzdem sind Ungleichheiten nicht verschwunden. Positive Veränderungen in Richtung Bildungsbeteiligung, Karrieremöglichkeiten und Selbstbestimmungsrechte für Mädchen dürfen aber nicht darüber hinwegtäuschen, dass sich diese in Berufs- oder Studienwahl, Bezahlung sowie einer gerechten Aufteilung von Reproduktionsarbeiten nicht ähnlich positiv fortsetzen. Geschlecht stellt mit sozialer Zugehörigkeit und Migrationsgeschichte für junge Menschen und ihre Bildungs- und Berufswege einen zentralen Marker dar (Flecker, Wöhrer & Rieder, 2002). Obwohl Geschlechterasymmetrien in vielen Bereichen bereits begründungsbedürftig sind, steht ein grundlegender gesellschaftlicher Wandel noch aus. Gegenwärtig lässt sich eher das Phänomen einer »rhetorischen Modernisierung« ausmachen, die mit einer De-Thematisierung der Ungleichheit zwischen den Geschlechtern einhergeht.

> »Im Prozess der rhetorischen Modernisierung verändert sich nicht nur das Reden über die Geschlechter, sondern auch das Schweigen; verschiebt sich die Grenze zwischen dem, worüber sich sprechen, und dem, worüber sich nur Stillschweigen bewahren lässt« (Wetterer, 2005, S. 77).

Die rhetorische Modernisierung täuscht über Ungleichheiten zwischen den Geschlechtern hinweg, obwohl sie dem eigenen Selbst- und Berufsverständnis vieler entgegensteht. Die Reproduktionsweisen der Ungleichheit sind indirekter und subkutaner geworden (Wetterer, 2005), beispielsweise wenn der Geschlechterfokus auf Frauen fixiert bleibt. Während man also rhetorisch einer Geschlechtergerechtigkeit folgt, bleiben das Verhalten von Organisationen und Personen – zumindest in weiten Teilen Europas – relativ starr (EIGE, 2020). Nach wie vor wirkt hier das bürgerliche Ehe- und Familienmodell nach, das klare heteronormative Orientierungsmuster entlang der Sphärenaufteilung von öffentlich und privat vorgibt und somit Erwerbsarbeit männlichen Lebenswelten und den reproduktiven Familienbereich weiblichen Lebenswelten zuteilt. Oberflächlich besehen ist es bereits zu einer starken Durchmischung dieser Sphären gekommen. Koedukative Formen ermöglichen Mädchen wie Jungen den formal gleichen Zugang zu Bildung, Frauen konnten sich stark in der Erwerbsarbeit etablieren und Männer engagieren sich auch in der Kinderbetreuung. Dennoch bleiben geschlechtsspezifische Adressierungen wirkmächtig, wie das Beispiel Teilzeitarbeit, die mehrheitlich von Frauen in Anspruch genommen wird, zeigt. Die Asymmetrie im Geschlechterverhältnis hat zuletzt die Corona-Krise offengelegt, wonach Haus- und Familienarbeit, Homeschooling eingeschlossen, großteils Frauen zu schultern hatten. Dazu kommen jene beruflichen Tätigkeiten im Handel und in der Pflege, die in der Krise besonders herausfordernd, aber gering dotiert sind und in denen viele Frauen an vorderster Front standen, sowie eine Zunahme häuslicher Gewalt während der Lockdowns. Global besehen stellen sich die Auswirkungen noch massiver dar: Insbesondere Mädchen erleiden in der Krise Einschränkungen im mühsam errungenen Zugang zu Bildung, sie werden vermehrt auf häusliche Pflichten festgelegt und haben nachher kaum eine Chance, in Schulen zurückkehren zu können. Weiter haben sich für sie die Gefahren früher Eheschließungen, genitaler Beschneidungen, sexualisierter und körperlicher Gewalt erhöht. Bisher getroffene Maßnahmen können entstandene Ungleichheiten kaum abfedern.[1] Covid-19 hat unter der Gender-Perspektive aufgedeckt, wo die Brennpunkte liegen und was in Diskursen und politischen Maßnahmen bisher ausgespart blieb: Die Thematisierung der Förderung von Männern im Care-Bereich sowohl was gemeinsame Haus- und Familienarbeit betrifft als auch ihre Präsenz in Pflegeberufen (Lehner, 2015). So lange es nicht gelingt, hier zu einer Balance zu kommen, bleibt die Revolution eine gestoppte (stalled revolution) (Thébaud & Pedulla, 2016). Der Widerstand gegenüber Maßnahmen, die eine ausgeglichene Verantwortung für Verdienst und Reproduktionstätigkeiten bei Paaren anstreben, wird dabei insbesondere beeinflusst vom Verhalten anderer Männer und den an sie herangetragenen Männlichkeitsnormen.

1 Vgl. https://www.unwomen.de/fileadmin/user_upload/Corona/gender-equality-in-the-wake-of-covid-19-en.pdf (Zugriff: 17.03.2021).

Der Logik des bürgerlichen Modells entspricht eine heterosexuelle Normierung menschlichen Lebens, die zwar nicht unwidersprochen bleibt, aber dominant in unsere Lebensbereiche hineinwirkt. In der Anerkennung eines dritten Geschlechts (»divers« als Personenstandskategorie) wird diese Eindeutigkeit von zwei Geschlechter im 21. Jahrhundert zunehmend infrage gestellt. Bisherige Binaritäten, die im alltäglichen Umgang miteinander als selbstverständlich angenommen werden und die sich auf biologische Begründungen stützen, geraten aufgrund humanwissenschaftlicher Erkenntnisse ins Wanken. So werden medizinisch invasive Eingriffe zur Korrektur von intersexuellen Personen mittlerweile abgelehnt. Zuschreibungen, die sich an dem bei der Geburt zugewiesenen Geschlecht orientieren, müssen neu verhandelt werden. Sex und Gender sind nicht voneinander getrennt zu sehen, sondern überformen einander.

Gegenläufige Tendenzen zeichnen sich ab, wenn man sich nur die Marktentwicklungen im Bereich der Spielwaren, Bücher, Kleidung, Schulutensilien etc. für Kinder näher ansieht. Dort finden sich Etikettierungen »für Mädchen«, »für Jungen« oder eindeutig geschlechtsspezifisch konnotierte Farbgebungen in Blau und Rosa (Böhm, 2017). Dieser »Pinkifizierungstrend« unterläuft oft die Bemühungen der Erzieherinnen und Erzieher, Kinder nicht festlegen zu wollen. Selbst pädagogische Interventionen entgehen der Falle der Geschlechterstereotypien nicht, wenn beispielsweise Geschlechtergruppen unterschiedliche Interessen unterstellt werden, denen man mit unterschiedlichen Aufgabenstellungen begegnen möchte (Fakten für Jungen, Literatur, Kreatives für Mädchen) (Rendtorff, 2020).

Um gesellschaftlichen Ungerechtigkeiten auf die Spur zu kommen, kann Gender als Analysekategorie wertvolle Erkenntnisse liefern:

1. Mit Gender lässt sich die stabilisierende Kraft von Machtbeziehungen erklären (Forster, 2005). Dabei sind »männliche« und »weibliche« Lebenswelten nicht isoliert zu betrachten, sondern die Geschlechterverhältnisse in den Blick zu nehmen (»to study girls alone cannot address the issue of gender relations«) (Dillabough, 2006, S. 23).
2. Gender hilft die Heteronormativität zu problematisieren, um die Vielfalt der Geschlechter sichtbar zu machen.
3. Gender ist intersektional zu denken, um den macht- und ungerechtigkeitsstabilisierenden Wirkmechanismen umfassender auf den Grund gehen zu können.

Auf der Handlungsebene sind strukturelle Maßnahmen zu entwickeln, um Geschlechtergerechtigkeit nachhaltig sichern und die Logiken in den Köpfen der Menschen verändern bzw. in ihren Konsequenzen offenlegen zu können.

2. Theologisch-ethische Perspektiven

Gender in theologisches Denken und Handeln einzubeziehen, fordert Religionen und ihre Theologien heraus, ihre Gedankengebäude und Glaubenspraxen grundlegend zu hinterfragen, die großteils an hierarchischen Geschlechterverhältnissen orientiert sind und binären Normierungen folgen. In ihrem Beharrungsvermögen auf naturalistische oder essenzialistische Sichtweisen vom Menschen geraten sie nicht nur in den Ruf, Ungerechtigkeiten zuzuarbeiten, sondern riskieren auch, an die Diskurse moderner Demokratien nicht anschlussfähig zu bleiben bzw. zu werden.

Regina Ammicht Quinn (2012) befürwortet ein bewusstes Integrieren der Genderkategorie in das theologische Sprechen mit der Begründung, dass Religion

> »eine symbolische Matrix zur Verfügung stellt, in der Geschlechterfragen als moralische Fragen immer ausgehandelt worden sind und auch heute ausgehandelt werden. Theologisches Sprechen ist mit Gender-Kategorien befasst. Gerade auch dann, wenn es nicht damit befasst ist« (S. 370).

Die Diskurse, die sich um das Verhältnis von Natur und Kultur, Körper und Geist, Vernunft und Gefühl drehen sowie um das Verständnis von Sexualität, Autonomie, Gerechtigkeit, Umwelt etc., sind zentral mit Genderfragen verbunden.

Das Beispiel der Wahrnehmung von Gewalt in Familien mag dies verdeutlichen. Orientiert an einem traditionellen Familienbild kam das Leid und die Not von Frauen und Kindern lange Zeit kaum in den Blick bzw. wurde dem höheren Gut der Aufrechterhaltung von Ehe und Familie untergeordnet. Ausgeblendet blieb auch der Tatbestand der Vergewaltigung in der Ehe, der selbst im staatlichen Recht erst in den 1990er Jahren zu einem Straftatbestand wurde. Wenngleich eheliche Gewalt und Erziehungsgewalt theologisch selten offensiv befürwortet wurden, signalisierten die normativen Vorgaben zu Ehe und Familie, auf katholischer Seite auch ein einseitig ausgeprägtes Marienbild oder lehramtliche Verlautbarungen, dass Männern Entscheidungs- und Verfügungsgewalt zukommt und den Frauen und Kindern Unterordnung unter die männliche bzw. elterliche Macht.

Unreflektiert wirksam ist Gender in jenen Diskursen, die menschliches Sein und Zusammenleben auf natürliche oder essenzialistische Weise begründen und die in erster Linie Frauen ein Geschlecht zusprechen und den Mann als neutrales Wesen ausweisen, aus dessen Blickwinkel aber Welt, Mensch und Gott betrachtet werden. Wird das Männliche zum Maßstab des Normalen genommen, bleiben insbesondere weibliche Lebenszusammenhänge ausgeblendet. In der Folge werden aufgrund polarer Zuschreibungen Männer auf der Seite des Göttlichen und Frauen auf der Seite des Menschlichen, Vergänglichen verortet, was sie in ein hierarchisches Verhältnis zueinander setzt. Und dies zeigt Auswirkungen auf alle theologisch-anthropologischen Fragestellungen; sie umfassen das Zueinander der Menschen genauso wie ihre Gottesvorstellungen und -beziehungen, das Verständnis von Schuld, Sünde, Rechtfertigung, Freiheit, Vergebung und Erlösung.

> Die Gender-Frage »provoziert [...] eine vertiefte Reflexion auf den Zusammenhang von Identität, Leiblichkeit und Geschlechtlichkeit sowie auf die Wechselbeziehung zwischen einer gendersensiblen Reformulierung des christlichen Menschenverständnisses und den Facetten des biblisch rückgebundenen, christlichen Gottesbildes« (Heimbach-Steins, 2017, S. 51; vgl. Evers, 2019).

Die Begründung der Geschlechterdifferenz aus der »Natur«, die gar schöpfungstheologisch mit der Komplementarität von Mann und Frau zu verankern versucht wird, steht in Spannung zur Anerkennung des Menschen als das von Gott in die Welt gesetzte autonome Geschöpf. Dabei wird oft außer Acht gelassen, dass (geschlechtliche) »Natur« nur als sozial gedeutete und somit kulturell überformte wahrgenommen werden kann. Mit Gender lassen sich soziale Praxen, gesellschaftliche wie kirchliche Strukturen analysieren und geschlechtlich bestimmte »natürlich-gottgegebene« Unrechtsverhältnisse offenlegen. Der Dialog von Theologie und Ethik mit den Human- und Sozialwissenschaften ist dazu unabdingbar. Empirische Befunde, insbesondere jene aus den Neurowissenschaften, die gern zur Untermauerung »naturgegebener« Geschlechterdifferenz bemüht wurden, beispielsweise durch den Verweis auf unterschiedlich ausgeprägte Gehirnareale, zeigen, dass die sog. »natürlichen Gegebenheiten« vielfältiger sind als eine Festlegung auf eine weibliche und männliche Natur. »The gendered brain, then, has to be discussed within a network of permanent and mutual biological, social and cultural interchanges« (Schmitz, 2012, S. 263).

Diese Erkenntnisse können dem Wunsch nach Eindeutigkeit, Ordnung und Sicherheit entgegenstehen. Die Infragestellung »naturgegebener« Phänomene verunsichert, gibt aber den Blick frei für die Komplexität bzw. theologisch gesprochen für die Schöpfungsvielfalt unserer Welt. Aus dieser Perspektive betrachtet, lässt sich rückfragen, ob ein Festhalten an einem binären Verständnis von Menschsein nicht einer Anerkennungsverweigerung dieser Vielfalt und somit dem Schöpfungswillen gleichkommt. Mit Marianne Heimbach-Steins

(2017) lässt sich vorschlagen, die unbedingt zu achtende Würde jedes Menschen unabhängig von seinen biophysischen Dispositionen als Bezugspunkt von Ethik zu machen, um ungerechten Ausschlüssen von Menschen, wie sie in Folge naturrechtlicher Annahmen entstehen, entgegenzuwirken.

Wenn eine gendersensible Ethik politische, ökonomische und rechtliche Entscheidungen nach ihren implizierten Machtverhältnissen, die für Frauen, Männer und diverse Personen eine Beeinträchtigung in Autonomie und Partizipation nach sich ziehen, anfragt (Hilpert, 2017), dann erschüttert es bisherige (Geschlechter-)Ordnungen und ruft bisweilen Widerstand hervor.

In rechtskatholischen und freikirchlichen Segmenten haben sich Abwehrmechanismen ausgebildet, die Gender als ideologisch und gefährlich ausweisen. Dem hält Regina Ammicht Quinn (2017) entgegen: »Denken mit Hilfe kritischer Gender-Kategorien ist gefährlich. Es ist aber nicht deshalb gefährlich, weil hier Ideologien produziert werden. Es ist gefährlich, weil Ideologien offengelegt werden« (S. 367). Wer mit dem kritischen Einsatz der Genderkategorie Ungerechtigkeiten aufgrund des Geschlechts auf die Spur kommt, wird den Blick nicht vor anderen Diskriminierungsfaktoren, wie Hautfarbe, soziale Zugehörigkeit, Sprache, Religion etc. verschließen können. Damit wird deutlich, dass die Genderkategorie heute nur mehr intersektional zu denken ist. Neben der Offenlegung einseitig patriarchaler, kolonialistischer Einschreibungen im Gottesbild werden damit auch neue Zugänge zur Basileia-Botschaft eröffnet, in der das Verhältnis von Gott und Mensch neu gedacht und eine Sensibilität für die Not und das Wohl des und der anderen über Familien-, Stammes- und Ländergrenzen hinweg entwickelt werden kann (vgl. Gal 3,26–28). Dieser Prozess ist als ein ständig einzuholender zu verstehen, der in seiner Unabgeschlossenheit das Bewusstsein dafür offenhält, dass sich Menschen dem zugleich nahen und fernen Gott nur annähern, diesen aber niemals endgültig fassen können. Insofern ist auch die metaphorische Gottesrede, die der Beziehung zwischen Gott und Mensch Ausdruck verleihen möchte, von einseitig männlichen wie auch weiblichen Festlegungen zu befreien,

> »da Metaphern nicht nur Metaphern bleiben, sondern, wie die gesamte Christentumsgeschichte bezeugt, machtpolitische Konsequenzen haben. […] Mehr noch als im Finden von Sprachbildern ist das einzige Bild, das Gott uns durch Gottes Namen vermittelt, Gottes nicht fixierender, sondern vielfältiger Beziehungsreichtum« (Enxing, 2019, S. 181).

Zusammenfassend lässt sich mit Hille Haker (2014) darauf hinweisen, dass die theologische Geschlechterethik viele Felder für die wissenschaftliche Analyse und die praktische Konkretisierung anbietet:

> »Als hermeneutische Ethik ist Geschlechterethik eine Ethik der Spielräume des Handelns und der immer wieder möglichen Neuanfänge. Als normative Ethik gibt sie den Identitätsmodellen einen Rahmen, indem sie die individuelle, soziale und institutionelle Verweigerung von Respekt und Anerkennung als spezifische Formen von Gewalt kenntlich macht« (S. 24).

3. Didaktische Perspektiven

3.1 Didaktische Orientierungen

»Vielfältige geschlechtliche und sexuelle Lebensweisen sind gelebte Realität. Sie stehen auf dem ›Lehrplan des Lebens‹« (Hartmann, 2015, S. 72). Um Lehr-Lern-Prozesse an diesen Realitäten orientiert geschlechtergerecht ausrichten zu können, gibt es einiges zu bedenken. Grundvoraussetzung ist das zentrale Professionsmerkmal der Genderkompetenz bei den Lehrpersonen, die ein großes Maß an Reflexionsfähigkeit und -bereitschaft verlangt, gepaart mit einer hohen Frustrationstoleranz. Wie der Verweis auf die »rhetorische Modernisierung« deutlich werden ließ, dürfen trotz rechtlicher Gleichstellungen und merkbaren gesellschaftlichen Veränderungen gerade die subtilen Formen von Genderungleichheiten nicht übersehen werden. Geschlechtergleichheit ist auch nicht allein im individuellen Wollen zu verankern. Geschlechtergerechtes Engagement kann auf Widerstand stoßen und in Widerspruch zu den gelebten Werten des sozialen Umfeldes z. B. der Kolleginnen und Kollegen oder Eltern stehen. Auch aufseiten der Schülerinnen und Schüler (SuS) werden Ungerechtigkeiten nicht immer wahrgenommen, geschlechtergerechte Sprache als unnötig abgelehnt oder die Auseinandersetzung mit bestimmten Fragestellungen verweigert. Die Widerstände verweisen darauf, dass damit bisherige (Ein-)Ordnungsmuster, Identitätsvorstellungen und Gewohnheiten irritiert werden und nach einer Neuorientierung verlangen. Damit wäre man aber bei einem zentralen Punkt von Bildung angelangt: Nicht die Bestätigung gewohnter Muster ist das Ziel, sondern das Eröffnen neuer Lebensperspektiven, die auch eine Erschütterung bisheriger Überzeugungen und Gewohnheiten nach sich ziehen können. Zudem erfolgt Identitätsbildung in beständiger Verhandlungsarbeit mit anderen und stellt somit keinen rein individuellen Prozess dar, sondern ist eingebettet in kollektive Identitäten. Insofern sind Religionsgemeinschaften, Familien, Schulen, Peers etc. an individuellen Identitätsbildungen zentral beteiligt. Widersprüchliche Anforderungen und Erwartungen in der Mann-Frau-Beziehung, sexuellen Orientierung etc. verlangen den SuS oftmals große Anpassungsleistungen ab, die sich im Unterricht auch in kritischen Anfragen und oppositionellen Äußerungen zeigen können (Lehner-Hartmann, 2019). Religionsdidaktisch gilt es zu bedenken, dass genderorientiertes Arbeiten sowohl ordnungsdestabilisierende als auch befreiende Wirkungen umfassen kann.

Um im Spannungsfeld von Vorgaben, persönlichen Erfahrungen, Widerständen nicht zu kapitulieren, kann es für Lehrpersonen hilfreich sein, unterschiedliche Ebenen zu unterscheiden, um dann erkennen zu können, wo anzusetzen ist bzw. wo Reaktionen und Möglichkeiten einzuordnen sind: Zunächst gilt es die *strukturelle Ebene* zu unterscheiden, die einen Einfluss auf die Gestaltung von (Religions-)Unterricht zeigt. Dazu gehören Lehrpläne, schultypische Rahmenbedingungen, gesetzliche Vorgaben sowie das Selbstverständnis der Schule vor Ort mit ihren Werthaltungen und Schwerpunktsetzungen. Letzteres lässt sich sowohl an formalen Merkmalen, wie der Geschlechterverteilung im Lehrkörper als auch an qualitativen Kriterien wie der Verwendung einer geschlechtergerechten Sprache oder der Wertschätzung von bestimmten Fächern und Personen ablesen. Politische Vorgaben, wie Gender-Mainstreaming oder Unterrichtserlasse, die ein geschlechtergerechtes Zusammenleben zum Ziel haben, geben schulischer Bildung ebenso einen Orientierungsrahmen vor. Diese Ebene ist individuell nur schwer beeinflussbar.

Auf *didaktischer Ebene* tritt die Frage nach den Bildungszielen im Hinblick auf die jeweilige SuS-Gruppe in den Vordergrund. Damit in Zusammenhang steht die Auswahl von Themen, Unterrichtsformen, Methoden und Medien, die auf geschlechternormierende Einschreibungen zu hinterfragen sind, und deren Resonanz bei den SuS. Zu beachten ist ebenso, dass SuS wie Lehrerinnen und Lehrer ihre Prägungen als heimlichen Lehrplan mit in die Schule bringen. Für religiöse Lernprozesse würde dazu das Einspielen patriarchatskritischer Lektüre biblischer Schriften gehören.

In engem Zusammenhang mit der didaktischen steht die *interaktionale Ebene*. Im »doing gender« der SuS und Lehrerinnen und Lehrer finden oft Vereindeutigungspraktiken statt. Die Reaktionen auf diese (Selbst-)Inszenierungen zeigen, was als konform oder nichtkonform angesehen wird. Wer aus der Norm fällt, riskiert seinen Ausschluss. Durch Interventionen und Impulse von Schule und Lehrpersonen können hier Normerweiterungen befördert werden, sodass die Realität die Norm abgibt und nicht bestimmte Inszenierungen und Lebensformen in eine Norm gepresst werden. Dies erfordert neben gendertheoretischem Wissen, das über vereinfachende Männlich-Weiblich-Dichotomien oder Opfer-Täter-Zuordnungen hinausreicht, auch ein emotionsregulierendes Verhalten der Lehrperson, um Angriffe nicht persönlich zu nehmen und den SuS einen Weg aus ihren Verstrickungen weisen bzw. sie dabei begleiten zu können.

Letztendlich bleibt noch die *individuelle Ebene* zu beachten, die aus Perspektive der Lehrperson die Reflexion der eigenen biografischen Prägungen, des Rollenverständnisses, ihre subjektiven Theorien von geschlechtergerechtem (Religions-) Unterricht, ihr Verhalten sowie ihre Reaktionsweisen auf SuS-Verhalten umfasst.

Genderkompetenzorientiertes Vorgehen heißt, dass Lehrpersonen unterscheiden können, welche Problemlage auf welcher Ebene angesiedelt ist, um daraus ableitend richtige Interventionen setzen, Handlungsspielräume ausloten und die Grenzen individuellen Handelns erkennen zu können. Verschreibt sich eine Schule z. B. als Folge eines Schulentwicklungsprozesses einem gemeinsamen gendersensiblen Vorgehen, wird dies auf die Gestaltung von Unterricht eine andere Auswirkung haben als wenn unreflektiert geschlechterhierarchische Strukturen maßgebend sind. Dies genau erkennen zu können, hilft viel Frust zu vermeiden.

3.2 Didaktische Konkretisierungen

Vor dem Hintergrund bisheriger Überlegungen dürfte deutlich geworden sein, dass für das Ausbilden von Genderkompetenz – auch als Zielvorgabe bei den SuS – weniger das Bereitstellen geeigneter Materialien wichtig ist, sondern das Wahrnehmen und Reflektieren gendernormierender Einschreibungen, die sich in Texten, Traditionen, Umgangsformen, Sichtweisen auffinden lassen. (Qualbrink, Pithan & Wischer, 2011) Das Arbeiten mit einer »Hermeneutik des Verdachts« (Elisabeth Schüssler-Fiorenza), die Normierungen aufdeckt und Perspektiven für Neuinterpretationen von Texten und Lebensgeschichten bis hin zum Entdecken vergessener Glaubensgestalten eröffnet, verspricht auf didaktischer Ebene zielführender zu sein.

Liest man beispielsweise Ex 2, eine biblische Geschichte, die sich in vielen Religionsbüchern findet, nicht mit explizitem Fokus auf Mose, sodass eine Heldengeschichte daraus wird, sondern als Befreiungsgeschichte des Volkes Israel, an der Frauen, Männer und Kinder beteiligt waren, ergibt sich ein differenzierteres Bild. In Ex 2,1–10 findet man nach einer kurzen Erwähnung des Vaters von Moses als handelnde Personen nur weibliche Figuren. Diese widersetzen sich dem Tötungsauftrag des Pharao teilweise auf sehr subversive Art und Weise. Auffällig ist hier das Zusammenspiel über nationale Grenzen hinweg: Das Handeln der Hebammen, der Schwester und der Mutter Mose reicht bis zur Kooperation mit der Pharaonentochter, die sich auf dieses gefährliche Spiel einlässt und dem Pharao letztendlich mit dem Hebräerkind den Feind in das eigene Haus holt. Dem gegenüber gibt Ex 2,11–14 Einblick in die männliche Lebenswelt, die gekennzeichnet ist von Fronarbeit, Unterdrückung, gewalttätigem Aufbegehren bis hin zum Mord, den Moses an einem Ägypter begeht und der Angst, dem Wissen anderer ausgeliefert zu sein. Fundiertes exegetisches Hintergrundwissen, das für ein breiteres Publikum aufbereitet wurde, findet sich dazu in Irmtraud Fischers (2016) »Gottesstreiterinnen«. Mit SuS lässt sich entlang der Fragen arbeiten: Wer handelt, wie, mit welchen Konsequenzen? Die Aufmerksamkeit zunächst nicht explizit auf die Geschlechterkategorien, sondern das Handeln der einzelnen Personen zu lenken, kann helfen, geschlechterstereotype Zuschreibungen mit damit verbundenen Wertungen, Rechtfertigungen und Abwehrmechanismen möglichst lange außen vor zu halten. In einem zweiten Schritt lässt sich sehr wohl mit Fokus auf Gender weiterarbeiten und analysieren, welche Erwartungen, (Nicht-)Beachtung, Zwänge patriarchale Systeme Individuen aufgrund ihrer Geschlechterzuordnung auferlegen. Gleichzeitig lässt sich damit ein Zugang zu verkürzt gelesenen biblischen Erzählungen eröffnen. Neben der inhaltlichen Ebene ist auf interaktionaler Ebene geschlechtsempathisches Wahrnehmen erforderlich, das SuS in ihren kontextuellen Prägungen, auch Nöten und Ängsten ernst nimmt und sie beim Ablegen von Vorurteilen, beim Erkunden neuer Sichtweisen und dem Erproben neuer Umgangsformen unterstützt. Geschlechterdekonstruktives Bearbeiten bedeutet dann, Normierungen in seinen Auswirkungen für Einzelne aufzudecken und über Anfragen, Irritationen, experimentelles Vorgehen Zugänge zu geschlechtergerecht(er)en Lebensperspektiven zu eröffnen. SuS in dieses Vorgehen aktiv einzubinden, ihnen Prozesse transparent zu machen, gibt ihnen gleichzeitig Werkzeuge zur Hand, mit denen sie Ungerechtigkeiten aufspüren können. Damit werden sie nicht unbedingt bequeme(re) Zeitgenossinnen und Zeitgenossen, aber solche, die (religiöse) Traditionen und Lebenswirklichkeiten kritisch hinterfragen und vielleicht auch gerechter gestalten können.

4. Literatur

Ammicht Quinn, R. (2012): Gefährliches Denken. Gender und Theologie. Concilium internationale Zeitschrift für Theologie 48, S. 362–373.

Böhm, K. (2017): Archaisierung und Pinkifizierung. Mythen von Männlichkeit und Weiblichkeit in der Kinder- und Jugendliteratur. Bielefeld: transcript.

Dillabough, J.-A. (2006): Gender theory and research in education: modernist traditions and emerging contemporary themes. In M. Arnot/M. Mac an Ghaill (Hg.): The Routledge Falmer Reader in Gender and Education (S. 17–32). London: Routledge.

European Institute for Gender Equality: Gender Equality Index 2020. https://eige.europa.eu/gender-equality-index/2020/compare-countries (Zugriff: 08.04.2021).

Enxing, J. (2019): Grenzgänge. Theologie angesichts der Unverfügbarkeit Gottes. In L. C. Krannich/H. Reichel/D. Evers (Hg.): Menschenbilder und Gottesbilder. Geschlecht in theologischer Reflexion (S. 164–184). Leipzig: Evangelische Verlagsanstalt.

Evers, D. (2019): Transsexualität. Menschliche Vielfalt und die Aufgabe theologischer Anthropologie. In L. C. Krannich/H. Reichel/D. Evers (Hg.): Menschenbilder und Gottesbilder. Geschlecht in theologischer Reflexion (S. 185–214). Leipzig: Evangelische Verlagsanstalt.
Fischer, I. (2006): Gottesstreiterinnen. Biblische Erzählungen über die Anfänge Israels. Stuttgart: Kohlhammer.
Flecker, J./Wöhrer, V./Rieder, I. (2020): Jugendliche am Ende der NMS: Heterogenität, soziale Ungleichheit und *Agency.* In J. Flecker/V. Wöhrer/I. Rieder (Hg.): Wege in die Zukunft. Lebenssituationen Jugendlicher am Ende der Neuen Mittelschule (S. 305–327). Göttingen: V&R unipress.
Forster, E. (2008): Vom Begriff der Repräsentation: Die Transformation der Kategorie gender. In R. Casale/B. Rendtorff (Hg.): Was kommt nach der Genderforschung. Zur Zukunft der feministischen Theoriebildung (S. 205). Bielefeld: transcript.
Haker, H. (2014): Körperlichkeit im Plural. Geschlechtertheorie und katholisch-theologische Ethik. Herder Korrespondenz Spezial 2, S. 20–24.
Hartmann, J. (2015): Geschlechtliche und sexuelle Vielfalt im Kontext von Schule und Hochschule. Normativität und Ambivalenz als zentrale Herausforderungen einer Pädagogik vielfältiger Lebensweisen. In S. Huch/M. Lücke (Hg.): Sexuelle Vielfalt im Handlungsfeld Schule. Konzepte aus Erziehungswissenschaft und Fachdidaktik (S. 27–47). Bielefeld: transcript.
Heimbach-Steins, M. (2017): Die Gender-Debatte. Herausforderungen für Theologie und Kirche. In M. Eckholt (Hg.): Gender studieren. Lernprozess für Theologie und Kirche (S. 39–53). Ostfildern: Grünewald.
Hilpert, K. (2017): Gerechtigkeitsrelevante Kategorie oder Ideologie? Die aktuelle Debatte um das Genderkonzept in Kirche und Theologie. In K. Klöcker/T. Laubach/J. Sautermeister (Hg.): Gender – Herausforderung für die christliche Ethik (S. 15–36). Freiburg i. Br.: Herder.
Lehner, E. (2015): Männlichkeit und Sorge – spannungsreich und widersprüchlich. In C. Mahs/B. Rendtorff/A. D. Warmuth (Hg.): Betonen – Ignorieren – Gegensteuern. Zum pädagogischen Umgang mit Geschlechtstypiken (S. 75–89). Weinheim: Beltz Juventa.
Lehner-Hartmann, A. (2019): Gender – eine Zentralkategorie für ein gerechtes Zusammenleben. Keryks 14–16, S. 23–43.
Qualbrink, A./Pithan, A./Wischer, M. (Hg.) (2011): Geschlechter bilden. Perspektiven für einen genderbewussten Religionsunterricht. Gütersloh: Gütersloher Verlagshaus.
Rendtorff, B. (2020): Geschlechterverhältnisse – Un/Gleichzeitigkeiten im Geschlechterdiskurs und die Erziehungswissenschaft. In U. Binder/J. Oelkers (Hg.): »Das Ende der politischen Ordnungsvorstellungen des 20. Jahrhunderts.« Erziehungswissenschaftliche Beobachtungen (S. 217–230). Wiesbaden: Springer VS.
Schmitz, S. (2012): The Neurotechnological Cerebral Subject. Persistence of Implicit and Explicit Gender Norms in a Network of Change. Neuroethics (5), S. 261–274.
Thébaud, S./Pedulla, D. (2016): Masculinity and the Stalled Revolution. How Gender ideologies and Norms Shape Young Men's Responses to Work-Family Policies. Gender & Society 30/4, S. 590–617.
Wetterer, A. (2005): Rhetorische Modernisierung und institutionelle Reflexivität. Die Diskrepanz zwischen Alltagswissen und Alltagspraxis in arbeitsteiligen Geschlechterarrangements. Freiburger Frauen Studien 11 (16), S. 75–96.

Genom-Editierung / Gen-Scheren / CRISPR-Cas9

Monika E. Fuchs

1. Lebensweltliche Perspektiven

1.1 Methodische Grundlagen

In der molekularbiologischen Forschung haben sich Verfahren zur gezielten Veränderung von DNA etabliert, die mit den Begriffen genome editing, Genom-Editierung oder auch Genom-Chirurgie zusammengefasst werden.[1] Als revolutionäre Schlüsseltechnologie (Akademien, 2015a) gilt die CRISPR-Cas9[2]-Methodik. Sie bezeichnet eine im Jahr 2012 entdeckte molekulare Gen-Schere, mit der das Erbgut nicht nur von Pflanzen und Tieren, sondern auch von Menschen erstmalig gezielt und unkompliziert verändert werden kann. Für diese mit vielen Hoffnungen verbundene Entdeckung erhielten die Forscherinnen Emmanuelle Charpentier und Jennifer A. Doudna im Jahr 2020 den Nobelpreis für Chemie.

CRISPR-Cas9, eine Gen-Schere aus Enzym und RNA[3], kann in Organismen eingeschleust werden, fehlerhafte Stellen erkennen und das Erbgutmolekül DNA[4] durchtrennen, und zwar präzise an einer bestimmten Stelle. Hierzu wird eine künstliche Leit-RNA konstruiert, die zu der Stelle des DNA-Codes passt, an der der Schnitt gemacht werden soll. Das Protein Cas9 bildet mit der Leit-RNA einen Komplex dahingehend, dass die Schere genau dort im Genom ansetzt, wo auch der Schnitt zu setzen ist (Jarnestad, 2020). Forscher können so Gene einerseits ausschalten (Abb. 1, A), sie auf diese Weise aber auch reparieren oder austauschen – dann werden an der Schnittstelle neue DNA-Abschnitte eingefügt (Abb. 1, B). Damit lässt sich das Erbgut deutlich schneller und einfacher verändern als bislang.

---

1 Ein Genom ist die Gesamtheit der Gene einer Zelle.

2 Der Name CRISPR-Cas9 steht für clustered regularly interspaced short palindromic repeats – CRISPR-associated protein No. 9).

3 RNA (= Abkürzung für engl. ribonucleic acid) steht für Ribonukleinsäure. »Nukleinsäuren sind die Grundbausteine von DNA und RNA und haben außerdem regulatorische Funktionen in Zellen. Eine wesentliche Funktion der RNA ist die Umsetzung von genetischer Information in Proteine (Eiweiße).« (https://www.gesundheit.gv.at/lexikon/r/rna (Zugriff: 11.02.2021)).

4 DNA (= Abkürzung für engl. deoxyribonucleic acid) steht für Desoxyribonukleinsäure, den informationstragenden Teil der Erbsubstanz.

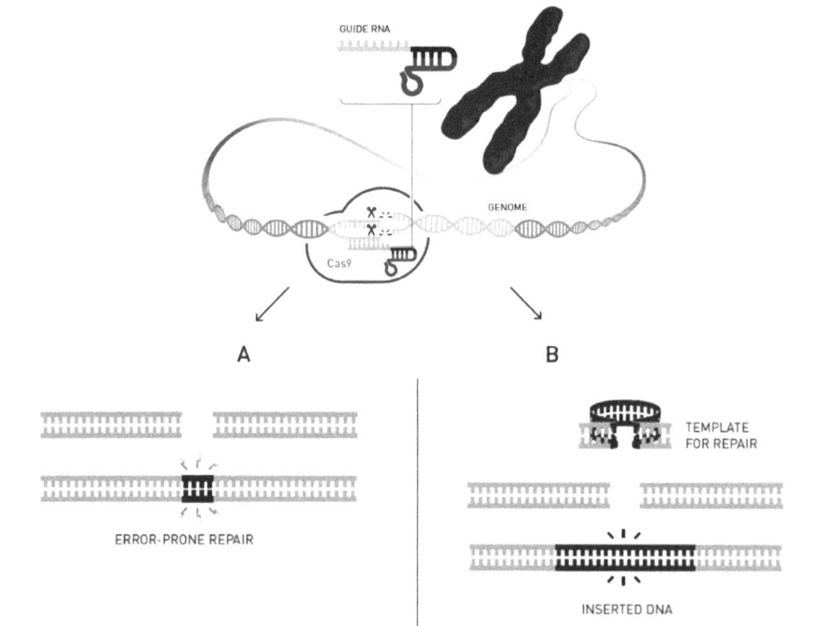

Forscher können der Zelle erlauben, selbst den Schnitt in der DNA zu reparieren. In den meisten Fällen ist die Funktion des (u. U. mutierten, Krankheiten verursachenden) Gens damit ausgeschaltet.	Wenn die Forscher ein Gen einführen, bearbeiten oder reparieren möchten, können sie speziell dafür eine kleine DNA-Vorlage (»template«) designen. Die Zelle nutzt dann diese Vorlage, um den Schnitt im Genom zu reparieren, womit der genetische Code verändert ist.

Abb. 1

1.2 Einsatzmöglichkeiten und grundsätzliche Anfragen

Aus Sicht des Nobelpreiskomitees begann mit den Gen-Scheren eine neue Epoche in den Biowissenschaften, und in der Tat kommt die Methode seit ihrer Entdeckung 2012 immer häufiger zum Einsatz. Das Verfahren ist breit anwendbar und zudem schneller, kostengünstiger und präziser als bisherige. Neben der molekulargenetischen Grundlagenforschung findet es zum einen Anwendung in Biotechnologie und Pflanzenzüchtung und wird für die Landwirtschaft bereits standardmäßig genutzt, beispielsweise zur Züchtung von Pflanzen, die Dürren besser überstehen oder gegenüber Schädlingen und Schimmel unempfindlich sind (Modrzejewski et al., 2019). Zum anderen setzt auch die Biomedizin große Hoffnungen auf die Gen-Schere; es gibt erste klinische Studien zu neuen

Krebstherapien, in denen mit CRISPR-Cas9 behandelte Immunzellen zum Einsatz kamen (Stadtmauer et al., 2020); weitere Forschungsbemühungen zielen auf die Heilung menschlicher Erbkrankheiten (MPG, 2021), und schließlich ist CRISPR-Cas9 auch für Gentherapien an Menschen bereits zugelassen (Ledford, 2020).

Gleichwohl sind die Nebenwirkungen der Methode noch weitgehend unerforscht. Zwar ermöglicht sie die präzise Veränderung von Genen, jedoch können ungewollte weitere Veränderungen der DNA »sowohl an irgendeiner anderen Stelle der DNA entstehen, sog. Off-Target-Effekte, als auch im zu verändernden Gen selbst, was als On-Target Effekt bezeichnet wird. ›Ein On-Target-Effekt kann dazu führen, dass CRISPR, statt eine spezifische Stelle des Gens zu verändern, seine Funktion reduziert oder ganz ausschaltet‹« (Informationsdienst Wissenschaft, 2020). Aktuelle Forschungen bemühen sich um entsprechende Nachweismethoden (Paquet et al., 2020).

Im Unterschied zur Anwendung in der molekulargenetischen Forschung und der Pflanzenzüchtung ist der Einsatz der Gen-Schere in der Biomedizin deutlich strittiger. Ethische Bedenken richten sich dabei nicht gegen das Verfahren an sich, sondern gegen bestimmte Anwendungsformate – hier in besonderer Weise im Kontext der Humanmedizin (Cathomen & Puchta, 2019).

2. Theologisch-ethische Perspektiven

2.1 Kriterien und Rahmenbedingungen der Bewertung

Zur Bewertung kann grundsätzlich eine dreifache Kriteriologie in Anschlag gebracht werden, die *erstens* nach medizinisch-biologischen Grundprinzipien fragt, *zweitens* die juristischen bzw. nationalen Rahmenbedingungen und Standards abklärt und davon ausgehend *drittens* mögliche ethische Kriterien sucht bzw. definiert. Für die vorliegenden Fragestellungen sind in Deutschland das Gentechnikgesetz und das Embryonenschutzgesetz juristisch bindend. Damit einher geht, dass die Risikobewertung nach anderen, z. T. strengeren, Kriterien erfolgt als im internationalen Vergleich (Akademien, 2015a; Hardt, 2019; Taupitz & Deuring, 2020) und Konsequenzen für den Forschungswettbewerb hat bzw. haben kann. Im interreligiösen Vergleich schließlich können ebenfalls divergierende ethische Prinzipien gelten (Lerner, 2016; Isa et al., 2020). Die generelle bioethische Herausforderung ist freilich die einer »nachlaufenden« ethischen Bewertung, insofern ethisch unzureichend reflektierte Techniken bereits zur Anwendung kommen können (Hardt, 2019).

2.2 Bewertung konkreter Anwendungsformate

In der *Pflanzenzüchtung und Biotechnologie* zeigt sich, dass sich die mittels Genschere gewonnenen Pflanzensorten mitunter nicht von konventionell gezüchteten Pflanzen abgrenzen lassen. Zudem ergeben sich juristische Inkonsistenzen im Vergleich mit der Genehmigung herkömmlicher Verfahren. Empfohlen wird deshalb, »für die Risikobewertung zukünftig vor allem auf die spezifischen Eigenschaften neuer Pflanzensorten und nicht auf den Prozess ihrer Erzeugung abzustellen« (Akademien, 2015b, S. 1). Für die Einschätzung möglicher ökologischer wie gesundheitlicher Risiken wird – anstelle nationaler Anbauverbote für gentechnisch veränderte Organismen – zur Einzelfallprüfung geraten unter Maßgabe einer evidenzbasierten wissenschaftlichen Risikoabschätzung, wobei das Gentechnikgesetz bereits umfangreiche Risikobewertungen vorschreibt (Akademien, 2015a, 2015b).

Deutlich komplexer ist die Gemengelage im Blick auf die *biomedizinische CRISPR-Cas9-Anwendung* in der menschlichen Gentherapie[5], was insbesondere an der grundsätzlichen Unterscheidung zwischen somatischer und Keimbahn-Gentherapie liegt:

> »Entweder wird eine Modifikation des Erbguts von Körperzellen (somatischen Zellen) vorgenommen, die sich auf den individuellen Patienten oder die individuelle Patientin beschränkt (somatische Gentherapie), oder es wird in das Erbgut von Keimzellen (Spermien oder Eizellen oder deren Vorstufen) eingegriffen, um das Erbgut von Nachkommen zu verändern (Keimbahntherapie)« (DRZE, 2020, I).

Die *somatische Gentherapie* differenziert sich in mehrfacher Hinsicht aus: Die Substitutionstherapie zielt auf Korrektur bzw. Ersatz von defekten oder fehlenden Genfunktionen und betrifft zumeist Erkrankungen, die auf einem einzelnen Gendefekt beruhen (monogenetische Erberkrankungen). Die Additionstherapie dient einer gezielten Verstärkung von Genfunktionen und wird zur

---

5 »Als Gentherapie bezeichnet man die medizinische Methode der Einbringung von Nukleinsäuren (RNA oder DNA) in Körperzellen (Gentransfer), um deren Erbgut zu verändern und somit in erster Linie genetisch verursachte Krankheiten zu behandeln. Der potentielle Einsatzbereich [...] richtet sich auch auf die Behandlung von im Laufe des Lebens erworbenen Krankheiten wie Krebserkrankungen und Infektionskrankheiten. Da gentherapeutische Ansätze vorrangig auf Therapieformen abzielen, die nicht die Symptome einer Erkrankung, sondern die Krankheitsursache selbst behandeln (sog. Kausaltherapien), gehen sie zudem weit über die Möglichkeiten der meisten herkömmlichen Medikamente hinaus« (DRZE 2020, I).

Behandlung von Krebserkrankungen oder Infektionskrankheiten eingesetzt. Die Suppressionstherapie wiederum zielt auf die Unterdrückung krankmachender (pathogener) Genaktivitäten (DRZE, 2020, I).

Als »Möglichkeit zur Benennung und Strukturierung ethischer Fragestellungen in Bezug auf somatische Gentherapie« vermögen die vier Prinzipien biomedizinischer Ethik von Tom L. Beauchamp und James F. Childress zu gelten: das Prinzip des Respekts vor der Patientenautonomie (Selbstbestimmung), das Prinzip des Wohltuns/der Fürsorge (Benefizienz), das Prinzip des Nichtschadens und das Prinzip der Gerechtigkeit (DRZE, 2020, III). Vorfindliche Modelle einer ethischen Urteilsbildung in Deutschland unterscheiden vor dem Hintergrund einer Risiko-Nutzen-Abwägung zwischen Risikovermeidung, Arzneimittelzulassung, gestufter Sicherheitsstrategie und kontrolliertem Heilversuch (DRZE, 2020, III).

Dass Genom-Editierung die molekulare Basis des Lebens aber nicht nur erforscht, sondern zugleich daran rührt, zeigt sich v. a. in der *Keimbahn-Gentherapie.* Die Keimbahn »verbindet ein Individuum über seine Keimzellen mit all seinen Nachfahren und über die Keimzellen, aus denen es selbst entstanden ist, auch mit all seinen Vorfahren. Für jeden Menschen ›beginnt‹ seine individuelle Keimbahn mit der befruchteten Eizelle« (Deutscher Ethikrat, 2019, S. 56). Insbesondere angesichts der zahlreichen Möglichkeiten, Erbgut – auch bei menschlichen Embryonen – zu manipulieren, ist das Verfahren umstritten und kämpft mit dem Problem einer nachlaufenden Ethik in besonderer Weise: Als der chinesische Forscher He Jiankui im Herbst 2018 bekannt gegeben hatte, dass er mithilfe von CRISPR-Cas die Gene von zwei ungeborenen Mädchen verändert hat, dass er also in die menschliche Keimbahn eingegriffen und dabei direkt das Erbgut verändert hat, gab es weltweite Kritik an derlei »unverantwortlichen Menschenversuchen« (F&L, 2018a). Forscherin Charpentier äußerte, Jiankui habe »eine rote Linie überschritten« und »die Bedenken der internationalen Wissenschaftsgemeinschaft bezüglich der Sicherheit von Keimbahneingriffen ignoriert« (F&L, 2018b). Es folgte ein internationaler Aufruf zu einem Moratorium (Lander et al., 2019). Auch deutsche Forschungseinrichtungen »sprechen sich im Hinblick auf sämtliche Formen der künstlichen Keimbahnintervention beim Menschen, bei der Veränderungen des Genoms an Nachkommen weitergegeben werden können, für ein internationales Moratorium aus, um offene Fragen transparent und kritisch zu diskutieren, den Nutzen und potentielle Risiken der Methoden beurteilen zu können und Empfehlungen für zukünftige Regelungen zu erarbeiten« (Akademien, 2015a, S. 4).

Als Keimbahn-Gentherapie »wird der intentionale Gentransfer in Keimbahnzellen (Eizellen oder Spermien) bezeichnet. Er zielt darauf ab, Erkrankungen, die auf einem Gendefekt beruhen, bei den Nachkommen des Trägers des Gendefekts zu verhindern« (DRZE, 2020, I.). Unterschieden wird zwischen Keimbahneingriffen an Embryonen, an Keimzellen und an Stammzellen, wobei die Frage einer möglichen Reversibilität mitberücksichtigt wird (Deutscher Ethikrat, 2019). Nach § 5 des Embryonenschutzgesetzes ist in Deutschland eine Intervention in die Keimbahn bzw. die Verwendung veränderter Keimzellen zur Befruchtung verboten (Akademien, 2015a), wenngleich die Rechtsauslegung komplex ist und Lücken aufweist (Deutscher Ethikrat, 2019).

Die Ziele der Erforschung von Eingriffen in die menschliche Keimbahn betreffen Grundlagenforschung, anwendungsorientierte präklinische Forschung und klinische Studien. Mögliche Anwendungsszenarien sind Keimbahneingriffe zur Vermeidung monogen vererbter Krankheitsanlagen einerseits und zur Reduzierung multifaktoriell bedingter Erkrankungsrisiken andererseits; hinzu kommen verbesserungsbezogene Anwendungen (sog. »genetisches Enhancement«) im Blick auf bestimmte Funktionen bzw. Eigenschaften gesunder Menschen (Deutscher Ethikrat, 2019).

Ethisch geboten ist indes ein wissenschaftliches Sich-Bescheiden bzgl. der Anwendungsversprechen (Akademien, 2015a). Inwiefern Keimbahnveränderungen überhaupt als ethisch zulässig zu qualifizieren sein könnten, hängt zum einen an der maximalen Sicherheit des gewählten Verfahrens, die auch möglicherweise langfristig sich zeigende Veränderungen am Erbgut so gut wie ausschließen können muss, und zum anderen am maximalen und wirkungsvollen Schutz vor manipulativen Absichten.

Entsprechend komplex gestaltet sich auch die Technikfolgenabschätzung. Unterschieden werden können drei ethische Argumentationslinien: zu den *kategorischen Argumenten* zählen religiöse Argumente, die Menschenwürde-Argumentation und Natürlichkeitsargumente. Die *pragmatischen Argumente* betreffen die Forschung an Embryonen für die Entwicklung der Keimbahntherapie, die Risikoargumentation, den ärztlichen Auftrag und die elterliche Autonomie. Die *gesellschaftspolitischen Argumente* schließlich diskutieren die (Bio-)Medikalisierung des Lebens, die Stigmatisierung und den Umgang mit Menschen mit ererbten Krankheiten und Behinderungen, Optimierung und Leistungsdruck sowie die Aspekte Slippery Slope (»Dammbruch«) und Regulation (Hardt, 2019). Insgesamt bilden Menschenwürde, Lebens- und Integritätsschutz, Freiheit, Natürlichkeit, Schädigungsvermeidung und Wohltätigkeit, Gerechtigkeit, Solidarität sowie Verantwortung die Orientierungsmaßstäbe der Bewertung (Deutscher Ethikrat, 2019).

3. Didaktische Perspektiven

3.1 Didaktische Orientierungen

Die Behandlung bioethischer Themen im Unterricht zielt – auch und gerade aufgrund der lebensweltlichen Verankerung insbesondere medizinethischer Themen – auf die ethische Urteilsbildung von Lernenden im Sinne der Trias »Bewerten – Urteilen – Entscheiden« (Fuchs, 2010, S. 196). Damit einher gehen einerseits die Schulung von Wahrnehmungs- und Deutungskompetenz und andererseits das Einüben von Argumentations- und Dialogkompetenz (Haen & Krimmer, 2015). Urteilsbildungsmodelle unterschiedlicher Fachdidaktiken sowie der Medizinethik zeigen dabei einen in Abfolge und Bausteinen weitgehend übereinstimmenden Lernverlauf in fünf Schritten: [1] Sachanalyse (Situation, Problem, Kontext), [2] Handlungsmaßstäbe (Normen, Werte), [3] Abwägung (Güter, Lösungs-/Verhaltensalternativen), [4] Urteilsfindung sowie [5] Reflexion und Rücküberprüfung des Urteils (Fuchs, 2010; Fuchs, 2021). Für den vorliegenden Diskussionszusammenhang interessant ist überdies das Instrument des »Entscheidungsbaums« für Eingriffe in die menschliche Keimbahn (Deutscher Ethikrat, 2019, S. 281).

Generell wird dabei häufig mit Dilemma- und Fallgeschichten bzw. Fallstudien gearbeitet (Fuchs, 2021). Allerdings äußert sich das didaktische Problem einer Hypothetizität der Urteilsbildung bei ausbleibender Handlung (Fuchs, 2010) im Falle von CRISPR-Cas9 in Teilen auch als Prospektivität bei ausbleibender Handlung, insofern offen ist, wie die Gen-Schere in Zukunft – insbesondere im Bereich der Gentherapie – noch eingesetzt werden kann bzw. wird. Die u. g. Filme weisen dieses Problem in Teilen aus.

3.2 Didaktische Konkretisierungen

Für die konkrete Unterrichtsgestaltung wesentlich sind ein grundlegendes Verständnis sowie die begründete Kenntnis der Chancen, Grenzen und potenziellen Grenzüberschreitungen in der Anwendung von CRISPR. Dabei ist der vorfindliche gentechnische Fortschritt – ob bewusst oder unbewusst – Teil der Lebenswirklichkeit von Kindern und Jugendlichen. Doch auch wenn der verliehene Nobelpreis und die damit verbundene Berichterstattung einen Anknüpfungspunkt darstellt, bleibt doch als generelle didaktische Herausforderung, dass spezifisch bioethische Fragestellungen per Fachdiskurs thematisiert werden. Nicht umsonst fordern einschlägige Stellungnahmen auch hier, »die Debatte zu den wissenschaftlichen, ethischen und rechtlichen Möglichkeiten, Grenzen und Konsequenzen des *genome editing* in die Öffentlichkeit« zu tragen,

»insbesondere mit Blick auf therapeutische Anwendungen und gezielte, potentiell weitreichende Eingriffe in Ökosysteme. Dabei ist darauf zu achten, dass der Diskurs durch Aufklärung und Transparenz des Forschungs- und Entwicklungsstandes sachlich gehalten und eine möglichst evidenzbasierte Entscheidung zum Umgang mit den Methoden erreicht wird« (Akademien, 2015a, S. 13).

Das Anliegen lässt sich für schulische Bildungsprozesse nur unterstreichen. Angesichts der Aktualität des Themas sind entsprechende Unterrichtsmaterialien indes erst in Arbeit und beziehen sich zudem nur selten explizit auf Religionsunterricht. Nicht nur, aber auch deshalb wäre zu prüfen, inwiefern sich hier ein fächerverbindender Unterricht Biologie/RU/Ethik anbieten würde (Fuchs, 2010).

Davon unbenommen gibt es bereits einiges an Filmmaterial, das im Unterricht eingesetzt werden kann: Der 3-minütige Clip *Genom-Editierung mit CRISPR/Cas9* der Max-Planck-Gesellschaft (2021a) erklärt knapp und verständlich das Verfahren als solches. Der 15-minütige Beitrag *Gentechnik – CRISPR/Cas+Co.* des multimedialen Schulfernsehens von SWR und WDR erläutert das Verfahren ausgehend von der DNA als Träger der Erbinformation und unter Berücksichtigung der Differenz zwischen Gentechnik und Genom-Editierung. Die Dokumentation beleuchtet zudem Aspekte der Nutzung in Grundlagenforschung und Landwirtschaft, wobei Experteninterviews auf positive und negative Effekte verweisen (Planet Schule, 2021a). Ergänzend finden sich Hinweise zum Unterrichtsverlauf sowie Arbeitsanweisungen und -blätter zum Einsatz im (Biologie-)Unterricht der Sekundarstufen I und II (Planet Schule, 2021b).

Den Herausforderungen durch CRISPR in Humanmedizin (am Beispiel des an der Erbkrankheit Duchenne-Muskeldystrophie erkrankten Gavriel) und Landwirtschaft (am Beispiel der genetischen Veränderung von Mais und anderen Pflanzen) widmet sich der 44-minütige, als Lehrprogramm gemäß § 14 JuSchG ausgewiesene Dokumentarfilm *CRISPR – Revolution im Genlabor* (2016) von Claudia Ruby (ARD 2017). Das Medienportal der Evangelischen und Katholischen Medienzentralen (2021) verlinkt hierzu u. a. auf die Arbeitshilfe zum Film (Karsch, 2019), die wiederum Kurzzusammenfassungen und Arbeitsblätter zu den einzelnen Filmsequenzen beinhaltet. Eine Filmrezension mit Verweis auf Einsatzmöglichkeiten liefern Schwarzer und Klinkott (2020, S. 72) und halten die Dokumentation für geeignet,

»einen differenzierten Einblick in einen sehr kleinen Teil des großen Bereichs der Gentechnik zu erhalten. Eine abschließende Wertung der Methode CRISPR findet nicht statt. Mit dem bereitgestellten Arbeitsmaterial können sowohl im Bereich der Naturwissenschaften als auch im Religions- und Ethikunterricht bestehendes Wissen vertieft, aber auch Vereinfachungen und Vorurteile thematisiert und diskutiert werden.«

Lohnenswert ist schließlich auch der 2019 in den USA erschienene Dokumentarfilm *Human Nature: Die CRISPR Revolution (OmU)* von Regisseur Adam Bolt. Anhand einer Folge von sechs Kapiteln gibt er in 98 Minuten Einblick in Forschung, Methode und unumgängliche ethische Fragestellungen: (1) Theorie der Genveränderung, (2) Entdeckung der Genomsequenz CRISPR und des Proteins Cas9, (3) aktuell realisierbare Einsatzmöglichkeiten der Kombination beider Elemente als CRISPR-Cas9 zur Veränderung menschlicher DNA bei genetischen Erkrankungen und zur Xenotransplantation, (4) Ausblick auf einen für alle zugänglichen Markt an »bestellbaren Genen« und die Veränderung von Erbmaterial, (5) Anklänge an die Eugenik und die Frage nach dem Wert menschlichen Lebens, (6) Frage nach der Bedeutung gesellschaftlicher Werte, des Menschseins und der Gottebenbildlichkeit angesichts der CRISPR-Technologie.

Für einen Einsatz im Religionsunterricht spricht zunächst die anschauliche Darstellung des bisherigen Forschungsstandes, die das CRISPR-Cas9-Verfahren durch Visualisierungen und sprachliche Metaphern (z. B. Cursor in Word, Werkzeug) auch für SuS gut nachvollziehbar macht. Der multiperspektivische Ansatz lässt Forschende und Wissenschaftlerinnen und Wissenschaftler, von Erbkrankheiten Betroffene und Geschäftemachende – und auf diese Weise zugleich einander widersprechende Argumente – zu Wort kommen und deren Aussagen in einen Dialog treten. Insbesondere im Blick auf die avisierte bioethische Urteilsbildung der Lernenden eröffnen sich damit vielfältige, existenziell brisante und (theologisch-)anthropologisch relevante ethische Fragestellungen.

Für sämtliche genannte Medien gilt freilich, ihre Tauglichkeit im Blick auf die konkrete Lerngruppe, das Alter der SuS sowie ggf. fächerverbindende Aspekte hin zu reflektieren. Zudem ist kritisch anzumerken, dass filmisch umgesetzte Bilder und Narrative – insbesondere, wo es um erkrankte Kinder geht – den Zuschauer u. U. emotional beeinflussen bzw. triggern können, was dann unterrichtlich einzuholen wäre.

4. Literatur

Cathomen, T./Puchta, H. (Hg.) (2019): CRISPR/Cas9 – Einschneidende Revolution in der Gentechnik. Berlin: Springer.

Deutscher Ethikrat (Hg.) (2019): Eingriffe in die menschliche Keimbahn. Stellungnahme. Berlin. https://www.ethikrat.org/fileadmin/Publikationen/Stellungnahmen/deutsch/stellungnahme-eingriffe-in-die-menschliche-keimbahn.pdf (Zugriff: 13.08.2020).

Deutsches Referenzzentrum für Ethik in den Biowissenschaften (2020): Im Blickpunkt: Somatische Gentherapie. http://www.drze.de/im-blickpunkt/somatische-gentherapie (Zugriff: 01.03.2021) (= DRZE 2020).

Fuchs, M. E. (2021): Art. Bioethik. In WiReLex – Das Wissenschaftlich-Religionspädagogische Lexikon. https://www.bibelwissenschaft.de/stichwort/200867/ (Zugriff: 14.05.2021).

Fuchs, M. E. (2010): Bioethische Urteilsbildung im Religionsunterricht. Theoretische Reflexion – Empirische Rekonstruktion. Göttingen: Vandenhoeck & Ruprecht.

Forschung & Lehre. E-Paper vom 26.11.2018. https://www.forschung-und-lehre.de/scharfe-kritik-an-vermeintlichen-gen-versuchen-an-menschen-1243/ (Zugriff: 15.02.2021) (= F&L, 2018a).

Forschung & Lehre. E-Paper vom 28.11.2018. https://www.forschung-und-lehre.de/forschung/charpentier-aeussert-sich-zu-gen-babys-rote-linie-ueberschritten-1251/ (Zugriff: 15.02.2021) (= F&L, 2018b).

Haen, S./Krimmer, E. (2015): Argumentieren lernen – Religionspädagogik und Medizinethik im Dialog. In R. Englert/H. Kohler-Spiegel/E. Naurath/B. Schröder/F. Schweitzer (Hg.): Ethisches Lernen (Jahrbuch der Religionspädagogik, Bd. 31) (S. 151–162). Neukirchen-Vluyn: Neukirchener Verlag.

Hardt, A. (2019): Technikfolgenabschätzung des CRISPR/Cas-Systems. Berlin/Boston: De Gruyter.

Informationsdienst Wissenschaft (2020): Forschungsergebnisse: Genschere CRISPR-Cas9 – Schnitt mit Nebenwirkung (Meldung vom 26.05.2020). https://nachrichten.idw-online.de/2020/05/26/genschere-crispr-cas9-schnitt-mit-nebenwirkung/ (Zugriff: 11.02.2021).

Isa, N. M./Zulkifli, N. A./Man, S. (2020): Islamic Perspectives on CRISPR/Cas9-Mediated Human Germline Gene Editing: A Preliminary Discussion. Science and Engineering Ethics, Volume 26, S. 309–323. https://doi.org/10.1007/s11948-019-00098-z (Zugriff: 28.02.2021).

Jarnestad, J. (The Royal Swedish Academy of Sciences) (2020): Illustration: CRISPR/Cas9 genetic scissors. https://www.nobelprize.org/uploads/2020/10/chemistry-2020-figure3-en.pdf (Zugriff: 10.02.2021).

Karsch, M. (2019): CRISPR. Revolution im Genlabor. Arbeitshilfe. Frankfurt a. M.: kfw. http://www.materialserver.filmwerk.de/arbeitshilfen/AH_Crispr_A4.pdf (Zugriff: 14.02.2021).

Lander, E. S./Baylis, F./Zhang, F./Charpentier, E. et al. (2019): Adopt a moratorium on heritable genome editing. Nature, Volume 567, S. 165–168. https://www.nature.com/articles/d41586-019-00726-5 (Zugriff: 06.03.2021).

Ledford, H. (2020): CRISPR treatment inserted directly into the body for first time. Experiment tests a gene-editing therapy for a hereditary blindness disorder. Nature, Volume 579. https://www.nature.com/articles/d41586-020-00655-8 (Zugriff: 11.02.2021).

Lerner, A. (2016): Viewing CRISPR gene editing through the lens of Jewish bioethics. Genetic Literacy Project (BioNews). https://geneticliteracyproject.org/2016/11/21/viewing-crispr-gene-editing-lens-jewish-bioethics/ (Zugriff: 28.02.2021).

Max-Planck-Gesellschaft (o. Jg.): Auf dem Weg zur Therapie. https://www.mpg.de/11033456/crispr-cas9-therapien (Zugriff: 11.02.2021) (= MPG 2021).

Modrzejewski, D./Hartung, F./Sprink, Th./Krause, D./Kohl, C./Wilhelm, R. (2019): What is the available evidence for the range of applications of genome-editing as a new tool for plant trait modification and the potential occurrence of associated off-target effects: a systematic map. Environmental Evidence, Volume 8 (Article number 27). https://environmentalevidencejournal.biomedcentral.com/articles/10.1186/s13750-019-0171-5 (Zugriff: 11.02.2021).

Nationale Akademie der Wissenschaften Leopoldina/Deutsche Forschungsgemeinschaft/acatech – Deutsche Akademie der Technikwissenschaften/Union der deutschen Akademien der Wissenschaften (2015): Chancen und Grenzen des genome editing/The opportunities and limits of genome editing. Halle (Saale). https://www.dfg.de/download/pdf/dfg_im_profil/reden_stellungnahmen/2015/stellungnahme_genome_editing_2015.pdf (Zugriff: 13.08.2020) (= Akademien 2015a).

Nationale Akademie der Wissenschaften Leopoldina/acatech - Deutsche Akademie der Technikwissenschaften/Union der deutschen Akademien der Wissenschaften (2015): Akademien nehmen Stellung zu Fortschritten der molekularen Züchtung und zum erwogenen nationalen Anbauverbot gentechnisch veränderter Pflanzen. Halle (Saale). https://www.leopoldina.org/uploads/tx_leopublication/2015-03-26_Ad-Hoc-Stellungnahme_Gruene_Gentechnik.pdf (Zugriff: 13.08.2020) (= Akademien 2015b).

Paquet, D./Weisheit, I./Kroeger, J. A./Malik, R./Dannert, A./Dichgans, M. et al. (2020): Detection of Deleterious On-Target Effects after HDR-Mediated CRISPR Editing. Cell Reports, Volume 31, Issue 8. https://doi.org/10.1016/j.celrep.2020.107689 (Zugriff: 11.02.2021).

Schwarzer, N./Klinkott, A. (2020): Medizin und ethische Fragen im Film: CRISPR – Revolution im Genlabor. Loccumer Pelikan, H. 2, S. 71–72. https://www.rpi-loccum.de/material/pelikan/pel2_20/2-20_Schwarzer_und_Klinkott (Zugriff: 14.02.2021).

Stadtmauer, E. A./Fraietta, J. A./Davis, M. M./Cohen, A. D. et al. (2020): CRISPR-engineered T cells in patients with refractory cancer. Science (6481), Volume 367. https://science.sciencemag.org/content/367/6481/eaba7365 (Zugriff: 15.02.2021).

Taupitz, J./Deuring, S. (Hg.) (2020): Rechtliche Aspekte der Genom-Editierung an der menschlichen Keimbahn. A Comparative Legal Study. Heidelberg: Springer.

Film-Links

Gentechnik – CRISPR/Cas+Co.:

https://www.planet-schule.de/sf/php/sendungen.php?sendung=10825 (Zugriff: 14.02.2021) (= Planet Schule, 2021a)

https://www.planet-schule.de/wissenspool/total-phaenomenal-genetik/inhalt/unterricht/gentechnik-crisprcas-co.html (Zugriff: 15.02.2021) (= Planet Schule, 2021b)

CRISPR – Revolution im Genlabor

https://www.ardmediathek.de/daserste/video/reportage-und-dokumentation/crispr-revolution-im-genlabor/das-erste/Y3JpZDovL2Rhc2Vyc3RlLmRlL3JlcG9ydGFnZSBfIGRva3VtZW50YXRpb24gaW0gZXJzdGVuL2FjYjRlMjg3LTAyNTEtNGVkMi1iYzZhLWIxMzBmOGY4MDBhYw/ (Zugriff: 15.02.2021) (= ARD 2017)

https://medienzentralen.de/medium44245/CRISPR (Zugriff: 14.02.2021) (= Medienzentralen 2021).

Gesundheit/Krankheit

Helga Kohler-Spiegel

1. Lebensweltliche Perspektiven

Menschen entwickeln Vorstellungen darüber, was »gesund« und »krank« bedeutet – dies gilt für Kulturen ebenso wie für Individuen. Arnold Lohaus und Juliane Ball (2006) beforschten die impliziten Konzepte von Kindern über Gesundheit und Krankheit sowie die Einflussfaktoren beim Aufbau dieser Konzepte. Zwei sind dabei im Vordergrund: der kognitiv-strukturalistische Forschungsansatz auf der Basis von Jean Piaget und der inhaltlich-wissensorientierte Forschungsansatz, bei dem semantische Netzwerke sequenziell organisiert und teilweise mit Handlungsskripten verbunden werden (vgl. Lohaus & Ball, 2006, S. 13–22). Bei einer der ersten Forschungsarbeiten zu diesem Thema wurden Kindern im Alter von 6–12 Jahren folgende Fragen gestellt: »*(a) Was bedeutet das Wort Gesundheit? (b) Wie fühlst Du Dich, wenn du gesund/nicht gesund bist? (c) Woran kannst Du erkennen, ob ein anderes Mitglied der Familie gesund ist? (d) Kann man gleichzeitig teilweise gesund und teilweise krank sein?*« (Natapoff, 1978, zit. nach Lohaus & Ball, 2006, S. 27). So werden positive, negative und multidimensionale Konzepte von Gesundheit und Krankheit sichtbar. Entwicklungsalter, Wissensstand und Lernmöglichkeiten sowie biografische Erfahrungen prägen die Differenziertheit der Konzepte. »Dies bedeutet, dass Kinder (und Erwachsene) trotz vorhandener Denkkapazitäten möglicherweise in diesem Bereich Konzepte aufgebaut haben, die nicht ihren allgemeinen Denkmöglichkeiten entsprechen« (Lohaus & Ball, 2006, S. 23).

Beim Versuch, Gesundheit und Krankheit zu definieren, wird auf die Definition der Weltgesundheitsorganisation (WHO) aus dem Jahr 1948 zurückgegriffen: »Die Gesundheit ist ein Zustand vollkommenen physischen, geistigen und sozialen Wohlbefindens und nicht bloß das Fehlen von Krankheit oder Gebrechen« (WHO, 1948/2021, Art. 2 [1]).

Dieser positive Begriff von Gesundheit ist existenziell, normativ und visionär zugleich, »well-being« beschreibt, wie es gegenwärtig und zukünftig, für die Einzelperson und für die Menschen insgesamt sein sollte. Auch psychische Gesundheit ist gemäß der WHO »ein Zustand des Wohlbefindens, in dem eine Person ihre Fähigkeiten ausschöpfen, die normalen Lebensbelastungen bewältigen, produktiv arbeiten und einen Beitrag zu ihrer Gesundheit leisten kann« (WHO, 2019) und ist eng mit physischer Gesundheit verbunden. (Physische wie psychische) Gesundheit wird im Alltag durch Interaktion des Individuums mit seinen Lebensumständen geschaffen, gelebt und subjektiv erlebt. Sie ist das Ergebnis eines vielschichtigen Prozesses, das neben der individuellen Disposition, den Lebensweisen, dem sozialen Umfeld und den Lebensbedingungen auch maßgeblich von sozioökonomischen, kulturellen und weiteren kontextuellen Faktoren beeinflusst wird. Gesundheit wird verstanden als Verbindung von bio-psycho-sozio-ökologischen Aspekten; Erhalten und Wiederherstellen sind zentrale Anliegen. Basis dafür sind Bindungserfahrungen am Beginn des Lebens und über die gesamte Lebensspanne (vgl. Kohler-Spiegel, 2020b, S. 69–79; Kohler-Spiegel, 2018, S. 307–321). Resilienzforschung bestärkt dieses Denken durch das Verständnis psychischer Widerständigkeit angesichts von Herausforderungen aller Art und durch die Entwicklung von individuellen und kollektiven Schutzfaktoren (vgl. Kohler-Spiegel, 2020a, S. 239–254). Auch das Konzept der Salutogenese nach Aaron Antonovsky (1997) betont die Schutzfaktoren für Gesundheit im umfassenden Sinn.

Konzepte und Definition, Sichtweisen und damit verbundene Bewertungen sind immer wieder in Bewegung. »So wird Gesundheit folglich auch verschiedenartig beschrieben: als Abgrenzung zu Krankheit, als Störungsfreiheit, als Wohlbefinden, Anpassungsfähigkeit, Gleichgewichtszustand, als Wertaussage, Gesundheits-Krankheits-Kontinuum oder als ›verborgene Harmonie‹ – ein Aspekt, der meist gar nicht in unserem Bewusstsein ist« (Gangl, 2015, S. 2), bis hin zu Self-Enhancement oder Human Enhancement (die Verbesserung, Steigerung, Verschönerung bei Gesunden, vgl. Fuchs et al., 2002, S. 15).

Spirituelle Gesundheit wird häufig nur als »spiritual care« im Rahmen des Sterbeprozesses in den Blick genommen und zu wenig allgemein beachtet. Praktizierte Spiritualität dient nachweislich der Gesundheitsstärkung (vgl. Bucher, 2007).

2. Theologisch-ethische Perspektiven

2.1 Biblisch-theologische Perspektiven

Zahlreiche biblische Lexika behandeln nur den Begriff der »Krankheit«. Der damit verbundene Begriff ist »Heilung«, die Genesung eines Kranken wird mit »leben, lebendig sein« beschrieben (Frey-Anthes, 2007, S. 1), ein eigenes Wort für »Gesundheit« gibt es in der Hebräischen Bibel nicht (Schiller, 2010,

S. 1). Krankheit gibt es nicht abstrakt, sondern nur als »krank werden, leiden« (Frey-Anthes, 2007, S. 1). Im Vorderen Orient bestand ein Zusammenhang zwischen medizinischem und magischem Denken, Krankheit bedeutete meist auch den Verlust sozialer Einbindung und materielle Not. Alle menschlichen Erfahrungen kommen nach damaliger Vorstellung von Gott – Leben und Tod, Gesundheit und Krankheit. So ist es Gott, der die Wunden schlägt, und der, der sie heilt. Magische Rituale und Gebete, Umkehr und Buße können eine Veränderung bewirken.

Es entwickeln sich mehrere Deutungen, Krankheit zu verstehen und damit umzugehen:

a) Krankheit gehört zum Leben;
b) Krankheit ist sinnlos und Gott wird als grausam erlebt (Ijob 9,16–18);
c) Krankheit ist sinnvoll. Sie wird gedeutet als
   - eine Warnung, den Bund mit Gott zu halten und nach den Weisungen Gottes zu leben (in der prophetischen Literatur wird dies auf das ganze Volk ausgeweitet),
   - eine Strafe als Folge von eigener Schuld oder Schuld der Vorfahren,
   - stellvertretendes Leiden (Jes 53,3–5, vgl. Frey-Anthes, 2007, S. 3 f.).

Mehrheitlich wird im Ersten oder Alten Testament Krankheit als eine von Gott verfügte Strafe verstanden – ein Kranker oder eine Kranke ist demnach für seine bzw. ihre Umgebung als Sünder oder Sünderin erkennbar (vgl. exemplarisch Mußner, 2001, S. 374). Umgekehrt kann dann in diesem Tat-Folge-Zusammenhang auch Heilung und Gesundwerden als Zuwendung Gottes verstanden werden.

Die anderen Deutungen von Krankheit als »sinnvoll« brauchte es aus der Reflexion des Widerspruchs, dass es sehr wohl ungerechte Menschen gibt, denen es gut geht, und gerechte Menschen, die Krankheit und Leiden erleben. Es bleibt aber immer auch das Unbegreifliche und Unfassbare, das Nicht-Verstehen-Können im Angesicht von Krankheit.

Kranke werden gemieden – selbst von Freundinnen und Freunden, Kranke erregen Ekel und werden Opfer von Gerede und Spott. Offiziell aus der Gemeinschaft ausgeschlossen werden sie nur bei Erkrankungen, die als »Aussatz« bezeichnet werden (häufig als Hautkrankheiten verstanden, vgl. Staubli & Schroer, 2014, S. 475). Bei Aussatz stellt der Priester sowohl die Erkrankung als auch die Heilung fest (vgl. Lev 13,3 u. a.). Wie die Erkrankung kommt auch die Heilung von Gott: »Ich bin JHWH, dein Arzt« (Ex 15,26). Zahlreiche Krankheiten werden in der Bibel aufgezählt, sie sind aber nur selten präzise identifizierbar (vgl. exemplarisch Frey-Anthes, 2007, S. 9–21).

»Gebete (Ps 38; 39; 102; 109) und erschütternde Lehrgedichte (Ijob 24,1–17; 30) lassen erkennen, dass die ärmsten, chronisch unterernährten Bevölkerungsteile im Alten Israel gleichwie heute in vielen armen Ländern unter schweren und häufigen Krankheiten zu leiden hatten« (Staubli & Schroer, 2014, S. 474). In Not- und Kriegszeiten verstärkt sich auch das Leiden an Krankheiten aller Art: Immer wieder ist von Krieg und Hungersnot, Pest, Seuchen und Aussatz die Rede. In den Psalmen klagen die Betenden über Krankheit (z. B. Ps 31,11), sie wissen aber auch die Gesundheit zu schätzen: »Besser arm und gesunde Glieder als reich und mit Krankheit geschlagen« (Sir 30,14), oder »Ein Leben in Gesundheit ist mir lieber als Gold [...]« (Sir 30,15). Die Weisheitsliteratur des Alten Testaments erteilt Ratschläge zum Erhalt der Gesundheit. Sie empfiehlt, für den Magen ein Glas Wein zu trinken sowie »Gottesfurcht (Spr 3,7 f.; 4,22) und Frohsinn (Spr 17,22)« (vgl. van den Born, 1982, S. 580).

Auch im Neuen Testament findet sich der Zusammenhang Krankheit und Sünde, Heilung und Vergebung. Zugleich warnt Jesus wiederholt vor dieser Verknüpfung: Nur weil jemand krank ist, ist er nicht sündig (vgl. Joh 9,3 u. a.). In den Heilungswundern ist Jesus derjenige, der – wie Gott selbst – von Krankheit heilen und befreien kann. Häufig wird das Gesundwerden mit dem Hinweis verbunden: »Dein Glaube hat dich geheilt« (Lk 8,48; vgl. auch Lk 7,50; 17,19; 18,42). In diesen »Geschichten vom unerwartet guten Ausgang«, wie Thomas Meurer (2010, S. 239) die Wundererzählungen nennt, zeigt sich Jesus mit der Kraft, der »dynamis« Gottes. In diesen Heilungen ist das für die Endzeit erwartete Heilwerden der ganzen Schöpfung vorweggenommen – damit wird das »Reich Gottes« im Handeln Jesu real erfahrbar (vgl. Lk 7,22; 11,20 u. a.).

Jesus gab den Jüngerinnen und Jüngern die Vollmacht zu heilen (Mk 6,7.13), diese Kraft ging über die Zeit Jesu hinaus. In der Apostelgeschichte sind Erzählungen von Heilungen »im Namen Jesu« überliefert (Apg 3,6; 9,34) (vgl. Ernst, 1985, S. 280). Zugleich ist der Mensch aufgefordert, Kranke zu besuchen und zu heilen, so im Kernauftrag Jesu in Lk 4,18. In Mt 25,31–46 gehört es zu entscheidenden Taten: »[...] ich war krank und ihr habt mich besucht [...]« (V. 36). Diese Handlungen sind in die sog. »Taten der christlichen Nächstenliebe« eingegangen.

In der Briefliteratur ist die Krankheit des Paulus bekannt, Paulus spricht in 2 Kor 2,10 ff. und 12,7 ff. selbst davon, er rühmt sich seiner Schwachheit, die sich in seiner Krankheit – dem »Stachel« – zeigt, damit sich darin die Kraft Christi offenbart (vgl. Mußner, 2001, S. 374).

2.2 Systematisch-theologische Perspektiven

Christlich-theologisch ist zwischen der Annahme und Unterstützung kranker Menschen ohne Entmündigung und Stigmatisierung und dem Engagement gegen die Krankheit zu unterscheiden (vgl. Anselm, 2015, S. 337). Zugleich macht die Unterscheidung zwischen Heil und Gesundheit deutlich, wie im Bereich von Gesundheit Verantwortung und Handeln des Menschen und damit ethische Auseinandersetzung und Reflexion zentral sind, während die Frage nach Heil und Erlösung des Menschen den Blick auf die Gottesfrage, auf Gnade und den Geschenkcharakter des Glaubens öffnet (vgl. Körtner, 2010, S. 123 f.).

Die Reflexion darüber, was im Bereich von Gesundheit/Krankheit individual- und sozialethisch betrachtet richtig und falsch ist, welche Werte und Normen in welchem kulturellen, sozialen und politischen Kontext bestimmend sein sollen und welche im Sinne der Menschenrechte für alle Menschen gelten sollten, ist für den Religionsunterricht zentral (vgl. umfassend Lindner, 2017). »In der rationalen Perspektive begründet die Ethik als Theorie Normensysteme und Handlungsregeln. In der empathischen Perspektive fördert sie das Verstehen- und Bewältigenkönnen von Problemsituationen« (Leher, 2006, S. 3). Auch die Beschäftigung mit Gesundheit/Krankheit ist von diesen beiden Aspekten bestimmt. Vier Prinzipien sind zu bedenken: (1.) Autonomie (respect for autonomy), (2.) Schadensvermeidung (non-maleficence), (3.) Fürsorge (beneficence), (4.) Gerechtigkeit (justice) (nach Beauchamp & Childress, 2012).

Die Differenzierung der Begrifflichkeiten schärft den theologisch-ethischen Diskurs, so wird z. B. »eine Krankheit haben« oder »sich krank fühlen, an einer Krankheit leiden« individuell, medizinisch und gesellschaftlich unterschiedlich wahrgenommen und hat unterschiedliche Konsequenzen in Deutung und Umgang damit. Wenn zusätzlich »Schmerz« und »Leiden« in den Blick genommen werden, wird häufig auf Theologie, Seelsorge und Psychotherapie verwiesen. Gesundheit/Krankheit sowie die ergänzenden Begriffe sind sowohl deskriptiv als auch normativ zu verstehen, sie sind beschreibend und zugleich wertend – bereits die genannte Zuordnung zu verschiedenen Fachdisziplinen spiegelt implizite oder explizite Bewertungen. »Vordergründig betrachtet verhalten sich Gesundheit und Krankheit zueinander wie Norm und Abweichung. […] Doch worin die Norm und worin die Abweichung besteht, hängt vom jeweiligen Bezugssystem und Interpretationsrahmen ab« (Körtner, 2010, S. 115). In dieser Spannung können Positionen z. B. zur Frage nach »gesund« und »krank« sowie »behandlungswertig« und »behandlungswürdig« diskutiert werden; damit verbunden werden auch Handlungskonsequenzen sichtbar – immer die Dimension des Individuums und der Gesellschaft beachtend.

Es würde den Rahmen des Beitrags sprengen, alle Aspekte der Medizinethik zu thematisieren: Fragen von Machbarkeit und ihren Grenzen, v.a. am Beginn und Ende des Lebens, Fragen von Wirtschaftlichkeit, Kriterien in Situationen von Triage u.v.m. Umso bedeutsamer ist eine gut entwickelte Fähigkeit, ethische Fragen zu erkennen und ethisch argumentieren zu können. Dafür wurde ein Ablauf für eine »gut-begründete Antwort« (well-reasoned response, vgl. Bebeau, 1995) bei einer medizinethischen Entscheidung entwickelt. Ethische Entscheidungen können anhand folgender Kriterien beurteilt werden:

> »(A) Wendet sich die Antwort jedem der im Problemfall zutage tretenden ethischen Streit- und Konfliktpunkte zu?
> (B) Werden die legitimen Interessen aller Konfliktparteien mitberücksichtigt?
> (C) Werden die verschiedenen Handlungsfolgen wahrgenommen, genau beschrieben und in die Entscheidung eingebaut?
> (D) Werden die Pflichten und Verpflichtungen aller handelnden Personen beschrieben und anhand von ethischen Werturteilen auch gut begründet?« (Leher, 2006, S. 10)

Für eine »gut begründete Antwort« ist die Verbindung von Spontanantwort, Klärung der Kriterien, mehrperspektivischer Betrachtung mit Begründungen und Überprüfung der überlegten Aspekte (im Team als Mehraugenprinzip) – wann immer möglich – sinnvoll. Genderbezogene Aspekte, u.a. Gender allgemein, Geschlechter-Gesundheit und Gender-Medizin, sowie transkulturelle Perspektiven sind unverzichtbar.

3. Didaktische Perspektiven

3.1 Didaktische Orientierungen

Beim Thema »Gesundheit/Krankheit« sind die Subjekte des Lernens, die Schülerinnen und Schüler (SuS) – mit allem, was sie ausmacht – im Mittelpunkt. Alle möglichen inhaltlichen Aspekte, wie z.B. das Bewusstmachen und Reflektieren der individuellen, familiären und gesellschaftlichen Konzepte von »Gesundheit« und »Krankheit«, mit historischen und (trans-)religiösen Konzepten, Auseinandersetzung mit gegenwärtigen Herausforderungen, wie z.B. Pränataldiagnostik, Sterbehilfe oder medizinische Enhancement-Praktiken, werden kompetenzorientiert im Religionsunterricht bearbeitet – mit den Dimensionen

- »wissen – Konzepte und Vorstellungen – deklaratives Wissen: Fakten, Namen, Daten, Fachbegriffe sowie konzeptuelles Wissen: Zusammenhänge, Hintergründe, Wirkungsgeschichte;
- anwenden – Denk-, Arbeits- und Handlungsweisen – prozedurales Wissen: also Verarbeitungs- und Handlungsprozesse;
- wollen – Interesse und Einstellungen – persönliche Motivation, emotionale Betroffenheit, existentielle Erfahrungen, Sinnhaftigkeit« (Ritter, 2020, S. 70)

Für den Lernprozess hilfreiche Ablaufschritte können mit ARIVA rhythmisiert werden:

> »A = Ankommen/Ausrichten
> R = Ressourcen aktivieren/Re-Aktiveren von Vorwissen
> I = Informieren/Inhalte erarbeiten
> V = Verarbeiten/Vertiefen
> A = Auswerten/Abschließen« (Ritter, 2020, S. 78 f.)

3.2 Didaktische Konkretisierungen

Gesundheit und Krankheit sind Thema für SuS bereits im elementarpädagogischen Bereich bzw. in der Grundschule und begleiten schulisches und außerschulisches Lernen über alle Lebensjahre. Schulische Gesundheitsförderung ist mehr als Gesundheitserziehung, die schulischen Ziele für alle Altersstufen sind parallel zu den allgemein formulierten Zielen der Ottawa-Charta der WHO zu verstehen:

> »Gesundheitsförderung zielt auf einen Prozess, allen Menschen ein höheres Maß an Selbstbestimmung über ihre Gesundheit zu ermöglichen und sie damit zur Stärkung ihrer Gesundheit zu befähigen. […] Gesundheit steht für ein positives Konzept, das in gleicher Weise die Bedeutung sozialer und individueller Ressourcen für die Gesundheit betont wie die körperlichen Fähigkeiten« (WHO, 1986, S. 1).

Dies umfasst exemplarisch: Achtsamkeit für den Körper (Ernährung, Körperhygiene, Bewegung, Umgang mit Suchtmitteln …), Umgang mit Gefühlen bzw. emotionale Bildung, Identitätsentwicklung, Hinterfragen von Gesundheitskonzepten, Umgang mit anderen Menschen bzw. soziale Bildung, Menschen- und Kinderrechte, Nachhaltigkeit, Schutz von Natur und Ressourcen sowie ökologische Grundhaltungen, »Krankheit« und »Gesundheit« im Dialog der

Religionen und Religionsgemeinschaften bis hin zur Frage nach »Glück«. Für den Religionsunterricht können diese Themen aus religionspädagogischer Sicht bearbeitet werden, hinzu kommen anthropologische, ethische und religionsbezogene Aspekte.

Biografiebezogene Impulse

Das Erleben und die Deutung von Gesundheit und Krankheit sind angebunden an individuelle, familiäre und gemeinschaftliche Erfahrungen. Diese Erfahrungen in biografiebezogenen Übungen wie beim Malen von »Szenen in meinem Leben, als ich mich gesund gefühlt habe« und »Szenen in meinem Leben, als ich krank war und/oder mich krank gefühlt habe« bewusst und dem Austausch und der Reflexion zugänglich zu machen, ist ein zentraler Lernschritt. Auch familiäre Erfahrungen zu verstehen, kann hilfreich sein für das Verstehen eigener Konzepte: Wie gesund, wie krank waren/sind die nächsten Anverwandten? Ist Gesundheit in der eigenen Großfamilie oft gefährdet? Welche Hilfen bei Krankheit gibt es in der eigenen Familie? Wie sind die elterlichen Personen mit mir als Kind umgegangen, wenn ich krank war? Auch Interviews zum Thema können den Blick öffnen. Diese so entstandenen Narrationen mit ihren Stilisierungen und Deutungen zeigen die individuelle und kollektive Konstruktion von Gesundheit/Krankheit und ermöglichen die Auseinandersetzung darüber.

Existenzielle Impulse

Gesundheit und Krankheit gehören zum Leben, es sind existenziell-anthropologische Themen. Erwachsene können Kinder davor nicht verschonen. Kinder haben ein Recht darauf, sich mit verschiedenen Formen von Krankheit auseinanderzusetzen: Was kann ich als Kind bzw. Jugendliche oder Jugendlicher bezüglich Gesundheit und Krankheit beeinflussen, was nicht? Es geht auch um die Auseinandersetzung darüber, was Kinder und Jugendliche für sich selbst, für die körperliche, psychische und religiöse Gesundheit tun können, es geht um die Reflexion von Vorbildern im eigenen Umfeld (vgl. Mendl, 2020), u. a. wie diese mit Gesundheit/Krankheit umgehen.

Praktische Impulse

Die damit verbundenen existenziellen und theologischen Fragen sind im Philosophieren und Theologisieren mit Kindern und Jugendlichen gut zu bearbeiten (vgl. Kohler-Spiegel, 2021), v. a. auch die Fragen, warum junge Menschen krank werden und manchmal auch sterben. Kinderbücher zum Kranksein und dem Umgang damit sind für den Religionsunterricht ebenso hilfreich wie Anregungen, mit Kindern Sprache zu finden bezüglich des Themas (vgl. exemplarisch Biesinger, Kohler-Spiegel & Hiller, 2019). Über einen definierten Zeitraum kann ein »Gefühlstagebuch« die Aufmerksamkeit auf das eigene Wohlbefinden lenken. Bei jüngeren Kindern kann ein »gemaltes Tagebuch« hilfreich sein, als Material wird nur ein Heft ohne vorgedruckte Zeilen gebraucht.

Alle Übungen zur Achtsamkeit sind im RU möglich, die religiöse Rhythmisierung des Tages und der Woche im Sinne von »Arbeiten und Beten« oder modern gesagt »Work-Life-Balance« kann unter dem Aspekt Gesundheit/Krankheit verstanden werden. In der Sek II können SuS z. B. im Markusevangelium über die Zeit Jesu in Galiläa lesen und die Rhythmisierung in Jesu Handeln wahrnehmen: Wann ist Jesus bei den Menschen, wann zieht er sich zurück in die Wüste, auf einen Berg, auf den See?

Inhaltliche Impulse

Dem biblischen Verständnis von Gesundheit und Krankheit kann entlang exemplarischer Bibelstellen nachgegangen werden, im digitalen RU können Online-Bibelausgaben die Suche und die Arbeit mit Bibelstellen unterstützen. Die Auseinandersetzungen mit ethischen Themen bilden einen Schwerpunkt im ethischen Lernen – Wissen und Argumentation zu erwerben sind ebenso wichtig wie die empathische Perspektive auf direkt und indirekt betroffene Personen zu entwickeln. Neutestamentlich steht nicht die Frage nach dem Warum von Krankheit oder gar nach Schuld im Vordergrund, sondern der Auftrag, Menschen im Kranksein nicht allein zu lassen.

Konkrete Übungen zur Achtsamkeit, Mediation und Spiritualität sowie das Entwickeln von Coping-Strategien unterstützen den Erhalt und die Wiederherstellung von Gesundheit. Projekte zu Gerechtigkeitserziehung, zu Nachhaltigkeit u. a. sind gesundheitsfördernd, Luft-, Lärm- und Lichtverpestung sind schädlich für den menschlichen Organismus, ebenso materielle Armut oder Bildungsbenachteiligung.

Mit älteren SuS bietet sich an, biblische Deutungen, die Erfahrungen von Kranksein und das Erleben von Gesundsein – und vielleicht die Sehnsucht nach »well-being« – zu besprechen: Wie würde ich leben, wenn mein Körper gesund ist, meine Gefühle geordnet sind, mein Grundgefühl glücklich und zufrieden ist, wenn meine Familie »safe« ist und Freundinnen bzw. Freunde verlässlich und verbunden mit mir sind? Im Blick auf die neutestamentlichen Wundererzählungen können »Geschichten mit unerwartet gutem Ausgang« geschrieben oder gemalt werden.

Rollen- und Perspektivwechsel sind möglich, der prophetisch-utopische Gehalt des Themas spricht von einer Welt, in der Familien, ganze Regionen, Pflanzen und Tiere »well-being« sind.

Im katholischen Gottesdienst wird vor dem Kommunionempfang die Bitte an Gott ausgesprochen: »Sprich nur ein Wort, so wird meine Seele gesund«. Beten, bitten, danken – all das kann performativ im Unterricht formuliert und geübt werden. Bitten zielt ja darauf ab zu erinnern, wie es »gut« wäre, danken erinnert daran, dass es »gut« ist. Diese Grundhandlungen ermöglichen, sich immer wieder zu verbinden mit sich selbst, mit anderen, mit dem/der, den/die die Menschen »Gott« nennen. Angesichts existenzieller Erschütterung, die Krankheit oft mit sich bringt, können sie ermöglichen, nicht zu vereinzeln, nicht zu verstummen, verbunden zu bleiben. Worte können krankmachen, Worte können wohl, froh und gesund machen. Kinder und Jugendliche wissen über die Macht von Worten und Bilder – im realen und im Cyber-Mobbing wird anderen durch diese Worte und Bilder Gewalt angetan.

Wenn christlicher Religionsunterricht vom »Gott des Lebens« spricht, sind – nicht nur im Religionsunterricht der Berufsschulen – Arbeitsbedingungen, die Menschen krank machen, zu thematisieren, working poor und Altersarmut bei Frauen. Was haben Menschen im Verlauf der Geschichte riskiert, um Arbeitsbedingungen zu verbessern und Arbeit weniger gesundheitsschädlich zu machen? Wenn Gesundheit ein Menschenrecht ist: Wie sieht es weltweit aus? Fakten lassen sich recherchieren, Engagement zur Entwicklungszusammenarbeit und Nachhaltigkeit machen die Hilfswerke sichtbar. Allein die Frage nach sauberem Wasser macht Projektarbeit möglich, faktisch vor Ort und weltweit, ökologisch-nachhaltig, erfahrungsbezogen und symbolisch, spirituell …

Die Themen zur inhaltlichen und empathischen Auseinandersetzung sind vielfältig, um eigene argumentative und emotionale Positionen zu bedenken und zu entwickeln. Wahrnehmungs- und Darstellungsfähigkeit, Deutungsfähigkeit, Urteilsfähigkeit, Dialogfähigkeit und Gestaltungsfähigkeit können die Frage nach Gesundheit und Krankheit in allen Altersstufen sowie Schul- und Bildungsbereichen schulen.

4. Literatur

Anselm, R. (2015): Gesundheit/Krankheit/Behinderung. In R. Lachmann/G. Adam/M. Rothgangel (Hg.): Ethische Schlüsselprobleme. Lebensweltlich – theologisch – didaktisch (2. Aufl., S. 323–342). Göttingen: Vandenhoeck & Ruprecht.

Antonovsky, A. (1997): Salutogenese. Zur Entmystifizierung der Gesundheit. Tübingen: dgvt-Verlag.

Beauchamp, T./Childress, J. (2012): Principles of Biomedical Ethics (7. Aufl.). Oxford: University Press.

Bebeau, M. J. (1995): Developing a Well-Reasoned Response to a Moral Problem in Scientific Research. In M. J. Bebeau/K. D. Pimple/K. M. T. Muskavitch/S. L. Borden/D. H. Smith (Hg.): Moral Reasoning in Scientific Research: Cases for Teaching and Assessment (S. 13–20). Bloo-

mington, Indiana. https://depts.washington.edu/uwbri/PDF %20Files/Moral_Reasong_in_Scific_Res.pdf (Zugriff: 01.02.2021).
Biesinger, A./Kohler-Spiegel, H./Hiller, S. (Hg.) (2019): Gibt es ein Leben nach dem Tod? Kinder fragen – Forscherinnen und Forscher antworten (2. Aufl.). München: Kösel.
Bucher, A. (2007): Psychologie der Spiritualität, Handbuch. Weinheim: Beltz.
Ernst, M. (1985): Heilen/Heilung. In M. Stubhann (Hg.): Das große Salzburger Bibellexikon. Bd. 1 (S. 280). Salzburg: Andreas Verlag.
Frey-Anthes, H. (2007): Art. Krankheit und Heilung (AT). In WiBiLex – Das wissenschaftliche Bibellexikon im Internet. http://www.bibelwissenschaft.de/stichwort/24036/ (Zugriff: 01.02.2021).
Fuchs, M./Lanzerath, D./Hillebrand, I./Runkel, T./Balcerak, M./Schmitz, B. (2002): DRZE Sachstandsbericht Nr. 1. Enhancement. Die ethische Diskussion über biomedizinische Verbesserungen des Menschen. Bonn: Deutsches Referenzzentrum für Ethik in den Biowissenschaften.
Gangl, V. (2015): »Gesundheit« ist mehrdimensional. Grundlagen einer Gesundheitsbildung. In Magazin erwachsenenbildung.at, Ausgabe 24 (S. 2–11). https://erwachsenenbildung.at/magazin/21-42/meb21-42.pdf (Zugriff: 01.02.2021).
Kohler-Spiegel, H. (2018): Aufwachsen in einem Raum von Resonanz. Ein entwicklungspsychologischer Zugang. In N. M. Köffler/P. Steinmair-Pösel/T. Sojer/P. Stöger (Hg.): Bildung und Liebe. Interdisziplinäre Perspektive (S. 307–321). Bielefeld: transcript.
Kohler-Spiegel, H. (2020a): Nicht leidfreies, vielmehr begleitetes Leben. Resilienz in Zeiten des Kapitalismus. In R. Bucher (Hg.): Pastoral im Kapitalismus (S. 239–254). Würzburg: Echter Verlag.
Kohler-Spiegel, H. (2020b): Resonanz und Anerkennung. Über den Zusammenhang von frühen Erfahrungen und praktisch-theologischem Handeln. In S. Beckmayer/C. Mulia (Hg.): Volkskirche in postsäkularer Zeit. Erkundungsgänge und theologische Perspektiven (S. 69–79). Stuttgart: Kohlhammer.
Kohler-Spiegel, H. (2021): Gespräche auf Augenhöhe. Kindertheologie und der Religionsunterricht. In Redaktion Herder Korrespondenz (Hg.): Das Lieblingsfach. Warum der Religionsunterricht unterschätzt wird (Herder Korrespondenz Spezial, S. 36–38). Freiburg i. Br.: Herder.
Körtner, U. H. J. (2010): Leib und Leben. Bioethische Erkundungen zur Leiblichkeit des Menschen. Göttingen: Vandenhoeck & Ruprecht.
Leher, S. (2006): Ethik in der Medizin. Vorlesungsskriptum. Universität Innsbruck (3. Aufl.). Innsbruck.
Lindner, K. (2017): Wertebildung im Religionsunterricht. Grundlagen, Herausforderungen und Perspektiven. Paderborn: Ferdinand Schöningh.
Lohaus, A./Ball, J. (2008): Krankheit und Gesundheit. Aus der Sicht von Kindern (2. Aufl.). Göttingen: Hogrefe.
Mendl, H. (2020): Helden wohnen nebenan: Lernen an fremden Biografien. Ostfildern: Matthias Grünewald.
Meurer, T. (2010): Wundergeschichten – religionspädagogisch entschärfte Bomben? In Katechetische Blätter 135, S. 238–241.
Mußner, F. (2001): Art. Krankheit. In C. Bauer: Bibeltheologisches Wörterbuch (4. Aufl., S. 373–375). Graz u. a.: Styria Verlagsgruppe SMB.
Ritter, D. (2020): Die unerwartete Nähe des Anderen. Aspekte einer Didaktik des transreligiösen Lernens für die Sek I/Sek II. Hamburg: tredition.
Schiller, J. (2010): Art. Gesundheit. In WiBiLex – Das wissenschaftliche Bibellexikon im Internet. http://www.bibelwissenschaft.de/stichwort/19472/ (Zugriff: 01.02.2021).
Staubli, T./Schroer, S. (2014): Menschenbilder der Bibel. Ostfildern: Patmos Verlag.
van den Born, A. (1982): Gesundheit. In H. Haag (Hg.): Bibellexikon (3. Aufl., S. 580). Zürich: Benzinger Verlag.

WHO (1948/2021): Gesamte Rechtsvorschrift für Weltgesundheitsorganisation – Satzung, Fassung vom 22.04.2021. https://www.ris.bka.gv.at/GeltendeFassung.wxe?Abfrage=Bundesnormen&Gesetzesnummer=10010264 (Zugriff: 01.02.2021).
WHO (1986): Ottawa Charta zur Gesundheitsförderung. https://www.euro.who.int/__data/assets/pdf_file/0006/129534/Ottawa_Charter_G.pdf (Zugriff: 01.02.2021).
WHO (2019): Psychische Gesundheit – Faktenblatt. https://www.euro.who.int/__data/assets/pdf_file/0006/404853/MNH_FactSheet_DE.pdf?ua=1 (Zugriff: 01.02.2021).

1. Lebensweltliche Perspektiven[1]

Gewalt ist ein Begriff, der in der Umgangssprache vom persönlichen Bereich (z. B. Gewalt gegen Kinder und Frauen) bis hin zu Kriegshandlungen reicht und sachverwandte Begriffe wie Macht, Zwang und Aggression aufweist (Schotte, 2020). In Anbetracht der zahlreichen Facetten von Gewalt und Aggression überrascht es nicht, dass diese auch speziell für das Kindes- und Jugendalter reflektiert und Themen wie »Mobbing an Schulen«, »Cyberbullying« und »geschlechterreflexives Fallverstehen« diskutiert werden (Deegener & Körner, 2011). In der Psychologie kann Gewalt als ein Teilbereich von Aggression definiert werden: Letztere ist ein »Verhalten, das darauf gerichtet ist, andere Individuen zu schädigen oder ihnen wehzutun«; bei Gewalt handelt sich um »schwerwiegende Formen aggressiven Verhaltens« (Nolting, 2014, S. 15). Im Unterschied zu diesem engeren Verständnis von Gewalt legt Johan Galtung (1975) durch die Berücksichtigung »struktureller Gewalt« einen sehr weiten Gewaltbegriff zugrunde: »Gewalt liegt dann vor, wenn Menschen so beeinflusst werden, dass ihre aktuelle somatische und geistige Verwirklichung geringer ist als ihre potentielle Verwirklichung.« (S. 9 [ohne die Hervorhebung im Original]) Der Vorteil dieses weiten Verständnisses besteht darin, dass auch strukturell wirkende Formen von Gewalt erfasst werden können, die wiederum einen entscheidenden Nährboden für zwischenmenschliche Gewalt darstellen. Ein Nachteil ist dahingehend zu sehen, dass der Gewaltbegriff nahezu konturenlos ausgeweitet werden kann. Aus diesem Grund legt sich ein Verständnis von Gewalt »als *absichtliche schwere Verletzungen von Lebewesen gegen ihren Willen*« (Schott, 2020, S. 235) nahe.

Da in diesem Beitrag der Fokus auf Aggression und Gewalt im persönlichen Bereich gerichtet wird,[2] werden im Folgenden zur Erklärung von Aggression drei psychologische Theorien dargelegt, welche sich auf die Grundbegriffe *Trieb*, *Frustration* und *Lernen* beziehen. Da keine dieser Theorien die Vielfalt aggres-

1 Vorliegender Beitrag ist eine gekürzte und aktualisierte Version von Rothgangel, 2006.

2 Vgl. in diesem Band v. a. noch die Beiträge zu »Diskriminierung/Rassismus« von Joachim Willems und zu »Frieden und Krieg/Terrorismus« von Elisabeth Naurath.

siver Erscheinungen allein erklären kann, sind zugleich ihre Möglichkeiten wie Grenzen zu berücksichtigen.

Die *Triebtheorie* spielt ungeachtet ihres renommierten Vertreters Sigmund Freud in der universitären Psychologie nur noch eine geringe Rolle. Er hatte in der späteren Phase seines Wirkens einen »Kampf zwischen Eros und Tod, Lebenstrieb und Destruktionstrieb« (Freud, 1930/1989, S. 249; Bucher, 2003, S. 31–42, bes. 33 f.) postuliert. In gewissem Sinn kann man sagen, dass der Todestrieb wie eine angeborene Quelle funktioniert, die fortlaufend aggressive Impulse erzeugt. Allerdings erhärten Befunde aus der Ethnologie sowie Soziobiologie, dass aggressives Verhalten *auch* eine »angeborene Mitgift« des Menschen darstellt. Bekannt sind in diesem Zusammenhang die Forschungsarbeiten von Konrad Lorenz (1963), der »innerartliche« Aggression als ein Kampfverhalten bestimmte, welches der Arterhaltung insofern diene, als sich Artgenossen dadurch gleichmäßiger den Raum aufteilen und sich nicht auf allzu engem Raum zusammendrängen würden. Dies erkläre auch die Fixierung von Säugetieren und von Menschen auf ihr Revier bzw. Territorium (S. 46–55). »Gerade die Anfälligkeit vieler ZeitgenossInnen für rechtsradikale Warnungen, uns drohe eine Überflutung durch Fremde, verleiht dieser These beklemmende Aktualität« (Bucher, 2003, S. 35).

Gemäß der *Frustrationstheorie* »entstehen aggressive Impulse nicht spontan, sondern als Reaktion auf störende, unangenehme Ereignisse.« (Nolting, 2014, S. 76 [ohne die Hervorhebung im Original]). Zusammengefasst kann man sagen, dass auf negative Ereignisse ein aggressives Verhalten am ehesten dann folgt,

> »wenn das *Ereignis* in einer aktiven Provokation gegen das Selbstwertgefühl oder den Körper oder in einem Verstoß gegen Fairness-Regeln besteht […];
> wenn die betroffene *Person* das Ereignis auch tatsächlich als negatives und schuldhaftes Verhalten *auffasst* (als böswillig, rücksichtslos, fahrlässig etc.) und daher Ärger, Empörung oder eine ähnliche Emotion empfindet;
> wenn die Person für solche Situationen überdies aggressive (und kaum konstruktive) *Verhaltensgewohnheiten* sowie *geringe Hemmungen* mitbringt;
> wenn die *Situation* aggressive Modelle, Signalreize und Anreize (Erfolgschancen) bietet, aber kaum Anreger für Hemmungen.« (S. 76)

Im Unterschied zur ursprünglichen Frustrationstheorie, nach der Aggression immer die Folge von Frustration sei, lassen sich jedoch aggressive Verhaltensweisen beobachten, ohne dass ein negatives Ereignis im Hintergrund steht: 1. Instrumentelle Aggression (z. B. ein Bankräuber droht, um Geld zu erpressen), 2. Aggression aus Gehorsam (z. B. Milgram-Experiment), 3. Lustaggression (z. B.

Hooligans), 4. spontane Nachahmung (z. B. Kinder ahmen gewalttätige Filmszenen nach) (S. 76).

Das letzte Beispiel leitet über zu den von Albert Bandura (1979) entwickelten *lerntheoretischen Erklärungsmodellen* von Aggression. Im Unterschied zur Trieb- sowie zur Frustrationstheorie ist nach der Lerntheorie aggressives Verhalten nicht auf spezielle Impulse zurückzuführen, »sondern es wird wie jedes andere Verhalten von Lerngesetzen bestimmt« (Nolting, 2014, S. 39).

Zwei Beispiele dafür sind das Lernen am Modell sowie am Erfolg: Aggression kann in nahezu allen Lebensbereichen *am Modell gelernt* werden: in der Familie, im Fernsehen sowie in den Medien generell, am Sportplatz, im Straßenverkehr, im Berufsleben, in der Politik usw. Pointiert stellt allerdings Anton A. Bucher (2003) fest: »Alle MitteleuropäerInnen haben schon Morde gesehen, die Mehrheit hat sie nicht imitiert« (S. 39). Vor diesem Hintergrund stellt sich die Frage, warum manche Personen ein gewalttätiges Verhalten imitieren, andere jedoch nicht. Letztlich hängt dieses von verschiedenen Faktoren ab: 1. vom Modell (z. B. ob die aggressive Verhaltensweise zum Erfolg führte), 2. vom Beobachter (z. B. ob es sich um eine aggressiv disponierte Person handelt), 3. von der Beziehung zwischen Beobachtendem und Aggressor (z. B. ob man letzteren mag oder sich ihm ähnlich fühlt) und 4. aktuell von der jeweiligen Situation (z. B. eine gewalttätige Handlung sanktionsfrei gestatten) (Nolting, 2014, S. 87–89).

Während das Lernen am Modell erklärt, wie eine Person neue aggressive Verhaltensweisen erwerben kann, erläutert das *Lernen am (Miss-)Erfolg,* warum Personen aggressive Verhaltensweisen einsetzen (S. 94). In dieser Hinsicht zeigen empirische Studien, dass ganz verschieden Nutzeffekte (z. B. Durchsetzung eigener Wünsche, Erlangung von Anerkennung oder zumindest Beachtung, Schutzfunktion) (S. 94) bzw. emotionale Effekte (»positive Selbstbewertung für aggressives Handeln, Genugtuung, [...] Nervenkitzel« (S. 100) [ohne die Aufgliederung nach Punkten]) als Erfolge aggressiven Handelns betrachtet und dementsprechend aggressive Verhaltensweisen als Erfolg versprechend eingesetzt werden können.

2. Theologisch-ethische Perspektiven

Die voranstehenden Überlegungen werfen ganz verschiedene theologische Fragen auf. Ohne Anspruch auf Vollständigkeit seien ein paar wesentliche Aspekte genannt: Warum lässt Gott Gewalt zu bzw. übt diese aus? Gibt es aus theologischer Perspektive »legitime Gewalt«? Welche Erfahrungen zum Thema Gewalt finden sich in der Bibel? Gehören theologisch betrachtet Gewalt und

Aggression zum menschlichen Wesen? Welches Gewaltpotenzial steckt in (monotheistischen) Religionen sowie speziell im Christentum?[3]

2.1 Gottesbild - Gewalt - Menschenbild

Das Thema Gewalt führt in die Tiefe, oder besser gesagt, in die ganze Untiefe und Abgründigkeit theologischen Nachdenkens. Es mag beruhigend sein, wenn man allein von einem sanften und gütigen Gott der Liebe ausgeht – dem biblischen Gottesbild[4] wird dies in seiner Gesamtheit nicht gerecht. In der alttestamentlichen Habilitationsschrift von Andreas Michel (2003) findet sich eine Liste von ca. 1.800 Bibelstellen, in denen von einem gewalttätigen Handeln Gottes die Rede ist. Exemplarisch sei folgende Stelle genannt: »So zieh nun hin und schlag Amalek und vollstrecke den Bann an ihm und an allem, was es hat; verschone sie nicht, sondern töte Mann und Frau, Kinder und Säuglinge, Rinder und Schafe, Kamele und Esel« (1 Sam 15,3). Es mag positive erzieherische Konsequenzen nach sich ziehen, wenn man humanistisch, aufklärerisch, romantisch oder philanthropisch das Wesen des Menschen als von Natur aus gut bestimmt – dem biblischen Menschenbild entspricht auch diese Sichtweise nicht: »Ich will hinfort nicht mehr die Erde verfluchen um der Menschen willen; denn das Dichten und Trachten des menschlichen Herzens ist böse von Jugend auf« (Gen 8,21).

»Die dunklen Seiten Gottes«[5] wie die der menschlichen Natur werden in der Bibel schonungslos aufgeführt und müssen dementsprechend theologisch bedacht werden – ohne erneut in das andere Extrem zu verfallen, in dem ein strafender Gott sowie eine vom *sündigen* Wesen des Menschen ausgehende »schwarze Pädagogik« dominieren. Auch angesichts der Erfahrungen von Gewalt ist eine dialektische Sicht geboten, wie sie beispielhaft bei Martin Luther im Blick auf Gott wie dem Menschen zum Ausdruck kommt: Er spricht vom »offenbaren« und vom »verborgenen« Gott (»deus revelatus« und »deus absconditus«) sowie vom Menschen als »Gerechter und Sünder zugleich« (»simul iustus et peccator«). Diese, die Fragmentarität und Unvollkommenheit

---

3 Dieser Punkt kann im Rahmen dieses Beitrags nicht eigens behandelt werden. Einen ersten Einblick geben Körtner, 2003; Schieder, 2014; Enns & Weiße, 2016 sowie Meyer & Tautz, 2019.

4 Ganz bewusst wird an dieser Stelle vom biblischen und nicht etwa reduziert vom alttestamentlichen Gottesbild gesprochen: »Die Gewalt hat sich innerhalb der Bibel nicht zunehmend minimiert. Eher im Gegenteil erwuchs aus den irdischen, zeitlichen Gewalttaten im Alten Testament die Vorstellung des ewigen Gerichts im Neuen Testament. [...] Die massa perditionis (vgl. Mt 25,41–46), die in der Hölle schmort, ist ein neutestamentlicher Gedanke« (Oeming, 2005, S. 67–86, hier 72 f.).

5 So der gleichlautende Haupttitel der beiden Bände von Dietrich & Link, 2002 u. 2004.

des Menschen berücksichtigende Perspektive besitzt auch eine entlastende Funktion: Sie befreit z. B. Religionslehrerinnen und Religionslehrer von pädagogischen Allmachtsfantasien und weiß um die eigene Unzulänglichkeit ungeachtet aller notwendigen Bemühungen um Professionalisierung.

2.2 Feindesliebe

Historisch betrachtet stellt die sog. Talionsformel »Auge um Auge, Zahn um Zahn« (Ex 21,24) insofern eine gewaltreduzierende Bestimmung dar, als keine maßlose Vergeltung mehr ausgeübt werden soll, sondern diese ihren begrenzenden Maßstab am geschehenen Unrecht findet. Demgegenüber fordert Jesus in der Bergpredigt einen völligen Gewaltverzicht: »Wenn dir jemand einen Streich gibt auf deine rechte Backe, dem biete die andere auch dar. [...] Und wenn dich jemand nötigt eine Meile, so geh mit ihm zwei« (Mt 5,39.41). Gleichfalls radikalisiert Jesus den Gedanken der Nächstenliebe dahingehend, dass man auch die Feinde lieben soll (Mt 5,43–45). Diese Gedanken muten wie eine unrealistische Schwärmerei an. Angesichts des menschheitsgeschichtlich fest verankerten Bedürfnisses, die zu schädigen, die einen selbst geschädigt haben, scheint die Feindesliebe eine Überforderung darzustellen (Nipkow, 2005, S. 170). Verständlich wirkt das Urteil des früheren Bundeskanzlers Helmut Schmidt, dass man mit der Bergpredigt keine Politik machen könne (Käßmann, 2001, S. 48). Gleichwohl will bedacht sein, dass im Unterschied zur Talionsformel und zu machtpolitischem Kalkül die Antithesen zur Vergeltung und Feindesliebe den Kreislauf der Gewalt zu durchbrechen vermögen (vgl. Mt 26,52). Auch dürfen die gewaltfreien Bestimmungen der Bergpredigt keineswegs mit Widerstandslosigkeit verwechselt werden. Vielmehr erniedrigt in letzter Konsequenz das Hinhalten der anderen Wange den Aggressor und ist das Gehen der zweiten Meile eine mögliche Form des Protests (Käßmann, 2001, S. 49). Schließlich »stellt wahrscheinlich kein anderer Text des Neuen Testaments eine derartige Anfrage an unsere Realität dar und gibt so viel Hoffnung, dass die Verhältnisse in dieser Welt anders sein könnten und in Gottes Zukunft anders sein werden« (S. 49).

Eine entscheidende Voraussetzung, dass Menschen unter diesen radikalen ethischen Forderungen nicht verzweifeln, ist das Vertrauen auf den Gott, der »alle Tränen abwischen wird« (Apk 21,4), und das Gefühl, von diesem Gott angenommen und geliebt zu sein: »Lasst uns lieben, denn er hat uns zuerst geliebt« (1 Joh 4,19). Wer in diesem Bewusstsein lebt, »ist nicht mehr auf eine Entsprechung der Gefühle angewiesen, bevor er den andern lieben kann. Es weiß sich getragen von einem Gottesverhältnis, das durch den Tod hindurch erhalten bleibt (Röm 8,38–39)« (Waterstraat, 1993, S. 2–15, hier S. 4).

2.3 Gewaltverzicht und *legitime Gewalt*

> »Im Urchristentum gehört die Aufhebung von Gewalt zur eschatologischen Vision (1 Kor 15,24), während für diese Weltzeit obrigkeitliche Gewalt zur Gestalt dieser Welt gehört, die – als von Gott verordnet (Röm 13,1) – ertragen werden muß« (Schrey, 1984, S. 170).

Der konsequente Gewaltverzicht von Christinnen und Christen selbst in bedrängenden Zeiten der Christenverfolgung war ein Faktor, der zur Ausbreitung des christlichen Glaubens entscheidend beitrug. Das für Außenstehende sogar im Martyrium erkennbare Vertrauen von Christinnen und Christen, dass nicht einmal der Tod von der Liebe Gottes trennen kann, stellte ein glaubwürdiges Zeugnis für den christlichen Glauben dar. Als jedoch die christliche Kirche in eine Machtstellung gelangte, wandte sie selbst »violente« Gewalt an und gefährdete ihre Glaubwürdigkeit: Als Symbol dafür stehen Kreuzzüge, Inquisition, Hexenverfolgung, Zwangsmissionierung und Antijudaismus (Käßmann, 2001, S. 17).

Wirkungsgeschichtlich bedeutsam ist Martin Luthers Stellung zur Gewalt, die vor dem Hintergrund seiner *Zwei-Regimente-Lehre* zu verstehen ist. Im geistlichen Regiment regiert Gott die Welt allein durch das Wort des Evangeliums. Hier steht das spontane Handeln von Christinnen und Christen in Glaube und Liebe im Vordergrund, während Gewalt als Mittel zur Verbreitung des Glaubens kategorisch abgelehnt wird (Schrey, 1984, S. 171). Demgegenüber regiert Gott im weltlichen Regiment durch das Gesetz, wozu »auch die Handhabung von Gewalt durch die von Gott auserwählten Organe« (S. 171) gehört, um die Ausbreitung von zwischenmenschlicher Gewalt zu verhindern. Auch bei Missbrauch ist gegenüber der »herrschaftlichen Gewalt« der Obrigkeit keine Gegengewalt gestattet: »Denn der Obrigkeit soll man nicht mit Gewalt widerstehen, sondern nur mit Bekenntnis der Wahrheit« (Scheliha, 2005, S. 27). Allerdings ist die Ausübung »obrigkeitlicher Gewalt« nicht einfach maßlos, vielmehr hat sie sich als Werk christlicher Liebe auszuweisen. Während die Liebe zum Nächsten für Christinnen und Christen auch die Ausübung von Gewalt erforderlich machen kann, ist Gewaltlosigkeit für Luther angezeigt, wenn es um die eigene Person geht: »Dem einzelnen Christen ist am Vorbild Jesu Christi als Privatperson der Weg in die Gewaltlosigkeit gewiesen. Er soll sich den Grundsatz der Nächsten- und Feindesliebe aneignen und ihn in seinem Alltag anwenden« (S. 29). Die Grenzen reformatorischer Gewaltenlehre erwiesen sich im Bauernkrieg sowie in der Folgezeit dahingehend, dass sie oftmals die Tendenz besaßen, »obrigkeitliche Unrechtsstrukturen« und damit »strukturelle Gewalt« zu unterstützen, weil eine legitime Ausübung von Gewalt allein der Obrigkeit bzw. dem staatlichen Gewaltenmonopol zugestanden wurde. Bis in die Gegenwart hinein ist die Ausübung revolutionärer Gewalt theologisch umstritten. Obwohl zu Beginn des 21. Jahrhunderts die Frage nach revolutionärer Gewalt nicht mehr so akut ist und in jüngeren Veröffentlichungen des Ökumenischen Rates der Kirchen zu Recht entscheidend hervortritt, dass auch revolutionäre Gewalt wiederum Gewalt nach sich zieht (Käßmann, 2001, S. 12, 42), sollte man m. E. diese angesichts todbringender wirtschaftlicher Ungerechtigkeit und zunehmender ökologischer Katastrophen nicht apodiktisch ausschließen – insbesondere wenn der Verfasser aus der »bequemen Schreibtischperspektive« eines insgesamt betrachtet wohlhabenden Landes urteilt. Lehrreich sind die ethischen Überlegungen Bonhoeffers in seinen »Gefängnisbriefen«: Er befürwortet angesichts des totalitären und todbringenden Hitlerregimes den »Tyrannenmord« – wohlwissend, dass es sich selbst in dieser Ausnahmesituation um einen Akt der eigenen Schuldübernahme handelt (Bonhoeffer, 1992, S. 245–299; 1997, S. 353 f.). Eine Anerkenntnis eigener Schuld – und damit eine grundlegende sowie selbstkritische Infragestellung von Gewalt – ist nicht zu erwarten, wenn Nationalstolz und Maskulinität als Bezugspunkte sozialer und persönlicher Identifizierung dienen. Sie ist jedoch möglich im Vertrauen auf den Gott, der Menschen unabhängig von ihrer Leistung und Schuld seine Vergebung und Gemeinschaft schenkt. Dieses Vertrauen ermöglicht ein befreites und fantasievolles Handeln zur Überwindung von Gewalt. Im Gegensatz dazu stehen eine sich ständig absichernde Sorge und Aktivismus einerseits sowie Resignation und Frustration andererseits, die allesamt nicht den Kreislauf von Gewalt zu unterbrechen vermögen.

3. Didaktische Perspektiven

3.1 Didaktische Orientierungen

Die Gewaltthematik stellt eine unumgängliche pädagogische Herausforderung dar, allerdings sind die Grenzen pädagogischer Bemühungen realistisch zu bedenken. Grundsätzlich stellt die Überwindung von Gewalt nicht einfach die Behebung eines Wissensdefizites dar, das durch ein bestimmtes Unterrichtsfach geleistet werden kann. Vielmehr bedarf es neben der konstitutiven Einbeziehung von »Mitgefühl als genderorientierte Prävention von Gewalt« (Naurath, 2007, S. 226) auch der gezielten Abstimmung unterschiedlicher Bereiche schulischer Erziehung. Für Schulen existieren zahlreiche Vorschläge und Programme gegen Aggression, die man im Anschluss an Hans-Peter Nolting (2014) fünf verschiedenen Typen zuordnen kann (S. 284–286): 1. Veränderungen der schulischen Bedingungen, insbesondere des Schulklimas; 2. Förderung der sozialen Kompetenz von Schülerinnen und Schülern (SuS) (Erkennen von Gefühlen, Empathieübungen, Umgang mit eigenem Ärger, konstruktive Lösung von Konflikten); 3. akutes Eingreifen gegen aggressive Handlungen, Einzelgespräche u. Ä. mit Täterinnen und Tätern; 4. Schutz und Stärkung typischer Opfer (in der Regel erhalten vorwiegend Täterinnen und Täter die Aufmerksamkeit); 5. Mehr-Ebenen-Konzepte, die Maßnahmen aus 1–4 zu einem Konzept integrieren und »zurzeit die eindeutigsten Wirksamkeitsnachweise« (S. 286) erbringen.

Bei Mehr-Ebenen-Konzepten ist keineswegs die Erfüllung einer jeden Maßnahme entscheidend, vielmehr werden in den einzelnen Projekten unterschiedliche Akzentuierungen vorgenommen. Wichtig ist es, dass jenseits von einzelnen (schwierigen) SuS und einzelner Klassen das gesamte Schulsystem einbezogen wird: »Das Ziel ist eine Veränderung der sozialen Interaktion und nicht nur individuelle Erziehung!« (S. 287). Eine entsprechende Zusammenstellung von Projekten aus unterschiedlichen europäischen Ländern nimmt Nolting vor:

»*Schulebene*
- Problembewusstsein schaffen (bei Lehrkräften, Eltern, Schülern)
- Verbindliche Regeln (Angreifen verboten, Angegriffenen helfen, niemanden ausgrenzen)
- Schulhofgestaltung (Strukturierung, Zonen, Angebote)
- Bessere Aufsicht (hinsichtlich kritischer Orte, einzelner Täter oder Opfer)
- Regelungen für kritische Situationen (z. B. Wartesituationen)

Klassenebene
- Klassengespräche über Vorfälle und Verhaltensregeln
- Anleitung der Zuschauer zur Hilfeleistung
- Soziale Curricula, Trainingsprogramme
- Aggression und Bullying als Unterrichtsthema

Individuelle Ebene
- Akutes Stoppen aggressiver Handlungen
- Gespräche mit Tätern, Opfern, Eltern
- Rückendeckung und Schutz für Opfer, Anleitung zu selbstsicherem Verhalten
- Anreize für positives Verhalten, negative Konsequenzen tragen lassen« (S. 289).

Religionslehrerinnen und Religionslehrer können auf allen Ebenen mitwirken und z. B. durch »klassische« religionsunterrichtliche Themen wie »Gewalt«, »Feindesliebe« u. Ä. m. einen spezifischen religionsdidaktischen Beitrag leisten, wobei auch die Berücksichtigung genderspezifischer Aspekte wesentlich ist (z. B. Naurath, 2007, S. 21–29, 144–150, 226–231; Silkenbeumer, 2011). Anschaulich geht aus der vorliegenden Tabelle allerdings auch hervor, was einleitend schon festgestellt wurde: Eine explizite religionsunterrichtliche Behandlung des Themas »Aggression« bzw. »Gewalt« kann nur ein Baustein unter vielen sein, um zu einer wirksamen Überwindung von Gewalt beitragen zu können.

3.2 Didaktische Konkretisierungen

Da zu dieser Thematik bereits eine Fülle an vortrefflichen Unterrichtsmaterialien für den Religionsunterricht existiert, die neben einer eingehenden Rezeption psychologischer Aggressionsforschung auch religionsdidaktisch fundierte Vorschläge zu Themen wie Feindesliebe und Gewaltverzicht beinhalten, soll dies im vorliegenden Beitrag nicht weiter didaktisch vertieft werden (vgl. z. B. Mokrosch, 2000; Peter, 2005; KIBOR, 2018). Vielmehr soll ein Punkt aufgegriffen werden, der aus den obigen theologischen Überlegungen hervortritt. An verschiedenen Punkten wird deutlich, dass in Anbetracht der Gewaltthematik im Gottes- wie im Menschenbild, im Verhältnis von Talionsformel und Bergpredigt, aber auch von Gewaltverzicht und »legitimer« Gewalt eine spannungsreiche theologische Dialektik zum Vorschein kommt.

Für das Kindesalter besteht indessen immer wieder ein Trend, einen sanftmütigen Jesus und lieben Gott zu vermitteln und die dunklen Seiten Gottes möglichst zu übergehen. Ungeachtet der theologischen Fragwürdigkeit dieses Ansatzes ist erhellend, dass Anton A. Bucher seinen pointierten Aufsatz »Ein zu lieber Gott?« mit dem Kinder, Jugendliche wie Erwachsene faszinierenden Phänomen »Harry Potter« eröffnet – einem Werk, das nach Ansicht von Kritikerinnen und Kritikern von extremer Grausamkeit gezeichnet ist (Bucher, 2004, S. 173–185, bes. 173). Darüber hinaus zeigen entwicklungspsychologische Studien, dass Kinder sehr wohl eine ausdrückliche Vorstellung davon haben, was gut und böse ist. Das Böse sowie die Strafe Gottes erfüllen nach Ansicht von Kindern dahingehend einen »guten« Zweck, als es Menschen zum Guten hin erziehen soll (S. 180 f.). Aus den genannten Gründen überzeugt das Votum Rainer Lachmanns, dass sich Religionspädagoginnen und Religionspädagogen selbst »in den Kinderbibeln nicht nur mit den glatten, fraglosen und unanstößigen Geschichten begnügen, sondern [...] den Kindern auch schwierige und dunkle Bibelerzählungen zumuten« (Lachmann, 2005, S. 213–224, 218). Als Musterbeispiel dient ihm diesbezüglich der fragende und produktive Umgang von Kindern mit der Erzählung von Kain und Abel in Gen 4. Um nicht missverstanden zu werden: Keineswegs geht es erneut um eine angstschürende bzw. moralisierende Religionspädagogik. Vielmehr hält ein »nur lieber Gott« leidvollen Erfahrungen von Kindern und Jugendlichen kaum stand. Pointiert gesagt: »Es ist wie beim Essen: Von Marzipan allein lässt sich nicht leben« (Bucher, 2004, S. 184). Diese narrativ angebahnte Dialektik im Gottes- und Menschenbild kann in der Sekundarstufe I argumentativ weiter entfaltet werden. Die im Blick auf die Gewaltthematik nötige Dialektik theologischen Denkens kann in den höheren Jahrgangsstufen der Sekundarstufe I anhand der Zwei-Regimente-Lehre als Luthers theologische Theorie von Gewalt vertieft werden: Inwieweit handelt es sich hier um eine angemessene Lösung angesichts der Forderungen Jesu in der Bergpredigt? Die in der Folgezeit des Protestantismus auftretende Problematik hinsichtlich der Legitimität revolutionärer Gewalt kann gleichfalls mit der Idee konsequenten Gewaltverzichts kontrastiert werden. Entscheidend ist in diesem Zusammenhang auch, dass klassische »Unterrichtsexempel« zum Thema Gewaltverzicht (Jesus, Gandhi, Martin Luther King) nicht als unerreichbar idealisierte Vorbilder gezeichnet werden. Sogar Jesus von Nazareth lässt sich im Blick auf die Tempelreinigung (Mk 11,15–19 par.) nicht einfach als ein Mensch charakterisieren, der stets »sine ira et studio« gewaltfrei gelebt hat. Der Spannungsreichtum und die Vielfalt biblischer Erfahrungen bezüglich Jesus sind auch in diesem Fall nicht vorschnell einem trivialen Jesusbild der Sanftmut zu opfern.

4. Literatur

Bandura, A. (1979): Aggression. Eine sozial-lerntheoretische Analyse. Stuttgart: Klett-Cotta.

Bonhoeffer, D. (1992): Ethik. Werkausgabe, Bd. 6. Hrsg. von I. Tödt/H. E. Tödt/E. Feil/C. Green. München: Chr. Kaiser.

Bonhoeffer, D. (1997): Berlin 1932–1933. Werkausgabe, Bd. 12. Hrsg. von C. Nicolaisen/E.-A. Scharffenorth. München: Chr. Kaiser.Bucher, A. A. (2003): Zwischen Destruktionstrieb und aggressiven Modellen. Psychologische Aspekte des Bösen. In C. Bizer/R. Degen/R. Englert/H. Kohler-Spiegel/N. Mette/F. Rickers/F. Schweitzer (Hg.): Die Gewalt und das Böse (Jahrbuch der Religionspädagogik, Bd. 19) (S. 31–42). Neukirchen-Vluyn: Neukirchener Verlag.

Bucher, A. A. (2004): Ein zu lieber Gott?, oder: Ist die Tilgung des ›Bösen‹ aus der Bibeldidaktik nur ›gut‹? In V. Elsenbast/R. Lachmann/R. Schelander (Hg.): Die Bibel als Buch der Bildung (Festschrift für Gottfried Adam zum 65. Geburtstag, S. 173–185). Wien: LIT.

Deegener, G./Körner, W. (Hg.) (2011): Gewalt und Aggression im Kindes- und Jugendalter. Ursachen, Formen, Interventionen. Weinheim/Basel: Beltz.

Dietrich, W./Link, C. (2002): Die dunklen Seiten Gottes. Willkür und Gewalt. Bd. 1. (4. Aufl.). Neukirchen-Vluyn: Neukirchener Verlag.

Dietrich, W./Link, C. (2004): Die dunklen Seiten Gottes. Allmacht und Ohnmacht. Bd. 2. (2. Aufl.). Neukirchen-Vluyn: Neukirchener Verlag.

Enns, F./Weiße, W. (Hg.) (2016): Gewaltfreiheit und Gewalt in den Religionen. Politische und theologische Herausforderungen. Münster/New York: Waxmann.

Freud, S. (1930/1989): Das Unbehagen in der Kultur (Studienausgabe). Frankfurt a. M.: Fischer.
Galtung, J. (1975): Strukturelle Gewalt. Beiträge zur Friedens- und Konfliktforschung, Reinbek: Rowolt.
Käßmann, M. (2001): Gewalt überwinden. Eine Dekade des Ökumenischen Rates der Kirchen (3. Aufl.). Hannover: LVH.
KIBOR (Hg.) (2018): Religion und Gewalt. Bausteine für den Religionsunterricht an berufsbildenden Schulen. Göttingen: Vandenhoeck & Ruprecht.
Körtner, U. H. J. (2003): Religion und Gewalt. Zur Lebensdienlichkeit von Religion in ihrer Ambivalenz. ZEE 47, S. 121–135.
Lachmann, R. (2005): Frieden – kinderbiblisch buchstabiert. In N. Ammermann/B. Ego/H. Merkel (Hg.): Frieden als Gabe und Aufgabe. Beiträge zur theologischen Friedensforschung (S. 213–224). Göttingen: V&R unipress.
Lorenz, K. (1963): Das sogenannte Böse. Zur Naturgeschichte der Aggression. Wien: Dr. G. Borotha-Schoeler Verlag.
Meyer, K./Tautz, M. (2019): Art. Gewalt als Thema der abrahamischen Religionen. In WiReLex – Das Wissenschaftlich-Religionspädagogische Lexikon im Internet. http://www.bibelwissenschaft.de/stichwort/200590/ (Zugriff: 31.03.2021).
Naurath, E. (2007): Mit Gefühl gegen Gewalt. Mitgefühl als Schlüssel ethischer Bildung in der Religionspädagogik. Neukirchen-Vluyn: Neukirchener Verlag.
Michel, A. (2003): Gott und Gewalt gegen Kinder im Alten Testament. Tübingen: Mohr-Siebeck.
Mokrosch, R. (2000): Gewalt. In Ders./A. Regenbogen (Hg.): Arbeitshefte Ethik Sekundarstufe II – Ethik-, Religions- und Philosophieunterricht. Donauwörth: Auer.
Nipkow, K. E. (2005): Pädagogik und Religionspädagogik zum neuen Jahrhundert. Bd. 2. Gütersloh: Gütersloher Verlagshaus.
Nolting, H.-P. (2014): Lernfall Aggression. Wie sie entsteht – wie sie zu vermindern ist. Eine Einführung (3. Aufl.). Reinbek: Rowolt.
Oeming, M. (2005): Gott und Gewalt im Alten Testament. Unzeitgemäße Betrachtungen eines Exegeten. In N. Ammermann/B. Ego/H. Merkel (Hg.): Frieden als Gabe und Aufgabe. Beiträge zur theologischen Friedensforschung (S. 67–86). Göttingen: V&R unipress.
Peter, D. (2005): Konflikte wahrnehmen, verstehen und gestalten. Unterrichtsmaterialien für die Klassenstufen 5 und 6 (Arbeitshilfen Sekundarstufe I, Bd. 10). Rehburg-Loccum: Religionspädagogisches Institut Loccum.
Schotte, D. (2020): Was ist Gewalt? Philosophische Untersuchungen zu einem umstrittenen Begriff. Frankfurt a. M.: Klostermann.
Rothgangel, M. (2006): Gewalt/Aggression. In R. Lachmann/G. Adam/M. Rothgangel (Hg.): Ethische Schlüsselprobleme: ethisch, lebensweltlich, didaktisch (S. 66–86). Göttingen: Vandenhoeck & Ruprecht.
Scheliha, A. v. (2005): Was tun gegen Gewaltneigung? – Friedensethische Grundsatzüberlegungen. In N. Ammermann/B. Ego/H. Merkel (Hg.): Frieden als Gabe und Aufgabe. Beiträge zur theologischen Friedensforschung (S. 25–39). Göttingen: V&R unipress.
Schieder, R. (Hg.) (2014): Die Gewalt des einen Gottes. Die Monotheismus-Debatte zwischen Jan Assmann, Micha Brumlik, Rolf Schieder, Peter Sloterdijk und anderen (2. Aufl.). Wiesbaden: Berlin University Press.
Schrey, H.-H. (1984): Art. Gewalt/Gewaltlosigkeit. Ethisch. TRE 13, S. 168–178.
Silkenbeumer, M. (2011): Gewalt von Mädchen. Gewalt hat kein Geschlecht und erfordert dennoch geschlechterreflexives Fallverstehen. In G. Deegener/W. Körner (Hg.): Gewalt und Aggression im Kindes- und Jugendalter. Ursachen, Formen, Intervention (S. 318–335). Weinheim/Basel: Beltz.
Waterstraat, F. (1993): Die Allgegenwart von Gewalt. Theologische Annäherungen an ein Phänomen. In T. Klie/G. Pilz/Ders.: Gewalt. Texte – Materialien – Kopiervorlagen (Arbeitshilfen BBS 16, S. 2–15). Rehburg-Loccum: Religionspädagogisches Institut Loccum.

Gewissen

Clauß Peter Sajak

1. Lebensweltliche Perspektiven

Ein sanftes Gewissen ist ein gutes Ruhekissen. Hat jemand ein schlechtes Gewissen, dann ist diese Person ihren eigenen Handlungsmaßstäben wohl nicht gerecht geworden. Sie hat dann sicher Gewissensbisse. Menschen, die weder ein schlechtes Gewissen noch Gewissensbisse haben, offensichtlich aber unmoralisch handeln, sollte man wohl ins Gewissen reden. Wer sich in ethischen Dingen grundsätzlich verhalten soll, spricht gerne von einer Gewissensfrage, vor der er oder sie steht. Doch befindet man sich damit schon in einem Gewissenskonflikt?

Es ist offensichtlich, dass der Begriff des Gewissens nicht nur im Kontext von Ethik, Recht und Religion, sondern auch in der Alltagssprache vielfach Verwendung findet. Das Gewissen erscheint als vertrautes und im Blick auf die menschliche Handlungsführung elementares Phänomen. Deshalb wird es oft mit »Verantwortung«, »Verantwortungssinn« oder auch »sense of right and wrong« gleichgesetzt (Mieth, 2005, S. 8). Das Gewissen ist folglich eine Instanz im Inneren des Menschen – Schockenhoff (2009, S. 11) spricht in Anlehnung an Thomas von Aquin vom »Verstand, nichts als Verstand«, die ihm in Fragen des richtigen Handelns als Maßstab und Orientierung dient. Kant beschreibt es deshalb auch als »die Stimme des inneren Richters« (Kant, 1797/1966, S. 401), die unbestechlich ihr Urteil über den Menschen spricht. Zugleich erscheint das Gewissen aber auch als eine überindividuelle, quasi gemeinschaftliche Größe, wenn z. B. Politik oder Kirche an das »Gewissen der Menschen im Sinne objektiv normativer Ansprüche, im Sinne der Einigkeit eines sozialen Bewusstseins, im Sinne einer Orientierung« (Mieth, 2005, S. 7) appellieren. Das Gewissen ist also ein Phänomen, das einer genaueren Betrachtung bedarf.

Auch im Sprachgebrauch von Jugendlichen heute findet der Begriff des Gewissens häufig Verwendung. So fällt auf, dass in der SINUS-Jugendstudie u18 die befragten Jugendlichen den Gewissensbegriff wie selbstverständlich benutzen. Durchsucht man das Interviewmaterial nach diesem Begriff, so lässt sich erkennen, dass die befragten Jugendlichen dann vom Gewissen sprechen, wenn es um die Frage von Verantwortung für Mensch und Umwelt geht. So erklärt z. B. eine sechzehnjährige Jugendliche:

> »Was den Klimawandel angeht, habe ich eigentlich gar keine Ideen. Aufhalten kann man es sowieso nicht mehr. Natürlich gibt es immer so die Sachen, dass man weniger fliegen sollte und alles, aber ich glaube, wenn man selber das entscheidet und nur man selber das macht – das ist natürlich auch gut, dann hat man auch kein schlechtes Gewissen mehr, aber solange es nicht ein paar mehr Menschen machen, bringt es sowieso nichts« (Calmbach et al., 2016, S. 285).

Und eine siebzehnjährige Jugendliche führt im Kontext der Diskussion um das Engagement für Flüchtlinge aus:

> »Na ja, das ist dann eben so. Ich meine, es gibt keine Alternative. Ich denke mal, dass jede Klasse lieber mal auf zwei Stunden Sport verzichten würde, anstatt mit dem Gewissen zu leben, dass 40 oder 50 Flüchtlinge draußen schlafen mussten« (S. 456).

Auch wenn dies nur ein eher zufälliger Blick auf eine qualitative Studie und die damit verbundene kleine Zahl von Probanden ist, so zeigt sich doch rasch, dass auch Jugendliche heute den Gewissensbegriff in einer klassischen Weise verwenden. Unabhängig davon, ob es um den Schutz der Umwelt und die damit verbundene Verantwortung für den Planeten oder aber um persönliche Einschränkungen und Verzicht mit Blick auf das Engagement für Geflüchtete geht, das Gewissen wird als innerer Anspruch zitiert, dem es in diesen moralischen Fragen zu folgen gilt bzw. der, folgt man dieser inneren Anrede nicht, zu einem »schlechten Gewissen« führt. Auch hier, in der Lebenswelt junger Menschen heute, zeigt sich also das Gewissen als innere Stimme, die den Menschen dazu auffordert, »das eigene Handeln nicht nur an Eigennutz und Eigeninteresse auszurichten, sondern […] vor dem unbestechlichen Blick eines inneren Freundes und Begleiters zu verantworten« (Schockenhoff, 2009, S. 12). Dabei bleibt offen, ob die Jugendlichen das Gewissen als »die Stimme Gottes, die Stimme der Vernunft, die Stimme einer vertrauten Person« oder aber als Erinnerung an das antizipierte Urteil der eigenen Eltern verstehen (S. 12). Allen Verwendungen des Gewissensbegriffs ist aber gemein, dass der Einsatz des Gewissens sich dem Blick des Anderen auf das eigene Leben vorstellt. »Auf diese Weise ergänzen moralische Einsichten unsere moralischen Gefühle« (S. 12). Abhängig davon, ob man im Anspruch des Gewissens an die Person die Stimme Gottes zu vernehmen vermag oder ein universales moralisches Prinzip wie den Kategorischen Imperativ oder aber die Stimme der Autoritäten in der eigenen Lebensgeschichte zu vernehmen meint, wird man in verschiedenen Diskursen das Phänomen des Gewissens zu beleuchten versuchen.

Mit Blick auf die theologische Bedeutung des Gewissens muss folglich zuallererst ein Blick in die Urkunde des christlichen Glaubens und die dortige Verwendung des Gewissensbegriffs geworfen werden, um dann verschiedene Modelle des Gewissens als Ergebnis theologischer Reflexionsbemühungen näher vorzustellen.

2. Theologisch-ethische Perspektiven

2.1 Biblische Verwendung

Im Hebräischen gibt es keinen korrespondierenden Begriff zum Gewissen. Vielmehr wird in der jüdischen Bibel das Herz als jene Instanz im Inneren des Menschen verstanden, welche um die Normen des Gesetzes weiß »und sich emotional verpflichtet fühlt, das eigene Handeln danach zu überprüfen, um nicht Scham, Reue oder Schuld bei Zuwiderhandlungen erfahren zu müssen« (Hermsen, 2014, S. 1). So schlägt in 1 Sam 24,6 Davids Herz, nachdem er einen Zipfel vom Mantel des schlafenden Sauls abgeschnitten hat: Ihn quält ein schlechtes Gewissen. Entsprechendes gilt auch für die Umwelt Israels: Bereits im Alten Ägypten wurde das »Herz als Zentrum der Person, aber auch als verinnerlichte Stimme der Gemeinschaft im Totengericht auf seine Übereinstimmung mit Ma'at (Wahrheit, Recht, Weltordnung) […] überprüft« (S. 1). Auch in den Evangelien wird in der Regel das Herz als Instanz angeführt, wenn es um die Frage nach dem Anspruch rechten Handelns geht:

> »Von Schuld, Hoffnung und Belohnung war überall die Rede. Aber das Wort Gewissen kommt nicht vor. Als Synonym kann, wie im Alten Testament, das Wort ›Herz‹ gelten, das Jesus häufig gebrauchte (›Selig sind, die reinen Herzens sind‹, Mt 5,8)« (Mokrosch, 2015, S. 6).

In den stärker hellenistisch geprägten Schriften des Neuen Testaments wird für das Phänomen des Gewissens dagegen der griechische Begriff *syneidēsis* (= Mit-wissend-sein/Bewusst-sein) verwendet: Für den *Apostel Paulus*, der diesen Begriff als Nomen und Verb in seinen Briefen insgesamt 14-mal verwendet, bezeichnet *syneidēsis*

> »eine neutrale Bewusstseinsinstanz, welche das eigene (Röm 9,1; 1 Kor 4,2; 2 Kor 1,12) oder auch das fremde (2 Kor 4,2; 5,11; 1 Kor 10,29b) Verhalten nach im sittlichen Bewusstsein vorgegebenen Normen beurteilt und bewusst macht« (Dautzenberg, 2014, S. 2).

Markant ist dabei die Verwendung des Begriffs *syneidēsis* im Römerbrief: Auch von den Heiden erwartet Paulus, dass sie sich an das Gesetz Gottes halten, sonst würden sie durch das Gesetz gerichtet. Denn er ist überzeugt, »dass ihnen die Forderung des Gesetzes ins Herz geschrieben ist; ihr Gewissen legt Zeugnis davon ab, ihre Gedanken klagen sich gegenseitig an und verteidigen sich« (Röm 2, 15). Für Paulus sind folglich allen Menschen unabhängig von Beschneidung oder Taufe die Weisungen Gottes im Gewissen vernehmbar. Damit vertritt Paulus hier eine erste Form der sog. Naturrechtslehre, welche davon ausgeht, dass Gott und sein Wille von allen Menschen prinzipiell vernunftgemäß erkennbar sind: »Denn es ist ihnen offenbar, was man von Gott erkennen kann; Gott hat es ihnen offenbart« (Röm 1,18). Über Jahrhunderte bestimmt nun diese Definition des Gewissens, Erkenntnisquelle der göttlichen Schöpfungsordnung zu sein, die Modelle von Philosophie und Theologie.

2.2 Theologisch-ethische Modelle

Wenn in den biblischen Schriften das Gewissen als Herz oder Bewusstsein an vorgegebene Normen erinnert und deren Geltung in Erinnerung ruft, stellt sich die Frage, wie diese sittlichen Normen als Maßstab für das eigene Handeln in das Gewissen gelangen bzw. wie sie das Gewissen konstituieren. Die von Paulus verwendete Argumentation, dass die göttliche Ordnung mithilfe der Vernunft von jedem Menschen erkannt werden kann und dann als Gewissen einen Sollens-Anspruch artikuliert, wird im Mittelalter von *Thomas von Aquin* mithilfe der Lehre vom Lex naturalis (= Natürliches Gesetz/Naturrecht) systematisiert und entfaltet. Nach Thomas ist die Schöpfung von einer Lex aeterna (= Ewiges Gesetz) bestimmt, die als »der Plan der göttlichen Weisheit […] alle Handlungen und Bewegungen lenkt« (Summa Theologiae I.II. 93,1, übersetzt von Anzenbacher, 1992, S. 87). Alle Geschöpfe haben Anteil an diesem Ewigen Gesetz, als dass sie Form, Bewegung und Hinordnung auf andere Geschöpfe besitzen, »auf Grund derer sie ihre artspezifisch bestimmten, naturgemäßen Ziele und Zwecke verfolgen« (Anzenbacher, 1992, S. 88). Der Mensch partizipiert aber darüber hinaus noch auf eine andere Weise an der Lex aeterna: Kraft seiner Vernunft ist es ihm möglich, die göttliche Ordnung des Ewigen Gesetzes zu verstehen und sich zu dieser zu verhalten. Den Teil der Lex aeterna, an dem die Vernunft Anteil hat und den sie erkennen kann, nennt Thomas die Lex naturalis. Das Naturrecht ist also der Teil der göttlichen Ordnung, der dem Menschen durch den Gebrauch der Vernunft zugänglich ist. Daraus folgt aber für Thomas – wie schon für Paulus –, dass die Vernunft als das Gewissen im Menschen diesen stetig dazu auffordert, Neigungen und Handlungen daran zu messen, ob sie den Anforderungen der göttlichen Ordnung entsprechen. Aus dem Gefühl für das rechte Handeln, das in den Schriften des Alten und Neuen Testaments in das Bild des Herzens gefasst wird, ist bei Paulus und Thomas im Begriff der *syneidēsis* ein Vernunftprinzip geworden, in dem das Gewissen stets die Übereinstimmung des eigenen Handelns mit den Normen eines göttlichen Sittengesetzes prüfen muss.

Martin Luther allerdings bricht im Folgenden mit der Idee des Naturrechts. In einer durch und durch sündhaften und korrupten Welt, wie er sie in Kloster, Kirche und Gesellschaft wahrnimmt, kann er an das Gewissen als Vernunftprinzip nicht glauben: Er sieht Menschen immer und überall nur am inneren wie äußeren Gesetz scheitern und sündigen. Deshalb bleibt dem Einzelnen nur die Einsicht in die eigene Verdorbenheit. Entsprechend wird das Gewissen »zum Ort der inneren Erfahrung der Sündhaftigkeit und Schuldverfallenheit des Menschen« (Krüger, 2010, S. 222). Ein solches *gequältes Gewissen* kann aber von Gott befreit und gerechtfertigt werden und somit zu einem *getrösteten Gewissen* werden. Luthers Gewissensbegriff fügt sich also als ein Baustein in seine Lehre von der Rechtfertigung des Sünders durch den gnädigen Gott.

Immanuel Kant dagegen knüpft an die Theorien des Thomas von Aquin an, wenn er in einer Zeit, die von empirischen Konzepten wie dem »moral sense« eines Shaftesbury, David Hume oder Adam Smith geprägt ist, das Gewissen als formales Vernunftprinzip beschreibt, mit dem die Maximen des eigenen Handelns strikt rational mit Blick auf ihren universalen Anspruch geprüft werden müssen. Er verwendet dafür das Bild des inneren Gerichtshofs – und greift damit wiederum ein Motiv von Luther auf (Härle, 2014, S. 3): »Denn Gewissen ist die dem Menschen in jedem Fall eines Gesetzes seine Pflicht zum Lossprechen oder Verurtheilen vorhaltende praktische Vernunft« (Kant, 1797/1966, S. 400). Allerdings geht es ihm nicht um die Einsicht in die Unfähigkeit gut zu handeln, sondern um die Prüfung, ob unter formalen Gesichtspunkten die Maxime meines Handelns dem ewigen Sittengesetz, also dem Kategorischen Imperativ entsprechen. Anders als bei allen anderen vorgestellten Denkern konstituiert sich das Gewissen bei Kant nicht als Instanz, welche den Sollens-Anspruch der geltenden Normen einer Gesellschaft oder einer Religion vorhält, sondern als eine Funktion, mithilfe derer der Mensch immer und überall das eigene Handeln auf seine Sittlichkeit prüfen kann. Mit dieser Formalisierung des Gewissens übernimmt Kant eine Brückenfunktion zwischen Moraltheologie und Moralphilosophie der frühen Neuzeit hin zu den moralpsychologischen Konzeptionen des Gewissens, wie sie dann im 20. Jahrhundert entwickelt worden sind.

2.3 Humanwissenschaftliche Konzepte

Es liegt in der Logik der Entzauberung der Welt (Max Weber) im Zuge des 19. Jahrhunderts, dass die theologisch-philosophischen Modelle aus Antike, Mittelalter und neuzeitlicher Aufklärung zu Beginn des 20. Jahrhunderts durch humanwissenschaftliche Entwürfe aus der Psychologie ersetzt worden sind. Nichtsdestotrotz bleiben die beiden Grundmodelle des Gewissens, wie sie über die Jahrhunderte entwickelt worden sind – das Gewissen als sittliches Bewusstsein tradierter Normen sowie als Verstandesinstrument zur Überprüfung des eigenen Handelns an sittlichen Maßstäben –, in säkularer Form erhalten. So ist das sog. Drei-Instanzen-Modell, mit dem *Sigmund Freud* die Psyche des Menschen im Kontext seiner psychosexuellen Entwicklungstheorie beschrieben hat, bis heute trotz aller Kritik in vielfältiger Weise wirkmächtig. Nach Freud interagieren in der Psyche des Menschen ein »Es«, ein »Ich« und ein »Über-Ich« miteinander und gelangen in den verschiedenen Phasen und Stadien der menschlichen Entwicklung wechselweise zu Dominanz, Subdominanz oder Balance. Dabei bezeichnet das »Es« die unbewusste Triebstruktur des Menschen (und hier natürlich im Besonderen der Sexual- und der Todestrieb), seine Bedürfnisse (z. B. Geltungsbedürfnis und Geborgenheit) sowie seine Affekte (Neid, Hass, Wut, Zuneigung, Liebe). Sind der Säugling und das Kleinkind noch dem »Es« ausgeliefert, so entsteht im Laufe der kindlichen Entwicklung unter dem zunehmenden Einfluss der Umwelt das »Ich«, welches auf der einen Seite den Zugang zur Außenwelt zu kontrollieren und zu regulieren versucht, zum andern eine angemessene Befriedigung der Es-Bedürfnisse herbeiführen will. Aus der Abhängigkeit des Kindes von seinen Eltern wiederum »bildet sich in seinem Ich eine besondere Instanz heraus, in der sich dieser elterliche Einfluss fortsetzt. Sie hat den Namen des Über-Ichs erhalten« (Freud, 1971, S. 10). In dieser Instanz des »Über-Ichs« kumulieren sich elterliche Werte und Normen und bilden so eine Gebots- und Verbotsinstanz, die entsprechend als Gewissen bezeichnet werden kann. Diese Instanz beschränkt sich allerdings nicht nur auf den elterlichen Einfluss. So nimmt »das Über-Ich im Laufe der individuellen Entwicklung Beiträge von Seiten späterer Fortsetzer und Ersatzpersonen der Eltern auf, wie Erzieher, [...] Vorbilder, [...] Ideale« (S. 11). Nach Freud ist die Handlung eines Ichs dann korrekt, »wenn sie gleichzeitig den Anforderungen des Es, des Über-Ichs und der Realität genügt, also deren Ansprüche miteinander zu versöhnen weiß« (S. 10). An die Stelle der inneren Stimme Gottes, die sich seit Paulus in der inneren Stimme der Vernunft äußert, sind bei Freud nun also die prägenden Stimmen der Sozialisierenden getreten, die sich in einem komplexen Prozess als moralische Instanz etablieren.

Die Tradition, das Gewissen als Vernunftprinzip zu verstehen, wird dagegen von *Lawrence Kohlberg* aufgegriffen. In seinem auf Jean Piaget aufbauenden Entwurf entfaltet er eine strikt kognitivistische Stufentheorie zur Entwicklung des moralischen Bewusstseins (Kohlberg, 1981): Hier gewinnt der Mensch seine moralische Urteilsfähigkeit im Wechselspiel von Anlage und Umwelt, indem er immer komplexere Schemata zur Beurteilung moralischer Konflikte auf- und ausbaut. So schreitet er ausgehend von kindlichen Mustern der Strafvermeidung (Stufe 1) und des Aushandelns (Stufe 2) über jugendliche Schemata wie Gruppendenken (Stufe 3) und Einsicht in die Regelbefolgung (Stufe 4) hin zu den Zielstufen erwachsenen Denkens, in denen die Anwendung universaler moralischer Prinzipien (Stufe 5 bzw. 6) zum Maßstab der Sittlichkeit wird. Für die letzten beiden Stufen verwendet Kohlberg explizit den Begriff des Gewissens. Da Kants kategorischer Imperativ hier als das universale moralische Prinzip schlechthin vorgestellt und eingesetzt wird, lässt sich die Denktradition, in der Kohlberg seinen Gewissensbegriff einsetzt, deutlich erkennen: Sein Gewissen ist ein Vernunftprinzip, das über viele Lebensjahre aufgebaut, eingeübt und weiterentwickelt werden muss. Dazu dient in seiner Theorie der Moralentwicklung die kognitive Aktivierung durch die Auseinandersetzung mit sog. Dilemma-Geschichten. Diese wiederum spielen im Religions- und Ethikunterricht eine nicht zu unterschätzende Rolle.

3. Didaktische Perspektiven

3.1 Didaktische Orientierungen

Das Phänomen des Gewissens ist auch im Kontext des kompetenzorientierten Religionsunterrichts ein klassischer Lerngegenstand, an dem sich fundamentale Kompetenzen von Schülerinnen und Schülern entwickeln lassen. Ein Blick auf die Kompetenzmodelle für den evangelischen bzw. den katholischen Religionsunterricht zeigt rasch, wo das Thema Gewissen seinen Ort hat. So heißt es in der Veröffentlichung der Bildungskammer der EKD:

> »Schülerinnen und Schüler sollen ethische ›Entscheidungssituationen‹ im individuellen und gesellschaftlichen Leben wahrnehmen, christliche Grundlegungen von Werten und Normen verstehen und begründet handeln können« (Kirchenamt der EKD, 2011, S. 18).

Zwar wird hier das Gewissen explizit nicht erwähnt, doch es ist evident, dass eine begründete Entscheidung in ethischen Fragen, die vor dem Hintergrund der christlichen Werte und Normen geschieht, auf die Instanz des Gewissens zurückgreifen muss – unabhängig von der Frage, ob es als Vernunftinstrument oder in einem religiösen Sinn als Stimme Gottes verstanden wird.

In den Richtlinien zu Bildungsstandards für den katholischen Religionsunterricht der deutschen Bischöfe heißt es im Gegenstandsbereich »Mensch und Welt«: »Schülerinnen und Schüler können ihre sittlichen Urteile begründen« (DBK, 2004, S. 18). Dieser Standard für das religiöse Lernen, der am Ende der Sekundarstufe I im Bereich der Ethik erreicht werden soll, wird im Folgenden noch in drei einzelne Kompetenzen operationalisiert (S. 18 f.):

> »Die Schülerinnen und Schüler
> - kennen biblische Grundlagen der Ethik (10 Gebote, Goldene Regel, Bergpredigt, Nächsten- und Feindesliebe) [...];
> - stellen die Bedeutung von Gewissensentscheidungen an historischen oder aktuellen Beispielen (z. B. Thomas Morus, Franz Jägerstätter, Sœur Emmanuelle) dar;
> - wenden moralische Grundsätze auf ethische Fragen (z. B. Sexualität, Lebensschutz, Frieden, soziale Gerechtigkeit) an.«

Wie diese drei Kompetenzen miteinander verbunden und in einer Unterrichtssequenz bearbeitet werden können, soll im Folgenden am Beispiel des Themas »Die Weiße Rose«, also in Auseinandersetzung mit dem christlichen Widerstand im Nationalsozialismus, gezeigt werden.

3.2 Didaktische Konkretisierungen

Als eine Möglichkeit zur Auseinandersetzung mit dem Gewissensthema wird hier eine kurze Unterrichtssequenz über Sophie Scholl und die »Weiße Rose« vorgestellt.

Sophie Scholl (1921–1943) wächst in einer bürgerlichen Familie auf, die zutiefst vom protestantischen Glauben und den damit verbundenen christlichen Werten geprägt ist. Sie engagiert sich mit ihrem zweieinhalb Jahre älteren Bruder Hans zunächst in den Jugendorganisationen der Nationalsozialisten. Später wendet sie sich vom Nationalsozialismus ab und nimmt am Gruppenleben christlicher Jugendorganisationen teil. Nach dem Abitur und einer Ausbildung beginnt sie 1942 ein Studium in München. Sie lernt andere Studierende kennen, die die NS-Herrschaft ablehnen und in ihr die Idee und Kraft zum Widerstand wachsen lassen. Später schließt sich Sophie einer Widerstandsgruppe an, die den Namen »Weiße Rose« trägt und die mit Flugblättern an der Universität zum Widerstand gegen Hitler und sein nationalsozialistisches Regime aufruft. Am 18. Februar 1943 wird Sophie Scholl zusammen mit ihrem Bruder Hans bei einer Flugblattaktion im Lichthof der Ludwig-Maximilians-Universität in München verhaftet. In der Münchener Gestapo-Zentrale wird sie vom Kriminalobersekretär Robert Mohr zwischen dem 18. und 20. Februar 1943 mehrfach verhört. Aus den überlieferten Protokollen dieser Vernehmung lässt sich erkennen, dass Sophie versucht, ihre mit ihr verhafteten Freundinnen und Freunde dadurch zu schützen, dass sie sich und ihren Bruder Hans als die Protagonisten der Widerstandsbewegung darstellt. Vier Tage später, am 22. Februar 1943, wird sie in München unter Vorsitz des Richters Roland Freisler vom Volksgerichtshof wegen Feindbegünstigung, Hochverrat und Wehrkraftzersetzung zum Tode verurteilt. Noch am selben Tag wird sie zusammen mit ihrem Bruder Hans Scholl und ihrem Studienkollegen Christoph Probst im Münchener Landgericht enthauptet.

Materialien zu Biografie und Wirken von Sophie Scholl gibt es zuhauf. Mit Blick auf das Gewissensthema bietet sich ein Material besonders an, das u. a. auf der Homepage des Landesinstituts für Schule und Medien Berlin-Brandenburg 2020 veröffentlicht worden ist. Es handelt sich hier um eine Filmszene aus dem Spielfilm »Sophie Scholl« von Fred Breinersdorfer. In diesem Film wird das Verhör von Sophie Scholl in der Gestapohaft rekonstruiert. Der folgende Dialog zwischen Sophie und dem Kriminalobersekretär Robert Mohr bietet sich als Lerngegenstand für die Auseinandersetzung mit der Gewissensentscheidung von Sophie Scholl an:

Robert Mohr verhört Sophie Scholl

ROBERT MOHR: Sie haben zwar mit falschen Parolen, aber mit friedlichen Mitteln gekämpft.

SOPHIE SCHOLL: Warum wollen Sie uns dann überhaupt bestrafen?

ROBERT MOHR: Weil das Gesetz es so vorschreibt. Ohne Gesetz keine Ordnung.

SOPHIE SCHOLL: Das Gesetz, auf das Sie sich berufen, hat vor der Machtergreifung vor 1933 noch das freie Wort geschützt. Und jetzt bestraft es unter Hitler das freie Wort mit dem Zuchthaus oder dem Tod. Was hat das mit Ordnung zu tun?

ROBERT MOHR: Woran soll man sich denn sonst halten, wenn nicht an das Gesetz, egal wer es erlassen hat?

SOPHIE SCHOLL: An Ihr Gewissen. […] Das Gesetz ändert sich. Das Gewissen nicht.

ROBERT MOHR: […] Die Kirche fordert doch auch, dass die Gläubigen ihr folgen, auch wenn sie zweifeln.

SOPHIE SCHOLL: In der Kirche ist jeder freiwillig. Aber Hitler und die Nationalsozialisten lassen einem keine andere Wahl.

Robert Mohr: Was Sie sagen, hat nichts mit der Realität zu tun.
Sophie Scholl: Was ich sage, hat natürlich mit der Wirklichkeit zu tun. Mit Sitte, Moral und Gott.

Dieses Verhör kann als Dialog gelesen oder in Form der Filmszene aus der genannten Filmproduktion aus dem Jahr 2005 im Unterricht gezeigt werden. Zur Auseinandersetzung mit Sophie Scholls Gewissensentscheidung können dann folgende Arbeitsanregungen einladen (Nach Landesinstitut für Schule und Medien, 2020, AB 2):

1. Tragt zusammen, welche Positionen Sophie Scholl und Robert Mohr vertreten. Belegt diese mit Zitaten und stellt sie in einer Tabelle gegenüber.
2. Gesetz und Gewissen – was ist damit gemeint? Entwickelt Definitionen der beiden Begriffe und erklärt, was Sophie Scholl mit der Formel »Das Gesetz ändert sich. Das Gewissen nicht.« ausdrücken will.
3. Gesetz vs. Gewissen: Wie seht ihr das Verhältnis heute? Bezieht Position aus eurer eigenen Perspektive. Notiert eure Sichtweise und Gedanken und tauscht eure Notizen in der Klasse aus. Es kann helfen, sich eine konkrete Situation vorzustellen.

Durch eine solche angeleitete Auseinandersetzung mit der Gewissensentscheidung von Sophie Scholl können Schülerinnen und Schüler einen Eindruck davon gewinnen, was unter dem Begriff des Gewissens zu verstehen ist und welcher Sollensanspruch aus der inneren Stimme des Gewissens erwächst.

4. Literatur

Anzenbacher, A. (1992): Einführung in die Ethik. Düsseldorf: Patmos.

Calmbach, M./Borgstedt, S./Borchard, I./Thomas, P. M./Flaig, B. B. (2016): Wie ticken Jugendliche? Lebenswelten von Jugendlichen im Alter von 14 bis 17 Jahren in Deutschland. Wiesbaden: Springer.

Dautzenberg, G. (2014): Gewissen. III. Neues Testament. In Religion in Geschichte und Gegenwart Online (RGG[4]). https://referenceworks.brillonline.com/browse/religion-in-geschichte-und-gegenwart (Zugriff: 12.02.2021).

Die deutschen Bischöfe (2004): Kirchliche Richtlinien zu Bildungsstandards für den katholischen Religionsunterricht in den Jahrgangsstufe 5–10/Sekundarstufe I (Mittlerer Schulabschluss). Bonn: Sekretariat der Deutschen Bischofskonferenz (DBK).

Freud, S. (1971): Abriß der Psychoanalyse. Frankfurt a. M./London: Fischer.

Härle, W. (2014): Gewissen. IV. Dogmatisch und ethisch. In Religion in Geschichte und Gegenwart Online (RGG[4]). https://referenceworks.brillonline.com/browse/religion-in-geschichte-und-gegenwart (Zugriff: 12.02.2021).

Hermsen, E. (2014): Gewissen. I. Religionsgeschichte. In Religion in Geschichte und Gegenwart Online (RGG[4]). https://referenceworks.brillonline.com/browse/religion-in-geschichte-und-gegenwart (Zugriff: 12.02.2021).

Kant, I. (1797/1966): Metaphysik der Sitten. Hrsg. von der königlich-preußischen Akademie der Wissenschaften Berlin 1907–1914. Akademie Textausgabe 6. Berlin: De Gruyter.

Kirchenamt der Evangelischen Kirche in Deutschland (Hg.) (2011): Kompetenzen und Standards für den Evangelischen Religionsunterricht in der Sekundarstufe I. Ein Orientierungsrahmen. Hannover.

Landesinstitut für Schule und Medien Berlin-Brandenburg (Hg.) (2020): Sophie Scholl – die letzten Tage. https://bildungsserver.berlin-brandenburg.de/fileadmin/bbb/themen/Medienbildung/Unterricht/filmbildung/kinderfilmfest/2020/Sophie_Scholl_Arbeitsblatt_2-Figurenanalyse_-_Gesetz_versus_Gewissen.pdf (Zugriff: 12.02.2021).

Kohlberg, L. (1981): Essays on Moral Development. San Francisco: Harper & Row.

Krüger, D. (2010): Gewissen. III. Mittelalter und Reformationszeit. In Theologische Realenzyklopädie Online (TRE 13). https://www.degruyter.com/document/database/TRE/entry/tre.13_192_1/html (Zugriff: 12.02.2021).

Mieth, D. (2005): Gewissen/Verantwortung. In P. Eicher (Hg.): Neues Handbuch Theologischer Grundbegriffe. Bd. 2 (S. 7–17). München: Kösel.

Mokrosch, R. (2015): Art. Gewissen und Gewissensbildung. In WiReLex – Das Wissenschaftlich-Religionspädagogische Lexikon im Internet. https://www.bibelwissenschaft.de/stichwort/100061/ (Zugriff: 12.02.2021).

Schockenhoff, E./Florin, C. (2009): Gewissen. Eine Gebrauchsanweisung. Freiburg i. Br.: Herder.

Globalisierung

Henrik Simojoki

1. Lebensweltliche Perspektiven

Globalisierung mit der Alltagswelt heutiger Jugendlicher in Verbindung zu bringen, scheint zunächst nicht schwer zu sein. Ob es nun um Lebensbezüge geht, die heutigen Kindern und Jugendlichen im positiven Sinne wichtig sind – digitale Medienkommunikation, populäre Kultur oder internationale Mobilität – oder um Entwicklungen, von denen sie sich besonders bedroht fühlen – weltwirtschaftliche Verwerfungen, ökologische Gefährdungen, politische Konflikte oder pandemische Risiken –: »Alles« hat »irgendwie« mit Globalisierung zu tun – auch das, was ihr zu widersprechen scheint. Die Renaissance nationalistischer Ideologien, der Einflusszuwachs religiöser Fundamentalismen oder auch die privatistische Innerlichkeit in der neueren deutschen Popmusik lassen sich als Reaktionen auf die überbordende und überfordernde *Komplexität der Weltgesellschaft* verstehen.

Diese schillernde Mischung aus Omnipräsenz (»alles«) und Unübersichtlichkeit (»irgendwie«) markiert Globalisierung als eine religionspädagogische Herausforderung. Im Blick auf ethische Bildung im Religionsunterricht sind drei subjektorientierte Spannungsmomente eigens hervorzuheben:

Die erste Herausforderung bezieht sich auf die auch religionspädagogisch namhaft gemachte »*Spannung zwischen den Globalisierungswirkungen und dem Globalisierungsbewusstsein*« (Schweitzer & Conrad, 2002, S. 299). Auch wenn Globalisierungsphänomene tief in ihren Lebensalltag hineinreichen, tun sich Jugendliche eher schwer damit, diese Veränderungen auf einen Begriff zu bringen und überhaupt zu versprachlichen. Wie sich an den Shell Jugendstudien zeigt, liegt das auch an dem rapide ausgeweiteten Bezugshorizont: Da Globalisierung nicht mehr lediglich als ökonomische Agenda bzw. Entwicklung aufgefasst, sondern auf immer neue Lebensbereiche bezogen wird, »schwindet zu einem gewissen Grad auch die Möglichkeit, ›die Globalisierung‹ zu befürworten oder zu kritisieren« (Schneekloth & Albert, 2010, S. 170). Daher enthalten die Studien ab 2015 keine expliziten Fragen zur Globalisierung mehr. Die Befunde von 2010 lassen erkennen, dass Globalisierung aus der Sicht deutscher Jugendlicher Vorzüge und Bedrohungen einschließt (Schneekloth & Albert, 2010, S. 173). Sie assoziieren mit

Globalisierung einerseits »weltweite Freizügigkeit« (84 %) und »kulturelle Vielfalt« (80 %), andererseits »Umweltzerstörung« (63 %) und »Arbeitslosigkeit« (60 %).

Die zweite Herausforderung erwächst aus der *Spannung zwischen der Unübersichtlichkeit weltgesellschaftlicher Problemlagen und den individuellen Einflussmöglichkeiten.* Globale Komplexität ist für junge Menschen nicht nur schwer zu durchschauen, sondern mit überaus konkreten Ohnmachtserfahrungen verbunden. Folgender Ausschnitt aus einer Jugendstudie bringt die vielfach empfundene Kluft zwischen Wollen und Vollbringen auf den Punkt: »Ich würde gerne ändern, dass es nicht so viel Armut auf der Welt gibt, aber ich wüsste gar nicht, wo ich anfangen soll« (Kunze & Zeug, 2011, S. 124). Hier wird deutlich, warum ethische Bildung unter globalisierten Bedingungen nicht nur immer dringlicher, sondern auch immer schwieriger wird. Die wachsende Komplexität der globalen Probleme in der »Weltrisikogesellschaft« (Beck, 2007) scheint sie dem denkenden und handelnden Zugriff des Einzelnen zu entziehen. Zugleich enthält der Interviewausschnitt auch einen pädagogischen Fingerzeig: Für junge Menschen ist es unbefriedigend, wenn sich ethische Bildung im Horizont der Globalisierung darauf beschränkt, die Komplexität der Weltgesellschaft begreiflich zu machen. Sie wollen auch lernen, »wo man anfangen kann«.

Die dritte Herausforderung ergibt sich aus dem *Verhältnis von globalem Lernen und religiöser Bildung* (vgl. Simojoki, 2021a). Grundsätzlich stellt sich die Frage nach dem spezifischen Beitrag des Religionsunterrichts zur fächerübergreifenden Bildungsdimension globalen Lernens. Diese Frage spitzt sich im Blick auf die Domäne dieses Fachs insofern besonders zu, als Religion, Glaube und Kirche von heutigen Kindern und Jugendlichen in der Regel eher auf der Seite des Partikularen verortet werden (vgl. Simojoki, 2012, S. 109–147). Dass Globalisierung auch eine religiöse Seite hat, scheint ihnen mehrheitlich nicht bewusst zu sein. Noch weniger sind offenbar die in Theologie und Kirche »entwickelten und vertretenen Modelle einer weltweiten Gerechtigkeit und am Prinzip der Ökumene und Konziliarität orientierten Globalisierung […] in das allgemeine Bewusstsein eingegangen« (Schweitzer & Conrad, 2002, S. 305).

2. Theologisch-ethische Perspektiven

2.1 Grundeinsichten des transdisziplinären Globalisierungsdiskurses

Der Globalisierungsbegriff hat seit der Jahrtausendwende eine Bedeutungserweiterung erlebt, die seine Inanspruchnahme im Religionsunterricht nicht gerade erleichtert. Noch um die Jahrtausendwende wurde Globalisierung vor allem als ein ökonomischer Prozess markwirtschaftlicher Deregulierung verstanden und als solcher teils mit weitreichenden Fortschrittserwartungen belegt, teils vehement bekämpft. Seitdem hat der Begriff erheblich an analytischer Reichweite gewonnen: Er wird nicht mehr lediglich unter wirtschaftlichen Vorzeichen verhandelt, sondern auf immer neue Bereiche der einen vernetzten Welt bezogen. Ulrich Beck unterschied bereits 1997, ohne Anspruch auf Vollständigkeit, zwischen sechs Dimensionen der Globalisierung: wirtschaftlich, politisch, ökologisch, arbeitsorganisatorisch, massenmedial-kommunikativ, zivilgesellschaftlich und kulturell (Beck, 1997, S. 61–114).

Dieser *multidimensionale Ansatz* hat sich mittlerweile durchgesetzt (vgl. Rehbein & Schwengel, 2012). Mit dem Zugewinn an Analyseschärfe geht freilich ein Verlust an Griffigkeit einher, der sich vor allem auf die ethische Auseinandersetzung auswirkt. Anders als noch in Entwürfen um die Jahrtausendwende kann man nicht mehr Schülerinnen und Schüler (SuS) dazu bilden, sich reflexiv und positionell zu »der« Globalisierung zu verhalten. Stattdessen sind die ethischen Herausforderungen von Globalisierungsprozessen für die jeweiligen Teilgebiete eigens zu bestimmen und zu reflektieren. Beispielhaft sei dies an folgenden drei Dimensionen veranschaulicht:

- Die *ökonomische Globalisierung* verweist auf den grenzüberschreitenden Handel von Waren und Dienstleistungen, auf global vernetzte Produktionsabläufe und Wertschöpfungsketten sowie auf die Ausbildung eines globalen Finanzmarktes. Die destruktiven Folgen dieser Entwicklung stehen im Fokus der vielfältigen globalisierungskritischen Bewegungen.
- Die *politische Globalisierung* bezieht sich auf trans- und internationale Dynamiken im Feld des Politischen und schließt die Strukturen (polity), die Inhalte (policy) wie auch die Verfahren (politics) politischer Entscheidungsbildung ein. Diese – ebenfalls ambivalente – Ebenenverlagerung ist in besonderer Detailschärfe für das Bildungswesen rekonstruiert worden.
- Die kaum mehr überschaubare Debatte um die *kulturellen Auswirkungen der Globalisierung* (vgl. Rehbein & Schwengel, 2012, S. 106–128) hatte ihren Ausgangspunkt bei der Frage, ob Globalisierung auf lange Sicht zu einer Homogenisierung – konkreter formuliert: zu einer »McDonaldisierung der Gesellschaft« (George Ritzer) – führt oder es nicht doch eher zu einer Fragmentierung – plastischer ausgedrückt: »Kollision der Zivilisationen« (Samuel Huntington) – kommt. Letztlich aber haben sich beide Szenarien als zu statisch erwiesen. Sie sind daher von komplexer angelegten Interpretationsmodellen abgelöst worden, welche die fluiden Muster der globalen Kulturproduktion zur Geltung bringen: Während im von Roland Robertson eingeführten Analysemodell der »Glokalisierung« das Zusammenspiel glo-

baler und lokaler Einflüsse ausgeleuchtet wird, akzentuieren Konzepte der »Hybridisierung«, dass sich die globale Kultur in Prozessen fortwährender Durchmischung (Jan Nederveen Pieterse) bzw. konfliktreicher Aushandlung (Homi Bhabha) stetig neu formiert.

Mit dem »cultural turn« in der Globalisierungsforschung verbindet sich eine für ethische Bildung im Religionsunterricht weitreichende Einsicht: Der Globalisierungsbegriff verweist nicht nur »auf den zunehmenden Umfang und die Intensivierung von Verkehrs-, Kommunikations- und Austauschbeziehungen über nationale Grenzen hinweg« (Habermas, 1998, S. 101), sondern umfasst auch die *Transformation von Sinnentwürfen, Weltbildern und Lebenspraxen*, die mit diesem Prozess einhergehen. In Robertsons vielrezipierter Globalisierungsdefinition wird die Zusammengehörigkeit beider Aspekte pointiert festgehalten: »Globalization as a concept refers both to the compression of the world and the intensification of subject consciousness of the world as a whole« (Robertson, 1992, S. 8).

So verstanden bilden die als Globalisierung bezeichneten Transformationsdynamiken einen übergreifenden Hintergrund, der für die Bearbeitung fast aller in diesem Band erschlossen ethischen Kernthemen relevant ist. Für ethische Bildung im Religionsunterricht ist es freilich nötig, eine weitere Dimension zu fokussieren, die auch in der theologisch-religionspädagogischen Auseinandersetzung mit Globalisierung lange Zeit außen vor blieb: die *raumgreifende Globalisierung von Religion* in der Einen Welt.

2.2 Globalisierung von Religion(en). Soziologische Schlaglichter

Die Globalisierung von Religion hat in der soziologischen Forschung bislang weniger Aufmerksamkeit gefunden als andere Deutungsmodelle religiösen Wandels (Simojoki, 2021b). Gleichwohl liegen hier Vorarbeiten vor, die sich auf ethische Bildung im Religionsunterricht beziehen lassen. Dabei hängen die Antworten auf die Frage nach dem Zusammenhang von Religion und Globalisierung davon ab, was mit den beiden Begriffen jeweils gemeint ist.

Der früheste Theorievorstoß in dieser Richtung stammt von Robertson, der den Globalisierungsbegriff sozialwissenschaftlich eingeführt hat – und zwar in einem religionssoziologischen Argumentationskontext (Robertson & Chirico, 1985; vgl. Simojoki, 2012, S. 25–66). Robertson geht davon aus, dass im Zuge wachsender Verflechtungen im globalen Feld *die Beschäftigung mit »telischen«* [von griech. *télos* = Ziel, Zweck, Ende] *Grenz-, Ziel- und Sinnfragen* für Individuen wie Gesellschaften zunehmend unausweichlich wird. Unter globalisierten Bedingungen gewinnt also *die ethische Frage nach dem Guten* an Stellenwert und wird in einem erweiterten Referenzrahmen ausgehandelt. SuS sind in dieser Sicht herausgefordert, die »humanitic concerns« (Robertson & Chirico, 1985, S. 233 f.), die aus dem Bewusstsein erwachsen, Teil der einen, gefährdeten Menschheit zu sein, in das eigene Selbstverständnis und die persönliche Lebensführung zu integrieren. Robertson qualifiziert bereits diese Zunahme »telischer« Reflexivität als religiös, ist aber darüber hinaus der Ansicht, dass die Religionen aufgrund ihrer universalen Deutungsperspektive dem erweiterten Orientierungsbedürfnis des globalen Zeitalters besonders entsprechen können, allerdings auch unter negativen Vorzeichen.

Andere Religionssoziologen wie Peter Beyer (2006) haben darauf aufmerksam gemacht, dass in der heutigen Weltgesellschaft *Religionen selbst als globalisierte und globalisierende Gebilde* verstanden werden können (vgl. Simojoki, 2012, S. 66–109). Grob lassen sich zwei religionsdidaktisch folgenreiche Dynamiken unterschieden: Wer sich die *extensive* Globalisierung etwa des Christentums vor Augen führt, wird sich schwerer damit tun, bei der theologischen Fundierung ethischer Argumentationen ausschließlich auf europäische Ausprägungen des Christentums zurückzugreifen – liegen doch die Schwerpunkte und Wachstumszentren dieser Religion mittlerweile klar im Globalen Süden. Noch deutlicher sollte sich die *intensive* Globalisierung auf ethisches Lernen im Religionsunterricht auswirken: In besonderer Weise führen globale Migrationsströme und kommunikative Entgrenzungen infolge der Digitalisierung dazu, dass Religion sich nicht mehr national einhegen lässt. Die kontextuelle Mehrbezüglichkeit des Religiösen macht sich vor allem vor Ort bemerkbar, wo »globale religiöse Ströme« (Beyer) zusammenfließen – was neuartige Verflechtungen, Aushandlungsbedarf und eben auch Konflikte nach sich zieht (Simojoki, 2020a).

2.3 In der Weltgesellschaft leben lernen. Bildungswissenschaftliche Impulse

Seit den frühen 1990er Jahren hat sich unter der Programmformel »*Globales Lernen*« ein eigener Lernbereich etabliert, der sich mit der für ethische Bildung zentralen Frage auseinandersetzt, wie Menschen auf ein verantwortliches Leben in der Weltgesellschaft vorbereitet werden können. Als Referenztheorie dient dabei zumeist Niklas Luhmanns Theorie der Weltgesellschaft, weil mit ihrer Hilfe der mit der Globalisierung einhergehende *Zuwachs an Komplexität* als pädagogische Herausforderung begreiflich wird (Seitz, 2002). Die eingangs beschriebenen Ohnmachtserfahrungen heutiger Jugendlicher sind vor diesem Hintergrund Ausdruck einer grundsätzlichen Schwierigkeit, die auch im Religionsunterricht nicht übersprungen werden sollte: Je umfassender sich die Weltgesellschaft funktional differenziert, desto schwieriger wird es, auf ihren Lauf Einfluss zu nehmen. Die Welt wächst zwar zusammen, rückt aber gleichzeitig in ethischer und pädagogischer Hinsicht immer weiter weg (vgl. Simojoki, 2012, S. 268–273). Es wächst der Abstand

- zwischen den ethischen Zielperspektiven der Gerechtigkeit, Nachhaltigkeit, des Friedens und den individuellen Handlungskapazitäten,
- zwischen der abstrakten Komplexität globaler Problemlagen und dem subjektiven Fassungsvermögen der Kinder und Jugendlichen,
- zwischen den komplexen Problem- und Lebenslagen der globalisierten Gegenwart und der in der biblischen Überlieferung vorausgesetzten Lebenswirklichkeit.

Solche Problemwahrnehmungen leiteten eine Abkehr von den optimistischen Grundannahmen der handlungstheoretisch begründeten sog. Dritte-Welt-Pädagogik ein: Statt Globales Lernen an ambitionierten Transformationserwartungen auszurichten, geht es nun vorrangig um den forschungsgestützten Erwerb von Kompetenzen zur Bewältigung weltgesellschaftlicher Komplexität (Scheunpflug & Schröck, 2002). Diese realistische Wende mag zwar zunächst ernüchternd wirken, setzt aber kritisch-reflexive Potenziale frei, die für religiöse Bildung unentbehrlich sind (vgl. Kirchenamt der EKD, 2003, S. 55–60). So belegt beispielsweise der anhaltende Einflusszuwachs fundamentalistischer Orientierungssysteme, dass in Zeiten stetig wachsender Komplexität das Bedürfnis nach allzu einfachen Antworten zunimmt. Wie Annette Scheunpflug und Nikolaus Schröck in ihrem Modell Globalen Lernens herausstreichen, besteht das wirksamste Mittel gegen den globalen Aufschwung reduktionistischer Weltdeutungsmodelle darin, dass man »die eigene Komplexität durch Lernen erhöht« (Scheunpflug & Schröck, 2002, S. 6).

2.4 Den Welthorizont des Glaubens erschließen. Theologische Deutungen

Bereits das erste Kapitel der Bibel oder auch das Weihnachtsevangelium lassen erkennen, dass der christliche Glaube grundlegend auf die ganze Welt bzw. die »gesamte bewohnte Erde« (Lk 2,1) bezogen ist. Während dieser Welthorizont in der christlichen Theologie in vielfältigen, teilweise auch hochproblematischen Ausprägungen präsent gewesen ist und in der ökumenischen Bewegung programmatische Bedeutung gewann, nimmt die theologische Auseinandersetzung mit der Globalisierung erst seit den 1990er Jahren Fahrt auf (vgl. Simojoki, 2012, S. 160–206).

Es ist sicher kein Zufall, dass diese Auseinandersetzung besonders intensiv im Kontext *öffentlicher Theologien* geführt worden ist. So schärft Max Stackhouse (2007) ein, dass sich die Öffentlichkeitsverantwortung religiöser Akteure und Institutionen im Zuge der Globalisierung entscheidend verändert. Er spricht von einer sich evolvierenden globalen Zivilgesellschaft, die in dem Prozess der Globalisierung zumindest keimhaft angelegt sei. Ob dieses zivilisatorische Potenzial tatsächlich genutzt wird, hängt seiner Ansicht nach vor allem davon ab, welche Leitvorstellungen von Welt und Wirklichkeit auf dem globalen Forum zur Entfaltung kommen. Dadurch sei es Theologie und Kirche aufgegeben, in bewusster Partikularität ihre Leitbilder des Guten in den öffentlichen Diskurs einzubringen – und das, um für alle tragfähige Wege zu einem guten Miteinander anzubahnen. Stackhouses eigener, heilsgeschichtlich angelegter Versuch, dem Folge zu leisten, akzentuiert die universale Gnade Gottes, der die Welt als Ganze erschaffen hat, sie in seiner Providenz erhält und am Ende ihrer globalen Bestimmung zuführen wird.

Diese universalistische Perspektive findet eine wichtige Ergänzung und Korrektur in neueren Ansätzen einer *kontextuellen bzw. interkulturellen Theologie,* in denen die durch die Globalisierung veränderte Lebensweltbindung der Theologie verhandelt wird. Unter globalisierten Bedingungen, so Robert Schreiter (1997), gibt es den christlichen Glauben weniger denn je in Reinform, sondern in unzähligen »glokalen« Ausprägungen, die von globalen Einflüssen ebenso geformt werden wie von den lokalen Verhältnissen vor Ort. Unter diesen Bedingungen bedarf die Theologie einer pluralisierenden Hermeneutik, die der oft vernachlässigten Sphäre religiöser Lebenspraxis besonderes Augenmerk schenken muss. Neuere Ansätze einer *postkolonialen Theologie* betonen darüber hinaus die Machtdimension der globalreligiösen Verflechtungsprozesse (Simojoki, 2018).

Auch die potenziell konfliktverschärfende Wucht kulturell-religiöser Globalisierungsprozesse ist theologisch reflektiert worden, etwa in Christoph Schwöbels *Grundlegung des interkulturellen Dialogs* (Schwöbel, 2011, bes. S. 1–18). Im Kontext ethischer Bildung verdient sein Hinweis Beachtung, dass bei der unter globalisierten Bedingungen notwendigen Kultivierung der Fähigkeit zur dialogischen Verständigung die Wahrheitsfrage nicht ausgeblendet werden darf. Gegenüber der Instrumentalisierung Gottes im weltweit florierenden Fundamentalismus kehrt er die für alle monotheistischen Religionen konstitutive Standpunktgebundenheit des religiösen Wahrheitsanspruchs hervor: »Ist Gott der Einzige, der Absolutheit beanspruchen kann, relativiert die Absolutheit Gottes alle Tendenzen zur Absolutsetzung eines kulturellen Systems, ja sogar eines religiösen Systems« (Schwöbel, 2011, S. 10). So gesehen sollte der Religionsunterricht jungen Menschen Gelegenheit geben, sich in der Kunst wahrheitsbezogener Kommunikation zu üben.

3. Didaktische Perspektiven

3.1 Didaktische Orientierungen

Vor dem skizzierten Hintergrund leistet der Religionsunterricht einen spezifischen Beitrag zur allen Fächern gemeinsamen Aufgabe Globalen Lernens. Dafür sind bislang zwei Kompetenzmodelle entwickelt worden, in denen Allgemeines und Besonderes unterschiedlich aufeinander bezogen werden.

Der von der Kultusministerkonferenz (KMK) und dem Bundesministerium für wirtschaftliche Entwicklung und Zusammenarbeit (BMZ) gemeinsam vorgelegte *Orientierungsrahmen Globale Entwicklung* entfaltet für den mittleren Schulabschluss elf Kernkompetenzen in den Bereichen *Erkennen, Bewerten* und *Handeln,* die dann für die einzelnen Fächer bzw. Fächergruppen spezifiziert werden. Im digital zugänglichen Kapitel zur Fächergruppe Religion – Ethik werden diese Kernkompetenzen dann in 34 domänenspezifische Teilkompetenzen überführt und anhand von 14 Beispielthemen inhaltlich konkretisiert (Hock & Klaes, 2016). Beispielhaft für die Konstruktionslogik sind die drei fachbezogenen Teilkompetenzen zur Kernkompetenz 1 »Informationsbeschaffung und -bearbeitung« (Hock & Klaes, 2016, S. 274):

- »sich zur Ausbreitungsgeschichte der Religionen Informationen beschaffen und themenbezogen bearbeiten«;
- »mithilfe selbst beschaffter Informationen Kritik an Religionen aus unterschiedlicher kultureller Perspektive erkennen und formulieren«;
- »Informationen zu Phänomenen wie Migration und Pluralisierung gezielt auswählen und in die Debatte über den Zusammenstoß der Kulturen vs. die Herausbildung kultureller Hybridität einbringen«.

Dagegen orientiert sich das vom Autor ebenfalls für den mittleren Schulabschluss vorgelegte Kompetenzmodell expliziter an der *religiösen Globalisierungsdimension.* In den dreifachen Horizont der globalisierten Welt, des globalisierten Christentums und globalisierter Religionen werden 27 globalitätsbezogene Teilkompetenzen religiöser Bildung eingezeichnet. Auch hier sei die Konstruktionslogik an drei zusammenhängenden Kompetenzerwartungen exemplarisch veranschaulicht (Simojoki, 2012, S. 366):

- globalisierte Welt: »globale Komplexität samt ihren Ambivalenzen und Unsicherheiten als gegeben erkennen, reduktiv verarbeiten und auf aktuelle Problemkonstellationen beziehen«;
- globalisiertes Christentum: »über die globale Präsenz und die regionale Verteilung des Weltchristentums grob Bescheid wissen und das Eigene in diesen Horizont einordnen«;
- globalisierte Religionen: »die ambivalente Rolle der Religionen in globalen und lokalen Konflikten erkennen, kritisch bewerten und als Anstoß zu interreligiöser Verständigung begreifen«.

3.2 Didaktische Konkretisierungen

Globales Lernen ist, so wurde bereits deutlich, eine Aufgabe nicht nur eines Faches, sondern der gesamten Schule. Daraus ergibt sich auch für den Religionsunterricht die Notwendigkeit *fächerverbindenden und projektförmigen Lernens*. Dabei sind Lernformen gefragt, die Komplexität gleichzeitig reduzieren und erhalten – eine Elementarisierungsaufgabe, die umso anspruchsvoller ist, je jünger die SuS sind. Eine weitere Herausforderung: Da bei globalitätsbezogener Bildung Aktualität großgeschrieben wird, ist die didaktische Halbwertszeit von Themen, Medien und Materialien in diesem Lernfeld zumeist besonders kurz. Daher lohnt sich für Religionslehrkräfte ein regelmäßiger Besuch der Homepage des vom Grundschulverband geförderten Projekts »Eine Welt in der Schule« (www.weltinderschule.uni-bremen.de). Die Website enthält eine Vielzahl aktueller, immer wieder auch religiös dimensionierter Unterrichtsmaterialien, die teils in der gleichnamigen Zeitschrift präsentiert werden, teils aber auch direkt online über eine entsprechende Datenbank zugänglich sind. Wie im einschlägigen Teilband der Reihe »Arbeitshilfe Religion« (Kübler, 2014) finden sich hier subjektnahe Anregungen, wie der globale Horizont auch mit Kindern erschlossen werden kann.

Die meisten Unterrichtsmaterialien für die Sekundarstufe haben ihren Schwerpunkt auf der ethisch vorrangigen Frage nach einer solidarischen und verantwortlichen Lebensführung in der Einen Welt (Landgraf, 2008) bzw. im Kontext beschleunigter Globalisierung (Sigg, 2016). Darüber hinaus wäre die Auseinandersetzung mit Globalisierungsphänomenen im Sinne der bisherigen Überlegungen auch auf die von Robertson und Stackhouse akzentuierte Sphäre »telischer« Fraglichkeit zu lenken. Den drängendsten Herausforderungen der letzten Jahre – der »Klimakrise«, »Weltfinanzkrise«, der »Flüchtingskrise« oder zuletzt der »Corona-Krise« – ist zweierlei gemeinsam: Erstens sind sie allesamt in ihrer Risikostruktur global dimensioniert, und zweitens brechen in ihnen »telische« Fragen von Sinn, Ziel und Bestimmung auf. So kann der Religionsunterricht, um das zuletzt genannte Beispiel aufzugreifen, dazu beitragen, Sensibilität für die telische Tiefendimension der im Kontext der Corona-Pandemie akut gewordenen Probleme des Risikomanagements zu entwickeln (Simojoki, 2020b). Wer beispielsweise nach Antworten auf die kontrovers diskutierte Frage nach der Verteilung lebensschützender Ressourcen wie Masken oder Impfstoffe sucht, muss für sich geklärt haben, wie weit die Forderung nach mitmenschlicher Solidarität sozialräumlich reicht. Hier können biblisch-theologische Vorstellungen universaler Würde und globaler Bestimmung dazu dienen, eigene Bilder globalen Wohls zu entwickeln und, worauf es ankommt, auch kritisch zu hinterfragen.

Schließlich sei darauf hingewiesen, dass sich die im ersten und fünften Band dieser Reihe erschlossenen Lernräume der Ökumene und des Interreligiösen ebenfalls nur im hier skizzierten Welthorizont von Religion und Bildung angemessen öffnen. Sie stehen daher, ethisch wie ästhetisch, in einem konstitutiven Zusammenhang mit der Globalisierungsperspektive.

4. Literatur

Beck, U. (1997): Was ist Globalisierung? Irrtümer des Globalismus – Antworten auf Globalisierung. Frankfurt a. M.: Suhrkamp.

Beck, U. (2007): Weltrisikogesellschaft. Auf der Suche nach der verlorenen Sicherheit. Frankfurt a. M.: Suhrkamp.

Beyer, P. (2006): Religions in Global Society. London/New York: Routledge.

Habermas, J. (1998): Die postnationale Konstellation. Politische Essays. Frankfurt a. M.: Suhrkamp.

Hock, K./Klaes, N. (2016): Fächergruppe Religion – Ethik. In KMK/BMZ (Hg.): Orientierungsrahmen für den Lernbereich Globale Entwicklung im Rahmen einer Bildung für nachhaltige Entwicklung (S. 272–284). Bonn: Engagement Global.

Kirchenamt der EKD (Hg.) (2003): Maße des Menschlichen. Evangelische Perspektiven zur Bildung in der Wissens- und Lerngesellschaft. Eine Denkschrift. Gütersloh: Gütersloher Verlagshaus.

Kübler, H.-G. (2014): Arbeitshilfe Religion Grundschule – Neu. 3./4. Schuljahr: 3. Teilband. Stuttgart: Calwer.

Kunze, A./Zeug, K. (2011): Ab 18. Was junge Menschen wirklich machen. Reinbek: Rowohlt.

Landgraf, M. (2008): Eine Welt: Unterwegs zu mehr Gerechtigkeit. Einführung – Materialien – Kreativideen (ReliBausteine 5). Stuttgart: Calwer.

Rehbein, B./Schwengel, H. (2012): Theorien der Globalisierung (2. Aufl.). Konstanz: UVKV.

Robertson, R. (1992): Globalization. Social Theory and Global Culture. London u. a.: Sage.

Robertson, R./Chirico, J. (1985): Humanity, Globalization, and Worldwide Religious Resurgence: A Theoretical Exploration. Sociological Analysis, 46 (3), S. 219–242.

Scheunpflug, A./Schröck, N. (2002): Globales Lernen. Einführung in eine pädagogische Konzeption zur entwicklungsbezogenen Bildung (2. Aufl.). Stuttgart: Brot für die Welt.
Schneekloth, U./Albert, M. (2010): Entwicklungen bei den »großen Themen«: Generationengerechtigkeit, Globalisierung, Klimawandel. In M. Albert/K. Hurrelmann/G. Quenzel: 16. Shell Jugendstudie. Jugend 2010. Eine pragmatische Generation behauptet sich (S. 165–185). Frankfurt a. M.: Fischer.
Schreiter, R. J. (1997): Die neue Katholizität. Globalisierung und die Theologie. Frankfurt a. M.: IKO-Verlag.
Schweitzer, F./Conrad, J. (2002): Globalisierung, Jugend und religiöse Sozialisation. Neue Herausforderungen für die Religionspädagogik? Pastoraltheologie 91 (7), S. 293–307.
Schwöbel, C. (2011): Gott im Gespräch. Theologische Studien zur Gegenwartsdeutung. Tübingen: Mohr Siebeck.
Seitz, K. (2002). Bildung in der Weltgesellschaft. Gesellschaftstheoretische Grundlagen Globalen Lernens. Frankfurt a. M.: Brandes & Apsel.
Sigg, S. (2016): Globalisierung + Solidarität. Religiöse und ethische Grundfragen kontrovers und schülerorientiert (Themenbände Religion). Berlin: Cornelsen.
Simojoki, H. (2012): Globalisierte Religion. Ausgangspunkte, Maßstäbe und Perspektiven religiöser Bildung in der Weltgesellschaft. Tübingen: Mohr Siebeck.
Simojoki, H. (2018): Ökumenisches Lernen, Hybridisierung und Postkolonialismus. Versuch einer kritischen Verschränkung. In A. Nehring/S. Wiesgickl (Hg.): Postkoloniale Theologien II. Perspektiven aus dem deutschsprachigen Raum (S. 256–270). Stuttgart: Kohlhammer.
Simojoki, H. (2020a): Die Nähe des Entfernten. Zur räumlichen Mehrbezüglichkeit des Religiösen im »global age«. In H. Knoblauch (Hg.): Die Refiguration der Religion. Perspektiven der Religionssoziologie und der Religionswissenschaft (S. 113–128). Weinheim/Basel: Beltz Juventa.
Simojoki, H. (2020b): Religiöse Bildung in der Weltrisikogesellschaft – ein Update in Zeiten von Corona. Zeitschrift für Pädagogik und Theologie, 72 (4), S. 400–412.
Simojoki, H. (2021a): Religiöse Bildung als Dimension Globalen Lernens. Zeitschrift für internationale Bildungsforschung und Entwicklungspädagogik, 44 (1), S. 4–9.
Simojoki, H. (2021b): Gesellschaftliche Rahmenbedingungen religiöser Bildung. In U. Kropač/U. Riegel (Hg.): Handbuch Religionsdidaktik (S. 29–36). Stuttgart: Kohlhammer.
Stackhouse, M. L. (2007): Globalization and Grace. New York/London: continuum.

Glück/gutes Leben

Peter Bubmann

1. Lebensweltliche Perspektiven

»Glück gehabt« – sagt mein Nachbar im Gespräch, der im Gebirgsmassiv auf über 4.500 Metern Höhe bei einem Absturz beinahe für immer in einer Gletscherspalte verschwunden wäre.

»Ich bin total happy« – so steckt es die Schülerin ihrer Freundin auf dem Schulhof, weil bei ihr das Gefühl der Liebe im Bauch kribbelt.

»Ich hatte ein glückliches und gutes Leben« – sagt die Großmutter beim Besuch, wenn sie bilanzierend auf ihr Leben zurückblickt und insgesamt zufrieden ist.

Es sind sehr unterschiedliche menschliche Aggregatzustände und Phänomene, die mit den Begrifflichkeiten »Glück« oder »gutes Leben« bezeichnet werden (und wofür andere Sprachen je verschiedene Begriffe besitzen; vgl. Seel, 1999). Es gibt das Glück der unerwarteten Durchbrüche, der großen Zufälle und glücklichen Umstände, der kurzen, episodischen Hochgefühle, aber auch das stille Glück der inneren Zufriedenheit, und es gibt die Glücks-Bilanz eines ganzen Lebens. Sie können zusammenfallen, müssen es aber nicht. Drei Grundformen lassen sich unterscheiden – sie ziehen jeweils eigene ethische und religiöse bzw. theologische Herausforderungen nach sich:

a) Wenn sich positive Lebensmöglichkeiten ergeben, die sich günstigen Fügungen der Natur oder geschichtlichen Entwicklungen verdanken, reden wir von *Zufalls-Glück.* Ethisch und religiös ist hier zu fragen: Wie gehe ich mit den Zufälligkeiten und Wechselfällen des Lebens um? Wie stelle ich mich darauf ein und wie reagiere ich darauf? Wem rechne ich die Ursache dieser Fügungen zu?
b) Glück bezeichnet zweitens das Ergriffensein von starken Lustgefühlen. Hirnforscher verstehen das Glück als durch biologische Prozesse im Hirn bewirkten euphorischen Bewusstseinszustand. Es handelt sich dabei um ein Empfindungsglück als Wohlbefinden und emotionale Flow-Erfahrung, ein *Augenblicksglück* als erfüllter Moment. Diesbezüglich ist zu fragen: Wie kann ich solche Momente des Glücks finden oder stimulieren? Können und sollen sie überhaupt planvoll herbeigeführt werden? Und was hat Religion damit zu tun?

c) Die dritte Form des Glücks bezeichnet eine Zufriedenheit im Rückblick auf das eigene Leben, das *Lebensglück.* Die Lebenskunst-Leitfrage zu dieser Form des Glücks lautet: Wie kann mein Leben als Ganzes glücken? Wer entscheidet darüber? Was kann ich selbst dazu beitragen?

Im Hintergrund steht dabei immer die Frage, welches Leben ich als »gut« und »gelingend« betrachte. Das »gute Leben« ist zwar kein alltagssprachlicher Begriff der Jugendlichen Sprache, innerhalb der ethischen Klärungen zu den Zielbestimmungen des Handelns aber unentbehrlich. Die angestrebten »Güter« (bis hin zum höchsten »Gut«) entscheiden eben darüber, welchen Weg Menschen in ihrem Leben einschlagen, welchen Regeln und Pflichten sie folgen und welche Haltungen (Tugenden) sie entwickeln.

Lebensweltlich ist der Alltag von Kindern und Jugendlichen durchsetzt von Glücksversprechen: von den Verheißungen der Konsumindustrie mit ihren Werbekampagnen über Glücks-Stories in TV- und Streaming-Serien bis zu den Einflüsterungen von Influencerinnen und Influencern auf Instagram, YouTube oder TikTok. Letztere versprechen durch Tipps zum Aussehen, Körpertraining oder (Konsum-)Verhalten entweder den Glücks-Flow als emotionale Gipfelerfahrung oder höhere Lebenszufriedenheit und soziales Ansehen.

2. Theologisch-ethische Perspektiven

»Glück passiert« – so steht es auf meinem Marmeladenglas. Darin sind gleich zwei theologische Hinweise versteckt: Dass Glück nicht einfach machbar ist, hat sich trotz des gegenläufigen Sprichworts (»Jeder ist seines Glückes Schmied«) herumgesprochen und ist für alles theologische Nachdenken fundamental. Glück hat erstens in jedem Fall damit zu tun, an sich etwas geschehen zu lassen. Es ist theologisch als Widerfahrnis zu deuten. Und zum Zweiten: Wie die Brombeeren durch einen Filter gepresst wurden (»passiert«), so gibt es kein Glück, das sich nicht dem realen Leben mit seinen Höhen und Tiefen aussetzen muss und so »gesiebt« wird. Es »passiert« nur durch Erfahrungen von Leid wie höchster Freude hindurch.

Über die Wege ins Glück wird heftig diskutiert. Allerlei Tugenden und Lebensregeln werden empfohlen. Insbesondere die antike Philosophie gibt Ratschläge auf dem Weg hin zur *eudaimonia.* Hier gilt Glück entweder als Ziel des Lebensstrebens (bei Aristoteles) oder als lustvolles Genießen (Epikur und die Hedonisten). Das Maßhalten wird empfohlen oder die Askese. Oder vielleicht besser doch das Genießen, die kultivierte Lust? Oder die Gelassenheit? Liebe,

Sport, Essen und Kunstgenuss gelten als klassische Disziplinen in der Schule des Glücks. Oft wird darauf verwiesen, dass sich das Glück besonders dann einstelle, wenn es nicht bewusst angestrebt wird. Und dass es mitten im Unglück, ja sogar an Höllenorten wie Konzentrationslagern, auftauchen kann. Gibt es also gar keine benennbaren Voraussetzungen für das Empfinden von Glück, kein Mindesteinkommen, keinen notwendigen Grad an politischer Freiheit? Aber wovon spricht dann unsere Nationalhymne: »Einigkeit und Recht und Freiheit sind des Glückes Unterpfand: Blüh im Glanze dieses Glückes, blühe deutsches Vaterland!«?

Das Glück scheint zu irritieren: Es stellt die völlige Autonomie des Subjekts infrage. Es stört ein absolutes Ordnungsdenken, weil es unberechenbar bleibt. Es stellt einen primär moralischen Zugang zur Welt infrage, dem es vorrangig um Pflicht und Sollen geht (vgl. Eichler, 2005, S. 122 f.).

Dem Glück in seinen verschiedenen Varianten sind unterschiedliche Disziplinen von der Psychologie über die Soziologie und Ökonomik bis zur Philosophie und Theologie auf der Spur. Seit der Jahrtausendwende boomt nicht nur die empirische Glücksforschung (vgl. Bucher, 2018), sondern auch die populäre Beratungsliteratur mit ihren Anleitungen zum Glücklichsein.

Der Journalist Peter Scholl-Latour antwortete allerdings auf die Frage »Wann haben Sie ihren glücklichsten Moment erlebt?«: »Ich bin katholisch erzogen worden, das Streben nach Glück ist darum meine Sache nicht.«[1] Er bringt damit eine weitverbreitete Ansicht auf den Punkt: Christinnen und Christen strebten nach der Erlösung, nach Heil und Gnade, nicht jedoch nach Glück. Derartige Glücksferne wird üblicherweise den Protestanten noch mehr nachgesagt als den Katholiken – mit einigem Recht. Im Genf Johannes Calvins herrschte nicht selten der Terror der Tugend, das Glücksspiel war immer schon im Visier der Puritaner und Immanuel Kant vertrieb das Glück mit weitreichender Wirkung aus dem Bereich theoriefähiger ethischer Betrachtungen. Die Pflicht gegenüber dem moralischen Gesetz wurde seither zum Banner des Protestantismus.

Doch sind seit einiger Zeit Lockerungsübungen zu bemerken: Bei Kirchentagen und Weltjugendtagen begegnen ungehemmt strahlende und vergnügte Christenkinder, Selbsterfahrung wurde auch zum Slogan christlicher Erwachsenenbildungsangebote, und manche Bildungswerke veranstalten inzwischen eigene »Glückstage«. In der Theologie ist währenddessen von Ästhetik und Lebenskunst und seit einigen Jahren auch ausdrücklich vom Glück die Rede.

---

1 DIE ZEIT, Nr. 13, vom 23.03.2006, S. 67.

2.1 Vom Glück in der Bibel und in der Theologiegeschichte

Sieht man biblisch-theologisch nur auf das Begriffsfeld »Glück/glücklich«, dann ist die Bilanz ernüchternd: Im Hebräischen hat sich kein eigener Begriff ausgeprägt, der direkt mit den griechischen Begriffen *eutychia* (Zufallsglück) und *eudaimonia* (Lebensglück) oder mit den lateinischen von *fortuna* und *beatitudo* übersetzbar wäre. Die griechische Übersetzung des Alten Testaments vermeidet denn auch diese Begriffe.

Ähnliches gilt für das Neue Testament. Hier beginnen lediglich die Seligpreisungen der Bergpredigt mit dem Wort *makarios* (glückselig). Das ist kein Zufall. In den Seligpreisungen wird die Heilsbedeutung des Anbruchs der Gottesherrschaft in Jesus den Menschen direkt zugesprochen.

Die zentralen biblischen Leitbegriffe sind andere: Bund (*b^e^rjt*), Gerechtigkeit *(ṣ^e^dāqāh)*, Gnade (*hæsæd:* eigentlich Gemeinschaftsverbundenheit; ntl: *charis*), Frieden *(šālōm)*, Heil (*j^e^šū ʿāhu'a;* ntl. *sōtēria*); im NT: Reich Gottes *(basileia tou theou)*, Heiligung und Erlösung (1 Kor 1,30: *hagiasmos kai apolytrōsis*) und Versöhnung *(katallagē; hilasmos)*.

Anders verhält es sich mit der Begrifflichkeit von »Gut/Güter/höchstes Gut«. In philosophisch wie biblisch-theologischer Tradition sind damit Zielvorstellungen und Qualitäten umrissen, die das Wünschenswerte zum Ausdruck bringen. Dabei kann es um die Gutheit von Dingen und Personen (als Eigenschaft) oder um die Gutheit des Willens (als moralisch Gutes) gehen. Für den Philosophen Platon ist das Wissen um das Gute – verstanden als letztlich jenseitige Idee und höchstes Gut – Ausgangspunkt der Tugend und Ideenlehre, der es um die Förderung des Allgemeinwohls geht (vgl. Röder, 2012, S. 2). Für Aristoteles besteht das höchste Gut in der Glückseligkeit *(eudaimonia)*, »die durch eine innere Haltung und tugendhaftes Handeln erlangt werden kann« (S. 3). Das Gute und Schöne, die *Kalokagathia* wird zum Ziel des eigenen ethisch-tugendhaften Handelns. Bereits bei Philo von Alexandrien wird dann die Brücke zwischen der Vorstellung des höchsten Gutes und dem jüdischen Gottesbegriff geschlagen: Gott wird nun als das Gute schlechthin verstanden. Im NT wird dies fortgeführt und christologisch präzisiert: »Das Heil in Christus eröffnet die Chance des Wissens um das Gute und das entsprechende Handeln (Röm 12,2 […])« (S. 6).

Das Gute ist biblisch-theologisch immer als relational, also als gut für jemanden oder in Bezug auf jemanden oder etwas zu verstehen, es handelt sich nicht um absolut-metaphysische Eigenschaften, sondern um Zuschreibungen durch die Wertenden. In theologischen Kontexten stehen dafür im Hebräischen vor allem die Wurzel *tov* (gut), im griechischen NT *agathos*. Zusammenfassend wird damit benannt, was hilfreich und nützlich ist, was der schöpfungsgemäßen Bestimmung entspricht (vgl. Kiefer, 2018). Besonders in den weisheitlichen Schriften (vor allem im Buch Kohelet/Prediger) wird *tov* dann oft mit »Glück« übersetzt. Das damit bezeichnete Lebensgefühl bzw. die damit bezeichnete ethische Lebenspraxis hat »zwei Säulen: Lebensfreude und Gottesfurcht« (Kiefer, 2018, S. 5). In der Spannung zwischen dem Guten und dem Bösen sollen sich die Glaubenden – von der Weisheit unterrichtet – auf den Weg des Guten begeben. Dabei ist immer wieder zwischen verschiedenen Graden des Guten abzuwägen und das Gute auf die je eigene Person zu beziehen. Gut ist, was dem eigenen Leben und dem der Gemeinschaft dient und sich darin auf Gott ausrichtet. Deshalb dienen andere moralische Wertbegriffe (im ethischen Sinn: Güter und Tugenden) wie Gerechtigkeit, Gemeinschaftstreue, Aufrichtigkeit, Wahrheit, Güte, Barmherzigkeit, Liebe und im umfassenden Sinn Schalom, Segen, Glück und Heiligkeit dazu, dieses Gute in seiner Ausrichtung auf Gottes Willen zu kennzeichnen (bibl. Einzelbelege und hebr. Termini bei Kiefer, 2018, S. 13). »›Glück‹ besteht zuerst in der Zugehörigkeit zu Gott und der Orientierung auf ihn hin und daraus abgeleitet in gesegneten Lebensumständen« (Kiefer, 2018, S. 20). Im NT wird dies mit den Begriffen *agathos* und *kalos* aufgenommen. Die guten Werke *(kala erga)* sind »nach außen hin schön, werden aber mit einer inneren Haltung des Glaubens vollbracht und sind damit ein Teil des Strebens nach Gott« (Röder, 2012, S. 8). Das schöne und gute Leben ist damit das Leben in der Christusnachfolge.

Die im engeren Sinn terminologische Glücks-Abstinenz der Bibel (nämlich das Fehlen des griechischen Zentralbegriffs der *eudaimonia*) war in der Kirchen- und Theologiegeschichte nicht durchzuhalten. Die populären philosophischen Lebenskunstlehren der Antike wie des Mittelalters orientierten sich fast alle am gr. Leitbegriff der *eudaimonia* oder lat. der *beatitudo.* Wer christliche Lebenskunst werbend in der Öffentlichkeit publik machen wollte, musste sich auf dieses Reden von Glück einlassen. So verfasste Augustinus eine eigene Schrift »De beata vita« (Über das Glück). Und Thomas von Aquin lieferte im Hochmittelalter die bis heute anspruchsvollste Fassung einer Verbindung von aristotelischer Glückslehre und christlicher Heilstheologie.

Der Protestantismus aber verabschiedete sich von dieser Form von Scholastik, lehnte weithin die Synthese aus Natur, Vernunft und Glaube ab und kehrte stattdessen unmittelbar zu den biblischen Quellen zurück. Dadurch wurde auch die Rede vom Glück aus den Theologien der Neuzeit weithin verdrängt. Außerdem hatte sich der Begriff des Glücks immer mehr von einer philosophischen Lebensethik, die auch das Gemeinwohl umfasste, verschoben hin zu einer privaten Gefühlsregung der Bedürfnisbefriedigung. Ein solches Glück der ichbezogenen und niederen Triebe jedoch konnte theologisch kaum mehr positiv gewürdigt werden und galt »offensichtlich schon zur Zeit Luthers als hedonistisch kontaminiert« (Lauster, 2004, S. 91). Diese »Gleichsetzung von Glück und behaglicher Bedürfnisbefriedigung« hat in der Moderne zum »Untergang des Glücksbegriffs beigetragen« (S. 120).

Die kantische Konzentration auf die Pflichtethik und damit auf eine Ethik des Gerechten und des Sollens, wird seit einigen Jahrzehnten allerdings immer stärker hinterfragt. Tugendethiken und Güterethiken finden in Philosophie wie Theologie wieder mehr Aufmerksamkeit. Im größten (ev.) theologischen Lexikon, der Theologischen Realenzyklopädie (TRE), existiert allerdings noch kein Eintrag zum Stichwort »Glück«, dafür einer zu »Höchstes Gut«! Mit etwas Verspätung ist das Thema jedoch dann in einigen Veröffentlichungen der protestantischen Theologie angekommen (vgl. Lauster, 2004; Claussen, 2005; Roth, 2011 u. a.).

In der evangelischen Frömmigkeit und Spiritualität hatte das Glück allerdings immer seinen Sitz im Leben: »Viel Glück und viel Segen« singen viele Menschen bei Geburtstagen. Paul Gerhardt verbindet in seinem bekannten Lied »Nun danket all und bringet Ehr« die Bitten um ein gutes christliches Leben mit dem Glücksbegriff:

> »Er lasse seinen Frieden ruhn
> Auf unserm Volk und Land;
> Er gebe Glück zu unserm Tun
> Und Heil zu allem Stand.« (EG 322,6)

Im Neuen Geistlichen Lied wird diese weitausgreifende Verbindung von Glück, Frieden und Heil ermäßigt zum »kleinen Glück«:

> »Danke für meine Arbeitsstelle,
> danke für jedes kleine Glück.
> Danke für alles Frohe, Helle
> und für die Musik.« (Danke-Lied, EG 334,5)

Des Menschen Glück liegt nicht in seiner eigenen Hand. Dass es auf das Widerfahrnis des göttlichen Zuspruchs und auf Resonanzen des Wirkens Gottes im eigenen Leben ankommt, das ist die Grunderfahrung von Religion, und auch der christlichen Religion. Sachlich rücken damit die Begrifflichkeiten des Glücks wie des guten Lebens (bzw. des höchsten Guts) nahe an Begriff und Sache des Heils wie der Gnade heran. Auch für Fromme gibt es allerdings keine Garantie auf ein glückliches Leben. Und umgedreht gibt es keine schlüssige Erklärung dafür, warum sich auch Gottlose des Glücks erfreuen dürfen.

Wie also im Glauben zum Glückskind werden? Da sind wiederum die oben genannten *drei Grundformen des Glücks* zu unterscheiden:

- Die Unberechenbarkeit des Zufallsglücks wird man nicht einfach theologisch erklären können – so notwendig die Suche nach möglichen Antworten auf die Warum-Frage auch ist. Weil es hier keine einfachen Antworten gibt, ist es wichtig, sich in Situationen des (Un-)Glücks Gott betend zuzuwenden: mit Dank für erfahrenes Glück, mit Klage über erlittenes Unglück, mit der Bitte um Segen für die Zukunft. Die kirchlichen Dank-, Klage- und Segenshandlungen sind die christliche Antwort auf die Erfahrung des Zufallsglücks (und -unglücks).
- Das Augenblicksglück ist unverfügbar. Gerade deshalb kann es zum Ort der Gotteserfahrung werden. Religiös wird das Augenblicksglück dadurch, dass sich in ihm das ganze Leben verdichtet und sich eine Ahnung des umfassenden Lebenssinns einstellt, eine besondere Form der Resonanzerfahrung mit dem Grund des Lebens. Das kann im Gottesdienst geschehen oder in Akten der solidarischen Tat – im Glücksgefühl, anderen zum Leben geholfen zu haben; oder in liberaler kulturprotestantischer Spielart auch in der Naturbetrachtung oder in der Versenkung in die Kunst.
- Für das Lebensglück existieren auch biblisch verbürgte sinnvolle Empfehlungen und Regeln der weisheitlichen Lebensführung. Sie können das Glück allerdings nicht garantieren.

Christliche Lebenskunst muss und soll auf das Glück also nicht verzichten. Aber an ihr müsste abzulesen sein, dass es um ein »anderes Glück« geht, das sich den Resonanzen der Liebe Gottes verdankt (Finze-Michaelsen, 2006). Dieses Verständnis des christlichen Glücks verdichtet sich in den Seligpreisungen der Bergpredigt, den sog. Makarismen (vgl. Mt 5 u. Lk 6). Sie beginnen, wie bereits ausgeführt, mit dem Wort *makarios* – selig, oder: glücklich. Es ist dies bereits die griechische Übersetzung des hebräischen Worts *'ašrēj*. Dies ist ein freudiger Ausruf, eine begeisterte Feststellung (vgl. Finze-Michaelsen, 2006, S. 71). So beginnt etwa der Psalter mit diesem Ausruf als Glücklich-Preisung desjenigen, der sich an die Weisung Gottes hält (Ps 1,1 f.).

2.2 Die ethische Gestalt des glücklichen Lebens

Das Glück der Geborgenheit in Gott – das zugesprochene »und siehe, es ist gut« über meiner Existenz und der guten Schöpfung – hat Konsequenzen. Die Ergriffenheit von Gottes Gnadenzuspruch entfaltet sich in der eigenen Lebenskunst. Das andere Glück, das Jesus repräsentiert und das seine Jüngerinnen und Jünger erfahren, bildet neue Lebensmöglichkeiten aus und prägt einen bestimmten Lebensstil. Das Glück der Christinnen und Christen ist also keineswegs nur im Jenseits zu suchen, genauso wenig auch nur im innerlichen Erleben mystischer Hochstimmung.

Die vom Geiste Jesu Christi Ergriffenen erhalten Anteil an den Lebensmöglichkeiten des Gottesreiches: Gerechtigkeit, Frieden, Freiheit und eben in alledem auch Lebensglück werden zeichenhaft erlebbar.

In der Kraft dieses Geistes entwickeln sich Grundhaltungen eines glückenden Lebens, die das christliche Leben auszeichnen. Die Tradition nennt sie Tugenden, und zeichnet hier neben den allgemein bekannten Kardinaltugenden (wie Klugheit, Gerechtigkeit, Tapferkeit, Mäßigung) drei theologische Haupttugenden aus:

- *Glaube,* verstanden als Vertrauen in das sinnvolle Wirken der transzendenten Macht Gottes, als Hingabe und Offenheit für Gottes Liebe.
- *Liebe* als unbedingte Öffnung zum anderen hin, als Zuwendung und Barmherzigkeit, wozu grundlegend auch die Bereitschaft zur Vergebung gehört.
- *Hoffnung* als Festhalten an der Sinnhaftigkeit des Lebens auch in Widrigkeiten und gegen allen Anschein des Unglücks.

Solchen Tugenden sekundieren dann auch die Grundregeln und Pflichten eines christlichen Lebens, insbesondere die »Goldene Regel« (Mt 7,12) und das Tripelgebot der Liebe (Gott, den Nächsten und sich selbst lieben, Mk 12,29–31): Sie dienen der Eröffnung eines gemeinsamen Freiheitsraumes, der zum Raum des gemeinsam geteilten guten Lebens werden kann und soll.

3. Didaktische Perspektiven

3.1 Didaktische Orientierungen

Kann und soll das Glück zum Gegenstand pädagogischer Bemühungen werden? Etwa als eigenes Unterrichtsfach »Glück« (so Ernst Fritz-Schuberts Vorschlag: Schubert, 2008; im Blick auf den RU kritisch dazu Rupp & Löffler, 2013)? Oder zumindest im Sinn einer stärker auf die Weckung moralischer Gefühle und daher auch auf Tugenden konzentrierten Pädagogik, die zu einem gelingenden Leben verhelfen soll (wie es Micha Brumlik empfohlen hat: Brumlik, 2002). Hartmut von Hentig nennt immerhin als einen von sechs Maßstäben der Bildung »die Wahrnehmung von Glück« (von Hentig, 1997, S. 75). Bildung müsse »Grund«, »Anlass« und »Fähigkeit zur Freude« geben. »Bildung soll Glücksmöglichkeiten eröffnen, Glücksempfänglichkeit, eine Verantwortung für das eigene Glück« (S. 79). Auch der Allgemeinpädagoge Jörg Zirfas hält eine Erziehung, die auf Glückfähigkeit, nicht auf das Glück selbst zielt, für denkbar: »Eine Erziehung zum Glück [...] zielt auf die Selbstbildung des Glücks durch die Vermittlung von intellektuellen, schöpferischen, sozialen, lebenspraktischen Fähigkeiten, von Fähigkeiten zur Lebensgestaltung und Glückswahrnehmung.« (Zirfas, 2013, S. 27) Zugleich warnt er:

> »Glück geschieht sozusagen ›auf dem Rücken‹ eines richtigen Lebens als dessen Vollendung, als dessen Krönung. Glück kann also nur ein mittelbares Ziel sein, obwohl alle Menschen es unmittelbar erstreben. Die erste Glückslehre, die hieraus zu ziehen wäre, lautet: Misstraue allen Glückversprechungen, allen Produzenten des Glücks, denn Glück ist nicht herstellbar! Die zweite Lehre läuft auf die Maxime hinaus: Gestalte dein Leben sinnvoll!« (Zirfas, 2003, S. 12).

Über beides wäre mit Schülerinnen und Schülern (SuS) ins Gespräch zu kommen. Sie, die zwischen den Glücksangeboten der Konsumindustrie und ihrem eigenen ungeklärten Glücksbegehren eingespannt sind, bedürfen der pädagogischen Begleitung auf dem Weg ins eigene Glück.

3.2 Didaktische Konkretisierungen

Glück und gutes Leben sind Themen vieler Lehrpläne, teils als eigenes Schwerpunktthema, teils eingeordnet in übergeordnete Einheiten zur (theologischen) Ethik oder Anthropologie, oder eingeordnet in Einheiten zu »Wünschen und Träumen« etc. Klassisch setzen die Unterrichtshilfen in der Regel damit ein, die SuS nach ihrem lebensweltlichen Verständnis von Glück zu befragen: z. B. ausgehend von eigenen Glücks-Präferenz-Skalen (Umfragen in der Klasse) oder von Werbeanzeigen und deren Glücksversprechen.[2] Im Zeitalter der Social Media liegt es auf der Hand, mit diesen zu beginnen: Mit welchen Versprechen von Glück und gutem Leben treten Influencerinnen und Influencer auf? Welche Bilder (z. B. Körperbilder, Sprachformen) benutzen sie dabei? Welche musika-

2 Online über die Medienportale zugängliches Material findet sich z. B. im in Fußnote 3 genannten FWU-Begleitmaterial. Als Schulbuch vgl. exemplarisch: Ortswechsel. Grenz-Gänge. Evangelisches Religionsbuch für Gymnasien. Hrsg. von I. Grill-Ahollinger et al., München 2019, S. 72 f.; als Arbeitsblätter vgl. Thömmes, 2011; als Film über das Glücksministerium im Königreich Bhutan: Film »What happiness is«: http://www.whathappinessis.at/ (Zugriff: 04.03.2021).

lischen Klänge werden eingesetzt? Welche Songs und Videoclips handeln von Glück und gutem Leben? Welche Serien in TV und Streamingportalen drehen sich um Fragen des Glücks? Welche Aspekte werden dann vorrangig thematisiert (Liebes-Glück; materielles Glück; Glück als Emanzipation ...). Spielerische und kreative Eigenarbeit kann die Arbeit am Glücksverständnis vertiefen: etwa mit dem Handy innerhalb einer Woche ein Kurzvideo zu drehen, das etwas vom eigenen Glücksverständnis zum Ausdruck bringt; oder körperliche Ausdrucksformen von Glück vorstellen (»Platzen vor Freude«).

All diese lebensweltlichen Erkundungen sind dann in den Dialog mit den Antworten der philosophischen und biblisch-theologischen Tradition zu bringen. Reale, literarische oder virtuelle Begegnungen mit Personen, die in ihrem Glauben Wege zum Glück gefunden haben, runden (auch in interreligiöser Perspektive!) den Zugang zur Thematik ab und bieten Vertiefungs- und Erarbeitungsmöglichkeiten[3]. Märchen, Literatur, Filme, Songs, Werbeclips und Plakate sowie Social-Web-Auftritte bieten sich als Medien an.

4. Literatur

Bucher, A. A. (2018): Psychologie des Glücks (2. völl. überarb. u. akt. Aufl.). Weinheim: Beltz.

Brumlik, M. (2002): Bildung und Glück. Versuch einer Theorie der Tugenden. Berlin/Wien: CEP.

Claussen, J. H. (2005): Glück und Gegenglück. Philosophische und theologische Variationen über einen alltäglichen Begriff. Tübingen: Mohr Siebeck.

Eichler, U. (2005): Glück. In K. Fechtner/G. Fermor/U. Pohl-Patalong/H. Schroeter-Wittke (Hg.): Handbuch Religion und Populäre Kultur (S. 120–128). Stuttgart: Kohlhammer.

Finze-Michaelsen, H. (2006): Das andere Glück. Die Seligpreisungen Jesu in der Bergpredigt. Göttingen: Vandenhoeck & Ruprecht.

Fritz-Schubert, E. (2008): Schulfach Glück. Wie ein neues Fach die Schule verändert (2. Aufl.). Freiburg i. Br. u. a.: Herder.

Greshake, G. (1981): Glück und Heil. In H. Döring/M. Boss/G. Greshake (Hg.): Kontingenzerfahrung und Sinnfrage (Christlicher Glaube in moderner Gesellschaft, Bd. 9) (2. Aufl., S. 101–146). Freiburg i. Br. u. a.: Herder.

von Hentig, H. (1997): Bildung. Ein Essay. Lizenzausgabe. Darmstadt: Hanser (zuerst München/Wien 1996).

Kiefer, J. (2018): Art. Gut/Gutes (AT). In WiBiLex – Das wissenschaftliche Bibellexikon im Internet. www.bibelwissenschaft.de/stichwort/200474/ (Zugriff: 03.03.2021).

Lauster, J. (2003): Gott und das Glück. Das Schicksal des guten Lebens im Christentum. Gütersloh: Gütersloher Verlagshaus.

Pieper, A. (2003): Glückssache. Die Kunst gut zu leben (dtv 30872). München: dtv.

3 Online finden sich dazu Beispiele im EKD-Content-Netzwerk »yeet« oder in den Schulfilmen »Das Glück und die Religionen« (Reihe Planet Schule (SWR WDR), 45', bis 2026 in den Medienportalen zugänglich) und »Nächster Halt: Glück« (FWU-Schulfilm, 25', 2012, mit didaktischem Begleitmaterial).

Pinckaers, S. (2004): Christus und das Glück. Grundriss der christlichen Ethik. Mit einem Vorwort von Alasdair MacIntyre. Göttingen: Vandenhoeck & Ruprecht.
Röder, J. (2012): Art. Gut/Güter (NT). In WiBiLex – Das wissenschaftliche Bibellexikon im Internet. https://www.bibelwissenschaft.de/stichwort/46854/ (Zugriff: 03.03.2021).
Roth, M. (2011): Zum Glück. Glaube und gelingendes Leben. Gütersloh: Gütersloher Verlagshaus.
Rupp, H./Löffler, U. (2013): Das Unterrichtsfach ›Glück‹ und der Religionsunterricht. In R. Englert/H. Kohler-Spiegel/E. Naurath/B. Schröder/F. Schweitzer (Hg.): Glück und Lebenskunst (Jahrbuch der Religionspädagogik, Bd. 29) (S. 143–152). Neukirchen-Vluyn: Neukirchener Verlag.
Seel, M. (1999): Versuch über die Form des Glücks. Studien zur Ethik (stw 1445). Frankfurt a. M.: Suhrkamp.
Thömmes, A. (2011): Glücksspuren. 82 Arbeitsblätter für den Religionsunterricht. München: DKV.
Zirfas, J. (2013): Einleitung. Eine Warnung vor dem Glück. In Ders. (Hg.): Zum Glück. Wege und Umwege (S. 15–22). Leipzig: Reclam.
Zirfas, J. (2013): Glück als Erziehungsziel? Pädagogische Gedanken zum Kinderglück. In R. Englert/H. Kohler-Spiegel/E. Naurath/B. Schröder/F. Schweitzer (Hg.): Glück und Lebenskunst (Jahrbuch der Religionspädagogik, Bd. 29) (S. 21–30). Neukirchen-Vluyn: Neukirchener Verlag.

1. Lebensweltliche Perspektiven

Seit den Migrationsbewegungen der sog. Gastarbeiter ab den 1960er Jahren begleiten (inter-)kulturelle Themen politische Debatten genauso wie pädagogische Diskurse. Als Ende der 1960er und Anfang der 1970er Jahre klar wurde, dass die v. a. aus Süditalien und Ostanatolien angeworbenen Gastarbeiter aus der deutschen Gesellschaft nicht mehr wegzudenken waren, setzten auch pädagogische Reaktionen auf die Gastarbeiterkinder an deutschen Schulen ein (vgl. Auernheimer, 2016, S. 34 f.; Gogolin & Krüger-Potratz, 2020, S. 69 f.104; Nieke, 2008, S. 13). Nach einer *ersten* Phase der Doppelstrategie, in der man einerseits versuchte, die Kinder durch muttersprachlichen Unterricht wieder rückkehrfähig in ihre Heimatländer zu machen, und andererseits schulisch zu integrieren (Assimilationspädagogik), zielte man ab den 1980er Jahren darauf (= *zweite* Phase), ethnische Minderheiten als gesellschaftliche Gruppen in Deutschland ernst zu nehmen und deren Bedarfe auch schulisch zu integrieren. Sprachliche und kulturelle Unterschiede galten nicht mehr als Mangel und Problem, sondern als Differenz (Schambeck, 2013, S. 26 ff.). Der Gedanke der kulturellen Begegnung und Bereicherung wie auch das Motiv der Konfliktbearbeitung prägten nun pädagogische Ansätze, je nachdem ob kulturelle Differenz als Bereicherung oder als Konfliktpotenzial verstanden wurde (Speck-Hamdan, 2003, S. 13).

Dieser pädagogische Grundgedanke findet sich auch in der *dritten* Phase pädagogischer Reaktionen, die bis heute andauert. Die meisten pädagogischen Ansätze zielen darauf, die traditionell monokulturelle Erziehung in Deutschland zu überwinden und eine sog. »interkulturelle Erziehung« für eine multikulturelle Gesellschaft zu ermöglichen. Es geht darum, nach den pädagogischen Herausforderungen zu fragen und entsprechende pädagogische Konzepte vorzuschlagen, die sich durch das Interagieren von Menschen aus unterschiedlichen Kulturen und Ethnien ergeben (vgl. dazu auch Gogolin & Krüger-Potratz, 2020, S. 134). Mit anderen Worten wird also die Wechselbeziehung von Menschen mit Migrationserfahrungen auf Menschen ohne solche thematisch. Die neuesten Ansätze fokussieren sich zudem darauf, in (inter-)kulturellen Austauschprozessen den jeweiligen Standpunkt der Beobachtenden und der Beschreibenden aufzudecken, also die Positionen bewusst zu machen, von denen aus sie sprechen. Alle beteiligten Gruppen werden als – und das ist der noch immer umstrittene und bis heute nicht in allen gesellschaftlichen und politischen Gruppen selbstverständliche Gedanke – gleichwertige, im Sinne von gleich zu respektierende und mit Ehrfurcht zu begegnende und die deutsche Gesellschaft insgesamt prägende Größen anerkannt.

Insgesamt wird deutlich, dass die Entwicklung der interkulturellen Pädagogik eng verzahnt ist mit der demografischen Veränderung Deutschlands und den politischen Reaktionen darauf. Ein Blick auf die Entwicklung des Anteils von Schülerinnen und Schülern (SuS) mit Migrationshintergrund unterstreicht zudem, wie sehr die Dringlichkeit zunimmt, Interkulturalität/Heimat nicht mehr als Sonderthema, sondern als grundlegende Dimensionierung (religions-)pädagogischen und ethischen Handelns zu begreifen.

Mindestens jeder dritte Schüler/jede dritte Schülerin in Deutschland weiß nämlich, was es heißt, mit unterschiedlichen Gewohnheiten, Ritualen, Verstehensweisen, was gelten soll und was nicht, Selbstverständnissen, Identitätsentwürfen oder religiösen Einstellungen konfrontiert zu sein. Dennoch spielt diese Art von *Diversity* in den Unterrichtsthemen des Religionsunterrichts oder religionsdidaktischen Herangehensweisen bisher noch kaum eine Rolle.

2. Theologisch-ethische Perspektiven

Der (Inter-)Kulturalitätsdiskurs, der eng verwoben ist mit der Renaissance des Heimatbegriffs (Höhn, 2019, S. 309–318; Schambeck, 2017a), changiert zwischen zwei fundamentalen Herausforderungen. Die eine besteht darin, Kultur zu materialisieren und damit zu ontologisieren. So verstanden und durch völkische oder auch nationale Inanspruchnahmen nochmals aufgeladen, wird Kultur zum Kampfbegriff der Neuen Rechten und ihrer Anhänger. Die andere Herausforderung im (Inter-)Kulturalitätsdiskurs ergibt sich daraus, Unterschiede klein zu reden oder ganz zu verkennen, dass sich Gewohnheiten, Alltagspraxen, religiöse Gepflogenheiten – also Symbolisierungen allgemein – von Menschen unterscheiden und als solche ernst zu nehmen sind.

Das Austarieren dieses Spannungsfeldes spiegelt sich auch in den verschiedenen Ansätzen im (Inter-)Kulturalitätsdiskurs wider. Auch wenn heute Konsens darüber besteht, dass man Kultur kaum definieren kann und diese theoretische Unterbestimmtheit zu seinem Gebrauch gehört (Bielefeld, 2003, S. 86), lassen sich insgesamt drei verschiedene Denkungsarten, die vielfach variiert wurden, mit je eigenen Herausforderungen und Chancen, im (Inter-) Kulturalitätsdiskurs ausmachen.

Die Kulturtheorie, die von Johann Gottfried Herder ins Spiel gebracht wurde und auch heute noch wirksam ist, steht für eine erste Denkungsart im (Inter-) Kulturalitätsdiskurs. Meistens unterkomplex rezipiert suggeriert sie, dass es geschlossene Kulturen gäbe, die genau voneinander unterscheidbar und damit benennbar sind, vergleichbar mit Kugeln (Herder, 1784/1989, S. 369). Der Ursprung dieser Kulturtheorie ist eng verwoben mit dem Prozess nationalstaatlicher Ordnungsbildung im Deutschland des 18. und 19. Jahrhunderts. Sie transportiert die Logik, dass sich Gemeinschaften bzw. Gesellschaften durch unterscheidbare Kulturen konstruieren. Die Formel Herders »Nation ist gleich Staat ist gleich Volk« macht Kultur zur Form gesellschaftlicher »Selbstthematisierung« bzw. »Selbstbeschreibung« (Bielefeld, 2003; Luhmann, 1999, S. 31–54) und bindet damit nationale Semantiken in einen unauflösbaren Verweisungszusammenhang mit Kultursemantiken (Luhmann, 1999, S. 41). Diese Theorie geht davon aus, genau sagen zu können, was ein deutsches Volk ausmacht, einen deutschen Staat und eine deutsche Kultur. In den Diskussionen um eine »europäische« oder »deutsche Leitkultur« Anfang der 2000er und dann wieder im Zuge des sog. Flüchtlingssommers 2015 fand dieser *totalitätsorientierte Kulturbegriff* ein neues Gewand (Hormel & Jording, 2016, S. 211 f.). Dieser Kulturbegriff basiert auf der Verdinglichung kulturell-homogener Gemeinschaften und versteht diese als voneinander abgrenzbare Entitäten.

Die Schwierigkeit dieser Kulturidee liegt zum einen darin, die Sozietät dem Individuum überzuordnen mit allen totalitären Folgen, die dies haben kann (z. B. das Individuum wie im Nationalsozialismus auszurotten, wenn es die Idee der Sozietät stört). Zum anderen wird übersehen, dass es die Individuen sind, deren soziale Interaktionen erst Gesellschaft konstruieren, freilich in Abhängigkeit und im Rückgriff auf gesellschaftlich vorhandene Semantiken. Drittens werden normative Setzungen, wie z. B. wer bestimmt, was eine deutsche Kultur ausmacht, nicht oder unzureichend thematisiert (Schambeck, 2017b, S. 252–257). Damit wird die Frage nach gesellschaftlichen Machtverhältnissen und deren Einschluss- und Ausschlussmechanismen nicht gestellt. Kultur wird zum Kampfinstrument, um vor der Überfremdung durch andere Kulturen zu warnen (s. die Agitationen der Neuen Rechten) und ein vermeintlich höherrangiges Wir von einem konstruierten weniger wertigen Ihr abzugrenzen.

Im Zuge des *cultural turn* in den 1970er Jahren rückten die Sozialwissenschaften von diesem totalitätsorientierten Kulturbegriff ab, dekonstruierten die Binarisierung des Kulturbegriffs, also die Bestimmung von Kultur über die Abgrenzung zur Natur oder zur Gesellschaft, und öffneten sich für einen *bedeutungsorientierten Kulturbegriff* (Reckwitz, 2001, S. 185). Kultur wird jetzt verstehbar als »Gesamtkomplex von Vorstellungen, Denkformen, Empfindungsweisen, Werten und Bedeutungen [...], der sich in Symbolsystemen materialisiert« (Nünning & Nünning, 2003, S. 6). Kultur wird nicht mehr als einheitliche Wissensordnung verstanden oder als ontologische Kategorie im Sinne, dass das soziale Sein von Individuen durch kulturelle Zugehörigkeiten bestimmt würde. Es wird vielmehr deutlich, dass Kultur eine verallgemeinerte Bezeichnung ist für die symbolische Seite sozialer Wirklichkeit und für Prozesse der Bedeutungskonstruktion in der Sozietät (Hormel & Jording, 2016, S. 213). Nicht mehr die Kugelmetapher hilft bei der Beschreibung von Kultur, sondern die Metaphorik von »Geflechten«, wie sie Clifford Geertz ins Spiel gebracht hat. Er versteht Kultur als Text, der »ein Bedeutungsgewebe von Symbolsystemen aus Religion, Ideologien, Kunst und Wissenschaft darstellt, das Sinn und Orientierung stiftet« (Mayer & Vanderheiden, 2014, S. 29) und trägt damit semiotische Verstehensweisen in den Kulturbegriff ein.

Varianten und Modellierungen dieses bedeutungsoffenen und semiotisch grundierten Kulturbegriffs sind die Multikulturalismus-Ansätze, der Transkulturalitäts-Ansatz von Wolfgang Welsch oder auch der im gewissen Sinn als Mischform von beiden zu verstehende Interkulturalitäts-Ansatz.

Charles Taylor und Will Kymlicka gelten als die Protagonisten des Multikulturalismus-Ansatzes. Hintergrund ihrer Überlegungen sind ihre Erfahrungen als Kanadier. Obwohl Kanada als Einwanderungsland Menschen aus anderen Regionen, Nationen und mit unterschiedlichen ethnischen Zugehörigkeiten immer offenstand, bestimmen nach wie vor Spannungen zwischen frankophoner Minderheit und anglophoner Mehrheit politische und alltägliche Praxen. Dies ließ Taylor und Kymlicka nach theoretischen und dann auch politischen Instrumenten suchen und den Multikulturalismus-Ansatz entwickeln. Im Rückgriff auf George Herbert Meads symbolischen Interaktionismus gehen beide davon aus, dass sich auch Gesellschaften nur in Bezug zum »signifikant Anderen« entwerfen (Taylor, 1993, S. 22). So sehr Taylor und Kymlicka darauf abzielen, Vielfalt und voneinander Unterschiedensein als Werte zu etablieren und für das Zusammenleben bzw. zumindest Miteinander- und Nebeneinanderleben unterschiedlicher Kulturen innerhalb von Gesellschaften zu werben, so transportieren sie trotzdem wieder das Herdersche Kugelprinzip mit all seinen Implikationen. Letztlich sprechen sie von einer Vervielfältigung monokultureller Gemeinschaften, die wiederum dinglich unterscheidbar und damit bestimmbar seien und zeichnen dem Multikulturalismus ontologische Kategorien ein.

In der (Religions-)Pädagogik hat dieser Ansatz dennoch für einen großen Schub gesorgt, insofern sich das Leitbild der »Anerkennung kultureller Vielfalt«

etablierte. Differenz – ob kulturelle oder religiöse – wird nun als Bereicherung lesbar oder dort, wo Differenz zu Konflikten führt, (religions-)pädagogisch bearbeitet. So sehr – wie eingangs schon gesagt – die Wertschätzung von Differenz zum besseren Umgang mit den Fragen führte, die SuS mit Migrationserfahrungen begleiten, so müssen sich diese Ansätze den Vorwurf gefallen lassen, Unterschiede oft erst künstlich zu konstruieren. Sie stehen damit in der Gefahr, der Versuchung des *Othering* zu erliegen, weil SuS sich selbst z. B. gar nicht mehr einer Religionsgemeinschaft und ihren Gepflogenheiten zuordnen (wollen); oder pädagogische Probleme latent zu kulturalisieren. Das passiert z. B., wenn man muslimischen SuS mit dem Vorurteil begegnet, dass sie sowieso größere Lernschwierigkeiten hätten und mit den schulischen Anforderungen nicht so gut zurechtkämen wie andere in der Klasse.

Diese Kritiken motivierten Wolfgang Welsch, eine »begriffliche Revision« anzustrengen, und den Aporien des Multikulturalismus mit seinem Transkulturalitäts-Ansatz zu entgehen. Er setzt bei der Hybridisierung von Kulturen an, in der binäre Unterscheidungen wie innen – außen, Eigenes – Fremdes ihre Bedeutung verlieren. Weil gar nicht klar sei, was jemand warum genauso tue und denke und nicht anders, misst Welsch kulturellen Austauschprozessen große Bedeutung bei. Dass ein Japaner den europäischen Freund zu einem typisch japanischen Essen einlädt und im Restaurant mit ihm am Tisch sitzt, mit Messer und Gabel den köstlichen Reis verspeist, deutet Welsch als Beispiel, dass sich heutige Kulturen überlagern und durchdringen und über nationalstaatliche Grenzen hinaus bewegen (Welsch, 2003, S. 22). Damit erreicht Welsch zwar eine Distanz zu ethnisch-nationalen Unterscheidungen und v. a. völkischen Ladungen des Kulturbegriffs, setzt aber die Homogenität und Einheitlichkeit von Kulturen dennoch implizit voraus; denn sonst könnten sie sich gar nicht vermischen und etwas Neues hervorbringen.

Interessant ist nun, dass er die diagnostizierten Unterschiede nicht mehr an Gruppen anlagert, sondern von den Individuen her denkt. Mit diesem Fokus auf das Individuum und dass es in erster Linie darum geht, dieses zum Sprechen zu bringen, macht Welsch einen Gedanken stark, der in den neuesten Differenztheorien zum Dreh- und Angelpunkt wird (Mecheril & Seukwa, 2006, S. 8–13). In der Religionspädagogik hat der Transkulturalitäts-Ansatz von Welsch v. a. in Studien zur interreligiösen Kompetenz Beachtung gefunden (Schambeck, 2013, S. 133 f.). Mit seiner Konzentration auf das Subjekt erlaubt er, interreligiöse Lernprozesse nicht mehr nur abstrakt von »den Religionen« her zu denken, sondern ausgehend von den Einstellungen und Konzepten der Subjekte zu entwerfen. Dies ist auch eines der wichtigsten Prinzipien der dritten Denkungsart in den Kulturtheorien.

Bevor diese dargelegt wird, soll aber die Interkulturalitäts-Variante noch kurz erläutert werden. Obwohl sie die am wenigsten definierte ist – Földes spricht davon, dass wir »nicht genau [wissen], was ›Interkulturalität‹ eigentlich ist oder sein soll« (Földes, 2009, S. 510) –, gilt sie heute v. a. in der (Religions-)Pädagogik als der Ansatz, der am deutlichsten die Kategorie *Diversity*/ Heterogenität aufgreift und in (religions-)pädagogische Konzeptbildung einspeist (Tuhcic, 2012, S. 129–140). In den Kulturwissenschaften dagegen begegnet man dem Interkulturalitäts-Ansatz eher mit Skepsis (Mayer & Vanderheiden, 2014, S. 30 f.). Das liegt daran, dass er wie der Multikulturalismus- und Transkulturalitäts-Ansatz Vielfalt zwar betont und auch unterstreicht, dass es sich um dynamische und nicht statische Prozesse handelt. Kulturen werden aber letztlich als dinglich bestimmt und wie eine aus der Umwelt herausdestillierbare Substanz vorausgesetzt.

Aufgrund der vielfachen Kritik, die den »Trennungsstrich-Ansätzen« (multi-, trans-, inter-) entgegengebracht wurde, etablierte sich in zeitgenössischen Debatten deshalb eine dritte Denkungsart in den Kulturtheorien neben einem *primordialen totalitären Kulturbegriff* und dem *konstruktivistischen bedeutungsoffenen.* Vertreterinnen und Vertreter sind z. B. Paul Mecheril, Ulrike Hormel oder Judith Jordan u. a. Anliegen dieses Ansatzes ist es herauszustellen, dass ausgemachte Differenzen immer *vom Standpunkt des Beobachtenden abhängen* und keinesfalls objektiv – im Sinne von kontext- und interesselos – identifizierbar sind. D. h., dass Positionierungen, zugeordnete oder selbst gewählte Standpunkte bei der Bestimmung von Differenz genauso eine Rolle spielen wie Machtverhältnisse, die Standpunkte ermöglichen oder auch verwehren. Damit spielen die Kategorien Zugehörigkeit bzw. Zugehörigkeitsverhältnisse eine Rolle, die Selbst- und Fremdverstehen ermöglichen, sowie als deren Kehrseite Anerkennungsprozesse (Mecheril & Seukwa, 2006, S. 9 f.; Schambeck, 2017c, S. 120–129) und Teilhabeformen (Lindner, 2018, S. 190 f.).

Unterscheidungsmerkmale wie z. B., ob man es als »normal« empfindet, bei der Begrüßung die Hand zu geben oder sich mit dem Namaste-Gruß voreinander zu verneigen, werden als Konstruktion des Beobachtenden erkennbar, die dem Beobachteten selbst ganz äußerlich bleiben kann (Radtke, 2011, S. 48). Mit anderen Worten wird das Unterschiedene nicht mehr aus vermeintlichen Merkmalen der Individuen destilliert, sondern als *beobachterabhängige Konstruktion* verstanden. Gerade diese semiotisch grundierte und den Beobachtenden gewichtende Verstehensweise von Kultur/Kulturalität hat für ethische Bildung im Religionsunterricht eine wichtige Bedeutung. Mit ihr gelingt es, Diversität als selbstverständliche Weise zu lesen, wie sich Individuen und dann auch Gesellschaften konstruieren und beschreiben sowie noch spezifischer, wie man

Kindern und Jugendlichen mit Migrationserfahrungen (pädagogisch) gerecht werden kann, ohne der Gefahr des *Othering* zu erliegen.

3. Didaktische Perspektiven

3.1 Didaktische Orientierungen

Schließt man sich der semiotisch grundierten und auf den Status des Beobachters fokussierenden (Inter-)Kulturalitätstheorie bzw. Differenztheorie an, dann ergibt sich eine ganze Palette an Bildungszielen. Als wichtigste, die zudem eng miteinander verwoben sind, kristallisieren sich heraus: Kinder und Jugendliche zu befähigen, unterschiedlichste kulturbezogene Settings a) dechiffrieren, also deren Beobachtungsabhängigkeit wahrnehmen zu können. Hier geht es darum, sich überhaupt bewusst zu machen, von welchem Standpunkt aus man spricht, ob als Person of Colour oder als weiß Gelesene/r, ob als Frau oder Mann oder transgender etc. Sich des eigenen Sprecherstatus bewusst zu werden, heißt auch, die eigenen Privilegien, Vor- oder Nachteile zu kennen und damit deutlicher um Macht- und Ohnmachtsverhältnisse zu wissen. Als weiteres Bildungsziel ergibt sich, b) diese (inter-)kulturellen Verwobenheiten zu verstehen, also die Geschichte und Geschichten zu kennen, die zum eigenen Sprecherstatus führten und Unrechts- oder auch Emanzipationserzählungen umfassen. Diese gilt es schließlich, c) beurteilen zu können, um sich selbst darin und dazu zu positionieren, um so auch d) handlungsfähig zu werden. Das bedeutet, sein eigenes Leben im Austausch mit anderen und deren Welten zu gestalten und als sinnvoll zu erleben. Mit anderen Worten geht es darum, sowohl teilhabefähig an (Inter-)Kulturalität zu werden als auch gestaltungsfähig (vgl. Lindner, 2018, S. 190).

3.2 Didaktische Konkretisierungen

Ohne die Umsetzung dieser Kompetenzanforderungen im Einzelnen zu veranschaulichen, sollen an dieser Stelle didaktische Wege aufgezeigt werden, Kinder und Jugendliche zu befähigen, mit interkulturellen Codierungen umzugehen und sie selbst so zu gestalten, dass sie der Würde, selbstbestimmten Zugehörigkeit und Anerkennung von Menschen dienen.

In den *cultural studies* und dann auch in der Religionspädagogik hat sich mehr und mehr der Weg des *story telling* etabliert. Im Grunde geht es hier darum, Menschen Räume und Zeiten zu eröffnen, sich selbst zu erzählen (Schambeck, 2016, S. 52). Die Subjekte selbst sind es, die darüber erzählen, was ihnen wichtig ist, was sie in den Vordergrund rücken wollen, was ihnen aber auch als unwichtig gilt oder ausgespart bleiben soll. Damit entscheidet kein anderer, auch keine mächtigere Lehrkraftposition, wer erzählt und was erzählt wird. Vielmehr verschmelzen die Subjekte selbst mit dem Beobachtenden und bestimmen den Standpunkt und den Inhalt des Erzählens. Gerade in kultursensiblen Bildungskontexten und religiös aufgeladenen Gruppenzusammenstellungen hilft das *story telling,* unlautere Machtpositionen von vornherein abzumildern. Es öffnet Räume, um die Geschichten der Einzelnen zum Klingen zu bringen und vermittelt allein durch das Erzählen und Gehört-Werden Würde und Anerkennung. Aussagekräftige Beispiele finden sich beispielsweise auf der Homepage der Mönchbergschule Würzburg. Diese Schule besuchen viele SuS mit Migrations- und Fluchterfahrungen. Gerade deshalb legt das Bildungskonzept dieser Schule ein großes Augenmerk darauf, die Geschichten der SuS als wichtigsten Teil der Geschichte der Schulfamilie zur Geltung zu bringen.[1]

Ein anderer, in der Schule schon lange geübter Weg ist es, über Artefakte, die bestimmten Religionen und natio-ethno-kulturellen Zusammenhängen zugeordnet werden, ins kritische Gespräch zu kommen. Was verbirgt sich z. B. hinter der in Schulbüchern weithin verbreiteten Darstellung des Judentums über Symbole, die nur im äußerst orthodoxen Judentum gepflegt werden? Warum wird jüdisches Leben abgebildet über Fotos von kleinen Jungen, die Stirnlocken tragen, von jüdischen Männern mit mächtigem Vollbart und jüdischen Frauen mit langen Kleidern und Perücken? Erzählen sich so auch jüdische Jugendliche in Deutschland, selbst wenn ihnen ihre Religionszugehörigkeit viel bedeutet? Die Dokumentation *»Hey, ich bin Jude!«*[2] ist ein gutes Beispiel, kritisch über von außen herangetragene Zuschreibungen zu reflektieren, sie in ihrer Stereotypie oder auch Klischeehaftigkeit zu dechiffrieren und an deren Stelle Eigenerzählungen jüdischer Jugendlicher zu setzen.

Das Anliegen, kultursensible Bildung in der Schule zu etablieren, ist dabei nicht nur einem einzigen Schulfach wie dem Religionsunterricht anvertraut, sondern durchzieht wie z. B. im Bildungsplan 2016 Baden-Württemberg, Allgemeinbildende Gymnasien, Katholische Religionslehre, als Leitperspektive BTV (Bildung für Toleranz und Vielfalt) alle Schulfächer und alle Zugänge zu schulischen Bildungsthemen.

Damit wird erneut deutlich, dass interkulturelle Bildung und die Auseinandersetzung mit Heimat nicht einem nostalgischen Idyll das Wort reden

---

1 Vgl. http://www.moenchbergschule.de/schulleben/videos (Zugriff: 25.01.2021).

2 Vgl. Hey, ich bin Jude. Jung. Jüdisch. Deutsch, ein Film von Jan Tenhaven, ausgestrahlt im ZDF am 09.11.2020.

(Costadura et al., 2019, S. 12 ff.). (Inter-)kulturell sensible Bildung sucht vielmehr danach, SuS in einer religionspluralen und kulturell vielfältigen Welt zu befähigen, kulturelle Codierungen lesen, verstehen und beurteilen zu können, um sie so zu gestalten, dass die Würde und Anerkennung aller zum Maßstab des Urteilens und Handelns wird.

4. Literatur

Auernheimer, G. (2016): Einführung in die interkulturelle Pädagogik. Darmstadt: WBG.

Bielefeld, U. (2003): Nation und Gesellschaft. Selbstthematisierungen in Deutschland und Frankreich. Hamburg: Hamburger Edition.

Costadura, E./Ries, K./Wiesenfeldt, C. (2019): Heimat global: Einleitung. In E. Costadura/K. Ries/C. Wiesenfeldt (Hg.): Heimat global: Modelle, Praxen und Medien der Heimatkonstruktion (S. 11–45). Bielefeld: transcript.

Földes, C. (2009): Black Box »Interkulturalität«. Die unbekannte Bekannte (nicht nur) für Deutsch als Fremd-/Zweitsprache. Rückblick, Kontexte und Ausblick. Wirkendes Wort 59 (2009) H. 3, S. 503–525.

Gogolin, I./Krüger-Potratz, M. (2020): Einführung in die interkulturelle Pädagogik. Geschichte, Theorie und Diskurse, Forschung und Studium (3. Aufl.). Opladen/Toronto: Verlag Barbara Budrich.

Herder, J. G./Bollacher, M. (Hg.) (1989/1784): Ideen zur Philosophie der Geschichte der Menschheit. Werke Bd. 6. Frankfurt a. M.: Dt. Klassiker-Verlag.

Höhn, H-J. (2019): Identität und Heimat: Schlaglichter auf eine prekäre Beziehung. Ökumenische Rundschau 68 (2019), S. 309–318.

Hormel, U./Jording, J. (2016): Kultur/Nation. In P. Mecheril/V. Kourabas/M. Rangger (Hg.): Handbuch Migrationspädagogik (S. 211–226). Weinheim/Basel: Beltz.

Mayer, C./Vanderheiden, E. (2014): Grundlagentexte: Begriffe und Konzepte im Kontext interkultureller Öffnung. In E. Vanderheiden (Hg.): Handbuch Interkulturelle Öffnung. Grundlagen, Best Practice, Tools (S. 27–67). Göttingen: Vandenhoeck & Ruprecht.

Lindner, K. (2018): Der Beitrag des Religionsunterrichts zu kulturbezogener Bildung. Einordnungen und Perspektiven. In A. Hlukhovych/B. Bauer/K. Beuter/K. Lindner/S. Vogt (Hg.): Kultur und kulturelle Bildung. Interdisziplinäre Verortungen – Lehrerinnen- und Lehrerbildung – Perspektiven für die Schule (S. 185–207). Bamberg: Zentrum für Lehrerinnen- und Lehrerbildung Bamberg (ZLB).

Luhmann, N. (1999): Kultur als historischer Begriff. In Ders.: Gesellschaftsstruktur und Semantik. Studien zur Wissenssoziologie der modernen Gesellschaft. Bd. 4 (S. 31–54). Frankfurt a. M.: Suhrkamp.

Mecheril, P./Seukwa, L. H. (2006): Transkulturalität als Bildungsziel? Skeptische Bemerkungen. ZEP 29 (2006) H. 4, S. 8–13.

Nieke, W. (2008): Interkulturelle Erziehung und Bildung. Weltorientierungen im Alltag (3. Aufl.). Wiesbaden: VS Verlag für Sozialwissenschaften.

Nünning, V./Nünning, A. (2003): Kulturwissenschaften. Eine multiperspektivische Einführung in einen interdisziplinären Diskussionszusammenhang. In V. Nünning/A. Nünning (Hg.): Konzepte der Kulturwissenschaften. Theoretische Grundlagen – Ansätze – Perspektiven (S. 1–18). Stuttgart/Weimar: Metzler.

Radtke, F.-O. (2011): Kulturen sprechen nicht. Die Politik grenzüberschreitender Dialoge. Hamburg: Hamburger Edition.

Reckwitz, A (2001): Multikulturalismustheorien und der Kulturbegriff. Berliner Journal für Soziologie, H. 11, 2001, S. 179–200.
Schambeck, M. (2013): Interreligiöse Kompetenz. Basiswissen für Studium, Ausbildung und Beruf. Göttingen: Vandenhoeck & Ruprecht.
Schambeck, M. (2017a): Unbehauste Heimat. Von der Sehnsucht anzukommen (= Franziskanische Akzente 15). Würzburg: Echter.
Schambeck, M. (2017b): Integration als Frage des Diskurses über Grundwerte? In Dies./S. Pemsel-Maier (Hg.): Welche Werte braucht die Welt? Wertebildung in christlicher und muslimischer Perspektive (S. 235–259). Freiburg i. Br. u. a.: Herder.
Schambeck, M. (2017c): Was religiöse Wertebildung zur Integration beitragen kann. Überlegungen aus der Religionspädagogik. In Dies./S. Pemsel-Maier (Hg.): Welche Werte braucht die Welt? Wertebildung in christlicher und muslimischer Perspektive (S. 118–138). Freiburg i. Br. u. a.: Herder.
Speck-Hamdan, A. (2003): Kulturelle Vielfalt als Herausforderung für die Grundschule. Zum Stand der interkulturellen Pädagogik. In Dies./H. Brüggelmann/M. Fölling-Albers/S. Richter (Hg.): Jahrbuch Grundschule IV. Fragen der Praxis – Befunde der Forschung (S. 12–45). Hannover: Grundschulverband-Arbeitskreis Grundschule.
Taylor, C. (1993): Multikulturalismus und die Politik der Anerkennung (2. Aufl.). Frankfurt a. M.: Fischer.
Tuhcic, A. (2012): Schule als Ort der interkulturellen und interreligiösen Begegnung. Das Unterrichtsprinzip Interkulturelles Lernen als Chance für den Dialog in der Schule. In F. Hafez/A. Shakir (Hg.): Religionsunterricht und säkularer Staat (S. 129–140). Berlin: Frank & Timme.
Welsch, W. (2003): Rolle und Veränderung der Religion im gegenwärtigen Übergang zu transkulturellen Gesellschaften. In D. C. Siedler (Hg.): Religionen in der Pluralität. Ihre Rolle in postmodernen transkulturellen Gesellschaften (S. 13–47). Berlin: Alektor-Verlag.

1. Lebensweltliche Perspektiven

In heutigen Gesellschaften sind Konflikte, verstanden als das Aufeinandertreffen widerstreitender Bedürfnisse, Interessen, Ziele und Werte von Menschen, ein fester Bestandteil der Lebenswelten von Heranwachsenden. Konflikte können als eine Grundform des Sozialen verstanden werden (Bonacker, 2004/2008, S. 11). Nicht immer lassen sie sich durch einen Konsens lösen. Häufig zeigt sich an Konflikten eine nicht auflösbare Multiperspektivität von Interessen und Positionen, die in einer Gesellschaft vertreten werden. Unter der Voraussetzung bleibender Differenz(en) verändert sich aber auch die Bedeutung von Konflikten für Bildungsprozesse. Die Beachtung und Thematisierung von Konflikten kann ein Schlüssel sein, die nicht aufzuhebende Multiperspektivität des Sozialen zu verstehen und den Umgang mit ihr einzuüben.

Kinder und Jugendliche erleben in den sozialen Bezügen ihrer Lebenswelten alltägliche Konflikte, in denen es um Selbst- und Fremdbilder und ihre soziale Geltung in Gruppen geht. In diesen Interaktionen werden häufig soziale Rangordnungen ausgehandelt, d.h. Positionen und Rollen zugewiesen und Handlungs(voll)macht verteilt. Die eingesetzten Mittel in diesen Wettbewerben um soziale Positionierung sind vielfältig und abhängig von Milieus. Sie reichen von Symbolen des materiellen Status, über körperdefinierte bis hin zu intellektuellen Ressourcen. Zu Konflikten des Aufwachsens sind auch Auseinandersetzungen mit Eltern und signifikanten Anderen zu zählen. Ihr zentrales Thema ist die Spannung von Autonomie/Freiheit und Bindung, mithin die Möglichkeit und Fähigkeit, als Person anerkannt zu werden, der zunehmend Räume gewährt werden, das eigene Leben selbstbestimmt gestalten zu können.

In der Auseinandersetzung mit Fragen der Gestaltung des eigenen Lebens und der Entwicklung eigener Orientierungen begegnen Heranwachsende auch moralisch-ethischen Fragen, die die eigene Existenz betreffen können und gesellschaftlich kontrovers diskutiert werden. Das sind – hochaktuell – ethische und politische Fragen rund um den Klimawandel, den Umgang mit Geflüchteten wie insgesamt den »Überflüssigen«, den Ausgegrenzten der modernen Gesellschaft (Bauman, 2005). Bleibend virulent sind die Themenbereiche Leben und Sterben, Sexualität und Beziehungen, Recht und Strafe (Sterbehilfe, Abtreibung, Ehe für alle, Todesstrafe). Sie beschäftigen Heranwachsende und verlangen nach eigenen Klärungen und Positionierungen. Kinder und Jugendliche erfahren, dass diese Positionierungen auch mit Lebensformen (Jaeggi, 2013) zusammenhängen, um deren Anerkennung und Geltung in der Gesellschaft gerungen wird. Die Heranwachsenden entdecken die Vielfalt von Lebensformen und politischen bzw. ethischen Positionierungen und die Konflikte, die aus ihnen entstehen.

In der Unübersichtlichkeit ethischer Optionenvielfalt steigt das Gefühl der Kontingenz von Positionen. Bestätigungen und Identifikationen werden in sozial homogenen Gruppen gesucht, die sich anderen Perspektiven nicht mehr aussetzen. Angesichts der Unentscheidbarkeit von Konflikten besteht die Gefahr einer Gleichgültigkeit gegenüber gesellschaftlichen Fragen, des Rückzuges in überschaubare konfliktfreie Räume und die Konzentration auf das eigene Leben. Gleichzeitig begegnen Heranwachsende in Freizeit und Schule oft genug Konflikten mit gesellschaftlich-politischen Implikationen. Ihre Lebenswelten sind von Vorurteilen, Diskriminierungen und offen feindlichen Praxen gegenüber Einzelnen und sozialen Gruppen durchzogen. Stigmatisierende Markierungen sind in allen strukturgebenden Dimensionen lebensformbezogener Vielfalt möglich: Auf den sozialen Status bezogene Abwertungen, rassistische Vorurteile, islamophobe oder antisemitische Einstellungen und entsprechendes Verhalten gehören zum Alltag in Schule und Lebenswelt (Kaddor, 2018; Bernstein, 2020). Sie kennzeichnen auf beunruhigende Weise die exkludierende und gewalttätige Seite der Auseinandersetzungen um die Anerkennung von Lebensformen. Ganz überwiegend sind diese Konflikte asymmetrisch strukturiert, weil die Konfliktbeteiligten unterschiedlich mit Ressourcen und Macht ausgestattet sind, Grenzen zu ziehen und über Zugehörigkeiten zu bestimmen.

Zusammenleben muss angesichts der Konfliktträchtigkeit des Sozialen und divergierender Wertepositionen konzipiert werden. Konsens ist aus der Anerkennung der Differenz von Positionen zu entwickeln. Dies setzt aufseiten aller Beteiligten Offenheit für Vielfalt, die Zurücknahme von Zuspitzung, Gespräch und wechselseitige Perspektivenübernahme voraus. Im Gang durch den Konflikt kann Gemeinsamkeit entstehen, nicht immer aber vollumfänglicher Konsens, sondern sehr häufig auch nur der »Kompromiss« (Körtner, 2010, S. 54). Zur Kultivierung des Konfliktes gehört auch die Einsicht, dass eine Symmetrie zwischen den Konfliktbeteiligten aufgrund struktureller Ungleichheiten nicht immer gegeben ist. Konsens in diesen Konflikten zu erwarten ist problematisch, wenn Machtverhältnisse nicht beachtet werden. Dies mahnt (religions-)pädagogische Arbeit zu einem reflexiven Umgang mit Konflikt und Konsens, der über die interaktive und lebensweltliche Dimension hinaus auch die gesellschaftliche beachtet.

2. Theologisch-ethische Perspektiven

»Ethische Konflikte sind heute immer auch Konflikte zwischen divergierenden Ethiken« (Körtner, 2010, S. 43). Die Frage nach dem guten und richtigen Handeln, aber auch nach den moralischen und religiösen Grundlagen von Lebensorientierungen ist angesichts von Pluralität kaum in einem gemeinsamen Fundament zu begründen. Die Kontextualität und Perspektivität von Orientierungen und ihren Begründungen scheint unausweichlich. In der pluralen Gesellschaft erhält der ethische Umgang mit Konflikten zwingend die Form eines Prozesses, ist »eine offene Suchbewegung« (Körtner, 2010, S. 54). Damit stehen auch theologisch begründete Ethiken vor der Aufgabe, die ihr zugrunde liegenden Normen und Werte in einer pluralen Situation verständlich, transparent und ohne Dominanzanspruch auszuweisen und sich auf einen immer auch strittigen Prozess ethischer Urteilsbildung einzulassen.

In theologischer und ethischer Perspektive geht es darum, die in religiösen Traditionen vorhandenen *semantischen Potenziale* (Habermas) für säkulare Kontexte zu übersetzen. Im Blick auf den Umgang mit Konflikten sind Deutungsfiguren, Begründungsansätze, aber auch Bilder und Narrative eines gewaltfreien Umgangs mit Konflikten und eines an Gerechtigkeit, Anerkennung und Vielfalt orientierten Zusammenlebens geduldig und beharrlich immer wieder in öffentliche gesellschaftliche Diskurse einzuspielen. Freilich sind diese Perspektiven an Voraussetzungen gebunden, die nicht allgemein geteilt werden müssen. Theologisch begründete Ethiken stehen wie jede andere Ethik in der Spannung von Universalität und Partikularität.

2.1 Konflikt in theologisch-anthropologischer Perspektive

In theologisch-anthropologischer Perspektive können Konflikte als Ausdruck der Entfremdung des Menschen vom Grund des Seins (Tillich 1978, Bd. II, S. 52) verstanden werden. Sie zeigen den Menschen im Widerstreit mit der eigenen inneren Natur, mit anderen Menschen und mit Gott. Konflikte sind Krisen im Umgang mit der eigenen Freiheit. Sie erwachsen aus dem Bemühen, sich selbst und die eigene Bedürfnisnatur zu erfassen, um Verfügungsmacht über das eigene Leben zu gewinnen. Sie entstehen im Versuch, die eigene Freiheit auf Kosten anderer zu erweitern. Die Krise im Umgang mit der eigenen Freiheit resultiert aus machtvoller Selbstbehauptung und der Steigerung dieser Verfügungsmacht, die sich gegen die Freiheit anderer und damit gegen die Voraussetzungen von Freiheit überhaupt richtet.

Theologisch betrachtet ist den Versuchen einer autonomen Befreiung aus diesen Verstrickungen eine Grenze gesetzt. Vielmehr zeigt sich in diesen Phänomenen die essenzielle Angewiesenheit von Menschen auf eine liebende Macht, die aus Strukturen machtförmiger und destruktiver Selbstbehauptung befreien kann.

In theologischer Perspektive kann der Konnex zwischen Konflikt und Sünde nur durch einen lösenden freisprechenden Akt Gottes, die Rechtfertigung des Sünders/der Sünderin aufgehoben werden. Der prinzipielle menschliche Makel und die Angewiesenheit auf göttliche Gnade können als ethische Sperre für subjektive Selbstdurchsetzung und die Verabsolutierung der eigenen Selbst- und Weltdeutung wirken. Die Erfahrung, trotz der Sündhaftigkeit des Daseins, von Gott unbedingt geliebt und anerkannt zu sein, konturiert eine spezifische Qualität von Freiheit bzw. Freiheitserfahrung. Freiheit besteht nicht nur in einem Tun. Sie kann auch ein Lassen begründen, das in der Erfahrung gründet, immer schon anerkannt zu sein (vgl. Körtner, 2010, S. 13 f.).

Gemeint ist mit der Deutungsfigur von der Rechtfertigung des Sünders/der Sünderin dann eine einseitige unbedingte Anerkennung, die vom Subjekt als bedingungslose Gabe von Freiheit erfahren wird und ihrerseits in einer Praxis der Anerkennung Anderer in ihrer Freiheit beantwortet wird. In dem Gedanken, dass das Subjekt sich selbst in Freiheit gegeben ist und Zusammenleben nur auf der Basis wechselseitiger Anerkennung dieser Freiheit möglich ist, wenn es sich nicht gegen die eigenen Voraussetzungen wenden will, liegt der normative Wert eines gewaltfreien Umgangs mit Konflikten. In den monotheistischen Religionen ist dieser Zusammenhang von Schöpfung und Freiheit auf unterschiedliche Weise konzeptualisiert worden. Auch nichttheistische Religionen wie der Buddhismus denken das Subjekt aus der Erfahrung intersubjektiver Bezogenheit (wechselseitige Abhängigkeit) und begründen aus dieser Figur ethische Konzepte von Achtsamkeit und Mitgefühl (Roloff, 2015). Ethische Orientierungen, die die egozentrische Verabsolutierung des Subjekts von dem/der Anderen her dezentrieren, können in gegenwärtigen Konflikten orientierendes Potenzial entfalten.

2.2 Theologische und ethische Perspektiven der Konfliktbearbeitung

Aus theologischer und ethischer Perspektive kommt es darauf an, gewaltförmige Zuspitzungen von Konflikten zu verhindern, zugleich aber auch die in Konflikten manifest werdenden strukturellen und gesellschaftlich-politischen

Fragen zu bearbeiten. Theologische und ethische Perspektiven der Konfliktbewältigung richten sich auf den normativen Horizont eines gewaltfreien und friedlichen Zusammenlebens (Enns & Weiße, 2016). Religiöse Traditionen übersehen die Konfliktträchtigkeit menschlicher Existenz und menschlichen Zusammenlebens nicht. Zugleich können Religionen selbst ein Gewaltpotenzial in sich tragen oder aber für die Legitimierung von Konflikten in Anspruch genommen werden, deren Ursprung eher gesellschaftlich und politisch ist. Religionen werden zudem von Menschen und von verschiedenen Gruppen unterschiedlich gedeutet und praktiziert. Eine Verkürzung von Religionen auf das ihnen innewohnende Gewaltpotenzial käme einer »halbierten Religion« (Hasenclever, 2016) gleich, weil Religionen auch ganz wesentlich von Geschichten, Symbolen und Botschaften der Unterbrechung von Gewalt, der konstruktiven Konfliktbearbeitung, des gelingenden Zusammenlebens und des Friedens bestimmt sind. Gerade angesichts der Tatsache, dass Religion bzw. Religionen als Konfliktfaktor in gesellschaftlichen und globalen Auseinandersetzungen eine zunehmend große Rolle spielen, sollten Motive und Argumente gestärkt werden, die für den unbedingten Respekt und die Anerkennung von Menschen sprechen und die Perspektive eines Zusammenlebens in Vielfalt unterstützen.

Die Bibel zeichnet ein realistisches Bild von Menschen und ihren sozialen Zusammenhängen, in denen Konflikte eine Grundgegebenheit des Zusammenlebens sind (Gen 4; Gen 27; Gen 30, 31,37–50). In die biblischen Texte selbst haben sich historische Kontexte von Krieg und Gewalt, von sozialen und religiösen Konflikten eingeschrieben. Kennzeichnend ist, dass sich der biblische Gott in diesen Konflikten weder indifferent noch neutral verhält, sondern sich selbst in Zorn, Gerechtigkeit und Barmherzigkeit einmischt und Partei ergreift, sodass bei den unter Konflikten Leidenden Hoffnung wachsen kann (Ex 1–15). Ein wichtiges Motiv der Hebräischen Bibel ist, dass die Konfliktträchtigkeit und Gewaltförmigkeit menschlichen Zusammenlebens nicht das letzte Wort sind, sondern in eine umfassende Friedensperspektive gestellt werden, die an die Verheißung des Schalom Gottes gebunden ist (Micha 4,1–4; Jes. 11,1–16). Dieser Friede meint Wohlergehen in einem umfassenden Sinne: Er bezieht sich auf den/die Einzelne/n und die Gemeinschaft und meint einen heilsamen und achtsamen Umgang mit sich selbst, mit anderen und der Natur. Er ist mit einer Gesellschaft, einem Gemeinwesen verbunden, in der Gerechtigkeit die Voraussetzung für den friedlichen Umgang miteinander ist und jede/r Einzelne durch aktives und gerechtes Sozialverhalten den Zusammenhalt der Gemeinschaft sicherstellt. Die Perspektive einer solidarischen und gerechten Gesellschaft wird also zum Maßstab für eine Kritik von konflikthafter Gewalt. Auf dieser Gemeinschaft liegt der Schalom Gottes, wenn noch der/die Letzte, der/die Fernste, der/die Ärmste und der/die Schutzloseste nicht verloren geht (Lev 19,11–18; 25,2–7; 35–38).

In der Reich-Gottes-Botschaft Jesu wird diese Schalom-Vision aufgenommen und in Verheißungen konkretisiert, die mit Vorrang denen gelten, die unter gesellschaftlichen Gewaltverhältnissen, Erniedrigungen und Ungerechtigkeit leiden. Es werden die Armen, die Friedfertigen, die Schalomsuchenden, die kleinen Leute in dem Wohlergehen leben, das von Gott kommt (Mt 5,3–11). Die gewaltlose Antwort auf Konflikt und Gewalt schreibt die Tradition der Tora fort (Mt 5,21–26). Sie lautet zusammengefasst: Wehret den Anfängen! Achtet, dass kein Anfang entsteht, der dem Schalom schadet. Die Forderungen dieser »Theopolitik der kleinen Schritte« (Lapide, 1982, S. 40) sind zwar ungewöhnlich und anspruchsvoll, aber konkret und umsetzbar: Die Einigung der Gegner und Gegnerinnen auf Augenhöhe, der einseitige Rechtsverzicht, Entschärfung von Konfrontation, Nachgiebigkeit, Schrumpfung von Konflikten und Übererfüllung dessen, was der/die Andere für sich erwartet. Vielleicht macht gerade die radikalste Auslegung der Tora-Worte (Mt. 5,39) den gesamten Geist dieser Konfliktethik deutlich: Sich des ersten Schlags zu erwehren, indem man den zweiten Schlag durch Blick in das Antlitz des Feindes/der Feindin und Hinwendung des eigenen Antlitzes aktiv erwartet – ein »wortloser Appell an die Menschlichkeit des Gegners« (Lapide, 1982, S. 126). Er ist Mensch – Dir gleich! In diesem Licht wird in den Evangelien von einer Praxis Jesu erzählt, die Konflikten nicht ausweicht, sondern sie in zeichenhaften, symbolischen Praxen benennt und auch in Gesprächen mit den Gegnern und Gegnerinnen den Gegenstand des Widerstreits klar bezeichnet (Mk 2,23–28; 3,1–6; 10,2–12). Die kommunikative Praxis führt nicht zum Abbruch des Gesprächs und zu gewalttätiger Zuspitzung. Vielmehr lässt sie sich als eine Kommunikation beschreiben, die noch in einer Situation schärfster Differenz eine Brücke baut und versucht, zu einer gemeinsamen Interpretation der Wirklichkeit zu kommen. Charakteristisch für diese Praxis ist auch, dass die Asymmetrie der Machtverhältnisse umgekehrt wird (Mk 10,35–45). Die Forderung einer Inversion der Macht zur Eindämmung von Konflikten richtet sich gerade an diejenigen, die Macht und Rang beanspruchen: Der Dienst an den machtlosen Anderen ist Voraussetzung für ein gutes Zusammenleben.

Praxen der Gewaltlosigkeit finden sich in anderen religiösen Traditionen und zeugen – neben ihrer Gewalt- und Konfliktträchtigkeit – von ihrem Friedenspotenzial (Haußmann et al., 2005). Die religiöse bzw. theologische Dimension von Gewaltverzicht muss sich gerade in Situationen des äußersten Konfliktes bewähren, in denen eine Einigung nicht möglich ist und die Frage entsteht, wie an der Anerkennung des Gegners/der Gegnerin auch einseitig festgehalten werden kann, wenn die eigene Anerkennung bedroht ist. Eine Pragmatik des gewaltlosen Umgangs mit Konflikten kann in diesen Grenzfällen ihre Motivation nicht mehr aus den Ressourcen wechselseitiger Anerkennung entwickeln. Es zeigt sich, dass die Haltung eines gewaltfreien Umgangs aus einer Überzeugung von der Verbundenheit des Menschen mit dem Menschen wächst, die über die konkrete Situation hinausgreift und riskiert, widerlegt zu werden. Die Praxis der Gewaltlosigkeit schließt dann das Risiko der eigenen Verletzbarkeit ein und nimmt es bewusst in Kauf.

3. Didaktische Perspektiven

3.1 Didaktische Orientierungen

Schulen sind von Heterogenität und Perspektivenvielfalt bestimmte Lernorte, an denen vielfach Konflikte auftreten, aber nicht immer produktiv bearbeitet werden. Es ginge darum, Konflikte als Bildungsgegenstand zu begreifen und den Umgang mit Konflikten einzuüben und sogar zu kultivieren. Noch zu selten werden Schulen als Foren partizipativer ziviler Konfliktbearbeitung und der Bildung für ein demokratisches Zusammenleben genutzt. Praktisch erprobte Konzepte hierzu liegen u. a. mit den »just community«-Schulen nach Lawrence Kohlberg (1986) oder dem *Schülergericht* in der Pädagogik Janusz Korczaks (1967/2008) vor. Hier lernen Schülerinnen und Schüler (SuS) an echten Konflikten basale Fähigkeiten und Fertigkeiten demokratischer Willensbildung und Entscheidung sowie soziale, personale und handlungsbezogene Kompetenzen. Sie lernen, ihre Standpunkte argumentativ zu vertreten, andere Positionen zu respektieren, gegensätzliche Interessen in gemeinsam verantwortete Entscheidungen zu integrieren, in Konflikten zu einem Ausgleich zu kommen, aber auch bei Verstößen faire und gerechte Urteile zu fällen. Auf diese Weise können Konflikte zu einem zentralen Element des Demokratielernens werden. Es gibt eine umfangreiche praxisorientierte Literatur mit Bausteinen und Methoden für Konfliktbearbeitung und Streitschlichtung (vgl. exemplarisch Faller, Kerntke & Wackmann, 1996). Diese Konzepte setzen auf das Postulat der Unvertretbarkeit des Subjektes in Konflikten und achten auf die Balance zwischen Selbstachtung und Wertschätzung anderer. Sie basieren auf Ansätzen und Methoden der Peer-Group-Education, setzen auf dialogische Verfahren und performativ-darstellerische sowie visualisierende Methoden der Konfliktbearbeitung. Die pädagogische Konfliktbearbeitung läuft über die Analyse von Ursachen und Vorgeschichte, von Zielen, Interessen und Konfliktverläufen zur Erarbeitung von Lösungen. Vielfach wird zur Analyse von Konflikten das »Eisberg-Modell« (Besemer, 1993) eingesetzt, das die vielschichtigen (unter der Oberfläche verborgenen) Hintergründe und strukturellen Bedingungen von Konflikten aufzeigen kann.

3.2 Didaktische Konkretisierungen

Im Unterricht folgt die Thematisierung von Konflikten – entwicklungspsychologisch begründet – überwiegend der Logik einer stufenweisen Ausdehnung der Konfliktbereiche. Stehen in der Grundschule Konflikte im Nahbereich von Familien und Freundeskreisen als Bearbeitungsbeispiele im Vordergrund, erfolgt in der Sekundarstufe eine Wendung auf gesellschaftliche Konfliktfelder. Konflikte als Indikatoren gesellschaftlicher Widersprüche und globaler Ungleichheiten in ihrer strukturellen und politischen Dimension zu begreifen, ist ein wichtiges Ziel, damit Konfliktbearbeitung nicht auf soziales Lernen reduziert wird. In vielen Religionsbüchern für die Grundschule wird am Beispiel von Familien- und Freundeskonflikten konstruktive Konfliktlösung eingeübt. In der Auseinandersetzung mit diesen Beispielen werden die sozialen Kompetenzen der SuS gefördert: Sie lernen, sich in Andere einzufühlen, den sachlichen Anteil von Konflikten zu erkennen und Argumente sachgerecht einzusetzen. Die SuS lernen Lösungsmodelle (wie z. B. den Familienrat, Verfahren der Streitschlichtung) kennen und üben an Beispielen aus dem eigenen Erfahrungsbereich Kompetenzen der Konfliktbearbeitung ein. Üblich ist auch der Bezug auf Beispiele aus religiösen Traditionen – der biblische Bezug auf Friedensworte (Micha 4,1–4) und Hoffnungsbilder (Jes 11,6–8) oder auf die sog. »Goldene Regel« (Mt 7,12; Lk 6,31).

Die didaktische Thematisierung moralisch-ethischer Konflikte aus der Perspektive verschiedener Religionen beschränkt sich gegenwärtig auf kursorische Überblicke (z. B. Hausotter, 2014). Eine Ausnahme bilden Materialien der Stiftung Weltethos (Schlensog & Lange, 2008) – auch unter Einbezug ethischer Grundlagen des Zusammenlebens. Ethische Fragen thematisieren die im Hamburger Kontext entwickelten Materialien zum interreligiösen, dialogischen Lernen – hier vor allem das von Braunmühl et al. (2020) entwickelte Heft zu Traditionen von Menschlichkeit, in dem SuS an Geschichten und Beispielen erarbeiten, wie Religionskundige aus Judentum, Christentum, Islam, Alevitentum, Hinduismus und Buddhismus ihre Religionen als Traditionen der Mitmenschlichkeit interpretieren. Auch in interkulturellen und interreligiösen Ansätzen der Friedensbildung (grundsätzlich Haußmann et al., 2005) wird an konkreten Themen und Anlässen der Zusammenhang von Frieden und sozialer Gerechtigkeit betont und in einer gerechten wirtschaftlichen Entwicklung, in Demokratie, Beachtung von Menschenrechten und einer nachhaltigen Bewahrung der Umwelt der Schlüssel für eine Eindämmung von Konflikten gesehen (exemplarisch Brahms, 2019).

Als besonderes Beispiel kann hier das von Gordon Mitchell entwickelte *Art-Peace-Projekt* genannt werden, in dem ästhetische, performative und narrative Methoden in der Tradition der *progressive education* John Deweys und der Befreiungspädagogik Paulo Freires eingesetzt werden, um Schlüsselthemen struktureller Gewalterfahrung in der Lebenswirklichkeit Studierender in gemeinsamen Lernprozessen zu bearbeiten (Mitchell, 2017) – ein Ansatz, der sich auch für die Arbeit in der Schule eignet. Ebenso können erfahrungs- und aneignungsorientierte Zugänge zur Arbeit mit Texten religiöser Überlieferungen im Sinne der friedenspädagogisch motivierten Bibeldidaktik Ingo Baldermanns (1983), die religionspädagogische Arbeit mit Vorbildern und Alltagsheldinnen und -helden gewaltfreier Konfliktbearbeitung (Mendl, 2015) sowie der Ansatz bei der Wirkungsgeschichte von *Konflikttexten* (z. B. Mt 5,38 ff. im Kontext von Frieden und Gewaltfreiheit), wie er im problemorientierten Religionsunterricht praktiziert wurde, genannt werden (Becker, Berg & Petzold, 1973; vgl. dazu Knauth, 2003, S. 280–282). Alle Ansätze zielen darauf, dass SuS erfahrungsorientiert an Beispielen aus den religiösen und nichtreligiösen Menschheitstraditionen eigene Kriterien zur Beurteilung von Konflikten und Maßstäbe für ein gutes (Zusammen-)Leben entwickeln. Über die den Positionen zugrunde liegenden ethischen und religiösen Orientierungen in das Gespräch zu kommen und ihre Tragfähigkeit für das Zusammenleben zu prüfen, sollte wesentliches Ziel religiöser und ethischer Bildung sein.

4. Literatur

Baldermann, I. (1983): Der Gott des Friedens und die Götter der Macht. Neukirchen-Vluyn: Neukirchener Verlag.

Bauman, Z. (2005): Verworfenes Leben. Die Ausgegrenzten der Moderne. Hamburg: Hamburger Edition.

Becker, U./Berg, H. K./Petzold, K. (1973): Theologie und Didaktik – am Beispiel der Bergpredigt. ru. Zeitschrift für die Praxis des Religionsunterrichts, 3, (1), S. 10–32.

Bernstein, J. (2020): Antisemitismus an Schulen in Deutschland. Befunde – Analysen – Handlungsoptionen. Weinheim: Beltz Juventa.

Besemer, C. (1993): Mediation, Vermittlung in Konflikten. Königsfeld: Stiftung Gewaltfreies Leben.

Bonacker, T. (2008): Sozialwissenschaftliche Konflikttheorien. Einleitung und Überblick. In Ders. (Hg.): Sozialwissenschaftliche Konflikttheorien. Eine Einführung (4. Aufl., S. 9–29). Wiesbaden: VS Verlag für Sozialwissenschaften.

Brahms, R. (2019): Aus Gottes Frieden leben. Für gerechten Frieden sorgen. Evangelische Landeskirche Württemberg.

Braunmühl, S./Eckstein, K./Gloy, A. (2020): Pfade zur Menschlichkeit. Unterrichtsmaterialien 3.–6. Schuljahr (Interreligiös-dialogisches Lernen). Berlin: Cornelsen.
Enns, F./Weiße, W. (Hg.) (2016): Gewaltfreiheit und Gewalt in den Religionen. Politische und theologische Herausforderungen. Münster/New York: Waxmann.
Faller, K./Kerntke, W./Wackmann, M. (1996): Konflikte selber lösen. Ein Trainingshandbuch für Mediation und Konfliktmanagement in Schule und Jugendarbeit. Mülheim: Verlag an der Ruhr.
Hausotter, A. (2014). Moralisch-ethische Konflikte. Antworten der Weltreligionen. Materialien zu den Positionen von Christen, Juden und Muslimen (7.–10. Klasse) (2. Aufl.). Donauwörth: Auer.
Haußmann, W./Biener, H./Hock, W./Mokrosch, R. (2005): Handbuch Friedenserziehung. Gütersloh: Gütersloher Verlagshaus.
Hasenclever, A. (2015): Den Himmel trifft keine Schuld. Halbierte Religion als Eskalations- und Gewaltursache. In V. Bock/J. J. Frühbauer/A. Küppers/C. Sturm (Hg.): Christliche Friedensethik vor den Herausforderungen des 21. Jahrhunderts (Studien zur Friedensethik, Bd. 51) (S. 87–112). Baden-Baden: Nomos.
Jaeggi, R. (2013): Kritik von Lebensformen. Frankfurt a. M.: Suhrkamp.
Kaddor, L. (2018): »... man denkt immer sofort an Islamismus.« Islamfeindlichkeit im Jugendalter. Hrsg. von der AG Migrations- und Ungleichheitsforschung der Universität Duisburg-Essen. Essen.
Knauth, T. (2003): Problemorientierter Religionsunterricht. Eine kritische Rekonstruktion. Göttingen: Vandenhoeck & Ruprecht.
Körtner, U. H. J. (2010): Freiheit und Verantwortung. Studien zur Grundlegung theologischer Ethik (2. überarbeitete und erweiterte Aufl.). Fribourg: Paulusverlag.
Kohlberg, L. (1986): Der »Just-Community«-Ansatz der Moralerziehung in Theorie und Praxis. In F. Oster/R. Fatke/O. Höffe (Hg.): Transformation und Entwicklung. Grundlagen der Moralerziehung (21–55). Frankfurt a. M.: Suhrkamp.
Korczak, J. (2008): Wie man ein Kind lieben soll. Hrsg. (14. Aufl.). Göttingen: Vandenhoeck & Ruprecht.
Lapide, P. (1982): Die Bergpredigt. Utopie oder Programm. Mainz: Patmos.
Mendl, H. (2015): Modelle – Vorbilder – Leitfiguren. Lernen an außergewöhnlichen Biografien. Stuttgart: Kohlhammer.
Mitchell, G. (2017): »Storytelling«. In Zeiten von Krieg und Terror denken lernen. In D. Salomon/J.-T. Springer/A. Wischmann (Hg.): Pädagogik in Zeiten von Krieg und Terror (Jahrbuch für Pädagogik) (S. 257–268). Frankfurt a. M.: Peter Lang.
Roloff, C. (2015): Menschenrechte im Buddhismus im Spannungsfeld zwischen Religionsfreiheit und Geschlechtergerechtigkeit. In K. Amirpur/W. Weiße (Hg.): Religionen – Dialog – Gesellschaft – Analysen zur gegenwärtigen Situation und Impulse für eine dialogische Theologie (S. 207–232). Münster: Waxmann.
Schlensog, S./Lange, W. (Hg.) (2008): Weltethos in der Schule. Unterrichtsmaterialien der Stiftung Weltethos (2. Aufl.). Tübingen: Stiftung Weltethos.
Tillich, P. (1987): Systematische Theologie I/II. Berlin/New York: De Gruyter.

1. Lebensweltliche Perspektiven

Ethische Fragen am Lebensbeginn wie Abtreibung, Pränataldiagnostik, Embryonenforschung, Klonen u. a. spielen im Leben der Schülerinnen und Schüler (SuS) eher medial eine Rolle, als dass eine große Anzahl von ihnen von diesen Fragen schon direkt betroffen gewesen wäre: Von den 100.893 Schwangerschaftsabbrüchen im Jahr 2019 (vgl. Destatis, 2020) z. B. sind in Deutschland »nur« 294 bei Schülerinnen unter 15 Jahren zu verzeichnen, aber 2.392 von Personen bis 18 Jahren und 4.673 von 18–20-Jährigen. Damit sind 7,3 % der Schwangerschaftsabbrüche von Personen im Alter bis 20 Jahren bzw. 2,6 % von jungen Frauen im (schulpflichtigen) Alter bis 18 Jahre. Vergleicht man die Zahlen der letzten zehn Jahre, dann kann man bei fast gleichbleibender Gesamtzahl der Abbrüche einen kontinuierlichen Rückgang bei Personen bis 20 Jahren von über 10 % im Jahr 2012 auf jetzt 7,3 % feststellen. Allein die Potenzialität, dass Verhütung auch missglücken kann, lässt die ethische Frage »Schwangerschaftsabbruch« allerdings gerade für viele junge Frauen relevant werden.

Statistisch haben sich die Zahlen der sog. Spätabbrüche (möglicherweise schon lebensfähiger Kinder) ab der 22. Schwangerschaftswoche von 447 im Jahr 2012 auf 648 im Jahr 2019 erhöht; sie liegen damit fast bei 0,6 % der abgetriebenen Föten (vgl. Destatis, 2020). Auch deren rechtliche Begründung durch medizinische Indikation (neben der kriminologischen und der Beratungsregelung die dritte Möglichkeit s. u.) ist von 2012 mit 3,1 % 2019 leicht auf 3,8 % der Abbrüche gestiegen. Ein solcher Schwangerschaftsabbruch ist nicht rechtswidrig, »wenn der mit Einwilligung der Schwangeren von einem Arzt vorgenommene Abbruch unter Berücksichtigung der Lebensverhältnisse der Schwangeren nach ärztlicher Erkenntnis angezeigt ist, um eine Gefahr für das Leben oder eine schwerwiegende Gefahr für die Gesundheit der Schwangeren abzuwenden und die Gefahr nicht auf eine andere zumutbare Weise abgewendet werden kann« (§ 218a Abs. 2 StGB). Auch erhebliche psychische Belastungen im Zusammenhang mit der Schwangerschaft können Grundlage für eine solche medizinische Indikation sein, wenn sie als schwerwiegende Beeinträchtigung des seelischen Gesundheitszustandes aufzufassen sind. Eine bestimmte Frist ist hier ebenso wenig vorgesehen wie eine

Beratungspflicht. Die embryopathische Indikation, also ein Abbruch aus Gründen der Schädigung des Embryos, wurde 1995 abgeschafft und geht jetzt in der medizinischen Indikation auf, sodass eine externe Beratung nicht notwendig ist.

Sucht man in den klassischen Jugendstudien wie z. B. den Shell Jugendstudien nach Positionen und ethischen Einstellungen von Jugendlichen, finden sich wenig Hinweise zu medizinethischen Fragen. Relevant sind allerdings dort dargestellte Wertorientierungen. Unter Wertorientierungen werden in der Shell Jugendstudie 2019 drei konstitutive Aspekte verstanden: 1) Lebensziele, nach denen man strebt, 2) Tugenden im Sinne von normativen Tüchtigkeitsidealen und 3) spezifische Haltungen, mit denen man sich gegenüber gesellschaftlichen oder alltagspraktischen Fragestellungen positioniert. Diese Wertorientierungen bilden zusammengenommen den Wertekanon, der als Kompass für die eigenen Einstellungen, Bewertungen und das eigene Handeln dient. Hier nehmen »Familie« und »soziale Beziehungen« nach »Eigenverantwortlichkeit« (89 %) und »Unabhängigkeit« (83 %) die mit Abstand wichtigste Position ein, die so gut wie alle Jugendlichen für sich gewährleistet sehen wollen. Auch an der Betonung von Tugenden, wie etwa der Respektierung von Gesetz und Ordnung (87 %), fleißig und ehrgeizig zu sein (81 %) oder nach Sicherheit zu streben (77 %), hat sich seit 2002 kaum etwas geändert (vgl. Albert, Hurrelmann & Quenzel, 2019, S. 23 f.). Sowohl die Bedeutung der »gesunden« Familie als auch die von der »Respektierung von Gesetz und Ordnung« abzuleitende Gleichsetzung von Gesetz und korrekter ethischer Entscheidung könnten hinsichtlich der ethischen Fragen am Anfang des Lebens eine Rolle spielen.

2. Theologisch-ethische Perspektiven

2.1 Zur theologischen Bedeutung medizinethischer Fragen

Der Sozialethiker Peter Dabrock begründet die besondere gesellschaftliche Bedeutung medizinethischer Fragen in ihrer Funktion als »Ersatz-, Symbol- und Erprobungsdebatten gesellschaftlichen Selbstverständnisses« (Dabrock, 2015, S. 520). Deshalb ist es kein Zufall, dass in den letzten beiden Jahrzehnten gerade bioethische Debatten große, weil auch medial inszenierte, gesellschaftliche Aufmerksamkeit auf sich gezogen und (deshalb) auch im Religionsunterricht eine Rolle gespielt haben: pränatale genetische Diagnostik weniger mit der Möglichkeit zur Korrektur als zur Selektion, Schwangerschaftsabbrüche gerade im späten Stadium aus medizinischer, aber eigentlich embryopathischer Indikation (s. o.), Stammzellenforschung mit in Kauf genommenem Embryonenverbrauch u. a.

Da für Religionsgemeinschaften die Beschäftigung mit bzw. die Verarbeitung von Grenzsituationen, Krisen und damit in Zusammenhang stehenden Sinnfragen zentral ist, stellen diese auch die Frage nach der Menschen- und Gesellschaftsverträglichkeit solcher Fortschrittstechnologien. Vonseiten der Medizin wird dagegen rückgefragt, worin denn die Kompetenzen der Religionsgemeinschaften explizit liegen, wenn doch diese ethischen Fragen z. B. in biblischen Referenztexten allesamt nicht vorkommen.

Auch eine theologische Ethik müsse, um ihre Bereitschaft zur nicht nur binnentheologisch verständlichen Mehrsprachigkeit zu zeigen, methodologisch vergleichbar sein, selbst wenn sie sich inhaltlich theologischer Kriterien wie der »›Sakralität‹ der Person« oder der »Gottesebenbildlichkeit eines jeden Menschen« bediene, so die Position von Peter Dabrock (2015, S. 528–531).

Die Freiheit des Menschen hat dabei auch in medizinethischen Zusammenhängen ihre Grenze im »kommunikativen Freiheitsverständnis«, das sich am Wohl der Gemeinschaft orientiert und den Motiven wie »Fürsorge für andere«, »Solidarität mit den Schwächeren«, »gerechte Teilhabe aller« (vgl. EKD, 2006) entspricht.

2.2 Ethische Fragen am Lebensbeginn

Die ethischen Fragen am Anfang des Lebens sind so umfangreich, dass sie an dieser Stelle nur kurz angerissen werden können. Darunter sei an erster Stelle die grundsätzlichste Frage nach der Definition des Lebensbeginns genannt, die je nach Beantwortung entsprechende Folgen in der ethischen und juristischen Bewertung hat.

Wann beginnt menschliches Leben?

»Kaum eine andere Frage der Medizinethik hat eine solche Kontroverse hervorgerufen wie die Frage nach dem Status des Embryos« (Maio, 2012, S. 202). In der Diskussion um den Umgang mit dem Embryo werden verschiedene Grenzlinien gezogen, anhand derer indirekt gefragt wird, ob der Mensch durch seine Gattungszugehörigkeit per se ein Mensch ist oder sich erst kontinuierlich zum Menschen entwickelt (vgl. Zimmermann, 1997, S. 198–201; Maio, 2012, S. 202–213; Dabrock, 2015, S. 539–543). Befürworter der Position, die den Embryo erst ab einem späteren Zeitpunkt als dem der Fertilisation als Menschen sieht, argumentieren, dass der praenidative Embryo noch zur Zwillingsbildung fähig sei, dass die Natur sowieso verschwenderisch mit Embryonen im Präimplantationsstadium umgehe, dass in den Embryo Formen des Menschseins nur phänomenologisch hineingelesen würden und dass der Embryo nur durch seine Beziehung zur Mutter lebensfähig sei (vgl. Maio, 2012, S. 210–213). Wird der Embryo dann als »Nicht-Mensch« definiert, rechtfertigen entsprechende Argumentationen präimplantive Forschungen, da einerseits überzählige Embryonen aus den Invitrofertilisationsbehandlungen existieren und andererseits eine Hilfspflicht gegenüber zukünftigen Patientinnen und Patienten bestehe.

Weil die Vorstellung einer »Sakralität der Person« eine Schutzwürdigkeit des Menschen von Anfang an impliziert, hat sich

> »in den letzten Jahrzehnten eine vor allem in katholisch lehramtlichen Dokumenten nahezu dogmatisierte (Johannes Paul II., 1995) und in evangelischen und ökumenischen Stellungnahmen vielfach wohlwollend aufgenommene [...] Position durchgesetzt, wonach der empirische Indikator für den Beginn menschlichen Lebens in der Fertilisation zu finden sei. Die Auswahl dieses empirischen Identifikators der ›Sakralität‹ menschlichen Lebens wird dabei häufig mit dem Hinweis begründet, dass ab hier ein neues genetisches Programm vorliege, das sich bei nichtwidrigen Umständen als ein Mensch [nicht zu einem Menschen] entwickele« (Dabrock, 2015, S. 514 f.).

Das Problem, das mit dieser Festlegung verbunden ist, besteht darin, dass die Befruchtung einen Prozess darstellt, dessen Zeitpunkt nicht genau festgelegt werden kann: »Der Begriff der Fertilisation impliziert für bioethische Fragestellungen eine Eindeutigkeit, die so nicht gegeben ist« (S. 541).

Außerdem wird wissenschaftstheoretisch entgegengehalten, dass im genetischen Code zwar viele entscheidende Grundlagen menschlichen Lebens enthalten sind, die Prägung durch das soziale Umfeld aber ebenfalls entscheidend ist und dass nicht nur in der Embryonalentwicklung, sondern während des gesamten menschlichen Lebens Prozesse ablaufen, die durch interagierende Gene, durch Rückkopplungen aus Proteinen, aber auch durch menschliches Verhalten selbst verändert werden – so die durchschlagenden Erkenntnisse der modernen Epigenetik (Baedke, 2018).

Als Alternative der Befruchtungsthese wird z. B. die Nidationsthese vertreten, weil sich erst mit der Einnistung die Mutter-Kind-Beziehung stabilisiere und die hohe natürliche Selektionsrate signifikant abnehme.

Deutlich wird aus dieser Zusammenstellung, dass es eine eindeutige, ethisch konsensfähige Antwort zur Definition des Lebensbeginns nicht gibt.

Samen- und Eizellspende

Samen- bzw. Eizellenspende mit den Auswahlmöglichkeiten des Spenders bzw. der Spenderin, im Ausland teilweise aus Katalogen, in denen Aussehen, genetische Ausstattung und (beruflicher) Erfolg genau beschrieben und eingepreist werden, verweist ethisch auf die Verantwortung des biologischen Vaters/der biologischen Mutter bzw. der sog. »Leihmutter« und die Problematik einer fremden Identität mit dem Bedürfnis und dem Recht des Kindes, seine biologischen Erzeuger kennenzulernen (vgl. Hofheinz, 2008).

Pränataldiagnostik

Pränataldiagnostik begleitet junge Paare von Beginn der Schwangerschaft an und wird von diesen vorrangig als Entlastung betrachtet, dass alles positiv verläuft. Nun kommt es aber im Rahmen der Schwangerschaftsvorsorge (Ultraschalluntersuchungen) und auch freiwilliger Leistungen wie z. B. der nicht-invasiven Blutuntersuchung (NIPT) immer wieder zu Diagnosen von (genetischen) Schäden, denen aber nicht therapeutisch, sondern nur durch einen Abbruch der Schwangerschaft begegnet werden kann. Teilweise machen nicht-invasive Verfahren invasive Verfahren notwendig, um die Diagnose abzusichern bzw. weiter abzuklären. In solchen Situationen werden teilweise die Ansprüche der Eltern auf ein gesundes Kind deutlich, indem z. B. eine übersehene Behinderung als »Schadensfall-Kind« (erfolgreich) rechtlich eingeklagt wird. Außerdem wird die Belastung außer Acht gelassen, die mit einer solchen (u. U. Fehl-)Diagnose einhergeht. Ob sich die Diagnose dann am abgetriebenen Fötus verifiziert, wird leider nicht flächendeckend überprüft, weil an solchen Ergebnissen wenig Interesse besteht. Damit nicht die große Mehrheit der Familien in solchen Fällen die pränatale Selektion wählt, braucht es finanzielle wie ideelle Förderung.

Reproduktionsmedizin

1978 wurde das erste Retorten-Baby geboren, und seither hat sich das Verfahren der In-vitro-Fertilisation (IVF) als Standardtherapie gegen ungewollte Kinderlosigkeit etabliert. Ethisch problematisch daran ist die hohe Belastung der Frau durch Hormontherapie und eine mögliche Mehrlingsschwangerschaft. Im Blick auf den Embryo wird einerseits die »Herstellung« von mehr als der benötigten Anzahl an Embryonen und außerdem die Selektion kranker oder weniger fitter Embryonen (s. u.) vor dem Einsetzen problematisiert. Besteht tatsächlich ein Recht auf ein Kind, sodass die Krankenkassen zur Finanzierung einer bestimmten Anzahl von IVF-Versuchen verpflichtet werden, oder besteht sogar das Recht auf ein gesundes Kind durch Präimplantationsdiagnostik (PID)? Angesichts der Tatsache, dass mehr als 90 % der Schwangerschaften bei Kindern mit Trisomie 21 (Down-Syndrom) beendet werden, scheint in der Einschätzung der Mehrheit betroffener Familien gelingendes Leben nur als Gesunde/r möglich. Dabei wird auch außer Acht gelassen, dass eine Vielzahl der Behinderungen unter der Geburt bzw. durch Unfälle oder Krankheiten entstehen. Hier ist es ebenso erforderlich, mit der schicksalhaften Situation umgehen zu lernen, selbst wenn z. B. Peter Singer im Kontext seines Präferenzutilitarismus fordert, dass auch das Leben geborener schwerbehinderter Kinder beendet werden darf (ausführliche Auseinandersetzung bei Zimmermann, 1997).

Präimplantationsdiagnostik

Die Methode der Präimplantationsdiagnostik, bei der Embryonen im Reagenzglas gezeugt und danach einer Qualitätsprüfung unterzogen werden, verweist im Kern auf ein anderes ethisches Grundproblem (vgl. Zimmermann & Zimmermann, 2000), nämlich das der Diskriminierung von Menschen mit Behinderungen, gerade wenn sie im Rahmen der IVF routinemäßig durchgeführt wird. Es werden dabei im Zuge der Diagnostik nur die als gesund selektierten Embryonen eingepflanzt, potenziell kranke/behinderte dagegen aussortiert, um einen durch Pränataldiagnostik indizierten Schwangerschaftsabbruch und damit ein krankes oder behindertes Kind zu vermeiden. Ebenso wie bei der Pränataldiagnostik zeigt sich hier die Abkehr von der bedingungslosen Annahme jeden Lebens (vgl. Körtner, 2005; Habermas, 2002), was als indirekte Folge auch die Gefahr der Entsolidarisierung mit Eltern behinderter Kinder in sich trägt.

Für eine differenzierte Urteilsbildung muss allerdings eine solche routinemäßige PID, wie sie in manchen Ländern bei in IVF erzeugten Embryonen erfolgt, unterschieden werden von einer solchen, die Paare nachfragen, die eine schwere genetische Belastung in ihrer Familie haben, die nicht mit dem Leben vereinbar ist. Hier wird parallel zur medizinischen Indikation argumentiert, dass die Erwartung einer wahrscheinlichen Totgeburt oder der Geburt eines schwerstkranken Kindes zu ähnlichen, einen Abbruch im Rahmen der medizinischen Indikation ermöglichenden psychischen Belastungen führt.

Klonen

Während eineiige Zwillinge natürliche Klone sind, versteht man unter »Klonen« im ethisch problematischen Sinn die künstliche Erzeugung eines Organismus, ausgehend von genetischer Information (DNA), die einem bereits existierenden Organismus entnommen wurden. Bisher scheint einerseits die Technik des Klonens noch nicht so ausgereift zu sein, und andererseits sind die moralischen Vorbehalte in Europa so hoch, dass sich ein Verfahren zum Klonen von Menschen bis jetzt in technischer und ethischer Hinsicht nicht etabliert hat. Allerdings findet sich das ethische Problem (Verzweckung von Menschen, Problem der Identitätsfindung u. a.) in der Literatur und in Filmen verarbeitet und stößt bei SuS auf großes Interesse (z. B. Charlotte Kernen, Blueprint, 1999/verfilmt 2003/Neuausgabe 2008; Birgit Rabisch, Dublik Jonas, Neuaufl. 2017).

Woran dagegen intensiv geforscht wird, ist das therapeutische Klonen. Hier wird der Embryo nach wenigen Zellteilungen zerstört und die einzelnen Zellen in einer Kultur zum weiteren Wachstum gebracht. Mithilfe geeigneter chemischer und biologischer Stimuli versucht man, aus diesen Stammzellen unterschiedliche Gewebearten bzw. ganze Organe zu züchten. Problematisch ist dabei vor allem, dass dafür ein potenziell lebensfähiger Embryo zerstört wird.

Schwangerschaftskonflikt

Ungewollte Schwangerschaften bzw. ungewollte Kinderlosigkeit – diese Probleme scheinen so alt zu sein wie die Menschen selbst. Während bis ins 19. Jahrhundert hinein für die Frauen ein Abbruch mit einem hohen Risiko zu sterben verbunden war, hat sich diese Gefahr durch Fortschritte in Gynäkologie und Anästhesie in den letzten 50 Jahren stark verringert. Während in den USA z. B. in einigen Bundesstaaten Schwangerschaftsabbrüche verboten sind und Frauen, die abgetrieben haben, kriminalisiert werden, hat die evangelische Kirche in Deutschland sich weitgehend gegen eine Verdachtshermeneutik gewendet, nach der Frauen einen Abbruch leichtfertig begehen. Als Werte werden im Konfliktfall das Lebensrecht des Fötus und das Selbstbestimmungsrecht der Frau gegeneinander abgewogen. Für Frauen ist dagegen die persönliche Frage, ob sie in ihrer Situation das Leben mit diesem Kind bewältigen können, maßgeblich. In einer solchen Situation hilft eine deontologische Prinzipienethik eher nicht weiter, sondern es muss nach verantwortungsethischen Perspektiven gesucht werden. Diesen Ansatz vertritt das Beratungskonzept im Rahmen der in Deutschland geltenden Fristenlösung, deren juristische Basis die Möglichkeit eines zwar widerrechtlichen, aber straffreien Schwangerschaftsabbruchs ist. Die Beratung soll so zwar einerseits ergebnisoffen erfolgen, aber doch der Bewahrung des Lebens dienen. Der Bewahrung des Lebens dienen sicherlich in diesem Zusammenhang vor allem der Aufbau von Rahmenbedingungen wie finanzielle Absicherung, Möglichkeiten einer frühen Kinderbetreuung, Förderung familienfreundlicher Arbeitsregelungen und Arbeitsplätzen u. a.

Weil argumentativ oft die Rolle der Frau eingebracht wird, ohne die das Kind eben nicht leben kann, ist das Problem der Spätabbrüche ethisch anders zu bewerten. Hier werden Kinder nach der 22. Woche, d. h. nach einem Zeitpunkt, zu dem sie – zwar u. U. mit intensivmedizinischer Behandlung – selbstständig überlebensfähig wären, durch eine Verzögerung der Geburt, dem Unterlassen intensivmedizinischer Behandlung oder gezielten Herzinjektion getötet. Dieses ethische Problem lässt sich nicht allein im Kontext des Schwangerschaftsabbruchs lösen, sondern impliziert grundsätzliche Fragen nach Lebenswert und Lebensrecht kranken bzw. behinderten Lebens (vgl. Zimmermann, 1997).

3. Didaktische Perspektiven

3.1 Didaktische Orientierungen

Während man z. B. in den kompetenzorientierten Kerncurricula NRW Gymnasium, Hauptschule und Realschule die Stichworte »Bioethik«, »Schwangerschaftsabbruch«, »IVF« oder »Pränataldiagnostik« nicht findet, gibt es eine Vielzahl an Unterrichtsmaterialien und Schulbüchern, die diese Themen aufgreifen und dann die Einführung in ethische Konzepte und ethische Urteilsbildung mit der inhaltlichen Beschäftigung mit bioethischen Fragen auch am Lebensbeginn verbinden (vgl. Zimmermann & Lenhard, 2017, z. B. zur Pränataldiagnostik, S. 50; Schwendemann & Stahlmann, 2005, z. B. Kap. 4: Embryonenforschung, Kap. 5: Pränatale Diagnostik). Andere Unterrichtsmaterialien bzw. Schulbücher lassen diesen Bereich im Kontext christlicher Ethik aber bewusst aus und beschränken sich auf die globalen Herausforderungen »Krieg und Frieden«, »Umgang mit der Schöpfung«, »Arm und Reich« (vgl. Husmann & Bertl, 2013). Das mag daran liegen, dass im Kompetenzorientierten Religionsunterricht in vielen Bundesländern zwar die erwarteten Standards und Kompetenzen, aber oft nicht die Wege dahin und die Inhaltsfelder, an denen gelernt wird, genauer ausgewiesen werden.

Unter den Kompetenzen, die zum Ende der Sekundarstufe I erreicht werden sollen, ist im Zusammenhang mit Wertebildung vor allem die Urteilskompetenz von Bedeutung: »Die SuS begründen ihre Urteile zu religiösen und ethischen Fragen, identifizieren den Unterschied zwischen Meinung und begründetem Urteil« (Kernlehrplan für die Sekundarstufe I Gymnasium in Nordrhein-Westfalen, 2019, S. 24). Im Basisdokument der EKD (2010), an dem entlang die Ausarbeitung der bundesländerspezifischen Kompetenzen und Standards erfolgte, befasst sich vor allem die 5. Kompetenz mit »Ethische[n] Entscheidungssituationen im individuellen und gesellschaftlichen Leben«. Die SuS sollen diese »in ihrer ethischen Bedeutung wahrnehmen und eigene Entscheidungen ethisch begründen« (EKD, 2010, S. 21). Als theologischer Standard sollen sie zur Beurteilung und Begründung von Menschwürde in den jeweils auszusuchenden inhaltlichen Feldern – wie eben z. B. bioethischen Themen – die »Bedeutung von Gottesebenbildlichkeit« heranziehen und sie »auf aktuelle gesellschaftliche Kontroversen beziehen« (EKD, 2010, S. 21).

3.2 Didaktische Konkretisierungen

In welche Konzepte und Kategorien sich Urteile von SuS über bioethische Fragen fassen lassen und ob es Wirkungszusammenhänge zwischen Urteilsbildungsprozess und Lehr-Lern-Arrangement gibt, hat Monika E. Fuchs am Inhaltsgegenstand Pränataldiagnostik auch empirisch aufgearbeitet. Ihre Ergebnisse können als deutlicher Indikator dafür gelesen werden, dass sich die Verschränkung von didaktischer Reflexion, empirischer Rekonstruktion und anschließender Rückbindung an Überlegungen zur Unterrichtsplanung und -qualität gerade im spezifischen Kontext fachdidaktischer Unterrichtsforschung als äußerst fruchtbar zu erweisen vermag (vgl. Fuchs, 2010).

Die didaktisch-methodischen Möglichkeiten zur Bearbeitung von bioethischen Themen am Lebensbeginn sind vielfältig (vgl. Lindner & Zimmermann, 2021): Während zum Thema Klonen z. B. geeignete Spielfilme und Jugendliteratur vorliegen (etwa von Charlotte Kerner, Blueprint – Blaupause; vgl. Zimmermann, 2021), wird die Unterrichtsarbeit zum Thema Schwangerschaftsabbruch eher mithilfe von Fallstudien (Fuchs, 2021) oder Dilemmata (Kuld, 2021) erfolgen. Die Schwierigkeit, im Religionsunterricht nicht nur binnentheologisch zu argumentieren, sondern verständliche Mehrsprachigkeit anzuleiten, aber dennoch auch in theologische Motive zur Argumentation wie z. B. die Gottesebenbildlichkeit (s. o.) einzuführen, kann durch das Lernen durch Theologisieren zu ethischen Fragestellungen (Schlag, 2021) unterstützt werden.

Immer sollte im Blick sein, dass der Religionsunterricht besonders am Ende der Sekundarstufe I und in der Sekundarstufe II aktuelle Entwicklungen zu bioethischen Fragen aufgreift, sodass deren Bedeutung in ihrer Funktion als »Ersatz-, Symbol- und Erprobungsdebatten gesellschaftlichen Selbstverständnisses« (Dabrock, 2015, S. 520) auch für die SuS deutlich werden kann.

4. Literatur

Albert, M./Hurrelmann, K./Quenzel, G. (2019): 18. Shell Jugendstudie. Jugend 2019. Eine Generation meldet sich zu Wort. Weinheim: Beltz.

Baedke, J. (2018): Above the Gene, Beyond Biology. Toward a Philosophy of Epigenetics. Pittsburgh: University of Pittsburgh Press.

Calmbach, M./Borgstedt, S./Borchard, I./Thomas, P. M./Flaig, B. B. (2016): Wie ticken Jugendliche 2016? Wiesbaden: Springer.

Dabrock, P. (2015): Bioethik des Menschen. In W. Huber/T. Meireis/H.-R. Reuter (Hg.): Handbuch der Evangelischen Ethik (S. 517–583). München: C. H. Beck.

EKD (2006): Gerechte Teilhabe. Befähigung zur Eigenverantwortung und Solidarität. Eine Denkschrift des Rates der EKD zur Armut in Deutschland. Gütersloh: Gütersloher Verlagshaus.

Feige, A./Gennerich, C./Friedrichs, N. (2008): Lebensorientierungen Jugendlicher. Alltagsethik, Moral und Religion in der Wahrnehmung von Berufsschülerinnen und -schülern in

Deutschland. Eine Umfrage unter 8.000 Christen, Nicht-Christen und Muslimen. Münster: Waxmann.
Fuchs, M. E. (2021): Lernen an Fallstudien. In K. Lindner/M. Zimmermann (Hg.): Handbuch ethische Bildung (–). Tübingen: Mohr Siebeck.
Fuchs, M. E. (2010): Bioethische Urteilsbildung im Religionsunterricht. Theoretische Reflexion – empirische Rekonstruktion. Göttingen: Vandenhoeck & Ruprecht.
Habermas, J. (2002): Die Zukunft der menschlichen Natur. Auf dem Weg zu einer liberalen Eugenik? (4., erw. Aufl.). Frankfurt a. M.: Suhrkamp.
Hofheinz, M. (2008): Gezeugt, nicht gemacht. In-vitro-Fertilisation in theologischer Perspektive. Münster: LIT.
Husmann, B./Bertl, S. (2013): Christliche Ethik angesichts globaler Herausforderungen. Oberstufe. Stuttgart/Leipzig: Klett.
Körtner, U. H. J. (2005): »Lasst uns Menschen machen«. Christliche Anthropologie im biotechnischen Zeitalter. München: C. H. Beck.
Körtner, U. H. J. (2007): Ethik im Krankenhaus. Diakonie – Seelsorge – Medizin. Göttingen: Vandenhoeck & Ruprecht.
Körtner, U. H. J. (2012): Leib und Leben. Bioethische Erkundungen zur Leiblichkeit des Menschen. Göttingen: Vandenhoeck & Ruprecht.
Kuld, L. (2021): Lernen an Dilemmata. In K. Lindner/M. Zimmermann (Hg.): Handbuch ethische Bildung (S. 311–317). Tübingen: Mohr Siebeck.
Lechleiter, P. (2016): Wertekonstellationen im Wandel. Eine empirische Bestandsaufnahme. Wiesbaden: Springer.
Lindner, K./Zimmermann, M. (Hg.) (2021): Handbuch ethische Bildung. Religionspädagogische Fokussierungen. Tübingen: Mohr Siebeck.
Maio, G. (2012): Mittelpunkt Mensch. Ethik in der Medizin. Ein Lehrbuch. Stuttgart: Schattauer.
Papst Johannes Paul II. (1995): Enzyklika Evangelium vitae Seiner Heiligkeit Papst Johannes Paul II über den Wert und die Unantastbarkeit des menschlichen Lebens (Verlautbarungen des Apostolischen Stuhls 120). Bonn: Sekretariat der Deutschen Bischofskonferenz.
Schlag, T. (2021): Lernen durch Theologisieren zu ethischen Fragestellungen. In K. Lindner/M. Zimmermann (Hg.): Handbuch ethische Bildung (S. 332–339). Tübingen: Mohr Siebeck.
Schneekloth, U. (2019): Entwicklungen bei den Wertorientierungen der Jugendlichen. In M. Albert/K. Hurrelmann/G. Quenzel: 18. Shell Jugendstudie. Jugend 2019. Eine Generation meldet sich zu Wort (S. 103–131). Weinheim: Beltz.
Schwendemann, W./Stahlmann, M. (2005): Ethik für das Leben. Neue Aspekte der Biomedizin. Stuttgart: Klett.
Statistisches Bundesamt (2019): Schwangerschaftsabbrüche 2019. https://www.destatis.de/DE/Themen/Gesellschaft-Umwelt/Gesundheit/Schwangerschaftsabbrueche/Tabellen/alter.html (Zugriff: 29.04.2020).
Zimmermann, M. (1997): Geburtshilfe als Sterbehilfe? Zur Behandlungsentscheidung bei schwerstgeschädigten Neugeborenen und Frühgeborenen. Medizinisch-empirische, juristische, sozialpsychologische und philosophische Grundlagen, ethische Beurteilung und Folgerungen, unter besonderer Berücksichtigung der Infantizidthesen von P. Singer und H. Kuhse. Münster: LIT.
Zimmermann, M. (2021): Lernen mit (Kinder- und Jugend-)Literatur. In K. Lindner/M. Zimmermann (Hg.): Handbuch ethische Bildung (S. 339–346). Tübingen: Mohr Siebeck.
Zimmermann, M./Klein, C./Büttner, G. (Hg.) (2013): Kind – Krankheit – Religion. Neukirchen-Vluyn: Neukirchener Verlag.
Zimmermann, M./Lenhard, H. (2017): Was tun? Ethische Fragestellungen im Religionsunterricht. Göttingen: Vandenhoeck & Ruprecht.
Zimmermann, M./Zimmermann, R. (2000): Gibt es das Recht auf ein gesundes Kind? Eine ethische Anfrage zum »Diskussionsentwurf zu einer Richtlinie zur Präimplantationsdiagnostik« der Bundesärztekammer. Deutsches Ärzteblatt 97 (51/52), A 3487–3489.

1. Lebensweltliche Perspektiven

Das Sterben und der Tod naher Angehöriger oder enger Freunde tauchen in der Lebenswelt heutiger Menschen biografisch in der Regel später und seltener auf als in früheren Generationen. Durch die Errungenschaften der Medizin sowie das Verschieben »hinter die Kulissen des Gesellschaftslebens« (Elias, 1982, S. 22), wie man das Sterben in Krankenhäusern und Pflegeheimen bezeichnet hat, drängen sich Sterben und Tod den Menschen zumeist weniger alltäglich auf. Umso erschütternder wird erlebt, wenn ein Leben durch eine Krankheit oder einen Unfall »zu früh« endet. Ängste schürt dabei weniger die Frage nach dem göttlichen Gericht über das Seelenheil als vielmehr die Unsicherheit, in welchem körperlichen und geistigen Zustand das Sterben sich ereignet. Thematisiert wird diese Angst als Angst vor einem unwürdigen Sterben, worunter Menschen freilich Unterschiedliches verstehen. Die einen betonen den inneren Zusammenhang von Menschenwürde und Selbstbestimmung, den anderen liegt daran, die Hinfälligkeit und Gebrechlichkeit menschlicher Existenz nicht als unwürdig zu betrachten.

Während die unmittelbare, nicht außeralltägliche Konfrontation mit Sterben und Tod in der Vergangenheit lebensweltlich stärker präsent war als in der Gegenwart, unterscheidet sich diese heute von früheren Zeiten durch eine größere *Reflexivität des Lebensendes*. Was ist damit gemeint? Im Kern geht es um den Umstand, dass das Lebensende bereits zu Lebzeiten eine Reihe von bewusst zu treffenden Entscheidungen abverlangt. Wir werden mit der Erwartung konfrontiert, uns zur Gestalt des eigenen Lebensendes zu verhalten und dieses nicht wie eine Art Naturereignis geschehen zu lassen.

Exemplarisch für diese Entwicklung, die aus vormaligen Selbstverständlichkeiten Fragen von individuellen Entscheidungen macht, stehen Patientenverfügungen. Es liegt an jeder und jedem Einzelnen selbst, ob sie oder er eine solche Verfügung erstellen will und was in dieser konkret geregelt werden soll. Auch die Entscheidung gegen eine solche Verfügung ist eine, für die Verantwortung zu übernehmen ist, denn womöglich haben dann Angehörige schwere Entscheidungen über die Fortführung oder Einstellung einer Behandlung zu treffen.

Gleiches gilt für die Frage der Organspende, zu der sich zu verhalten inzwischen allen Krankenversicherten zugemutet wird. Die früher nicht denkbaren medizinischen Möglichkeiten der Organtransplantation eröffnen Handlungsoptionen, die von uns eine je individuelle Stellungnahme abverlangen.

Das Wie des Lebensendes und der Umgang der anderen mit dem eigenen toten Körper werden also in hohem Maße an das Individuum und seine Entscheidungen delegiert. Die Gesellschaft setzt durch Recht und Ethik einen Rahmen für solche Entscheidungen, indem bestimmte Handlungsmöglichkeiten versperrt (etwa aktive Euthanasie) oder erschwert (etwa Lebendorganspende) werden, aber innerhalb des Rahmens verfügt jede und jeder Einzelne über einen zuvor unbekannten Entscheidungsspielraum. Diesen bewusst gestalten zu können wird damit zur Aufgabe einer auf Subjektivität und Mündigkeit ausgerichteten Bildungspraxis.

Die prägenden Gesellschaftsmerkmale der Individualisierung und Pluralisierung von Lebensweisen machen also vor dem Umgang mit dem Lebensende nicht Halt. Tradierte Konventionen und Überzeugungen verlieren fraglos ihre einstige Geltung. Dem Menschen wird – ob gewollt oder nicht – zugemutet, *das Lebensende als eigenes Lebensende* zu begreifen und zu gestalten. Zwar gibt es dafür nach wie vor religiöse Sinnangebote (Deutung von Krankheit und Leiden als Prüfung, Hoffnung auf Auferstehung) und rituelle Praktiken (Sterbebegleitung, Bestattungsformen), aber diese begegnen der oder dem Einzelnen als Optionen und weniger als verbindliche gesellschaftliche oder kulturelle Vorgaben. Wie dem Leben überhaupt kann auch dem Sterben und dem Tod ein eigener Stempel aufgedrückt werden. Ob diese moderne Idee einer unverwechselbaren und selbstbestimmten Identität den faktischen Verläufen individueller Biografien tatsächlich gerecht wird, steht auf einem anderen Blatt. Am Lebensende, wenn die Kräfte schwinden und Unterstützung und Begleitung unabweisbar werden, wird die Angewiesenheit auf die Fürsorge anderer zur elementaren Erfahrung. Das Prinzip der Achtung von Autonomie will dabei das Abgleiten von respektvoller Fürsorge in demütigenden Paternalismus verhindern.

Oft wurde und wird behauptet, die Gegenwartsgesellschaft verdränge Sterben und Tod, weil das Bewusstsein der menschlichen Endlichkeit in der Logik ihrer Teilsysteme keinen Platz habe (Klinger, 2009; Knoblauch & Zingerle, 2005). Wirtschaft oder Politik lassen sich in der Erfüllung ihrer Funktionen durch den Tod einzelner Personen nicht grundsätzlich aus dem Tritt bringen. Auch das Schwinden religiöser Überzeugungen mag Menschen, die angesichts des Todes gegen Verzweiflung und Trostlosigkeit ankämpfen, in eine Haltung der Verdrängung führen. Zugleich ist zu bedenken, dass es zwar keine verbindlich verbindende Sinngebung von Sterben und Tod mehr gibt, dafür aber das Lebensende aus unterschiedlichen Perspektiven permanent thematisiert und in diesem Sinne nicht verdrängt wird – durch die Medizin, das Recht, die Ethik und v. a. in den Medien. Auch diese *neue Öffentlichkeit des Sterbens* (Thomas Macho) stellt ein gesellschaftlich-kulturelles Schlüsselthema dar, das zur Bearbeitung im Kontext von Bildung aufgegeben ist.

2. Theologisch-ethische Perspektiven

Sich aus theologischer Perspektive ethisch zu Fragen am Lebensende zu positionieren, ist kein einfaches Unterfangen. Aus religiösen Quellen, etwa aus der Heiligen Schrift, lassen sich nicht unmittelbar sichere Antworten auf moralische Fragen ableiten. Zum einen tauchen eine Reihe von ethischen Fragen am Lebensende in den biblischen Texten schlichtweg nicht auf, zum anderen legt – systematisch gedacht – nicht die Religion die Moral, sondern die Moral die Religion aus. Wäre es anders und stünde die Moral nicht auf eigenen Füßen, ließe sich über die Moral religiöser Überzeugungen kein Urteil mehr fällen, was am Ende die Religion gegen jegliche Kritik im Namen der menschlichen Vernunft immunisieren würde. Wenn etwas gut ist, weil es eine religiöse Autorität verlangt, wird der Inhalt des Guten beliebig. Historisch betrachtet, stehen religiöse und moralische Überzeugungen in einem Verhältnis ständiger gegenseitiger Beeinflussung. Religionen prägen moralisches Denken wie sie zugleich von diesem verändert werden. Religion und Moral sind keine statischen Größen. Das bedeutet auch, dass es nicht für jede ethische Frage am Lebensende eine bereits vordefinierte theologische Antwort geben kann.

2.1 Menschliches Leben aus christlicher Perspektive

Bevor man die zahlreichen Einzelfragen einer Ethik am Lebensende theologisch diskutiert, mag es hilfreich sein, sich grundsätzlicher christlicher Haltungen zum menschlichen Leben zu vergewissern. In diesem Vorfeld zu den Fragen der sog. speziellen oder materialen Ethik geht es um den Blick, den der christliche Glaube auf das menschliche Leben wirft. Dazu gehört fundamental die Überzeugung, dass sich jedes Leben im Letzten der Initiative des göttlichen Schöpfers verdankt. Gott achtet den Menschen als sein Ebenbild, verleiht ihm damit eine herausragende Stellung als moralisches Subjekt und offenbart sich in der Geschichte als der Gott, dessen unbedingte Liebe und Treue den Tod überdauert. Das Ende des menschlichen Lebens stellt im Glauben nicht das totale Scheitern dar, auf das nur Verzweiflung die konsequente Antwort wäre.

Im christlichen Glauben will Gott den Menschen als freies und für sein eigenes Leben verantwortliches Subjekt, dessen Daseinsberechtigung er vorbehaltlos anerkennt. Gott bringt dem Menschen, so könnte man formulieren, eine unbedingte Wertschätzung entgegen, weil er ein Geschöpf wollte, das auf seine Liebe in Freiheit antworten kann. Ein Mensch, der sich und seinesgleichen als ein solches Geschöpf begreift, kann mit dieser göttlichen Wertschätzung die Achtung der gleichen Würde aller Menschen verbinden.

Die Rede von der Heiligkeit des menschlichen Lebens (Höllinger, 2019), die verschiedentlich im christlichen Raum auftaucht, würde folglich um ihre Sinnspitze gebracht, wenn sie vitalistisch gedeutet würde als Heiligkeit des biologischen Lebensprozesses, der immer und unter allen Umständen in jeder Lebensphase zu schützen ist. Das menschliche Leben weist eine Doppelstruktur auf: Es ist Leben im Reich des Biologischen, das personal – vom inneren Menschen her, wie die Tradition formulieren könnte – seine je eigene Gestalt gewinnt. Nur lebendig kann der Mensch ein personales Leben führen; aber reicht es am Leben zu sein, um ein personales Leben zu führen? Diese sich dem bewussten Leben aufdrängende Frage wird im Zuge des medizinischen Fortschritts facettenreicher.

2.2 Ethische Fragen am Lebensende

Die gestiegene Lebenserwartung und die (intensiv-)medizinischen Möglichkeiten können das Individuum in Situationen versetzen, in denen der biologische Organismus am Leben erhalten werden kann, aber ein personaler, bewusster Selbstvollzug zum Verlöschen zu kommen scheint. Darf in diesem Falle eine lebensverlängernde Maßnahme beendet oder auf weitere Behandlungen verzichtet werden? Und wenn man diese Frage im Sinne der sog. *passiven Sterbehilfe* bejaht, weil im Grundsatz gilt, dass einem Menschen gegen seinen erklärten und selbstbestimmten Willen keine medizinische Intervention aufgezwungen werden darf, gilt diese Autonomie am Lebensende erst dann, wenn das Sterben begonnen hat oder auch schon vorher? Wie weit reicht also zum Beispiel der in einer Patientenverfügung erklärte Wille eines Menschen? Auf diese diffizilen Fragen nach einem moralisch verantwortlichen Umgang mit niemals völlig transparenten und eindeutigen Situationen am Lebensende wird es aus christlicher Sicht wohl keine abschließenden Antworten geben können. Weder das Prinzip »Im Zweifel für das Leben« noch das Prinzip »Im Zweifel für die Freiheit« lässt sich umstandslos auf jede Situation am Lebensende anwenden.

Im Gegensatz zu den angedeuteten schwierigen Abwägungsfragen gilt eine *palliativmedizinische Begleitung* am Lebensende heute weitgehend unstrittig als Gebot christlicher Nächstenliebe. Physisches wie psychisches Leid zu mindern, steht nicht mehr unter dem Verdacht, sich der schmerzhaften Nachfolge Jesu Christi zu verweigern. Stattdessen wird anerkannt, dass Schmerzen, Leid und Ängste einen Menschen quälend zermürben und zermartern und das Leben in tiefer und destruktiver Verzweiflung münden lassen können. Die Überzeugung von der Würde personalen Lebens geht nicht mit einer Leugnung der Endlichkeit des Lebens einher. Vielmehr sieht sie sich verpflichtet, Menschen am Lebensende umfassend fürsorglich beizustehen und ihren zutiefst menschlichen Bedürfnissen nach einer Linderung von Schmerzen und/oder dem Beistand vertrauter Personen so weit wie möglich gerecht zu werden.

Wird eine Lebensverkürzung bei einer medizinisch indizierten Schmerzbekämpfung in der letzten Lebensphase in Kauf genommen, gilt dies in aller Regel als eine legitime Handlung, insofern die Alternative – ein unter Umständen quälend langer Sterbeprozess – kein Gut darstellt. Eine das Wohl oder die Würde einer Patientin oder eines Patienten ignorierende Lebensverlängerung »um jeden Preis« kann moralisch nicht geboten sein. Traditionell ist von *indirekter Sterbehilfe* die Rede. Auf die grundsätzliche moralische Zulässigkeit, in Wahrnehmung der eigenen Selbstbestimmung Behandlungsmöglichkeiten nicht zu ergreifen oder Behandlungen abzubrechen, ist schon hingewiesen worden.

Ethisch nach wie vor kontrovers diskutiert werden zwei andere Handlungen: Darf man einen anderen Menschen auf dessen erklärten und freien Willen hin aktiv töten oder ihm bei einem Suizid assistieren? Im ersten Fall führt das Handeln eines Dritten intentional und direkt zum Tod der Person, im zweiten Fall bleibt die Tatherrschaft beim Sterbewilligen, der für seine Handlung jedoch um Beihilfe (z. B. durch Bereitstellung einer tödlichen Substanz) bittet. Die sog. *aktive Euthanasie,* die in einigen europäischen Nachbarländern (Niederlande, Belgien, Luxemburg, Portugal, Spanien) unter definierten Kriterien rechtlich zulässig ist, wirft aus ethischer Sicht u. a. das gravierende Problem auf, wie ausgeschlossen werden kann, dass eine Person nicht-freiwillig oder gar unfreiwillig direkt getötet wird (Kuhlmann, 2011, S. 64–73).

Der *assistierte Suizid* stellt eine andere Handlungskonstellation dar (dazu und auch zum Thema des sog. Sterbefastens: Ernst, 2020, S. 175–204). Seine Beurteilung hängt daran, wie man den Suizid ethisch bewertet. Der christlichen Tradition galt dieser als schwerer Verstoß gegen die Pflichten, die ein Mensch gegenüber sich selbst, seinen Mitmenschen und Gott besitzt. Sich selbst zu töten, wurde als verabscheuungswürdige Sünde betrachtet. Erst in der Neuzeit kam es zu einem Mentalitätswandel. Aus der Sünde wurde eine (soziale wie individuelle) Pathologie. In der Ethik gibt es bis heute zwei Perspektiven: Für die einen negiert sich im Suizid der Mensch als freies Subjekt, für die anderen behauptet sich das Subjekt in einer letzten Freiheitstat.

Für die theologische Tradition steht hinter der zweiten Sichtweise, d. h. hinter dem Verzicht auf das negative Urteil, die moderne Selbstanmaßung des Menschen, sich als Herr über das eigene Leben zu begreifen. So einfach aber kommt man hinter die Würde eines selbstbestimmten Lebens und Sterbens nicht zurück zu einem Menschenbild demütiger Unterwerfung unter den uns in seiner überragenden Autorität verschlossenen Gotteswillen. Kann aber der Suizid nicht strikt moralisch verworfen werden, weil nicht a priori auszuschließen ist, dass er für eine Person aus ihrer von uns am Ende zu respektierender Perspektive einen letzten Ausweg aus einer verzweifelten Situation bedeutet, dann ist über die Beihilfe differenziert zu urteilen. Das rüttelt nicht an der sittlichen Verpflichtung einer Gesellschaft, alles zu tun, was der Suizidprävention dient. Die Empathie und Solidarität gegenüber den Mitmenschen, denen die Lebensfreude gegen ihren Willen zwischen ihren Fingern zerrinnt, die dringend Hilfe und Unterstützung benötigen, wird zum Ausweis der Humanität einer Gesellschaft gegenüber ihren oft schwächsten Mitgliedern.

3. Didaktische Perspektiven

Die Fragen um eine reflektierte Urteilsbildung angesichts herausfordernder Themen wie Sterbehilfe, Suizid, Organspende und Palliativmedizin werden im Unterricht zumeist in der Oberstufe, hier und da auch am Ende der Sekundarstufte I sowie in der beruflichen Bildung thematisiert. Nimmt man allerdings die lebensweltliche Verortung ernst, dann wäre die Beschäftigung einzubetten in ein Gesamtkonzept ethischer Bildung, das die unterschiedlichen Jahrgangsstufen übergreift und jeweils alters- bzw. entwicklungsgerechte Schwerpunkte setzt. Die übergreifende Bildungsaufgabe ist dabei eine doppelte. Es geht darum, das Lebensende zum einen im Blick auf den eigenen Lebensentwurf als *unausweichliche Vergewisserungsaufgabe* zu erkennen und eine Auseinandersetzung anzubahnen sowie zum anderen zu einer *reflektierten Urteilsbildung* über ethische Fragen zu befähigen, die sich beim Umgang mit dem Lebensende stellen. Beide Grundperspektiven sind miteinander verbunden über die Frage, was menschliches Leben ausmacht und wie es bei Einnahme eines religiösen Weltzugangs individuell wie gesellschaftlich gedeutet werden kann. Diese religiöse Deutungsperspektive stellt das Proprium des religionsunterrichtlichen Zugangs dar, nicht jedoch bereits die Fragen um das Lebensende selbst. Diese sind der gesamten Schule in der Breite ihrer Fächer gestellt, weshalb das Bedenken fächerübergreifender Aspekte (medizinisch, politisch, kulturell, rechtlich) sowie eine fächerverbindende Arbeitsweise als besonders geboten erscheinen.

3.1 Didaktische Orientierungen

In Anlehnung an ein Modell von Rudolf Englert (2015) lassen sich drei grundlegende, miteinander verbundene Kompetenzbereiche ethischer Bildung identifizieren: 1. Moralische Grundhaltungen entwickeln, 2. Werte entdecken, kommunizieren und reflektieren sowie 3. Ethische Urteilsbildung einüben und reflektieren. Die Auseinandersetzung mit ethischen Fragen am Lebensende kann innerhalb dieser drei Grundperspektiven verortet und damit schulstufenübergreifend perspektiviert werden.

Moralische Grundhaltungen entwickeln

Ethische Bildung beginnt lebensgeschichtlich mit eher impliziten Lernprozessen in der Gestaltung alltäglichen Miteinanders in Familie und Kindertagesstätte, später dann in Schule und Peergroup. Auch der Religionsunterricht kann darum bemüht sein, eine »moralisch sensible Gemeinschaft« (Englert, 2015, S. 114) auszubilden, in der Tugenden wie Aufmerksamkeit, Empathie, Anerkennung oder Gerechtigkeit nicht nur elementar thematisiert, sondern im Miteinander auch erlebt werden können. Die Ausbildung moralischer Grundhaltungen kann zudem explizit durch die Beschäftigung mit Vorbildern und deren (religiös) motiviertem Engagement sowie – bei entsprechender Begleitung – durch die mediale oder direkte Begegnung mit hilfsbedürftigen Menschen (etwa in Sozialprojekten) gefördert werden.

Für die ethischen Fragen am Lebensende gilt in diesem Zusammenhang: Noch vor ihrer späteren stärker kognitiven Reflexion und Beurteilung gilt es, eine grundlegende Wahrnehmung des Lebensendes und eine Sensibilisierung für einen deutenden und sinnsuchenden Umgang anzulegen. Eine Schlüsselstellung dürfte dabei die Entwicklung der Todesvorstellungen einnehmen. Eine neugierige Beschäftigung mit dem Tod kann schon mit drei Jahren erfolgen; etwa in der mittleren Kindheit bildet sich das biologische Todeskonzept aus. Entgegen der klassischen Entwicklungspsychologie geht man heute davon aus, dass dies nicht zwingend andere Vorstellungen ausschließt: Der Tod kann in seiner biologischen Unumkehrbarkeit anerkannt, gleichzeitig aber die Grenze zwischen Leben und Tod als wenig eindeutig wahrgenommen werden. Auch die Vorstellung, dass das Leben irgendwie über den Tod hinausgeht oder gar der »Kern der Identität« (Büttner & Dieterich, 2016, S. 123) in etwas wie der »Seele« erhalten bleibt, scheint mit dem biologischen Verständnis vereinbar. Dem Religionsunterricht kommt hierbei die Aufgabe zu, einen geschützten und kreativen Rahmen für die sinnstiftende Beschäftigung mit solchen Fragen zu setzen und das Lebensende »nicht als Vorbereitung eines Abschlusses«, sondern als »spezifische[n] Weltbezug« zu betrachten (Platow, 2019, S. 437), der eine bewusste Lebensgestaltung impliziert.

Werte entdecken, kommunizieren und reflektieren

Moralische Entscheidungen werden nicht nach theoretischen Konzepten getroffen. Vielmehr spielen Wertorientierungen auf individueller wie auf sozialer Ebene eine zentrale Rolle. Zudem sind moralische Fragen gerade dann schwierig, wenn unterschiedliche Werte kollidieren und somit eine reflektierte Unterscheidung erforderlich wird. Gerade die ethischen Fragen am Lebensende bergen starke Wertekonflikte zwischen Autonomie und Fürsorge, Menschenwürde und Lebensschutz, die es zu entdecken und thematisieren gilt. Die spezifische Aufgabe des Religionsunterrichts besteht darin, eine religiöse Perspektive auf Werte kennenzulernen und diese auf ihr Orientierungspotenzial zu prüfen. Elementare Inhalte sind dabei weniger theologische Konzepte (Schöpfung, Erlösung, Nächstenliebe etc.) als vielmehr signifikante Geschichten der biblischen Tradition oder des christlichen Lebens, in denen Wertorientierungen anschaulich greifbar werden.

Didaktisch entscheidend ist hierbei: Gelingt es, die lebensweltlichen Wertefragen tatsächlich produktiv mit der Perspektive christlicher Tradition ins Gespräch zu bringen? Unterrichtliche Erfahrung lehrt, dass beispielsweise »der argumentative Rückgriff auf Jesus Christus als Beistand im Leid« (Merkel et al., 2018, S. 275) für Schülerinnen und Schüler zwar logisch nachvollziehbar werden kann, für die Entscheidung selbst jedoch als konstruiert empfunden wird. Das liegt laut empirischer Forschung daran, dass religiöse Denkfiguren für Jugendliche in ethischen Entscheidungen nur in Ausnahmefällen sehr starker Religiosität überhaupt eine Rolle spielen und ihnen insbesondere der Transzendenzbezug fremd ist (Lindner, 2017, S. 51–58). Wertebildung im Religionsunterricht hat weite und anspruchsvolle Wege zu gehen, weshalb auf realistische Zielvorstellungen geachtet und auf schematische Gegenüberstellungen (»Was sagt die Bibel/Kirche dazu?«) verzichtet werden sollte.

Ethische Urteilsbildung einüben und reflektieren

Über die evaluativen Fragen hinaus steht bei der ethischen Urteilsbildung ausdrücklich die Begründung der Normen und Werte im Vordergrund, die in Entscheidungssituationen herangezogen werden, sowie – noch abstrakter – deren Begründbarkeit im Sinne unterschiedlicher theoretischer Modelle (z. B. tugendethische, deontologische, utilitaristische oder diskursethische Ansätze). In der unterrichtlichen Praxis finden verschiedene Verfahrensmodelle Anwendung, die an die systematische Urteilsbildung heranführen sollen, und meist folgende

Schritte vorsehen (Fuchs, 2021): 1. Sachanalyse (das Problem und die Personen im Kontext), 2. Handlungsmaßstäbe (konkurrierende Werte und Normen), 3. Abwägung (von Gütern, Handlungsmöglichkeiten und Konsequenzen), 4. Urteilsfindung und 5. Urteilsreflexion.

Werden die komplexen ethischen Fragen am Lebensende im Religionsunterricht auf solche Weise bearbeitet, erweisen sie sich nicht selten als »heiße Eisen«, die ebenso motivieren wie polarisieren können. Denn der Religionsunterricht kann sich nicht damit begnügen, »nur zu einer Verfahrensordnung, nicht aber zu einer inhaltlichen Wertung« (Mokrosch, 2016, S. 6) anleiten zu wollen oder schlicht Informationen zu sammeln. Die Schwierigkeit liegt allerdings dort, wo eine »christliche Perspektive« sinnvoll in das Abwägen der Handlungsmaßstäbe einbezogen werden soll. Denn stehen sich erst einmal individuelle Schicksalsfragen am Lebensende und kirchliche Positionen gegenüber, wird bei Jugendlichen und jungen Erwachsenen fast unweigerlich (und nicht immer unberechtigt) das Muster Selbstbestimmung vs. Bevormundung aktiviert, das einmal im Raum stehend nur schwer unterrichtlich eingeholt werden kann: »Was haben DIE mit dem Leben anderer zu tun?« (Stein, 2019, S. 84). Dies kann inhaltlich wohl nur dadurch aufgefangen werden, dass christlich nicht die Beurteilung von Lebensentscheidungen, sondern letztlich die liebende Zuwendung zu den betroffenen Menschen gefordert ist.

3.2 Didaktische Konkretisierungen

Didaktische Konkretisierungen können angesichts der schularten- und stufenübergreifenden Ausdifferenzierung hier nur exemplarisch angedeutet werden. In Schulbüchern und Unterrichtsmaterialien ist das Thema präsent und vielfältig aufbereitet (Überblick: Fuchs, 2021; Lorenzen, 2015). Anhand dreier Modelle lassen sich idealtypische Lernwege verdeutlichen, die eingeschlagen und natürlich auch miteinander kombiniert werden können.

Im *Modell »Denklabor«* geht es darum, sich dem (eigenen) Lebensende wahrnehmend und reflektierend zu nähern. Fragen wie »Was kommt nach dem Tod? Wie sterben Menschen? Was würde ich tun, wenn ich noch einen Tag zu leben hätte?« können Ausgangspunkte kinder- und jugendtheologisch gestalteter Unterrichtssequenzen sein. Auch die Begründung ethischer Normen lässt sich schon früh thematisieren (»Muss ich das tun, nur weil es in der Bibel steht?«). Mithilfe von Dilemmageschichten und Rollenspielen können in der Sekundarstufe I erste Zugänge zu Wertekonflikten gebahnt werden.

Das *Modell »Personale Begegnung«* legt den Schwerpunkt auf die Arbeit mit Fallbeispielen zur Sensibilisierung für mögliche Gründe, etwa warum schwerkranke Menschen Sterbehilfe wünschen oder begleitende Personen hierbei in Konflikte geraten können. Es lassen sich Filme oder Literatur einsetzen, die mit lebensnahen Bildern emotionale Zugänge bieten und Identifizierungen bewirken (Platow & Böcher, 2010; Wörther, 2015); authentische audiovisuelle Zeugnisse sind auch online zugänglich (Peng-Keller, 2018). So können die Konsequenzen und Grenzen abstrakter ethischer Urteile zutage treten und zur persönlichen Bewertung angeregt werden. Zugleich ist die Gefahr emotionaler Überwältigung oder gar Manipulation im Blick zu behalten.

Mit dem *Modell »Ethikkommission«* werden stärker abstrahierende und formalisierende Lernwege zusammengefasst. Angesichts konkreter Entscheidungen wie beispielsweise über die Fortführung oder den Abbruch künstlicher Ernährung (Ernst, 2020, S. 135–137) sollen nach eingehender Recherche, Analyse und Abwägung ethische Urteile getroffen und reflektiert werden (Fuchs, 2021; Haen & Krimmer, 2015). Manchmal werden diese Lernprozesse durch Vorher-Nachher-Abstimmungen gerahmt, ähnlich wie es auch durch Ferdinand von Schirachs Theater-/Filmprojekt »Gott« medienwirksam inszeniert wird. Für den Religionsunterricht sollte allerdings letztlich unerheblich sein, wer in einer solchen Abstimmung »gewinnt«. Der Blick sollte vielmehr auf die personalen Konsequenzen der unrevidierbar getroffenen Entscheidungen gerichtet bleiben.

4. Literatur

Büttner, G./Dieterich, V.-J. (2016): Entwicklungspsychologie in der Religionspädagogik (2. Aufl.). Göttingen: Vandenhoeck & Ruprecht.

Elias, N. (1982): Über die Einsamkeit der Sterbenden in unseren Tagen. Frankfurt a. M.: Suhrkamp.

Englert, R. (2015): Die verschiedenen Komponenten ethischen Lernens und ihr Zusammenspiel. In R. Englert/H. Kohler-Spiegel/E. Naurath/B. Schröder/F. Schweitzer (Hg.): Ethisches Lernen (Jahrbuch der Religionspädagogik, Bd. 31) (S. 108–118). Neukirchen-Vluyn: Neukirchener Verlag.

Ernst, S. (2020): Am Anfang und Ende des Lebens. Grundfragen medizinischer Ethik. Freiburg i. Br.: Herder.

Fuchs, M. E. (2021): Art. Bioethik. In WiReLex – Das Wissenschaftlich-Religionspädagogische Lexikon im Internet. https://www.bibelwissenschaft.de/stichwort/200867/ (Zugriff: 11.03.2021).

Haen, S./Krimmer, E. (2015): Argumentieren lernen – Religionspädagogik und Medizinethik im Dialog. In R. Englert/H. Kohler-Spiegel/E. Naurath/B. Schröder/F. Schweitzer (Hg.): Ethisches Lernen (Jahrbuch der Religionspädagogik, Bd. 31) (S. 151–162). Neukirchen-Vluyn: Neukirchener Verlag.

Höllinger, S. (2019): »Heiligkeit des Lebens«. Untersuchung einer bioethischen Argumentationsfigur. ThPQ 167, S. 396–406.

Klinger, C. (Hg.) (2009): Perspektiven des Todes in der modernen Gesellschaft. Wien: Böhlau.

Knoblauch, H./Zingerle, A. (Hg.) (2005): Thanatosoziologie. Tod, Hospiz und die Institutionalisierung des Sterbens. Berlin: Dunker & Humblot.

Kuhlmann, A. (2011): An den Grenzen unserer Lebensform. Texte zur Bioethik und Anthropologie. Frankfurt a. M.: Campus.
Lindner, K. (2017): Wertebildung im Religionsunterricht. Grundlagen, Herausforderungen und Perspektiven. Paderborn: Ferdinand Schöningh.
Lorenzen, S. (2015): Unterrichtsmaterial zum Ethischen Lernen im Religionsunterricht. In R. Englert/H. Kohler-Spiegel/E. Naurath/B. Schröder/F. Schweitzer (Hg.): Ethisches Lernen (Jahrbuch der Religionspädagogik, Bd. 31) (S. 237–246). Neukirchen-Vluyn: Neukirchener Verlag.
Merkel, R./Lieberknecht, L./Haase, S. (2018): Verschiedene Perspektiven zur Sterbehilfe? Ein Unterrichtsexperiment im Sinne einer kooperativ-dialogischen Fächergruppe Religion und Ethik/Werte und Normen. In B. Schröder/M. Emmelmann (Hg.): Religions- und Ethikunterricht zwischen Konkurrenz und Kooperation (S. 269–279). Göttingen: Vandenhoeck & Ruprecht.
Mokrosch, R. (2016): Art. Ethische Bildung und Erziehung. In WiReLex – Das Wissenschaftlich-Religionspädagogische Lexikon im Internet. https://www.bibelwissenschaft.de/stichwort/100188/ (Zugriff: 11.03.2021).
Peng-Keller, S. (2018): Art. Sterben. In WiReLex – Das Wissenschaftlich-Religionspädagogische Lexikon im Internet. https://www.bibelwissenschaft.de/stichwort/100289/ (Zugriff: 11.03.2021).
Platow, B. (2019): Tod und Sterben. In M. Rothgangel/H. Simojoki/U. H. J. Körtner (Hg.): Theologische Schlüsselbegriffe. Subjektorientiert – biblisch – systematisch – didaktisch (TLL 1, 6. Aufl., S. 428–439). Göttingen: Vandenhoeck & Ruprecht.
Platow, B./Böcher, F. (Hg.) (2010): Vom Tod reden im Religionsunterricht. Göttingen: Vandenhoeck & Ruprecht.
Stein, T. (2019): Die Bedingungsfelder von heißen Eisen. In G. Meyer/J.-P. Sterck-Degueldre (Hg.): Heiße Eisen im Religionsunterricht. Chancen und Herausforderungen im Umgang mit Reizthemen (S. 73–102). München: DKV.
Wörther, M. (2015): Wie wir sterben. Inszenierungen des Lebensendes im Film. ThPQ 163, S. 153–161.

Liebe und Sexualität

Annegret Reese-Schnitker

1. Lebensweltliche Perspektiven

Themen rund um Liebe und Sexualität bewegen alle Schülerinnen und Schüler (SuS) beginnend in der Grundschule und zunehmend mehr in der Zeit der Pubertät und des jungen Erwachsenenalters. Kinder und Jugendliche kommen unterschiedlich und vielfältig in Kontakt mit diesem Grundvollzug menschlichen Lebens: Ausgehend von dem bisher unbekannten lustvollen Erleben des eigenen Körpers, über die ersten Gefühle der erotischen Anziehung, die neugierigen Fragen und Versuche rund um körperliche Annäherung und Sexualität bis hin zu dem meist unvergesslichen Erlebnis der ersten Liebe. Überlegungen zur eigenen Lebensplanung von Partnerschaft und Ehe sowie Fragen nach einem verantwortlich gelebten Ort der eigenen Sexualität werden bedeutsamer. Nicht verschwiegen werden darf, dass zu jeder Biografie heutiger Kinder und Jugendlicher auch negative, beängstigende und bedrohliche Erlebnisse zum Themenfeld Liebe und Sexualität gehören: etwa das Erleben von großer Unsicherheit über das eigene Verhalten und Aussehen, das Gefühl einer zunehmenden Gefährdung durch »Fremde« aufgrund der körperlichen Veränderungen oder – besonders für Mädchen – die Erfahrung von (seelischen/körperlichen) Übergriffen bis hin zu Erlebnissen sexualisierter Gewalt.

> Die Sozialethikerin Regina Ammicht-Quinn (2004, S. 1) hat auf einen eindringlichen Film des US-amerikanischen Fotografen Larry Clark, KIDS, aufmerksam gemacht, der beispielhaft die komplexen Verknüpfungen von Liebe, Sexualität und Gewalt in der Erfahrungswelt Jugendlicher vor Augen führt: Telly, ein 16-jähriger Junge, hat seine eigene Droge: Sex. »Mein Hobby ist Jungfrauenaufreißen«, sagt er: »An das erste Mal erinnern sie sich ihr Leben lang.« Mit Zärtlichkeit, Versprechungen und Verheißungen überredet er sie zum Koitus. Er tut es mit einer Besessenheit, die auch als Verliebtheit gelten könnte. Der Geschlechtsverkehr selbst hat dann mit dem Mädchen oder den vorangegangenen Versprechungen von Liebe kaum mehr etwas zu tun. Die bittere Ironie des Films: Telly ist – ohne es zu wissen – HIV-positiv.

Eine alle fünf Jahre stattfindende Repräsentativbefragung zur Jugendsexualität der Bundeszentrale für gesundheitliche Aufklärung 2020 zeigt, dass 4 % der unter 14-Jährigen bereits sexuell aktiv sind, im Alter von 17 Jahren haben mehr als die Hälfte (66,5 %) Geschlechtsverkehr-Erfahrung. Es gibt allerdings auch eine relativ fest umrissene Gruppe von einem Zehntel der Jugendlichen (11 %), die mit 17 Jahren noch keinerlei sexuelle körperliche Kontakte haben (BZgA, 2015). Unterschiede sind auch zwischen den Kulturen zu finden: »Junge Frauen deutscher Herkunft haben im Alter von 17 Jahren im Durchschnitt zu knapp 70 Prozent das ›erste Mal‹ erlebt. Bei den gleichaltrigen Frauen mit ausländischen Wurzeln sind es 37 Prozent« (BZgA, 2020). Bereits der Religionspädagoge Stephan Leimgruber (2011) hat bemerkt, dass Erfahrungen von Sexualität bei jungen Menschen abhängig von der kulturellen Beheimatung auch religiös signiert sein können.

Der Erziehungswissenschaftler und Sexualpädagoge Uwe Sielert (2012, S. 8) spricht von einer Entwicklungssequenz mit steigender Intensität bezüglich Liebe und Partnerschaft im Verlauf des Jugendalters: beginnend mit knapp 15 Jahren mit dem ersten Verliebtsein, der ersten festen Partnerschaft und nahezu zeitgleich dazu den ersten intensiven sexuellen Erfahrungen. Er bezeichnet dies als *sukzessive Monogamie*, die in der westeuropäischen Gesellschaft bereits länger auch bei Erwachsenen eine weit verbreitete Organisationsform des Sexuallebens ist. Empirische Studien bestätigen dies: 90 % der Mädchen und 81 % der Jungen sagen, dass sie mit dem Partner/der Partnerin beim ersten Koitus fest befreundet, zumindest aber gut bekannt waren (BZgA, 2015). Sexualität spielt offensichtlich trotz aller Liberalisierungsprozesse mehrheitlich im Rahmen fester Partnerschaften eine Rolle. Bezüglich der Rollenverteilung in der Partnerschaft äußern 65 % der Jugendlichen, dass Männer und Frauen in der Partnerschaft gleichberechtigt sein sollen, wobei 73 % der Mädchen und 59 % der Jungen so denken (BZgA, 2015).

Der Sozialwissenschaftlicher Torsten Linke (2015) macht zudem auf das Phänomen der *Familiarisierung* der Jugendsexualität aufmerksam: Eltern sind die wichtigste Instanz für die Sexualitätsaufklärung und haben durch die länger andauernde räumliche Verbundenheit im Elternhaus einen verstärkten Einfluss auf die sich entwickelnde Sexualität ihrer Kinder, die zunehmend im Elternhaus ausgelebt wird. Daneben wird die Schule von knapp 70 % der Jugendlichen als Ort angegeben, von dem sie vorrangig Wissen zur Sexualität haben. Lehrkräfte entwickeln sich dabei insbesondere für Jungen (mit Migrationshintergrund) zu den wichtigsten Personen ihrer Sexualaufklärung. Nicht überraschend ist, dass zunehmend die (digitalen) Medien bei der Sexualaufklärung eine wegweisende Rolle spielen (BZgA, 2020).

Direkte oder vermittelte mediale Erfahrungen rund um Liebe und Sexualität sind zentral für die (geschlechtliche) Identitätsentwicklung der SuS und neben den klassischen Themen unterschwellig in jedem Unterricht präsent. Dies an die Oberfläche zu heben, sichtbar und diskursiv sagbar zu machen, – die damit verbundene Verletzlichkeit und Unsicherheit ebenso wie die ungebundene erotische Lebenskraft – ist herausfordernd wie notwendig. Die vielfältigen Begegnungssituationen, die gegensätzlichen Anforderungen sowie die Komplexität der Formen sollten anhand verschiedener Differenzlinien (Kultur, Religion, Geschlecht, Körper) für Kinder und Jugendliche im gegenwärtigen Liebes-Potpourri wahrgenommen werden. Als unverzichtbare Aufgabe religionsunterrichtlichen Handelns gilt es, eine verantwortlich gelebte Sexualität wertzuschätzen und zugleich für sexualisierte gewalttätige Übergriffe sensibel zu sein und diesen mit aller Deutlichkeit entgegenzutreten.

2. Theologische Perspektiven

2.1 Biblisch-theologische Perspektive

Erotik, Sexualität und Liebe werden in narrativen wie in poetischen *Texten des Alten Testaments* häufig verhandelt (zu den vielfältigen Textsorten: Bartelmus, 2008, S. 1). Das Buch Genesis thematisiert in den beiden Schöpfungstexten die geschlechtliche Differenzierung und die darin potenziell angelegte Reproduktion als einzige der menschlichen Kreatur eigene Unterschiedenheit (Fokus in Gen 2 auf das gemeinschaftliche Leben, in Gen 1 auf die Nachkommenschaft). Die Alttestamentlerin Irmtraud Fischer (2018, S. 54) stellt mit Bezug auf den sog. Bräutigamsjubel (»Darum wird ein Mann seinen Vater und seine Mutter verlassen und seinem Weibe anhangen, und sie werden ein Fleisch sein« Gen 2,24) die bereits im Paradies angelegte und gelebte Sexualität heraus: »Gott und Sexualität denkt die Bibel also von Anfang an zusammen.«

Wie in patriarchalen Kulturen üblich liegt im Alten Testament in vielen Texten, vor allem in den Erzelternerzählungen, der Fokus auf der genitalen Sexualität, die in erster Linie dem Ziel der Fortpflanzung dient, insbesondere dem Wunsch nach männlicher Nachkommenschaft (Strotmann, 2002, S. 505 f.). Weibliche Sexualität wird dabei in biblischen Texten meist aus männlicher Sicht beschrieben und auf Sexualität in der Ehe beschränkt. Auch die rechtlichen Texte zum erlaubten Geschlechtsverkehr zeigen eine stark patriarchal strukturierte Gesellschaft.

Sichtbar werden auch nicht-institutionalisierte Orte gelebter Sexualität: der Beischlaf der Töchter Lots mit ihrem Vater (Gen 19,30–38), die Beobachtung des Liebesspiels von Isaak und Rebekka durch Abimelech (Gen 26,8), die homoerotische Liebe[1] Davids zu Jonathan (1 Sam 18,1–5).

Die Alttestamentlerin Ilse Müllner (2011) betont, dass einige biblische Erzählungen sexualisierte Gewalt thematisieren und sie teils auch als solche bewerten: die sexuelle Verfügungsgewalt eines Ehepaares (Abram und Sarai) über eine Sklavin (Gen 16), die Vergewaltigung von Dina (Gen 34) und Tamar (2 Sam 13), die sexuelle Nötigung Josefs durch die namenlose Frau des Potifar (Gen 39,7–20), der sexuelle Übergriff des Königs David auf Batseba (2 Sam 11), aber auch subtiler im Buch Rut als allgegenwärtige Gefährdung (Rut 2,9). Die wohl grausamste Gewalttat schildert das Richterbuch (Ri 19,23 f.).

Eine Sonderstellung nimmt das Hohelied ein. In poetischer Sprache wird die freie erotisch-körperliche Liebe zwischen dem jungen Paar besungen, ohne dass von ehelicher Liebe oder Hochzeit die Rede ist. Hier wird in besonderer Weise die Hochschätzung der Frau und der Sexualität sichtbar. Der Alttestamentler Rüdiger Bartelmus (2008, S. 27) kritisiert die bisher dominante allegorische Auslegung und selektive Wahrnehmung der Texte: »Die damit angebahnte und bis heute latent vertretene Gleichsetzung von Sünde und Sexualität ist ein Irrtum der Christenheit, der von einer theologischen Lesung des Hohenlieds her zu korrigieren ist.«

Auf traditionell verankerte Wertvorstellungen der jüdischen Kultur greifen die *neutestamentlichen Texte* zurück. Jesus befürwortet Geschlechtsverkehr zwischen Mann und Frau nur im Rahmen der Ehe. Die Sexualität in der Ehe selbst wird nicht als Sünde gewertet, sondern im Kontext von Gen 2,24 als gottgewollt verstanden (Loader, 2014, S. 1 f.). Alles, was aus diesem Rahmen fällt, zählt als sexuelle Verfehlung. Vorehelicher und außerehelicher Koitus war hier nicht gestattet. In Mt 5,27–30 spricht Jesus etwa über Ehebruch. Nicht nur begangener Ehebruch gilt als Verstoß des Gebots, sondern bereits die Absicht dessen wird als Ehebruch gewertet.

In der Erzählung zum Ehebruch (Joh 7,53–8,11) handelt Jesus unerwartet. Eine Ehebrecherin soll laut Moses Gesetz gesteinigt werden, was Jesus geschickt verhindert. Die Neutestamentlerin Luise Schottroff (1998, S. 158) deutet Jesu Reaktion als ein Widersprechen der Vorstellung, dass Sünden sexueller Art als die abträglichste Form aller Verfehlungen gesehen werden.

Paulus ist ein Befürworter der Ehelosigkeit, welches er in 1 Kor 7,32–34 sorgfältig erläutert. Er stellt sich gegen jede Form von Unzucht, unter der er neben der käuflichen Liebe und dem Kontakt zu einer Hure auch jede durch Lev 18–20

1 Ob es sich hier um gelebte Sexualität handelt, ist allerdings umstritten.

verbotene Sexualbeziehung versteht. Gleichzeitig legitimiert Paulus mit Bezug auf die Schöpfungsordnung den ehelichen Geschlechtsverkehr.

Der australische Neutestamentler William Loader (2014, S. 6) verweist auf das theologische Gewicht der Ehe: »Die positive Sicht der Ehe, des in der Ehe einigenden und nur in der Ehe legitimen Geschlechtsverkehrs ist nicht zu übersehen und beruht darauf, dass sie [die Ehe] zur Gottesordnung gehört.« In der neutestamentlichen Rezeption folgt daraus oft bis heute, dass Ehescheidung und Wiederheirat verboten wird, denn der Bund der Eheschließung verweist auf den Bund Gottes mit den Menschen und hat wie dieser »ewig« Gültigkeit (etwa Mt 19,6; 1 Kor 7,10 f.).

Insgesamt kann konstatiert werden, dass im Neuen Testament viel Rede von Liebe ist, aber wenig von Sexualität. Die paulinische Sicht auf Sexualität, die einzig den ehelichen Koitus mit der Absicht der Fortpflanzung als gottgewollt begreift, hat die kirchliche Haltung zu diversen Bereichen der Sexualität (Geschlechtsakt, sexuelle Orientierung, Selbstbefriedigung, Ehe, Wiederverheiratung u. a.) viele Jahre hinweg bis heute geprägt. Die Textrezeption war dabei einseitig motiviert durch eine konservative christliche Moralvorstellung und wird den biblischen Aussagen in ihrer Vielfalt und Widersprüchlichkeit nicht gerecht. Gerade bei Fragen rund um gelebte Sexualität muss vor anachronistischen Begründungen und Debatten gewarnt werden. Biblische Vorgaben führen nicht zwingend zu Antworten auf heutige Fragen konkreter menschlicher Sexualität (ebenso Leimgruber, 2011, S. 72).

2.2 Kirchlich-institutionelle Perspektive

Die bei Paulus bereits angelegte negative Wertigkeit von Sinnlichkeit, Sexualität und Lust setzt sich durch die Kirchenväter fort, besonders in der sexualfeindlichen Interpretation der Paradiesvertreibung bei Augustinus, der Sexualität nicht mehr schöpfungstheologisch grundiert als »gute Gabe Gottes« begreift. Viele Jahrhunderte verband man das Sexuelle eher mit etwas Animalischem, was nicht zur menschlichen Würde passt. Daher wurde gelebte Sexualität nur im ehelichen Rahmen und zum Zweck der Fortpflanzung toleriert, die Lust dabei quasi »als Übel in Kauf genommen« (Leimgruber, 2011, S. 65 f.).

Gelebte Sexualität wird daher im Mainstream der christlichen Tradition ausschließlich für die christliche Lebensform der Ehe reserviert, die nach katholischer Tradition ein Sakrament ist. Bestimmte lehramtliche Auslegungen verstehen diese »als eine heilige Institution, also eine Einrichtung, die soziales Verhalten nicht nur ordnet und stabilisiert, sondern von schöpfungsgemäßer Bedeutung ist« (Nord, 2017, S. 3). Der Ehe wird in der katholischen Tradition eine naturrechtliche Dignität zugesprochen; bei den evangelischen Kirchen ist dies anders. Der Sakramentsstatus der Ehe wurde zu reformatorischer Zeit bestritten und aufgelöst, die Lebensform Ehe als ein »weltlich Ding« sowie »heiliger Stand« (Martin Luther) begriffen (Nord, 2017, S. 3).

In der katholischen Kirche wird in der konziliaren Konstitution *Gaudium et spes* noch einmal die Zeugung von Nachkommen als ausschließlicher Zweck ehelicher Liebe bekräftigt. Neu ist das vorsichtige Eingeständnis, der ehelichen Sexualität einen inhärenten Wert für die eheliche Gemeinschaft zuzusprechen. Seitdem stehen sich zwei Seiten in der katholischen Debatte unversöhnlich gegenüber: Auf der einen Seite steht das sündenbehaftete traditionelle Verständnis von Sexualität, welches das Praktizieren allein im ehelichen Rahmen legitimiert mit einem auf Genitalität verkürzten Sexualbegriff und der pauschalen Verurteilung aller nichtehelicher Formen von Sexualität, die nicht auf Nachkommenschaft bezogen sind. Auf der anderen Seite nimmt ein positives Verständnis von Sexualität zu, was sie als von Gott gegeben erachtet und der freiheitlichen Verantwortung und Mündigkeit überlässt, ohne sie mit schwerer Sündhaftigkeit zu verbinden – ausgerichtet auf Dauer und Treue in der Beziehung, aber bei Jugendlichen nicht bereits auf Ehe und Nachkommenschaft bezogen (Leimgruber, 2011, S. 87).

Drei aktuelle Entwicklungen hinsichtlich einer Neubewertung der Sexualität in der katholischen Kirche können unterschieden werden:

(1) Erstmals 2015 erkennt Papst Franziskus in *Amoris laetitia* die erotische Dimension der Liebe als eine selbstzweckliche Bereicherung und Ausdrucksform des gemeinsamen Lebens der Ehepartner an und würdigt dabei positiv auch den triebhaft-verlangenden Charakter des sexuellen Begehrens als Quelle menschlicher Daseinsfreude:

> »Wir dürfen die erotische Dimension der Liebe keineswegs als ein geduldetes Übel oder als eine Last verstehen, die zum Wohl der Familie toleriert werden muss, sondern müssen sie als Geschenk Gottes betrachten, das die Begegnung der Eheleute verschönert. Da sie eine Leidenschaft ist, die durch die Liebe, welche die Würde des anderen verehrt, überhöht ist, gelangt sie dahin, eine ›lautere schiere Bejahung‹ zu sein, die uns das Wunderbare zeigt, zu dem das menschliche Herz fähig ist, und für einen Augenblick ist […] das Dasein wohlgeraten« (Amoris laetitia, 152).

(2) Die Aufdeckung der massiven und zahlreichen Fälle sexualisierter Gewalt in kirchlichen Kontexten seit 2010 hat die katholische Kirche in eine schwere Krise gestürzt. Im Kontext der Aufarbeitungsdebatte wird die katholische Kirche häu-

fig als unglaubwürdig wahrgenommen und mit einer lebensfernen und Gewalt fördernden Sexualmoral in Verbindung gebracht. Die Auseinandersetzung mit der Realität verlangt ein Hinsehen und Ernstnehmen der Stimmen der Opfer, die Aufarbeitung der strukturellen Faktoren sexualisierter Gewalt und ein grundsätzliches Anfragen der sexualitätsfeindlichen katholischen Sexualmoral (exemplarisch: Jakobs, 2012). Die derzeitige Aufarbeitung des sexuellen Missbrauchs ist sicherlich für viele Menschen ein wichtiger Maßstab für die Rückgewinnung der Glaubwürdigkeit und moralischen Instanz der katholischen Kirche. Aus heutiger Perspektive ist der Weg langwierig, holprig und sein Ausgang offen.

(3) Verwiesen werden soll auf den gegenwärtigen Synodalen Prozess (2019–2021) der katholischen Bischöfe mit vielen Vertreterinnen und Vertretern von Laienorganisationen. Das Forum 4 »Leben in gelingenden Beziehungen – Liebe leben in Sexualität und Partnerschaft« hat sich zur Aufgabe gemacht, die bestehende Sexualmoral kritisch zu betrachten, eine personale Bedeutung der Sexualität zu betonen und eine neue zeitgemäße Sexualmoral zu erarbeiten. Dabei geht es auch um eine Etablierung vielfältiger verantwortlich gelebter Formen von Sexualität, etwa hinsichtlich der Homosexualität, der vorehelichen Sexualität sowie des Umgangs mit Geschiedenen.

Sexualethische Positionierungen in den *evangelischen Kirchen* haben sich seit der Reformation bis heute stärker an biblischen Vorgaben mit historisch-kritischem Zugang orientiert und sich weniger auf ein Naturrecht gestützt.

In der offiziellen Stellungnahme der EKD (Kirchenamt der EKD, 2013) werden intime Begegnungen bis hin zum vorehelichen Geschlechtsverkehr für Jugendliche bewusst positiv bewertet,

> »weil sie Möglichkeiten der Erprobung ihrer Sexualität bieten, die gleichwohl […] zumeist in festen Partnerschaften verantwortlich gelebt werden. Schließlich wird auch Empfängnisverhütung aus christlicher Perspektive als erlaubt angesehen, weil sie zu verantwortlichem Handeln motiviert und die menschlichen Möglichkeiten, Zuneigung zu geben, nicht einem theologisch nicht reflektierten Verständnis der Natur des Körpers und des Menschen überhaupt unterordnet, das diesen in physiologischen Prozessen aufgehen lässt« (Nord, 2017, S. 6).

Homosexuelle werden zudem mit heterosexuellen Partnerschaften gleichgestellt. Hier ist ein unverkennbar zeitgemäßerer und differenzierterer Umgang mit verantwortlich gelebter Sexualität zu erkennen als in der katholischen Kirche.

2.3 Theologisch-ethische Perspektive

Die moraltheologische Tradition kennt verschiedene Quellen sittlicher Einsicht. Neben der Bibel sind die kirchliche Tradition sowie die menschliche Erfahrung und Vernunft zu nennen. Ein normativer Rekurs reduziert auf die ersten zwei Größen, birgt jedoch die Gefahr anachronistischer Debatten.

Eine theologisch-ethisch fundierte Antwort sollte verstärkt auf der Höhe der Zeit argumentieren und auf die real gelebten Formen menschlicher Sexualität bezogen sein. Sie hätte dabei das Bewusstsein wach zu halten, dass Sexualität durchaus eine moralische Angelegenheit ist, eine Lebenswirklichkeit, die es zu kultivieren und ethisch verantwortet zu gestalten gilt. Dabei spielt sowohl der Respekt gegenüber der sexuellen Integrität (Selbstbestimmung) eines jeden Menschen ungeachtet seines Geschlechts, seiner Geschlechtsidentität, seiner sexuellen Orientierung als auch die ethische Verantwortung für die durch die eigene Sexualität mitbetroffenen Personen (Kinder, Partner bzw. Partnerin) eine gewichtige Rolle. In dieser Spur geraten Werte in den Blick, etwa die Gerechtigkeit zwischen den Geschlechtern, die Rücksichtnahme, die Verbindlichkeit und Treue in der Partnerschaft, die Verantwortung im Blick auf die Zeugung und Erziehung von Kindern.

Alle Menschen, auch Heranwachsende, stellen sich notwendigerweise die Fragen, ob bzw. wie Sexualität »richtig« im Sinne von »sittlich gut« sein kann. Damit ist die ethische Dimension angesprochen. Sicher ist es ein weit entferntes Ziel, dass beide Kirchen wieder als seriöse, den Menschen dienliche Instanzen bei der Beantwortung dieser Frage wahrgenommen werden (vgl. die interdisziplinäre Debatte auf der Jahreskonferenz Jugendseelsorge 2011 zu »Jugend, Sexualität und Kirche«, Etscheid-Stams & Krauße, 2012). Gegenwärtig hat sich hingegen die Autorität in Fragen von Sexualität weg von religiösen oder ethischen Instanzen (kirchliche Verordnungen) hin zu medizinischen und staatlichen Instanzen (Möglichkeit von Verhütung, Abtreibung, Eheverträge) verlagert (auch Nord, 2017, S. 5).

3. Didaktische Perspektiven

Laut der Weltgesundheitsorganisation (WHO) bezieht sich Sexualität

> »auf einen zentralen Aspekt des Menschseins über die gesamte Lebensspanne hinweg, der das biologische Geschlecht, die Geschlechtsidentität, die Geschlechterrolle, sexuelle Orientierung, Lust, Erotik, Intimität und Fort-

pflanzung einschließt. Sie wird erfahren und drückt sich aus in Gedanken, Fantasien, Wünschen, Überzeugungen, Einstellungen, Werten, Verhaltensmustern, Praktiken, Rollen und Beziehungen. Während Sexualität all diese Aspekte beinhaltet, werden nicht alle ihre Dimensionen jederzeit erfahren oder ausgedrückt. Sexualität wird beeinflusst durch das Zusammenwirken biologischer, psychologischer, sozialer, wirtschaftlicher, politischer, ethischer, rechtlicher, religiöser und spiritueller Faktoren« (WH0, 2006, S. 5).

Für den didaktischen Zugang zu dieser Thematik ist zuallererst die Anerkennung der Breite möglicher Phänomene sexueller Gestaltung und Entwicklung wichtig, die hier zum Ausdruck kommt. Sexualität ist ferner eng verknüpft mit der sich kontinuierlich herausbildenden eigenen »sich im Laufe des Lebens auch wandelnden und zuweilen nicht eindeutigen Geschlechteridentität« (Nord, 2017, S. 2). Dabei ist der Vollzug des Geschlechtsaktes nur eine, wenn auch in der historischen Debatte prominente Facette gelebter Sexualität. »Sexualität ist damit nicht etwas, das man ›hat‹ oder ›nicht hat‹, sondern etwas, das man mehr oder weniger entwickelt und mehr oder weniger reflektiert lebt« (Ammicht-Quinn, 2002, S. 507). Sie ist unter den Aspekten Identitätsentwicklung, Sinnfrage und Gestaltung einer verantwortlichen erwachsenen Sexualität didaktisch zu betrachten. Einer Tabuisierung sexueller Vielfalt ist entgegenzutreten und eine »gleichberechtigte Existenz in sexueller Vielfalt« zu ermöglichen (Uppenkamp, 2020, S. 238, 234 f.).

3.1 Didaktische Orientierungen

Eine christlich-orientierte Sexualpädagogik fußt auf christlichen Werten (vgl. Leimgruber, 2011, S. 26): Die Grundlage sexualpädagogischer Arbeit ist die Wertschätzung und Würde einer jeden Person, die auf dem christlichen Menschenbild fußen. Respekt vor der Vielfalt sexueller Lebensentwürfe und Achtsamkeit für sich selbst und für andere Menschen sind einzufordern. Die besondere Vulnerabilität in der Sexualität ist zu beachten und jeder Form sexueller Übergriffe und sexualisierter Gewalt entgegenzutreten. Die lebendige und gelebte Liebe in der Sexualität ist dabei ausgerichtet auf ein gutes Leben aller Menschen in Frieden und Gerechtigkeit und beachtet die damit aufgegebene Verantwortung für das eigene Handeln und die Konsequenzen desselben auch für andere Menschen. Gelebte Sexualität hat aus eschatologischer Perspektive bereits Anteil an der Verheißung des ewigen Heils, der Gerechtigkeit für alle Menschen.

Folgende *Kompetenzen* sind in Anlehnung an Leimgruber (2011, S. 115 f.) bei einer religionsunterrichtlichen Sexualpädagogik auszubilden:

- *Identitätskompetenz:* Gefördert werden soll die Entwicklung einer eigenen geschlechtlichen Identität, die sich in einer Selbstannahme und verantwortlich ausgestalteten Sexualität konkretisiert.
- *Sprachlich-kommunikative Kompetenz:* Eine solche ist in Diskursen auszubilden, die auf fundiertem Fachwissen, einem angemessenen Wortschatz, aber auch auf einer situationsangemessenen und respektvollen Formulierungsgabe und eines prosozialen Kommunikationsverhalten fußt.
- *Sachkompetenz:* Zu vermitteln ist ein inhaltsbezogenes Wissen rund um Sexualität in Form eines zeitgemäßen Aufklärungsunterrichts und Kenntnissen biblischer und literarischer Texte zum Thema. Eine transparente und kritische Auseinandersetzung mit den Vorurteilen und Verurteilungen der kirchlichen Vergangenheit wäre ebenso erstrebenswert.
- *Soziale Kompetenz:* Wichtige Komponenten sozialen Lernens sind Empathie, Rücksichtnahme und ein respektvolles Miteinander.
- *Ethische Kompetenz:* Die Förderung ethischer Werte, wie Aufrichtigkeit, Treue, Respekt vor dem Menschen und seiner Intimsphäre, ist zentral.
- *Interkulturelle und interreligiöse Kompetenz:* Fähigkeiten sind auszubilden, die interkulturellen und interreligiösen Anforderungssituationen gerecht werden, wie das Wissen um unterschiedliche religiöse Umgangsformen, religiöse Sitten und sexuelle Gewohnheiten.
- *Medienkompetenz:* Diese ist zur Einschätzung verlässlicher Informationen und für eine differenzierende Nutzung wichtig, die auch die Gefahren sexualisierter digitaler Gewalt kennt und davor schützt.

Bisher wurde Sexualität in der Schule vorwiegend als biologisches Programm verstanden. Der sog. Aufklärungsunterricht in der Primarstufe ist im Sachunterricht verankert, das Themenfeld Sexualität im Biologieunterricht der weiterführenden Schulen. Viele Religionslehrkräfte scheuen sich vor einer Behandlung, weil sie sich unzureichend vorbereitet fühlen, von den kirchlichen Kontroversen verunsichert sind und es daher lieber einem anderen Fach überlassen. So fällt das Thema Sexualität im Religionsunterricht oft aus oder kommt erst (viel zu) spät etwa in der Sekundarstufe innerhalb des Themenfeldes Liebe, Freundschaft, Sexualität zur Sprache. Es ist dringend anzuraten, die vielfältigen lebensweltlichen, auch religiös relevanten Fragen rund um Liebe und Sexualität verstärkt, an Resilienz orientiert und regelmäßig im Religionsunterricht zu behandeln.

3.2 Didaktische Konkretisierungen

Drei religionsunterrichtliche Konkretisierungen einer christlich motivierten Sexualpädagogik werden skizziert, bei der SuS einen lebensförderlichen Umgang mit Sexualität und sexuellen Identitäten auszubilden lernen:

(1) Suche nach der eigenen (sexuellen) Identität:

Zentral ist bei den SuS die Suche nach der eigenen sexuellen Identität. Hier kann es um die äußere Erscheinung, um Körperbilder, um die Gleichberechtigung der Geschlechter oder um homo-, hetero- oder bisexuelle Orientierungen gehen, aber immer auch um die Anerkennung durch die anderen Mitschülerinnen und Mitschüler. Wer bin ich? Was fühle ich? Wer will ich sein? Wie sehen mich die anderen? Was zieht mich an? Was gefährdet mich? Die Intimität dieser Fragen erschwert eine unterrichtliche Thematisierung. Es fehlen schulische Orte, an denen diese relevanten Fragen angemessen verhandelt und bearbeitet werden können. Hierfür sind Unterrichtskonzepte bereitzustellen, bei denen die SuS ihre eigene Intimität bewahren und gleichzeitig zentrale Fragen in einer Gruppe von Gleichaltrigen bearbeiten und Orientierung erhalten können. Aktuell zu empfehlen ist Unterrichtsmaterial für die Sek. II von Kohl (2020) zu »Verantwortlich Liebe leben«.[2]

(2) Suche nach einer würdigen, verantworteten Sprache für Sexualität

Die verwendete Sprache verrät meist implizit die eigene Position, die eigenen oft auch unbewussten lebensgeschichtlichen Erfahrungen mit einem Thema. Das gilt in besonderem Maße für die Rede über (gelebte) Sexualität. Sie ist intim, oft von sprachlicher Unsicherheit gekennzeichnet – auch bei Erwachsenen – und es fehlen Orte, wo eine würdige und ethisch verantwortete Sprache zu erotischen und sexuellen Gedanken und Erfahrungen eingeübt werden kann. Dabei ist es wichtig, die eigenen Erlebnisse verbalisieren und damit verstehen, deuten und einordnen zu können. Ein zentrales Ziel religionsunterrichtlicher Arbeit ist bereits erreicht, wenn es gelingt, im Religionsunterricht über Sexualität angemessen und kompetent zu reden und diese Rede selbst zu reflektieren. Gewiss wäre hier auf eine gendersensible und machtkritische Sprache, auf ein Denken und Reden abseits von Heteronormativität, aufmerksam zu machen. Ziel wäre es, Kinder und Jugendliche in einer »wichtigen Sache ihres Lebens« sprachfähig und damit kompetent zu machen, sie bei einer erfahrungsnahen

---

2 https://pti.nordkirche.de/fileadmin/user_upload/hauptbereich1/PTI/19040_UE_SekII_Verantwortungsvoll-lieben.pdf (Zugriff: 02.03.2021).

und würdigen Sprache zu unterstützen. Sicherlich wäre hier auch der Raum, die abstrakte und reduzierte theologische Rede von Sexualität zu kritisieren, die sich etwa auf Genitalität begrenzt (Ammicht-Quinn, 2002, S. 508).[3]

(3) Gewaltprävention durch die Arbeit an biblischen Texten, die sexualisierte Gewalt thematisieren

Die Arbeit mit alttestamentlichen Texten im Religionsunterricht, die (sexuelle) Gewaltwiderfahrnisse erzählen (Beispiele siehe oben), zielt(e) damals und heute darauf ab, die Sprachlosigkeit über sexualisierte Gewalt zu brechen und damit das Verschweigen als Konsequenz und neue Ursache neuer Gewalt zu überwinden. Das Potenzial biblischer Texte für religiöse Lernprozesse wird in ihrer relativen Fremdheit gesehen, die einerseits distanzfördernd ist, gleichzeitig lohnende, ergiebige und kritische Optionen der Übertragung in die heutige Lebenswelt bereitstellt. Dabei geraten verschiedene Faktoren, die sexualisierte Gewalt stützen, fördern oder auch entlarven, in den Blick und können hinsichtlich ihrer Funktion bei heutiger (gewalttätiger) Sexualität untersucht werden (mit Konkretisierungen: Müllner, Reese-Schnitker & Spiering-Schomborg, 2019; Spiering-Schomborg, 2019).

4. Literatur

Ammicht-Quinn, R. (2002): Sexualität. Systematisch-theologisch. In Wörterbuch der feministischen Theologie (2. Aufl., S. 507–509). Gütersloh: Gütersloher Verlagshaus.

Ammicht-Quinn, R. (2004): können, sollen, wollen, dürfen, müssen: Ein nicht nur grammatikalischer Versuch über Sexualität und Ethik. https://www.db-thueringen.de/receive/dbt_mods_00002229 (Zugriff: 08.02.2021).

Asshoff, A.-C. et al. (2020): Liebe, Sexualität und Partnerschaft. Materialien für einen schülerorientierten Religionsunterricht (4. Aufl.). Donauwörth: Auer.

Bartelmus, R. (2008): Art. Sexualität (AT). In WiBiLex – Das wissenschaftliche Bibellexikon im Internet. https://www.bibelwissenschaft.de/stichwort/28477/ (Zugriff: 08.09.2020).

Bundeszentrale für gesundheitliche Aufklärung (Hg.) (2020): Jugendsexualität 2020. Köln.

Bundeszentrale für gesundheitliche Aufklärung (Hg.) (2015): Jugendsexualität 2015. Köln.

Etscheid-Stams, M./Krauße, E. (Hg.) (2012): Jugend, Kirche, Sexualität. Herausforderungen einer verantwortlichen Sexualpädagogik in der Jugendpastoral. Düsseldorf: Haus Altenberg.

Fischer, I. (2018): Ungestörte, egalitär gelebte Geschlechtlichkeit. Rekurs auf Konrad Schmids These »No sex in paradise«. In U. Poplutz/Dies. (Hg.): Sexualität (Jahrbuch für Biblische Theologie, Bd. 33) (S. 13–22). Göttingen: Vandenhoeck & Ruprecht.

---

3 Empfehlungen zur Unterrichtsplanung: Deutsch-Reihe zu Sprache und Sexualität: https://material.rpi-virtuell.de/material/liebe-und-partnerschaft-eine-unterrichtsreihe/ (Zugriff: 02.03.2021); Religionsreihe: https://rfb.bildung-rp.de/fileadmin/user_upload/rfb.bildung-rp.de/Katholische_Religion/Sek_I/Themenfelder_SI/9_1_Beziehun-gen_Tabelle_Stand_01_2017.pdf (Zugriff: 02.03.2021).

Jakobs, M. (Hg.) (2012): Missbrauchte Nähe. Freiburg/Schweiz: Paulus.
Kirchenamt der EKD (Hg.) (2013): Zwischen Autonomie und Angewiesenheit. Familie als verlässliche Gemeinschaft stärken (2. Aufl.). Gütersloh: Gütersloher Verlagshaus.
Leimgruber, S. (2011): Christliche Sexualpädagogik. Eine emanzipatorische Neuorientierung für Schule, Jugendarbeit und Beratung. München: Kösel.
Linke, T. (2015): Sexualität und Familie. Möglichkeiten sexueller Bildung im Rahmen erzieherischer Hilfen. Gießen: Psychosozial.
Loader, W. (2014): Art. Sexualität (NT). In WiBiLex – Das wissenschaftliche Bibellexikon im Internet. https://www.bibelwissenschaft.de/stichwort/53967/ (Zugriff: 11.09.2020).
Müllner, I. (2011): Erzählen gegen das Schweigen. Narrative Darstellungen sexueller Gewalt im Ersten Testament. In M. Jakobs (Hg.): Missbrauchte Nähe. Sexuelle Übergriffe in Kirche und Schule (S. 51–91). Freiburg/Schweiz: Paulus.
Müllner, I./Reese-Schnitker, A./Spiering-Schomborg, N. (2019): Sprachfähig werden. Biblische Erzählungen als Chance für die Thematisierung sexualisierter Gewalt im Religionsunterricht. Katechetische Blätter, 144 (4), S. 311–317.
Nord, I. (2017): Art. Sexualität. In WiBiLex – Das wissenschaftliche Bibellexikon im Internet. http://www.bibelwissenschaft.de/stichwort/100290/ (Zugriff: 15.02.2021).
Papst Franziskus (2016): Amoris Laetitia – Freude der Liebe. Freiburg i. Br.
Schottroff, L. (1998): The Samaritan Woman and the Notion of Sexuality in the Fourth Gospel. In F. F. Segovia (Hg.): »What is John?«. Volume II (S. 157–181). Atlanta: Scholars Press.
Sielert, U. (2007): Sexualerziehung und Sexualpädagogik in Deutschland. Bundesgesundheitsblatt 50, S. 68–77.
Sielert, U. (2012): Jugendsexualität und Sexualpädagogik heute. In M. Etscheid-Stams/E. Krauße (Hg.): Jugend, Kirche, Sexualität. Herausforderungen einer verantwortlichen Sexualpädagogik in der Jugendpastoral (Dokumentation der Jahreskonferenz Jugendseelsorge 2011). Düsseldorf: Haus Altenberg.
Spiering-Schomborg, N. (2019): Unterrichtspraktische Anregungen zum Umgang mit ›Texts of Terror‹. Katechetische Blätter 144 (4), S. 318–324.
Strotmann, A. (2002): Art. Sexualität: Biblisch. In Wörterbuch der feministischen Theologie (2. Aufl., S. 505–507). Gütersloh: Gütersloher Verlagshaus.
Uppenkamp, V. (2020): Sexuelle Vielfalt in der Religionspädagogik. In T. Knauth/R. Möller/A. Pithan (Hg.): Inklusive Religionspädagogik der Vielfalt (S. 234–243). Münster: Waxmann.
WHO (2006): Defining sexual health. Report of a technical consultation on sexual health, 28–31 January 2002. Geneva. http://www.who.int/reproductivehealth/topics/gender_rights/defining_sexual_health.pdf (Zugriff: 11.09.2020).

1. Lebensweltliche Perspektiven

Zwischen Aufwachen und Einschlafen liegen für viele Menschen täglich ungefähr 16–18 Stunden.[1] Während dieser Zeit nutzen sie zunehmend lange unterschiedliche Medien. Es ist ein auch in Bezug auf die religionspädagogische Reflexion zur Mediennutzung interessanter Selbstversuch, einmal für einen Tag bzw. eine Woche, ein Mediennutzungstagebuch zu verfassen: Auf welche Uhrzeit fällt der erste Kontakt mit dem Handy? Wird die Weckfunktion genutzt? Sind Radio und Fernsehen (noch) alltäglich frequentierte Medien und wenn ja zu welchen Zeiten? Gibt es bevorzugte Orte und Zeiten, die für eine Tablet-Nutzung attraktiv sind: Einkäufe, Computerspiele, Filme oder digitale Musikdienste? Bietet die gewählte Bank einen Kundenbereich vor Ort an oder ist der Geldverkehr bereits komplett auf Online Banking umgestellt? Auf welche Weise werden Informationen über den ÖPNV, die Öffnungszeiten von Geschäften und Institutionen, z. B. des Religionspädagogischen Instituts bzw. Amtes, eingeholt? Auf welchem Wege werden Essensbestellungen vorgenommen: (digital) telefonisch oder online? Gehört die papierne Zeitung zum Repertoire oder ist auf Online-Formate umgestellt worden? Welche Rolle spielt das Buch im Portfolio der verschiedenen Nutzungen? Gibt es digitale Mediennutzungsroutinen und wenn ja, welche? Gibt es bewusst eingeführte oder zumindest anvisierte alltags- oder feiertagsbezogene Regeln für eine Distanznahme von digitaler Kommunikation?[2] Welche durchschnittliche Nutzungsdauer wird für sinnvoll und wünschenswert gehalten und wie wird die eigene Nutzung hieran gemessen eingestuft?

Neben den Koordinaten der privaten Mediennutzung, die durchaus Einfluss auf den professionellen Bereich hat, interessiert im Bereich der Religionsdidaktik zudem, wie beruflich mit digitalen Medien umgegangen wird: Welche Medien nutzen Religionslehrkräfte täglich, wöchentlich, monatlich etc. wiederkehrend,

---

1 Ich danke Judith Petzke für wertvolle Hinweise und generell für ihre Mitarbeit an diesem Text.

2 Vgl. auch zu weiteren Fragen der Ethik in diesem Feld die Denkschrift zu digitalen Medien von Evangelische Kirche in Deutschland: Freiheit digital. Die Zehn Gebote in Zeiten des digitalen Wandels. https://www.ekd.de/ekd_de/ds_doc/denkschrift_freiheit_digital_EVA_2021.pdf (Zugriff: 10.05.2021), hier insbesondere S. 90–107.

um z. B. Materialrecherchen für ihren Unterricht durchzuführen? Welche digitalen Medien werden für Kontakte zu Kollegen und Kolleginnen genutzt und welche für die Kommunikation zu Schüler- und Schülerinnengruppen? Welche Schulkultur ist im Arbeitskontext maßgeblich? – Hat die Schule eine gute Ausstattung in Hard- und Software, stehen genügend Endgeräte für Lehrkräfte sowie für Schüler und Schülerinnen (SuS) zur Verfügung? Ist z. B. eine Ausleihe von Geräten möglich? Werden digitale Medien klassenweise im Unterricht erprobt oder ist man noch zurückhaltend mit Tablet-Klassen oder ähnlichen Formaten?

Lehrkräfte, die ihre eigene Digitalkompetenz höher einschätzen, setzen auch vermehrt digitale Medien ein. Zugleich wird – so lässt sich durchaus begründet vermuten – im Religionsunterricht digital oft zurückhaltender als in anderen Unterrichtsfächern agiert (Palkowitsch-Kühl, 2018), da er als ein Ort der persönlichen, analogen Begegnung gesehen wurde und wird. Die Corona-Pandemie hat erneut verdeutlicht, wie sehr kopräsente Lernszenarien im Religionsunterricht, aber auch im Bereich der non-formalen Bildung, etwa im Konfirmanden- und Konfirmandinnenunterricht oder der Firmung geschätzt werden.[3] Zugleich war es eine Zeit, die dem Experimentieren mit digitalen Lernsettings einen Schub gab. Nahezu flächendeckend wurden Video-Konferenzsysteme für Online-Unterricht installiert. Häufig hatte dieser Unterricht zu Anfang viele Ähnlichkeiten mit Frontalunterricht oder Formen von Hausaufgabenkontrolle. Doch bereits die zweite und dritte Welle der Pandemie öffnete weitere Erfahrungsräume, um didaktische Differenzierungen vorzunehmen und verschiedene Formen des Online-Unterrichts weiter einzuüben bzw. für sie Routinen auszubilden. Die Angebote der Bildungseinrichtungen der Kirchen wie z. B. rpi-virtuell[4], eine erprobte Informations- und Materialplattform, und weitere bereits vor der Pandemie existierende Social Media Formate wie Relilab[5] und Relichat[6] sind inzwischen fest etablierte virtuelle Orte religionspädagogischer Netzwerkbildungen. Sie hatten in der Phase der Umstellung von Offline zu Online-Unterricht eine wichtige Funktion, doch solche Knotenpunkte im Netz büßen ihre Bedeutung auch nach einer Pandemie nicht ein, sondern werden wichtiger und sollten durch die Kirchen weitaus stärker gefördert und ausgebaut werden.

3 Churches Online in Times of Corona (CONTOC): Ergebnisse zur CONTOC-Studie, Sektion Deutschland, aufbauend auf die erste ökumenische Tagung am 13.4.2021. https://contoc.org/de/ergebnisse-contoc-de/ (Zugriff: 01.05.2021).

4 Comenius Institut: Rpi-virtuell. https://rpi-virtuell.de/ (Zugriff: 01.05.2021).

5 Universität Luzern/Comenius-Institut: Relilab. https://relilab.org/ (Zugriff: 01.05.2021).

6 Peböck, K.: Relichat. https://www.relichat.org/ (Zugriff: 01.05.2021).

Wenn es um Mediennutzung im Bereich des Religionsunterrichts geht, darf selbstverständlich die Perspektive der SuS nicht fehlen: Doch es liegen soweit bekannt auch hierfür keine grundlegenden quantitativen oder qualitativen Untersuchungen dazu vor, welche Nutzungsformate SuS im evangelischen Religionsunterricht bevorzugen, auf welche sie gern verzichten würden und welche sie neu hinzuziehen würden, wenn sie ihren Unterricht medial mitgestalten. Ebenfalls fehlen Umfragen dazu, welche digitalen Mediennutzungen SuS dem Religionsunterricht zuordnen würden, welche sie also als passförmig für welche Inhalte erachten würden und welche sie aus zu benennenden Gründen ablehnen würden.

Was aber vorliegt, ist die Langzeituntersuchung des Medienpädagogischen Forschungsverbundes Südwest (mpfs), der mit den JIM- und KIM-Studien seit 1998 das Medienverhalten von Kindern und Jugendlichen von 12–19 Jahren bezogen auf ihre Freizeit jährlich beforscht und nun für das Corona-Jahr 2020 auch in Bezug auf das Lernen in Deutschland Fragen in die Untersuchung aufnahm. Die Verbreitung digitaler Medien kann demnach als nahezu flächendeckend gelten: Im Jahr 2020 seien nach Aussagen der Jugendlichen Smartphones, Computer und Laptops bei fast dreiviertel von ihnen im Besitz. Internetkommunikation ist der Studie zufolge selbstverständlicher Bestandteil alltäglicher Kommunikationspraxen von Jugendlichen:

> »Das Internet ist das zentrale Alltagsmedium: 89 Prozent der Jugendlichen sind täglich online. Die tägliche Nutzungsdauer ist nach eigener Einschätzung der Jugendlichen im von Corona geprägten Jahr 2020 stark auf 258 Minuten gestiegen (2019: 205 Min.). Dabei entfällt der größte Anteil der Onlinenutzung auf den Bereich der Unterhaltung (34 %)« (mpfs, 2020, S. 67).

Bei den Social-Media Formaten wurden die drei wichtigsten Angebote abgefragt: Das Ranking wird wie bereits in den Jahren zuvor von YouTube-Musikvideos (51 %), lustigen Clips (43 %), Let's Play Videos (30 %) sowie Videos von You-Tubern und -Tuberinnen, die von ihrem Alltag erzählen (29 %), angeführt, es folgen Instagram und WhatsApp (S. 69).

> »Digitale Spiele sind bei einem Großteil der Jugendlichen fester Bestandteil des Medienalltags. 68 Prozent der Jugendlichen spielen regelmäßig, nur acht Prozent der Zwölf- bis 19jährigen spielen keine digitalen Spiele. Es sind immerhin 49 Prozent der Jugendlichen, die auf dem Handy spielen; nach eigenen Angaben beträgt die Spielezeit werktäglich durchschnittlich zwei Stunden. Dies sind 40 Minuten mehr als im Vorjahr, was mit der Pandemie in Verbindung gebracht wird.«

Auch die Verbreitung von Mobbing und Hass im Internet hat im Jahr 2020 zugenommen. Von 20 auf 29 % sind die Aussagen der Jugendlichen gestiegen, die angaben, dass über die eigene Person falsche oder beleidigende Dinge verbreitet wurden:

> »Daneben wurde mehr als jede/r Zweite im Zeitraum eines Monats mit Hassbotschaften im Internet konfrontiert. Auch konnte fast die Hälfte der Jugendlichen von extremen politischen Ansichten und Verschwörungstheorien berichten, denen sie im Internet begegnet sind [...] 38 Prozent der Jugendlichen haben in ihrem Umfeld schon einmal mitbekommen, dass jemand im Internet absichtlich fertig gemacht wurde. Elf Prozent bestätigen, dass sie selbst schon einmal Opfer einer solchen Attacke wurden« (mpfs, 2020, S. 70).

Es bleibt zunächst unklar, ob das Jahr 2020 tatsächlich ein Ausnahmefall ist oder sich dadurch auszeichnet, dass es den Normalfall von Mediennutzung nur mit etwas höherem Ausschlag darstellt.

Auf dieser Datenbasis lässt sich jedenfalls leicht erkennen: Das Internet ist nicht nur Alltagsmedium, sondern auch Lebensraum existenziell bedeutsamer Erfahrungen. Blickt man auf die intensive Mediennutzung wie von YouTube und Computerspielen, aber nicht zuletzt auch auf die Quoten der Hassbotschaften etc., lässt sich erahnen, mit welcher Immersion Internetkommunikation auf die Emotionen von Jugendlichen wirkt.

Doch neben Gaming und Chatting, also Unterhaltung, ist für den pädagogischen Kontext natürlich ebenfalls interessant, dass und wie Jugendliche das Internet als Informationsmedium nutzen. Bildung ist selbstverständlich sehr viel mehr als das Einholen von Informationen. Aber die einzige uns derzeit vorliegende umfassende Längsschnittstudie zur Mediennutzung liefert für den Bereich des Umgangs von Jugendlichen mit digitalen Medien zu Bildungsfragen tatsächlich nur Daten zum Thema Informationsrecherche. Hier stehen die Suchanfragen bei Google mit 88 % ganz oben im Ranking, doch die Jugendlichen informieren sich auch über YouTube-Video-Recherchen sowie über Wikipedia u. a. Online-Enzyklopädien. Auf Nachrichten greifen sie vornehmlich über Social-Media Accounts, Nachrichtenportale von Zeitschriften oder über Providerseiten von E-Mail-Anbietern zu, auch Nachrichtenportale von Fernsehsendern werden frequentiert. Es ist interessant, dass im Corona-Jahr 2020 bei den Jugendlichen der Bedarf nach Informationen gestiegen ist. Um es sehr elementar auszudrücken: Es scheint so, dass Jugendliche sich also mehr zu verschiedenen Themen informierten.

Aus Anlass der Pandemie fragte die JIM-Studie 2020 schließlich auch nach den Medien, die in dieser Zeit in hybriden Unterrichtsformen benutzt wurden und welche Einschätzung Jugendliche zu den angebotenen Unterrichtsformen hatten:

Überwiegend wurden den SuS in dieser Zeit Unterrichtsmaterialien und Aufgaben per E-Mail zugestellt (57 %), mehr als die Hälfte nutzten für Schulen ausgelegte Clouds und eigene Online-Plattformen. Es wurde auch immerhin von knapp einem Drittel mit gedruckten Büchern gelernt, ungefähr ein Viertel der Befragten verwendete Videokonferenzsysteme, Chats wurden sehr wenig eingesetzt. Interessant ist ferner die Bewertung der SuS:

> »Insgesamt wird das Online-Lernen für die Schule durchschnittlich mit der Note 2,7 bewertet. Auffällig ist, dass besonders die älteren Jahrgänge (vor dem Hintergrund der Abiturvorbereitung) mit den Anforderungen eines selbstgesteuerten und selbstorganisierten Lernens unzufrieden sind« (mpfs, 2020, S. 67).

Dies ist ein Votum, das zu denken gibt: Welche Gründe, noch genauer, welche wie gestalteten Lernszenarien führten zu der genannten Unzufriedenheit? Pädagoginnen und Pädagogen loben Selbststeuerung und Selbstorganisation, aber führen genau diese bei vielen SuS zu Stress, wie Angaben zur Belastung durch Selbstorganisation vermuten lassen (Digitaler Index, 2021, S. 52)? Die Pandemie ist eine Krisenzeit, die Konfliktfelder digitalen Lernens sichtbar macht. Diese allerdings sind über Corona hinaus von Bedeutung.

2. Theologisch-ethische Perspektiven

Die entfalteten lebensweltlichen Perspektiven werfen eine Reihe theologisch-ethischer Fragen auf, drei von ihnen sollen genauer reflektiert werden:

2.1 Digitale Mediennutzung erschließt Lebenswelten

Digitale Mediennutzung dient nicht nur der Unterhaltung, der Recherche nach Informationen oder bietet Kaufgelegenheiten, sie gestaltet darin also nicht nur vielfältig den Alltag von Kindern und Jugendlichen, sie eröffnet ihnen jeweils diverse Lebenswelten und hat damit Welterschließungsfunktion. Zur »Welt« des Menschen, insbesondere zu ihrem kulturellen Bereich lassen sich auch die Religionen zählen. Medien erschließen also Welten, auch die des Glaubens. Und:

Medienpraxis erschließt zudem Religionspraxis. Religiöse Kommunikation und z. B. konkret christliche Religionspraxis findet deshalb ebenfalls in Medien ihren Ausdruck: Hier sind die klassischen liturgischen Medien, die im Gottesdienst(-raum) aufzufinden sind, zu nennen: Die Bibel, das Glockengeläut oder die geistliche Musik, Gemälde und künstlerische Objekte des Glaubens u. a. m. Ebenfalls sind auf den Alltag bezogene Medien wie geistliche Popmusik, Andachts-Apps, Memes und überhaupt (Sinn-)Bilder zur Visualisierung von Frömmigkeit und aktueller Glaubenspraxis u. a. m. hier in den Blick zu nehmen. Theologie, die Religionspraxen reflektiert, ist insofern zumindest in Teilen immer auch Medienwissenschaft und Religionspädagogik, in Teilen auch Medienpädagogik, selbst wenn dies nicht immer bewusst ist (Nord & Zipernovsky, 2017).

Ferner ist für die theologisch-ethische Reflexion eine weitere zentrale Einsicht zu berücksichtigen: *Was* wir glauben, ist nicht unabhängig davon, *wie* wir glauben. Die konkrete Gestaltung, mit anderen Worten, das Design der Medien, die unseren Glauben prägen, prägen den Glauben des Menschen im Ganzen und insofern der Glaube eine Lebenseinstellung ist, auch seine Einstellung zur Welt und zu Gott.

Häufig wird z. B. die Bibel als das hervorragende »Endgerät« des Christentums vorgestellt, aber was ist zu tun, wenn genau dieses nicht benutzt wird? Die Bibel wird von Jugendlichen kaum im herkömmlichen Sinne gelesen (Zimmermann, 2021; Gronover, 2021). Dennoch ist sie für das Christentum kennzeichnend, aber es sollte nicht auf eine Buchreligion reduziert werden. Denn genauer besehen geht die christliche Religion keinesfalls in einem in Texten fixierten Gedankensystem auf. Es greift ferner zu kurz und verzerrt ihren Sinn, wird die christliche Religion auf ein System von Regeln zum Zusammenleben, wie etwa in den Zehn Geboten festgehalten, oder als eine besondere Gesinnung, die der Nächstenliebe z. B., festgelegt. Sie ist vor allem als eine gelebte Praxis zu erschließen und insofern gilt es, ihre sprachlichen und szenischen Vollzugsformen, wie sie einerseits z. B. im Gebet und Bekenntnis profilierte Formate herausgebildet hat, und andererseits etwa in der Taufe und im Abendmahl gestisch vollzogen werden.

Zudem geht es z. B. im schulischen Bildungsbereich des Religionsunterrichts keinesfalls um Rekrutierung von Kindern und Jugendlichen für religiöse Vollzüge oder um die Einübung traditioneller Religionspraxis. Es geht vielmehr grundlegend um Religionshermeneutik: Ein Verständnis für das anzubahnen, was Religion(en) Menschen bedeuten kann (können).

> »In der christlichen Religion nimmt die vertrauensvolle Beziehung von Menschen zu Gott, wie er sich in Jesus Christus gezeigt hat, Gestalt an. Sie ist

> weder ein ›geoffenbartes‹ gedankliches Lehrsystem noch ein System moralischer Regeln, sondern sie gründet in einem Ereignis – dem Christusereignis – und lebt religionspraktisch durch dessen Erinnerung und Vergegenwärtigung in religiösen Vollzügen [...]; sie lebt theologisch durch die Deutung des Christusereignisses, insofern historische Ereignisse Bedeutung(en) nur in Form von Deutung(en) erlangen« (Dressler, 2018, S. 6).

Religion ist also ein Modus der Welterschließung; in der Schule ist sie so neben weiteren Welterschließungsmodi, z. B. dem mathematisch-naturwissenschaftlichen oder dem geistes- und humanwissenschaftlichen Welterschließungsmodus, aufzufinden. Im Unterricht wird Religion somit ›gezeigt‹: »›Religion zeigen‹ zielt darauf ab, Religion als eine Praxis zu erschließen« (Dressler, 2018, S. 2) und hier kommen dann eben auch die medialen und digitalen Religionspraxen in den Blick, in denen der christliche Glaube kirchlich und außerkirchlich gelebt wurde und wird.

2.2 Das Forschungsdesiderat »Religiöse Mediensozialisation«

Mediennutzungsstudien spiegeln diese noch wenig verbreitete Einsicht in das enge Verhältnis von Religionen und Medien nur geringfügig wider. Sie enthalten kaum Ergebnisse, die sich auf die aktive religiöse Praxis von Kindern und Jugendlichen beziehen (Nord, 2021). Wir wissen wenig über die zunehmend wichtige Sozialisationsinstanz, die (digitalen) Medien, und ihren Einfluss auf die religiöse Sozialisation von Kindern und Jugendlichen. Das gilt sowohl für den nonformalen Freizeitbereich als auch für den formalen Schulbereich von Bildung: Einerseits wissen wir kaum etwas über die Wirkung, die Freizeit-Erfahrungen mit Religion(en) und Spiritualität im Bereich von Filmen, Computerspielen und anderen digitalen Formaten auf die Einstellungen von Kindern und Jugendlichen zu Religion haben. Andererseits werden im schulischen Bildungsbereich mit Digitalisierungsprozessen veränderte Lernkulturen eingeführt, die zugleich den Menschen, den es zu bilden gilt, anders sehen. Große Hoffnungen werden so in vielen Bildungsdebatten auf die Dimension der Selbststeuerung und Selbstorganisation im digitalen Lernen gesetzt. Doch welches Menschenbild favorisiert z. B. eine pädagogische Orientierung, die Selbststeuerung und Selbstorganisation zu wesentlichen Kompetenzen im Bildungsbereich erhebt? Die Beziehungsdimension menschlicher Existenz tritt hier gegenüber alternativen Modellen zurück: Wird Lernen zu einer individuellen Praxis? Wo digitales Lernen auch und ebenso stark als soziale Praxis gesehen wird, wird hingegen die Förderung von Kooperationskompetenzen und Gestaltungskompetenzen in den Lernszenarien betont. Die Mediennutzungsfrage im Unterricht ist demnach keine pädagogische Trivialität. Letztlich betrifft sie Fragen der sozialen Ordnung im (Religions-)Unterricht: Unterrichten Religionslehrkräfte eine Anzahl einzelner SuS und bieten sie darin individuelle Lernbegleitung und/oder unterrichten sie mit einer Klasse und wird Bildung hier als elementarer Prozess von Beziehungsgestaltung, auch im Sinne einer strukturell inklusiven Orientierung, verstanden?

2.3 Ethisches Lernen in der Onlife-Welt

Die Onlife-Welt (Floridi, 2015), in der kaum mehr zwischen on- und offline unterschieden wird, gibt Kindern und Jugendlichen Einblicksmöglichkeiten nicht nur in humorvolle und in diesem Sinne unterhaltsame, sondern auch in lebensfeindliche und zerstörerische Kommunikation. Filme und schon Fotomaterial oder anderes Bildmaterial konfrontieren zum Teil unvorbereitet und nicht willentlich mit beängstigender Grausamkeit und Gewalt. Wie ist der theologisch-ethische Umgang hiermit zu sehen – sei dies bezogen auf Berichte oder Filme zu Kriegen in Geschichte und Gegenwart oder etwa auf die adoleszente, erwachende Sexualität junger Menschen, mit der sie experimentieren und es aus diesen und anderen Gründen zum Beispiel zu Cyberbullying (Palkowitsch-Kühl & Wenger, 2021), aufgrund von anderen Zusammenhängen aber auch zu Missbrauchsfällen kommt?

In der letzten Dekade ist in Deutschland gerade in Bezug auf das Phänomen Cyberbullying an Schulen eine sehr erhitzte Diskussion geführt worden. Sie führte zu einer Angebotsstärkung von Workshops gegen Cyberbullying für Jugendliche und Fortbildungen für das Lehrpersonal. Bereits während dieser Diskussion war die wissenschaftliche Reflexion gespalten, welche Bedeutung dem Phänomen Cyberbullying pädagogisch zukommen soll und wie es am ertragreichsten für pädagogische Prozesse zu reflektieren sei. Es ist einerseits festzuhalten, dass »Kinder und Jugendliche Social Media als ethischen Diskursraum und ethisches Experimentierfeld erleben« (Riegel, 2021, S. 21). Es werden hier Aushandlungsprozesse vollzogen, die Erfahrungen mit Anerkennung, Ablehnung, Solidarität und Streit um diese betreffen. Sie bieten dabei durchaus Gelegenheiten dazu, dass sich ein Gespür für das ethisch Gebotene einstellen kann (Riegel, 2021, S. 22).

Andererseits ist aber auch für den formalen Bildungsbereich zur Kenntnis zu nehmen, dass die häufig in pädagogischen Diskussionen thematisierte Gewalt in Medien keinesfalls in dem Sinne wirkt, dass sie rezipierende Kinder und Jugendliche z. B. von Filmen oder Computerspielen zwangsläufig dazu führt, selbst gewalttätig zu werden. Der Forschungsstand zeigt seit Jahren unverändert, dass Jugendliche durch den Konsum von Gewaltdarstellungen nicht nachweislich selbst ein höheres Gewaltpotenzial entwickeln. Allerdings ist auch nachweisbar, dass durchaus ein geringer Teil von Jugendlichen doch gefährdet ist, befördert durch die Rezeption medialer Produktionen selbst Gewalt auszuüben (Kunczik, 2017).

Es sollte in der Religionspädagogik demnach weit weniger darum gehen, dass Computerspiele, die Gewalthandlungen enthalten, für nicht empfehlenswert gehalten werden sollen, sondern es ist für einen die Persönlichkeit von Kindern und Jugendlichen stärkenden Umgang mit Gewaltdarstellungen zu sensibilisieren. Mit Kindern und Jugendlichen über ihre Einschätzungen zu Gewalt in Medien zu sprechen, was sie an diesen ängstigt, herausfordert oder auch was sie an ihnen bedeutsam und attraktiv finden, wird zu einem in digitalisierten Lebenswelten wichtigen Bestandteil des ethischen Lernens im Religionsunterricht. Nicht zuletzt bietet hierzu bereits die biblische Literatur, innerhalb der Gewaltdarstellungen enthalten sind und für die sie auch sozusagen bekannt ist, selbst Anlass (Bucher, 2003).

3. Didaktische Orientierungen und Konkretisierungen

3.1 Didaktische Orientierung

Reflexionen darüber, wie die Mediennutzung lebensweltlich und hinsichtlich religiöser Bildung fungiert, bieten erste didaktische Orientierungen: Die Welterschließungsfunktion der Mediennutzung gibt Orientierung für die Dimensionen von Digitaler Religion, Religion online und Online Religion und orientiert sich zugleich an ihnen. Geht man davon aus, dass viele Kinder und Jugendliche wenig Kontakte zu gelebter Religionspraxis im Alltag und an Festtagen haben, sie sich ihre Welten in vieler Hinsicht durch digitale Medien erschließen, liegt es nahe den zunehmend wichtiger werdenden Gegenstandsbereich der Digitalen Religion (Schlag & Nord, 2021) im Curriculum des Religionsunterrichts stark zu machen. Allgemeine Digitalkompetenzen (Kultusministerkonferenz, 2016) sind nun – um den medial zugänglichen Bereich von Religion umfassend in den Blick zu bekommen – auf verschiedene Bereiche digitaler Religionspraxis zu beziehen:

Religion online bezeichnet jene Religionspraxis, mit der z. B. vor Ort gefeierte Gottesdienste für einen weiteren Personenkreis digital zugänglich gemacht werden.

Online Religion eröffnet Einblicke in die Religionspraxis von z. B. digitalen Kirchen, die als Netzcommunity ohne lokale Gemeindebasis existieren.

Mit dem Begriff *Digitale Religion* wird schließlich eine Religionspraxis bezeichnet, in der Unterscheidungen zwischen Online- und Offline-Welten nicht mehr getroffen werden, weil diese zu treffen für die Orientierung im »Onlife-Leben« nicht mehr wichtig ist. Das heißt, es werden hybride Religionspraxen aufgesucht, wie sie z. B. bei jenen digitalen Abendmahlsgottesdiensten auffindbar sind, die online und offline Aspekte für die Teilnehmerinnen und Teilnehmer z. B. in Formaten einer Augmented Reality miteinander verbunden haben (Charbonnier, 2020).

Das Ziel eines daran anknüpfenden Ansatzes ist es, SuS einen digital kompetenten Umgang mit verschiedensten Möglichkeiten der Mediennutzungen im Feld christlicher Religionspraxis zu vermitteln.

Als weitere Funktion von Mediennutzung ist die Sozialisation durch Medien zu benennen. Diese muss nicht in Konkurrenz zur religiösen Sozialisation stehen, denn die Fähigkeit zur Konnektivität ist ein zentraler Aspekt digitaler Mediensozialisation und religiöser Bildung: Kinder und Jugendliche leben digital mediatisiert kontinuierlich in Beziehung. Konnektivität ist aber gerade auch ein Aspekt, der von Religionslehrkräften als ein besonderes Merkmal des Religionsunterrichts hervorgehoben wird. Es stellt sich jedoch die Frage, in welcher Beziehung beide Aspekte der Konnektivität stehen und gebracht werden können. Die bisherigen außerschulischen Orte und Beziehungen religiöser Sozialisation werden in Zukunft aufgrund vieler verschiedener Entwicklungen immer weniger für die religiöse Sozialisation von Kindern und Jugendlichen zur Verfügung stehen. Wenn demgemäß den Religionslehrkräften nun eine besondere Rolle in der Vermittlung religiöser Sozialisation zukommt, stellt sich die Frage, wie diese selbst ihre Beziehung zu digitalen Orten religiöser Sozialisation einschätzen und gestalten und welche Bedeutung diese Einschätzung für SuS bzw. deren Wahrnehmung Digitaler Religion(en) hat. Aus schulpädagogischen Diskussionen ist bekannt, dass die Akzeptanz digitaler Medien im Unterricht unter SuS wesentlich von der Haltung der Lehrkräfte gelenkt wird bzw. abhängig ist (Palkowitsch-Kühl, 2018).

Die ethische Reflexion der Mediennutzung bietet schließlich eine didaktisch orientierende Grundlage, denn hierin eröffnet sich ein hochkomplexes Gebiet religionspädagogischer und religionsdidaktischer Fragestellungen. Im Anschluss an die oben genannten Themenfelder Cyberbullying oder Visualisierungen von Gewalttaten ist für Lehrkräfte didaktisch sorgsam darüber nachzudenken, welche Kompetenzen wie mit welchen Materialien angeregt werden sollen. Welche Funktion hat die Mediennutzung historischer Bilder aus Kriegsgeschehnissen etwa zum Zweiten Weltkrieg und der Shoa oder zum Abwurf der Atombombe im Unterricht? Es geht nicht darum, hiermit einen solchen Bildereinsatz gänzlich für abwegig zu halten, aber es sollte didaktisch präzise geklärt sein, welches Ziel mit diesem verfolgt wird und ob die Medien diese dann ermittelte Kompetenzanbahnung auch erreichen können. Visualisierungen haben zudem nie eindeutige Wirkungen, sondern zeichnen sich gerade durch Vieldeutigkeit aus, sodass auch Seiteneffekte im Einsatz insbesondere von Bildmedien erwartet werden müssen, die nicht unbedingt dem zuvor genannten Ziel entsprechen. Phänomene visualisierter gewalthaltiger Darstellungen oder beschämender Interaktionen aus dem Internet schärfen ein, wie enorm bedeutsam es bleibt, die Mediennutzung didaktisch auf die SuS zu zentrieren: Die sorgsame ethische Reflexion der Funktion von Mediennutzung im Religionsunterricht wird, durchaus auch unter Beteiligung der Kinder und Jugendlichen selbst, zu einer religionspädagogischen Kernaufgabe.

3.2 Didaktische Konkretisierung

Ein wichtiger digital erreichbarer Recherchepool für religionspädagogisches Unterrichtsmaterial und religionsdidaktische Diskussionen ist rpi-virtuell[7]. Religionspädagogische Theoriebildung und Praxisbezüge im Bereich der wissenschaftlichen Reflexion liefert WiReLex[8]. Diese wichtigen Recherchepools und ihre Materialien sind allerdings allein kein Garant dafür, dass SuS einen digital kompetenten Umgang mit verschiedensten Möglichkeiten der Mediennutzung im Feld christlicher Religionspraxis erhalten. Der Religionsunterricht ist bereits jetzt einer der wenigen Orte, an denen Religion in den Lebenswelten von Kindern und Jugendlichen explizit benannt und wo ihnen die Gelegenheit zur Reflexion begegnet. Er ist also ein Ort, in dem Religionspraxis erschlossen werden kann. Der Besitz von digitalen Medien ist wiederum für Kinder und Jugendliche von Welterschließungsbedeutung. Das Handy ebenso wie die Playstation sind nicht nur Endgeräte, sondern Schlüssel zu kommunikativen Welten. Diese Medien sind die alltäglichen Lebensbegleiter der Heranwachsenden und haben darin häufig religionsanaloge Bedeutung. Nicht zuletzt deshalb eignet sich Mediennutzung als gemeinsame Lernangelegenheit von SuS und Lehrkraft und kann themen- und subjektbezogen differenziert werden.

Exemplifizierend kann hierfür das oben genannte Thema der »Bildgewalten« dienen. Die Lehrkraft sollte in der Vorbereitung didaktisch und fachwissenschaftlich reflektieren, wozu genau sie z. B. ein Bild zum Thema (biblische)

7 Comenius Institut: Rpi-virtuell. https://rpi-virtuell.de/ (Zugriff: 01.05.2021).

8 Deutsche Bibelgesellschaft: WiReLex – Das Wissenschaftlich-Religionspädagogische Lexikon im Internet. https://www.bibelwissenschaft.de/wirelex/wirelex/ (Zugriff: 01.05.2021).

Gewalt einsetzt. Die übergreifenden Fragen, wie Medien mit welcher Wirkkraft und welchen immersiven Effekten genutzt werden und wozu, können verbindend in den Unterricht selbst eingespielt werden: Welches Endgerät, welche digitale Variante und welche Darstellung von Bildern soll die Lehrkraft zur Vermittlung eines bestimmten religiösen Inhalts und zur Anregung von Kompetenzen nutzen? Dies kann gemeinsam mit SuS erforscht werden. Macht es einen und wenn ja, welchen Unterschied, ob die Bilder im Unterricht z. B. durch den Tageslichtprojektor, das eigene private Endgerät, das Smartboard und zudem als GIF, als Meme oder als Social-Media-Post erscheinen? Welche Bilder haben welche Wirkkraft durch welche Medien und sollten wie genutzt werden? Muss etwas anders gestaltet oder verändert werden, um der Zielsetzung gemäß zu funktionieren? Diese Fragestellungen führen wiederum zu weiteren, grundsätzlicheren religionsdidaktischen Reflexionshorizonten: Was ist die Zielsetzung für diese Themeneinheit und wie muss sie definiert werden? Was muss man über das Thema wissen, um sich für ein dem Thema angemessenes Bild entscheiden zu können? Schließlich: In welchen Grenzen bewegt sich der gemeinsame Entscheidungsspielraum?

Im Sinne eines erforschenden kooperativen Reflexions- und Differenzierungsprozesses von SuS und Lehrkraft gleichermaßen kann so z. B. handelnde Sensibilität gewonnen werden: Wozu werden uns durch Medien welche Szenarien wie präsentiert? Diese Fragestellungen leiten auch zu Gestaltungskompetenzen an, mit denen z. B. das Design von Computerspielen beurteilt werden kann. Zugleich werden beispielhafte Bedingungen geboten, unter denen SuS als aktiv Gestaltende handeln und nicht als passiv-rezeptive Akteure und Akteurinnen. Ein breites Spektrum der allgemeinen Digitalkompetenzen wird hierfür eingesetzt sowie erprobt und zugleich wird die thematische Auseinandersetzung mit religiösem Mediencontent gefördert. Insgesamt entspricht dies nicht zuletzt dem Sinn eines inklusiveren Religionsunterrichts, da dort insbesondere die gestalterischen und kooperativen, die problemlösenden Zugänge zur Erschließung von Religionskulturen zu stärken sind.

4. Literatur

Bucher, A. A. (2003): »Da hat der liebe Gott einen Wutanfall gehabt«. Gewalttexte in der Bibel: Zwischen Faszination und Trauma. In Ders. (Hg.): »Im Himmelreich ist keiner sauer«. Kinder als Exegeten (Jahrbuch für Kindertheologie, Bd. 2) (S. 64–74). Stuttgart: Calwer.

Charbonnier, R. (2020): Digitales Abendmahl: Orientierungen für eine liturgisch verantwortliche Gestaltung aus semiotischer Perspektive; ein Versuch. Gottesdienst und Migration, S. 84–99.

Churches Online in Times of Corona (CONTOC): Ergebnisse zur CONTOC-Studie, Sektion Deutschland, aufbauend auf die erste ökumenische Tagung am 13.4.2021. https://contoc.org/de/ergebnisse-contoc-de/ (Zugriff: 01.05.2021).

Comenius Institut: rpi-virtuell. https://rpi-virtuell.de/ (Zugriff: 01.05.2021).

Deutsche Bibelgesellschaft: WiReLex – Das Wissenschaftlich-Religionspädagogische Lexikon im Internet. https://www.bibelwissenschaft.de/wirelex/wirelex/ (Zugriff: 01.05.2021).

Dressler, B. (2015): Art. Performativer Religionsunterricht, evangelisch. In WiReLex – Das Wissenschaftlich-Religionspädagogische Lexikon im Internet. https://www.bibelwissenschaft.de/stichwort/100017/ (Zugriff: 02.05.2021).

Floridi, L. (2015): Die 4. Revolution. Wie die Infosphäre unser Leben verändert. Aus dem Englischen von Axel Walter. Berlin: Suhrkamp.

Gronover, M. (2021): Berufliche Schulen. In U. Kropač/U. Riegel/A. Lehner-Hartmann/V. Pirker/M. Schambeck/A. Unser (Hg.): Handbuch Religionsdidaktik (Kohlhammer Studienbücher Theologie, Bd. 25) (S. 459–464). Stuttgart: Kohlhammer.

Kultusministerkonferenz (KMK) (2016): Bildung in der digitalen Welt. Strategie der Kultusministerkonferenz, 2016. https://www.kmk.org/themen/bildung-in-der-digitalen-welt/strategie-bildung-in-der-digitalen-welt.html (Zugriff: 01.05.2021).

Kunczik, M. (2017): Medien und Gewalt: Überblick über den aktuellen Stand der Forschung und der Theoriediskussion. Wiesbaden: Springer.

Medienpädagogischer Forschungsverbund Südwest (2020): Jim Studie 2020. https://www.mpfs.de/studien/jim-studie/2020/ (Zugriff: 01.05.2021).

Nord, I./Zipernovszky, H. (2017): Religionspädagogik in mediatisierter Welt. Stuttgart: Kohlhammer.

Nord, I. (2021): Religiöse Sozialisation von Jugendlichen in mediatisierter Welt. Ausgangsfragen und Zielsetzungen. In W. Beck/Dies./J. Valentin: Theologie und Digitalität. Ein Kompendium (S. 277–300). Freiburg i. Br.: Herder.

Palkowitsch-Kühl, J. (2018): Digitale Medienkompetenz – eine Schlüsselkompetenz in der Lehrkräfteausbildung. Aktuelle Perspektiven von Lehrkräften im Bereich schulisch verantworteter religiöser Bildung. Zeitschrift für Pädagogik und Theologie, 70 (3), S. 294–307.

Palkowitsch-Kühl, J./Wenger, M. (2021): Art. Cybermobbing. In WiReLex – Das Wissenschaftlich-Religionspädagogische Lexikon im Internet. https://www.bibelwissenschaft.de/stichwort/200881/ (Zugriff: 01.05.2021).

Peböck, K. (2021): Relichat. https://www.relichat.org/ (Zugriff: 01.05.2021).

Riegel, U. (2021): Weltorientierungen von Kindern und Jugendlichen. Ergebnisse empirischer Studien. In K. Lindner/M. Zimmermann. (Hg.): Handbuch ethische Bildung. Religionspädagogische Fokussierungen (S. 16–23). Tübingen: Mohr Siebeck.

Schlag, T./Nord, I. (2021): Art. Religion, digitale. In WiReLex – Das Wissenschaftlich-Religionspädagogische Lexikon im Internet. https://www.bibelwissenschaft.de/stichwort/200879/ (Zugriff: 01.05.2021).

Wehling, H.-G. (1977): Konsens à la Beutelsbach? Nachlese zu einem Expertengespräch. In S. Schiele/H. Schneider (Hg.): Das Konsensproblem in der politischen Bildung (S. 173–184). Stuttgart: Klett.

Zimmermann, M. (2021): Sekundarstufe I. In U. Kropač/U. Riegel/A. Lehner-Hartmann/V. Pirker/M. Schambeck/A. Unser (2021): Handbuch Religionsdidaktik (Kohlhammer Studienbücher Theologie, Bd. 25) (S. 444–451). Stuttgart: Kohlhammer.

Menschenrechte / Menschenwürde

Manfred L. Pirner

1. Lebensweltliche Perspektiven

> »Menschenrechte sind wie Spielregeln. Sie sagen, was möglich ist und schützen dich gleichzeitig. Menschenrechte sind also auch deine Rechte und du spürst sie tagtäglich: am Arbeitsplatz, bei Streitigkeiten, in der Schule ...«.

Dieses Zitat des Jugendportals »Menschenrechte – Deine Rechte: Vielfalt tut gut«[1] spricht ein wichtiges Charakteristikum der Menschenrechte an: Sie sind einerseits einklagbare Rechte im juristischen Sinn, aber sie wollen auch mit ihren Wertorientierungen das Zusammenleben von Menschen leiten und die Alltagswelt im Sinne einer »Kultur der Menschenrechte« durchdringen. Insofern bleibt die Bedeutung der Menschenrechte für den eigenen lebensweltlichen Kontext häufig unerkannt und wird erst in Problem- oder Konfliktfällen oder im Vergleich zu Erfahrungen aus anderen Ländern und Kulturen bewusst. So empfinden z. B. viele Geflüchtete die in Deutschland gewährte menschenrechtlich-grundgesetzliche »Freiheit des Glaubens, des Gewissens und die Freiheit des religiösen und weltanschaulichen Bekenntnisses« (Art. 4 GG) als auch persönlich befreiend (vgl. Pirner & Bradtke, 2021), während sie für viele Einheimische den nicht weiter bedachten »Normalfall« darstellt.

Allerdings ist zu vermuten, dass das Bewusstsein von Kindern und Jugendlichen für die Bedeutung der Menschenrechte in den vergangenen Jahren primär durch drei Entwicklungen geschärft worden ist: Zum ersten durch verstärkte öffentlich-mediale Diskurse um Menschenrechtsverletzungen, die teilweise direkt mit unserem Lebensstil zusammenhängen (Stichwort: Kinderarbeit für die Herstellung von Smartphones oder Kleidung); zum zweiten durch die Jugendbewegung für Klimaschutz (Stichwort: »Fridays for Future«), die das Menschenrecht auf eine lebenswerte Umwelt und Zukunft in den Mittelpunkt stellt; und zum dritten durch die Diskussion um die Rechte von behinderten Menschen (Stichwort: Inklusion) und von Kindern (Stichwort: Kinderrechte ins Grundgesetz!). Die letzten beiden Beispiele zeigen auch exemplarisch, dass

1 https://www.menschenrechte.jugendnetz.de (Zugriff: 03.04.2021).

internationale Menschenrechtsverträge wie die UN-Behindertenrechtskonvention und die UN-Kinderrechtskonvention konkrete Auswirkungen bis in die Bildungspolitik und dadurch in die Schul- und Unterrichtskultur der einzelnen Schulen hinein haben, die von den Schülerinnen und Schülern (SuS) hautnah erlebt werden. Beispiele wie diese oder die »Fridays for Future«-Bewegung relativieren zudem die grundsätzlich durchaus berechtigte Anfrage, ob das Konstrukt »Menschenrechte« nicht für Kinder und jüngere Jugendliche zu abstrakt und somit schwer verständlich ist.

Umfragen unter der deutschen Bevölkerung ergeben regelmäßig eine hohe Zustimmung zur gesellschaftlichen Bedeutung der Menschenrechte, die weitgehend unabhängig von der jeweiligen religiösen Orientierung der Befragten ist. So gaben z. B. in einer repräsentativen Erhebung im Auftrag von Amnesty International im Herbst 2018 90 % der Befragten an, für sie seien die Menschenrechte »für unser gesellschaftliches Zusammenleben« »sehr wichtig« (69 %) oder »wichtig« (30 %).[2] Das Wissen über Menschenrechte hinkt allerdings dieser großen Zustimmung deutlich hinterher. Nach einer Erhebung des internationalen Umfrageinstituts Ipsos von 2018 waren 48 % der befragten Deutschen der Meinung, ein geringes oder gar kein Wissen zu Menschenrechten im Allgemeinen zu haben.[3] In einer großen internationalen Studie hat Hans-Georg Ziebertz mit zahlreichen Kooperationspartnern Jugendliche zu ihrem Verständnis von Menschenrechten und Menschenwürde befragt, in der deutschen Teilstudie 2.157 SuS im Alter von 16 oder 17 Jahren in 11 Bundesländern. Die Ergebnisse zeigten, dass die Jugendlichen in der Menschenwürde einen sehr hohen Wert sehen. Zwei von drei Jugendlichen stimmten der Aussage stark oder sehr stark zu: »Jeder Mensch verdient Anerkennung allein aufgrund seines Mensch-Seins, unabhängig von sozialer Stellung und Verhalten« (Ziebertz, 2014, S. 14). Dabei wiesen interessanterweise religiöse Jugendliche die höchsten Zustimmungsraten auf: Während nur 26,1 % der nicht religiös gebundenen Jugendlichen voll zustimmten, waren es 30,9 % der protestantischen und 33,4 % der katholischen Jugendlichen sowie 46,2 % der muslimischen Jugendlichen. Nahezu alle differenziert mit konkreten Beispielen abgefragten Menschenrechte wurden von den Jugendlichen mehrheitlich befürwortet, besonders stark die Rechte auf Meinungsfreiheit und Schutz der Privatsphäre, während das Recht auf Asyl besonders umstritten war. Während nichtreligiöse und christliche Jugendliche eher die Freiheitsrechte betonten, waren den muslimischen Befragten die sozia-

---

2 https://www.amnesty.de/informieren/aktuell/deutschland-70-jahre-menschenrechte-deutsche-politik-muss-aktiver-fuer-die (Zugriff: 28.03.2021).

3 https://de.statista.com/statistik/daten/studie/889653/umfrage/weltweite-umfrage-zum-wissen-ueber-die-menschenrechte/ (Zugriff: 04.04.2021).

len und Schutzrechte tendenziell besonders wichtig (vgl. hierzu auch Ziebertz, 2017). Die Untersuchung zeigt damit, dass es Zusammenhänge zwischen der religiös-weltanschaulichen Orientierung von Jugendlichen und ihrer Einstellung zu den Menschenrechten gibt, die auch auf die Bedeutsamkeit von religiöser Bildung verweisen.

2. Theologisch-ethische Perspektiven

2.1 Elementaria von Menschenrechten und Menschenwürde

Menschenrechte sind die Rechte, die jeder Person allein aufgrund ihres Menschseins zukommen (und damit allen Menschen: »universell«), die unter keinen Umständen verloren werden können (»unveräußerlich«) und die einander bedingen sowie miteinander verknüpft sind (»unteilbar«). Ihre Grundprinzipien Universalismus, Freiheit und Gleichheit leiten sich vom Grundwert der Menschenwürde ab, wie er in der Präambel und in Art. 1 der *Allgemeinen Erklärung der Menschenrechte* intoniert wird: »Alle Menschen sind frei und gleich an Würde und Rechten geboren.« Der Begriff der Menschenwürde ist dabei bewusst nicht genauer definiert worden. Der zweite Satz des Art. 1 verweist auf Vernunft und Gewissen als menschliche Grundpotenziale (die als solche auch für in ihrer Vernünftigkeit eingeschränkte Menschen gelten), womit die Würde des Menschen vor allem in seiner Verantwortungsfähigkeit gesehen werden kann. Diese elementare Grundbestimmung und gleichzeitige interpretative Offenheit der Menschenwürde sowie der Menschenrechte haben sicher zu ihrer weltweiten Anerkennung als normativem Rahmen und als Medium der Aushandlung von Verträgen, Gesetzen und Werten beigetragen.

Während die *Allgemeine Erklärung der Menschenrechte* durch die UN von 1948 zunächst eher eine Absichtserklärung war, haben die Menschenrechte ihre politische Wirksamkeit vor allem durch völkerrechtlich bindende Verträge wie den *Internationalen Pakt über bürgerliche und politische Rechte* und den *Internationalen Pakt über wirtschaftliche, soziale und kulturelle Rechte* (beide 1966) sowie ihre Verankerung in den nationalen Verfassungen und Grundrechten der beteiligten Länder entfaltet. Nicht zu unterschätzen in ihrer Bedeutung ist auch die Arbeit der entsprechenden Kontrollverfahren und UN-Kommissionen, die die Umsetzung der Verträge überwachen und dabei neben den Regierungen auch mit diversen Nichtregierungsorganisationen (NGOs) und zivilgesellschaftlichen Gruppierungen der jeweiligen Länder zusammenarbeiten.

2.2 Aktuelle Herausforderungen der Menschenrechte

Es ist unübersehbar, dass die Erfolgsgeschichte der Menschenrechte immer auch von Schattenseiten durchzogen war. Sie sind in vielfältiger Weise politisch instrumentalisiert und ideologisch missbraucht sowie von vielen Ländern trotz proklamierter Zustimmung missachtet worden. Gerade in jüngster Zeit werden ihre Geltung und Sinnhaftigkeit sowohl auf machtpolitischer Ebene als auch in der philosophischen und wissenschaftlichen Diskussion wieder verstärkt infrage gestellt. Zumindest auf einen Hauptdiskussionspunkt soll hier kurz eingegangen werden.

In der Standarderzählung der Geschichte der Menschenrechte wird in der Regel eine Linie von frühen Vorläufern wie der englischen *Magna Charta Libertatum* von 1215 über die nordamerikanische *Unabhängigkeitserklärung* von 1776 und die französische *Erklärung der Menschen- und Bürgerrechte* von 1789 bis hin zu den 30 Artikeln der *Allgemeinen Erklärung der Menschenrechte* von 1948 gezogen. So richtig das einerseits ist, so problematisch ist andererseits, dass dabei in aller Regel weitere Vor- und Bezugsgeschichten aus asiatischen, afrikanischen oder südamerikanischen Traditionen unberücksichtigt bleiben und somit dem Eindruck Vorschub geleistet wird, die Menschenrechte seien eine westliche Erfindung. Dies hat mit dazu beigetragen, dass es diverse Alternativerklärungen der Menschenrechte gibt, die über eine legitime Interpretation hinaus eigene inhaltliche Akzente setzen, welche den Universalitätsanspruch der Menschenrechte gefährden (z. B. die *Afrikanische Erklärung der Menschenrechte* von 1981; die *Kairoer Erklärung der Menschenrechte im Islam* von 1990; die *Asiatische Erklärung der Menschenrechte* von 1993).

Zu betonen ist jedoch, dass mit dem normativen Universalismus der Menschenrechte kein übergeschichtlicher Standpunkt beansprucht wird. Vielmehr lässt sich die Geschichte der Menschenrechte mit Heiner Bielefeldt als eine menschheitliche Konflikt- und Lerngeschichte, als »work in progress« fassen (Bielefeldt & Wiener, 2020, S. 30–33), die von vielen geografisch und historisch geprägten Strömungen geleitet wurde und die nach vorne offen ist:

> »Der Universalismus der Menschenrechte lässt sich auch als Postulat verstehen, die Weiterentwicklung menschenrechtlicher Normen und Prinzipien so offen und inklusiv wie möglich zu gestalten: im Wissen darum, dass jede Stimme zählt – auch die Stimme derer, die angemessen wahrzunehmen wir vielleicht noch nicht gelernt haben« (Bielefeldt & Wiener, 2020, S. 54).

Dass eine Weiterentwicklung der Menschenrechte immer wieder nötig und sinnvoll ist, zeigt exemplarisch die jüngere Diskussion um die Rechte von nicht heterosexuellen Menschen sowie um die Zusammenhänge von Menschenrechten mit dem Schutz von Tieren und unserer natürlichen Mitwelt, wie sie vor allem in den *Sustainable Development Goals* Ausdruck finden, die 2015 von der UN-Vollversammlung als globale Ziele verabschiedet wurden.[4]

Zu betonen ist auch, dass die Entstehung des normativen Universalismus der Menschenrechte nicht lediglich auf einer (möglicherweise westlich dominierten) Philosophie beruht, sondern ganz wesentlich aus leidvollen Unrechtserfahrungen konkreter Menschen auf der ganzen Welt hervorgegangen ist. Das elementare Empfinden bei eigenem oder fremdem Erleben »So sollte kein Mensch behandelt werden!« kann somit als der eigentliche anthropologische Wurzelgrund der Menschenrechte betrachtet werden – der für alle, auch Kinder und Jugendliche, zugänglich ist.

2.3 Menschenrechte und Religion

Es ist wichtig sich zu vergegenwärtigen, dass sich die Idee der Menschenrechte im europäischen bzw. westlichen Kontext auch als eine Reaktion auf die erfahrene Unversöhnlichkeit von Religionen und Konfessionen in den sog. Glaubenskriegen sowie innerhalb religiös-weltanschaulich pluraler Territorien durchgesetzt hat. Sie ist daher mit vom Credo der Aufklärung geprägt: Wenn Religion nur zu Streit und Krieg führt, dann lasst uns *vernünftig* werden, damit unser Zusammenleben gelingt! Bis heute stellen sich Religionen nicht selten eher als hinderlich statt förderlich auf dem Weg zu einer Kultur der Menschenrechte dar. Auch die beiden großen christlichen Kirchen haben ihr Ja zu den Menschenrechten erst im Lauf des 20. Jahrhunderts gefunden und sie bis dahin zum Teil heftig bekämpft. Einen traurigen Höhepunkt stellte der *Syllabus Errorum* von Papst Pius IX. aus dem Jahre 1864 dar, der die Menschenrechte unter den ideologischen Verirrungen der Moderne auflistete. Dass vor Kurzem der Vatikan die Segnung von homosexuellen Paaren verboten hat und die orthodoxen Kirchen bis heute der Gleichstellung der Geschlechter und erst recht der Homosexualität ablehnend gegenüberstehen, bestätigt viele Verfechterinnen und Aktivisten der Menschenrechte in ihrer religionskritischen Haltung. Sie betonen, dass die Menschenrechte einen rein säkularen Charakter haben und die Zivilisierung von Religion(en), u. a. durch das Recht auf Religionsfreiheit, eine ihrer wichtigen Aufgaben ist.

---

4 https://www.un.org/sustainabledevelopment/ (Zugriff: 04.04.2021).

Vor diesem Hintergrund ist es nicht ganz leicht, die konstruktive, Menschenrechte fördernde und unterstützende Rolle der Religionen insgesamt und der christlichen Kirchen insbesondere plausibel zu machen. Für die römisch-katholische Kirche markiert das Zweite Vatikanische Konzil (1962–1965, besonders das Konzilsdokument *Dignitatis humanae*) einen Wendepunkt hin zu einer menschenrechtsfreundlichen Haltung. Für die protestantischen Kirchen in Deutschland haben die Diskussionen um den Öffentlichkeitsauftrag der Kirche sowie eine »öffentliche Theologie« wichtige Impulse gegeben. Der spätere EKD-Ratsvorsitzende Wolfgang Huber und Heinz Eduard Tödt formulierten die Überzeugung,

> »dass in den Menschenrechten etwas aufleuchtet, das in Analogie zu dem steht, was der Glaube als die Gabe Gottes für alle Menschen zu entschlüsseln vermag, das aber zugleich die Differenz jeder menschlich-geschichtlichen Gemeinschaft – auch jeder Rechtsgemeinschaft – […] deutlich erkennen lässt« (Huber & Tödt, 1977, 162).

Während eine große Übereinstimmung zwischen den menschenrechtlichen und christlichen Grundwerten zu konstatieren ist, geht christliche Ethik in ihrer Radikalität der Nächstenliebe bis hin zur Feindesliebe deutlich über die Menschenrechtsethik hinaus.

Aus der Sicht beider Konfessionen kann der christliche Glaube vor allem eine Begründung für den begründungsoffenen menschenrechtlichen Grundwert der Menschenwürde liefern: Sie ist, schöpfungstheologisch gefasst, eine von Gott geschenkte, dem Menschen zugesprochene – und gerade deshalb eine »fremde«, unverdienbare und unverlierbare – Würde: Indem Gott den Menschen als sein »Ebenbild« (Gen 1,27) erschaffen hat, hat er ihm eine besondere Stellung und Verantwortung im Gesamt der Schöpfung zugewiesen. Die Menschenwürde ist, christologisch gefasst, zudem dadurch begründet, dass Gott durch Christus selbst Mensch geworden ist. Auf der Basis einer solchen theologischen Begründung der Menschenwürde und somit der Menschenrechte setzen sich beide großen Kirchen sowie eine Vielzahl von christlichen Gruppierungen und Initiativen auf lokaler, regionaler, nationaler und internationaler Ebene aktiv für Menschenrechte ein; für viele Menschenrechtsaktivistinnen und -aktivisten stellt ihr christlicher Glaube eine wichtige Motivationsbasis dar.[5]

5 Vgl. z. B. https://www.ekd.de/menschenrechte-60316.htm; https://weltkirche.katholisch.de/Themen/Menschenrechte?currentpage=189 (Zugriff: 05.04.2021). Vgl. zur Bedeutung der Menschenwürde für ein christliches Bildungsverständnis: Schweitzer, 2011.

Eine solche christlich-religiöse Interpretation von Menschenwürde und Menschenrechten darf nun wiederum nicht in den Fehler einer christlichen Vereinnahmung verfallen: Menschenwürde und Menschenrechte sind keine »christliche Erfindung«; ihr Universalitätsanspruch kann nur dann aufrechterhalten werden, wenn auch ihre Begründungs- und Interpretationsoffenheit erhalten bleibt. Zu einer theologisch-ethischen Wertschätzung der Menschenrechte gehört notwendigerweise die Einsicht, dass sie aus unterschiedlichen religiösen oder nichtreligiösen Perspektiven heraus begründet und interpretiert werden können.

Ebenso zentral für eine theologische Perspektive ist die Erkenntnis, dass die Menschenrechte nicht so etwas wie eine säkulare Ersatzreligion darstellen. Sie beanspruchen nicht, wie Religionen oder Weltanschauungen eine umfassende Lehre vom guten Leben zu bieten, sondern beschränken sich darauf, einen rechtlichen Rahmen zu schaffen, innerhalb dessen gerade sehr unterschiedliche, plurale Vorstellungen vom guten Leben verwirklicht werden können. Dementsprechend ist auch der Geltungsvorrang der Menschenrechte vor religiösen Vorstellungen und Werten auf die Gewährleistung grundlegender Rechte beschränkt. Von religiösen Menschen kann und muss in einer menschenrechtsbasierten Demokratie erwartet werden, dass sie diesen »praktischen Geltungsvorrang« (Bielefeldt & Wiener, 2020, S. 250) akzeptieren; ansonsten ist es aber nicht verwerflich, wenn ihnen für ihr persönliches Leben ihre religiösen Werte wichtiger sind als die menschenrechtlichen bzw. grundgesetzlichen Werte.

> »Allein auf eine solche Hochschätzung der Religion hin einen Verdacht der Verfassungsfeindlichkeit zu gründen, wäre kategorial genauso daneben, als hätte man dem deutschen Bundespräsidenten Gustav Heinemann seinerzeit für seine bekannte Aussage, er liebe seine Frau, nicht den Staat, eine staatsfeindliche Orientierung angedichtet« (Bielefeldt & Wiener, 2020, S. 250).

3. Didaktische Perspektiven

3.1 Didaktische Orientierungen

Im Unterschied zu den meisten in diesem Band verhandelten ethischen Themen, sind die Menschenrechte nicht lediglich als weiteres Thema des Religionsunterrichts zu verstehen, sondern haben für diesen in mehrfacher Weise eine grundlegende Bedeutung, die allerdings eben auch im Religionsunterricht zur Sprache kommen kann und sollte. So bilden die Menschenrechte mit ihrem

Grundaxiom der Menschenwürde den grundgesetzlich garantierten normativen Rahmen und Basiskonsens unserer pluralistischen Gesellschaft und damit auch der pluralitätsoffenen Schule. Menschenrechtsbildung und Demokratiebildung sind somit Kernaufgaben öffentlicher Bildung, an denen sich der Religionsunterricht vor allem auch aus genuin theologisch-religionspädagogischen Motiven heraus beteiligt (vgl. die Beschlüsse der Kultusministerkonferenz zur Menschenrechtsbildung und Demokratiebildung, KMK 2018a und 2018b). Zudem steht der grundgesetzlich garantierte Religionsunterricht (Art. 7 GG) für die Verwirklichung der ebenfalls grundgesetzlich festgelegten Religionsfreiheit (Art. 4 GG). Eine besondere Rolle für die Schulen spielen auch die verstärkten Bemühungen zur Umsetzung der UN-Kinderrechtskonvention von 1989, die u. a. durch die Aufnahme der Kinderrechte ins Grundgesetz unterstützt werden sollen (vgl. hierzu Pirner, Gläser-Zikuda & Krennerich, 2021).

Für den Religionsunterricht bedeutet dies, wie für alle Unterrichtsfächer, dass es einerseits darum geht, Menschenwürde, Menschenrechte und Kinderrechte als Unterrichtsthemen stärker zur Geltung zu bringen. Der Religionsunterricht trägt bisher zwar bereits viel *implizit* zur Menschenrechtsbildung bei, indem er ethische Sensibilität stärkt und eine Wertorientierung anbietet, die hochgradig mit den Menschenrechten kompatibel ist. Die *explizite* Beschäftigung mit Menschen- oder Kinderrechten, die dann auch deren politische und rechtliche Dimensionen thematisiert, kommt bislang jedoch zu kurz (vgl. z. B. Suhner, 2020, S. 457–460). Bis zu einer wünschenswerten Überarbeitung der Lehrpläne sollten Religionslehrkräfte eigenständig vorhandene Spielräume und Anknüpfungspunkte nutzen.

Andererseits geht es über eine Thematisierung hinaus auch um eine menschen- bzw. kinderrechtsorientierte Unterrichts- und Schulkultur, die den SuS mehr Mitbestimmung und Eigenverantwortung ermöglicht. Für den Religionsunterricht ist dieses Grundprinzip einer Kongruenz zwischen Unterrichtsinhalt und Unterrichtkultur nicht neu; so ist immer wieder darauf verwiesen worden, dass ein Unterricht, in dem Nächstenliebe und bedingungsloses Angenommensein durch Gott vermittelt werden sollen, sich auch in der Unterrichtskommunikation von diesen Grundsätzen leiten lassen sollte. In ähnlicher Weise betonen UN-Dokumente zur Menschenrechtsbildung, dass diese im Sinne eines Lernens über, durch und für Menschenrechte zu verstehen sei (vgl. UN, 2012, Art. 2; Pirner, 2017a).

3.2 Didaktische Konkretisierungen

In nahezu allen religionsunterrichtlichen Lernfeldern können erhellende, lernproduktive Verbindungen zu den Themen Menschenwürde, Menschenrechte und Kinderrechte hergestellt werden. Im Folgenden werden Beispiele genannt und einige didaktische Anregungen gegeben.

Im Bereich des *biblischen Lernens* verweisen vor allem die biblischen Schöpfungstexte auf die besondere Würde des Menschen; die alttestamentliche sozialkritische Prophetie sowie die israelitische Sozialgesetzgebung enthalten Forderungen und Regelungen, die aus dem Grundwert der Menschenwürde abgeleitet sind und als Vorläufer der Menschenrechtsidee verstanden werden können. Im Neuen Testament fordert und praktiziert Jesus im Namen Gottes eine Gerechtigkeit, die vor allem den Armen und Benachteiligten Recht schafft und die Kinder aufwertet. Spannend kann die Frage sein, welche Gemeinsamkeiten und Unterschiede zwischen der jesuanischen Liebesethik und der Menschenrechtsethik bestehen. Inwiefern ändert sich beispielsweise die Perspektive, wenn das Gleichnis vom barmherzigen Samariter vom Recht auf Leben des unter die Räuber Gefallenen her gedacht wird?

Im Bereich des *kirchengeschichtlichen* Lernens gibt es zahlreiche Anknüpfungspunkte: von Bartholomäus de las Casas (1484–1566), der sich für die Rechte der Eingeborenen Südamerikas einsetzte, über Friedrich Spee von Langenfeld (1591–1635), der gegen die Hexenverfolgungen kämpfte, und Johann Amos Comenius (1592–1670), der als Theologe und Vater der modernen Pädagogik und Didaktik zugleich die Vision einer von grundlegenden Rechten getragenen Weltgemeinschaft entwickelte, bis hin zur tief christlich-religiösen Eleanor Roosevelt (1884–1962), die als First Lady in den USA für Menschen- und Frauenrechte kämpfte und dann die UN-Kommission leitete, die die Allgemeine Erklärung der Menschenrechte ausarbeitete, sowie zu Martin Luther King (1929–1968) und Nelson Mandela (1918–2013).

Dass im Bereich des *ethischen und lebensweltlichen* Lernens menschenrechtliche Bezüge naheliegen, versteht sich eigentlich von selbst. In diesem Zusammenhang sollte vor allem die oben angesprochene wichtige Aufgabe ernst genommen werden, das Verhältnis von allgemeinen, säkularen demokratischen Grundwerten, wie denen der Menschenrechte, und religiösen Werten klärend zu erschließen. Dazu ist es sinnvoll, auch die Rolle des Religionsunterrichts im Religionsunterricht selbst zu thematisieren.

Für den Bereich des *interreligiösen Lernens* könnte vor allem der von den Menschenrechten und verfassungsmäßigen Grundwerten bestimmte Rahmen für die interreligiöse Verständigung in unserer demokratisch-pluralistischen Gesellschaft stärker einbezogen werden. Er kann Orientierung geben sowohl für Kommunikationsregeln – interreligiöse Kommunikation als Kommunikation zwischen gleichberechtigten und wechselseitig zu respektierenden Partnerinnen und Partnern – als auch für wichtige Inhalte und Ziele interreligiösen

Lernens, z. B. die Auseinandersetzung mit Religionsfreiheit, Meinungsfreiheit oder den Rechten sexueller Minderheiten.

Methodisch bieten v. a. die Handbücher zur Menschenrechtsbildung, »Kompass« und »Compasito« (Brander et al., 2020; Flowers et al., 2009) zahlreiche handlungs- und spielorientierte Praxisanregungen.

4. Literatur

Altmeyer, S./Englert, R./Kohler-Spiegel, H./Naurath, E./Schröder, B./Schweitzer, F. (Hg.) (2017): Menschenrechte und Religionsunterricht (Jahrbuch der Religionspädagogik, Bd. 33). Göttingen: Vandenhoeck & Ruprecht.

Bielefeldt, H./Wiener, M. (2020): Religionsfreiheit auf dem Prüfstand. Bielefeld: transcript.

Brander, P. et al. (2020): Kompass. Handbuch zur Menschenrechtsbildung für die schulische und außerschulische Bildungsarbeit. Berlin: Deutsches Institut für Menschenrechte.

Flowers, N./Brederode-Santos, M. E./Nagy, D. (2009): Compasito. Handbuch zur Menschenrechtsbildung mit Kindern, Berlin: Dt. Institut für Menschenrechte. https://www.compasito-zmrb.ch/compasito/grundlagen/index.html (Zugriff: 05.04.2021).

Huber, W./Tödt, H. E. (1977): Menschenrechte. Perspektiven einer menschlichen Welt. Stuttgart: Kreuz-Verlag.

KMK (2018a): Menschenrechtsbildung in der Schule. https://www.kmk.org/fileadmin/Dateien/veroeffentlichungen_beschluesse/1980/1980_12_04-Menschenrechtserziehung.pdf (Zugriff: 05.04.2021).

KMK (2018b): Demokratie als Ziel, Gegenstand und Praxis historisch-politischer Bildung und Erziehung in der Schule. https://www.kmk.org/fileadmin/Dateien/veroeffentlichungen_beschluesse/2009/2009_03_06-Staerkung_Demokratieerziehung.pdf (Zugriff: 05.04.2021).

Pirner, M. L. (2017a): Art. Menschenrechtspädagogik. In WiReLex – Das Wissenschaftlich-Religionspädagogische Lexikon im Internet. https://www.bibelwissenschaft.de/stichwort/100320/ (Zugriff: 05.04.2021).

Pirner, M. L. (2017b): Religionspädagogische Perspektiven zur Menschenrechtsbildung. In S. Altmeyer/R. Englert/H. Kohler-Spiegel/E. Naurath/B. Schröder/F. Schweitzer (Hg.): Menschenrechte und Religionsunterricht (Jahrbuch der Religionspädagogik, Bd. 33) (S. 110–121). Göttingen: Vandenhoeck & Ruprecht.

Pirner, M. L./Bradtke, J. (2021): Religion and Education as Resources for Young Refugees. Preliminary Results from an Empirical Mixed-Methods Study. In E. Aslan/M. Hermansen (Eds.): Religious Diversity at School. Educating for New Pluralistic Contexts (S. 41–61). Münster: Waxmann.

Pirner, M. L./Gläser-Zikuda, M./Krennerich, M. (Hg.) (2021): Menschenrechte von Kindern und Jugendlichen im Kontext Schule. Impulse für eine menschengerechte Bildung. Schwalbach am Taunus: Wochenschau-Verlag.

Pirner, M. L./Lähnemann, J./Bielefeldt, H. (Hg.) (2015): Menschenrechte und inter-religiöse Bildung. Berlin: EB-Verlag.

Reitz, S./Rudolf, B. (2014): Menschenrechtsbildung für Kinder und Jugendliche. Befunde und Empfehlungen für die deutsche Bildungspolitik. Berlin: Deutsches Institut für Menschenrechte.

Rudolf, B. (2020): Vorwort. In P. Brander et al.: Kompass. Handbuch zur Menschenrechtsbildung für die schulische und außerschulische Bildungsarbeit (S. 5). Berlin: Deutsches Institut für Menschenrechte.Schweitzer, F. (2011): Menschenwürde und Bildung. Religiöse Voraussetzungen der Pädagogik in evangelischer Perspektive (Theologische Studien, Bd. 2). Zürich: TVZ.

Schweitzer, F. (2013): Das Recht des Kindes auf Religion. Gütersloh: Gütersloher Verlagshaus.
Schwendemann, W. (Hg.) (2010): Menschenrechte im Religionsunterricht. Menschenrechte, Solidarität, Zivilcourage. Bausteine für die Sekundarstufe I. RU praktisch sekundar. Göttingen: Vandenhoeck & Ruprecht.
Suhner, J. (2020): Menschenrechte – Bildung – Religion. Bezugsfelder, Potentiale, Perspektiven. Paderborn: Ferdinand Schöningh.
Themenheft »Menschenrechte« (2019): Zeitschrift »Entwurf. Konzepte, Ideen und Materialien für den Religionsunterricht«, H. 1/2019.
UN (2011): Erklärung der Vereinten Nationen über Menschenrechtsbildung und -training. http://www.un.org/depts/german/gv-66/band1/ar66137.pdf (Zugriff: 07.07.2021).
Ziebertz, H.-G. (2014): Kurzbericht Schulen. https://www.theologie.uni-wuerzburg.de/fileadmin/01040400/Religion_and_Human_Rights/Publications/Bericht_Schulen.pdf (Zugriff: 04.04.2021).
Ziebertz, H.-G. (2017): Menschenrechte in der Wahrnehmung junger Christen und Muslime. In S. Altmeyer/R. Englert/H. Kohler-Spiegel/E. Naurath/B. Schröder/F. Schweitzer (Hg.): Menschenrechte und Religionsunterricht (Jahrbuch der Religionspädagogik, Bd. 33) (S. 72–83). Göttingen: Vandenhoeck & Ruprecht.

1. Lebensweltliche Perspektiven

»[A]m Anfang war es gefährlich, denn wir sind mit einem kleinen Boot oder sowas gefahren und am Abend auf einmal war dieser Motor kaputt und wenn das große Schiff nicht gekommen wäre, dann wären wir tot.«[1] Diese Erinnerung des 12jährigen Eziden Emad steht beispielhaft für unzählige dramatische Fluchtgeschichten aus der Lebenswelt von Schülerinnen und Schülern (SuS). Wir leben in einem »Zeitalter der Migration« (Castles & Miller, 2009). Wenngleich Migration zur Geschichte der Menschheit gehört, machten sich weltweit gesehen niemals zuvor so viele Menschen freiwillig und unfreiwillig auf den Weg, um ihre Zukunft in einem anderen Land zu gestalten. Nach Angaben von UNHCR, dem Flüchtlingshilfswerk der Vereinigten Nationen, waren 2019 weltweit über 79,5 Millionen Menschen auf der Flucht, 40 % unter ihnen waren Kinder unter 18 Jahren. 4,2 Millionen beantragten Asyl (vgl. UNHCR, 2021). Auch wenn die Zahl der Asylanträge seit 2016 kontinuierlich zurückgeht, ist absehbar, dass die prekäre humanitäre Lage in der Welt in Zukunft weitere Migrations- und Fluchtbewegungen auslösen wird. Krieg, Gewalt, ethnische, religiöse und geschlechtsspezifische Menschenrechtsverletzungen, Hunger, Naturkatastrophen und Umweltzerstörungen und vor allem auch der Klimawandel zwingen Menschen, ihre Heimat zu verlassen. Hinzu kommt, dass die aktuelle Pandemie die Lebensbedingungen in den Flüchtlingslagern wie Moria noch dramatisch verschlechtert. Migration darf jedoch nicht mit Gewaltmigration gleichgesetzt werden. Deutschland ist schon länger eine »Migrationsgesellschaft« (Mecheril, 2016, S. 12–15), in der Migration zur Alltäglichkeit, gar zum »Normalfall« (Bade & Oltmer, 2004) gehört. Von Migration (im Wortsinne: »Wanderung«) spricht man dann, »wenn Menschen ihren Lebensmittelpunkt verlagern oder zum alten Lebensmittelpunkt ein neuer hinzukommt« (Treibel, 2008, S. 295).

1 Interview im Zusammenhang mit der World Vision Studie: Flucht, Religion und Resilienz, 2020.

Das maßgebliche Dokument des internationalen Flüchtlingsrechts, die Genfer Flüchtlingskonvention, erkennt einer solchen Person den Rechtsstatus »Flüchtling« zu, die sich

> »aus der begründeten Furcht vor Verfolgung wegen ihrer Rasse, Religion, Nationalität, Zugehörigkeit zu einer bestimmten sozialen Gruppe oder wegen ihrer politischen Überzeugung [...] außerhalb des Landes befindet, dessen Staatsangehörigkeit sie besitzt, und den Schutz dieses Landes nicht in Anspruch nehmen kann oder wegen dieser Befürchtungen nicht in Anspruch nehmen will« (Artikel 1(A)(2) GFK).

Im deutschen Grundgesetz ist das Recht auf Asyl für politisch Verfolgte verankert, die nicht aus einem sog. »sicheren Herkunftsstaat« kommen. Daneben kann ein Flüchtlingsschutz nach der Genfer Flüchtlingskonvention, subsidiärer Schutz sowie ein Abschiebungsverbot gewährt werden, was jeweils mit unterschiedlichen Rechten verbunden ist. Im Asylverfahren wird entschieden, ob jemand zur Flucht gezwungen war und nicht ohne Gefahr für Leib und Leben in die Heimat zurückkehren kann, oder ob die Heimat aus eigenem Antrieb verlassen wurde, um die Lebenssituation zu verbessern. Hiermit einher geht also die grundlegende ethische Entscheidung, wer das Recht auf Schutz und ein besseres Leben erhält.

Durch die Einreise von über einer Million Schutzsuchender in den Jahren 2015 und 2016 konnte an der prekären humanitären Lage Geflüchteter nicht mehr vorbeigesehen werden. Sie führte zu einer »Krise der Menschlichkeit an den Außengrenzen Europas« (UNICEF, 2020, S. 7). Hieraus ergaben und ergeben sich vielschichtige politische, wirtschaftliche, kulturelle und soziale Dynamiken. Einer ersten Willkommenskultur folgte eine Negativberichterstattung, die Geflüchtete als Bedrohung und finanzielle Belastung für die deutsche Gesellschaft darstellten. Damit einher gingen (rechts-)populistische Forderungen nach Grenzschließungen und Abschiebungen, auch in rechten Kreisen des Christentums (Zick, Küpper & Berghan, 2019). Demgegenüber steht die lebensweltliche Realität praktizierter kultureller und religiöser Vielfalt.

Der Komplexität des Themas entspricht die heterogene Erfahrungswelt der SuS: Für die einen ist Migration, Flucht und Asyl ein Thema, das (scheinbar nur) »die Anderen« betrifft, zu dem man eine ethische Haltung entwickeln und das man auf einer abstrakten Ebene erörtern kann. Diese SuS kennen die medialen Bilder der »Flüchtlingsströme« und überfüllten Boote. Ihnen sind die Belastungen und Gefahren bewusst, denen Menschen auf der Flucht ausgesetzt sind (Götz & Holler, 2016, S. 4). Ihre Einstellungen zum Thema Flucht und Asyl basieren jedoch meist nicht auf Faktenwissen oder persönlichen Kontakten. Oft sind ihre Vorstellungen, z. B. in Bezug auf die Zahl Asylsuchender und das Asylrecht, auch falsch oder von Vorurteilen und Fake News der Social Media beeinflusst (S. 4). Für die anderen SuS sind Migration, Flucht und Asyl Teil ihrer lebensweltlichen Erfahrungen. Die gesellschaftspolitischen Haltungen und Entscheidungen haben ganz konkrete Auswirkungen auf ihr Leben und ihre Entfaltungsmöglichkeiten. So ist der Familiennachzug beispielsweise auf eine Zahl von 1.000 Menschen pro Monat begrenzt. Wichtige Bezugspersonen von Kindern mit Fluchterfahrungen dürfen nicht nachkommen, sodass sie um deren Leben fürchten müssen. Oder sie leben in Gemeinschaftsunterkünften mit vielen Menschen auf engem Raum ohne Privatsphäre. Ihre Beschulung, die ein Stück normalen Alltag zurückbringt, ist an den Aufenthaltsstatus geknüpft. Die meisten warten monatelang auf einen Schulplatz und wissen nicht, wie lange sie in der Schule bleiben können, bevor sie in ein anderes Bundesland »aufgeteilt« werden. Gemeinsam ist SuS mit Migrations- und Fluchterfahrungen, dass sie nicht nur als hilfsbedürftige »Objekte«, »Migranten« und »Flüchtlinge«, sondern als Subjekte und Akteurinnen und Akteure ihrer Lebens- und Bildungsprozesse gesehen werden wollen.

Bislang befürwortet die Mehrheit der Jugendlichen in Deutschland die Demokratie als Staatsform und ist mehrheitlich tolerant, wobei die Befürwortung rechtspopulistischer Aussagen tendenziell zunimmt (vgl. Albert, Hurrelmann & Quenzel, 2019). Einer Gefahr der vorschnellen Generalisierungen und zunehmenden Fremdenfeindlichkeit vorzubeugen, ist also ein wichtiger Bestandteil ethischer Bildung.

2. Theologisch-ethische Perspektiven

Auch wenn Europa bereits lange Zeit Migrationskontinent ist, ist es immer noch nicht selbstverständlich, »›ohne Angst verschieden sein [zu] können‹ – nach Adorno ein wesentliches Merkmal von Demokratie« (Polak, 2017, S. 33). Die Zuwanderungen von Menschen im Zuge von Migration und Flucht führen zur Frage nach Identität, Zugehörigkeit und menschenwürdigen Lebensbedingungen, die angesichts pluraler Lebensformen und Werteorientierungen ausgehandelt werden müssen (vgl. EKD, 2020). Hier kommt mit Ingrid Schoberth (2017) gesprochen »unser Leben und unsere Vorstellung vom guten Leben in Bewegung« (S. 115). Neben einer subjektiven Dimension, bei der das eigene Urteilen und Handeln reflektiert wird, muss auch die kollektive Dimension der gesellschaftlichen sowie der globalen weltpolitischen Verantwortung berücksichtigt werden: Wie kann das gesellschaftliche Zusammenleben so gestaltet werden, dass alle an den materiellen und immateriellen Ressourcen teilhaben und Raum zur Lebensentfaltung bekommen? Wie können Erfahrungen und Emotionen von Menschen mit und ohne Migrations- und Fluchterfahrungen geteilt und zu einem konstruktiven Gefühl des Zusammenhaltes und der Verbeheimatung führen? Wie wird das Recht auf Asyl festgestellt? Welche Migrations- und Fluchtursachen werden anerkannt? Ist nicht auch die Suche nach einer wirtschaftlichen Verbesserung der Lebensbedingungen ethisch legitim?

Hierbei müssen die konkreten Lebensbedingungen Geflüchteter sowie die Frage nach der Verteilungsgerechtigkeit der globalen Güter in den Blick genommen werden. Migration und Flucht betrifft nicht nur »die Anderen«, denen geholfen werden muss, die also »Objekte der Fürsorge« sind. Der Wohlstand westlicher Industrienationen geht auf Kosten der ärmeren Länder. Es gibt Fluchtursachen »Made in Europe« beispielsweise durch die »Ausgestaltung von Handelsverträgen«, die »Einschränkung der Regulierungs- und Handlungsfähigkeiten von Staaten«, die Interessenpolitik transnationaler Konzerne, durch »militärische […] Interventionspraxis oder europäische […] Waffenexporte […] oder »Agrar- und Fischereipolitik« (Braunsdorf, 2016, S. 2). Der Einzelne ist auch ohne bewusste Entscheidung in diese globalen Unrechtszusammenhänge verstrickt. »Die Flüchtlinge dieser Tage«, so fasst es Regina Polak (2017) pointiert zusammen, »stehen vor den Grenzzäunen jener, deren Vorfahren im Kolonialismus Millionen Menschen ermordeten; die um der Rohstoffe willen jahrzehntelang Despoten toleriert haben; und die um des Wirtschaftswachstums willen die Ressourcen der Erde zu zerstören bereit sind« (S. 33).

Gerade weil SuS ihre ethischen Überzeugungen meist nicht auf der Basis religiöser Überzeugungen formulieren, ist es wichtig, im Religionsunterricht religiöse Deutungs- und Orientierungsangebote einzubringen. Dabei darf die Bibel jedoch nicht als »Steinbruch« (Kruhöffer, 2012, S. 183) missverstanden werden, aus dem konkrete normative Vorgaben zu Migration, Flucht und Asyl abgeleitet werden können. Die gesellschaftlichen, wirtschaftlichen und politischen Umstände heutiger Zeiten sind auch nicht mit denen biblischer Zeiten vergleichbar. Dennoch beinhalten die Texte geronnene Lebens- und Glaubenserfahrungen, die zur ethischen Reflexion, Urteilsbildung und Handlungsorientierung im Lichte des Glaubens einladen können (S. 189).

Dies ist umso bedeutsamer, da Migration so elementar in die biblischen Texte eingeschrieben ist, dass sie als grundlegender »locus theologicus« (Ort theologischer Erkenntnis) bezeichnet werden kann. Ohne Wertung werden vielfältige Ursachen von Migration und Flucht aufgezeigt, wie Krieg, Streitereien in Familie und Sippe, Strafverfolgung, Hungersnöte und Naturkatastrophen, politische Motive und die Befreiung aus Sklaverei und Unterdrückung (Michel, 2019,

S. 1–12). Von Abraham angefangen ist die Geschichte Gottes mit seinem Volk Israel durch migrantische Auf- und Umbrüche gekennzeichnet: Abraham macht sich auf Gottes Geheiß und unter seinem Segen auf den Weg (Gen 12,1–9). Später (Gen 12,19) flieht er, wie auch Isaak (Gen 26,1–3) vor einer Hungersnot. Mose wird nach der Ermordung des ägyptischen Aufsehers zum Geflüchteten (Ex 2,15) und David muss mit seinen Männern um Schutz vor König Saul in Gath bitten (1 Sam 27,1–4). Die Moabiterin Ruth migriert mit ihrer Schwiegermutter Naomi nach Israel und wird hier zur Stammmutter des Hauses David. Gott erweist sich durch diese Migrationserzählungen als ein Gott der Verheißung, der sich das Schicksal der Menschen zum Anliegen macht. Als der »Ich werde sein, der ich sein werde« (Ex 3,14) gestaltet er mit den Menschen die Auf- und Umbrüche des Lebens und begleitet sie in allen Widrigkeiten des Daseins. Der Mensch als Ebenbild Gottes soll ihm entsprechen, indem er ebenfalls der Schöpfung und seinen Mitmenschen einen Raum zur Lebensentfaltung gewährt. Die Nächstenliebe mündet in der Forderung nach einem »Rechtsschutz für ortsfremde Migranten« (Naumann, 2017, S. 98). Vor allem die Befreiung aus der Sklaverei in Ägypten wird zum Schlüsselereignis für die Beziehung von Gott und seinem Volk Israel. Aus der Erinnerung an den Exodus erwächst die ethische Forderung, einen Fremden nicht auszubeuten (Ex 23,9), ihn nicht zu unterdrücken, ihn bei sich wohnen zu lassen, wie einen »Einheimischen« und ihn zu lieben, wie sich selbst (Lev 19,33 f.). Die Verantwortung des Menschen in der Welt und in der Gesellschaft gründet sich auf der bedingungslosen Zuwendung Gottes zu seinen Geschöpfen. Deshalb wird die Nächstenliebe nicht linear eingefordert. Sie wird auf der Grundlage der Selbstliebe und Annahme durch Gott zur Entfaltung gebracht.

Im Neuen Testament wird Gott in Jesus Christus selbst zum Geflüchteten. In expliziter Anlehnung an das Alte Testament erzählt Matthäus, wie Josef von einem Engel aufgefordert wird, mit Maria und dem neugeborenen Jesus vor Herodes nach Ägypten zu fliehen (Mt 2,13–15). Jesu Leben als Wanderprediger ist gekennzeichnet durch eine existenzielle »Heimatlosigkeit und Ungesichertheit im Hinblick auf einen physischen, sozialen und geistigen Ort« (Tillich, 1987, S. 145). Jesus akzeptiert diese Heimatlosigkeit »in der Gewißheit einer ewigen Heimat, eines ›transzendenten Ortes‹, der in Wirklichkeit kein Ort ist, sondern der ewige Grund jedes Ortes und jedes Augenblickes« (S. 145 f.). Die Nachfolge Jesu bedeutet Aufbruch aus den gewohnten Bahnen, wie es sehr bildlich die Rede vom Menschensohn transportiert: »Die Füchse haben Höhlen und die Vögel des Himmels Nester; aber der Sohn des Menschen hat nichts, wo er sein Haupt hinlegt.« (Lk 9,58; Mt 8,20) Hieraus erwächst eine ethische Grundhaltung, die die Forderung der Nächstenliebe bestätigt und verdichtet: Im Fremden begegnet man Gott selbst und was man diesem antut, tut man Gott selbst an (Mt 25,31–46).

Darüber hinaus entwirft die Bibel eine utopische Vision einer gerechteren Welt, dem Reich Gottes, das im Hier und Jetzt beginnt. Während die Verstrickung in Unrechtszusammenhänge Resignation und Mutlosigkeit hervorrufen kann, erschließt diese »Utopie der gegenseitigen Anerkennung, der noch nicht vorstellbaren Teilhabe aller auf Augenhöhe« ein ermutigendes Veränderungspotenzial (Nausner, 2020, S. 259). Es regt dazu an, über die bestehenden Verhältnisse hinauszudenken und erste Schritte der Veränderung zu wagen. Für Nausner ist in diesem Sinne das Abendmahl eine »theologische Quelle der Ethik« (S. 170): Hier wird das Brot der Gerechtigkeit geteilt. Das von Jesus eingesetzte Abendmahl steht in der Tradition seiner Tischgemeinschaft mit marginalisierten Menschen (S. 183). Auch in einem ganz realen ökologischen Sinn wird hier die eucharistische Vision einer »ganzheitlichen Teilhabe an Gottes Erneuerung der Schöpfung« (S. 181) körperlich konkret: In der Abendmahlsgemeinschaft wird die Dimension der Gerechtigkeit des kommenden Reiches Gottes erfahrbar. Aus dem Zuspruch Gottes erwächst aber auch ein sozialethisches Engagement gegen die irdischen Unrechtsverhältnisse (S. 185).

Die biblische Aufforderung des ethisch verantwortlichen Handelns gegenüber dem Fremden konkretisiert sich auch aktuell im kirchlichen Handeln. Als zwei Beispiele seien hier das Kirchenasyl und die Anschaffung eines Schiffs zur Rettung Geflüchteter genannt, die mit SuS kritisch reflektiert werden können: Seit 1983 gibt es die Praxis des Kirchenasyls, das vonseiten des Staates grundsätzlich toleriert wird. Derzeit laufen 295 aktive Kirchenasyle mit mindestens 508 Personen, unter denen sich 103 Kinder befinden (Asyl in der Kirche 2021). Mit den Rettungsbooten »Sea-Watch 4« und »Sea-Eye 4« beteiligt sich die EKD an der Seenotrettung Geflüchteter. Sie will damit auf die Notlage im Mittelmeer, das Sterben tausender Menschen und die »weitgehend tatenlose Politik aufmerksam machen, die auf europäischer Ebene immer noch keinen Verteilmechanismus finden konnte«[2].

3. Didaktische Perspektiven

3.1 Didaktische Orientierungen

Im Religionsunterricht zielt ethisches Lernen darauf, im Kontext pluraler religiöser und weltanschaulicher Orientierungen eigene Wertehaltungen zu bilden. In der Auseinandersetzung mit christlichen Deutungs- und Orientierungs-

2 https://www.ekd.de/faqs-zur-seenotrettung-49588.htm (Zugriff: 12.07.2021).

angeboten werden SuS für Fragen der (globalen) Gerechtigkeit sensibilisiert und ermutigt, Handlungsperspektiven zu entwickeln und Verantwortung für die Gestaltung eines friedlichen, gerechten und nachhaltigen Miteinanders zu übernehmen. Christliche Ethik wird dabei auf ihre Tragfähigkeit für die eigene Lebenswelt und heutige ethische Entscheidungen geprüft (Tautz, 2016, S. 4). Das ethische Lernen ist subjektorientiert und gestaltet sich als ein Miteinander von »Denken, Fühlen und Handeln« (Sajak, 2015, S. 283).

Als Orientierung für die Gestaltung kompetenzorientierter ethischer Zugänge zum Thema »Migration, Flucht und Asyl« sind die Modelle der »Wertentwicklung« und »Wertekommunikation« (Ziebertz, 2013, S. 440–443) hilfreich. Bei der Wertekommunikation geht es um die Ausbildung von Urteilskompetenz. Werte und Normen, gesellschaftspolitische Entscheidungen sowie kirchliche und christliche Einstellungen zu Migration, Flucht und Asyl können in einem kommunikativen Austauschprozess »gesichtet, erarbeitet«, »kommunikativ geprüft« und in Hinsicht auf Handlungsperspektiven ausgelotet werden (Schneider, 2018, S. 227). Wie aber lässt sich eine vernunftorientierte, faktenbasierte religiöse ethische Urteilsbildung bei einem so hoch-emotionalisierten und politisch instrumentalisierten Themenfeld wie Flucht, Migration und Asyl anbahnen, noch dazu angesichts einer großen Heterogenität der Ansichten und unterschiedlichen persönlichen Betroffenheit von SuS? Aufgrund der oft faktenverzerrenden Berichterstattung in Social Media ist der Aufbau einer Sachkompetenz über die Asylpolitik, die Ursachen von Migration und Flucht und die Wahrnehmung unterschiedlicher Lebensgeschichten Migrierter und Geflüchteter unerlässlich (Reese-Schnitker, 2018, S. 140). In heterogenen Schulklassen kann die Chance ergriffen werden, sich gemeinsam auf den Weg zu machen und voneinander und miteinander zu lernen. Hierzu gehört auch eine kritische Selbstreflexion über mögliche Privilegien, Stereotype und Vorurteile und die Verstrickung westlicher Länder in globale Schuldzusammenhänge. Dabei sollte die Balance gehalten werden, die SuS nicht zu überwältigen (Beutelsbacher Konsens), sie gleichzeitig aber besonders auch angesichts der zunehmenden Zustimmung zu rechtspopulistischen Thesen nicht in allem gewähren zu lassen und damit ein »soziales Vakuum zu schaffen« (Ziebertz, 2013, S. 444). Neben dem kategorischen Imperativ ist das religiöse Gebot der Nächstenliebe elementar, das, wie auch die Aufforderung zur Fremdenliebe, in ihrer praktischen Konsequenz für das ethische Handeln in der Gegenwart eruiert werden sollte (vgl. Schneider, 2018, S. 227).

Um SuS bei einer Entwicklung eines persönlichen Ethos zu unterstützen, müssen ihre unterschiedlichen lebensweltlichen Verortungen und Lernausgangslagen berücksichtigt werden. Bei der Wertentwicklung wird deshalb nach alters- und entwicklungsspezifischen Zugängen gesucht (vgl. Ziebertz, 2013, S. 440 ff.). Nicht bei allen kann Empathie und die Fähigkeit des Perspektivwechsels vorausgesetzt werden. Sie »reicht von einem ersten emotionalen Mitfühlen bis hin zur Fähigkeit, die (Not-)Situationen nicht nur einzelner Menschen, sondern sozialer Gruppen (z. B. Migrant_innen, Arme, politisch Unterdrückte) nachvollziehen zu können« (Tautz, 2016, S. 4). Gennerich (2010) weist darauf hin, dass »eine größere Bejahung des Motivs der Nächstenliebe« bei Jugendlichen »mit einem Mehr an Zuwendungs- und Unterstützungserfahrungen« einhergeht (S. 367). Kinder aus prekären Lebensverhältnissen erleben dagegen öfter Demütigungserfahrungen in einer »stark statusorientiert[en]« Peerkultur (S. 368). Jene Lebenserfahrungen können dazu führen, dass sie »›harte‹ Durchsetzungsstrategien« als adäquate Problemlösung erachten (S. 370). Lehrende sollten ihre Einstellung zwar nicht unkommentiert lassen, aber »nicht nur als korrekturbedürftig« bewerten, »sondern auch als kontextspezifische Problemlösungen« (S. 385). Eine harsche Kritik löst eher Abwehrstrategien als Verhaltensänderungen aus (S. 382). Einige SuS können das empathische Nachvollziehen der Geschichten Geflüchteter jedoch auch blockieren, weil dabei eigene Gefühle wie z. B. Hilflosigkeit angesichts von Gewalt, Perspektivlosigkeit, Armuts- und Ausgrenzungserfahrungen hervorgerufen würden, die sie lieber verdrängen möchten.

Entsprechend der biblischen Verzahnung von Selbst- und Nächstenliebe sind die Lernprozesse über Migration, Flucht und Asyl deshalb durch den »Aufbau positiver Beziehungen« (S. 379) in der Klassen- und Schulgemeinschaft zu stützen. Zudem ist es ratsam, didaktische Zwischenschritte für den Perspektivenwechsel einzuplanen und die Beispiele lokal enger zu stecken und im Nahbereich der SuS nach Beispielen und Möglichkeiten sozialen Engagements zu suchen (S. 381).

Sind SuS mit Migrations- und Fluchterfahrung in der Klasse, kann und darf nicht zu abstrakt und zu objektivierend über das Thema gesprochen werden und sie sollten auch nicht in eine Expertenrolle gedrängt werden. Stattdessen kann eine wertschätzende »Wahrnehmung des Anderen« (Schoberth, 2017, S. 180) angebahnt werden. In der Erzählung von der Heilung des Bartimäus gibt Jesus ein Beispiel für eine solche Begegnung: »Was willst du, dass ich dir tun soll?« (Mk 10, 51). Diese Frage stellt er seinem Handeln voran.

Angepasst an die kognitiven Voraussetzungen, das Alter und die Empathiefähigkeit der SuS können folgende Kompetenzen einen Orientierungsrahmen für kompetenzorientierte Unterrichtsprozesse geben:

1. Wahrnehmungs- und Darstellungskompetenz: Die SuS können Ursachen von Migration und Flucht sowie die Asylpolitik und die gesellschaftliche

Haltung zu Migration, Flucht und Asyl wahrnehmen und beschreiben sowie zueinander in Beziehung setzen.
2. Deutungsfähigkeit: Sie können zentrale ethische Aussagen der Bibel zum Umgang mit dem Nächsten und »dem Fremden« verstehen und deuten.
3. Urteilsfähigkeit: Sie können begründet erklären, dass nach christlicher Vorstellung Gott auf der Seite Marginalisierter und Geflüchteter steht und den Menschen in den Widrigkeiten und Umbrüchen des Lebens begleitet.
4. Dialogfähigkeit: Sie können am gesellschaftspolitischen Diskurs argumentierend teilnehmen und aus der Sicht Betroffener oder Nicht-Betroffener in der Klassengemeinschaft wertschätzende Dialoge führen.
5. Gestaltungs- und Handlungsfähigkeit: Sie können in der heutigen Migrationsgesellschaft ethisch-reflektiert handeln und diese im religiösen Sinne der Nächsten- und Fremdenliebe migrationssensibel mitgestalten.

3.2 Didaktische Konkretisierungen

Neben bibeldidaktischen Zugängen zu Migrationsgeschichten biblischer Figuren wie Abraham und Ruth eignet sich die Methode des Theologisierens für die Erschließung der biblischen ethischen Weisungen hinsichtlich des Umgangs mit dem und der Nächsten und »dem Fremden«.

In der Grundschule bietet sich des Weiteren ein Zugang über Bilderbücher an, wie beispielsweise das Sachbuch für Kinder ab 5 Jahren: »Wie ist es, wenn man kein Zuhause hat?« von Ceri Roberts (2018). Einen Zugang über Biografien von Migrierten und Geflüchteten oder auch Personen, die sich im Kontext von Flucht engagieren, wie die deutsche Kapitänin und politische Aktivistin Carola Rackete kann Anknüpfungspunkte für SuS in den Klassen 5–10 ermöglichen, wobei Rackete nicht einfach als ein unhinterfragbares Idol dargestellt werden sollte und die Komplexität der gesellschaftlichen, politischen und wirtschaftlichen Zusammenhänge zu berücksichtigen wären. Unterrichtsmaterial für eine Annäherung mittels unterschiedlicher Migrationsbiografien sowie Arbeitsblätter zur allgemeinen Information über Flucht und Asyl für die Klassen 7–10 finden sich beispielsweise in der Lehrerhandreichung »Flucht und Migration« von Don Bosco Mission und bei der Bundeszentrale für politische Bildung. Eine Auseinandersetzung für SuS der Oberstufe über exemplarische Bibeltexte, Biografien, die Verantwortung von Kirche und Gläubigen sowie die Effekte von Migration und Flucht für die Herkunftsländer und sozialethische Herausforderungen, wie die Ausbeutung und Gesundheitsversorgung von Menschen ohne Papiere in Deutschland, regt Unterrichtsmaterial von Missio an (Missio, 2009). Eine globale ethische Perspektive auf Fluchtursachen und Verteilungsgerechtigkeit kann durch die Übung »Die Welt in Stühlen« angebahnt werden, bei der ein bildlicher Eindruck von der Verteilung der Weltbevölkerung in Relation zum Reichtum auf die fünf Kontinente vermittelt wird sowie von der Aufnahme Geflüchteter weltweit (Care, 2018). Handlungsethische Konsequenzen der biblischen Forderung nach Fremdenliebe können am Beispiel der kirchlichen Rettungsboote des Bündnisses »United4Rescue« nachvollzogen werden, das Ende 2019 auf Initiative der EKD gegründet worden war, und in dem sich inzwischen mehr als 550 Organisationen und Institutionen zur Unterstützung der zivilen Seenotrettung zusammengeschlossen haben. Auch hierbei wären die komplexen Zusammenhänge zu berücksichtigen und kritische Auseinandersetzungen anzubahnen, z. B. anhand der Debatte um das Hissen einer Antifa-Fahne auf dem Boot. Nicht zuletzt kann die ethische Urteilskompetenz durch Dilemmamethoden und Storytelling, die Handlungskompetenz durch beispielhafte Projekte, Besuche außerschulischer Lernorte oder den persönlichen Kontakt mit Migrierten und Geflüchteten gestützt werden. Symboldidaktisch kann ein Agapemahl das »Brot der Gerechtigkeit« sinnlich erfahrbar machen.

4. Literatur

Bundesarbeitsgemeinschaft Asyl in der Kirche (o. J.): Aktuelle Zahlen: Kirchenasyle bundesweit. https://www.kirchenasyl.de/aktuelles/ (Zugriff: 01.03.2021).

Bade, K. J./Oltmer, J. (2004): Normalfall Migration. Bonn: Bundeszentrale für Politische Bildung.

Braunsdorf, F. (2016): Fluchtursachen »Made in Europe«. Über europäische Politik und ihren Zusammenhang mit Migration und Flucht. https://library.fes.de/pdf-files/iez/12983-20161207.pdf (Zugriff: 01.03.2021).

Castles, S./Miller, M. J. (2009): The Age of Migration. International Population Movements in the Modern World (4. Aufl.). Basingstoke u. a.: Palgrave Macmillan.

Care (2017): Meine. Deine. Unsere. Heimat Ein Schulhandbuch zum Thema Flucht und Migration Ab Klasse 7. care-meine-deine-unsere-heimat-schulhandbuch-flucht-2017.pdf (Zugriff: 01.03.2021).

EKD (2020): Demokratie, Bildung und Religion: Gesellschaftliche Veränderungen in Freiheit mitgestalten. Impulse für die demokratiebezogene Bildungsarbeit in kirchlichen Handlungsfeldern. https://www.ekd.de/ekd_de/ds_doc/ekd_texte_134_2020.pdf (Zugriff: 01.03.2021).

Gennerich, C. (2010): Empirische Dogmatik des Jugendalters. Werte und Einstellungen Heranwachsender als Bezugsgrößen für religionsdidaktische Reflexionen. Stuttgart: Kohlhammer.

Götz, M./Holler, A. (2016): Wie Kinder und Jugendliche das Thema Geflüchtete verstehen. Studienreihe des Internationalen Zentralinstituts für das Jugend- und Bildungsfernsehen (IZI) und der Landesanstalt für Medien Nordrhein-Westfalen (LfM). https://www.br-online.de/jugend/izi/deutsch/forschung/Aktuelle_Forschung/Wie_Kinder_u-_Jugendliche_das_Thema_Gefluechtete_verstehen.pdf (Zugriff: 01.03.2021).

Kruhöffer, B. (2012): Das Profil ethischen Lernens im evangelischen Religionsunterricht. Theo-Web. Zeitschrift für Religionspädagogik, 11 (1), S. 179–192.

Mecheril, P. (2016): Migrationspädagogik – ein Projekt. In Ders. (Hg.): Handbuch Migrationspädagogik (S. 8–30). Weinheim/Basel: Beltz.

Michel, A. (2015): Art. Flucht. In WiReLex – Das Wissenschaftlich-Religionspädagogische Lexikon im Internet. https://www.bibelwissenschaft.de/stichwort/200066 (Zugriff: 01.02.2021).
Missio (2009): Pack dein Leben zusammen. Migration und Flucht. http://www.missiothek.de/phocadownload/religionerleben/MIM %204079 %20Reli_erleben_16-1.pdf (Zugriff: 25.05.2021).
Naumann, T. (2017): Flucht als Thema der Bibel. Exegetische Anregungen für eine migrationssensible Bibeldidaktik. Theo-Web. Zeitschrift für Religionspädagogik, 16 (2), S. 98–110.
Nausner, M. (2020): Eine Theologie der Teilhabe. Leipzig: Evangelische Verlagsanstalt.
Polak, R. (2017): Migration, Flucht und Religion: Praktisch-theologische Beiträge. Bd. 1: Grundlagen. Ostfildern: Grünewald.
Reese-Schnitker, A. (2018): Warum »Migration und Flucht« als Thema im Religionsunterricht? Notwendige Kompetenzen für (angehende) Religionslehrer_innen. In Dies./D. Bertram/M. Franzmann (Hg.): Migration, Flucht und Vertreibung. Theologische Analyse und religionsunterrichtliche Praxis (S. 139–156). Stuttgart: Kohlhammer.
Roberts, C. (2018): Wie ist es, wenn man kein Zuhause hat? Alles über Flucht und Migration. Stuttgart: Gabriel Verlag.
Sajak, C. P. (2015): Ethisches Lernen. In Ders. (Hg.): Christliches Handeln in Verantwortung für die Welt (S. 275–296). Paderborn: Ferdinand Schöningh.
Schneider, J. (2018): »Migration und Flucht« als Thema im Religionsunterricht. Konkretisierung im biblischen, mystagogischen und ethischen Lernen. In A. Reese-Schnitker/D. Bertram/M. Franzmann (Hg.): Migration, Flucht und Vertreibung. Theologische Analyse und religionsunterrichtliche Praxis (S. 221–231). Stuttgart: Kohlhammer.
Schoberth, I. (2017): Migration und ethische Bildung im Religionsunterricht. Theo-Web, Zeitschrift für Religionspädagogik, 16 (2), S. 111–120.
Shell Deutschland GmbH (2019): Shell Jugendstudie 2019: Jugendliche melden sich zu Wort. https://www.shell.de/medien/shell-presseinformationen/2019/shell-jugendstudie-2019-jugendliche-melden-sich-zu-wort.html (Zugriff: 05.01.2021).
Tautz, M. (2016a): Art. Ethik, interreligiös. In WiReLex – Das Wissenschaftlich-Religionspädagogische Lexikon im Internet. https://www.bibelwissenschaft.de/stichwort/100179/ (Zugriff: 05.01.2021).
Tautz, M (2016b): Art. Perspektivenwechsel. In WiReLex – Das Wissenschaftlich-Religionspädagogische Lexikon im Internet. https://www.bibelwissenschaft.de/stichwort/100074/ (Zugriff: 01.03.2021).
Tillich, P. (1987): Systematische Theologie I/II. Berlin/New York: De Gruyter.
Treibel, A. (2008). Migration. In N. Baur/H. Korte/M. Löw/M. Schroer (Hg.): Handbuch Soziologie (S. 295–317). Wiesbaden: Springer.
UNHCR (2021): Statistiken. https://www.unhcr.org/dach/de/services/statistiken (Zugriff: 01.03.2021).
UNICEF (2020): Gewaltschutz in Unterkünften für geflüchtete Menschen Eine kinderrechtliche Analyse basierend auf einer Befragung der 16 Bundesländer. https://www.unicef.de/informieren/materialien/studie-gewaltschutz-in-fluechtlingsunterkuenften/231948 (Zugriff: 01.03.2021).
Zick, A./Küpper, B./Berghan, W. (2019): Verlorene Mitte – Feindselige Zustände. Rechtsextreme Einstellungen in Deutschland 2018/19. Bonn: Dietz.
Ziebertz, H.-G. (2013): Ethisches Lernen. In G. Hilger/S. Leimgruber/Ders.: Religionsdidaktik. Ein Leitfaden für Studium, Ausbildung und Beruf (vollst. überarb. Neuausgabe, S. 434–452). München: Kösel.

Multikulturalität/Multireligiosität/Weltethos

Karlo Meyer

1. Lebensweltliche Perspektiven

Bei ethischen Entscheidungen finden sich weltweit nachweisbare kulturelle Muster. Ein Beispiel: Stellen Sie sich vor, Sie entwickeln ein autonom fahrendes Auto; dabei müssen Sie Extremfälle berücksichtigen. Ein solcher Fall kann darin bestehen, dass das Auto keinen anderen Ausweg hat, als z. B. entweder eine Greisin oder ein Kind zu überfahren. Entwicklerinnen und Entwickler müssen im Voraus planen, wie der Computer des Wagens die Situation regeln soll. Wer am Steuer sitzt, muss darüber hinaus entscheiden, ob er oder sie noch schnell selbst eingreift, bevor der Computer es tut. Ein größeres Forschungsprojekt beschäftigte sich damit, wie unterschiedlich dies in verschiedenen Regionen der Welt beurteilt wird. Dabei konnte ein westliches, ein östliches und ein südliches Cluster ermittelt werden. Nach dem östlichen Cluster werden eher Greisinnen und Greise geschont. Respekt gegenüber dem Alter und Erfahrungsschatz von Seniorinnen und Senioren werden hier als höherer Wert eingestuft. Im südlichen Cluster (u. a. Mittel- und Südamerika) werden im Gegensatz dazu eher Kinder (und Frauen) bevorzugt. Dort herrscht auch die Präferenz für Aktivität vor, also handelnd dem Wagen ins Steuer zu greifen. Demgegenüber bleiben Teilnehmende aus dem westlichen Cluster eher inaktiv; dazu gehören »North America as well as many European countries of Protestant, Catholic, and Orthodox Christian cultural groups« (Awad et al., 2018, S. 61). Die Erkenntnisse wurden in einem Simulationsspiel gewonnen und sind nicht repräsentativ; doch immerhin 39 Millionen Personen nahmen teil.

Warum spielt dies für *interreligiöse* Erörterungen eine Rolle? Die Autoren halten fest, dass zum östlichen Cluster mehrheitlich wichtige islamische Länder wie Saudi-Arabien, Pakistan und Indonesien gehören sowie Konfuzianer; zum westlichen Cluster diverse christliche Konfessionen. Bei solchen Zuordnungen stellt sich jedoch die Frage, was diese Verbindung mit großen Religionsgruppen wirklich aussagt. Es zeigt sich nämlich, dass das apostolisch-christliche Armenien dem östlichen Cluster folgt ebenso wie auch die ganz überwiegend katholischen Philippinen. Demgegenüber wird das mehrheitlich muslimische Bosnien-Herzegowina dem westlichen Cluster zugerechnet (genauso wie übrigens auch das kommunistische China).

Wie auch immer man dies im Einzelnen bewertet, es ist offensichtlich, dass es je nach Umfeld unterschiedliche Wertehierarchien geben kann, dass der Ausschlag aber durch die Weltgegend, nicht primär durch die Religionszugehörigkeit bestimmt ist. Dies gilt nicht nur für Fragen um autonomes Fahren, sondern für alle großen ethischen Kontroversen. Zum Umgang mit Gewalt, Todesstrafe, aber auch zu Genderfragen, Homosexualität etc. finden sich die Unterschiede *nicht im Gegenüber* der Religionsgemeinschaften, *sondern quer* zu ihnen, sodass auf einer weiteren Ebene beispielsweise eher Liberale über Religionsgrenzen hinaus übereinstimmen oder Fundamentalistinnen und Fundamentalisten strukturell ähnlich antworten. Werte und ethische Entscheidungen, die ein Alleinstellungsmerkmal einer bestimmten großen Religion sind, gibt es nicht.

Für den pädagogischen Bereich bedeutet dies zunächst einen Verzicht darauf, ethische Entscheidungen pauschal einzelnen großen Traditionen zuzuschreiben. Dieser Verzicht heißt allerdings nicht, dass nicht ethisch-interreligiös differenzierend gearbeitet werden könnte (und sollte). Drei Varianten sind denkbar:

In der Vielfalt der religiös-ethischen Traditionen und Kulturen kann erstens trotz der Unterschiede in verschiedenen Weltgegenden *eine übergreifende Moral bzw. ein »Weltethos«* identifiziert werden, das von übereinstimmenden Grundaussagen der Religionen ausgeht (Küng, 1990). Das spezifische Ziel besteht in diesem Fall darin, dieses Ethos an die Schülerinnen und Schüler (SuS) weiterzugeben.

Die zweite von der pädagogischen Anlage deutlich andere Ausrichtung zielt darauf, religiöse wie eben auch kulturelle Unterschiede und Fremdheitserfahrungen bei anderen ethischen Prioritäten *in ihrer Differenz* wahrzunehmen und mit dieser konstruktiv umgehen zu lernen (gerade weil sie oft quer zu den Religionen liegen). So kann ein Teilziel darin bestehen, Toleranz gegenüber *anderen* ethisch-moralischen Prioritäten auszubilden (z. B. zu akzeptieren, dass andere Greise schonen) und somit ein übergeordnetes *Ethos der Sensibilität und des Respektes gegenüber ethischen Unterschieden* zu entwickeln. Der Fokus liegt hier also auf dem Umgang mit Differenz.

Als drittes ist davon noch einmal die Kritik an problematischen kulturell bzw. religiös begründeten Traditionen abzusetzen (z. B. im Blick auf fundamentalistische Strömungen). Dabei muss einerseits die kulturelle Bedingtheit der eigenen Kritik berücksichtigt werden (z. B. durch europäische, liberal-aufgeklärte Denkmuster), andererseits kann jedoch angestrebt werden, eine solche Kritik aus jeweils internen Quellen der zugehörigen großen Traditionen bzw. aus einem religionsübergreifenden Konsens wie dem Weltethos abzuleiten. Pädagogisch gesehen steht hier das Lernen eines differenzierenden Blicks auf (eigene) Perspektiven der Kritik bzw. der generelle Umgang mit Kritik bei religiös-kulturell

Andersdenkenden im Vordergrund. Die folgenden Abschnitte können diese unterschiedlichen Akzente weiter vertiefen.

2. Theologisch-ethische Perspektiven

2.1 »Projekt Weltethos« – der Ausgang von einem ethischen Konsens

Als Beispiel für einen ethisch-theologisch durchdachten Konsens unter den großen Traditionen kann das »Projekt Weltethos« aufgegriffen werden. Ende der 1980er Jahre entwickelte der katholische Theologe Hans Küng die Idee eines Weltethos und hielt 1990 fest: »Kein Weltfriede ohne Religionsfriede«, »Kein Religionsfriede ohne Religionsdialog«, »Kein Religionsdialog ohne Grundlagenforschung«, »Kein Überleben ohne ein Weltethos« (S. 97, 137 f., 20). Küng ging es dabei nicht darum, eine Einheitsreligion oder etwas Ähnliches zu entwickeln, sondern sich auf gemeinsame Grundlagen zu besinnen, gerade auch angesichts weltweiter Konflikte. Ihm war klar, dass diese Konflikte auf vielerlei Ursachen beruhten und beruhen, er sah aber in den Religionsgemeinschaften das Potenzial, im Blick auf das besagte gemeinsame Ethos friedenstiftend zu wirken, statt (wie allzu oft) Auseinandersetzungen noch zu befeuern. 1993 gelang es, dass eine entsprechende Erklärung vom Parlament der Weltreligionen in Chicago nach lebhaften Diskussionen angenommen und unterzeichnet wurde.

Inhaltlich ging es Küng zunächst übergreifend um zwei Prinzipien, nämlich erstens die »goldene Regel«, gegenüber anderen so zu handeln, wie man es sich selbst wünscht, und zweitens damit verknüpft um den Aufruf zur Menschlichkeit. Er formulierte darüber hinaus spezifische Weisungen, die er in allen großen religiösen Traditionen wiederfand. Es gehe nicht um »Gebote«, sondern eine »Kultur, die entwickelt werden soll« (Lähnemann, 2016, S. 3). Sie lasse sich (nach der jüngsten Variante aus Toronto von 2018) in fünf Stichworte fassen: Gewaltlosigkeit, Gerechtigkeit, Wahrhaftigkeit, Gleichberechtigung und Partnerschaft sowie ökologische Verantwortung.[1] Kritisch muss sich das Projekt fragen lassen, ob die Idee eines Ethos, das sich von religiösen Spezifika abheben lässt, nicht selbst einer bestimmten, in diesem Fall »liberal« aufgeklärten Kultur entstammt und in diesem Kontext völlig problemlos aufgenommen und akzeptiert werden kann, in anderen Kontexten (wie z. B. orthodoxen oder gar fundamentalistischen Kulturen) aber ohne Belang bleibt. Immerhin kann man dem Pro-

1 Vgl. https://www.weltethos.org/erklärung_zum_weltethos/ (Zugriff: 22.01.2021).

jekt jedoch zugestehen, dass schon ein Mehrwert darin besteht, ein klar formuliertes Ethos bei den doch sehr diversen liberalen Strömungen anzustreben.

2.2 Differenzen – ein exemplarischer Blick auf zwei Begründungsmuster

An dieser Stelle ist nur ein kurzer Einblick in die Komplexität theologischer Begründungsmuster möglich. In den abrahamischen Traditionen lässt sich im »westlichen« Kontext – als Beispiel für viele andere Differenzierungen –

> »bei theologischen Begründungen ethischer Fragen […] unterscheiden, ob diese von einem offenbarungstheologischen Standpunkt aus argumentier[en] oder von einem, der sich für christliche Theologie unter dem Stichwort der anthropologischen Wende fassen lässt« (Tautz, 2016, S. 3).

So kann christlicherseits in unseren Breiten von der Aufklärung aus religiös die Autonomie des Einzelnen betont werden: Ethische Grundlagen sind etwas, was der Einzelne wie die Gesellschaft sich erarbeiten und reflektieren muss. Es kann aber auf der anderen Seite auch die Notwendigkeit eines »Unbedingten« betont werden, das nicht durch irgendwelche Umstände zu relativieren ist. Schließlich lassen sich beide Seiten auch verbinden. Küng notiert ebenfalls im Blick auf die Erfahrungen nach dem Zeitalter der Aufklärung:

> »Auch der Mensch ohne Religion kann ein […] moralisches Leben führen; [… doch] das Kategorische des ethischen Anspruchs, die Unbedingtheit des Sollens, läßt sich […] nur von einem Unbedingten her begründen […], das einen übergreifenden Sinn zu vermitteln vermag und das den einzelnen Menschen, […] ja, die gesamte menschliche Gemeinschaft […] durchdringt. Das kann nur die letzte, höchste Wirklichkeit selbst sein, […] wie immer sie in den verschiedenen Religionen genannt, verstanden und interpretiert wird« (Küng, 1990, S. 76 f.).

Während sich in der jüdischen Theologie alle Varianten zwischen anthropologisch-autonomen bis offenbarungsbasierten Begründungsmustern finden, liegt bei muslimischen Theologinnen und Theologen der Akzent stärker auf der Offenbarung. Zwar ist der Qur'an kein Rechtsbuch, aber

> »Nur rund 300 von den insgesamt 6.000 Versen im Qur'an betreffen die Handlungen, die eine rechtliche Verpflichtung des Menschen gegenüber

Gott, gegen sich selbst, gegen Mitmenschen oder gegen andere Kreaturen Gottes zum Inhalt haben« (Beheshti, 2014, S. 144).

Doch Begründungsmuster basieren in der Regel auf einem Rückgriff auf den Qur'an (und in zweiter Linie auch auf der Sunna). Differenziert ist dabei die Rolle des menschlichen Urteilsvermögens zu betrachten, die sehr hochgehalten wird. Monika Tautz (2016) notiert:

> »Es geht einerseits darum, den Gottesglauben rational begründen zu können, und andererseits darum, in Fragen der Ethik den Koran als die letztgültige [...] Offenbarung [...] anzuerkennen. [... Übergreifend] bleibt auch für den anthropologischen Zugang zu theologischer Ethik zu betonen, dass Autonomie im Sinne einer theonomen Autonomie verstanden wird, das heißt: Gott selbst ist Urgrund menschlicher Vernunft. Darin unterscheidet sich diese Form der Urteilsbildung von einer säkularen Vernunft« (zuletzt mit Verweis auf Grümme, 2015, S. 218).

Festhalten lässt sich weiter, dass in allen drei Religionen Autoren und Autorinnen mit eher autonomie-orientiertem und andere mit eher offenbarungsorientiertem ethischem Akzent zu finden sind, was von Autorin zu Autorin, von Tradition zu Tradition mit komplexen Differenzierungen verbunden ist, die den hier gesetzten Rahmen übersteigen.

2.3 Kritik an religiösen Traditionen – grundsätzliche Überlegungen

Ein eigener Aspekt ethischer Fragen in interreligiösen Lernzusammenhängen erwächst aus der immer wieder nötigen Kritik an religiösen Traditionen, die gerade in einem Unterricht, der sich einem übergreifenden Ethos verpflichtet weiß, nicht aus falsch verstandener Zurückhaltung übergangen werden sollte.

Hans Küng hält fest:

> »Niemand kann es leugnen: Ihre moralische Funktion haben die Religionen, wie alles Menschliche ambivalente geschichtliche Größen, recht und schlecht wahrgenommen. Recht und schlecht: Daß gerade die Hochreligionen viel zum geistig-sittlichen Fortschritt der Völker beigetragen haben, läßt nur Voreingenommenheit übersehen. Daß sie diesen Fortschritt aber auch oft behindert, ja verhindert haben, läßt sich ebensowenig wegdiskutieren. [...] Positives und Negatives ließe sich [...] wie vom Christentum so auch vom Judentum und vom Islam, vom Hinduismus und Buddhis-

mus, vom chinesischen Konfuzianismus und Taoismus berichten. In jeder der großen Weltreligionen findet sich neben einer (den Anhängern meist besser bekannten) mehr oder weniger triumphalen Erfolgsgeschichte auch eine (von ihnen lieber verschwiegene) Chronique scandaleuse« (Küng, 1990, S. 58).

Die pädagogische Frage ist hier, ob und wie eine entsprechende kritische Sichtung sinnvoll und angemessen eingebracht werden kann. Nun mag selbstverständlich jede Gemeinschaft sich und die anderen aus dem Fundus ihrer eigenen ethischen Maximen kritisieren. Sollte jedoch eine dieser Maximen auf Respekt und (umgangssprachlich formuliert) gleiche »Augenhöhe« zielen, droht ein Selbstwiderspruch. Unausweichlich erhebt sich der Kritisierende durch seine Kritik und mit seinen ethischen Standards über den Kritisierten und seinen ethischen Mangel. Gerade solch ein paternalistischer Standpunkt ist jedoch selbst ethisch ein Problem, da er entgegen dem eigenen Anspruch durch die eigene, »höhere« Warte andere herabsetzt. Aus Sicht des Verfassers dieser Zeilen ist auch ein Weltethos keine unmittelbare Lösung, wird dieses Ethos doch von vielen Kritisierten als extern und ebenfalls paternalistisch erlebt. Es stellt sich also die Frage, wie eine Alternative aussehen könnte. Zunächst ist es generell sinnvoll, sich Auslöser, Anliegen und Hintergründe der entsprechenden ethischen Ausrichtung vor Augen zu führen. Anschließend kann angesichts der Heterogenität und Diversität aller großen Traditionen in aller Regel *interne* Kritik aufgegriffen werden. Dies ermöglicht, nicht »blockartig« ganze Religionsgemeinschaften als Objekte der Kritik auszumachen, sondern aufzuzeigen, wie kritische Diskussionen in den Religionsgemeinschaften selbst geführt werden, und sich dann einer der kritischen Seiten des anderen Traditionszusammenhangs anzuschließen. Auch dieses Vorgehen entgeht – wie übrigens die gesamte ethische Frage im interreligiösen Bereich – nicht einem hermeneutischen Zirkel: Die Auswahl ethischer Fragen und Probleme wie deren Lösungsansätze wird bzw. werden immer schon (auch bei der Auswahl innerreligiöser Kritik anderer Traditionen) von der eigenen Kultur, Weltanschauung bzw. Religion bedingt sein. Das heißt, bei der Materialauswahl ethischer Sichtweisen wird nicht einfach Fremdes gewählt, sondern das Fremde, was meinen Intentionen dient und damit gar nicht nur fremd ist (Meyer, 2019, S. 40–65). Dies schließt Lernen von differenzierender Wahrnehmung, diversitätsbewussten Stellungnahmen und Sensibilität beim Kritisieren und Aushalten von Kritik nicht aus.

3. Didaktische Perspektiven

3.1 Didaktische Orientierungen

Angesichts der drei skizzierten, sehr unterschiedlichen Blickrichtungen auf ethische Fragen ist zur didaktischen Orientierung anzuraten, im Unterricht auf eine der Zielrichtungen zu fokussieren. Dieser beruht dann entweder auf konsensfähigen Werten in den großen religiösen Traditionen, auf der Fremdartigkeit und Differenz zwischen ethischen Klärungsprozessen und Entscheidungen vertieft an einem Beispiel oder auf einer kritischen Auseinandersetzung, inklusive *inner*religiös differenzierender Kritik an Auswüchsen der großen Traditionen.

Im Blick auf das Alter der SuS ist es in jedem Fall hilfreich, sich an den Modellen zur ethischen Entwicklung zu orientieren. Dabei sollten zu interreligiösen Fragen die bei Kindern stetig wachsende Fähigkeit zum Perspektivenwechsel und zur dialogischen Entwicklung didaktisch berücksichtigt werden (dazu Meyer, 2019, S. 303–357).

a) *Konsensfähig adaptierbare Werte in den religiösen Traditionen:* Als erste Frage ist zu klären, ob im Vordergrund stehen soll, dass SuS ein bestimmtes Set an Werten bzw. ein bestimmtes Ethos für sich *adaptieren* sollen. Dies können Werte wie gegenseitiger Respekt, Menschlichkeit oder z. B. auch konkrete Handlungsmaximen im Rahmen der Bewahrung der Schöpfung sein. Zu diesem Lerngebiet gehören Bereiche, die auch in anderen Artikeln dieses Bandes behandelt werden, wie begründete Umgangsweisen mit moralischen Anforderungen des eigenen Kontexts etc. Während früher Apelle und Belehrungen im Vordergrund standen, liegen heute das gemeinsame Durchdenken von Fragen und Diskutieren von Erfahrungsberichten (z. B. mit Vorbildcharakter), aber auch von Problemen und Dilemmata nahe.
b) *Fremdartigkeit von anderen Ethiktraditionen:* Ein zweiter möglicher Ansatz setzt den Akzent auf Möglichkeiten, ethische Fragen anderer Traditionen auch in ihrer Fremdheit und Differenz zum eigenen Fragen und Klären wahrzunehmen und unterrichtlich aufzugreifen.
   Einen ersten Modus der Erschließung solch einer Differenz kann dabei die vertiefende, religionswissenschaftlich sachgerechte Einarbeitung in ethisch relevante Themen bilden, bei denen auch methodische Fragen aufgegriffen werden können: Es geht darum, *wie* ethische Informationen über die Religionen analysiert werden können, welchen Quellen welcher Wert zuzuschreiben ist usw. Die Haltung ist sachorientiert und zielt u. a. auf ein Forschungsinteresse der SuS. Beispielsweise können Traditionen zu einer spezifischen Frage (z. B. wie oben der Priorität von Greisen oder Kindern) untersucht

werden, um kulturelle Einflussgrößen zu identifizieren und auf dieser Basis z. B. zu entwickeln, wie stark geschichtliche und kulturelle Faktoren quer zu den religiösen Großgruppen eben auch die Werte prägen.
Pointierte ethische Herangehensweisen (auch in ihrer überraschenden Andersartigkeit für Jugendliche) können in einem zweiten Erschließungsmodus Impulse für Diskussionen geben (z. B. Gewaltlosigkeit nach buddhistischer Lehre, vgl. Meyer, 2015, S. 33 f.). Damit verbundene Akzentuierungen oder auch kontroverse Sichtweisen können den SuS helfen, den eigenen Blick zu schärfen, fremdartige Varianten zu Christlichem in ein Verhältnis zu setzen (Bergpredigt), Argumente zu klären und zu kommunizieren, selbst eine Position zu entwickeln und dieser (z. B. in darstellendem Spiel) Ausdruck zu verleihen. Hier geht es sicher auch um Sachlichkeit im Gespräch, aber vor allem um die innere Beteiligung und Meinungsbildung, die z. B. eine den SuS fremde moralische Herangehensweise angestoßen hat; dieser Modus unterscheidet sich damit deutlich vom ersten.
Es gehört zum ethischen Lernen, Andersartigkeit in Ritualen, Glaubensvarianten und weiteren Ausdrucksformen auszuhalten, zu respektieren bzw. sich auch hier mit Grenzen des Respektes auseinanderzusetzen. In diesem dritten Modus geht es um die *Aneignung einer Haltung und auch der Erarbeitung konkreter Spielregeln* im Umgang mit religiös Fremde*m* und Fremde*n*. Dieser Punkt kann sich mit den anderen genannten Varianten verbinden.
Interreligiöses Engagement oder konkret der religionsübergreifende Einsatz für Frieden oder die Umwelt gehört nicht nur in die Schule, sondern sollte seine Relevanz auch im Umfeld der Schule aufzeigen können. Ein eigener, vierter Modus ethisch-interreligiösen Lernens kann Verbindungen zu (aktuellem) gesellschafts-, evtl. regionalpolitischem Engagement aufzeigen. SuS können in interreligiösen Diskussionen ihres Umfelds Partei ergreifen und sich z. B. zum kritisch diskutierten Moscheebau in der Region äußern. Der Blick auf interreligiösen Einsatz im Umfeld (auch bei verunglückten Erfahrungen) kann Fallstricke und Chancen sozialpolitisch-ethischen Handelns transparent werden lassen.

c) *Differenzierende Kritik an religiösen Traditionen:* Schließlich können SuS lernen, dass die großen Traditionen bei allem ethischen Fortschritt, den sie bewirkt haben, auch moralisch abstoßende Varianten ausgebildet haben. Der Lerngewinn besteht hier in der Aneignung einer differenzierenden Haltung, die Hintergründe, historische Umstände etc. erfasst und die interne Kritik an diesen Auswüchsen würdigt und stark macht sowie – christlich gesprochen – »demütig« um die Schwächen der eigenen Tradition weiß. Im Material bleibt Letzteres leider ein Desiderat.

3.2 Didaktische Konkretisierungen

Exemplarisch seien als Konkretisierung jeweils sowohl ältere als auch jüngere Entwürfe ausgewählt.

a) *Konsensfähig adaptierbare Werte in den Traditionen:* Schon in den 1980er Jahren erschien ein mehrfach aufgelegter Band des WWF zu Schöpfungsmythen der Religionen. Mit und neben dem Kennenlernen der Erzählungen zielt er auf eine Ethik zur Bewahrung der Schöpfung. Ob der Band bei jeder – z. B. der biblischen Schöpfungsgeschichte – geschickt vorgeht, kann diskutiert werden. Die Fülle der unterschiedlichen Geschichten ermöglicht jedoch eine eigene Auswahl und erlaubt *mit und durch die Religionen Umweltethik* näher zu bringen (ab Klasse 5; Bisset & Palmer, 1990).
   Im Jahr 2000 wurden zu Küngs Weltethos zwei Bände von Johannes Lähnemann mit »Unterrichtsprojekten« sehr unterschiedlicher Qualität und Thematik veröffentlicht. Für eine evangelische Lerngruppe (10. Klasse) beginnt Gertrud Göb (2016) mit einer Sammlung gesellschaftlicher Probleme und zielt auf die Notwendigkeit von Geboten. Nach der Einführung in die biblische Version folgt die Weitung auf andere Religionen (buddhistisch, muslimisch, massai). Weltvisionen der SuS werden schließlich mit der Frage der Gottesnähe (Offb 21) in Beziehung gesetzt. Die Weisungen des Weltethos bilden den Abschluss als möglichen Weg und mögliche Haltung aller Menschen. Einen anderen Weg schlägt der Band von Susanne von Braunmühl, Kai Eckstein und Andreas Gloy (2020) ein, dem es um »mitmenschliche Grundhaltungen für ein gemeinsames Leben« (S. 21) geht und der im Umfeld des Hamburger Religionsunterrichts entwickelt wurde. Für das 3.–6. Schuljahr werden aus 6 Religionstraditionen sowohl Hamburger Stimmen mit z. T. sehr persönlichen Erlebnissen aufgenommen als auch Geschichten aus den Religionen sowie Problemkonstellationen. In den Ersteren geht es darum, wie heutige Vertreterinnen und Vertreter der Traditionen überraschend Menschlichkeit erfahren haben, im zweiten Set um vorbildliche Gestalten der Traditionen. Vor allem Erstere sind ein Gewinn.

b) *Fremdartigkeit und Differenz zwischen Ethiktraditionen:* Während die unterschiedlichen Religionstraditionen in den unter a) genannten Bänden gewissermaßen als Stützung der erwünschten Moral bzw. des anzustrebenden Ethos herangezogen werden, liegt anderen daran, ein Sachgebiet in seiner Bedeutung für die jeweiligen Religionen zu vertiefen und dabei innere Differenzierungen zu ermöglichen. Hier sei erstens das Thema Kopftuch, mithin die Rolle von Frauen, und zweitens das Thema Gewalt aufgenommen. Unglücklich an der Auswahl ist, dass beide auf die Behandlung islamischer Traditionen hinauslaufen; die Auswahl spiegelt aber die recherchierte Literatur und damit verbunden derzeitige gesellschaftliche Debatten wider. Es bleibt zu hoffen, dass bald mehr Material, das religiöse Besonderheiten auf eine konkrete ethische Fragestellung hin vertieft, auch auf weitere Religionen ausgeweitet wird.

»Konfliktstoff Kopftuch« von Jochen Bauer (2001) bahnt eine differenzierte Sicht auf Frauenrollen in islamischen Traditionen an. Dabei ziehen sich ethische Fragen durch die Auseinandersetzung, die zum einen die eigene ethische Urteilsbildung der SuS fördert, zum anderen auch die ethischen Implikationen der Frauenrolle im Islam deutlich macht. Dies betrifft entsprechend den oben genannten Erschließungsmodi: erstens den differenzierenden Umgang mit den koranischen (und biblischen) Quellen (S. 51–70, 124–131); zweitens die Arbeit an und mit den eigenen Einstellungen im Sinne des dritten Modus, z. B. die Arbeit an »medial geprägte[n] Bilder[n]« (S. 16) und »eigene[n] Reaktionen auf kopftuchtragende Musliminnen« (S. 11). Im Sinne eigener Positionierungen (zweiter Modus) formulieren die SuS in Auseinandersetzung mit dem muslimischen Ideal »eigene Beziehungsideale« (S. 12, vgl. S. 94), »Frausein – Mannsein; das Weibliche in jedem erkunden« (S. 12, vgl. S. 127). Schließlich kommt auch die Ebene (möglicher) lokaler Fragen und Konflikte hinzu (vierter Modus) (S. 27–42). Dabei wird Fremdheit, aber auch Nähe zu eigenen Einstellungen immer wieder zum Thema.

Als zweites greift auch der Band »Keine Gewalt im Namen Gottes« von Gabriele Klingenberg (2018) differenzierend verschiedene Erschließungsmodi auf. Während sich Bauers Band auf den Islam konzentriert und nur an Schaltstellen christliche Traditionen hinzuzieht, wird bei Klingenberg durchgehend muslimisches und christliches Material nebeneinandergestellt. Auch hier bekommt die (jugendgemäß) »forschende« Arbeit mit den Quellen ein eigenes Gewicht. Die hermeneutische Frage nach Umgang und Verständnis Heiliger Schriften wird eigens thematisiert (S. 19). Gleichzeitig werden konkrete Ideen und Vorschläge zur Verständigung zwischen den Religionen erarbeitet (S. 23) und eigene Einstellungen u. a. mit Karikaturen zur Diskussion gestellt. Besonders hilfreich sind am Ende die Vorstellungen von Akteuren bzw. Akteurinnen im Dialog, die (im Sinne des vierten Modus) einladen, sich mit Möglichkeiten gesellschaftlichen Engagements auseinanderzusetzen (S. 25–29). – Kurz sei nach dieser Sichtung noch einmal darauf hinzuweisen, dass streng genommene »inter«-religiöse ethische Diskussionen in diesen und anderen Bänden keine größere Rolle spielen, da die Positionierungsgrenzen nicht *zwischen Religionen* verlaufen. Es sind vielmehr »inter«-kulturell ethische Diskussionen, wenn sich Differenzen primär zwischen liberalem und konservativem Frauenbild oder fundamentalistischer und hermeneutisch-differenzierender Gewaltakzeptanz in Heiligen Schriften finden.

c) *Differenzierende Kritik an religiösen Traditionen:* Vertiefungen zur Kritik *an* religiösen Traditionen aus interreligiöser Perspektive bilden ein Desiderat. Kompetenzsammlungen schlagen Klärungen in Auseinandersetzung mit »lebensfördernden« und »lebensfeindlichen« Traditionen vor. Dies findet sich beim genannten Band von Klingenberg zu Gewalt, wenn z. B. historische Auswüchse in der Geschichte (Kreuzzüge, Eroberungen nach Mohammed) oder auch frauenunterdrückende Traditionen in beiden Religionen bei Bauer zum Thema werden. Aus Sicht des Verfassers dieses Artikels könnte hier zum Teil die *inner*religiöse Kritik in den jeweiligen Religionen noch stärker einbezogen werden. Ziel wäre dabei, dass SuS bewusst wird, wie heterogen die großen Religionsgemeinschaften sind und wie dort selbst schon Kritik formuliert wird. Zum interreligiösen, ethischen Lernen gehört auch: Religionen haben ihr eigenes selbstkritisches Potenzial.

4. Literatur

Awad, E./Dsouza, S./Kim, R./Schulz, J./Henrich, J./Shariff, A./Bonnefon, J.-F./Rahwan, I. (2018): The Moral Machine experiment. Nature, 563, 1. Nov. 2018, S. 59–64 (beachte auch deren nicht paginierten Anhang).

Bauer, J. (2001): Konfliktstoff Kopftuch. Eine thematische Einführung in den Islam. Mühlheim: Verlag an der Ruhr.

Beheshti, M. R. (2014): Moralisches Handeln als Antwort auf Gottes Aufruf. Erläuterungen einiger Grundfragen islamischer Ethik. In K. v. Stosch/M. Tatari (Hg.): Handeln Gottes – Antwort des Menschen (Beiträge zur Komparativen Theologie 11) (S. 137–149). Paderborn: Ferdinand Schöningh.

Bisset, E./Palmer, M. (1990): Die Regenbogenschlange. Geschichten vom Anfang der Welt und von der Kostbarkeit der Erde. Mit didaktischem Anhang. In WWF Schweiz (Hg.): Worlds of Difference (Englische Originalausgabe 1985). Basel: Zytglogge.

Braunmühl, S./Eckstein, K./Gloy, A. (2020): Pfade zur Menschlichkeit. Unterrichtsmaterialien 3.–6. Schuljahr (Interreligiös-dialogisches Lernen 4). Berlin: Kösel.

Göb, G. (2000): Hinführung zum Projekt Weltethos – eine Unterrichtseinheit im Gymnasium (ab Jg. 10). In J. Lähnemann/W. Haußmann (Hg.): Unterrichtsprojekte Weltethos II (Pädagogische Beiträge zur Kulturbegegnung, Bd. 18) (S. 61–96). Hamburg: EB-Verlag.

Grümme, B. (2015): Ethik. In B. Porzelt/A. Schimmel (Hg.): Strukturbegriffe der Religionspädagogik (S. 217–222). Kempten: Klinkhardt.

Klingenberg, G. (2018): Keine Gewalt im Namen Gottes. Christen und Muslime als Anwälte Gottes (:in Religion 3). Aachen: Bergmoser+Höller.

Küng, H. (1990): Projekt Weltethos. München: Piper.

Lähnemann, J. (2016): Art. Weltethos. In WiReLex – Das Wissenschaftlich-Religionspädagogische Lexikon im Internet. https://www.bibelwissenschaft.de/stichwort/100079/ (Zugriff: 22.01.2021).

Meyer, K. (2015): Weltreligionen. Kopiervorlagen für die Sekundarstufe I (3. Aufl.). Göttingen: Vandenhoeck & Ruprecht.

Meyer, K. (2019): Grundlagen interreligiösen Lernens. Göttingen: Vandenhoeck & Ruprecht.
Meyer, K./Tautz, M. (2015/2020): Art. Interreligiöses Lernen. In WiReLex – Das Wissenschaftlich-Religionspädagogische Lexikon im Internet. http://www.bibelwissenschaft.de/stichwort/100068/ (Zugriff: 22.01.2021).
Tautz, M. (2016): Art. Ethik, interreligiös. In WiReLex – Das Wissenschaftlich-Religionspädagogische Lexikon im Internet. https://www.bibelwissenschaft.de/stichwort/100179/ (Zugriff: 22.01.2021).

Nachhaltigkeit/Umwelt/Ökologische Ethik Jan Woppowa

1. Lebensweltliche Perspektiven

1.1 Sozial-ökologische Krisenphänomene

Ein Blick in die Statistik zur Internetsuche von *Google Trends* zeigt, dass das Thema Nachhaltigkeit in den letzten zehn Jahren auf ein zunehmendes Suchinteresse der Nutzerinnen und Nutzer trifft, insbesondere auch im Vergleich zu unveränderten Suchthemen wie Umweltschutz und Klimawandel. Das von den Begriffen »Ökologie« und »Nachhaltigkeit« aufgespannte Themenfeld erreicht seit den Anfängen der Umweltbewegung in den 1970er Jahren mittlerweile eine große Breite der Bevölkerung und verschiedene gesellschaftliche Teilsysteme. Die dafür relevanten Debatten werden disziplinübergreifend aus ökologischer, sozialer, politischer und ökonomischer Sicht geführt. Sie behandeln das Verhältnis von Mensch, Tier und Natur, den verantwortungsvollen Umgang mit den zur Verfügung stehenden Ressourcen als den zukünftig notwendigen Lebensgrundlagen aller Lebewesen, nachhaltige bzw. nichtnachhaltige Wirtschafts- und Lebensformen u. v. m.

Unbestritten ist, dass die Grenzen der ökologischen Belastbarkeit des Planeten erreicht bzw. zum Teil bereits überschritten sind (Bederna & Vogt, 2018). Gemäß den »Planetary Boundaries« des *Stockholm Resilience Center* bezieht sich diese Diagnose auf neun zentrale Problembereiche, insbesondere auf den Klimawandel durch CO_2-Emissionen und globalen Temperaturanstieg, den Verlust von Biodiversität durch vielfältiges Artensterben, auf biochemische Abläufe bzw. Stickstoffbelastung durch Industrialisierung und massive landwirtschaftliche Flächennutzung sowie den Landnutzungswandel und Verlust natürlicher Ökosysteme durch wirtschaftliche Nutzflächen.[1] Neben diese ökologischen Krisenphänomene treten soziale Herausforderungen (etwa hinsichtlich einer gerechten Nahrungs-, Wasser- und Energieversorgung) sowie – besonders unter dem Eindruck der sog. Corona-Pandemie der Jahre 2020/21 – eine globale Erfahrung

1 Vgl. https://www.stockholmresilience.org/research/planetary-boundaries.html (Zugriff: 16.03.2021).

der Vulnerabilität menschlichen Lebens auf Ebene der Gesundheit, des Sozialen, der Grundrechte sowie der Bildung, Kultur und Wirtschaft. Die durch das Corona-Virus ausgelöste Krise hat sich gleichsam als bündelndes Brennglas erwiesen, unter dem die durch Globalisierungsprozesse und nichtnachhaltige Wirtschafts- und Lebensformen bereits bestehenden Probleme in aller Schärfe sichtbar geworden und in ihren Wechselwirkungen zutage getreten sind (bspw. zwischen der Einschränkung öffentlicher Mobilität und Produktivität durch die eskalierende Pandemie einerseits und abnehmender Luftverschmutzung in großen Ballungsräumen andererseits). Bei aller Unterschiedlichkeit der Krisenphänomene kann man daher von einer »Zeit der multiplen Krise« (Gärtner, 2020, S. 10, unter Bezug auf Alex Demirović) sprechen.

1.2 Umwelt- und Nachhaltigkeitsbewusstsein

Dass diese Krisenanzeigen in der Wahrnehmung vieler (junger) Menschen angekommen sind, zeigen empirische Studien zum Umwelt- und Nachhaltigkeitsbewusstsein. So bescheinigt die zweijährig, zuletzt 2019 durchgeführte »Naturbewusstseinsstudie« des Bundesministeriums für Umwelt, Naturschutz, Bau und Reaktorsicherheit und des Umweltbundesamts der deutschen Bevölkerung (ab 18 Jahren) eine ausgeprägte ökologische Sensibilität. Die überwiegende Mehrheit sehe Naturschutz sowie einen verantwortungsvollen Umgang mit den natürlichen Ressourcen als Pflicht des Menschen an (BMU & BfN, 2020, S. 48). Zudem sei das Bewusstsein für die Bedeutung biologischer Vielfalt gegenüber den Vorjahren signifikant gestiegen (S. 70), in bestimmten Milieus vor allem in den Bereichen von Einstellung (Wertschätzung biologischer Vielfalt) und Verhalten (Leisten eines eigenen Beitrags). Der Schutz biologischer Vielfalt werde ebenso als eine vorrangige gesellschaftliche Aufgabe gesehen wie der Klimawandel als deren Bedrohung wahrgenommen (S. 75).

Das von *Greenpeace* in Auftrag gegebene »Nachhaltigkeitsbarometer« (zuletzt 2015, vgl. zusammenfassend Bederna & Vogt, 2018) stellt fest, dass die befragten 15- bis 24-Jährigen Nachhaltigkeit als systemisches Konzept verstehen und dass die Relevanz dieses Prinzips auch als Mehrheitsmeinung gilt, allerdings mit häufiger werdenden Mischformen. Diese differenziert die Studie hinsichtlich der Ausprägung von Motivation, Intention und Volition sowie in Bezug auf die Sinus-Milieus in fünf spezifische Nachhaltigkeitstypen (Michelsen et al., 2015): *Nachhaltigkeitsaffine* mit hohen Werten in allen drei Ausprägungen (ca. 32 %), *Nachhaltigkeitsinteressierte ohne Verhaltenskonsequenzen* (ca. 20 %), *Nachhaltigkeitsaktive ohne inneren Anlass* mit ausgeprägtem Gewohnheitshandeln (ca. 16 %), *Nachhaltigkeitslethargiker* ohne persönliches Engagement (ca. 15 %), *Nachhaltigkeitsrenitente* mit durchgehend niedrigen Werten (ca. 16 %). Die Autoren der Studie markieren allerdings einen ambivalenten Trend der letzten Jahre: Quantitativ und in der Breite werden die Werte der Nachhaltigkeit geteilt, jedoch folgt daraus qualitativ gesehen bislang wenig Handlungskonsequenz.

Eine ähnliche Problemanzeige tritt im Blick auf jugendliche Lebenswelten und Lebensstile in Erscheinung (Gärtner, 2020, S. 54): Zwar demonstrieren gegenwärtig Jugendliche und junge Erwachsene aktiv für Klimagerechtigkeit und Klimaschutz; ungefähr ein Fünftel von ihnen hat mindestens einmal an einer »Fridays for Future«-Demonstration teilgenommen, sodass bereits von einer »Generation Greta« (Hurrelmann & Albrecht, 2020) die Rede ist. Auch die letzte *Shell Jugendstudie* von 2019 stellt fest, dass drei Viertel der Jugendlichen Umweltverschmutzung als größtes Problem ansehen und knapp zwei Drittel Angst vor dem Klimawandel haben (Albert, Hurrelmann & Quenzel, 2019, S. 56). »Dieses optimistische Bild einer jungen, nachhaltig lebenden Generation bekommt allerdings Risse, wenn der Blick nicht mehr auf Selbstaussagen begrenzt wird« (Gärtner, 2020, S. 55). Denn so lasse sich nicht nur, wie auch im Nachhaltigkeitsbarometer, ein *mind-behavior-gap*, sondern auch ein *mind-perception-gap* erkennen: »Dies bedeutet, dass viele Menschen ihr eigenes Verhalten deutlich nachhaltiger wahrnehmen als es z. B. gemessen am CO_2-Verbrauch tatsächlich ist. Dieser *gap* ist insbesondere bei jungen Erwachsenen besonders groß« (Gärtner, 2020, S. 55).Insgesamt lässt sich feststellen, dass die bereits von Wolfgang Klafki als epochaltypisches Schlüsselproblem charakterisierte Umweltfrage durch die sozial-ökologische und ökonomische Nachhaltigkeitsfrage abgelöst worden ist. Im Blick auf jugendliches Bewusstsein und jugendliche Lebenswelten, aber auch angesichts der Diskrepanzen (*gaps*) zwischen Wissen, Wollen und Handeln stellt sie eine der zentralen Herausforderungen ethischen Lernens im Kontext ökologischer Ethik dar.

2. Theologisch-ethische Perspektiven

2.1 Nachhaltigkeit als zentrales Prinzip ökologischer Ethik

Den oben aufgezeigten sozial-ökologischen Problemanzeigen begegnet man mit dem ursprünglich aus der Forstwirtschaft stammenden und mittlerweile sowohl in der Sozialethik als auch in der ökologischen Ethik zentral verorteten Prinzip der *Nachhaltigkeit* (Vogt, 2013). Es fragt nach den Zukunftsmöglichkeiten allen Lebens, denn:

> »Nachhaltig ist eine Handlung, Lebensform bzw. Wirtschaftsweise, die so mit ›der Natur‹ umgeht, dass sie von jeder und jedem anderen überall und immer wiederholt bzw. geteilt werden könnte« (Bederna, 2019, S. 100). Nachhaltigkeit »bietet eine neue Definition der Voraussetzungen, Grenzen und Ziele von Fortschritt: Statt der ständigen Steigerung von Gütermengen und Geschwindigkeiten wird die Sicherung der ökologischen, sozialen und ökonomischen Stabilität von Lebensräumen – anders gesagt: das gute Leben in den Grenzen der Natur – zur zentralen Bezugsgröße gesellschaftlicher Entwicklung und politischer Planung« (Bederna & Vogt, 2018).

Nachhaltigkeit wird damit zum kritischen Gegengewicht einer unbegrenzt verstandenen Handlungsfreiheit, das Nachhaltigkeitsprinzip bezieht Freiheit auf Verantwortung (Bederna, 2019, S. 101–109). Mit der dialektischen Denkbewegung wird zwischen den Werten Nachhaltigkeit, Freiheit und Verantwortung ein ethischer Reflexionsraum eröffnet, der die ökologische Ethik zum einen mit anderen Bereichsethiken (Technikethik, Wirtschaftsethik u. a.) in Beziehung setzen kann. Zum anderen wird sie darin »als drängendes Querschnittsproblem des gesamten Projekts der Moderne« (Vogt, 2021, S. 29) insbesondere auch mit den Grundfragen der Individual- und Sozialethik verschränkt.

2.2 Begriff und Bereich ökologischer Ethik

Die Verwendung des Begriffs Ökologische Ethik geschieht im Fachdiskurs nicht unhinterfragt (Vogt, 2021, S. 25–31), sondern in Unterscheidung zu affinen Bezeichnungen wie *Umweltethik, Mitweltethik, Naturethik, ökologische Sozialethik,* auch *Schöpfungsethik* u. a. Dabei geht es weniger um substanzielle Differenzen als vielmehr darum, mit verschiedenen Begrifflichkeiten zum einen anschlussfähig an unterschiedliche Diskurse und Bezugswissenschaften (wie Politik bzw. Biologie oder Ökologie) zu sein. Zum anderen lässt sich eine Sensibilität dafür schaffen, dass man je nach verwendetem Begriff bestimmte Bezugswissenschaften aufruft (bspw. die Ökologie als empirische Naturwissenschaft) oder implizite normative Aussagen macht. Der Begriff *Umweltethik* steht beispielsweise unter dem Verdacht einer anthropozentrischen Voreingenommenheit (»Der Mensch und seine Umwelt«). Ökologische Ethik kann leicht als normativ aufgeladene Teildisziplin einer empirischen Bereichswissenschaft (Ökologie) verstanden werden (Vogt, 2021, S. 26). Darüber hinaus ist beiden Zugängen allerdings gemeinsam, dass die Begriffe *Umwelt* bzw. Ökologie eine relationale Dimension allen Lebens betonen und einen systemischen Blick auf den Menschen, seine Um- bzw. Mitwelt sowie auf das Ökosystem als Ganzes anlegen.

Obwohl die ökologische Ethik als eine multidisziplinär angelegte Bereichsethik mit anwendungsorientierten Fragestellungen (z. B. Gewässerschutz, Technikfolgenabschätzung) verstanden werden kann, weist sie darüber hinaus auch auf die »inhaltlich und methodisch grundlegenden Fragen nach der Stellung des Menschen in der Natur sowie der Ausrichtung und Rechtfertigungsfähigkeit des neuzeitlichen Fortschritts- und Wohlstandsmodells« (Bederna & Vogt, 2018). Weil sie einerseits nach Argumenten bzw. Begründungsfiguren für Umwelt-, Tier- und Naturschutz oder für nachhaltiges Handeln fragt und andererseits danach, wie daraus resultierende Maßstäbe und handlungsleitende Normen umgesetzt werden können, hat die ökologische Ethik bzw. Umweltethik eine *theoretische* und eine *praktische* Dimension (Ott, 2010, S. 8). Als bleibend zu bearbeitende Herausforderung gilt dabei die aktualitätsbezogene Passung zwischen der Entwicklung von Theoriekonzepten einerseits und praktisch-politischen Herausforderungen andererseits. Darüber hinaus liegt eine zentrale Aufgabe in der Verhältnisbestimmung von *empirisch-deskriptiven* (beschreibenden) und *normativ-präskriptiven* (vorschreibenden) Aussagen. Denn zum einen ist der sog. *naturalistische Fehlschluss* zu vermeiden, das heißt aus wertfrei beschriebenen naturwissenschaftlichen Fakten lassen sich keine unmittelbaren normativen Aussagen ableiten (Bederna & Vogt, 2018; Ott, 2010, S. 11). Zum anderen lässt sich das Normative nicht allein von der menschlichen Existenz her definieren. Das erklärt auch die »radikale Kritik am christlichen und neuzeitlichen Naturverhältnis« (Bederna & Vogt, 2018) einschließlich eines verkürzt verstandenen Herrschaftsauftrags des Menschen über die Natur (Gen 1,26–28). Denn hierin kann sich ein nicht unproblematischer Anthropozentrismus (Vogt, 2021, S. 52 f., 329–339; Gärtner, 2020, S. 92; Ott, 2010, S. 149–153) zeigen.

2.3 Begründungsmodelle ökologischer Ethik

Hinsichtlich dieses Problemfelds lassen sich im »Argumentationsraum der Umweltethik« (Ott, 2010, S. 18) folgende Begründungsmodelle unterscheiden (nach Bederna & Vogt, 2018; Ott, 2010, S. 18), deren Grenzen sich fließend zueinander verhalten:

1. *anthropozentrisch:* Argumentation ausgehend vom Menschen (griech. *anthropos*) und seiner Würde als ethischem Maßstab, ökologische Forderungen in Bezug auf die Bedürfnisse und Lebensbedingungen des Menschen, auch generationenübergreifend;
2. *pathozentrisch:* Empfindungsfähigkeit (griech. *pathein:* leiden, empfinden) als ethischer Maßstab mit dem Ziel Leid zu vermeiden, insbesondere im Bereich der Tierethik und des Anliegens einer artgerechten Tierhaltung;

3. *biozentrisch:* universaler Wille zu leben (griech. *bios:* Leben) als Maßstab, wobei jedes Lebewesen ein prinzipiell gleichrangiges Recht auf Leben und auf die Achtung seiner Grundbedürfnisse hat (vgl. Albert Schweitzers Ethik der »Ehrfurcht vor dem Leben«);
4. *physiozentrisch* (ökozentrisch, holistisch): Zugehörigkeit zur Natur (griech. *physis*) in ihrer Gesamtheit als ethischer Maßstab, also über Mensch und Tier hinaus bezogen auf Flüsse, Wälder und andere Ökosysteme;
5. *theozentrisch:* Annahme eines personalen Gottes (griech. *theos*) oder transzendenten Wesens als ethischer Maßstab und normgebende Größe im menschlichen Handeln (vgl. Schöpfungstheologie).

2.4 Schöpfung als Dimension ökologischer Ethik

Mit dem letzten Argumentationsansatz betritt man den Raum spezifisch theologischer Begründungsfiguren ökologischer Ethik, insbesondere im Blick auf das Konzept Schöpfung. Dieses bleibt sowohl im ethischen Diskurs als auch in ethikdidaktischen Lernsettings allerdings oft ungeklärt bzw. unscharf (Bederna & Vogt, 2018): Nicht selten erfolgt die unterrichtliche Behandlung verkürzt, entweder indem man Schöpfung als *creatio ex nihilo* (Schöpfung aus dem Nichts) auf den Gedanken der Weltentstehung reduziert oder Schöpfung unter Bezug auf das konziliare Motto »Schöpfung bewahren« mit Natur- und Umweltschutz gleichsetzt. Letzteres verliert zudem den schöpfungstheologischen Gedanken der *creatio continua* (fortgesetzte Schöpfung) aus dem Blick. Solche Verkürzungen lösen den »komplexen Zusammenhang von Kulturabhängigkeit der Natur und Naturabhängigkeit der Kultur in einem konservativ-harmonisierenden Sinne auf« und unterliegen »dem naturalistischen Fehlschluss, der das Seiende mit dem Seinsollenden identifiziert« (Bederna & Vogt, 2018).

Zwei zentrale schöpfungstheologische Dimensionen (Gärtner, 2020, S. 93) können daher auch für eine ökologische Ethik relevant werden: *Erstens* sind die biblischen Schöpfungserzählungen »als prophetische Hoffnung und utopische Erinnerung« zu verstehen, in denen es in erster Linie um Gerechtigkeit und Befreiung geht. »Mit einem Satz: Es geht nicht um spezielle naturwissenschaftliche, sondern um aktuelle sozialethische Fragen.« (Gärtner, 2020, S. 93, mit Bezug auf Andreas Benk). *Zweitens* folgt eine Haltung der Lebensfreude oder des Staunens angesichts der Schöpfung einer bestimmten Wahrnehmung und Deutung von Welt und Wirklichkeit: »Hierbei stehen keine sozialethischen Überlegungen im Fokus, sondern die Schöpfung wird als Selbstzweck wahrgenommen, ihr kommt eine eigene Dignität zu, die zum Staunen, Loben und Danken auffordert« (Gärtner, 2020, S. 94).Als spirituelle Grundhaltung wird

Schöpfung schließlich zum wesentlichen Moment des Aufbaus von Beziehungsfähigkeit: »Eine zentrale Funktion des Schöpfungsgedankens in ethischen Zusammenhängen liegt wohl im Motivationalen, Spirituellen: Schöpfung ist Gabe, stiftet also eine Beziehung zwischen Gabe und Geber« (Bederna & Vogt, 2018; Ott, 2010, S. 160 f.). Schöpfung macht auf die Unterscheidung zwischen Schöpfer und Schöpfung aufmerksam und reflektiert die Beziehung zwischen Gott, Mensch und Welt. Vor diesem Hintergrund kann man schöpfungstheologische Argumentationen einem *anthroporelationalen* Ansatz ökologischer Ethik zuordnen, der auf die Vernetztheit (Retinität) aller Lebensbereiche abhebt. Wenn Ott unter Bezug auf ein Schöpfungsverständnis von Gabe und Auf-Gabe formuliert *»Menschen sollen im Segen als Zeichen auf Erden, d. h. inmitten der sehr guten Schöpfung auftreten und sie so erfüllen«* (Ott, 2010, S. 157; Hervorhebungen im Original), dann werden darin sowohl die Verschiebung von einer Anthropozentrik hin zu einer Anthroporelationalität als auch die Überschneidung von theo-, bio- und physiozentrischen Argumenten ökologischer Ethik offenkundig.

Insofern sowohl die prophetisch-kritische bzw. politische als auch die motivationale bzw. spirituelle Dimension von Schöpfung eine »wichtige Ressource für einen nachhaltigen Umgang mit der Welt« (Gärtner, 2020, S. 94) darstellen, ist die »ethische Leitfunktion des Prinzips Nachhaltigkeit« (Vogt, 2021, S. 30) im Umgang mit der ökologischen Krise auch aus schöpfungstheologischer Sicht plausibel. Aus christlicher Perspektive gilt Nachhaltigkeit sogar als »kategorischer Imperativ zeitgemäßer Schöpfungsverantwortung« (Bederna & Vogt, 2018), der zuletzt in der vielfach positiv gewürdigten Umweltenzyklika von Papst Franziskus *Laudato si'* (2015) zu einem konzeptionellen Leitbegriff avancierte (bspw. Lienkamp, 2016; Edenhofer, 2019; Vogt, 2019).

3. Didaktische Perspektiven

3.1 Didaktische Orientierungen

Eine an den Kompetenzen ethischer Bildung orientierte Unterrichtsplanung zum ökologisch-ethischen Lernen wird sich schwerpunktmäßig im Modell der Wertkommunikation wiederfinden. Das bedeutet, dass eine faktisch vorhandene Werte- und Normenpluralität durch diskursive Lernprozesse derart er- und bearbeitet wird, dass Lernende darin ethische Urteilskompetenz und Mündigkeit erwerben können. Dazu dienen argumentative Diskussionsprozesse, in denen der Perspektivenwechsel zwischen individuellen Werthaltungen (bspw. für oder gegen nachhaltiges Handeln) oder zwischen Begründungsfiguren ökologischer

Ethik (s. o.) eine besondere Rolle spielt. Um einer in diesem Modell möglicherweise entstehenden »kognitivistische[n] und elitäre[n] Drift« (Bederna & Vogt, 2018) begegnen zu können, ist weiterführend der sog. sozialethische Dreischritt (»erkennen – bewerten – handeln«) zu berücksichtigen. Er garantiert, dass ökologische Themen erkannt, damit zusammenhängende Diskurse analysiert und bewertet sowie Handlungsmöglichkeiten »der individuellen Mitgestaltung und politischen Partizipation« (Bederna & Vogt, 2018) eröffnet werden. Denn: »Die *Diskrepanz zwischen Wissen, Urteilen und Handeln* gehört zugleich zu den zentralen Herausforderungen ökologisch-ethischen Lernens.« (Bederna & Vogt, 2018, Hervorhebung im Original)

Darüber hinaus kann das in der frühen Umweltbildung der 1970er Jahre vorherrschende, allerdings im Rahmen religiöser Bildungsprozesse als überholt geltende Modell der Wertübertragung (Ziebertz, 2010, S. 439; Englert, 2021, S. 16) im Kontext ökologisch-ethischen Lernens neue Relevanz erhalten. So gilt zum einen Nachhaltigkeit als Tugend (Bederna, 2021, S. 330), und auch in der ökologischen Ethik werden klassische Tugenden neu interpretiert (Bederna & Vogt, 2018), etwa die der *Genügsamkeit* unter dem ökologisch-ethischen Leitbegriff der *Suffizienz* (Maßhalten, Bemühen um einen möglichst geringen Ressourcenverbrauch) als wesentlicher Dimension eines am Prinzip der Nachhaltigkeit orientierten Lebensstils. Zum anderen fallen im Tugendbegriff die kognitive, affektive und volitive Dimension des Handelns zusammen, sodass die Orientierung an einem tugendethischen Lernen einer kognitivistischen Drift bzw. einem *mind-behavior-gap* begegnen kann: »Tugenden nun sind Haltungen gegenüber einem ethisch relevanten Sachverhalt, bei denen eben nicht nur der Verstand eine Rolle spielt, sondern genauso auch die Affekte und der Wille« (Englert, 2021, S. 14). Weil sich ökologisch-ethisches Lernen nicht nur in der kognitiven Durchdringung ökologischer Probleme erschöpfen kann, sind ergänzende Ansätze und Lernwege zu suchen, die »stärker auf den Handelnden und seine Qualitäten (›Tugenden‹)« (Englert, 2021, S. 17) abheben.

Insgesamt ist ökologisch-ethisches Lernen in den Rahmen einer Bildung für nachhaltige Entwicklung (BNE) einzuordnen, die auch aus religionspädagogischer Perspektive kritisch-konstruktiv fortgeschrieben wird (Bederna, 2019; Gärtner, 2020). In der BNE dominiert das Konzept der *Gestaltungskompetenz* als abstrakte Fähigkeit, im Blick auf Fragen der Nachhaltigkeit spezifische Probleme erkennen und entsprechendes Wissen wirksam anwenden zu können (Bederna, 2019, S. 226–229). Die ausdifferenzierten eher formal-strategischen zwölf Teilkompetenzen wie u. a. Antizipationsfähigkeit, Kooperationsfähigkeit oder Partizipationsfähigkeit werden aus Sicht einer religiösen Bildung für nachhaltige Entwicklung (rBNE) um eine religiöse, ethische und sozial-politische Dimension erweitert (Bederna, 2021, S. 327): Sozial-ökologische Krisensituationen werden nun auch als religiöse Probleme gedeutet, was wiederum im Aufbau einer sowohl ethischen als auch politischen Urteils- und Handlungsfähigkeit mündet. Insofern ist ökologisch-ethisches Lernen durch seine enge Verwiesenheit auf das Prinzip der Nachhaltigkeit eng mit den Zielsetzungen und Kompetenzfacetten einer rBNE verwoben (weiterführend: Bederna, 2019; Gärtner, 2020).

3.2 Didaktische Konkretisierungen

In der Folge eines mehrperspektivischen Zugangs zum ökologisch-ethischen Lernen kann die folgende Matrix die allgemeinen Grundorientierungen konkretisieren. Sie verbindet Komponenten ethischer Kompetenz (nach Englert, 2015; Winklmann & Kropač, 2021; Ziebertz, 2010) mit den Modellen ethischer Bildung (nach Ziebertz, 2010). Die Verknüpfung ermöglicht eine genaue Zuordnung einzelner Lernschritte innerhalb eines Lernarrangements und dient der Prüfung auf dessen didaktisch-methodische Kohärenz:

ANALYSEMATRIX ÖKOLOGISCH-ETHISCHES LERNEN					
		Modelle ethischer Bildung			
		Wertübertragung zuvor ausgewählte Werte und Normen übernehmen, daraus eine persönliche Werthaltung entwickeln und das eigene Handeln ausrichten	**Werterhellung** eigene moralische Einstellungen und Werte erkennen, reflexiv bewusst machen und das subjektive Denken und Handeln stabilisieren	**Wertentwicklung** moralische Urteilskompetenz stufenweise erweitern und durch die Arbeit an Dilemmata zu einem prinzipiengeleiteten ethischen Urteil gelangen	**Wertkommunikation** Werte und Normen reflektieren und beurteilen, in kommunikativen Prozessen eine ethische Urteilskompetenz ausbilden und ethisch mündig werden
Komponenten ethischer Kompetenz	**WAHRNEHMEN** (perzeptiv)	*z. B. nichtnachhaltige Lebensformen identifizieren*	*z. B. den eigenen ökologischen Fußabdruck bestimmen*		
	WISSEN und **BEURTEILEN** (kognitiv)			*z. B. ökologisch-soziale Dilemmasituationen bearbeiten*	*z. B. sich im ökologisch-ethischen Argumentationsraum frei bewegen*
	FÜHLEN (affektiv/ emotional)		*z. B. eigene Erfahrungen im Bereich des BNE Service Learning sammeln*		*z. B. andere Perspektiven probeweise einnehmen und die eigene Perspektive wechseln*
	WOLLEN und **HANDELN** (volativ/ operativ)	*z. B. Suffizienz im Sinne eines nachhaltigen Lebensstils als persönliche Tugend erproben*		*z. B. ein moralisches Urteil in konkrete Praktiken transformieren*	
Gegenstand der Analyse: *z. B. eine bestimmte Lernsequenz, eine geplante Exkursion, vorliegendes Unterrichtsmaterial etc.*					
Didaktischer Schwerpunkt: *z. B. die diskursethische Prüfung schöpfungstheologischer Aussagen für nachhaltiges Handeln*					

Abb. 1: *Matrix ökologisch-ethisches Lernen* mit exemplarischen Lernschritten (© Jan Woppowa)

Mithilfe einer didaktischen Orientierung an dieser Planungs- und Analysematrix können beispielsweise folgende Fragen relevant werden: *Berücksichtigt das Lernarrangement die verschiedenen Komponenten bzw. Lerndimensionen, um eine zu starke Diskrepanz von Wissen, Urteilen und Handeln zu verhindern? Werden bspw. durch tugendethische Bezüge oder biografisches Lernen die ethischen Modelle der Wertübertragung bzw. Werterhellung und damit stärker eine personale Dimension ethischen Lernens berücksichtigt, jedoch ohne dabei das auf kritische Urteilskompetenz zielende Leitmodell der Wertkommunikation zu verlassen? Wird die Befähigung zum Perspektivenwechsel ausreichend beachtet? Verfolgt das Lernarrangement einen transparenten didaktischen Schwerpunkt? Etc.*

Um den oben aufgezeigten Grundorientierungen folgen und dabei auch den benannten Aporien und Diskrepanzen ökologisch-ethischen Lernens konstruktiv begegnen zu können, ist schließlich eine Gestaltung von Lernarrangements angezeigt, in der mindestens die folgenden Aspekte berücksichtigt werden:

- Unterschiedliche Lernwege bahnen möglichst ausgewogen alle Komponenten ethischer Kompetenz an und wechseln zwischen verschiedenen Modellen ethischer Bildung im Sinne einer erweiterten Orientierung an der etablierten Wertkommunikation.
- Kommunikative, diskursiv-ethische Lernwege werden mit moralpädagogischen Zugängen, die auf das handelnde Subjekt oder bestimmte Tugenden abheben (bspw. das Lernen an Vorbildern eines nachhaltigen und politischen Lebensstils, unterrichtspraktisch für die Sekundarstufe I: Tacke, 2020; Trömper & Plagentz, 2019), verschränkt, sodass ethische Urteils- und Handlungsfähigkeit gleichermaßen angebahnt werden können.
- Aus Sicht einer rBNE wird das Prinzip Nachhaltigkeit unter Bezugnahme auf das theologische Konzept *Schöpfung* bearbeitet (Bederna, 2019, S. 160–182; unterrichtspraktisch: Gärtner, 2020, S. 160–165; Grundschule Religion, 2020): als spezifischer Interpretationsrahmen religiöser (jüdischer, christlicher, muslimischer) Weltdeutung in einem multiperspektivischen Lernprozess, als kritischer Impuls politisch-gesellschaftlichen Widerstands (Benk, 2016), als Zentrum einer spezifischen Haltung des Subjekts in der Beziehung zu seiner Um- und Mitwelt (Schöpfungsspiritualität oder Schöpfungsverantwortung, bspw. unterrichtspraktisch am Lernort Schulgarten: Reichmann, 2019).
- Die Lerngegenstände werden nach Möglichkeit interdisziplinär bearbeitet, auch unter Einbezug anderer zur ökologischen Ethik affinen Bereichsethiken, beispielsweise *Tierethik* (unterrichtspraktisch: Kohler-Spiegel, 2019; Bürger, Hagencord & Jendt, 2016).
- Verschiedene Lernformen werden miteinander kombiniert, insbesondere

ethisches und *spirituelles* Lernen (unterrichtspraktisch: Woppowa, 2013, S. 144–154, zum spirituellen Lernen; Gärtner, 2020, S. 142–148, zu Fasten und Suffizienz; Hisch, 2020, zum PILGRIM-Projekt).

- Die Lernprozesse stellen einen lebensweltorientierten Realitäts- und Gegenwartsbezug her (beispielsweise zur »Fridays for Future«-Bewegung oder durch die Erstellung des persönlichen ökologischen Fußabdrucks unter https://www.fussabdruck.de u. a.) und sind handlungsorientiert angelegt (bspw. durch die kritische Überarbeitung des Schulprogramms unter Nachhaltigkeitskriterien).
- Außerschulische Lernmöglichkeiten bzw. (digitale) Angebote und Projekte ökologisch-ethischer Bildung (unterrichtspraktisch: Naurath, 2019, zum RU auf dem Bauernhof; bspw. ein *padlet* zur Nachhaltigkeit im RU: https://de.padlet.com/keppis89/19lvzyid83muwnrs, oder das Projekt »Religionen für biologische Vielfalt« bei https://abrahamisches-forum.de), religiöse Andersorte nachhaltiger Lebensformen (unterrichtspraktisch: Gärtner, 2020, S. 138–142, zum Klostergarten), die Methode des *BNE Service Learning* als spezifische Form außerschulischen Lernens durch Engagement für das Gemeinwohl (Bederna, 2019, S. 267–271; unterrichtspraktisch für die Sekundarstufen: Ratjen, 2013) werden geprüft und eingebunden.

4. Literatur

Albert, M./Hurrelmann, K./Quenzel, G. (2019): 18. Shell Jugendstudie. Jugend 2019. Eine Generation meldet sich zu Wort. Weinheim: Beltz.

Bederna, K. (2019): Every Day for Future. Theologie und religiöse Bildung für nachhaltige Entwicklung. Ostfildern: Grünewald.

Bederna, K. (2021): Didaktik religiöser Bildung für nachhaltige Entwicklung. In U. Kropač/U. Riegel (Hg.): Handbuch Religionsdidaktik (S. 325–331). Stuttgart: Kohlhammer.

Bederna, K./Vogt, M. (2018): Art. Ökologische Ethik. In WiReLex – Das Wissenschaftlich-Religionspädagogisches Lexikon im Internet. https://www.bibelwissenschaft.de/stichwort/200340/ (Zugriff: 11.06.2021).

Benk, A. (2016): Schöpfung – eine Vision von Gerechtigkeit. Was niemals war, doch möglich ist. Ostfildern: Grünewald.

Bürger, M./Hagencord, R./Jendt, S. (2016): Christliche Tierethik. EinFach Religion. Unterrichtsbausteine Klassen 5–13. Paderborn: Ferdinand Schöningh.

Bundesministerium für Umwelt, Naturschutz und nukleare Sicherheit (BMU)/Bundesamt für Naturschutz (BfN) (Hg.) (2020): Naturbewusstsein 2019. Bevölkerungsumfrage zu Natur und biologischer Vielfalt. Berlin/Bonn.

Edenhofer, O. (2019): Die Atmosphäre gehört allen. Die Sprengkraft von Laudato si'. Katechetische Blätter, 144 (3), S. 169–171.

Englert, R. (2015): Die verschiedenen Komponenten ethischen Lernens und ihr Zusammenspiel. In Ders./H. Kohler-Spiegel/E. Naurath/B. Schröder/F. Schweitzer (Hg.): Ethisches Lernen (Jahrbuch der Religionspädagogik, Bd. 31) (S. 108–118). Neukirchen-Vluyn: Neukirchener Verlag.

Englert, R. (2021): Lässt sich mit Tugenden heute noch etwas anfangen? Katechetische Blätter, 146 (1), S. 12–17.
Gärtner, C. (2020): Klima, Corona und das Christentum. Religiöse Bildung für nachhaltige Entwicklung in einer verwundeten Welt. Bielefeld: transcript.
Grundschule Religion (2020): Themenheft »Schöpfung: bebauen und bewahren«, H. 71.
Hisch, J. (2020): Spiritualität und Bildung für Nachhaltige Entwicklung bei PILGRIM. Österreichisches Religionspädagogisches Forum, 28 (2), S. 82–99. DOI: 10.25364/10.28:2020.2.6.
Hurrelmann, K./Albrecht, E. (2020): Generation Greta. Was sie denkt, wie sie fühlt und warum das Klima erst der Anfang ist. Weinheim: Beltz.
Katechetische Blätter (2019): Themenheft »Ökologisches Lernen«, 144 (3).
Kohler-Spiegel, H. (2019): Vegetarismus – Veganismus: Mehr als nur Essen ohne Fleisch. Katechetische Blätter, 144 (3), S. 200–203.
Lienkamp, Andreas (2016): Die Sorge für unser gemeinsames Haus! Herausforderungen der bahnbrechenden Enzyklika Laudato si‘ von Papst Franziskus (Linzer Beiträge zu Wirtschaft – Ethik – Gesellschaft 8). Linz: Katholische Privat-Universität Linz. http://www.wiege-linz.at/band8 (Zugriff: 04.02.2021).
Michelsen, G./Grunenberg, H./Mader, C./Barth, M. (2015): Nachhaltigkeit bewegt die jüngere Generation. Greenpeace Nachhaltigkeitsbarometer 2015. Bad Homburg: VAS.
Naurath, E. (2019): Mehr als Öko-Idylle: Religionsunterricht auf dem Bauernhof. Katechetische Blätter, 144 (3), S. 192–195.
Österreichisches Religionspädagogisches Forum (2020): Themenheft »Nachhaltiges Lernen«, 28 (3).
Ott, K. (2010): Umweltethik zur Einführung. Hamburg: Junius.
Papst Franziskus (2015): Laudato si‘. Enzyklika von Papst Franziskus über die Sorge für das gemeinsame Haus. Bonn.
Ratjen, I. (2013): Service-Learning – Verantwortung lernen. Schöpfung bewahren und gestalten im Rahmen eines Service-Learning-Projekts. Loccumer Pelikan, H. 3, S. 131–134.
Reichmann, B. (2019): Schöpfungsverantwortung lernen im (Schul-)Garten. Katechetische Blätter, 144 (3), S. 196–199.
Tacke, T. (2020): »Nur noch kurz die Welt retten …«? Ermutigung und Befähigung zu einem nachhaltigen Lebensstil durch den Religionsunterricht. Eine Unterrichtsidee. Österreichisches Religionspädagogisches Forum, 28 (2), S. 117–131. DOI: 10.25364/10.28:2020.2.8.
Trömper, A./Plagentz, A. (2019): »Ihr seid nicht erwachsen genug, die Wahrheit zu sagen«. Greta Thunberg – eine Prophetin des Klimaschutzes? Ein Entwurf für die Sekundarstufe 1 und die Konfirmandenarbeit. rpi-aktuell, H. 1. https://www.rpi-ekkw-ekhn.de/fileadmin/templates/rpi/normal/material/arbeitsbereiche/ab_konfirmandenarbeit/material/UE_Klimafasten_Sek1_KonfiArbeit_RPI_EKKW_EKHN.pdf (Zugriff: 31.01.2021).
Vogt, M. (2013): Prinzip Nachhaltigkeit. Ein Entwurf aus theologisch-ethischer Perspektive (3. Aufl.). München: oekom.
Vogt, M. (2019): Ein neues Kapitel der katholischen Soziallehre. Katechetische Blätter, 144 (3), S. 172–176.
Vogt, M. (2021): Christliche Umweltethik. Grundlagen und zentrale Herausforderungen. Freiburg i. Br.: Herder.
Winklmann, M./Kropač, U. (2021): Ethisches Lernen. In U. Kropač/U. Riegel (Hg.): Handbuch Religionsdidaktik (S. 292–298). Stuttgart: Kohlhammer.
Woppowa, J. (2013): Leben wahrnehmen und Leben gestalten. Spirituelles Lernen in der Schule. In L. Rendle (Hg.): Ganzheitliche Methoden in der Schulpastoral (S. 139–154). München: Kösel.
Ziebertz, H.-G. (2010): Ethisches Lernen. In G. Hilger/S. Leimgruber/Ders. (Hg.): Religionsdidaktik. Ein Leitfaden für Studium, Ausbildung und Beruf (S. 434–452). München: Kösel.

Nächstenliebe / Diakonie / Caritas

Konstanze Kemnitzer / Matthias Roser

1. Lebensweltliche Perspektiven

»Nächstenliebe« ist ein aus den zwei Substantiven »Nächste« und »Liebe« zusammengesetzter Abstraktionsbegriff, der Phänomene erfassen soll, die sich zwischen Menschen lebensdienlich abspielen und diese in Gestalt des »Nächstenliebe-Gebotes« zur grundlegenden Lebensäußerung und -regel des christlichen Glaubens und vieler Religionen erhebt.

Dabei haben sozialpsychologische Forschungen und humanwissenschaftliche, neurobiologische Untersuchungen der letzten Jahrzehnte herausgearbeitet, dass die Phänomene der Nächstenliebe bzw. des Altruismus auf angeborenen menschlichen Fähigkeiten beruhen, die im Laufe der Evolution der Menschheit überlebenswichtig waren (z. B. Häusler, 2021): Das menschliche Gehirn besitzt sog. »Spiegelneuronen«, ein zwischenmenschliches »Resonanzsystem«, das beim Beobachten eines anderen Menschen und seiner gezeigten Emotionen mit gleichen Aktivitätsmustern reagiert. Die Spiegelneuronen bzw. das Spiegelneuronen-Netzwerk ist bereits im Gehirn eines Säuglings aktiv und wird in den ersten Lebensjahren immer weiter ausgebildet. Auch wenn die wissenschaftliche Erforschung des Zusammenhangs von Neurobiologie und Mitgefühl als höchst diffizil zu betrachten ist, führen diese Forschungen zu einer für den Religionsunterricht wichtigen lebensweltlichen Orientierung: Nächstenliebe ist zunächst ein anthropologisches, zwischenmenschliches Grundphänomen, das also eigentlich nicht anerzogen werden muss, das aber leider – im Gegenteil – durch biografische Sozialisationsprozesse individuell korrumpiert bzw. abtrainiert werden kann (Westphalen, 2018).

Spüren, was ein anderer Mensch spürt, Mitfreuen und Mitleiden sind Regungen des Identitätszentrums, biblisch: des Herzens. Dieses erbarmt sich, wenn Leiden oder Mühsal anderer Menschen beobachtet werden, regt sich, krampft sich sogar zusammen, fokussiert die Aufmerksamkeit und wendet die Erkenntnis über die gespiegelte Empfindung zu Hilfsbereitschaft und tätiger Hilfe. Von Kindesbeinen an sammelt der Mensch Erfahrungen sinnvollen Umgangs mit den gesendeten Signalen seiner Mitmenschen und übt, mit den Mitgefühlen des Herzens umzugehen. Dabei spielt eine wichtige Rolle, dass Hilfehandeln nicht solipsistisch geleistet werden kann und muss, sondern dass das Gegenüberwesen Mensch, als Mitglied einer sozialen Umgebung, beobachtet und erlernt, wie sinnvolle Reaktionen auf Hilfsbedürftigkeit *gemeinsam* gestaltet werden können.

So spannt das Thema »Nächstenliebe/Diakonie/Caritas« einen weiten lebensweltlichen Horizont auf: von den individuell erlebten Regungen der gespiegelten Erfahrungen der Mitmenschen über biografische Erlebnisse, wie im sozialen Umfeld (z.B. in Familie und Freundeskreis) einander geholfen und unterstützt wird, bis hin zu Beobachtungen von Orten und Organisationen tätigen Hilfehandelns, von Kindertagesstätten bis Krankenhäusern, von Diakonie- und Caritaseinrichtungen vor Ort bis weltweit.

In diesen phänomenologischen Horizont treten außerdem – wiederum von Kindesbeinen an beobachtbare – *Symbolisierungen* der anthropologischen Fähigkeit des Einfühlens, Spiegelns, des barmherzigen Handelns. Aus Gesten des Einfühlens sind soziale Symbole geworden, allen voran das z.B. mit den Fingern geformte Herz oder die einander gereichten Hände. Aus den Symbolisierungen wurden und werden vielfache ästhetische Darstellungen von tätiger Nächstenliebe in Kunst, Kultur, Gesellschaft, Rechtssystem und Medienwelt.

Durch die Kulturgeschichte der Menschheit ziehen sich überdies sprachliche Verdichtungen, schließlich auch die zur sog. »goldenen Regel« (Mt 7,12) geformte Wendung im Neuen Testament. Im Zuge der Verkündigung des Glaubens an Jesus Christus und der Auslegung bzw. formelweisen Zusammenfassung biblischer Texte wurde aus Jesu Worten und Taten und seiner Rede vom höchsten Gebot (Mk 12,29–31) schließlich der Schlüsselbegriff »Nächstenliebe« geformt. Er avancierte nachbiblisch zum theologisch-ethischen Lebensideal christlicher Existenz. Im neutestamentlichen Zusammenhang werden die Sammlungen für die Armen als Koinonia (Röm 15,26), die Speisung der Armen und die konkrete materielle Hilfe außerhalb des gottesdienstlichen Kontextes als Diakonia (Apg 6,1; Röm 15,25; 2 Kor 8,84) bezeichnet. »Caritas« (Liebe) ist die lateinische Übersetzung des neutestamentlichen Agape-Begriffs. In institutionengeschichtlicher Hinsicht ist der Begriff »Caritas« mit der Gründung des »Charitasverbandes für das katholische Deutschland« (durch Lorenz Werthmann, 1897), »Diakonie« – im Modus von »Innerer Mission« – mit dem Werk von Johann Hinrich Wichern (und seiner berühmten Stegreifrede von 1848) verbunden. Heute bezeichnen die beiden Begriffe die konfessionell geprägten Organisationen, Institutionen, Aktionen, Einrichtungen bis hin zu den Spitzenverbänden innerhalb des bundesdeutschen Systems der freien Wohlfahrtspflege.

Sprachgeschichtlich ist im deutschsprachigen Kulturraum dabei interessant, dass lange Zeit und bis in das 16. Jahrhundert hinein das Wort »Barmherzigkeit« verwendet wurde, um das biblische Lebensideal der einfühlenden und tätigen Hinwendung zum Nächsten zu bezeichnen. Zahlreiche Orden führten und führen den Begriff ›Barmherzigkeit‹ in ihrem Namen und machen dadurch die Ausrichtung ihrer geistlich-caritativ-diakonischen Gemeinschaft, ihres Handelns aber auch ihrer Spiritualität deutlich (sog. »Barmherzige Brüder«, »Barmherzige Schwestern«).

Das Wort »Barmherzigkeit« wurde erst in der Mitte des 18. Jahrhunderts im öffentlichen Sprachgebrauch durch »Mitleid« und »Nächstenliebe« quantitativ einge- und schließlich überholt. Die allgemein-gesellschaftliche Verwendung der Begriffe »Caritas« und »Diakonie« im deutschen Sprachraum setzt mit den Folgen der industriellen Revolution, deren gravierenden sozialen Folgen und als Gegenentwurf in Theorie und Praxis zum aufkommenden wissenschaftlichen Sozialismus (Engels, Marx) verstärkt ein und etabliert sich zunehmend im 20. Jahrhundert. Das Nomen »Nächstenliebe« wird mit den historischen Anfängen der neuzeitlichen, organisierten Hilfstätigkeit nach und nach zum Allgemeingut. So leuchtet auch in sprachgeschichtlicher Hinsicht die diesem Artikel vorgegebene Zusammenspannung der Begriffe »Nächstenliebe/Diakonie/Caritas« durchaus ein.

Für eine Pädagogik der Nächstenliebe sei besonders betont, was für alle Lehr- und Lernbemühungen gilt: Die lebensweltlichen, existenziellen Erfahrungen gehen den abstrakten Lern- und Fachworten »Nächstenliebe/Diakonie/Caritas« voraus. Kinder und Jugendliche erleben von klein auf Phänomene der Bedürftigkeit und des Helfens. Sie haben als Schülerinnen und Schüler (SuS) schon eine persönliche Geschichte mit Erfahrungen von Altruismus und ständigem Aufeinanderangewiesensein in Familie, Kindertagesstätten und Schulen. Dabei kennen sie auch die Ambivalenzen von Hilfe, von Abhängigkeiten und Unselbstständigkeiten, oder auch von emanzipierender Unterstützung und Empowerment. Gleichermaßen machen Kinder und Jugendliche aber auch ambivalente und verstörende Wahrnehmungen von priorisierter Hilfe bzw. eben »Nicht-Hilfe« (Vereinsamung von älteren und alleinstehenden Menschen, Wohnungslosen etc.) oder auch von vermeintlicher »Hilfe«, die nur die »Helfenden« in ein möglichst günstiges – häufig medial verbreitetes – Licht rücken soll. »Hilfe« und »Hilfe geben« sind dabei für Kinder und Jugendliche zunehmend medial konnotiert. Darüber hinaus nehmen sie institutionalisierte Nächstenliebe in aller Ambivalenz als Arbeitskontext z. B. ihrer Eltern und Erziehungsberechtigten wahr, oder interessieren sich (in Berufsschulen und -kollegs) für diakonische und caritative Einrichtungen auch als potenzielle Räume für ihre zukünftige eigene Berufsbiografie.

Zu den vielfältigen Beobachtungen und Erfahrungen, die Menschen mit der Dynamik aus Mitfühlen, Helfen, Barmherzigkeit und organisierter Hilfeleistung in diakonischen Aktionen, Organisationen und Einrichtungen gemacht haben, sollen im Unterricht die theologisch-ethischen Dimensionen von »Nächstenliebe/Diakonie/Caritas« erkundet und gelernt werden – mit dem Ziel, die vielfältigen lebensweltlichen Phänomene des spontanen bis hochprofessionalisierten, organisierten Hilfegebens und -empfangens mit biblischen Textwelten zu verbinden und solches zwischenmenschliches Handeln in einen theologischen, trinitarischen Horizont einzuzeichnen. Dadurch soll kritische Wahrnehmung von Nächstenliebe/Diakonie/Caritas produktiv und diskursiv gefördert werden.

2. Theologisch-ethische Perspektiven

In den biblischen Texten und jüdisch-christlichen Theologien ist der Mensch ein Beziehungswesen, das immer auf mitmenschliche und göttliche Barmherzigkeit angewiesen bleibt. Jesu Name bedeutet übersetzt: »Gott hilft«, »Gott rettet«. Bei seinem Einzug in Jerusalem ruft die Menschenmenge: »Hosianna! Hilf doch!« (Mt 21,9; Ps 118,25). Lk 6,36 verbindet das rettende Erbarmen Gottes mit dem Ruf zum Erbarmen derer, die Jesus nachfolgen. Wie der biblische Gott die Schreie der Menschen hört und sich erbarmt, so lassen sich auch die Menschen untereinander berühren und zur Hilfe rufen und sollen dies in der Kraft seines Heiligen Geistes tun. Die diakonisch-caritative Existenz Jesu Christi in seinem Leben, Sterben und Auferstehen *für uns* inspiriert durch seinen Geist Christinnen und Christen zu ihren persönlichen diakonisch-caritativen Erfahrungen und Existenzformen.

Dabei prägt die Ästhetik der biblischen Texte, d. h. ihre sprachliche Gestaltung und Imagination der Liebesbotschaft des Alten und des Neuen Testamentes, die *Ethik* der Menschen, die ihre Lebensgeschichte davon beeinflussen oder sogar prägen lassen wollen. Drei ästhetische Grundformen von biblischen Nächstenliebe-Texten seien herausgestellt:

1. Nächstenliebe ist *Gebot und Lebensweisung* mit Lev 19,18 (Gebot der Nächstenliebe), Röm 12,8 und 1 Kor 13 (Zusammenfassung aller Gebote in der Liebe im Licht des neuen Tages in Christus), Mk 12,29–31 und Lk 10,27 (Doppelgebot der Liebe), Mt 5,43 (Gebot der Feindesliebe) und Joh 13,34 (Jesu Neugebot der Liebe): ein An- und Aufruf in die eigene Existenz hinein. Dies verknüpft die eigenen Erfahrungen und selbst formulierten Maßstäbe für gelingendes Leben sowie auch die gesellschaftlichen Regeln und philosophisch formulierten Imperative mit der Imagination des Angesprochenwerdens durch die höchste, göttliche Instanz des Seins. In Lev 19,18 verschmelzen im Heiligkeitsgesetz die Identitätszusage des Volkes, die

Offenbarung Gottes und das Nächstenliebegebot ineinander. Auch mit den weiteren biblischen Gebots- und Lebensweisungsvarianten der Nächstenliebe wird immer diese Dynamik erzeugt: Die menschliche Bewegung des tätigen Mitfühlens steht im Kraftfeld der Menschheit als Sozialgebilde und im Raum Gottes insgesamt, der selbst die Liebe ist. Im Resonanzraum dieser Texte ist die Nächstenliebe ein Ruf in die eigentliche Existenz, in ein Leben, das sich zu leben lohnt, ein Leben in wahrem Schalom, der nicht beziehungslos gelebt werden kann und muss. Als Gebot und Lebensweisung und damit Auf- und Anruf des Gewissens rühren Lev 19,18, Mt 5,43 etc. an die verhärteten und verlernten Instinkte und erinnern an Liebe, also daran, wozu wir vom Mutterleib an berufen und befähigt sind.

2. Nächstenliebe ist die *Geschichte Jesu,* die Summe und Überschrift, mit der seine Taten und Begegnungen, sein Sein für uns in Kreuz und Auferstehung erfasst werden kann. Die Evangelisten erzählen von Heilungen und Wundern an Blinden, Lahmen, Stummen, Tauben, Bettlern, Zöllnern, Verachteten, Marginalisierten, von Krankheit, Behinderung, Verzweiflung und Tod Gekennzeichneten. Dabei sind die Erzählungen selbst Miniatur-Imaginationen von diakonischen Grundfragen, z. B. der Dynamik zwischen Hilfeempfangenden und Hilfegebenden (Jesu Frage: »Was willst du, dass ich für dich tun soll?« (Lk 18,41)), der Öffentlichkeit von Hilfehandeln (Jesus gebietet oft, dass darüber nicht gesprochen werden soll, z. B. Lk 5,14), des Verweischarakters aller Hilfe auf das erst noch kommende zukünftige Heilwerden aller Menschen im Reich Gottes (Offb 21,4).
3. Nächstenliebe ist erzähltes *Gleichnis Jesu* mit Lk 10,25–37 (barmherziger Samariter) und Mt 25,31–46 (Vom Weltgericht), das – solange die Erde steht und Menschen auf ihren Wegen einander begegnen – sich unzählige Male ereignet hat und ereignen wird in unermesslicher Vielfalt, in persönlichen Beziehungen, in Nah und Fern, in Gruppen und in Einzelerlebnissen. Wer in Lk 10,25–37 eintaucht, wird zunächst in das Gespräch über die Frage »Wer ist denn mein Nächster?« und damit in eine Frage der zwischenmenschlichen Zuschreibungen und Abwehrmechanismen verwickelt und erlebt dann, wie Jesus durch sein Erzählen alle Hörenden aus dem Reden und Streiten über Bezeichnungen, in das konkrete Sich-Ereignen von Nächstenliebe hineinholt; ein Geschehnis, das Hilfeempfangenden wie Hilfegebenden gleichermaßen widerfährt und sie bewegt. Wer mit der Rede vom Weltgericht (Mt 25,31–46) imaginativ arbeitet, sieht vom Ende aller Zeiten her rückblickend die diakonischen Christusbegegnungen in den Lebensgeschichten aller Menschen, sieht gelebte und nichtgelebte Nächstenliebe im Ausblick der Ewigkeit. Dabei leuchten zuletzt einzig wahre Lebensereignisse auf: Hungrige

speisen, Dürstenden zu trinken geben, Fremde beherbergen, Nackte kleiden, Kranke pflegen, Gefangene besuchen. Gelebte Nächstenliebe wird im Licht Jesu zur Begegnung mit ihm und zur Antwort auf die Frage, wo er im und als das wahre Leben zu finden ist.

Biblische Nächstenliebe-Imaginationen können natürlich auch über diese Grundformen von Gebot, Geschichte und Gleichnis Jesu hinaus in weiteren alt- und neutestamentlichen Texträumen aufgespürt werden. Immer schwingen beispielsweise auch in den Psalmen (z. B. Ps 41) und Prophetentexten (z. B. Jes 58,7 ff.) die diakonisch-caritativen Dimensionen des Glaubens mit.

Durch biblische Texte, genauer durch das Eintauchen mit der eigenen Vorstellungskraft in die biblischen Imaginationsräume der Liebe als Gebot, Gleichnis und Geschichte verändert sich die Selbstwahrnehmung und die Wahrnehmung anderer Menschen in Relation zum eigenen Selbst: Das Schlüsselwort »Nächste« eröffnet ein Verständnis von Menschsein als »Leben-mit-anderen«, als »Anderen-nahe/Nächste-Sein«. Die Beschäftigung mit den biblischen Texten zu Nächstenliebe/Diakonie dient der Einübung dieser Selbst- und Fremdwahrnehmung, dieses Existenzbewusstseins als »Nächstendasein«. Dabei eröffnen die biblischen Texte in ihrer ästhetischen Vielfalt und Fremdheit auch den Raum, um *kritisch* über Hilfehandeln, Altruismus und Mitgefühl nachzudenken. Nächstenliebe ist in den biblischen Geboten, Gleichnissen und Geschichten ja bleibend ab- und widerständig, ein Gegenüber zu allen Bemühungen der Liebe innerhalb der irdischen Wirklichkeit, in Vergangenheit und Gegenwart. Nächstenliebe/Diakonie/Caritas gelang und gelingt nicht als perfekte Umsetzung der biblischen Imaginationen: In das menschliche Hilfehandeln können sich Machtdynamiken, ökonomische Interessen und Zwänge, systemische und historische Lasten, Sprachbarrieren, Missverständnisse und soziale Widerstände mischen. Die biblischen Texte bleiben aber umso mehr Imaginationsräume des kritischen Nachdenkens und der Inspiration, um die Realitäten diakonischen, helfenden Handelns im Licht der Gebote, Gleichnisse und Geschichten Jesu zu hinterfragen.

So geht es im Religionsunterricht bei der schulischen und außerschulischen Thematisierung von Nächstenliebe/Diakonie/Caritas nicht um Moralerziehung bzw. Unterrichtung in sozialgesetzlichen Hilfepflichten. Und es geht ebenso wenig um die Unterrichtung in metaphysischer, göttlicher, gar übermenschlicher Weltordnung, sondern – im Sinne Friedrich Daniel Ernst Schleiermachers – um fortwährende Bildung jener Gemütsprovinz, die auf die Anschauung des Universums und Bewegungen des eigenen Selbstbewusstseins ausgerichtet ist und sich von den biblischen Texten und christlichen Glaubensgestalten anregen lässt.

Wie aus diesen biblischen Imaginationen heraus Menschen zur tätigen und später institutionalisierten Nächstenliebe inspiriert wurden, lässt sich in der jahrtausendelangen Kulturgeschichte des jüdischen und christlichen Glaubens zeigen und auch interreligiös bzw. interkulturell darstellen. Die Geschichte der christlichen Kulturpraxis birgt viele caritative und diakonische Ereignisse und Aufbrüche, die als Ressourcen, Kritik- und Ideenfundus für individuelle und gemeinschaftliche Ausgestaltung von Nächstenliebe gelehrt und gelernt werden können (Eurich & Schmidt, 2016).

So finden sich schon in der frühen Christenheit Spendensammlungen und Armenspeisungen (2 Kor 8; Apg 6). In der Alten Kirche wird berichtet von der Ausstrahlungskraft der gemeindlichen Fürsorge für Gefangene, Fremde, Witwen und Waisen, Verbannte, Sklaven und für die Verstorbenen. Das Amt der Diakonen und Diakonissen entstand und beeindruckende Menschen haben es gelebt. Im Mittelalter stemmten sich Klöster mit ihren Hospitälern gegen Seuchen und Not. Die Kirche leitete und verwaltete große soziale Aufgaben der Almosenverteilung und Lebensrettung. In der Reformation wurde das Zusammenlegen von Spenden zugunsten der Armen im »gemein(sam)en Kasten« zum elementaren Bestandteil jedes evangelischen Gottesdienstes, nicht als Leistung, um sich persönliche Verdienste zu erwerben, sondern als Frucht des Glaubens in der Freiheit der Christenmenschen. Dann setzt die Professionalisierung des Hilfehandelns ein und schließlich im Pietismus die Energie für herausragende diakonische Rettungseinrichtungen. Wer mit diesen Beispielen (z. B. August Hermann Francke in Halle, Nikolaus Ludwig Graf von Zinzendorf in Herrenhut) pädagogisch verantwortlich umgeht, kann immer beides entwickeln: Respekt vor dem gelingenden Kampf gegen Armut und Not und Anfragen an die Form und das Selbstverständnis der Hilfe. Aus der bis heute prägenden Gründerzeit der Diakonie und Caritas im 19. Jahrhundert lässt sich lernen, wie kraftvoll das innere Licht der biblischen Liebe gegen die Härten der Urbanisierung und Industrialisierung anleuchten kann (Johann Hinrich Wichern im Rauhen Haus in Hamburg, Theodor Fliedner in Kaiserswerth, Friedrich v. Bodelschwingh in Bethel, Lorenz Werthmann und der katholische Caritasverband in Köln). Erzählt werden kann von den Diakonissinnen, die weltweit diakonisch tätig waren, auch später dann im Ersten und im Zweiten Weltkrieg. Und schließlich vom Ausbau der Diakonie und Caritas im In- und Ausland bis hin zu international vernetzten Werken und Unternehmen. Professionalisierungs-, Institutionalisierungs- und Ökonomisierungsprozesse haben dabei zu vielfältigen Differenzierungen der Berufsbilder in Diakonie und Caritas geführt. Das stellt vor Herausforderungen multirationalen Managements, des Miteinanders der Berufsgruppen und vor Grundfragen nach dem bleibenden christlichen Proprium der Einrichtungen und Institutionen – auch in Wettbewerb und Konkurrenz zu anderen Playern organisierten Hilfehandelns.

In der vertieften Beschäftigung mit den Lerngeschichten und Entwicklungen diakonischer Aktionen (z. B. Brot für die Welt) und Institutionen (z. B. v. Bodelschwinghsche Stifungen), in der Erkundung ihrer Erfolge, Misserfolge und auch ihrer dunklen Geschichte (z. B. Euthanasie in der Zeit des Nationalsozialismus) wird immer wieder deutlich, dass Barmherzigkeit und Nächstenliebe nie als perfektes Ideal verwirklicht werden konnten und werden können, ja, dass gerade auch in dieser Lebens- und Wesensäußerung des christlichen Glaubens Schuld und Unrecht geschah und geschieht und dass jedes Hilfehandeln immer kritisch zu prüfen ist, gerade dann, wenn es institutionalisiert und professionalisiert wird.

Die ethischen Diskurse und Debatten über Nächstenliebe/Diakonie/Caritas sind besonders dann aufwühlend, wenn gut Gemeintes sich noch lange nicht als gut gelungen erweist (misslungenes Hilfehandeln, Abhängigkeiten, Helfersyndrom), oder wenn an der Grenze von Tod und Leben die Autonomiedebatten aufbrechen. Auch Kinder und Jugendliche sind in solche ethischen Ambivalenzen der Nächstenliebe verwickelt und Teil des generationenverbindenden Ringens um diakonisch-caritative Fragen wie: Wem bringt Nächstenliebe etwas? Ist Nächstenliebe indirekte Reputationssteigerung? Wer nutzt wen aus? Was ist lebensdienliche Solidarität? Was ist gute Hilfe? Wie kommen wir zu interreligiöser Verständigung über diakonische Aufgaben, Werte und Motivation? Was dient der Würde aller Beteiligten in Ereignissen der Barmherzigkeit? Welche Rolle spielt Technik und die Virtualisierung der Lebenswelten für tätige Nächstenliebe?

3. Didaktische Perspektiven

Die Verschränkung der dargelegten lebensweltlichen mit den skizzierten theologisch-ethischen Perspektiven lässt eine zentrale religionspädagogische Fragestellung hervortreten: Wie und mit welchem Ziel kann und soll Nächstenliebe/Diakonie/Caritas in den unterschiedlichen Kontexten unterrichtet werden? Wie kann Nächstenliebe als biblische Imagination des Evangeliums erschlossen werden, verknüpfbar mit der subjektiven Lebenswelt der Lernenden in ihrem je ganz persönlichen Glaubenslebenslauf (Kemnitzer, 2013) – und zwar ohne verfehltes Leistungs- und Stufendenken? Auf fachdidaktischer Ebene knüpft sich daran die Aufgabe, potenzielle Settings der Immersion in biblische und lebensweltliche Nächstenliebe/Diakonie/Caritas-Welten für den Religionsunterricht zu bedenken.

Diese Frage stellt sich umso notwendiger, als auf der einen Seite ein Rückgang und mithin auch ein Hermeneutik-Defizit mit Blick auf das Verstehen und souveräne Anwenden traditioneller und biblischer Sprachmuster bei vielen Lernenden insgesamt beobachtbar ist, zum anderen dadurch, dass bereits der Begriff »Liebe« in seiner Komplexität und Mehrdimensionalität hochgradig säkular (und sexualisiert) konnotiert ist, und auch der Reichtum des biblisch-theologischen Begriffs von Nächstenliebe in seiner Komplexität und Relationalität – mit Blick auf die Lernenden – häufig einfach verlorengegangen ist. Wenn überhaupt ist der Begriff »Nächstenliebe« noch – in einer säkularen Variante – im Modus eines »(selbst-)darstellerischen Helfens«, bei dem aber die »Performance« der Helfenden im Mittelpunkt der Wahrnehmung des das »Helfen« beobachtenden und würdigenden »Dritten« stehen soll, im unmittelbaren, lebensweltlichen, bekannten Nahraum einer Vielzahl der Lernenden präsent. An dieser Stelle ist der Einfluss sog. »Hilfe-Formate« insbesondere im Programm der privatwirtschaftlichen Sendeanstalten auf die rezeptionsästhetischen Kompetenzen der Lernenden sicherlich nicht zu unterschätzen.

Fachdidaktische Überlegungen mit Blick auf Unterrichtsplanung und Unterrichtsdurchführung sowie die Entwicklung und Vorbereitung entsprechender Lernarrangements werden sich außerdem mit den gesamtgesellschaftlichen Trends der »Gesellschaft der Singularitäten« (Reckwitz, 2017), besonders der fortdauernden Emotionalisierung und Skandalisierung von Themen im ständigen Ringen um Aufmerksamkeit auseinanderzusetzen haben.

3.1 Didaktische Orientierungen

Mit Blick auf die in den unterschiedlichen Curricula in den einzelnen Bundesländern und in unterschiedlichen Bildungsgängen normative Kompetenzorientierung der Lehr- und Lernprozesse erscheint die Verschränkung von *zwei didaktischen Orientierungen* (mit Blick auf die Gestaltung und Entwicklung entsprechender Lernarrangements) als lohnendes Unterfangen:

a) Die Immersion in die »Imagination des Evangeliums der Nächstenliebe« mithilfe der vielen biblischen Texträume: Dies braucht und verdient Zeit und Aufmerksamkeit, denn die biblischen Texte sind ja keine »Gebrauchs- oder Informationstexte. Sie benötigen ein ›Sich-Versenken‹, das Aktivieren aller Sinne und die Fähigkeit, gelesene Worte bildlich, dimensional zu imaginieren« (Kemnitzer, 2014, S. 93). Die Imaginationsräume der biblischen Nächstenliebe-Texte sind ein Fundus und Freiheitsraum, um die eigene Existenz als Nächstendasein zu erfassen, lebenslang nach deren Verwirklichungschancen zu fragen und kritisch alle existierenden Formen von Diakonie und helfendem Handeln zu prüfen. Die biblischen Textwelten, imaginativ erschlossen, bewegen das eigene Selbst- und Weltbild immer wieder neu im

Glaubenslebenslauf (Kemnitzer, 2013) und bewahren vor Erstarren in ethischen Richtigkeiten, Moralvorstellungen und Apellen.

b) Die Vernetzung von schulischem Unterricht mit außerschulischen Lernorten (Schulte, 2019) durch Hospitationen, Aktionstage und Praktika (in den Modi des Wahrnehmens, Deutens und exemplarischen Sich-Erprobens): Das ermöglicht die Vergegenwärtigung vielfältiger Dimensionen von Hilfehandeln. So lernen z. B. im »Compassion-Projekt« SuS während des Schuljahres durch wochenlange Aufenthalte in sozialen Einrichtungen, z. B. Altenheimen, Krankenhäusern, Kindergärten, Bahnhofsmissionen etc. Die dort erworbenen Erfahrungen werden mit Unterricht in unterschiedlichen Fachperspektiven vor und nach dem Praktikum verbunden und vertieft (Kuld & Gönnheimer, 2004; Fricke, Kuld & Sliwka, 2018).

3.2 Didaktische Konkretisierungen

Das skizzierte biblisch-imaginative und lebensweltlich-phänomenologische Diakonische Lernen ist – gerade mit Blick auf die jeweils vor Ort zur Verfügung stehenden Personal- und Zeitressourcen – sehr ambitioniert. Bibliolog und Bibliodrama bieten dabei – wenn auch für den Unterricht leicht zu verändernde – Formen und Methoden an, um das »Sich-Versenken« in die biblischen Textwelten zu ermöglichen. Grundlegend ist dafür selbst in einfachsten Rahmenbedingungen und schlichten Formen das gemeinsame Aktivieren der Vorstellungskraft durch Konzentration, Lesen, Erzählen und Spielen von biblischen Texten in ihrer jeweiligen Ästhetik.

Im Blick auf die Einbeziehung außerschulischer Lernorte in den schulischen Religionsunterricht bzw. die Verknüpfung mit diesem, ist besonders zu empfehlen, nicht nur diakonische und caritative Einrichtungen aufzusuchen und diese zu erkunden, und dort z. B. Mitarbeitende über deren Jetztstand zu interviewen, sondern mit SuS unbedingt auch die jeweiligen *diakonisch-caritativen Lerngeschichten* von Aktionen, Organisationen und Institutionen zu erforschen. Das konkrete Erarbeiten dieser Lerngeschichten eröffnet die Erkenntnis, dass jedes helfende Handeln fortdauernd weiterentwickelt werden muss – und kann! Und dies wiederum schafft die Möglichkeit, auch die persönliche Nächsten-Existenz als ständig »im Werden« zu begreifen: So hat die Aktion »Brot für die Welt« – um diese exemplarisch herauszugreifen – seit ihrer Gründung 1959 intensiv dazulernen müssen und dazugelernt: Sie hat den Stil ihrer Hilfe und ihr Selbstverständnis als weltweite Diakonie substanziell verändert von Barmherzigkeit und Hungerhilfe bis hin zur Advocacy-Arbeit mit dem Slogan »Den Armen Gerechtigkeit« (Kemnitzer, 2008).

Das zeigt: Nächstenliebe/Diakonie/Caritas besitzen wir nicht als frommen Habitus oder christliches Inventar, sondern sind uns im christlichen Glauben als gemeinsame Lernbewegungen aufgetragen – inspiriert, ermutigt, angefragt und genährt von den biblischen Geboten, Gleichnissen und Geschichten, in ständiger Auseinandersetzung mit unseren menschlichen Möglichkeiten und irdischen Herausforderungen.

4. Literatur

Adam, G./Hanisch, H./Schmidt, H./Zitt, R. (Hg.) (2006): Unterwegs zu einer Kultur des Helfens. Handbuch des diakonisch-sozialen Lernens. Stuttgart: Calwer.

Boës, W. (2013): Diakonische Bildung. Grundlegung einer Didaktik diakonischen Lernens in der Schule. Leipzig: Evangelische Verlagsanstalt.

Eurich, J./Schmidt, H. (Hg.) (2016): Diakonik. Grundlagen – Konzeptionen – Diskurse. Göttingen: Vandenhoeck & Ruprecht.

Fricke, M./Dorner, M. (Hg.) (2015): Werkbuch Diakonisches Lernen. Mit einem Beitrag von Elisabeth Buck und einem Geleitwort von Heinrich Bedford-Strohm. Göttingen: Vandenhoeck & Ruprecht.

Fricke, M./Kuld, L./Sliwka, A. (Hg.) (2018) Konzepte sozialer Bildung an der Schule. Compassion – Diakonisches Lernen – Service Learning. Münster: Waxmann.

Häusler, L. (2012): Empathie und Spiegelneurone. Ein Blick auf die gegenwärtige neurobiologische Empathieforschung. Praxis der Kinderpsychologie und Kinderpsychiatrie, 61(5), S. 322–335.

Hanisch, H./Schmidt, H. (Hg.) (2004): Diakonische Bildung. Theorie und Empirie. Heidelberg: Universitätsverlag Winter.

Kemnitzer, K. (2008): Der ferne Nächste. Zum Selbstverständnis der Aktion »Brot für die Welt«. Stuttgart: Kohlhammer.

Kemnitzer, K. (2013): Glaubenslebenslauf-Imaginationen. Vorstellungen vom Glauben im Wandel der Lebensalter. Leipzig: Evangelische Verlagsanstalt.

Kemnitzer, K. (2014): Bibeltexte in 3D. Der »Textraum« als Modell praktisch-theologischer Bibelhermeneutik. In Heyl, A. v./Dies. (Hg): Modellhaft Denken in der Praktischen Theologie (S. 89–102). Leipzig: Evangelische Verlagsanstalt.

Keysers, C. (2011): The empathic brain. How the discovery of mirror neurons changes our understanding of human nature. Lexington, Ky: Social Brain Press. Übersetzung von Kober, H. (2013): Unser empathisches Gehirn: Warum wir verstehen, was andere fühlen. München: Bertelsmann.

Klappenecker, G. (2014): Diakonische Kompetenz entwickeln – Verantwortung lernen. Didaktische Perspektiven für die Sekundarstufe I und II. Stuttgart: Kohlhammer.

Kramer, J. (2015): Diakonie inszenieren. Performative Zugänge zum diakonischen Lernen. Stuttgart: Kohlhammer.

Kuld, L./Gönnheimer, S. (Hg.) (2004): Praxisbuch Compassion – Soziales Lernen an Schulen. Praktikum und Unterricht in den Sekundarstufen 1 und 2. Donauwörth: Auer.

Reckwitz, A. (2017): Die Gesellschaft der Singularitäten. Zum Strukturwandel der Moderne. Berlin: Suhrkamp.

Schulte, A. (2019): Außerschulische Lernorte. Berlin: Cornelsen.

Toaspern, H. (2007): Diakonisches Lernen. Modelle für ein Praxislernen zwischen Schule und Diakonie. Göttingen: V&R unipress.

Westphalen, A. v. (2018): Die Wiederentdeckung des Menschen. Warum Egoismus, Gier und Konkurrenz nicht unserer Natur entsprechen. Frankfurt a. M.: Westend Verlag.

1. Lebensweltliche Perspektiven

In der Sitcom *Big Bang Theory* möchte der Physiker und Nerd Sheldon Cooper sein Bewusstsein digitalisieren, um unsterblich zu werden. Er stellt sogar seine Ernährung um, damit er so lange gesund bleibt, bis ein solches *mind uploading* möglich ist. Auch viele andere populäre Bücher, Filme und Serien wie z. B. *Black Mirror, Altered Carbon* oder *Upload* handeln von digitalem Bewusstsein, von Simulationen des Geistes, von genetischer Reproduktion menschlicher Körper(-teile), die den menschlichen Körper unwichtiger und letztlich überflüssig machen. Je nach Genre führen diese Szenarien zu einer Utopie ewigen, glücklichen Lebens oder zu einer dystopischen Katastrophe, in der z. B. Formen künstlicher Intelligenz unbegrenzt die Herrschaft übernehmen. Wer diese Erzählungen allein in das Reich von *Science-Fiction* verortet, verkennt, dass hier digitale Entwicklungen und entsprechende Theoriedebatten aufgegriffen werden, die bereits viele Bereiche unserer Lebenswelt (anfangshaft) mitgestalten. Zwar ist es bislang nicht möglich, menschliches Bewusstsein umfassend ins Digitale zu migrieren oder entsprechend zu programmieren, dennoch werden z. B. im Bereich der Medizin digitale Verfahren eingesetzt, um Krankheiten zu therapieren oder den Menschen zu optimieren: Cochlea-Implantate beeinflussen digital das Gehirn und steigern so die Hörfähigkeit, »intelligente« Prothesen ersetzen die fehlenden Körperteile, Hirnstimulationen beeinflussen die Stimmung depressiv Erkrankter. Viele psychische und physische Grenzen des Menschen werden so bereits durch neue Technologien überschritten, wobei die Übergänge zwischen einer medizinisch notwendigen Therapie und leistungssteigernder Optimierung oftmals fließend sind. Die Optimierung der menschlichen Natur wird aber nicht nur durch Technologie und Digitalisierung vorangetrieben. Im Sport werden seit der Antike leistungssteigernde Substanzen und in Schule und Universität Medikamente wie Ritalin und Modafinil zur Erhöhung der Konzentrationsfähigkeit verwendet. Letztlich lassen sich jegliche medizinischen Eingriffe als Versuch deuten, die menschliche Natur zu optimieren.

Enhancement, Trans- bzw. Posthumanismus sind Begriffe, die helfen, diese unterschiedlichen Optimierungsversuche der menschlichen Natur zu strukturieren. Der Begriff *Enhancement* beschreibt den Versuch, die physischen oder psychischen Grenzen des menschlichen Körpers durch natürliche, künstliche oder technologische Mittel vorübergehend oder dauerhaft zu überwinden (Heil, 2019, S. 34). Hierunter fallen z. B. die vielfältigen Formen des Dopings oder therapeutische Behandlungen. Dabei lässt sich nicht klar definieren, inwiefern die Veränderung zu Eigenschaften und Fähigkeiten führen, die außerhalb des bestehenden menschlichen Spektrums liegen. Denn wo liegen die »natürlichen« Grenzen im Sport und wann werden diese überschritten? Was ist mit Cochlea-Implantaten, die auch Frequenzen hörbar machen, die der Mensch eigentlich nicht hören kann? Wie viel Glücksempfinden, das durch Hirnstimulation oder Psychopharmaka hervorgerufen wird, ist menschlich? Leistungssteigerung ist aber auch innerhalb der »natürlichen« Grenzen umstritten. Können oder müssen die intellektuellen Grenzen von Menschen mit niedrigem Intelligenzquotienten überwunden werden – und welche anzuzielende Norm wird dabei gesetzt? Oder sollte die Intelligenz bei allen Menschen gesteigert werden – und wenn ja, um wie viel?

Die psychischen und physischen Grenzen des Menschen lassen sich weiter öffnen in Richtung Transhumanismus. Hierunter versteht man die technologiegestützte Weiterentwicklung, Modifizierung und Optimierung des Menschen. Dabei geht es nicht um eine prinzipielle Überwindung, sondern um eine unabgeschlossene Transformation des Menschseins mit dem Ziel von radikaler Lebensverbesserung und -verlängerung bzw. Unsterblichkeit (Loh, 2019, S. 42–47; Krüger, 2019, S. 75–116). Posthumanismus wiederum zielt auf die Ablösung des Menschen durch eine neue artifizielle Superspezies (z. B. durch Universal-KI, »Supercomputer«). Technologisch sollen hierfür z. B. *Nanobots* (im Menschen eingesetzte Kleinstcomputer) oder das Verfahren des *mind uploading* verwendet werden (Loh, 2019, S. 99–118). Hierdurch geht das individuelle Bewusstsein in einer größeren, sich selbst verbessernden Einheit, der sog. »Singularität«, auf (Krüger, 2019, S. 117–136). Zwar macht Kurzweil (2013) die Möglichkeit einer solchen Singularität bereits für das Jahr 2045 aus, aber inwiefern beim *mind uploading* »die komplexe Einheit von Bewusstsein, Verkörperung und Einbettung unserer Existenz in eine natürliche und soziale Umwelt« (Gasser, 2020, S. 63) unterschätzt wird, ist bislang ungeklärt. Auch wenn somit noch offen ist, ob posthumane Szenarien Wirklichkeit werden, so ist dennoch angesichts der skizzierten fließenden Übergänge von *Enhancement* zu Trans- und Posthumanismus eine theologisch-ethische Auseinandersetzung mit diesen drei Formen der Optimierung der menschlichen Natur erforderlich.

2. Theologisch-ethische Perspektiven

Auf der Suche nach Kriterien für eine theologisch-ethische Beurteilung der Optimierung der menschlichen Natur bietet sich auf den ersten Blick der Naturbegriff an. Demnach wäre eine Optimierungsmaßnahme, die sich im Rahmen der menschlichen, von Gott geschaffenen Natur bewegt, legitimierbar. Im Gegensatz dazu wären Optimierungsprozesse, die widernatürliche Zielsetzungen verfolgen, theologisch-ethisch abzulehnen. Doch ein statischer Naturbegriff, der die menschliche Natur theologisch fest definieren kann, führt leicht zu ethisch hochproblematischen Deduktionen, wie z. B. im Bereich der Sexualmoral und der Frage nach »der« natürlichen sexuellen Orientierung deutlich wird. Nicht auszudenken, wie in dieser Perspektive die sexuelle Orientierung normativ »optimiert« werden könnte, wenn ein entsprechender statischer Naturbegriff angewendet würde.

Weiterführend ist daher ein dynamischer Naturbegriff, der das Menschsein z. B. durch anthropologische Dimensionen beschreibt, die kontextuell interpretiert und ausgestaltet werden müssen (Grümme, 2012). So werden z. B. Freiheit, Sozialität/Relationalität, leibliche Verfasstheit, Endlichkeit, Identität, Rationalität oder Religion zu bestimmenden Merkmalen des Menschseins, ohne dass die menschliche Natur hierdurch bereits vollends definiert, normiert oder determiniert ist. Ganz in diesem Sinne fokussiert Helmus (2020, S. 381) in Hinblick auf eine theologisch-ethische Beurteilung von Optimierungsmaßnahmen drei Aspekte: Wird hierbei die Relationalität, die Kontingenz (Gebrochensein) und die Freiheit des Menschseins gewahrt? Während diese Fragen bei *Enhancement* durch Cochlea-Implantate oder Coffein vermutlich klar bejaht werden können, so sind z. B. stimmungsverändernde Hirnstimulationen nicht so einfach zu beurteilen. Lindern diese z. B. das Leid einer depressiven Erkrankung oder stimulieren sie Glücksgefühle in einer solchen Intensität und Ausdauer, dass hierdurch zwischenmenschliche Beziehungen an Bedeutung verlieren, wie dies z. B. bei einzelnen Psychopharmaka oder Drogen der Fall ist? Bei vielen trans- bzw. posthumanistischen Maßnahmen und Zielen wiederum werden alle drei anthropologischen Dimensionen infrage gestellt. Anhand von Relationalität, Kontingenz und Freiheit sollen daher im Folgenden exemplarisch einige Optimierungsmaßnahmen und ihre möglichen Auswirkungen auf den Menschen aus theologisch-ethischer Perspektive kritisch betrachtet werden. Insbesondere die Verbesserung bzw. Überwindung der menschlichen Kontingenz ist ein aus theologisch-ethischer Perspektive ambivalentes Unterfangen. Denn einerseits ist es ein grundlegendes Bedürfnis des Menschen, sein Leben gesund, glücklich und möglichst lange führen zu können. Wenn Gesundheit, Glück und

Lebenserwartung durch *Enhancement* gesteigert werden kann, warum sollten diese Maßnahmen dann ethisch nicht gebilligt werden? Andererseits stellt sich theologisch-ethisch durchaus die Frage, wie weit der Mensch seine körperlichen und psychischen Grenzen überschreiten kann, um gesund, glücklich und lange zu leben – und ob diese Grenzüberschreitung letztlich auch zu einer Überwindung des Todes und zum menschengemachten ewigen Leben führen kann bzw. muss. Hierdurch werden die Soteriologie und Eschatologie in ihrem Kern betroffen und die gesamte Theologie fundamental herausfordert (Hürth, 2016). Denn ein nicht-kontingenter Mensch würde sich selbst vollenden und erlösen, er wäre auf die Rechtfertigung Gottes ebenso wenig verwiesen, wie auf seine Reich-Gottes-Botschaft. Wenn zudem durch Digitalisierung und Entmaterialisierung des menschlichen Bewusstseins *(mind uploading)* die Körperlichkeit und Leiblichkeit des Menschen aufgelöst werden, dann höhlt dies zudem den Inkarnationsgedanken des Christentums aus (Hürth, 2016). Der Mensch wäre nicht länger ein transzendentes Wesen, das auf Gott ausgerichtet ist, sondern das sich transzendiert und selbst zum Ziel hat. Zugleich stünde die jüdisch-christlich bezeugte Gottebenbildlichkeit auf dem Spiel, da der Mensch durch Entmaterialisierung und Digitalisierung seine Identität verändern, gar vervielfältigen (»kopieren«) und aus seiner Relation zu Gott entbinden könnte. Der Mensch wäre nicht länger einmaliges Geschöpf (Gottes), sondern eine unabgeschlossene Selbstevolution, die im Posthumanismus letztlich in der Auflösung von Identität und individuellem Bewusstsein mündet.

Zudem werden durch die Überwindung der Kontingenz wichtige Grundlagen von Ethik und Moral aufgehoben, denn moralisches Handeln entfaltet sich erst im Angesicht menschlicher Kontingenz als autonomes moralisches Handeln. Die »Begrenztheit des Menschen, seine Endlichkeit, seine Verletzbarkeit, wird zur Mit-Voraussetzung der Möglichkeit von Autonomie und Moral« (Klöcker, 2018, S. 331). Angesichts menschlichen Leids und Begrenztheit ist der autonome Mensch zu moralischem Handeln aufgerufen, er muss sich in Freiheit zum (un)moralischen Handeln entscheiden. Doch die wechselseitige Verwiesenheit von Freiheit und Kontingenz kann durch Optimierungsmaßnahmen aufgehoben werden, wenn Kontingenzbewältigung primär durch Optimierung erfolgt. Mit dem Kontingenzverlust scheint der Mensch damit zugleich aus seiner ethischen Verantwortung entbunden zu sein, denn für das Wohlergehen von Mensch und Schöpfung werden die (technologischen) Optimierungsprozesse verantwortlich gemacht.

Aporien entstehen auch mit Blick auf die Relationalität bzw. die Sozialität eines optimierten Menschenbildes. Es ist auffällig, dass in den Debatten um *Enhancement* bzw. Trans- und Posthumanismus weitgehend die Optimierung des Individuums im Zentrum steht, das sich im Posthumanismus letztendlich (paradoxerweise) in einer »höheren« Spezies auflöst. Der Mensch als Beziehungswesen, seine Relation zu anderen Subjekten wie auch zur Welt, wird weitgehend ausgeblendet. Es geht somit weniger um die Optimierung des menschlichen Lebens durch z. B. die Verbesserung der Lebensumstände oder der Beziehungsqualität zu den Mitmenschen. Eine gesellschaftliche, politische oder ökonomische Reflexion von Kontingenz, Leid oder Ungerechtigkeit unterbleibt weitestgehend. Hieraus resultieren gewichtige macht- und ideologiekritische Anfragen: Gibt es heimliche Gewinner bzw. Verlierer bei diesen Optimierungsbestrebungen? Wer bestimmt Ziele, Werte und Normen der Optimierung? Wer besitzt bzw. bekommt die (finanziellen, medizinischen, politischen, …) Ressourcen, um optimiert zu werden? Was ist mit denjenigen Menschen, die sich diese Optimierung nicht leisten können? Beim Doping im Sport ist bereits seit Langem sichtbar, welche Ungerechtigkeit *Enhancement* mit sich bringt. Wenn diese strukturelle Ungleichheit und Ungerechtigkeit in transhumanistische Modelle überführt werden, dann ist die Gefahr, dass eine optimierte, trans- bzw. posthumane Spezies sich über die Menschen erhebt und dass neue Formen von Rassismus bzw. Speziesismus entstehen, die auf massiven Ungerechtigkeits- und vermutlich auch Unterdrückungs- und Exklusionsstrukturen aufbauen.

In dieser Perspektive wird durch *Enhancement* und trans- bzw. posthumanistische Bestrebungen die Freiheit des Menschen nicht zwangsläufig vergrößert bzw. das menschliche Leben verbessert. Vielmehr können durch diese Maßnahmen die menschliche Freiheit und Vielfalt begrenzt und genormt werden, wenn nicht transparent ist, wer über die Optimierungsmaßnahmen bestimmt, wer Normen, Ziele und Werte dieser Optimierung festlegt. »Wer die Kontingenzen des menschlichen Lebens abschaffen möchte, wird letztlich nur einen vermeintlich freien Menschen kreieren. Dieser wird sich als eine Marionette der Biotechnologie entpuppen« (Klöcker, 2018, S. 334 f.). Menschliche Relationalität ist durch Vielfalt und die entsprechende Fähigkeit geprägt, mit dem Anderen in Beziehung zu treten. Doch im Zuge der Optimierung wird menschliche Heterogenität aufgelöst und tendenziell normiert: Steigerung der Intelligenz, Behandlung körperlicher Einschränkungen, Verbesserung der psychischen Resilienz orientieren sich oftmals an Normen der Leistungsfähigkeit. Damit liegt letztlich ein »machtbesetztes und normatives Menschenbild vor […], welches den Körper und damit Menschsein unter ein Optimierungsparadigma stellt, welches sich durch Funktionalität und Nützlichkeit bemisst« (Helmus, 2020, S. 381). Auch in Hinblick auf *gender* und *race* können Optimierungsprozesse »biopolitisch« wirken (Helmus, 2020, S. 384) und müssen entsprechend ideologie- und machtkritisch reflektiert werden.

Es ist Aufgabe einer theologischen Ethik, diese Licht- und Schattenseiten der Optimierung kritisch zu analysieren. Dass hierbei ein starrer Begriff von der Natur des Menschen als normatives Kriterium nicht taugt, ist bereits deutlich geworden. Es bedarf differenzierter und situativ-kontextueller Abwägungsprozesse. »Jede Optimierungsmaßnahme ist […] Gegenstand von Abwägung und ethischer Reflexion« (Klöcker, 2018, S. 335). Dabei kann sich dieses Abwägen an ethischen Prinzipien wie der Verhältnismäßigkeit und Nicht-Kontraproduktivität orientieren. »Nur wenn sich eine Optimierungsmaßnahme als verhältnismäßig und nicht-kontraproduktiv in den absehbaren Folgen im Hinblick auf die Wahrung von Autonomie erweist, kann sie moralisch gerechtfertigt werden« (Klöcker, 2018, S. 330 f.). Folgt man dabei einem Verständnis von autonomer Moral, wie es z. B. von Alfons Auer (1987) entwickelt wurde, dann normiert die (christliche) Religion oder Theologie hierbei nicht den Abwägungsprozess in der Hinsicht, dass Religion oder Theologie besonders strenge oder spezifisch religiöse Werte und Normen einbringen. Vielmehr besitzt eine theologische Anthropologie eine integrierende, stimulierende oder kritisierende Funktion bei ethischen Abwägungsprozessen (Auer, 1987, S. 189–197). Sie will das autonom denkende und handelnde Subjekt überzeugen. In diesem Horizont entfaltet Grössl (2018) für eine theologisch-ethische Abwägung von Optimierungsmaßnahmen folgende theologische Kriterien: Optimierungsmaßnahmen sind demnach abzulehnen, wenn sich der Mensch nicht als Beziehungswesen entwickeln kann und in seiner Relationalität zu seinen Mitmenschen, zur Welt wie auch zu Gott eingeschränkt wird. Darüber hinaus müsse sich der Mensch weiterhin als moralisches Subjekt entwerfen können, was auch die Freiheit impliziert, schuldig werden zu können. Einem letzten Kriterium zu folge sind Optimierungsmaßnahmen aus theologischer Perspektive abzulehnen, wenn sie verhindern, dass Menschen einen Gottesbegriff denken können (Grössl, 2018, S. 347). Dass insbesondere im Trans- und Posthumanismus der optimierte Mensch bzw. die Superspezies an die Stelle Gottes treten kann und damit die Vorstellung von Gott als dem ganz Anderen obsolet wird, dürfte deutlich geworden sein.

3. Didaktische Perspektiven

3.1 Didaktische Orientierungen

Insbesondere die Überlegungen zu Trans- und Posthumanismus haben gezeigt, dass die Frage nach der Optimierung der menschlichen Natur die Breite der Theologie betrifft: Eschatologie, Inkarnation, Rechtfertigungslehre, Anthropologie, Schöpfungstheologie und viele mehr werden hierbei teils fundamental hinterfragt: Wie kann z. B. mit technologieaffinen Schülerinnen und Schülern (SuS) in der Sekundarstufe II angesichts der trans- und posthumanistischen Debatten über das ewige Leben gesprochen werden? Was bedeutet Rechtfertigung, wenn der Mensch seine Vollendung selbst in die Hand nimmt? Die Frage nach der Optimierung der menschlichen Natur ist somit nicht allein eine theologisch-ethische Frage, sondern sie fordert in vielen Inhaltsfeldern die Theologie heraus.

Im Folgenden wird ein theologisch-ethischer Fokus gesetzt. Hierbei ist insbesondere die oftmals dilemmatische Struktur der Thematik zu bedenken. Die Diskussion und Bewertung von Optimierungsmaßnahmen bedarf in der Regel eines kontextuellen Abwägungsprozesses. Aus der Theologie lassen sich, wie aufgezeigt, keine einfachen Normen ableiten, mit denen Optimierungsmaßnahmen allgemein beurteilt werden können. Somit eignet sich die Thematik und die hieraus resultierenden theologisch-ethischen Fragestellungen insbesondere für den Erwerb von ethischen Argumentations- und Beurteilungskompetenzen. Diese werden explizit in der Sekundarstufe II erworben, wenn dort die Möglichkeiten und Grenzen unterschiedlicher Typen ethischer Argumentation behandelt und unterschiedliche Positionen zu konkreten ethischen Entscheidungsfeldern unter Berücksichtigung christlicher Ethik erörtert werden. In der Sekundarstufe I wiederum bieten die Lehrpläne zahlreiche Anknüpfungspunkte, insbesondere bei anthropologischen Themen, wenn z. B. die besondere Würde und die Gottebenbildlichkeit des Menschen erarbeitet wird. An weniger komplexen Themen, insbesondere des *Body Enhancement* können die SuS argumentieren lernen, Argumente ethisch abwägen und sich bei lebensweltlich relevanten Fallbeispielen, wie z. B. Schönheitsoperationen oder Doping, positionieren. Auch in der Grundschule steht in vielen Lehrplänen die Einzigartigkeit jedes Menschen mit seinen Fähigkeiten, Möglichkeiten und Grenzen sowie Potenzialen im Zentrum. Religionsunterricht (RU) kann darauf zielen, den eigenen Körper, die eigenen Fähigkeiten und Fertigkeiten wahr- und anzunehmen sowie Heterogenität wertzuschätzen. Weniger ethisches Argumentieren und Abwägen als vielmehr Werteerhellung und Werteentwicklung steht dabei im Fokus des Unterrichts.

Grundsätzlich stellt sich beim ethischen Lernen die Frage, wie theologische Perspektiven in den Unterricht eingebracht werden können. Im Horizont religiöser und weltanschaulicher Heterogenität wird deutlich, dass christliche Werte und Normen nicht länger normativ bei ethischen Fragen gesetzt werden können. So ist auch »die« menschliche Natur nicht als entscheidendes Kriterium in den Unterricht einzuführen. Vielmehr erhält die theologische Anthropologie mit den skizzierten Dimensionen wie Relationalität, Freiheit, Kontingenz oder Religions- bzw. Gottesbezug die Funktion, die unterrichtliche Argumentation und Diskussion zu stimulieren, zu irritieren oder zu hinterfragen (Auer, 1987). Dabei erscheint es wichtig, die theologisch-ethische Diskussion um die Optimierung nicht allein auf das Individuum und seine Optimierungsbestrebungen zu fokussieren, sondern auch den gesellschaftlich-politischen Horizont zu berücksichtigen. Wenn in der Sekundarstufe I z. B. über den Einsatz von Doping im Sport oder Gehirndoping in der Schule diskutiert wird, dann geht es nicht nur darum, inwiefern das jeweilige Individuum hier moralisch handelt, sondern auch um die Frage, welche gesellschaftlichen, politischen Strukturen zu diesen Handlungen führen, welche entsprechenden Folgen diese besitzen und inwiefern hierdurch Macht- und Unrechtsstrukturen verfestigt werden. Damit würde RU nicht nur danach fragen, inwiefern SuS im Sport dopen dürfen, sondern auch, warum Sport auf Höchstleistungen fokussiert wird und inwiefern Vereine oder Trainerinnen und Trainer vom Doping der Sportlerinnen und Sportler profitieren. Beim Gehirndoping in der Schule müsste in diesem Sinne auch reflektiert werden, ob hierdurch nicht nur Benachteiligungen ausgeglichen (mangelnde Konzentration, Intelligenz), sondern auch Ungerechtigkeit vergrößert wird, wenn z. B. nicht alle SuS die finanziellen Ressourcen hierfür besitzen (Verteilungsgerechtigkeit). In dieser Hinsicht ist theologisch-ethisches Lernen im RU auch politisch ausgerichtet.

3.2 Didaktische Konkretisierungen

Unterrichtsvorhaben zum Themenbereich *Enhancement* können an zahlreiche lebensweltliche Kontexte anknüpfen, dennoch wird diese Thematik im RU bislang nur zaghaft aufgegriffen. Für den Ethikunterricht sind bereits mehr Materialien entwickelt (Kapetanovic, 2015), die sich modifiziert und leicht ergänzt auch für den RU eignen. Körperliche Optimierungsmaßnahmen können anhand von kosmetischen (Teschmer, 2020) bzw. geschlechtsverändernden Operationen (Rabe, 2020) oder anhand von Doping (Hößle & Alfs, 2014) kontrovers und lebensweltorientiert erarbeitet werden. Um *Body Enhancement* theologisch-ethisch zu diskutieren, kann der Wunsch nach körperlicher Perfektionierung im Horizont des anthropologischen Bedürfnisses nach Anerkennung diskutiert werden. Der RU erörtert diesbezüglich nicht nur Aspekte der sozialen Anerkennung, sondern auch die grundlegende Anerkennung jedes Individuums in seiner Einmaligkeit durch Gott (Teschmer, 2020). Individualität sowie die Anerkennung und Wertschätzung von Heterogenität durch Gott werden somit aus theologisch-ethischer Perspektive stark gemacht.

Obwohl *Cognitive Enhancemet,* wie z. B. Hirndoping durch Ritalin und Modafinil, bei SuS und Studierenden immer stärker verbreitet ist, wenn auch deutlich geringer als z. B. in den USA, so wird diese Thematik religionspädagogisch bislang kaum aufgegriffen. Der RU kann hier ebenfalls auf Unterrichtsentwürfe für den Ethikunterricht zurückgreifen, in denen zentrale naturwissenschaftliche und ethische Positionen zum Thema aufgearbeitet wurden (Oberndorfer, 2016; Stroop, 2020).

Eine lebensweltliche Erörterung trans- und posthumanistischer Debatten ist über populäre Filme, Serien oder Romane möglich. Diese entwerfen schon seit Jahrzehnten utopische und dystopische Welten, die im RU diskutiert werden können. Zwar sind die dort geschilderten Szenarien im Bereich von *Science-Fiction* anzusiedeln, aber hierin werden Formen und Konsequenzen des Trans- und Posthumanismus durchgespielt, die in ihrer Radikalität und Konsequenz didaktisch als Gedankenexperiment (Bertram, 2018; Gedankenexperimente, 2015) fungieren können, wie eine trans- und posthumanistische Existenz aussehen könnte. Filme bzw. Serien wie *Black Mirror, Altered Carbon, Upload,* aber auch ältere Produktionen wie *Matrix* oder Bücher wie *»Alles, was wir geben mussten«* (Ishiguro 2005; Dihle & Thees, 2020) können entsprechend Gedankenexperimente und Diskussionen eröffnen, die durch aktuelle wissenschaftliche (z. B. biologische, technologische) Positionen vertieft werden müssen. In diese mehrperspektivische Debatte ist auch die theologische Perspektive einzubringen. Wie bereits skizziert, kann die theologische Anthropologie bzw. Theologie in einer weltanschaulich pluralen Gesellschaft diesen Diskurs nicht normieren. Entsprechend kontrovers und offen sind theologisch-ethische Abwägungsprozesse bei der Frage zu führen, inwiefern trans- oder posthumanistische Maßnahmen und Zielsetzungen ethisch akzeptabel sind.

Aus theologischer Perspektive sind diese trans- und posthumanistischen Gedankenexperimente und Diskussionen jedoch nicht nur in Hinblick auf das Individuum, auf seine Identität und Vollendung zu führen. Denn sowohl das menschliche Leben als auch die Schöpfung erweisen sich als kontingent. Die Reich-Gottes-Botschaft verkündet zwar die Erlösung der gesamten Schöpfung. Das Reich Gottes ist schon angebrochen. Aber es harrt noch seiner Vollendung – die Zukunft der Welt ist damit offen. Dass Optimierungs- und Erlösungshoffnungen nicht ohne den Bezug zur Welt bzw. Schöpfung gedacht werden können, wird durch die Corona-Pandemie (und zukünftig verstärkt durch die Folgen der Klima-Katastrophe) deutlich: Wie schnell wurden durch einen einzigen Virus Zukunftsvisionen verändert oder zerstört? Hieran wird exemplarisch deutlich: Individuelles Leben und universale Schöpfung können trotz Optimierungsmaßnahmen immer ganz anders verlaufen. Die Kontingenz von

Welt kann im RU anhand der Corona-Pandemie reflektiert werden – oder auch eher komödiantisch anhand des bereits einleitend erwähnten Nerds Sheldon Cooper. In einer Folge scheitert sein Versuch, durch gesunde Ernährung das Leben zu verlängern, bis das *mind uploading* möglich ist. Bei ihm führt übermäßiger Brokkoliverzehr zu ungeahnten Nebenwirkungen. Das Leben ist oftmals unerwartet kontingent – und damit auch im RU weiterhin offen für eine theologisch-ethische Interpretation und Reflexion.

4. Literatur

Auer, A. (1987): Autonome Moral und christlicher Glaube (2. Aufl.). Düsseldorf: Patmos.

Bertram, G. W. (Hg.) (2018): Philosophische Gedankenexperimente. Ein Lese- und Studienbuch (3. Aufl.). Stuttgart: Reclam.

Dihle, A./Thees, F. (2020): Kazuo Ishiguro: »Alles, was wir geben mussten« – Eine fächerübergreifende Annäherung. Loccumer Pelikan, H. 2, S. 59–63.

Gasser, G. (2020): ›101001011 … Ich, digital?‹ Anthropologische und identitätstheoretische Überlegungen zur Vision des Mind-Uploading. In LIMINA. Grazer theologische Perspektiven, 3 (2), S. 39–70.

Gedankenexperimente im Philosophie- und Ethikunterricht. Themenheft (2015): Praxis Philosophie und Ethik, 1 (5).

Grössl, J. (2018): Verbesserung oder Zerstörung der menschlichen Natur? Eine theologische Evaluation des Transhumanismus. In B. P. Göcke/F. Meier-Hamidi. (Hg.): Designobjekt Mensch. Die Agenda des Transhumanismus auf dem Prüfstand (S. 339–361). Freiburg i. Br.: Herder.

Grümme, B. (2012): Menschen bilden? Eine religionspädagogische Anthropologie. Freiburg i. Br.: Herder.

Heil, G. (2019): Die Verbesserung des Menschen – Human Enhancement und Postbiologie. Zeitschrift für Pastoraltheologie, 39 (1), S. 33–41.

Helmus, C. (2020): Transhumanismus – der neue (Unter-)Gang des Menschen? Das Menschenbild des Transhumanismus und seine Herausforderung für die Theologische Anthropologie. Regensburg: Friedrich Pustet.

Hößle, C./Alfs, N. (2014): Doping, Gentechnik, Zirkustiere. Bioethik im Unterricht (S. 47–65). Hannover: Friedrich Verlag.

Hürth, E. (2016): »Ewig« leben. Die Heilsversprechen des Transhumanismus. Herder Korrespondenz, 70 (12), S. 40–44.

Ishiguro, K. (2005): »Alles, was wir geben mussten«. München: Blessing.

Kapetanovic, P. (2015): Pimp my body. Möglichkeiten und Grenzen des body enhancement. Praxis Philosophie und Ethik, 1 (3), S. 21–27.

Klöcker, K. (2018): Zur ethischen Diskussion um Enhancement. Eine kritische Anmerkung zum Transhumanismus aus theologisch-ethischer Perspektive. In B. P. Göcke/F. Meier-Hamidi (Hg.): Designobjekt Mensch. Die Agenda des Transhumanismus auf dem Prüfstand (S. 308–338). Freiburg i. Br.: Herder.

Krüger, O. (2019): Virtualität und Unsterblichkeit: Gott, Evolution und die Singularität im Post- und Transhumanismus. Freiburg i. Br./Berlin/Wien: Rombach.

Kurzweil, R. (2013): Menschheit 2.0. Die Singularität naht. Berlin: Lola Books.

Loh, J. (2019): Trans- und Posthumanismus zur Einführung. Hamburg: Junius.

Oberndorfer, G. (2016): Forever young? Transhumane Verheißungen auf dem Prüfstand. Praxis Philosophie und Ethik, 2 (6), S. 57–65.

Rabe, K. (2020): »Ich mache einen Entwurf von ihm und sorge, dass er ihm ähnlich wird.« Kosmetische Operationen bei angeborenen Varianten der körperlichen Geschlechtsmerkmale. Loccumer Pelikan, H. 2, S. 49–53.
Stroop, B. (2020): Schlauer, klüger und besser – Intelligenzia für alle? Cognitive Enhancement aus medizinethischer Perspektive. Ethik & Unterricht, 29 (2), S. 36–41.
Teschmer, C. (2020): Unters Messer für die Schönheit? Ästhetische Chirurgie in ethischer Reflexion. Loccumer Pelikan, H. 2, S. 39–43.

Schuld / Strafe / Versöhnung

Andreas Kubik

1. Lebensweltliche Perspektiven

Dass es zwischenmenschliche Verfehlungen gibt, und dass diese zumeist irgendeine Art von Wiedergutmachung erfordern, wissen Menschen seit dem Kindergartenalter. Der Sinn der früherzieherischen Aufforderung »X, du musst dich aber noch bei Y entschuldigen« dürfte u. a. darin bestehen, einen entsprechenden kulturellen Zusammenhang einzuüben. Natürlich kann es bei der Frage der Schuldzurechnung zu Ambivalenzen kommen (wer genau ist schuld, was sind die näheren Umstände, gibt es eine Vorgeschichte usw.). Aber häufig genug ist der Fall eigentlich klar – und die Frage eher: und jetzt? Wie geht es nach der Schuld weiter? Einige Beispiele:

a) In der Fernsehserie »Ginny & Georgia« (Staffel 01, Folge 02; 2021) ist Ginny (15 J.) soeben wieder einmal umgezogen. Klassenkameradinnen nehmen sie schon nach kurzer Zeit zum Shoppen mit. Dabei führen sie kleinere Ladendiebstähle durch. Zögerlich lässt sich Ginny darauf ein und stiehlt auch etwas. Sie wird als einzige erwischt. Ihrer Mutter sagen die Klassenkameradinnen: »Wir wussten ja nicht, dass Ginny eine ist, die stiehlt.« Am nächsten Tag besuchen sie Ginny, schütten einen Beutel Kosmetika vor ihr aus, »weil wir ein schlechtes Gewissen haben«. Näher zerknirscht wirken sie aber nicht; sie benehmen sich genauso wie vorher.

b) Ein Fußballprofi ist mit einem Model zusammen. Sie trennt sich von ihm, er gibt der BILD ein Interview, dass sie sich echt schlecht verhalten und die Mutter seiner Kinder gegen ihn aufgehetzt habe. In den sozialen Medien geht ein *Shitstorm* über sie nieder. Einige Wochen später nimmt sie sich das Leben – Gründe unbekannt. Die Stimmung in der Online-Welt dreht sich: Alle bedauern sie und beklagen die Sensationsgier der Medien. Zahlreiche *User* machen nun dem Profi Vorwürfe wegen des Interviews.

c) In einer mittelgroßen deutschen Stadt findet ein *Rave* statt. Statt der erwarteten 100.000 Besucher kommen 500.000. Der Tag verläuft gut, aber am frühen Abend kommt es zu einer Massenpanik. Die Fluchtwege reichen nicht aus, die Menschen werden zum Teil gegen die Absperrgitter gequetscht; 21 sterben. Es beginnt eine langwierige juristische Auseinandersetzung.

Nach mehreren Jahren gibt es einige wenige, relativ milde Urteile, da nicht restlos klar wird, wie die individuellen Verantwortlichkeiten einzuschätzen sind. Hinterbliebenenverbände äußern ihr Unverständnis.

d) Eine Familie sitzt bei den Abendnachrichten. Gegen 20:07 Uhr kommt ein kurzer Bericht über den Prozess gegen einen 94-jährigen KZ-Wärter, der der Beihilfe zum Mord in 170.000 Fällen schuldig gesprochen wird. Wegen Haftunfähigkeit muss er die Strafe nicht mehr antreten. Der Familienvater meint: »Das bringt doch jetzt auch nichts mehr, kann man den alten Mann nicht in Ruhe lassen?«[1]

Die »Fälle« liegen sehr weit auseinander, aber sie eint die Frage: Wie kann es jetzt eigentlich weitergehen? Wie ist gemeinsames Leben angesichts von individueller oder kollektiver Schuld möglich? In diesem Beitrag möchte ich mich ganz auf das ethische Problem des Umgangs mit »Schuld« konzentrieren, wobei »Strafe« und »Versöhnung« gleichsam als die paradigmatischen Verfahrensweisen zu stehen kommen, ohne das Tableau an Möglichkeiten auf diese zu beschränken.

Damit seien sogleich noch zwei weitere, verwandte Themenbereiche genannt, die hier nicht – oder nur am Rande – zu verhandeln sind. Zum einen geht es nicht um das dogmatische Thema der »Versöhnung mit Gott« (2 Kor 5,17–19; vgl. Schlenke, 2005; Roose, 2019) bzw. nur in der Zuordnung zum genannten ethischen Aspekt. Zum zweiten geht es hier auch nicht um das – ohne Zweifel heute zentrale – Thema der »Schuld- und Schamgefühle« (Zimmermann, 2016, S. 1), die von einer mitunter erbarmungslosen Kultur der Selbstoptimierung bzw. einer »Leistungs- und Selbstinszenzierungskultur« (ebd.) erzeugt werden. Denn hier liegt eben in einer ethischen Besinnung zumeist gar keine Schuld bei denen vor, welche sich mit diesen Gefühlen herumplagen. Mit der Scham ist also ein *anderer,* wenn auch kaum weniger relevanter Themenkreis angesprochen.

2. Theologisch-ethische Perspektiven

a) *biblische und ethische Überlegungen zum Themenkreis Schuld und »Strafe«:* Als biblischer Basistext kommt Gen 3f. in Betracht, der in den letzten Jahren auch von der theologischen Ethik mehrfach ausgelegt wurde. Zunächst sei die Gesamtperspektive auf die Genesis offengelegt. In der biblischen Urgeschichte geht es um die Deutung menschlicher Existenz in mythisch-narrativer Gestalt: Grundbedingungen des menschlichen Daseins werden in einer Reihe von wuch-

1 Die Fälle b) – d) sind an reale Ereignisse angelehnt.

tigen Erzählungen bildhaft ausgedeutet. Es geht dabei u. a. um die »Riskiertheit« der ethischen Entscheidungen (Gen 3,1–5), den »Lastcharakter« der Daseinsbewältigung durch mühevolle Arbeit (Gen 3,16–19) und schließlich auch um die »Endlichkeit« des Lebens (Gen 3,19; Gen 6,3; alle Termini nach Barth, 2003, S. 326). Speziell für unser Thema liegt in Gen 3 f. eine »Schuld-Strafe-Erzählung« (Willmes, 2008, S. 4) vor, welche die grundsätzliche »Schuldbetroffenheit« (Barth, 2003, S. 326) des Daseins erzählt. Dabei erscheint es sinnvoll, zwischen der Schilderung der Ur-Sünde – die natürlich keine Erbsünde im Sinne Augustins meint – in Gen 3,6–19 und der Erzählung der ersten Gewalttat, die das Miteinander der Menschen gravierend beeinträchtigt (Gen 4,8), zu unterscheiden. Für unseren Zusammenhang ist die zweite Geschichte entscheidend (für das Folgende vgl. Moos & Engert, 2016, S. 13–19).

Die Schuld betrifft zunächst das *Opfer* als Geschädigten. Ihm wurde konkretes Leid zugefügt, in diesem Fall bis zum Verlust des Lebens (Gen 4,8). Es ist »in seiner Ehre und Integrität als schutzwürdiges Subjekt beschädigt« (Moos & Engert, 2016, S. 17). Die Schuld beeinträchtigt ferner den *Täter,* der im Gewissen belastet und ggf. von seiner Umgebung geächtet und mit einer Strafe belegt wird (Gen 4,11–14). Schließlich ist auch die umgebende *Gesellschaft* tangiert, deren Regelwerk gebrochen wurde und die sich ggf. wieder ihrer Grundlagen versichern muss; sie muss nach einer begangenen Schuldtat weiter funktionieren (Gen 4,15b–16). Täter, Opfer und Gesellschaft bilden einen unauflöslichen Zusammenhang. Auf allen drei Ebenen ist die Frage nach möglichen Praktiken des Umgangs mit der im Raum stehenden Schuld bedeutsam.

Dabei zeigt die Geschichte von Kain und Abel die zwei Grundmodi eines solchen Umgangs mit an. Der Täter wird zunächst – da und insofern eine »normative Ansprechbarkeit des Täters zum Zeitpunkt der Tat« (Beintker, 2001, Sp. 1372) vorliegt – bei seiner Schuldtat *behaftet,* indem sie in ihrem katastrophalen Ausmaß benannt wird (Gen 4,10). Zugleich wird die Schuld aber auch *begrenzt,* da ansonsten in kürzester Zeit ein erbarmungsloser Krieg aller gegen alle herrschen würde (Gen 4,14–16). Religionsgeschichtlich dürfte die Blutrache noch als gängige Praxis vorauszusetzen sein. Weite Teile der ethisch-religiösen Entwicklung, die sich im Alten Testament widerspiegelt, sind der Einhegung des Rachegedankens gewidmet. Neben dem Strafrecht ist hier vor allem auch an die Praxis des Opfers zu denken: Sühne ist Voraussetzung für Versöhnung. Dabei begegnet die hebräische Wurzel *kpr* (»sühnen«; sie steckt auch etwa im jüdischen Feiertag *Jom Kippur*) im Alten Testament stets »im Kontext menschlicher Schulderfahrung« (Janowski, 1982, S. 358) und bezeichnet gerade keine zunächst zu erbringende Leistung des Menschen, sondern vielmehr eine von Gott her eröffnete Möglichkeit, welche durch den Priester nur vermittelt wird.

Ins christliche Stammbuch ist hier aus exegetischer Sicht zweierlei zu schreiben: Erstens darf – gerade auch als didaktische Reduktion – »der« Gott des Alten Testaments nicht pauschal als strafender oder rächender Gott charakterisiert werden; vor uns liegt vielmehr das Drama der historischen Entwicklung von einer archaischen Kultur der Blutrache hin zu einer ausdifferenzierten Gestaltung der Behaftung und Begrenzung der Schuld und ihrer Folgen in Erzählungen, Riten, Fürbitte und Gesetzestexten. Selbst Stellen wie Dtn 32,35 müssen in diesem Kontext verstanden werden, indem eben *Gott* als Subjekt der Rache gesetzt wird. Auch das sog. Talionsprinzip (das in Bezug auf das Alte Testament vielleicht zu Unrecht so genannt wird) in Ex 21,24 soll vor allem das Ausufern von Gewaltkreisläufen verhindern. Zweitens gilt es, eine Absetzung Jesu von »dem« Judentum in Anlehnung an Mt 5,39 f. zu vermeiden: Jesu vermeintliche »Antithese« ist zunächst einmal nichts anderes als eine Fortschreibung der frühjüdischen Auslegungspraxis zu Ex 21,24 und religionsgeschichtlich eben eine – möglicherweise radikale, aber keineswegs systemsprengende – Erklärung, die im Kontext der angedeuteten Entwicklung der Bannung von Rachezusammenhängen guten Sinn ergibt. Dass Jesus ganz grundsätzlich Strafpraktiken abgelehnt hätte, dafür gibt es keinen Beleg.

Infolgedessen ist in systematisch-theologischer, also hier in ethischer Hinsicht die Theorie der Strafe im Allgemeinen zu bedenken; das Wozu und das Wie des Strafens scheinen mir besonders gut geeignete Kandidaten für das Philosophieren mit Kindern und Jugendlichen zu sein. Man unterscheidet mehrere Strafzwecke (vgl. Zehner, 1998, S. 59–63; Huber, 2015, S. 179–182): Grundlegend ist zunächst der Gedanke der Vorbeugung durch Strafandrohung, während in älteren, religiös imprägnierten Strafpraktiken ferner die Idee der Sühne vorherrschend war. Spuren davon finden sich noch in Kants und Hegels Theorien, welche in der Strafe eine Vergeltung angesichts der objektiven Verletzung der Rechtsordnung sehen. Aus heutiger Sicht bleibt dabei der Gedanke aktuell, dass nach der Verbüßung der Strafe eigentlich kein Makel zurückbleiben soll (was empirisch oft nicht zutrifft). In der »westlichen« philosophischen Tradition dominieren die Ideen der Prävention bzw. des Schutzes der Allgemeinheit einerseits, die Hoffnung auf Resozialisation andererseits (die ebenfalls häufig nicht erzielt wird). Im gegenwärtigen Strafrecht dominieren sog. Vereinigungstheorien als »Ergebnis des erbitterten Schulenstreits um den Primat von Vergeltung oder Vorbeugung« (Zehner, 1998, S. 61). Welche Straftheorie man auch immer bevorzugt, in jedem Fall ist die hohe Bedeutung fairer Verfahren zu betonen; der Überzeugung, dass nach rechtsstaatlichen Regeln von unbestechlichen Richterinnen und Richtern nachvollziehbare Urteile gefällt werden, kann nachgerade eine »heilende Wirkung« zugesprochen werden (Huber, 2015, S. 177).

b) biblische und ethische Überlegungen zum Thema »Versöhnung«: Jesus hat den Gedanken der Vergebung ins Zentrum seiner Verkündigung gestellt. Er basiert zum einen auf der Anschauung eines universalen göttlichen Vergebungswillens, wie sie in narrativen Texten wie Lk 19,1–10 aufscheint und auch zugespitzte Lehrsentenzen wie etwa Mt 18,21 f. prägt. Zum anderen hat gerade die zuletzt genannte Stelle auch eine (lebens-)weisheitliche Bedeutung für den zwischenmenschlichen Bereich. Beide Dimensionen verstärken einander wechselseitig, wie nicht zuletzt in der einschlägigen Vaterunser-Bitte (Mt 6,12) deutlich wird. Da die Vergebungsbedürftigkeit als im Prinzip universal gedacht wird, kann der Leitgedanke auch als »Versöhnung« (Mt 5,24) gefasst werden. Hiermit akzentuiert Jesus – und mit ihm die frühe Christenheit – bestimmte Gedanken, die vom Alten Testament her gut vertraut waren: Der Gott, der sogar angesichts der Gräuel von Sodom auf Vergebung ansprechbar war (Gen 18,26), ist der, der »alle deine Sünde vergibt und heilet alle deine Gebrechen« (Ps 103,3). Vor diesem Hintergrund wird verständlich, dass Paulus – obwohl der Ausdruck »Versöhnung« in der Verkündigung Jesu nur schmal bezeugt ist – das Heilsgeschehen in Christus zur Gänze als »Wort von der Versöhnung« *(logos tës katallagës)* und seine eigene Botschaft als Bitte um Versöhnung mit Gott zusammenfassen kann (2 Kor 5,17–20).

Von hier aus kann man aus christlicher Perspektive vielleicht so zusammenfassen: Die Strafe wird zum Teilmoment des Versöhnungsgeschehens, aber sie ist nicht Gottes eigentliches Werk, sondern sachlich geht der universale Wille zur Versöhnung voraus: Gott will nicht den Tod des Sünders, sondern dass er umkehre und lebe (vgl. Ez 33,10 f.)!

Aus dieser biblischen Einsicht erwächst im Laufe der Jahrhunderte folgender Grundsatz, der insbesondere die reformatorische Theologie prägt: Was auch immer Schlimmes ein Mensch getan hat und wie sehr er dabei auch behaftet werden muss, es definiert ihn als Person nicht total, sondern es muss an »der Unterscheidung zwischen der Person und ihren Taten« (Huber, 2014, S. 177) festgehalten werden. Jeder Mensch muss so angesehen werden, als ob ihm Umkehr und Vergebung möglich wäre. (Ganz unmittelbar folgt so aus der Perspektive des Christentums, dass die Todesstrafe ethisch nicht vertretbar ist.)

Von daher gibt es guten Sinn, Vergebung im Unterschied zu Strafe und Sühne als die »einzige Strategie, die an dieser Stelle Zukunft öffnend und Vergangenheit klärend weiterführt« (Beintker, 2001, Sp. 1373), zu bezeichnen. Es liegt ganz auf dieser Linie, wenn auch im gesellschaftlichen Verkehr Alternativen zu einer bloß strafrechtlichen Aufarbeitung von Schuld erwogen werden: so etwa die Arbeit von Wahrheits- und Versöhnungskommissionen (vgl. Schliesser, 2019, S. 10) oder »der Täter-Opfer-Ausgleich« (Huber, 2015, S. 182).

Allerdings sind hier drei Warnhinweise angebracht. Zum ersten setzt Vergebung biblisch die Reue und das Schuldbekenntnis voraus; darüber hinaus ist Vorsicht geboten, dass der hehre Gedanke der Versöhnung nicht in eine einseitige Vergebungsanmutung an das Opfer (»man muss auch vergeben können«) umschlägt. Zum zweiten enthält auch der – immerhin vermutlich Jahrtausende lang ethisch dominierende – Gedanke der Rache ein Wahrheitsmoment, das zum Schaden der Versöhnung übersprungen wird: »Im Modus der Rache reklamiert das Opfer seinen Subjektstatus, indem es dem Täter gegenüber seine Handlungsfähigkeit zeigt« (Moos & Engert, 2016, S. 20). In einer Ethik der Versöhnung müsste dieses Moment in irgendeiner Form enthalten bleiben, wenn nicht die durch die Schuldtat eingetretene Asymmetrie festgeschrieben bleiben soll. Und schließlich kann man drittens sagen, dass der durch die Schuld in die Welt gezogene »Riss« durch Praktiken der Versöhnung zwar gekittet, aber nicht ungeschehen gemacht werden kann. In jeder Schuldtat – bei Menschheitsverbrechen größten Ausmaßes zeigt sich dies nur besonders deutlich – bleibt ein »Moment des Unabgegoltenen« (Moos & Engert, 2016, S. 33) enthalten, das auch durch die größte Anstrengung des Erinnerns und der Reparation nicht ausgetilgt werden kann.[2] Gerade darin liegt eine innere Richtung des Themas Schuld auf die Religion; von hier aus lässt sich vielleicht ein Zugang zum Themenbereich Opfer und Sühne, also zum rituellen Charakter von Schuldbearbeitungspraktiken, aber auch zum ritualisierten Schuldbekenntnis im gottesdienstlichen Zusammenhang finden. Zugleich erlaubt jenes Zugeständnis gerade keine Entlastung von der »Bemühung um die Abgeltung des Abgeltbaren« (Moos & Engert, 2016, S. 33). Es ist diese innere Verflochtenheit, welche das Versöhnungsthema, näherhin die »im Schuldumgang intendierte Wiederherstellung symmetrischer Anerkennungsverhältnisse« (Moos & Engert, 2016, S. 33) ebenso dringend wie komplex macht.

3. Didaktische Perspektiven

3.1 Didaktische Orientierungen

Die lebensweltliche Relevanz des Themas dürfte auf der Hand liegen. Neben den eingangs genannten Beispielen kann auch auf Phänomene wie Mobbing oder das sog. »informelle Strafen« verwiesen werden, bei denen die »Reaktionen

2 Dass die Leistung von Erinnerungspraktiken eine prinzipielle Grenze hat, macht auch nachvollziehbar, dass sich vormals in Schuldzusammenhänge verstrickte Gegnerinnen und Gegner nach der Versöhnung gegenseitiges *Vergessen* auferlegten (vgl. Moos & Engert, 2016, S. 28).

auf einen Normbruch den Betroffenen überlassen« (Hermann, 2004, Sp. 1760) werden und infolgedessen aus dem Ruder laufen können (Schüler X hat Schülerin Y verpetzt und erfährt daraufhin von Y und dem Freundeskreis von Y in den sozialen Medien Hass, wird sozial geächtet, bekommt die Fahrradreifen aufgeschlitzt usw.).

Im Hinblick auf das Thema dieses Beitrags sei auch didaktisch die Frage nach dem *Umgang* mit Schuld ins Zentrum gestellt. Die Leitfrage lautet: Wie kann und soll man mit individueller und kollektiver Schuld umgehen? Oder anders gefragt: Wie kann und soll es denn nun eigentlich weitergehen, wie soll man (gemeinsam) weiterleben? Es geht also um die *Kenntnis* von Praktiken des Schuldumgangs, um deren moralische und emotionale *Bewertung* sowie um eine Einleitung in Fragen ihrer *Gestaltung*.

Dabei geht es zunächst einmal darum, tatsächlich eine Bandbreite von Möglichkeiten kennenzulernen und jeweils in ihren Vor- und Nachteilen zu erwägen. Vorschnelle Urteile sind zu vermeiden: »Geläufige normative Gefälle, dass Vergebung besser sei als Rache, Erinnern besser als Vergessen, Sühne besser als Strafe, verlieren bei näherem Hinsehen ihre Selbstverständlichkeit« (Moos & Engert, 2016, S. 33). Ihre Thematisierung kann gerade darum vielfältigste Lernanlässe bieten.

Neben diesem unmittelbaren, zum ethischen Lernen gehörigen Aspekt ist das Thema auch geeignet, viele weitere Dimensionen der christlichen Religion zu erschließen. Zu nennen wären etwa auf Schuldbearbeitung ausgerichtete Praktiken wie Abendmahl, Beichte und Sündenbekenntnis (vgl. Zehner, 1998, S. 17–40, mit kritischer Diskussion religionspädagogischer Umsetzungen), unter Umständen auch die Taufe oder der zuletzt wieder populärer werdende Aschermittwochsgottesdienst. Darüber hinaus ist hier auch ein möglicher Zugang zur Behandlung des schwierigen Themas »Sünde« zu finden.

In meinen Augen stellt Folgendes *keinen* sinnvollen Zugang zur Thematik dar: Einige Lernmaterialien (z. B. Becker et al., 1997, S. 176–187) führen die »Versöhnung« von evangelischer und katholischer Kirche als Beispiel an. Das kann weder sachanalytisch noch didaktisch überzeugen. Denn zum einen dürften die wenigsten Schülerinnen und Schüler (SuS) ein Bewusstsein dafür haben, dass die »Trennung« von evangelischer und katholischer Kirche ein versöhnungsbedürftiger Sachverhalt sein könnte. Und zum anderen gibt es keinen Anlass, die damaligen guten (wechselseitigen) Trennungsgründe von vornherein als »Versündigung« an der »Einheit der Kirche« zu werten.

Entwicklungspsychologisch ist zweierlei geltend zu machen. Zum einen hängt die sich entwickelnde Kompetenz für den Umgang mit Schuld auch mit sozialisatorisch erfahrener »Bindung und Vertrauen« (Schliesser, 2019, S. 8) zusammen. Auf sie hat der Unterricht keinen Einfluss, kann aber ggf. – sofern solide Vermutungen zur Einschätzung möglich sind – bei der Wahl der unterrichtlichen Verfahren und Ziele auf die unterschiedliche emotionale Gegründetheit der SuS reagieren. Zum anderen ist es immer wieder erstaunlich, wie schnell Kinder über erlittenes Unrecht hinwegsehen und einen Täter oder eine Täterin wieder in die (Spiel-)Gemeinschaft aufnehmen können. Ab der Pubertät dürfte bei den SuS jedoch ein Gespür für das Bleibende von Verletzungen entstehen und sich infolgedessen auch eine verstärkte Einsicht in die Notwendigkeit eines Schuldumgangs bilden.

Es trifft auf die meisten ethischen Themen zu und hier wohl in besonderem Maße, dass die SuS einen Abgleich des Gelernten mit dem *hidden curriculum* der Schule und der Gesellschaft vornehmen (vgl. Schröder, 2012, S. 632). Das heißt, die Frage, wie es um die innerschulischen Routinen zur Beilegung von Konflikten bestellt ist, dürfte für den Lernerfolg auf diesem Gebiet unmittelbar relevant sein. Zu Störungen dürfte es kommen, wenn an der Schule entweder Vertuschung, mangelnder Opferschutz sowie Konfliktscheue aufseiten der Lehrkräfte zu konstatieren wären, oder aber wenn Strafen, Bloßstellungen und Repressionen vorherrschen würden.[3] Erfordert wird hingegen eine Kultur des Umgangs mit Normbrüchen, die auf Mediation, Offenheit, fairen Verfahren und Anhörungen sowie der Möglichkeit von Beiständen auf beiden Seiten beruht.

3.2 Didaktische Konkretisierungen

Grundsätzlich ist der Themenbereich für viele Formen ethischen Lernens offen (vgl. Schröder, 2012, S. 631–639). Eine reflektierte Vorbilddidaktik (vgl. Mendl, 2015) – Martin Luther King, Nelson Mandela, die Leiterin der örtlichen »Tafel« – kommt ebenso infrage wie die moralische Diskussion, eine ausführliche Fallstudie sowie zum Emotionalen hin offene Verfahren des Perspektivwechsels wie Standbilder, innere Monologe, Rollenspiele (vgl. Adam, 2006).

Bibeldidaktisch können in der Grundschule vor allem narrative Gestaltungen der Schuldthematik – im Sinne von Grundtexten – in den Blick genommen werden: Kain und Abel, Jakob und Esau (Gen 25–32), Josef und seine Brüder (Gen 37–50); zum Teil gelungene narrative Umsetzungen finden sich dazu unter www.frieder-harz.de. Lohnend dürfte ferner die Beschäftigung mit christlicher Versöhnungspraxis wie der Nagelkreuzgemeinschaft (www.nagelkreuz.org) oder der »Aktion Sühnezeichen Friedensdienste« (www.asf-ev.de) sein.

3 Es hat seinen guten Sinn, dass die Schulgesetze heute i. d. R. nicht mehr von »Strafen«, sondern von »Erziehungs- und Ordnungsmaßnahmen« sprechen.

Was die Materialien angeht, so ist prominent besetzt und – trotz des schon etwas älteren Erscheinungsdatums – sachlich vielfach nach wie vor aktuell Fauser, Luther & Meyer-Drawe (1992). Nützlich ist auch die kommentierte Arbeitsblattsammlung von Schilling & Schilling (2001). Trotz des vielversprechenden Titels geht Becker u. a. (1997) kaum auf das Thema Versöhnung ein. Unter den Schulbüchern sticht – abgesehen von der unglücklichen Islam-Darstellung – »Sinn voll Sinn« (Bd. 4: Schuld und Versöhnung) positiv heraus; dieses ist für die Berufsschule konzipiert, aber vielfach auch für Sek. I und II verwendbar. Weitere Materialsammlungen zu den Themen finden sich unter www.rpi-virtuell.de.

Insgesamt sind die eingesehenen Materialien tendenziell freilich eher textlastig und unterstützen die neueren Bewegungen der Religionspädagogik hin zu ästhetischen und performativen Verfahren nur bedingt. Ich möchte deshalb noch einige eigene Ideen beisteuern; diese sind allerdings noch nicht in der Praxis erprobt und deshalb eher als Anregungen zu verstehen.

a) *Abendmahl/Eucharistie:* Hier kann man zunächst den Schwerpunkt auf den Zusammenhang von Herrenmahl und Verfehlung legen: Jesus isst trotz des bevorstehenden Verrats mit seinen Jüngern. Mit wem würde ich (nicht) essen? Unter welchen Umständen? Ferner: Welche Abendmahlspraxis drückt eher Hoffnung auf Versöhnung aus: das Stehen im Kreis (mit anschließender wechselseitiger Handreichung), das Wandelabendmahl, das Knien in der Reihe vor dem Altar? Endlich kann auch der Erinnerungs-Aspekt bearbeitet werden: Ist es gut, sich – wie die Jünger – zugleich an das zu erinnern, was man falsch gemacht hat?[4]
b) Bei der *Taufe* kann die Wassersymbolik vielfach in den Blick genommen werden, wie es die katholische und evangelische Taufliturgien nahelegen. Ausgestaltbar sind die bildkräftigen Konnotationen des »Untergangs der Schuld« (wie bei der Sintflut) oder des Abwaschens/der Reinigung. Von hier aus wird evtl. auch der biblische Konnex von Taufe und Sündenvergebung zugänglich.
c) Hinsichtlich der *Beichte* könnte ein medienpädagogischer Zugang möglich sein. Die Beichte hat gewisse visuelle Qualitäten und kommt deshalb relativ häufig in filmischen Darstellungen vor. Hier ließen sich leicht ihr Ablauf und Sinn, aber auch ihre Ambivalenz erschließen.
d) In Anlehnung an Elemente der Kirchraumpädagogik ließen sich einzelne prominente *Kirchen,* die besonders dem Gedanken der Versöhnung gewidmet sind, näher in den Blick nehmen: so etwa die Versöhnungskirche in Berlin-

4 Die Aufforderung »Solches tut zu meinem Gedächtnis« (Lk 22,19) beinhaltet, dass man sich auch an das Versagen der Jünger erinnern wird, da beides im selben Zusammenhang erzählt wird.

Mitte, die Versöhnungskirche auf dem Gelände des ehemaligen KZ Dachau, die Église de reconciliation in Taizé oder die Kathedrale in Coventry.[5] Hier kann man auch eigene Ideen für die Gestaltung von (Kirch-)Räumen unter dem Gesichtspunkt der Versöhnung erproben.

e) In der alttestamentlichen *Lexikologie* (Wortkunde) werden vielfach auch archaisierende »Grundbedeutungen« mitgeführt, um diese der Übersetzung als Konnotationen und Assoziationen beizugeben. Ob man theologisch immer viel daraus machen kann oder sollte, sei dahingestellt; hier eröffnet es didaktisch aber die Möglichkeit, sich gleichsam spielerisch an Rituale anzunähern oder gar selbst welche zu entwerfen, sofern eine generelle Idee von Ritualen bereits bekannt ist: *kpr* kann in der semitischen Wortgeschichte u. a. die »Überwindung einer Kluft«, »bedecken« oder auch »abwischen« bzw. »auswischen« (vgl. Janowski, 1982, S. 27–103) bedeuten. Es wäre denkbar, die SuS eigene symbolische Sühne- oder Versöhnungsgesten rund um diese archaisierenden Grundbedeutungen entwerfen zu lassen.

4. Literatur

Adam, G. (2006): Ethisches Lernen. Methoden und Formen. In R. Lachmann/Ders./M. Rothgangel (Hg.): Ethische Schlüsselprobleme. Lebensweltlich – theologisch – didaktisch (S. 23–36). Göttingen: Vandenhoeck & Ruprecht.

Barth, U. (2003): Die religiöse Dimension des Ethischen. Grundzüge einer christlichen Verantwortungsethik. In Ders.: Religion in der Moderne (S. 315–343). Tübingen: Mohr Siebeck.

Becker, U./Baldermann, I. (1997): Versöhnung lernen. Religion 9/10. Stuttgart: Klett.

Beintker, M. (2001): Art. Schuld. In J. Hübner/J. Eurich/M. Honecker/T. Jähnichen/M. Kulessa/G. Renz (Hg.): Evangelisches Soziallexikon (8. Aufl., Sp. 1371–1374). Stuttgart: Kohlhammer.

Fauser, P./Luther, H./Meyer-Drawe, K. (1992): Verantwortung. Stuttgart: Klett.

Hermann, D. (2004): Art. Strafe V. Soziologisch. In Religion in Geschichte und Gegenwart. Handwörterbuch für Theologie und Religionswissenschaft. Bd. 7 (RGG[7]) (4. Aufl., Sp. 1759 f.). Tübingen: Mohr Siebeck.

Huber, W. (2015): Rechtsethik. In Ders./T. Meireis/H.-R. Reuter: Handbuch der Evangelischen Ethik (S. 125–193). München: C. H. Beck.

Janowski, B. (1982): Sühne als Heilsgeschehen. Studien zur Sühnetheologie der Priesterschrift und zur Wurzel KPR im Alten Orient und im Alten Testament (Wissenschaftliche Monographien zum Alten und Neuen Testament, Bd. 55). Neukirchen-Vluyn: Neukirchner.

Mendl, H. (2015): Modelle – Vorbilder – Leitfiguren. Lernen an außergewöhnlichen Biografien. Stuttgart: Kohlhammer.

Moos, T./Engert, S. (Hg.) (2016): Vom Umgang mit Schuld. Eine multidisziplinäre Annäherung. Frankfurt a. M./New York: Campus.

Roose, H. (2019): Sünde/Schuld/Vergebung. In M. Rothgangel/H. Simojoki/U. H. J. Körtner (Hg.): Theologische Schlüsselbegriffe. Subjektorientiert – biblisch – systematisch – didaktisch (TLL 1, S. 403–414). Göttingen: Vandenhoeck & Ruprecht.

5 Zu all diesen Kirchen bietet die Wikipedia verlässliche Erstinformationen.

Schilling, M./Schilling, J. (2001): Schuld, Strafe, Vergebung: 17 Arbeitsblätter mit didaktisch-methodischen Kommentaren für die Sekundarstufe I. Stuttgart: Klett.

Schlenke, D. (2005): Art. Versöhnung VI. Dogmatisch. In Religion in Geschichte und Gegenwart. Handwörterbuch für Theologie und Religionswissenschaft. Bd. 8 (RGG[8]) (4. Aufl., Sp. 1059–1061). Tübingen: Mohr Siebeck.

Schliesser, C. (2019): Art. Versöhnung. In WiReLex – Das Wissenschaftlich-Religionspädagogische Lexikon im Internet. https://www.bibelwissenschaft.de/stichwort/100283/ (Zugriff: 06.05.2021).

Schröder, B. (2012): Religionspädagogik. Tübingen: Mohr Siebeck.

Willmes, B. (2008): Art. Sündenfall. In WiBiLex – Das wissenschaftliche Bibellexikon im Internet. https://www.bibelwissenschaft.de/stichwort/31958/ (Zugriff: 06.05.2021).

Zehner, J. (1998): Das Forum der Vergebung in der Kirche. Studien zum Verhältnis von Sündenvergebung und Recht. München: Chr. Kaiser.

Zimmermann, M. (2016): Art. Sünde/Schuld. In WiReLex – Das Wissenschaftlich-Religionspädagogische Lexikon im Internet. https://www.bibelwissenschaft.de/stichwort/100283/ (Zugriff: 06.05.2021).

1. Lebensweltliche Perspektiven

Das Wort *Sucht* leitet sich aus dem mittelhochdeutschen/althochdeutschen *suht* ab, ist eine ablautende Bildung zu *siechen* und meinte Krankheit (https://www.duden.de/rechtschreibung/Sucht). Seit dem 18. Jahrhundert befindet sich der Begriff im Alltagswortschatz (Klein, 2000, S. 303). In der WHO wurde der Begriff Sucht durch den der Abhängigkeit abgelöst, um Stigmatisierungen zu verhindern, allerdings wird im medizinischen und im Alltagskontext der Begriff weiterverwendet. Eine Abhängigkeitserkrankung ist »charakterisiert durch eine Unfähigkeit zur Abstinenz, einen Verlust der Kontrolle über den geregelten Substanzkonsum, eine Toleranzentwicklung bzgl. der Substanzwirkungen und des Auftretens körperlicher Entzugssymptome« (Batra & Bilke-Hentsch, 2016, S. 37). Im Allgemeinen wird unterschieden zwischen substanzbezogenen und nicht substanzbezogenen Süchten. Essstörungen wie z. B. Anorexia nervosa, Bulimia nervosa oder Binge-Eating-Störung werden nicht zu den Süchten, sondern zu den »Erkrankungen mit Suchtcharakter« (DHS, 2020, S. 149) gezählt, hier aber mitbedacht.

Studien aus dem Jahr 2018 geben an, dass in Deutschland 12 Millionen Menschen rauchen, 2,3 Millionen von Medikamenten und 1,6 Millionen (laut Jahrbuch Sucht 2020, S. 16 sind es 3,1 %) alkoholabhängig sind. Der Cannabiskonsum von 600.000 wird als problematisch eingeordnet, 500.000 Menschen haben ein pathologisches Glücksspielverhalten und ca. 560.000 Menschen werden als onlineabhängig beschrieben.[1] 2018 zählte man außerdem 41.000 Kokain- und 103.000 Amphetaminabhängige; 2018 sind 1.276 Drogentote gezählt worden (DHS, 2020, S. 26 f.).

Die Datenerhebung und deshalb auch Datenlage zum Vorkommen von *Essstörungen* sind schwierig. Bei Frauen geht man von 1,7–3,6 % aus, die an Anorexia nervosa, von 2,6 %, die an Bulimia nervosa erkrankt sind und 3,0–3,6 %, die an der Binge-Eating-Störung leiden. Männer sind seltener betroffen, bei

1 Vgl. https://www.bundesgesundheitsministerium.de/themen/praevention/gesundheitsgefahren/sucht-und-drogen.html (Zugriff: 19.02.2021).

ihnen tritt etwas häufiger Muskeldysmorphie auf, welche aber nicht als Essstörung klassifiziert wird[2].

Studien zeigen, dass bei ca. 700.000 Kindern und Jugendlichen (12–17 Jahre) ein riskantes oder pathologisches Gaming-Verhalten zu erkennen ist[3]. Frauen und Männer sind fast gleich von der *Onlinesucht* betroffen. Unterschiede lassen sich nur in der Art ihrer jeweiligen Nutzung erkennen. Während mehr als ¾ der 14–24-jährigen Mädchen und Frauen das Internet für soziale Kommunikation nutzen, beschäftigen Jungen und Männer sich im Netz zu fast zwei Dritteln mit Computerspielen, ein Drittel mit sozialen Netzwerken[4].

In statistischer Hinsicht ist außerdem zu erkennen, dass ein riskanter Alkoholkonsum und der Gebrauch von illegalen Drogen besonders bei jungen Erwachsenen zu erkennen ist und hierbei nicht von einer kleinen Minderheit ausgegangen werden kann. Geschlechtsunterschiede zeigen sich dahingehend, dass Jungen und junge Männer »häufiger, mehr und risikoreicher Alkohol«[5] konsumieren, außerdem öfter rauchen und auch häufiger zu illegalen Drogen greifen. Bei Essstörungen hingegen und dem missbräuchlichen Gebrauch von Schmerz-, Schlaf- und Beruhigungs- wie Nahrungsmitteln ist von einer höheren Anzahl bei den Mädchen/Frauen auszugehen (DHS, 2020, S. 186; https://www.dhs.de/lebenswelten/gendersensible-suchtarbeit, Zugriff: 19.02.2021).

Zurecht wird im Jahrbuch Sucht 2020 auf Wechselwirkungen von Sucht und Gesellschaft hingewiesen, denn mit einer Fokussierung auf den süchtigen Menschen würde die Komplexität der Verantwortung auf den Einzelnen verschoben und eine Stigmatisierung der Kranken begünstigt (DHS, 2020, S. 7). Nicht zu unterschätzen ist z. B. aber auch die positive Konnotation von intensiven Erlebnissen und Rausch in der Gesellschaft auf der einen Seite, die der Abgrenzung wie auch Stigmatisierung von Süchtigen auf der anderen Seite.

Sucht bzw. Abhängigkeitserkrankungen sind multifaktorielle Phänomene. Zu den Entstehungsbedingungen zählen genetisch-somatische, familiär-gesellschaftliche, individuelle u. a. Faktoren (Splett, 1999, S. 261). Insbesondere Kinder und Jugendliche mit abhängigkeitskranken Elternteilen haben ein deutlich höheres Risiko, selbst zu erkranken. Im Verlauf des Lebens gibt es verschiedene Phasen, die für die Entstehung einer Sucht als vulnerabel gelten, wenngleich Ent-

---

2 https://www.dhs.de/suechte/essstoerungen/zahlen-daten-fakten (Zugriff: 19.02.2021).

3 https://www.aerzteblatt.de/nachrichten/115090/Mediensucht-bei-Kindern-und-Jugendlichen-koennte-sich-durch-Lockdown-verschaerfen (Zugriff: 19.02.2021).

4 https://www.bundesgesundheitsministerium.de/service/begriffe-von-a-z/o/online-sucht.html (Zugriff: 19.02.2021).

5 https://www.dhs.de/lebenswelten/gendersensible-suchtarbeit (Zugriff: 19.02.2021).

wicklungsaufgaben in jeder Lebensphase Problemfelder mit eigener suchtrelevanter Dynamik sind (Batra & Bilker-Hentsch, 2016, S. 89).

Zu den vulnerableren Phasen zählen die Jugend, das frühe Erwachsenenalter und das höhere Alter, in denen die meisten Erfahrungen mit Suchtmitteln gemacht werden. Entwicklungsaufgaben, die in der Jugend-/jungen Erwachsenenphase mit Suchtentwicklung in Zusammenhang stehen, sind der Erwerb der Geschlechterrolle, die Gestaltung von Beziehungen zum anderen Geschlecht, das Streben nach interfamiliärer Unabhängigkeit. Drogen kommt in diesen Zusammenhängen z. B. die Funktion zu, soziale Zugänge zu erleichtern (Batra & Bilker-Hentsch, 2016, S. 95 f.). Da die Jugend- oder Adoleszenz deutlich verlängert ist, zählen auch schwierige Starts ins Berufs- und Familienleben zu den Herausforderungen mit Suchtpotenzial.

Nicht zu vergessen sind aber auch die jugendphasentypischen Bedürfnisse nach Gewinn von mehr Autonomie und Selbstständigkeit für die eigene Lebensgestaltung, die Neugier auf Erfahrungen, die das eigene Bewusstsein überschreiten oder Alltag wie Grenzen vergessen lassen, Versprechen nach Zugehörigkeit und Akzeptanz in Peergroups durch Teilnahme an Substanzgebrauch und/oder bewusstseinsverändernden Praktiken.

2. Theologisch-ethische Perspektiven

Drogen, Rausch und Abhängigkeit sind stärker als vielleicht gemeinhin vermutet auch mit Religion(en) verbunden.

Es gibt keine Sucht ohne Rausch (Bell, 2015, S. 215), denn der Rausch als »wahrnehmungsveränderndes Wohlgefühl« ist »das Eintrittstor jeglicher Sucht« (Bell, 2015, S. 215). Rauschhafte Zustände, die durch Substanzen oder bewusstseinsverändernde Praktiken (Tänze, Meditationen) hergestellt wurden und werden, gehören zur Menschheitsgeschichte und zu jeder Kultur in unterschiedlicher Weise dazu (Bell, 2015, S. 215). Aufgrund der bewusstseinsverändernden Charakteristik sind sie eng mit Religion(en) verknüpft, weil über Trance- oder rauschhafte Zustände eine Verbindung zum Jenseitigen oder Überirdischen gesucht und auch über kultische/religiöse Rituale gelebt wurde (Bell, 2015, S. 216). Im Rausch, der ein Gefühl der Freiheit von den Alltagssorgen anbietet und durch gemeinschaftsbezogene Rituale auch eine kollektive, einheitsstiftende Komponente hat, sah man zum Teil auch etwas Paradiesähnliches (Bell, 2015, S. 216). Diese Art des kulturintegrierten und ritualisierten Drogengebrauchs, der auch Selbstkontrolle und Eigenverantwortung des Individuums stärken kann, ist in der aktuellen Gesellschaft nicht vorgesehen (Neumann, 2008, Sp. 1828).

Aus religionswissenschaftlicher Sicht sind das Erleben und Beschreiben von Abhängigkeit zentrale Bestandteile des religiösen Bewusstseins und des theologischen Nachdenkens (Elsas, 2008, Sp. 63), gleichwohl aber von pathologischer Abhängigkeit zu unterscheiden. Schleiermacher hat die Selbsterfahrung der Abhängigkeit eindrücklich als »schlechthinnige« beschrieben. Im Unterschied zu anderen Abhängigkeitsgefühlen beschreibt Schleiermacher diese Form der Abhängigkeit als eine »Gewißheit des Gegebenseins unserer relativen Freiheit und relativen Abhängigkeit« (Crouter, 2008, Sp. 65).

Im Gottesglauben, wie er in der christlichen Theologie beschrieben wird, implizieren Theologumena wie Geschöpflichkeit und Erlösungsbedürftigkeit des Menschen eine Abhängigkeit, im katholischen Kontext wird die besondere Abhängigkeit der Gläubigen von der Kirche im extra ecclesiam nulla salus formuliert.

Zu ergänzen wäre hier außerdem, dass auch Religion selbst zur Sucht oder Menschen von Psychosekten abhängig werden können. Zu erwähnen sind in dem Zusammenhang auch die Einwände aus der Religionskritik, die sich u. a. auf eine religiös motivierte Flucht aus der Wirklichkeit und/oder Täuschung über die Wirklichkeit sowie auf die mangelnde Verantwortungsübernahme für sozial-gesellschaftliche Aufgaben beziehen.

Insbesondere im Zusammenhang mit Sucht- und Abhängigkeitserkrankungen wird aber auch nach positiven Effekten von Religiosität und Spiritualität im Blick auf Drogenmissbrauch gefragt. So habe Religiosität eine schwach präventive Wirkung, auch weil in Glaubensgemeinschaften Drogen meistens abgelehnt werden (Jacobs, 2018, S. 92). Eine positive Wirkung wird Religiosität dann zugesprochen, wenn sie zur Persönlichkeit des Menschen gehört und mit einer Gemeinschaft und sozialen Integration verbunden ist, wobei der Zusammenhang empirisch nicht ganz eindeutig ist (Jacobs, 2018, S. 94).

Suchterkrankungen, wie wir sie heute kennen, haben in den *biblischen* Schriften keine direkten Entsprechungen. Wenige Ausführungen finden sich zur potenziellen Suchtsubstanz Alkohol, die in Israel zur täglichen Ernährung, zu Festen und zum Kult gehörte, auch weil der Weinbau in Palästina selbstverständlich war (Wöhrle, 2008, S. 4–8). Neben positiven Wirkungen des Weins [belebende Wirkung: erfreut das Herz des Menschen (2 Sam 13,28; Sach 10,7; Ps 104,15), hilft gegen Traurigkeit (Jer 16,7; Sach 10,7; Pred 2,3) und gegen Sorgen (Spr 31,6 f.)], wird Trunkenheit als Zeichen der Dekadenz abgelehnt (Jes 5,11.22; Jes 56,11 f.; Am 2,8; Am 6,6) und vor den Folgen wie Armut (Spr 21,17), Streit (Spr 23,29 f.), Lügen (Spr 23,33) und Taumeln gewarnt (Spr 23,34) (Wöhrle, 2008, S. 5–7).

Im Christentum wurde zunächst an die jüdischen Einstellungen angeknüpft, mit dem Ende des Mittelalters aber begann der christlich motivierte Kampf vor allem gegen Trunkenheit. Dieser Kampf drückte sich dann auch gegen Ende des 19. Jahrhunderts in der sog. Trinkerheilungsbewegung aus. Noch heute werden Suchthilfeeinrichtungen häufig von konfessionellen Trägern geführt, und Selbsthilfegruppen wie die Anonymen Alkoholiker sind von protestantischen Bewegungen beeinflusst (Klein, 2000, S. 304).

Sucht- und Abhängigkeitserkrankungen sind kein zentrales Thema der Evangelischen Theologie oder der theologischen Medizinethik. Während Medizin, Psychologie, Biologie und Soziologie diese Erkrankungen empirie- und/oder modellbasiert erforschen und beschreiben, können Philosophie und Theologie mit jenen verbundene anthropologische und ethische Fragen in den Blick nehmen. Eine zentrale anthropologische Frage ist die nach der (Willens-)Freiheit des Menschen, weil das Sprechen von Sucht nach Andreas Bell mindestens die Disposition zur Freiheit voraussetzt (Bell, 2015, S. 128) und Splett im Kern darin eine persönliche Freiheitsentscheidung sieht (Splett, 1999, S. 261). Unter Rückgriff auf Mt 26,41 »Der Geist ist willig, aber das Fleisch ist schwach« ließe sich mit Bell (S. 128) dann weiter fragen, welche Art Freiheit verloren gegangen ist.

Eine zweite anthropologische Frage betrifft die nach der Einordnung von Krankheit wie Gesundheit und der Verantwortung des Subjekts. Zum einen ist die Abgrenzung zwischen Krankheit und Gesundheit schwierig, zum anderen versteht sich nicht jede/r Abhängige als Patientin/Patient. Mit der Einführung des Subjekts ins Krankheitsverständnis wird die Prophylaxe und die Verantwortung für die Gesundheit des Menschen betont. Kann deshalb ein gefährdender Umgang mit der Gesundheit aufgrund der (selbst-)zerstörerischen Kraft als Sünde/Schuld gegen den eigenen oder den Leib anderer gedeutet werden (Eibach, 1990, S. 702)?

In anthropologischer Hinsicht werden die Ursachen für Sucht zum Beispiel in der Sehnsucht des Menschen verortet, der sich aus den Zwängen seines Alltags befreien möchte oder mit Rausch verbundene Glücksgefühle erleben will (Neumann, 2008, Sp. 1828). Diese Sehnsüchte und Bedürfnisse werden als »Angst vor dem Alleinsein« begründet und kämen dem Wunsch des oder der Einzelnen nach einer Befreiung und »Entgrenzung auf den anderen hin« nach (Neumann, 2008, Sp. 1829).

Aus einer metaphysischen Perspektive heraus gründet der Versuch des süchtigen Menschen darin, »sich in letztgültiger Weise der Sinnhaftigkeit seines Lebens zu vergewissern« und/oder seine Endlichkeit zu vergessen und die Auseinandersetzung mit den Grundbedingungen des menschlichen Daseins zu umgehen (Neumann, 2008, Sp. 1829).

Die existenziellen Grundbedingungen macht Bell in seiner Philosophie der Sucht ebenfalls zum Ausgangspunkt einer mehrdimensionalen Beschreibung des Suchtphänomens. Jede Sucht hat danach eine somatische, psychische, soziale und finale/spirituelle Dimension (vgl. Bell 2015, S. 23–53). Hier interessiert vor allem die finale/spirituelle Dimension: Im Anschluss an Irvin Yalom greift Bell die vier existenziellen Gegebenheiten auf: den Tod, die Freiheit, die Isolation und die Sinnlosigkeit (Bell, 2015, S. 52). Im Gebrauch der Droge oder der Verhaltensstörung liegt das Versprechen, gegen die Schärfen dieser existenziellen Fragen zu schützen (Bell, 2015, S. 53). So dient die Abhängigkeit z. B.

> »als Schutz gegen die Freiheit. Das Craving, der alles beherrschende, unstillbare Drogenhunger lässt die Verantwortung nicht spüren. Der drohende Entzug legitimiert die Illegalität der Beschaffung zum Mundraub. Der Sinn des Lebens liegt im Konsum. Der Tod bietet sich als Erlöser an, aber wer davor zurückschreckt, findet wenigstens im Tod den gefährlichen Gegner im Spiel des Lebens, das mit seinem Risiko dem Spieler eine Identität verschafft. Und auch die Isolation kann in diesem Spiel überwunden werden, entweder durch den Gleichklang mit dem sozialen Umfeld oder gar per Eingriff in die Hardware des fühlenden Subjekts mithilfe der Entaktogene[6]« (Bell, 2015, S. 53 f.).

Das Fatale an der Sucht ist das ihr inhärente Paradox, wonach jene der Abhängigkeit vorausgehenden Sehnsüchte und Wünsche in ihr Gegenteil verkehrt werden:

> »Der suchtfördernde Stoff wie auch die süchtige Verhaltensweise treiben ein dialektisches Spiel: Der unentrinnbaren Begrenzung im kontingenten Universum wird das Gefühl der Freiheit entgegengesetzt, das im Rausch erfahrbar ist. Der vormals Kleine fühlt sich groß, der Schüchterne eloquent, der Einsame im vertrauten Kreis aufgenommen. Die Sorgen des täglichen Lebens lasten nicht mehr so hart. Doch die Freiheit ist zugleich erschreckend in ihrer Konturlosigkeit und Sinnlosigkeit. Darum dient die süchtige Bindung als absoluter Halt, der wie ein Heilsversprechen auftritt. Solange der Stoff da ist, verspricht er Heilung. Und nur das Absolute heilt die Krankheit der Kontingenz. Der Stoff ist mehr als ein normales Medikament, er heilt die verwundete, defizitäre Existenz. Freilich um einen hohen Preis und letztlich um den zwingenden Aufpreis der Täuschung« (Bell, 2015, S. 54).

---

6 Mit Entaktogenen sind Stoffe gemeint, die eine Steigerung der Berührungsempfindlichkeit, ein Gefühl der Nähe zu anderen und ein Gefühl innerer Weite bewirken.

In unterschiedlichen Suchttypen manifestieren sich auf tragische Weise (selbst-) zerstörerische, weil betäubende Formen des Umgangs mit der begegnenden Wirklichkeit: zwischen dem Drang nach Überschreitung der gesetzten Grenzen (Lustgewinn) und der resignierten Einwilligung (Schmerzvermeidung) in das als nicht änderbar Erscheinende (Bell, 2015, S. 146 f.).

Das theologische (Glaubens-)Pflaster, mit dem Splett (1999) der Sucht als Gefahr endlicher Freiheit begegnet, beinhaltet Dankbarkeit und Hoffnung, die aus der Akzeptanz der Endlichkeit resultieren, »wenn sie in ihrer Begrenztheit als Ausdruck einer grenzenlosen Bejahung aufgefasst« werden (S. 263) und der Mensch als angerufen wie angefragt verstanden wird (S. 264). Am Beispiel Zeit macht Splett deutlich, dass sie von Stunde zu Stunde gegeben ist, keiner und keine sie jedoch schaffen, aber (an-)nehmen kann. Recht (aus dem Glauben heraus) verstandene Freiheit sei dann geschenkte Selbstannahme (Splett, 1999, S. 265).

3. Didaktische Perspektiven

3.1 Didaktische Orientierungen

Warum und wozu ist das Phänomen Sucht/Abhängigkeit/Drogen ein Thema des Religionsunterrichts? Religiöse Bildung trägt bei zur Persönlichkeitsbildung der Lernenden. Das beinhaltet eine alters- und entwicklungsbezogene Begleitung und Förderung der Lernenden in einer Zeit der inneren und äußeren Aufbrüche. Anhand der statistischen Ergebnisse ist zu sehen, dass das Bedürfnis nach Rauscherlebnissen und die Neugier auf (nicht-)substanzbezogene Suchtmittel in dieser Altersphase höher sind und von nicht wenigen auch ausgelebt werden. Religiöse Bildung kann zur Prävention beitragen, weil Kontingenzen menschlichen Daseins und darauf bezogene Deutungs- wie Umgangsangebote aus der christlichen Tradition Gegenstand des religiösen Bildungsprozesses sind. Suchterkrankungen sind nicht nur Ausdruck eines Umgangs mit Entwicklungsaufgaben, sondern können auch als (un-)bewusste Reaktionen auf die existenziellen Grundspannungen des Menschen gelesen werden, die Entwicklungsaufgaben letztendlich zugrunde liegen.

Und last but not least treffen ethisch-anthropologische Themen aufgrund ihrer Lebensnähe das Interesse aufseiten der Lernenden und bieten so gute Voraussetzungen für motivierte Lernprozesse.

Süchte bzw. Abhängigkeitserkrankungen sind multifaktorielle Phänomene, die je unterschiedliche Entstehungsbedingungen, Symptome, Verläufe aufweisen. Eine Thematisierung aller Formen dieser Erkrankungen ist nicht nötig, eine allgemeine Thematisierung von Abhängigkeiten wäre zu abstrakt. Für eine fundierte schulische Befassung ist die Kompetenz von Fachleuten anzuraten.

Eine zweite Grenzsetzung bezieht sich auf pädagogische Abschreckungsversuche, mit denen Rausch oder Sucht tabuisiert und gleichzeitig stigmatisiert würden. Subjektorientierung bedeutet auch, die Jugendlichen in ihrer Freiheit und in ihrem Verantwortungspotenzial ernst zu nehmen.

Empfehlenswert sind indirekte und direkte Zugänge zur Thematik, die schulisch, fachübergreifend und fachspezifisch gestaltet werden können, weil Präventionsarbeit und Gesundheitsbildung eine gesamtschulische Aufgabe sind. Das Ziel besteht insgesamt darin, die Lernenden in ihrer Persönlichkeitsentwicklung fördernd zu begleiten wie zu einem ethisch verantworteten, d. h. nicht stigmatisierten Umgang mit abhängigkeitskranken Menschen zu befähigen.

Aufgrund der Mehrdimensionalität des Suchtphänomens und seiner multifaktoriellen Komplexität bieten sich Schwerpunkte auf drei Ebenen an:

a) die Auseinandersetzung mit *Kontingenzfragen des Lebens* (Tod, Freiheit, Isolation, Sinn),
b) die Unterstützung bei jugendrelevanten *Entwicklungsaufgaben* (Geschlechterrolle, soziale Eingebundenheit, Kompetenz- und Autonomieerleben) und
c) die Befassung mit ausgewählten *Abhängigkeitserkrankungen* (Entstehung, Verlauf, Hilfsangebote).

Kompetenzorientierte Konkretisierung[7]

Wahrnehmungsfähigkeit in Bezug auf

- die vier anthropologischen Spannungsfelder Tod, Freiheit, Isolation, Sinn als lebenslange Anforderungssituationen
- die jugendbezogenen Entwicklungsaufgaben (Geschlechterrolle, Beziehungsgestaltung, berufliche Orientierung, Autonomie)
- Abhängigkeitserkrankungen in ihrer Vieldimensionalität

Deutungsfähigkeit in Bezug auf

- die vier anthropologischen Spannungsfelder in religionsbezogener Perspektive (Endlichkeit und Auferstehung, Geschöpflichkeit und Verantwortung, Gemeinschaft, Rechtfertigung und Sinn)
- die jugendbezogenen Entwicklungsaufgaben in religionsbezogener Perspektive (Körper als Leib, Beziehungen, Freiheit und Verantwortung)
- Fallbeispiele von Abhängigkeitserkrankungen (Ursachen, Verläufe, Copingstrategien)

---

7 https://www.ekd.de/ekd_de/ds_doc/ekd_texte_111.pdf, S. 17f (Zugriff: 19.02.2021).

Urteilsfähigkeit in Bezug auf

- religiöse Formen im Umgang mit den vier anthropologischen Spannungsfeldern
- Deutungs- und Bewältigungsangebote jugendbezogener Entwicklungsaufgaben
- Umgang mit suchtauslösenden Substanzen und Praktiken, Umgang mit Abhängigkeitskranken (in der Gesellschaft)

3.2 Didaktische Konkretisierungen

Ein expliziter thematischer Zugang wäre der über fächerübergreifende projektförmige Präventionsveranstaltungen im Rahmen der schulischen Gesundheitsbildung. Inhaltlich hilfreich kann die Unterscheidung der vier Dimensionen von Suchterkrankungen sein. Methodisch bietet sich eine Vielfalt an: Expertenbefragungen, Fallbeispiele, Interviews mit ehemals Betroffenen, Besuch von Hilfseinrichtungen, selbstständige Recherchen, Verfassen von Artikeln/Präsentationen, Experimente (Rauschbrille), Diskussionen zu suchtrelevanten Fragen (Legalität/Illegalität, Freiheit/Abhängigkeit etc.).

Ein eher indirekter Weg adressiert die jugendbezogenen Entwicklungsaufgaben, wenn über die lebens- und lernförderliche Gestaltung von Schule nachgedacht wird, um die Lernenden in ihrer Persönlichkeitsentwicklung zu stärken. Eine Möglichkeit besteht darin, ihnen zum einen als Mitgestaltenden Verantwortung zu übergeben und zum anderen ein umfassendes Bildungsverständnis zu realisieren, das den Lernenden den Wechsel von Perspektiven auf die Wirklichkeit ermöglicht. Ein bewusst eingeübter Perspektivenwechsel kann die Realität als eine mit unabgeschlossenen Gestaltungs- und Lebensmöglichkeiten erscheinen lassen, der man sich eher zu- als von ihr abwendet.

Sucht- und Abhängigkeitserkrankungen lassen sich zu grundlegenden anthropologischen, ethischen und theologischen Fragen ins Verhältnis setzen: zu Fragen nach Endlichkeit und Tod, nach Sinn/Glück und Sinnlosigkeit, nach Einsamkeit und Gemeinschaft, nach Freiheit und Verantwortung. Aufgabe religiöser Bildung ist es, diese Spannungsfelder nicht nur wahrzunehmen, sondern auch Deutungsangebote aus der christlichen Religion zur Auseinandersetzung anzubieten. Eine besondere Expertise kommt Religion hierbei insofern zu, als sie Formen des Umgangs mit existenzieller Unsicherheit und Ungewissheit entwickelt hat – sozusagen existenzbezogene Copingstrategien, ohne die Spannungen jedoch auflösen zu können.

Verbindungen lassen sich aber auch zu entwicklungsbezogenen Phänomenen und Entwicklungen ziehen, wie das Wahrnehmen von und den Umgang mit eigenen und fremden Gefühlen, mit Körper und Leib, mit der eigenen geschlechtsbezogenen Rolle, mit der Anbahnung und Gestaltung von Beziehungen in sozialer, aber auch in beruflicher Hinsicht.

Die explizite Thematisierung von Abhängigkeits-/Suchterkrankungen im Religionsunterricht fokussiert zum einen auf die Auseinandersetzung mit der Krankheit als mehrdimensionalem Phänomen und einem Schwerpunkt auf der finalen Dimension. Wichtig ist die geschlechtsdifferenzierende Auseinandersetzung mit Fallbeispielen, um Ursachen und Verläufe der Krankheiten exemplarisch wahrzunehmen und für das Leiden der Betroffenen wie Angehörigen zu sensibilisieren. Schließlich ist es zentral, über Hilfsmöglichkeiten nachzudenken und Copingstrategien zu reflektieren.

Mediale Tipps zum Thema

- Fachinformationen: Homepages des Bundesgesundheitsministeriums, der Bundeszentrale für gesundheitliche Aufklärung, des Fachverbands Sucht, der Deutschen Hauptstelle für Suchtfragen e. V., von Keine Macht den Drogen; Griese, A. (^{6}2021): Was man über Drogen wissen sollte. Schüler mit sonderpädagogischem Förderbedarf über Eigenschaft, Wirkung und Folgen aufklären. Hamburg: Persen; Klein, M. (2007): Kinder und Suchtgefahren. Risiken – Prävention – Hilfen. Stuttgart: Schattauer.
- *Buchklassiker:* Hermann, K./Rieck, H./Christiane F. (2017): Wir Kinder vom Bahnhof Zoo. Hamburg: Carlsen (verfilmt: 2021); Teller, J. (2012): Nichts: Was im Leben wichtig ist. München: Deutscher Taschenbuchverlag.
- *Film:* Lilly – Ein Film über eine junge Frau mit Essstörungen. Kurzfilm Deutschland 2015.

4. Literatur

Batra, A./Bilke-Hentsch, O. (Hg.) (2016): Praxisbuch Sucht. Therapie der Suchterkrankungen im Jugend- und Erwachsenenalter. Stuttgart u. a.: Georg Thieme Verlag.

Bell, A. (2015): Philosophie der Sucht. Medizinethische Leitlinien für den Umgang mit Abhängigkeitskranken. Wiesbaden: Springer VS.

Crouter, R. (2008): Art. Abhängigkeit/Abhängigkeitsgefühl. II. Religionsphilosophisch. In Religion in Geschichte und Gegenwart. Handwörterbuch für Theologie und Religionswissenschaft. Bd. 1 (RGG^{1}) (4. Aufl., Sp. 64–65). Tübingen: Mohr Siebeck.

Deutsche Hauptstelle für Suchtfragen e. V. (DHS) (Hg.) (2020): DHS Jahrbuch Sucht 2020. Lengerich: Pabst Science Publishers.

Elsas, Chr. (2008): Art. Abhängigkeit/Abhängigkeitsgefühl. I. Religionswissenschaftlich. In Religion in Geschichte und Gegenwart. Handwörterbuch für Theologie und Religionswissenschaft. Bd. 1 (RGG^{1}) (4. Aufl., Sp. 63–64). Tübingen: Mohr Siebeck.

Eibach, U. (1990): Art. Krankheit VIII. ethisch. In Theologische Realenzyklopädie. Bd. 19 (S. 701–703). Berlin: De Gruyter.

Jacobs, M. (2018): Religion und Gesundheit aus religionspsychologischer Perspektive – und was dies für die Religionspädagogik bedeutet. Theo-Web. Zeitschrift für Religionspädagogik 17 (1), S. 83–100.

Klein, M. (2000): Sucht/Suchtgefahr. In G. Krause/G. Müller (Hg.): Theologische Realenzyklopädie. Bd. 32 (S. 303–310). Berlin: De Gruyter.

Neumann, J. N. (2008): Art. Sucht. In Religion in Geschichte und Gegenwart. Handwörterbuch für Theologie und Religionswissenschaft. Bd. 7 (RGG^7) (4. Aufl., Sp. 1827–1830). Tübingen: Mohr Siebeck.

Splett, J. (1999): Sucht als Gefahr endlicher Freiheit. Zeitschrift für medizinische Ethik 45, S. 259–269.

Wöhrle, J. (2008): Art. Getränke (AT). In WiReLex – Das Wissenschaftlich-Religionspädagogische Lexikon im Internet. https://www.bibelwissenschaft.de/stichwort/19484/ (Zugriff: 19.02.2021).

Technik

Hans-Ferdinand Angel

1. Lebensweltliche Perspektiven

Ein genereller Beitrag zum Stichwort »Technik« unter der Perspektive »Ethische Kernthemen« kann heutzutage nur weit davon entfernt sein, alle relevanten Zusammenhänge dieser Thematik darzustellen. Angesichts der rasanten technologischen Entwicklungen, die in den letzten Jahren und Jahrzehnten stattgefunden haben, ist schon der Ausdruck »Technik« als Kristallisationskern für kohärente Überlegungen problematisch. Das stellt die Pädagogik, insbesondere die Schulpädagogik, vor eine schwierige Aufgabe. Die Aporie betrifft die Schule insgesamt. In Fächern, in denen – wie im Religions- oder Ethikunterricht – ethische Reflexion eine zentrale Rolle spielt, wird sie zentral.

Es ist offen, welche Assoziationen Jugendliche mit dem Stichwort »Technik« verbinden (Wensierski, 2015). Vermutlich können unter den Primärassoziationen auch solche sein, die sich mit »Techniken« im Sport oder in der Musik verbinden, aber auch andere Technikassoziationen wie »Liebestechnik« oder »Atemtechnik« sind denkbar. Mit dem Thema »Technik« im hier intendierten Sinne ist aber das gemeint, was in der Techniksoziologie – in Abgrenzung zu Assoziationen wie den eben genannten – als »Realtechnik« bezeichnet wird. Deren verschiedene »Ausprägungsformen« können z. B. entsprechend bestimmter Abstufungen charakterisiert werden: von passiven Techniken, wie sie in Werkzeugen vorliegen über aktive Techniken wie Maschinen (z. B. Motoren) und kybernetische Techniken als Kombination aus Maschine(n) und Sensorik bis hin zu interaktiven Techniken, die situationsadäquat Lösungen erarbeiten (z. B. Multiagentensysteme) und dann weiter zu transaktiven Techniken, die in einer Kombinatorik aus Eigenaktion, Fremdaktion und Gesamtaktion Ziel-Mittel-Relationen selbstständig reflektieren und verändern. Für diese hat der Kybernetiker Heinz von Foerster die prominente Kennzeichnung »nichttriviale Maschinen« vorgeschlagen (Häußling 2010, 625 f.).

Generell ist »Technik« eine Größe, der gegenüber Lehrkräfte wie auch Schülerinnen und Schüler (SuS) divergierende Einstellungen haben können: Von Technikfeindlichkeit bis Technikfaszination. Auch die Lebenswelten Jugendlicher scheinen im Blick auf all das, was mit dem wenig brauchbaren Ausdruck

»Technik« erfasst werden soll, höchst disparat zu sein – von der Abneigung gegen Mathematik und naturwissenschaftliche Fächer über eine weit verbreitete Selbstverständlichkeit im Umgang mit neuen (Computer-) Technologien bis hin zu verbreiteten Stereotypen. Zu diesen gehört, dass Jungen technikaffin, während Mädchen technikscheu seien. Für solidere Aussagen zum Verhältnis von »Technik und jugendliche Lebenswelten« fehlen allerdings verlässlichere empirische Untersuchungen. Solche wären wünschenswert. Sie müssten aber die gesamte Bandbreite von entwicklungs-, milieu-, sprach-, gender- oder rollenspezifischen Gesichtspunkten umfassen.

Mit dem Näherrücken des Schulabschlusses bekommt die Thematik zudem einen Fokus, der von den Herausforderungen gekennzeichnet sein kann, die mit der anzustrebenden Berufswahl verbunden sind. Was fördert oder behindert den Weg zu einem technischen oder technikbasierten Beruf? Die Gegebenheiten werden sich hier in den verschiedenen Schularten unterscheiden. Allerdings gibt es Anzeichen dafür, dass selbst ein gegebenes Interesse an naturwissenschaftlich-technischen Berufsperspektiven dadurch beeinflusst wird, dass »übertechnisierte« Arbeitsplätze nicht unbedingt als attraktiv erlebt werden.

2. Theologisch-ethische Perspektiven

Ethische und theologische Reflexion setzt eine gewisse Bekanntheit mit eben dem Gegenstand voraus, der theologisch und ethisch reflektiert werden soll. Es muss hier ausgeklammert bleiben, mit welchen methodischen Verfahren Theologie oder Ethik auf Technik bezogen werden können (Hansson, 2017). Grundsätzlich sind – mit etlichen Zwischenstufen – zwei methodische Ansätze möglich: Entweder bestimmt der theologische bzw. (philosophische) oder ethische Ausgangspunkt die Wahrnehmung von Technik oder diese wird – in der Weise, wie sie wahrgenommen wird – zum Ausgangspunkt theologischer bzw. ethischer Reflexion gemacht. Im Folgenden können lediglich einige Aspekte ausgewählt werden, anhand derer zumindest ansatzweise die Vielfalt, Heterogenität und Disparität benannt werden, die mit der Kombination der Stichwörter »Technik«, »Ethik« und »Theologie« und deren Verankerung im Kontext »Schule« und »Pädagogik« gegeben sind. Dabei wird der Fokus vor allem auf das ausgerichtet, was man als »Technik*ethik*« bezeichnen kann, während die *theologische* Reflexion anhand einiger ausgewählter Aspekte gewissermaßen angelagert wird.

Für eine Annäherung an die gegenwärtigen Fragestellungen kann ein Verständnis grundgelegt werden, wie es etwa im Handbuch Technikethik (Grunwald & Simonidis-Puschmann, 2013) vertreten wird. Allerdings ist Technik ein globales Phänomen und es wäre zu kurz gegriffen, würde man hier nicht auch die Kontexte anderer Weltregionen – wie etwa den asiatischen (Lennerfors & Murata, 2019) – oder anderer Weltreligionen – wie etwa den islamischen (Raquib, 2020) – berücksichtigen.

Technologieentwicklung wird von einer atemberaubenden Geschwindigkeit vorangetrieben. Dies zeigt sich an zahlreichen Wortneuschöpfungen, die ab dem letzten Drittel des vorigen Jahrhunderts entstanden sind: Agrartechnologie, Atomtechnologie, Biotechnologie, Computertechnologie, Cybertechnologie, Fahrzeugtechnologie, Halbleitertechnologie, Medizintechnologie, Messtechnologie, Recyclingtechnologie, Verkehrstechnologie, Weltraumtechnologie und viele andere mehr.

Beim Versuch, das exponentielle Technologiewachstum systematisch einigermaßen zu erfassen und zu analysieren, kann man den Blick darauf richten, welche Bezugsdisziplinen relevant werden. Ohne hier auf Details einzugehen lässt sich feststellen, dass im Hintergrund noch immer die Mathematik und die naturwissenschaftlichen Grundlagenfächer stehen, die historisch gewachsen in Physik, Chemie und Biologie eingeteilt werden. In dieser Form sind sie auch auf dem Radar wissenschaftlicher Reflexion, etwa wenn aus philosophischer (Ayala & Arp, 2010) oder ethischer (McKenny, 2018) Perspektive der Blick auf Biologie bzw. Biotechnologie gerichtet wird, oder – zumal nach Fukushima – auf Kernenergie (Taebi & Roeser, 2018). Mit dem gewaltigen Ausmaß an Binnendifferenzierungen und Spezifizierungen innerhalb der drei Fachgebiete Schritt zu halten, ist eine bleibende Herausforderung, der sich etwa die neue Reihe »Ethics of Science and Technology Assessment« (Gethmann et al.) stellen will.

Für ethische Reflexionen kann der Blick auf die naturwissenschaftlichen Hard Facts nicht genügen. Dass das jeweilige Ethikverständnis eine zentrale Rolle spielt, ist selbstverständlich und kann hier übergangen werden. Hinzuweisen ist hingegen auf ethisch relevant werdende Disziplinen wie Techniksoziologie (z. B. Weyer, 2008) oder Technikrecht (Ensthaler, Gesmann-Nuissl & Müller, 2012) oder auf wissenschaftliche Forschungsrichtungen wie Technikfolgenabschätzung und Technikbewertung. Das Augenmerk kann sich dort z. B. darauf richten, ob bestimmte Wissenschaften, wie etwa die Neurowissenschaft, ethisch-normative Implikationen haben (Holtzman & Hildt, 2020). In den letzten Jahren hat sich die ethische Aufmerksamkeit verstärkt auf die Frühphasen technischer Entwicklungen *(emerging technologies)* gerichtet. Sie stellen eine besondere methodische (Lucivero, 2016; Brey, 2017) und rechtliche (Marchant, Allenby & Herkert, 2011) Herausforderung dar und verweisen auf die Notwendigkeit, »Erfindungen« *(inventions)* und ihre Auswirkungen (z. B.

Verfahren der Patentierung) ethisch zu bewerten (Jasanoff, 2016). Gleichzeitig führen die veränderten Kreisläufe zwischen der Produktion von Produkten und ihrem Absatz zu einem vermehrten Druck, den gesamten Technologieprozess – etwa in der Fahrzeugtechnologie (Hick et al., 2021) – auch unter systemischen Bedingungen *(systems engineering)* zu überdenken.

Zu den Innovationsschübe auslösenden Faktoren gehört, dass sich die messtechnisch erfassbaren Größenordnungen gewaltig erweitert haben. Damit einher gehen die unvorstellbar gewachsenen technischen Möglichkeiten bei Datenspeicherung und Geschwindigkeit des Datentransports. Technische Abläufe sind mittlerweile um ein Vielfaches schneller als jene Reizübertragungen, die beim normalen Sehen das menschliche Bewusstsein erreichen. Daraus resultieren Unwägbarkeiten, die etwa beim sog. *High-Frequency-Trading* an den Börsen bisweilen schon zu einem *Flash Crash* führten, weil sich automatisierte Befehle verschiedener Anbieter in einer Weise hochschaukelten, dass es zu einem Absturz des Aktienkurses kam (vgl. Spektrum der Wissenschaft 3.21, S. 21–26).

Die technologischen Entwicklungen werden erst durch teilweise exorbitanten Energieverbrauch ermöglicht. Das macht das Thema »Energie« und damit verbundene Technologien ebenfalls zu einer ethischen Grundsatzfrage, in der es um Gewinnung, Verteilung, Investitionsbedarf, Forschungsbeteiligungen, u. a. m. geht – und grundsätzlich auch darum, welche Alternativprojekte man mit derart horrenden Summen finanzieren könnte.

Die Verknüpfung modernster und emergenter Technologien ermöglicht weitgehende Manipulationen des Menschen. Im Bereich von Brain-Computer-Interface (BCI) war die Herstellung willensgesteuerter Prothesen ein großer Durchbruch der Medizintechnik. Mixed-Reality Brillen (Holo-Lenses) sind mittlerweile im Handel erhältlich. Die Koppelung von Automatisierung und Künstlicher Intelligenz führt zur Veränderung maschinellen Verhaltens *(deep-learing)* und ermöglicht künstlichen neuronalen Netzwerken, Medieninhalte weitgehend autonom und ohne menschliche Interaktion zu manipulieren *(deep-fake)*.

Wie bei kaum einem anderen Thema ist beim Blick auf die »Technik« bedeutsam, welcher Radius dem Horizont der ethischen Reflexion zugrunde gelegt wird.

Naturwissenschaft – Technik – Wirtschaft: Die naturwissenschaftlich-technologische Entwicklung kann nicht isoliert betrachtet werden. Sie ist eingebettet in das Wirtschaftsleben und die Wirtschaftssysteme moderner Gesellschaften. Daraus resultiert zum einen, dass es in großtechnischen Anlagen zu normalen Katastrophen (Perrow, 1992) kommen kann. Zu solchen »Normalitäten« gehören etwa die lange verheimlichte Atomkatastrophe im russischen Majak (1957), der Austritt von Giftgas (Dioxin) im italienischen Seveso (1976) oder der Chemieunfall im indischen Bhopal (1984). Die Liste derartiger normaler Unfälle ist lang. Die Datenbank der EU[1], die solche Vorfälle erfasst, registrierte seit 1984 etwa 350 Groß-Unfälle. Diese stimulieren auch Debatten, in denen es etwa um die ethische Beurteilung verschiedener Gefährdungsartung (chemisch, biologisch, radiologisch, explosiv) geht. Hier gibt es eine enge Verbindung von Recht (Haftung, Folgeschäden, usw.) und Ethik (O'Mathúna & Beriain, 2020). Zum anderen hat die Interdependenz von naturwissenschaftlicher Grundlagenforschung, technischer Anwendungsforschung und den daraus entstehenden Produkten und Dienstleistungen weitreichende strukturell-ökonomische Folgen: Technische Innovationen gehören zu den besonders relevanten Faktoren für den Wettbewerb einzelner Unternehmen wie für den Wettbewerb von Volkswirtschaften.

Ein auf naturwissenschaftlich-technischer Entwicklungsdynamik beruhendes Wirtschaften wurde auch zu einer der relevanten Größen, die zu einer Veränderung im globalen Öko-System führte. Hieraus entstanden Nachhaltigkeitskonzepte und auf Nachhaltigkeit ausgerichtete Handlungsoptionen. Deren Umsetzung steht oft in Konkurrenz zu unreguliertem Technikeinsatz, ist aber andererseits auf die Entwicklung innovativer Umwelttechnologien angewiesen, die ihrerseits aber bei Weitem nicht immer jene positive Ökobilanz aufweisen wie erhofft (Behrendt et al., 1998).

Naturwissenschaft – Technik – Wirtschaft – Militär: Die Militärgeschichtsschreibung kann zeigen, dass seit jeher technische Innovation für Militärtechnologie (Waffentechnik) genutzt wurde. Doch mit der industriellen Technikentwicklung wurde diese Verbindung enger und zielgerichteter. Im deutschen Kaiserreich etwa gelang Fritz Haber, dem Direktor des Kaiser-Wilhelm-Instituts für Physikalische Chemie und Elektrochemie, zusammen mit Carl Bosch die erfolgreiche Entwicklung eines Verfahrens zur Ammoniaksynthese (Haber-Bosch-Verfahren). Das ermöglichte eine deutliche Steigerung landwirtschaftlicher Erträge. Damit konnten Hungersnöte reduziert werden. Gleichzeitig wurde mit der gleichen Technologie jenes Giftgas produziert, das im Ersten Weltkrieg zum massenhaften elenden Tod von Soldaten führte. Spätestens mit dem gegen Ende des Zweiten Weltkriegs gestarteten sog. »Manhattan Project« wurde »Big Science« (Großforschung) richtungsweisend für die weitere Technikentwicklung (Weinberg, 1970) und ließ einen Komplex entstehen, in dem die vier hier genannten Bereiche eng verschmolzen sind (Kreibich, 1986). Der Zusammenhang von ziviler wie militärischer Anwendung von Technologien *(dual use)* gehört zu den besonders brisanten Bereichen ethischer Forschung (Miller, 2018), da sie auch Geheimhaltung als ethisches Thema berührt. Zu den

---

1 http://www.siz.cc/bund/sicherheit/show/117 (Zugriff: 16.07.2021).

renommierten Informationsquellen gehört das Stockholm International Peace Research Institut SIPRI[2].

Naturwissenschaft – Technik – Wirtschaft – Militär – Gesellschaft: Der Einfluss, der von technologischen Entwicklungen auf die Gesellschaft ausging, führte zu etlichen Etikettierungen wie »Risikogesellschaft« (Ulrich Beck) oder »nachindustrielle Gesellschaft« (Daniel Bell). Diese Charakterisierungen sind weitgehend einem westlichen Denken verpflichtet. Unter globaler Perspektive sind die Analysehorizonte zu erweitern und vor allem die »Ungleichzeitigen« der Gegebenheiten in den Vordergrund zu stellen, die – neben ihren historischen, teilweise postkolonialen Bedingungen – aus den Verflechtungen nationalstaatlicher Wirtschaftspolitik und Strategien transnationaler Konzerne herrühren. Die Interdependenz naturwissenschaftlich-technologischer mit gesellschaftlicher Entwicklung kann sich in so unterschiedlichen Bereichen wie Recht, Wirtschaft, Politik, Ökologie, Demokratie(-entwicklung) oder Globalisierung bemerkbar machen. Zivilgesellschaftliche wie politische Aktivitäten zielen vermehrt darauf ab, Richtlinien für ethisches Verhalten in den verschiedenen Technologiefeldern *(guidelines)* zu entwickeln. Ein aktuelles Thema ist z. B. die Anwendung von Künstlicher Intelligenz *(Artificial Intelligence),* für die an *»Ethics Guidelines for Trustworthy AI«* gearbeitet wird. Dabei sind schon die Entwicklungsstrategien zur Entwicklung solcher *guidelines* selbst Gegenstand (globaler) Ethikdiskurse. Die Kirchen treten hierbei auch als zivilgesellschaftliche Akteurinnen auf. So hat sich etwa die Konferenz Europäischer Kirchen (KEK/CEC) im Februar 2019 mit einer Stellungnahme zum Entwurf der Ethikrichtlinien für Künstliche Intelligenz zu Wort gemeldet.

Hinzuweisen wäre darüber hinaus auf viele Initiativen der christlichen Kirchen: auf päpstliche Sozialenzykliken wie *Populorum Progressio* (Paul VI., 1967) oder die Enzyklika zur Geschwisterlichkeit *Fratelli Tutti* (Franziskus, 2020), auf verschiedene Denkschriften, etwa diejenige zu den bioethischen Herausforderungen »Verantwortung für das Leben«, oder darauf, dass 1989 der Ökumenische Patriarch von Konstantinopel Bartholomaios I. den »Weltgebetstag für die Schöpfung« ins Leben gerufenen hat. Ökumenisch getragen war und ist der sog. Konziliare Prozess, der programmatisch den Zusammenhang von »Friede, Gerechtigkeit und Bewahrung der Schöpfung« ins Zentrum stellt. In dem für theologische Reflexion nicht zentralen Gebiet »Technik und Religion« leistet ein Sammelband eine wichtige Positionierung, der den Blick nicht nur auf die historische Beziehungsgeschichte von Christentum und Technik richtet, sondern auch das Verhältnis anderer Religionen zur Technik thematisiert (Stöcklein & Rassem, 1990).

2 https://www.sipri.org/.

3. Didaktische Perspektiven

3.1 Didaktische Orientierungen

Das Thema »Technik« gehört zu den kaum bearbeiteten Randthemen religionsdidaktischer und religionspädagogischer Reflexion (Angel, 2001; 2002). Grundsätzlich wäre »Technologische Aufklärung« (Ropohl, 1991) ein dringendes Desiderat für den schulischen Unterricht. Möglicherweise löst ein solches Postulat innerhalb der Länder des deutschen Sprachraums nicht die gleichen Assoziationen aus, da es in dieser Hinsicht zwischen Österreich, Schweiz und Deutschland divergierende Gegebenheiten gab (oder gibt). Noch immer zum Tragen kommen kann vielleicht auch, dass in der ehemaligen DDR die Technikorientierung nicht zuletzt über staatliche Gegebenheiten (auch emotional) anders gefärbt war, als dies für die Technikorientierung in der BRD der Fall war. Vielen DDR-Bürgerinnen und -Bürgern war die Zeitschrift »Jugend und Technik« wohl ein Begriff.

Für die didaktische Orientierung spielen neben den subjektorientierten Perspektiven auch die strukturellen eine besondere Rolle, weil dem Thema in den verschiedenen Schularten eine unterschiedliche Bedeutung zukommt. Grundschulen und technisch ausgerichtete Schulen lassen sich hier nicht vergleichen. Das gleiche gilt für Unterrichtsmaterialien zu »Technik, Leben, Religion«. Wenn hierbei der Blick explizit auf technische Ausbildungsgänge gerichtet wird (Hiller et al., 2015), kann das ins Bewusstsein rufen, dass Religionsunterricht nicht nur an Gymnasien, sondern auch an berufsbildenden Schulen stattfindet (Boschki et al., 2017). Sofern Technik im RU unter dem Stichwort »ethisches Lernen« erörtert wird, kann auf diesbezügliche Materialien verwiesen werden (z. B. Egger & Schwaller, 2017).

Was angesichts der konkreten Gegebenheiten in den Klassen, des Entwicklungsstands von SuS oder den anzutreffenden ethischen, sozialen oder religiösen Kontexten tatsächlich machbar ist, wird sich unterscheiden. Grundsätzlich ermöglicht die Technikthematik einen praktischen Zugang, der sich etwa in »Forschendem (religiösen) Lernen« ausdrücken kann – zumal Jugendliche im Bereich moderner Technologien oft mehr Erfahrungen mitbringen als Erwachsene. Aber auch »(religiöses) Lernen am Modell« kann eine sinnvolle Perspektive sein, wenn man den Blick darauf richtet: »Wer sind die Leute, die die technische Entwicklung vorantreiben?« Die zukünftige Welt wird jedenfalls in Teilen so aussehen, wie es uns die kognitiven Strukturen dieser Personen vorgeben. Es handelt sich dabei fast nur um Männer. Schon aus diesem Grund ist durchgängig im Blick zu behalten, dass das Thema »Technik« – nicht zuletzt aufgrund der fast ausschließlich patriarchal geprägten Technikgeschichte und den daraus abgeleiteten Technikmythen –

nur mit einem *permanenten* Blick auf die Geschlechterperspektive zu thematisieren ist. Selbst Initiativen von Universitäten oder Wirtschaftsverbänden, die beabsichtigen, Mädchen einen positiveren Zugang zur Technik zu ermöglichen, sind in dieser Hinsicht genauer zu beleuchten.

Angesichts der vielschichtigen Buntheit der Welt der Technik können ganz unterschiedliche Themen mit ihr verbunden werden. Denkbar ist beispielsweise, Technik zukünftig mit den Themen »Gerechtigkeit und Wirtschaft« (Gaus, 2014) oder »globales Lernen« (Gaus, 2019) zu verbinden. Die Technikthematik ist gerade auch dann von Bedeutung, wenn man vor Augen hat, dass unter den heutigen SuS auch zukünftige Verantwortungsträgerinnen und Verantwortungsträger sein werden, die in Politik, Wirtschaft, Technik oder bei NGOs Entscheidungen beeinflussen können. Das verweist auch auf den Generationenvertrag, der durch die Technikentwicklung besonders tangiert wird.

Aufgrund seiner thematischen Vielfalt ist das Technikthema für fächerübergreifenden Unterricht prädestiniert. Dass die naturwissenschaftlichen Fächer und insbesondere der Technikunterricht, so es ihn an einer Schule gibt, dabei zu favorisierende Kandidaten sind, versteht sich von selbst. Mit ausreichender (und zu fordernder) kritischer Sensibilität kann hier auch Bezug zum Konzept der sog. MINT-Fächer gesucht werden. Da die globalen Debatten zu »Ethik und Technik« weitestgehend in Englisch stattfinden, ist auch eine besondere Nähe zum Englischunterricht sinnvoll. Eine solche Verbindung ist zudem von praktischer Bedeutung, weil sich auch zivilgesellschaftliches Engagement, zumindest im internationalen Kontext der Technologieentwicklung, weitestgehend des Englischen bedienen muss.

Technik als globales Phänomen kann auf je spezifische Weise mit den verschiedenen Religionen in Verbindung stehen. Das kann dazu anregen, sie zum Ausgangspunkt nicht nur für konfessionsübergreifende, sondern auch für interreligiöse Kooperation zu machen. Zudem sind Interaktionsmöglichkeiten mit dem Ethikunterricht auszuloten. Auf Technik bezogene Unterrichtseinheiten können zu einem (selbst-)kritischen Blick auf Technik-Konsum anregen sowie das jeweils dominant gesetzte Technikverständnis und dessen Auswirkungen auf die je individuellen Einstellungen zu Technik thematisieren.

Die Technikthematik ist voller Diskrepanzen und Widersprüche, die teilweise katexochen unlösbar sind. Das macht sie gerade in reflektierenden Unterrichtsfächern für ideologische Funktionalisierung anfällig. Einer der Widersprüche besteht darin, dass es auf der einen Seite eine alltägliche und selbstverständliche Nutzung von Technik aller Art gibt: chemische Komponenten z. B. finden sich in fast allen Produkten des täglichen Lebens. Auf der anderen Seite kann der technische Hintergrund nur auf der Basis einer exorbitanten Fülle von Informationen adäquat fassbar gemacht werden. Wieviel Zeit kann im Religionsunterricht (!) investiert werden, um über die globale Funktion von Chemie in Wirtschaft und Technik aufzuklären? Das Spektrum erforderlicher Informationen reicht von mutagenen Stoffen und der Akkumulation von Schadstoffen in bestimmten Organen, Chemie im Grundwasser, Schutzmaßnahmen in chemischen Fabriken bis zu Wachstumsstörungen bei Kindern, die es auf den Müllhalden Afrikas und Indiens mit chemischen Substanzen (aus europäischem Abfall) zu tun bekommen. Hier landen auch die von Jugendlichen wie selbstverständlich genutzten High-Tech-Geräte.

Eine weitere grundsätzliche Diskrepanz besteht darin, dass die durch die wirtschaftlich-technologische Dynamik induzierten ökologischen Effekte bei vielen Jugendlichen zwar Betroffenheit auslösen *(Fridays for Future)*, dass dem aber so gut wie keine (direkten) Einflussmöglichkeiten auf diese Entwicklung gegenüberstehen. Um dieses Ausgeliefertsein zu verstehen, bedarf es erneut einer exorbitanten Fülle relevanter Informationen.

3.2 Didaktische Konkretisierungen

Die ideologieanfällige Funktionalisierbarkeit von Technik kann einen Ansatzpunkt für ein Kompetenzprofil geben, auf das im Rahmen des schulischen Religionsunterrichts (und auch des schulischen Ethikunterrichts) hingearbeitet werden kann. Das gilt auch für das Verhältnis von Kirche/Theologie und Naturwissenschaft/Technik. Es ist zu überlegen, ob die technik-bezogene Persönlichkeitsentwicklung der Jugendlichen in einem Koordinatensystem angesiedelt werden kann, das durch vier Pole bestimmt wird: Depression versus Euphorie und Resignation versus Rebellion.

Es erfordert eine Grundkompetenz, sich in diesem Koordinatensystem *orientieren* (und gegebenenfalls *positionieren*) zu können. Das als Unterrichtsgegenstand gewählte Technik-Thema (Deep-Fake, Drohnen, Handy, Killerspiele, Computerhacken, Klimawandel, Umweltgift usw.) gibt dabei vermutlich unterschiedliche Grundierungen vor. Wie im Rahmen des Themas eine Positionierung vonstattengeht, wird von verschiedenen Variablen beeinflusst werden, etwa von den Persönlichkeitsprofilen einzelner SuS (und Lehrerinnen und Lehrer) oder von Einstellungen, die in Peergroups zu diesem Thema gegeben sind. Grundsätzlich lassen sich weitere Kompetenzen wie Urteilsbildung und Urteilen, Güterabwägungen, verstehende Informationsverarbeitung usw. ins Spiel bringen. Sie lassen sich mit ethischen Implikationen von Menschen- und Gesellschaftsbildern (etwa Solidarität, Freiheit, Individualität) in Beziehung setzen.

4. Literatur

Angel, H.-F. (2001): Art. Technik. In N. Mette/F. Rickers (Hg.): Lexikon der Religionspädagogik (S. 2090–2095). Düsseldorf: Patmos.

Angel, H.-F. (2002): Naturwissenschaft und Technik. In G. Bitter/R. Englert/G. Müller/K. E. Nipkow (Hg.): Neues Handbuch der Religionspädagogik (S. 161–165). München: Kösel.

Ayala, F. J./Arp, R. (Hg.) (2010): Contemporary Debates in Philosophy of Biology. Malden: Wiley-Blackwell.

Boschki, R./Gronover, M./Marose, M./Meyer-Blanck, M./Schnabel-Henke, H./Schweitzer, F. (Hg.) (2017): Person – Persönlichkeit – Bildung. Aufgaben und Möglichkeiten des Religionsunterrichts an berufsbildenden Schulen. Münster: Waxmann.

Brey, P. (2017): Ethics of Emerging Technologies. In S. O. Hansson (Hg.): Methods for the Ethics of Technology. London: Rowman and Littlefield International.

Dierksmeier, C./Hemel, U./Manemann, J. (Hg.) (2015): Wirtschaftsanthropologie. Baden-Baden: Nomos.

Egger, R./Schwaller, J. (2017): Ethisches Lernen im Religionsunterricht. Arbeitsmaterialien für die 3. bis 9. Jahrgangsstufe. München. DKV.

Ensthaler, J./Gesmann-Nuissl, D./Müller, S. (Hg.) (2012): Technikrecht. Rechtliche Grundlagen des Technologiemanagements. Heidelberg u. a.: Springer.

Fischer, I./Puerto, M. C./Taschl-Erber, A. (2011): Torah (The Bible and the Women, Bd. 1.1). Atlanta: SBL.

Gaus, R. (2014): Gerechtigkeit und Wirtschaft – Option für die Armen im Wirtschaftssystem des globalen Marktes, Entwurf für die Oberstufe. ReliS 1/2014, S. 42–47.

Gaus, R. (2019): Globales Lernen im Religionsunterricht. In J. Sautermeister/E. Zwick (Hg.): Religion und Bildung: Antipoden oder Weggefährten? Diskurse aus historischer, systematischer und praktischer Sicht. (S. 337–347) Paderborn: Ferdinand Schöningh.

Gethmann, C. F./Quante, M./Niehaves, B./Schönherr, H. (Hg. der Serie): Ethics of Science and Technology Assessment: Heidelberg: Springer.

Grunwald, A./Simonidis-Puschmann, M. (Hg.) (2013): Handbuch Technikethik. Stuttgart: Metzler.

Hansson, S. O. (Hg.) (2017): Methods for the Ethics of Technology. London: Rowman and Littlefield International.

Häußling, R. (2010): Techniksoziologie. In G. Kneer/M. Schroer (Hg.): Handbuch Spezielle Soziologien (S. 623–643). Wiesbaden: VS Verlag für Sozialwissenschaften.

Hick, H./Küpper, K./Sorger, H. (Hg.) (2021): Systems Engineering for Automotive Powertrain Development. Heidelberg u. a.: Springer.

Hick, H./Angel H.-F./Kranabitl, P./Wagner-Skacel, J. (2021): Decision-Making and the Influence of the Human Factor. In H. Hick/K. Küpper/H. Sorger (Hg.) (2021): Systems Engineering for Automotive Powertrain Development (S. 355–380). Heidelberg u. a.: Springer.

Hiller, S./Gather J./Gronover, M./Kemmler, A. (2015): Technik – Leben – Religion. Materialien für kompetenzorientierten Religionsunterricht in technischen Ausbildungsgängen. Göttingen: Vandenhoeck & Rupprecht.

Holtzman, G. S./Hildt, E. (Hg.) (2020): Does Neuroscience Have Normative Implications? Heidelberg: Springer.

Jasanoff, S. (2016): The Ethics of Invention: Technology and the Human Future. London: WW Norton & Co.

Kreibich, R. (1986): Die Wissenschaftsgesellschaft – Von Galilei zur High-Tech-Revolution. Frankfurt a. M.: Suhrkamp.

Behrendt, S./Kreibich, R./Lundie, S./Pfitzner, R./Scharp, M. (1998): Ökobilanzierung komplexer Elektronikprodukte. Innovationen und Umweltentlastungspotentiale durch Lebenszyklusanalyse. Heidelberg u. a.: Springer.

Lennerfors, T. T./Murata, K. (Hg.) (2019): Tetsugaku Companion to Japanese Ethics and Technology. Heidelberg u. a.: Springer.

Lucivero, F. (2016): Ethical Assessments of Emerging Technologies. Appraising the moral plausibility of technological visions. Heidelberg: Springer.

Marchant, G. E./Allenby, B. R./Herkert, J. R. (Hg.) (2011): The Growing Gap Between Emerging Technologies and Legal-Ethical Oversight: The Pacing Problem. Heidelberg: Springer.

McKenny, G. (2018): Biotechnology, Human Nature, and Christian Ethics. Notre Dame: Notre Dame University Press.

Miller, S. (2018): Dual Use in Science and Technology. Ethics and Weapons of Mass Destruction. Heidelberg u. a.: Springer.

O'Mathúna, D. P./Beriain I. (2020) (Hg.): Ethics and Law for Chemical, Biological, Radiological, Nuclear & Explosive Crises. Heidelberg u. a.: Springer.

Perrow, C. (1992): Normale Katastrophen. Frankfurt a. M.: Campus.

Raquib, A. (2020): Islamic Ethic of Technology: An Objectives (Maqasid) Approach. Independently published.

Redondi, P. (1989): Galilei – der Ketzer. München: C. H. Beck.

Ropohl, G. (1991): Technologische Aufklärung, Beiträge zur Technikphilosophie, Frankfurt a. M.: Suhrkamp.

Seitz, R. J./Franz, M./Azari, N. P. (2009): Value judgments and self-control of action: The role of the medial frontal cortex. Brain Research Reviews, 60, S. 368–378.

Stöcklein, A./Rassem M. (Hg.) (1990): Technik und Religion. Heidelberg u. a.: Springer.

Taebi, B./Roeser, S. (2018): The Ethics of Nuclear Energy. Risk, Justice, and Democracy in the Post-Fukushima Era. Cambridge: Cambridge University Press.

Weinberg, A. (1970): Probleme der Großforschung. Baden-Baden: Nomos.

Wensierski, H. J. (2015): Technik und Naturwissenschaft im Jugendalter: Techniksozialisation und Fachorientierungen im Geschlechtervergleich – eine empirische Schülerstudie (Studien zur Technischen Bildung).

Weyer, J. (2008): Techniksoziologie. Genese, Gestaltung und Steuerung sozio-technischer Systeme. Weinheim: Beltz Juventa.

1. Lebensweltliche Perspektiven

Tiere bieten Schülerinnen und Schülern (SuS) nahezu täglich Erfahrungs- und Begegnungsräume. Dabei werden sie häufig in Heim-, Nutz- und Wildtiere kategorisiert. Katzen und Hunde verbinden viele mit der Vorstellung vom »Heimtier«, Schweine und Rinder gelten als »Nutztiere« und Rothirsche und Regenwürmer als »Wildtiere«. Tiere bekommen unterschiedliche Funktionen zugeteilt, woraus sich oftmals ihr Wert ableitet. Heimtiere gelten vielfach als Familienmitglieder, zu denen enge emotionale Bindungen aufgebaut werden. Dadurch bekommen allgemeine Fragen nach dem Umgang mit tierlichen Mitgeschöpfen oder subjektbezogene Fragen wie »Kommt meine Katze in den Himmel?« eine hohe lebensweltliche Bedeutung. Aber auch im Heimbereich ist viel Tierleid zu vermuten, da es hier zum einen keine staatlichen Kontrollen gibt und es viel Unwissenheit über die natürlichen Bedürfnisse von Heimtieren gibt, z. B. Einzelhaltung bei Kaninchen oder stundenlange Abwesenheit von Hundehalterinnen und Hundehaltern.

Nutztiere werden u. a. als Rohstofflieferanten (z. B. für Fleisch, Milch, Honig, Leder, Wolle, Daunen) genutzt. Der Begegnungsraum zu diesen Tieren erschöpft sich meist nur noch im Kontakt zu deren stark verarbeiteten Konsumgütern im Einzelhandel (z. B. Lederschuhe, Kaschmirpullover, Daunenjacken, Wurst, Honig, Joghurt, Eiernudeln). Diese medial gestützte Entfremdung und fehlendes biologisches Wissen um eine artgerechte Tierhaltung machen »Nutztiere« zu einem anspruchsvollen tierethischen Thema.

Weitere Tiere im menschlichen Einflussbereich sind Versuchstiere, die zwar nicht mehr für Kosmetika in der EU »verbraucht« werden dürfen, jedoch zu medizinischen Zwecken – obwohl deren Nutzen umstritten ist. Nicht domestizierte Tiere werden zur Unterhaltung im Zoo oder Zirkus genutzt. Eine artgerechte Haltung von Wildtieren kann dabei u. a. aufgrund langer Transportwege im Zirkus oder begrenzter Platzverhältnisse (z. B. im Elefantengehege oder Delphinarium) oftmals nicht zuverlässig realisiert werden. Die Haltung von Wildtieren in Zirkussen wird deswegen zumindest in einigen Ländern der EU streng reglementiert bzw. generell verboten. SuS treffen ständig auf wildlebende Tiere wie Insekten, Würmer, Spinnen, Schnecken, Vögel oder Säugetiere. Da Tiere, wie etwa Blattkäfer und Zecken, keinen sichtbaren Nutzen für uns haben, werden sie oft als wertlose »Schädlinge« angesehen und möglicherweise unachtsam zerquetscht. Auch Begegnungen mit sichtbar »nützlichen« Tieren wie dem Regenwurm oder der Hauswinkelspinne lösen bei vielen Angst- und Ekelgefühle aus. Die Jagd auf Wildtiere wird ebenfalls kontrovers diskutiert, da es einerseits als Töten aus Spaß wahrgenommen wird oder als leidfreiere Alternative zu Fleisch aus landwirtschaftlicher Haltung.

Eine solche lebensweltliche Einteilung von Tieren ist jedoch auch problematisch, da sie Tiere nach menschlichen Bedürfnissen kategorisiert. In der Tierethik wird stattdessen nach dem Eigenwert der Lebewesen gefragt oder nach ihrer Leidfähigkeit. Im Zusammenhang mit dem Nutzungsbedürfnis der Menschen haben sich kulturelle Sichtweisen und Praktiken eingeschliffen, welche die daraus entstehenden ethischen Konflikte verschärfen.

2. Theologisch-Ethische Perspektiven

Um sich tierethischen Fragen theologisch zu nähern, können verschiedene Zugänge gewählt werden, die sich auch in der Philosophie wiederfinden. Klassisch wird bei biozentrischen/zoozentrischen oder pathozentrischen Ansätzen über die zu beurteilenden Objekte der ethischen Überlegungen oder von der Verantwortung des Urteilenden aus debattiert. In der theologischen Diskussion finden sich diese Ansätze um göttliche Bezüge erweitert. Eine grundlegende Herausforderung im Diskurs über theologische Tierethik ist eine anthropozentrische Weltdeutung, die weniger biblisch als rezeptionsgeschichtlich begründet ist und sich auch im heutigen Denken der Menschen wiederfindet, wenn etwa von *Schädlingen* oder *Nutztieren* gesprochen wird. Ein klassischer Vertreter des Anthropozentrismus als philosophisch-ethischem Ansatz ist Immanuel Kant mit der Tugendethik.

Biblische Texte können zudem auf dreierlei Weise unterschieden werden. So gibt es Texte, die konkret moralische Inhalte vermitteln und jene, die nur eine idealisierte Beziehung von Menschen und Tieren darstellen und damit nur indirekt moralische Orientierung liefern. Bei diesen wäre zu diskutieren, inwiefern diese Zustände innerhalb des irdischen Lebens zumindest angestrebt werden könnten und sollten. Zum Dritten sind noch Texte zu nennen, die hinsichtlich ihrer ethischen Botschaft Tiere zwar nicht wörtlich einschließen, sondern von Zuwendung zu Schwachen und (gesellschaftlich) stummen Geschöpfen erzählen. Daran anknüpfend kann aber gefragt werden, ob nicht christliche Diakonie basierend auf christlichen Werten wie Barmherzigkeit und Nächstenliebe auch Tiere mit einbeziehen sollte. Dabei sind biblische Texte in ihrer Summe nicht als tierethische Systematik zu verstehen, sondern als Fragmente (Schmid, 2012), die vor den aktuellen modernen Herausforderungen im Umgang mit Tieren diskutiert werden. So ist allen ethischen Überlegungen voranzustellen, dass die Lebenswirklichkeit der Menschen und Tiere zu biblischen Zeiten eine gänzlich andere war als sie es heute ist. Tiere wurden zwar auch von Menschen benutzt, jedoch nicht in einem so extremen Sinne wie heute. Unser Wissen etwa über eine möglichst schmerzfreie Tötung ist umfassender geworden, wie auch über arteigene Verhaltensweisen von Tieren, die in heutige Diskussionen einfließen müssen. Das andere Extrem ist die Bedrohlichkeit wilder Tiere, die den Herrschaftsanspruch des Menschen in einem anderen, eher defensiven Licht ganz neu erscheinen lässt (Schroer, 2010). So ist durch die Technisierung das Verhältnis von Menschen und Raubtieren heute ein gänzlich anderes, beispielsweise durch die Erfindung der Handfeuerwaffen.

1. *Bio- oder zoozentrische Ansätze* nehmen alle Lebewesen bzw. tierliche Lebewesen in die Moralgemeinschaft auf und berücksichtigen deren Belange. Der wohl bekannteste Vertreter ist Albert Schweitzer. Innerhalb dieser Diskussion ist die Frage nach dem Eigenwert von Lebewesen zentral. Der Fokus liegt hier auf den Gemeinsamkeiten von Menschen und Tieren als lebende Wesen. Vor dem theologischen Hintergrund spannen sich Fragen auf, u. a.: Wie ist die Beziehung Gottes zu Tieren? Was wünscht er sich für sie und ihr Leben? Wie sollte der Mensch mit ihnen umgehen?
   Aus biblischer Sicht können hier Texte zur gemeinsamen Geschöpflichkeit, Sterblichkeit oder Erlösung von Menschen und Tieren eingeordnet werden (Kol 1,15–22; Gräßer, 1990), der Bund Gottes auch mit den Tieren am Ende der Archeerzählung sowie die Existenz von Tieren außerhalb des menschlichen Einflussbereiches (Ps 104; Schroer, 2004). Der Respekt vor dem Eigenwert zeigt sich in dem besonderen Status der Mutter-Kind-Bindung, die eine sofortige Trennung nach der Geburt ausschließt oder das Lamm in der Milch der Mutter zuzubereiten verbietet (Ex 23,19; Schroer, 2004). Ähnlich klingt auch das Verbot in Dtn 22,6–7 an, nach welchem die Vogelmutter nicht mit ihrem Nachwuchs getötet werden darf. Eine weitere Frage dazu kann die nach der Legitimität der Tiertötung sein. Hier könnte das Friedensmotiv genannt werden, welches indirekt eine Tötung verbietet. Dieses findet sich in den Genesistexten bei der veganen Nahrungszuweisung, da den Menschen nur Samen und Früchte zugeteilt sind (Gen 1,29–30), so wie es auch keine fleischessenden Tiere gibt (Schroer, 2004). Dies wird erst nach

der Fluterzählung gebrochen (Gen 9,3), wie auch *Furcht und Schrecken*[1] von nun an die Beziehung des Menschen zu den Tieren kennzeichnet (Gen 9,2). Das Motiv des »Nicht mehr Tötens« findet sich auch in der Friedensvision des Jesaja vom Lamm, das beim Wolf liegen wird (Jes 11,6–8). Das Verbot des Blutgenusses kann dabei entweder lediglich als Problematisierung des lebensweltlichen Phänomens des Fleischessens innerhalb der gebrochenen Schöpfung beurteilt werden (Schmid, 2012) oder stärker normativ im direkten Kontrast zum Schöpfungsfrieden (Baranzke, 2011).

2. *Pathozentrische Ansätze:* Pathozentrismus meint die Leidfähigkeit von Lebewesen. Sie ist das Kriterium, um Lebewesen in den Kreis moralischer Objekte aufzunehmen (Tuider, 2015). Auch hier steht eine Gemeinsamkeit von Menschen und Tieren im Zentrum. Dieser Ansatz ist eng mit morphologischen Kriterien der Tiere verbunden, nämlich ein Zentralnervensystem zu haben und die Fähigkeit, Schmerzen empfinden zu können. Biblische Texte zur Schmerzempfindung sind überwiegend explizit ethisch formuliert. Sie zielen oft direkt auf das Wohlbefinden von Tieren oder den Respekt vor einem ihnen eigenen Wert. So ist laut Dtn 25,4 dem dreschenden Ochsen nicht das Futter vorzuenthalten (Schroer, 2010) und die Arbeitstiere sind auch in die Sabbatruhe einzuschließen (Ex 20,10; Ex 23,12; Dtn 5,14).
3. *Verantwortungsethische Ansätze:* Der Verantwortungsansatz, dem im philosophischen Kontext auch tugendethische Ansätze naheliegen, nimmt den Menschen als moralisches Subjekt – also als Urteilenden – in den Blick. Der Unterschied von Menschen zu Tieren als Wesen, welche moralische Urteile fällen können, steht hier im Zentrum. Vor dem theologischen Hintergrund erweitert sich dieser Ansatz um die Frage nach der Gottebenbildlichkeit, der Statthalterschaft über die Erde und dem gottgefälligen Wesen des Menschen. Biblisch sind wohl die populärsten Motive, die angeführt werden, wenn nach dem Verhältnis von Menschen und Mitschöpfung gefragt wird, die Bezeichnung der Menschen als *Krone der Schöpfung,* die sich *die Erde untertan macht.* Dahinter verbirgt sich eine Fehlinterpretation von Gen 1, die mit der Schaffung des Menschen nämlich am 6. Tag und zusammen mit anderen Landtieren zwar endet (Gen 1,24–28), jedoch erst durch den 7. Tag abgeschlossen wird, den Gott als Ruhetag segnet. Eine tatsächliche Bezeichnung des Menschen als Krone der Schöpfung gibt es in der Bibel nicht. Es wird lediglich gesagt, dass der Mensch – zumindest in der ersten Schöpfungserzählung – zuletzt geschaffen wird. Lediglich im Ps 8,6

1 Die Kursiven Formulierungen sind, wenn nicht anders vermerkt, der Lutherübersetzung sinnentsprechend entnommen.

wird angeführt, dass der Mensch *wenig niedriger gemacht als Gott* ist und *mit Ehre und Herrlichkeit gekrönt* ist. Zudem wird der Herrschaftsbegriff mittlerweile differenzierter diskutiert: Er bedeutet keine Willkürherrschaft (Gen 1,26–28), und das *unter die Füße tun* (Psalm 8,7) der Tiere kann auch den Schutz eines Schwächeren (domestizierte Tiere) vor Feinden (Raubtiere) bedeuten. Auch kann Herrschaft eine Haltung gegenüber ebenbürtigen Gegnern ausdrücken, die gefährliche Tiere in der alttestamentlichen Welt für die Menschen darstellten (Schroer, 2004). Diese Texte sind überwiegend explizit ethische Texte.

4. *Universelle Barmherzigkeit:* Als theologischer Sonderfall der Verantwortung kann eine universelle christliche Barmherzigkeit verstanden werden. Wie der Biozentrismus steht auch sie in der Tradition von Albert Schweitzers Ethik der Ehrfurcht vor dem Leben. Dieser Ansatz wird in theologischen Kreisen jedoch kontrovers diskutiert, da laut Spiegel (1993) konkrete tierethische Aussagen Jesu fehlen. Für eine universell verstandene Barmherzigkeit, konkret im Lukasevangelium, spricht jedoch die Deutung der Barmherzigkeit als mütterlich geschenkter Fürsorge, die sich u. a. in Texten des barmherzigen Samariters (Lk 10,25–37) und verlorenen Sohnes (Lk 15,11–32) zeigt. Laut Rosenberger (2012) ist die von Menschen geforderte Barmherzigkeit die, welche alle Geschöpfe Gottes von ihm zu empfangen hoffen – und der Mensch als sein Stellvertreter entsprechend handeln sollte. Hier sind Texte zu nennen, die das Verhältnis Gottes zu seinen Geschöpfen thematisieren, etwa in Form von Fürsorge der Nahrungszuführung (Hi 38,41; Schroer, 2004), wie auch in Ps 104,21; 147,9 und Joel 1,20 (Riede, 2005). Auch biblische Texte, die nicht explizit Tiere zum Gegenstand haben, können so entsprechend Anknüpfungspunkte sein, um das Handeln an Tieren zu hinterfragen.

3. Didaktische Perspektiven

3.1 Didaktische Orientierungen

Welche Verantwortung tragen die christlichen Kirchen und einzelne Christinnen und Christen in einer Welt, in der Tiere legal und illegal unter strengen ökonomischen Prämissen gehalten, transportiert und getötet werden? Welchen konstruktiven Beitrag kann eine christliche Weltsicht auf die heutigen tierethischen Probleme leisten? Der Religionsunterricht kann ein Ort sein, diesen Fragen nachzugehen und Heranwachsende dabei zu begleiten, bei philosophischen und rechtlichen Fragen nicht nur innezuhalten, sondern auch christliche Werte mit einzubringen und die Handlungsräume der kirchlichen Institutionen zu prüfen und mitzugestalten.

Lernende in ihrer ethischen Urteilskompetenz zu fördern, bedeutet, ihnen Wege zu zeigen, um zu einem begründeten ethischen Urteil zu gelangen, nach dem sie bestenfalls auch handeln. Für die ethische Urteilsbildung spielen neben klassischen Methoden wie dem Modelllernen und dem Perspektivenwechsel (Eichler & Tramowsky, 2021) im tierethischen Bereich auch kulturelle und mediale Einflüsse eine große Rolle (Eichler, 2020). Ein Aspekt der Wahrnehmung und Deutung des ethischen Gegenübers »Tier« kann durch (kulturell geformte) Tierbilder gefasst werden.

Tierbilder

Tierbilder zählen zu individuell konstruierten Vorstellungen, wobei Menschen Tieren ganz unterschiedliche Eigenschaften zusprechen. Aus fachdidaktischer Sicht können Tiere mit unterschiedlichen Tierbildern verstanden werden (Tramowsky, 2020), etwa wie Tiere auf rein (bio-)mechanische Prozesse zu reduzieren, wie es Descartes tat, der Geist und Sprache nur den Menschen zugestand. Biologisch-evolutionäres Wissen über Verwandtschaftsverhältnisse – auch zum Menschen – waren nicht bekannt. Trotz eines enormen Zuwachses an ethologischem Wissen finden sich *mechanische Tierbilder* im *landwirtschaftlichen Kontext* oder *objektivistische Tierbilder* in *Gesetzestexten* (z. B. § 90a BGB; § 303 StGB). Das andere Extrem sind *anthropomorphe Tierbilder*, über die SuS verfügen. Dabei werden Tiere als Individuen mit Gefühlen und Gedanken in den Mittelpunkt gestellt. Um tierliche Verhaltensweisen nachzuvollziehen, übertragen SuS eigene Gefühle, Verhaltensweisen, Charakterzüge etc. auf Tiere. Dadurch können emotionale Beziehungen und ein sorgsamer Umgang gefördert werden. Anthropomorphisierung von Tieren birgt jedoch die Gefahr, dass tierliche Bedürfnisse übersehen und Verhalten fehlinterpretiert wird (Harms & Kattmann, 2013). Aufbauend auf biologisch-evolutionären Kriterien wie Abstammung und Verwandtschaft (Mayr, 2000, S. 289–320) und ethologischem Wissen können Tiere in *individualistischen Tierbildern* auch als lebendige Subjekte anerkannt werden, die jedoch mit dem Wissen um arteigene Besonderheiten die Wahrnehmung und das Verhalten von Tieren in den Mittelpunkt stellen, wie etwa die Nachtaktivität von Hamstern. Eine weitere Herausforderung stellt der Einfluss von Alltags- und Moralvorstellungen im komplexen Prozess des ethischen Urteilens dar.

(Monoperspektivische) Alltags- und Moralvorstellungen

> »Ich finde, hier auf der Welt steht der Mensch an der Spitze, weil es gibt noch Gott, aber der ist nicht so direkt hier auf der Erde. Aber der Mensch [...] kann auch über alles bestimmen und er hat sich auch weiterentwickelt und [...] das stellt ihn über die Tiere« (Eva, Z. 31–37).
> »Ein Lebewesen ist doch ein Lebewesen. Wir sind auch weiterentwickelte Affen. Wir, also, die Menschheit hält sich nur für etwas Besseres, weil sie gerade am Drücker ist. [...] Gott hat nicht die Menschen über die Tiere gestellt, aber die Menschen denken so« (Peter, Z. 188–205; 608–609).

Tierethik berührt verschiedene Bedürfnisse, Interessen, Probleme und erfordert ethische Analysen, in denen unterschiedliche fachliche Perspektiven zur Klärung beitragen, wie biologisches Wissen über Leidfähigkeit und natürliches Verhalten und ethische Positionen zu Verantwortung und dem Wert von Leben. Fachdidaktische Untersuchungen verdeutlichen, dass die notwendige Mehrperspektivität eine große Herausforderung darstellt. So sind Bewertungen von SuS wie der 15-jährigen Eva und des 10-jährigen Peter stärker durch monoperspektivische als durch multiperspektivische Vorstellungen gekennzeichnet. Der Religionsunterricht stellt einen Ort dar, an dem SuS ihre Urteilsfähigkeit hinsichtlich eines reflektierten und multiperspektivischen Vorgehens stärken können. Manche SuS wie Peter verfügen über Vorstellungen, in denen Menschen zoologisch den Trockennasenaffen zugeordnet werden. Eine rein biologische Betrachtung ist aber für tierethische Ableitungen nicht ausreichend. Normative Debatten zum Umgang mit Tieren sind durch multiperspektivische Ansichten gekennzeichnet. Zudem bereichern deskriptive Beschreibungen zu Verwandtschaftsbeziehungen die Diskussion, da so u. a. historische und biologisch überholte Aussagen, wie die der Schülerin Eva, in einen wissenschaftsgeschichtlichen Kontext gestellt und kritisch hinterfragt werden können. Die Vermittlung von Tierethik benötigt daher stets (evolutions-)biologische Erkenntnisse und (theologisch-)ethische Ausdeutungen.

Moralvorstellungen können als besondere Form von Alltagsvorstellungen beschrieben werden und stellen einen gesonderten Bereich des subjektiven mentalen Erlebens dar. Die Kognitionslinguistik bietet bei der vertieften Analyse von Moralvorstellungen einen Zugang. Danach wird Moral durch die Nutzung gedanklicher Metaphern verstanden. Bezüge auf Situationen des eigenen Wohlergehens oder des Wohlergehens anderer sind dabei wesentlich. Auf dieser Erfahrungsbasis denken sich SuS z. B. in die Bedürfnisse von Tieren ein oder sprechen von *höherstehenden Menschen* und *erniedrigten Tieren.* Nach

Lakoff und Johnson (1999) bezeichnet man diese Ausdrücke als konzeptuelle Metaphern, die sich auf verkörperte Vorstellungen beziehen und aus wiederkehrenden Erfahrungen mit menschlichem Wohlergehen entstanden sind.

3.2 Didaktische Konkretisierungen

Tierethik wird in den deutschen Lehrplänen für Religionslehre bisher kaum thematisiert (Eichler, 2017, S. 81–96, 208, 377–417) und zeigt im religionspädagogischen Bereich allgemeinen Nachholbedarf auf (Pirner, 2012, S. 11). Dennoch lässt sich in einigen Lehrbüchern und Heften bereits gutes Material dazu finden, welches im Folgenden beispielhaft zu den didaktischen Empfehlungen angeführt wird.

Die Metapherntheorie (Lakoff & Johnson, 1999) eignet sich für ein tieferes Verständnis über die Genese von Moralvorstellungen zum Umgang mit Tieren. Das didaktische Moral-Metaphern-System (Tramowsky, 2019) stellt eine geeignete theorie- und subjektgeleitete Grundlage bei der Gestaltung von Lernangeboten dar. Sprachliche Analysen etwaiger metaphorischer Moralvorstellungen geben beispielsweise Aufschluss darüber, dass Lernende auf der Ebene von Relationen erfahrungsbasiert in ein Verhältnis zu einem Tier eintreten können, bei dem das Tier selbst als Subjekt verstanden, wahrgenommen und entsprechend behandelt, geliebt etc. wird, wie es etwa bei Katzen im Heimbereich der Fall sein kann, wenn ihnen Namen gegeben werden. Damit Lernende ihre anthropomorphen bzw. objektivierenden Vorstellungen kritisch reflektieren und erweitern, sollten sie sich im Unterricht ihre lebensweltlichen Vorstellungen klarmachen und eine fachlich adäquatere Alternative entwickeln. Unterrichtspraktisch lassen sich Vorstellungen durch Methoden wie Kartenabfragen, Zeichnungen, Konzept-Cartoons oder beim Verfassen von Texten erheben (vgl. Kattmann, 2016, S. 17 f.). Vergleichende Betrachtungen im Umgang mit Tieren über Fotografien (eine Katze gemeinsam mit einem Kind auf einer Wiese vs. eine große Masse an Hühnern in einem Stall (Dierk et al., 2015) wären hier ebenfalls eine Möglichkeit, um kulturell gewachsene Deutungen von Tieren bewusst zu machen und zu diskutieren.

Bei der Gestaltung entsprechender religionspädagogischer Lernangebote zur Tierethik kann die *Einfühl- und Freiheits-Metapher* zur Stärkung der Einfühlungsvermögensfähigkeit und des Perspektivenwechsels genutzt werden. Beides kann etwa durch das Lesen oder Schreiben eines Textes aus Sicht eines Tieres unterstützt werden, wie etwa in einem Lehrbuch für die 5./6. Klasse, indem ein Pferd Wünsche an seinen Herren formuliert. Dabei ist jedoch stets kritisch nach objektivierenden Formulierungen Ausschau zu halten (z. B. »ich lebe nur für dich«) (Dierk et al., 2015, S. 164). Aufbauend auf der *Einfühl-Metapher* können SuS ihre Vorstellungen zum Tierwohl und zur Tierhaltung anhand von zwei in unterschiedlichen Bedingungen lebenden tierlichen Subjekten diskutieren (z. B. Mastschwein als »Nutztier« vs. Minischwein als »Heimtier«). Anders als bei Katzen oder Minischweinen werden »Nutztiere« dabei selten als Individuen, sondern als Tiergruppe wahrgenommen. Auch könnten Einblicke in andere Kulturen helfen, die eigene Deutungsperspektive auf Tiere zu erweitern, beispielsweise mit Blick auf Länder, in denen Hunde gegessen oder als Arbeitstiere (z. B. Huskys) genutzt oder Kühe verehrt werden. Die Einfühlungsvermögensfähigkeit der SuS für anonyme »Nutztiere« kann etwa durch die Namensgebung z. B. beim Storytelling, also dem Verfassen narrativer Geschichten aus Tierperspektive, gefördert werden (Tramowsky & Irion, 2021). Grundschulkinder können beispielsweise vom Tagesablauf ihrer Meerschweinchen im Käfig oder Lernende im Sekundarbereich vom Leben eines Mastschweines erzählen. So kann das Wahrnehmen eines Tieres als Subjekt, z. B. mithilfe der Einfühl-Metapher, unterstützend darin wirken, die Einfühlungsvermögensfähigkeit zu stärken und moralische Verhaltensweisen gegenüber Tieren aus Vorstellungen zum eigenen Wohlergehen (Platz- und Beschäftigungsbedarf, soziale Kontakte) abzuleiten. Hierbei sollten anthropomorphe Vorstellungen jedoch mit Bedacht eingesetzt werden. Mit Jugendlichen können diese Tierbilder explizit thematisiert und mithilfe theologisch-ethischer und biologischer Perspektiven reflektiert werden. Das Verfassen sachlicher Texte bietet hierzu eine unterrichtliche Umsetzungsmöglichkeit, wie einen Steckbrief oder einen Artikel für die Schülerzeitung.

Neben der Einfühl- und Freiheits-Metapher eignen sich auch weitere Metaphern wie die *Wesens-Metapher* zur Thematisierung des Eigenwerts, der Würde und der Seele von Tieren. Beim *Modelllernen* können Gedanken berühmter Persönlichkeiten genutzt werden, um Fragen an die Wertigkeit von Leben zu stellen. Neben Albert Schweitzer (Dierk et al., 2015) bieten sich auch zahlreiche Prominente wie Natalie Portman als Beispiele an. Eine weitere Metapher ist die *Herrscher-Metapher* zur Thematisierung von Herrschaft über Tiere und den Gebrauch und Missbrauch von Tieren. Hier gilt es die Zweideutigkeit von Herrschaft zu beleuchten, etwa durch verschiedene biblische Texte oder Bilder, wie etwa einem autoritären Kaiser zu Pferd oder Hände, die eine Erdkugel fürsorglich halten (Dierk et al., 2015). Als eine weitere Metapher kann die *Ausgleichs-Metapher* zur Thematisierung von Gerechtigkeit (Tramowsky & Eichler, 2020) herangezogen werden. Diese kann darin veranschaulicht werden, dass Tiere auch jenseits menschlicher Nutzung Ziele verfolgen. So könnte der Film *Chicken Run* dazu genutzt werden, tierliche und menschliche Interessen gegenüberzustellen (Dierk et al., 2015) und Kompromisslösungen zu finden.

Eine Zusammenstellung von weiterem Material zu Tierethik für den Religionsunterricht und aus anderen Fächern findet sich online bei Eichler & Tramowsky (2021). Etwas älteres pädagogisches Material zu Tierethik aus christlicher Sicht ist im Materialheft »Mitgeschöpf Tier« der Arbeitsgemeinschaft der Gliedkirchen der Evangelischen Kirche in Deutschland (2001) enthalten. Didaktisch aufbereitetes Material gibt es zudem vom Tierschutzverein *Provieh*, von *Tierundwir*, der Stiftung für Ethik im Unterricht. Der Verein *Schüler für Tiere* und der *VGT (Verein gegen Tierfabriken)* bieten verschiedene Einzelmaterialien und Hefte an. Darüber hinaus ist es möglich, Tierschutzlehrkräfte etwa vom *Tierschutzbund*, *Schüler für Tiere* oder dem Verein *Mensch Tier Bildung* in die Schule einzuladen. Pädagogisches Material aus anderen Fächern oder von Tierschutzvereinen kann grundsätzlich immer genutzt und um religiöse Inhalte ergänzt werden, da die Grundlagen einer ethischen Auseinandersetzung die gleichen sind.

4. Literatur

Arbeitsgemeinschaft der Gliedkirchen der Evangelischen Kirche in Deutschland (Hg.) (2001): Bewahrung der Schöpfung praktisch – Mitgeschöpf Tier. https://www.ekd.de/agu/publikationen/agu/mitgeschoepf-tier.html (Zugriff: 01.02.2021).

Baranzke, H. (2011): Tierschlachtung und Fleisch essen – eine religiöse Angelegenheit? Religionsunterricht an höheren Schulen 54 (6) S. 262–274.

Dierk, H./Freudenberger-Lötz, P./Rupp H. (2015): Das Kursbuch Religion »Neuausgabe 2015« Schülerbuch. Stuttgart: Calwer.

Eichler, J. (2017): Tierethik im christlichen Religionsunterricht. Eine religionspädagogische Grundlegung und Analyse. http://othes.univie.ac.at/50972/1/53174.pdf (Zugriff: 20.05.2021).

Eichler, J. (2020): Subjektorientierte Zugänge zur Tierethik im Religionsunterricht, Multifaktorielle Herausforderung zwischen Mitgefühl, Rationalität und gesellschaftlichen Prämissen. In C. Wustmans/N. Peuckmann (Hg.): Räume der Mensch-Tier-Beziehung(en) (S. 157–178). Leipzig: Evangelische Verlagsanstalt.

Eichler, J./Tramowsky, N. (2021): Art. Tierethik/Tiere. In WiReLex – Das Wissenschaftlich-Religionspädagogische Lexikon im Internet. https://www.bibelwissenschaft.de/stichwort/200870/ (Zugriff: 20.05.2021).

Gräßer, E. (1990): Das Seufzen der Kreatur (Röm 8, 19–22). Auf der Suche nach einer biblischen Tierschutzethik. Jahrbuch für Biblische Theologie (5), S. 93–117.

Harms, U./Kattmann, U. (2013): Sprache. In H. Gropengießer/U. Harms/U. Kattmann (Hg.): Fachdidaktik Biologie. Die Biologiedidaktik. (9. Aufl., S. 383–385). Hallbergmoos: Aulis.

Kattmann, U. (2016): Schüler besser verstehen. Alltagsvorstellungen im Biologieunterricht. Hallbergmoos: Aulis.

Körtner, U. H. J. (2010): Tier. In Theologische Realenzyklopädie. Bd. 33 (Sp. 527–535). Berlin: De Gruyter.

Lakoff, G./Johnson, M. (1999): Philosophy in the Flesh. The Embodied Mind and Its Challenge to Western Thought. New York: Basic Books.

Mayr, E. (2000): Das ist Biologie. Die Wissenschaft des Lebens. Heidelberg: Spektrum.

Pirner, M. L. (2012): Schöpfung ohne Tiere? Eine theologisch-religionspädagogische Spurensuche. In entwurf. Konzepte, Ideen und Materialien für den Religionsunterricht 43 (3), S. 10–13.
Riede, P. (2005): Art. Tier, II. Altes Testament. In Religion in Geschichte und Gegenwart. Handwörterbuch für Theologie und Religionswissenschaft. Bd. 4 (RGG[4]) (S. 402–404). Tübingen: Mohr Siebeck.
Rosenberger, M. (2012): Mit Noah in der Arche – mit Jesus im Paradies. Neuere Ansätze der theologischen Ethik. In H. Grimm/C. Otterstedt (Hg.): Das Tier an sich. Disziplinenübergreifende Perspektiven für neue Wege im wissenschaftsbasierten Tierschutz (S. 14–36). Göttingen: Vandenhoeck & Ruprecht.
Schmid, K. (2012): Altes Testament. Schöpfung im Alten Testament. In Ders. (Hg.): Schöpfung (S. 71–120). Stuttgart: UTB (UTB Evangelische Theologie, 3514).
Schroer, S. (2004): Einspruch gegen die Tiervergessenheit der christlichen Theologie »Der Christ liebt die Tiere nicht mehr«. UNIPRESS (122).
Schroer, S. (2010): »Du sollst dem Rind beim Dreschen das Maul nicht zubinden« (Dtn 25,4). In R. Hagencord (Hg.): Wenn sich Tiere in der Theologie tummeln. Ansätze einer theologischen Zoologie. Regensburg: Pustet.
Tramowsky, N. (2019): Moralvorstellungen zum Umgang mit Tieren. Die Entwicklung didaktisch rekonstruierter Lernangebote unter Anwendung der Metapherntheorie. Heidelberg: Carl-Auer.
Tramowsky, N (2020): Des Menschen Bild vom Tier. MINT-Zirkel 9 (3), S. 11.
Tramowsky, N./Eichler, J. (2020): Tierethik als interdisziplinäres Thema im Religions- und Biologieunterricht am Beispiel landwirtschaftlich genutzter Tiere. Zeitschrift für Pädagogik und Theologie 72 (3), S. 348–364.
Tramowsky, N./Irion, T. (2021): Erzähl mir von Schnecken. Multimediale Geschichten mit Kindern in MuxBooks gestalten. In J. Meßinger-Koppelt/J. Maxton-Küchenmeister (Hg.): Naturwissenschaften Digital: Toolbox 2 (S. 72–75). Hamburg: Joachim Herz Stiftung.
Tuider, J. (2015): Mitleid. In A. Ferrari/K. Petrus (Hg.): Lexikon der Mensch-Tier-Beziehungen (S. 243–246). Bielefeld: transcript.

Verantwortung

Friedrich Schweitzer

1. Lebensweltliche Perspektiven

Kinder kennen das Wort Verantwortung noch nicht, aber alle Kinder machen Erfahrungen damit, was mit Verantwortung gemeint ist. Jugendliche sprechen auch ausdrücklich von Verantwortung, was aber nicht bedeutet, dass der Begriff für sie wirklich geklärt wäre.

Kinder und Jugendliche werden schon früh für etwas verantwortlich gemacht, etwa für einen Schaden, der jemandem zugefügt wurde: ein wertvoller Teller geht zu Bruch, das Spielzeug eines anderen Kindes ist kaputt gegangen, die Hose ist wieder einmal zerrissen, die Hausaufgaben sind nicht gemacht, Kinder und Jugendliche geraten in einen Streit miteinander – wenn solche Fälle nicht einfach schweigend hingenommen werden, geht es bald um die Frage, wer schuldig ist und deshalb die Verantwortung übernehmen muss. Wie wenig angenehm dies für Kinder und Jugendliche ist, lässt sich schon der typischen Äußerung entnehmen: »Ich bin nicht schuld – der andere hat angefangen!«

Doch ist das mit Verantwortung Gemeinte nicht in jedem Falle negativ konnotiert. Kinder und Jugendliche wollen auch sehr gerne Verantwortung übernehmen, für andere und vor allem für sich selbst. Sie wollen nicht immer von den Erwachsenen begleitet, belehrt und überwacht werden, weil sie schließlich schon »selber groß« sind. Hier wird deutlich, dass in der kindlichen Entwicklung ein enger Zusammenhang zwischen Verantwortungsfähigkeit und Selbstständigkeit oder Autonomie besteht. Verantwortung zu übernehmen impliziert auch die Fähigkeit dazu, dies selbstständig zu tun.

Das wird noch deutlicher, wenn ein weiterer Aspekt im Aufwachsen von Kindern und Jugendlichen mitbedacht wird: Verantwortung muss ihnen *zugetraut* werden, sonst können sie nicht selbstständig werden. Wer keine Verantwortung übernehmen darf, kann auch nicht erwachsen werden.

Lebensweltlich gesehen geht es für Kinder und Jugendliche bei Verantwortung nicht um *religiöse* Fragen, sondern in aller Regel um *zwischenmenschliche* Verhältnisse. Doch machen auch schon Kinder und Jugendliche Erfahrungen mit den Grenzen der eigenen Fähigkeit dazu, der selbst beanspruchten und übernommenen oder von anderen zugetrauten Verantwortung immer gerecht zu werden. Dies kann Gewissensbisse hervorrufen, wenn die Eltern darüber getäuscht wurden, warum der Rückweg von der Schule so lange gedauert hat, oder wenn es bei Jugendlichen wieder einmal, trotz aller Versprechungen, beim Nach-Hause-Kommen so spät wurde. Wer immer wieder die Erfahrung eigener Unzulänglichkeit macht, kann auf den Wunsch oder sogar die Notwendigkeit von *Vergebung* stoßen – ein Wunsch, der zumindest in manchen Fällen über den zwischenmenschlichen Bereich hinausweist und eine göttliche Vergebung verlangt. Man denke etwa an die – glücklicherweise keineswegs alltägliche, aber eben doch sehr reale – Situation, dass jugendliche Fahrzeuglenker einen Unfall mit Todesfolge verschuldet haben, vielleicht sogar unter Alkoholeinfluss.

Noch in einer anderen Hinsicht kommt für Kinder und Jugendliche zumindest in manchen Fällen *Gott* bei der Frage der Verantwortung ins Spiel. Auch Kinder und Jugendliche machen Gott dafür verantwortlich, wenn er trotz inständiger Gebete nicht hilft oder einfach zuzuschauen scheint, wenn so viel Schlimmes in der Welt passiert. Vor allem Jugendliche berichten immer wieder davon, dass ihr Glaube an Gott zutiefst und auf Dauer erschüttert worden sei, weil ein geliebter Mensch sterben musste. Wäre es da nicht die *Verantwortung Gottes* gewesen, helfend und rettend einzugreifen?

Solche Bezüge machen deutlich, dass der Verantwortungsbegriff ebenso wie die nicht immer so bezeichneten Erfahrungen im Umkreis von Verantwortung, Schuld, Versagen und Vergebung zumindest einen religiösen Horizont berühren können, der in alltäglichen Zusammenhängen verankert ist. Grundsätzlich stehen den Kindern und Jugendlichen solche religiösen Bezüge aber zumindest nicht in selbstverständlicher Weise vor Augen.

2. Theologisch-ethische Perspektiven

2.1 Herkunft und Entwicklung des Begriffs

Die Wurzeln des Begriffs Verantwortung liegen weder in der Theologie noch in der Ethik (Heidbrink et al., 2017). Den Ausgangspunkt markiert vielmehr die *Rechtssprache* und damit das sich – etwa vor Gericht – für sein Handeln Verantwortenmüssen. Etymologisch verweist dies auf das lateinische Verb respondere (antworten). Seit dem 15. Jahrhundert ist der Begriff Verantwortung im Deutschen nachweisbar und ähnlich auch in anderen europäischen Sprachen. Im rechtlichen Zusammenhang geht es um eine »*vierstellige Relation: Jemand* (der Angeklagte) ist *für etwas* (seine Tat) *vor einer Instanz* (dem Gericht) *in Bezug auf bestimmte Normen* (die Gesetze) verantwortlich« (Wittwer, 2002, S. 575).

Diese vier Aspekte werden in dem Maße anders bestimmt oder gefüllt, in dem der Verantwortungsbegriff über das Recht hinaus in Ethik und Theologie oder auch andere Bereiche übernommen wird.

Dabei ist wichtig, dass die mit dem Verantwortungsbegriff bezeichnete Sache – anders als der Begriff selbst – doch einen klaren *biblischen Hintergrund* aufweist. Der Mensch wird biblisch als ein Wesen gesehen, das Verantwortung für sein Tun übernehmen kann und übernehmen muss, auch wenn er dies nicht immer bereitwillig tut. Er ist ein verantwortungspflichtiges, aber eben auch verantwortungsfähiges Wesen. Das kommt gerade im für das biblische Menschenbild konstitutiven Gottesbezug zum Ausdruck. Nach Gen 3,8 versteckt sich Adam vor Gott, nachdem er von der verbotenen Frucht gegessen hat. Aber Gott ruft ihn zur Verantwortung: »Wo bist du?« (V. 9) Daran ist bereits abzulesen, dass es biblisch gesehen letztlich um die Verantwortung vor Gott geht. Anders ausgedrückt weist Verantwortung in biblisch-christlicher Sicht einen Transzendenzbezug auf, der die rechtliche Bedeutung des Begriffs zwar aufnimmt, diese aber zugleich vertieft und erweitert. Dies führt häufig zu einer Verbindung mit dem Begriff des *Gewissens* als der Instanz im Menschen, die ihn zur Verantwortung zieht. Insofern kann auch von einer Verinnerlichung des Verantwortungsverständnisses durch den im Gewissen verankerten Glauben gesprochen werden. Auch in dieser Hinsicht ist daran zu erinnern, dass die Stimme des Gewissens traditionell häufig als Stimme Gottes angesehen wurde (was Kindern und Jugendlichen heutzutage allerdings nicht mehr vor Augen stehen dürfte).

Zu einem Grundbegriff der *philosophischen und theologischen Ethik* wird Verantwortung erst im 20. Jahrhundert (vgl. Kreß, 2002). Der Grund für das theologische und philosophische Interesse am Thema Verantwortung wird in der Regel in den *großen Katastrophenerfahrungen* der beiden Weltkriege, des Holocaust sowie, im letzten Drittel dieses Jahrhunderts, den enormen ökologischen Herausforderungen sowie der Globalisierung von Risiken gesehen. Auch die Wiederkehr von Epidemien im Weltmaßstab (Pandemien) kann in diesem Zusammenhang genannt werden. In allen diesen Fällen verändert sich die Ausrichtung der Verantwortung, die sich nun nicht mehr allein auf ein bereits geschehenes Tun bezieht, sondern auf die Zukunft und deren Gestaltung *(Verantwortung für die Zukunft)*. Die Rede von einer *Verantwortungsethik* verbindet sich dabei mehr und mehr mit dem Gedanken der Nachhaltigkeit als Leitmaxime verantwortlichen Lebens insgesamt. Verantwortung wird dabei immer mehr entgrenzt und damit zu einem *umfassenden Prinzip*. Es geht um eine *globale* Verantwortung für die ganze Welt, was dann natürlich auch die Frage nach sich zieht, wer eine solche Verantwortung denn wirklich tragen kann. Kann es tatsächlich eine unbeschränkte Verantwortung geben? Und welche Folgen wären davon zu erhoffen? Je weiter sich das Verantwortungsverständnis entgrenzt, desto häufiger ergeben sich auch kritische Rückfragen an den Nutzen eines solchen Verständnisses, das gerade nicht zu einer realen Verbesserung der Welt beitrage.

Doch ist die Ausweitung des Verantwortungsverständnisses nicht die einzige Entwicklung in der Gegenwart. Denn heute sind zugleich gegenläufige Tendenzen zu beobachten, durch die die *Voraussetzungen von Verantwortung und Verantwortungsfähigkeit* grundsätzlich *infrage gestellt* werden. Dies gilt insbesondere für zunehmend einflussreiche, beispielsweise aus der Hirnforschung stammende Sichtweisen, die den Menschen nicht mehr als ein freies und entscheidungsfähiges Wesen verstehen, das Verantwortung für sein Handeln übernehmen kann und dann auch übernehmen muss. Wenn alles menschliche Tun durch physiologische oder auch soziale Prozesse und Zusammenhänge *determiniert* ist, gibt es keine menschliche Freiheit und daher auch keine Schuld, für die der Mensch zu Recht zur Verantwortung gezogen werden könnte. Daran ist abzulesen, dass der Verantwortungsbegriff eng mit einem bestimmten Menschenbild zusammenhängt.

2.2 Exemplarische Positionen

Im Folgenden soll die beschriebene Entwicklung des Verantwortungsbegriffs anhand ausgewählter Positionen weiter verdeutlicht werden. Wo möglich werden die Positionen mit etwas längeren Zitaten belegt, damit die entsprechenden Formulierungen auch im Unterricht (etwa der Sekundarstufe II) eingesetzt werden können.

(1) *Immanuel Kant:* Wie sich bereits aus der Begriffsgeschichte ergibt, verwendet Kant den Verantwortungsbegriff noch nicht in zentraler Weise. Sein Ethikverständnis ist jedoch auch im Blick auf den Verantwortungsbegriff, den er punktuell durchaus verwenden kann, besonders aufschlussreich. In der »Metaphysik der Sitten« geht Kant vom Begriff der Zurechnung aus:

> »*Zurechnung* (imputatio) in moralischer Bedeutung ist das *Urteil,* wodurch jemand als Urheber (causa libera) einer Handlung, die alsdann *Tat* (factum) heißt und unter Gesetzen steht, angesehen wird; welches, wenn es zugleich die rechtlichen Folgen aus dieser Tat bei sich führt, eine rechtskräftige (imputatio iudiciaria, s. valida), sonst aber nur eine *beurteilende* Zurechnung (imputatio diiudicatoria) sein würde« (Kant, 1956b, S. 334).

Wie trotz der komplexen Formulierung leicht zu erkennen ist, entspricht Kants Verständnis von »Zurechnung« dem rechtlichen Begriffsgebrauch, wie er ursprünglich auch hinter dem Verantwortungsbegriff steht. Verantwortung meint, sich für sein Tun zur Verantwortung ziehen lassen (müssen). Dabei sind zunächst die Gesetze maßgeblich, weiterreichend aber auch das menschliche Gewissen. Insofern ist es nicht erstaunlich, dass Kant ausdrücklich auf den *Zusammenhang zwischen Gewissen und Verantwortung* verweist und dabei Verantwortung transzendenzbezogen versteht: »das Gewissen als subjektives Prinzip einer vor Gott seiner Taten wegen zu leistenden Verantwortung« (Kant, 1956b, S. 574).

Dabei muss bewusst bleiben, dass Kant durchweg von einer *Gesinnungsethik* ausgeht, wie sie etwa in folgender Formulierung aus der »Grundlegung zur Metaphysik der Sitten« plastisch zum Ausdruck kommt: »Der gute Wille ist nicht durch das, was er bewirkt, oder ausrichtet, nicht durch seine Tauglichkeit zu Erreichung irgend eines vorgesetzten Zweckes, sondern allein durch das Wollen, d. i. an sich, gut [...]« (Kant, 1956a, S. 19). Für eine ethisch positive Bewertung kommt es demnach nicht auf die Folgen an, die aus einem Willensakt resultieren, sondern allein auf das Wollen. Insofern könnte auch gesagt werden, dass Verantwortung bei Kant im Sinne seines kategorischen Imperativs verstanden werden muss: *»handle nur nach derjenigen Maxime, durch die du zugleich wollen kannst, daß sie ein allgemeines Gesetz werde«* (Kant, 1956a, S. 51).

(2) *Max Weber:* Die bis heute überaus wirksame Forderung, sich nicht länger mit einer Gesinnungsethik zu begnügen, sondern auch die Folgen des eigenen Handelns einzubeziehen und sich damit an einer *Verantwortungsethik* zu orientieren, geht auf Weber zurück. In einem Vortrag aus dem Jahre 1919 über »Politik als Beruf« formuliert er: »Wir müssen uns klarmachen, daß alles ethisch orientierte Handeln unter *zwei* voneinander grundverschiedenen, unaustragbar gegensätzlichen Maximen stehen kann: es kann ›gesinnungsethisch‹ oder ›verantwortungsethisch‹ orientiert sein.« Mehr und mehr komme es entscheidend darauf an, die Verantwortung »für die (voraussehbaren) *Folgen* seines Handelns« zu übernehmen (Weber, 1988, S. 551 f.).

Was steht hinter dieser Forderung? Weber hielt seinen Vortrag unmittelbar nach dem Ende des Kaiserreichs und im Prozess der Umstellung auf die erste deutsche Demokratie, also die Weimarer Republik. Vor diesem Hintergrund thematisiert er das Verhältnis zwischen Ethik und Politik, das sich nun in veränderter Weise darstellte. Es geht bei Weber also nicht um eine theoretisch-ethische Abhandlung, sondern um die Analyse einer *aktuellen krisenhaften politischen Situation,* in der er vor allem einer allein durch Gesinnungen gesteuerten Politik skeptisch begegnete. Gleichwohl hat der Begriff der Verantwortungsethik dann seinen Weg in die philosophische und theologische Ethik gefunden. Dies lässt sich wohl nicht zuletzt damit erklären, dass dieser Begriff von Anfang an auf eine gesellschaftliche Krise bezogen war und von daher leicht im Blick auf weitere Krisen verallgemeinert werden konnte.

(3) *Dietrich Bonhoeffer:* Auch Bonhoeffers Verantwortungsethik, die heute nicht zuletzt aufgrund seines Lebenszeugnisses starke Beachtung findet, steht im Horizont des Versuchs, eine lediglich abstrakte Normen- oder Wertethik zu überwinden: »Nicht was an sich gut ist, sondern was unter der Voraussetzung des gegebenen Lebens und für uns als Lebende gut ist, ist unsere Frage« (Bonhoeffer, 1998, S. 245). Deshalb liegt Bonhoeffer so sehr an der »*Wirklichkeitsgemäßheit*« des verantwortlichen Lebens. Das ist zunächst wiederum als Abgrenzung gegenüber einer bloß abstrakten Ethik gemeint, verweist aber zugleich auf die Inkarnation, durch die in der Wirklichkeit »*der Wirkliche,* nämlich der menschgewordene Gott« begegnet (S. 261). Schon daran ist abzulesen, in welchem Sinne Bonhoeffers Verantwortungsethik als Beispiel für die oben beschriebene theologische und insbesondere christologische Vertiefung des Verantwortungsverständnisses gelesen werden kann.

Noch mehr gilt dies für Bonhoeffers Versuch, den Verantwortungsbegriff mit dem der *Stellvertretung* zu verbinden. Auch sein Verständnis von Stellvertretung entwickelt er dabei zunächst anthropologisch und erst dann christologisch. Alle Verantwortung beruhe auf Stellvertretung. Die Verantwortung eines Vaters, der darin sein Kind im wörtlichen Sinne vertritt, mache dies exemplarisch deutlich. Der Mensch wird bei Bonhoeffer in einem konstitutiv sozialen Zusammenhang gesehen, und daraus erwächst eine Verantwortung vom anderen her: »Jeder Versuch zu leben als wäre er allein, ist eine Leugnung der Tatsächlichkeit seiner Verantwortlichkeit« (S. 257). In einem weiteren Schritt wendet Bonhoeffer dies dann christologisch: »Weil Jesus, – das Leben, unser Leben, – als der Menschgewordene Sohn Gottes stellvertretend für uns gelebt hat, darum ist alles menschliche Leben durch ihn wesentlich stellvertretendes Leben« (S. 239). »Sein gesamtes Leben, Handeln und Leiden war Stellvertretung. Was die Menschen leben, handeln und leiden sollten, erfüllte sich an ihm. In dieser realen Stellvertretung, die seine menschliche Existenz ausmacht, ist er der Verantwortliche schlechthin« (S. 258).

Als Bonhoeffer im Jahre 1943 verhaftet wurde, war er mitten in der Arbeit an seiner Ethik, die dann postum von seinem Freund Eberhard Bethge veröffentlicht wurde. Das Manuskript ist unvollendet. Manches wirkt fragmentarisch, aber die Grundgedanken sind doch gut erkennbar. So stellt Bonhoeffer sein Verständnis von Verantwortung in den Horizont von Schuldübernahme und Freiheit sowie des Gewissens, die er jeweils in den beschriebenen doppelten Horizont von Anthropologie und Christologie einbindet, beispielsweise so:

»Das Gewissen bleibt auch als befreites, was es als natürliches war, nämlich der Warner vor der Übertretung des Lebensgesetzes. Aber weil das Gesetz nicht mehr das Letzte ist, sondern Jesus Christus, darum muß in der Auseinandersetzung zwischen Gewissen und konkreter Verantwortung die freie Entscheidung für Christus fallen [...]. So wird die Verantwortung durch das Gewissen gebunden, aber das Gewissen durch die Verantwortung frei« (S. 282 f.).

(4) *Hans Jonas:* 1979 veröffentlichte Jonas sein dann bald zum Bestseller avanciertes Buch »Das Prinzip Verantwortung«, das im Untertitel den »Versuch einer Ethik für die technologische Zivilisation« ankündigt. Nicht nur zeitlich gehört dieses Buch in den Zusammenhang des für das letzte Viertel des 20. Jahrhunderts wie auch für unsere Gegenwart bezeichnenden *Krisenbewusstseins.* Schon der erste Satz des Vorwortes lässt dies erkennen: »Der endgültig entfesselte Prometheus, dem die Wissenschaft nie gekannte Kräfte und die Wirtschaft den rastlosen Antrieb gibt, ruft nach einer Ethik, die durch freiwillige Zügel seine Macht davor zurückhält, dem Menschen zum Unheil zu werden« (Jonas, 1979, S. 7). Daher bedürfe es einer neuartigen Ethik der Verantwortung, die sich nicht auf individuelle Taten in der Vergangenheit richte, sondern auf die Folgen des mehr und mehr technologiegeleiteten Handelns in der Zukunft. Vor diesem Hintergrund fordert Jonas eine Reformulierung von Kants kategorischem Imperativ. Jetzt müsse dieser Imperativ heißen: »Handle so, daß die Wirkungen deiner Handlungen verträglich sind mit der Permanenz echten menschlichen Lebens auf Erden« bzw. negativ formuliert: »Handle so, daß die Wirkungen deiner Handlung nicht zerstörerisch sind für die künftige Möglichkeit solchen Lebens« (S. 36). Das »Prinzip Verantwortung« bezieht sich also auf das *Überleben der Menschheit* sowie auf den *Erhalt der ökologischen Systeme.* Es ist eine Ethik der wissenschaftlich-technologischen Zivilisation, die um deren ambivalente Folgen weiß. Daran wird auch deutlich, dass es hier um eine *kollektive Form der Verantwortung* geht, die zwar jede Einzelperson einschließt, aber doch nur im gemeinsamen, letztlich globalen Handlungshorizont aufgenommen werden kann. Daran schließt sich unmittelbar die bereits oben beschriebene *Rückfrage* an, ob das »Prinzip Verantwortung«, wie Jonas es beschreibt, jemals tatsächlich das menschliche Handeln anleiten kann oder ob es nicht zwangsläufig als eine von vornherein hoffnungslose Überforderung erfahren werden muss, die eben deshalb ohne Folgen bleibt.

(5) *Infragestellung der menschlichen Verantwortungsfähigkeit durch deterministische Sichtweisen:* Dass jemand, besonders in rechtlichen Zusammenhängen, zur Verantwortung gezogen werden kann, setzt voraus, dass die ent-

sprechende Person auch hätte anders handeln können und insofern eine freie Willensentscheidung getroffen hat. Diese Willensfreiheit als Voraussetzung von Verantwortung wird heute etwa in der *Hirnforschung* massiv bestritten. Menschliches Handeln resultiere nicht aus freien Entscheidungen, auch wenn die meisten Menschen selbst es so wahrnehmen, sondern das Handeln gehe auf physiologisch gesteuerte Prozesse zurück. Der bekannte Hirnforscher Gerhard Roth schlägt deshalb vor, die traditionellen Begriffe von Schuld und Verantwortung zu verabschieden und sich auf den Begriff der *Verantwortlichkeit* zu begrenzen, so wie der Begriff im Zivilrecht verwendet wird. Die Rede von Verantwortlichkeit »macht lediglich zwei Voraussetzungen, nämlich erstens die Fähigkeit, die für eine bestehende Situation geltende Verhaltensnorm zu erkennen, und zweitens diese Kenntnis bzw. Einsicht in das eigene Verhalten einfließen zu lassen« (Roth, 2017, S. 311). Willensfreiheit sei dafür nicht erforderlich. Hier wird deutlich, dass ein enger Zusammenhang zwischen dem Begriff der Verantwortung und einem bestimmten *Menschenbild* besteht. Ein Menschenbild, das sich ebenso auf physiologische wie auf psychologische oder soziale Determination berufen kann, lässt keinen Raum für den Menschen als ein verantwortungsfähiges Wesen.

3. Didaktische Perspektiven

3.1 Didaktische Orientierungen

Didaktisch gesehen geht es beim Thema Verantwortung um beides, eine Erziehungsaufgabe (*Erziehung zur Verantwortung*) sowie um die *reflexive Erschließung des Verständnisses von Verantwortung* als eines (theologisch-)ethischen Begriffs (als grundlegende Darstellungen aus pädagogischer Sicht vgl. Danner, 1985; Kilchsperger, 1985). Beides spielt im Religionsunterricht eine wichtige Rolle und sollte auch ineinandergreifen – in dem Sinne, dass die reflexive Erschließung des Begriffs nicht als ein rein theoretisches Unternehmen oder Glasperlenspiel verstanden wird, sondern der ethischen Orientierung von Schülerinnen und Schülern (SuS) dient und deren Bereitschaft zur Übernahme von Verantwortung unterstützt.

Ob dabei von einer speziellen *Kompetenz der Verantwortungsfähigkeit* gesprochen werden kann, ist allerdings nicht ohne Weiteres klar. Kompetenzorientierte Bildungspläne nennen solche Fähigkeiten in der Regel denn auch zu Recht nicht im Rahmen der üblichen Kompetenzkataloge, sondern als übergreifende Bildungsziele. Gleichwohl gibt es Versuche, den Verantwortungsbegriff kompetenzorientiert zu entfalten und entsprechende Strategien für den Kompetenzerwerb zu entwickeln (Cramer, 2007). Dabei kommen auch verschiedene *psychologische Zusammenhänge* ins Spiel (vgl. Symmank & Hoffmann, 2017). Psychologisch kann Verantwortung im Blick auf unterschiedliche persönlichkeitspsychologische Voraussetzungen untersucht werden, aber auch im Horizont sozialpsychologischer Zusammenhänge, die auf Verantwortung als Zuschreibungsprozess fokussieren (Wofür sehe ich mich selbst verantwortlich – welche Verantwortung schreibe ich anderen zu? – Wofür mache ich andere verantwortlich?). Solche Darstellungen führen zugleich weiter zum Thema des Vermeidens von Verantwortung, das ebenfalls psychologisch untersucht werden kann – etwa unter dem Aspekt, welche Strategien beispielsweise der Selbst-Entschuldigung eingesetzt werden.

Als Kompetenz beschreiben lässt sich auf jeden Fall aber ein *differenziertes und reflektiertes Verständnis von Verantwortung*. Dieses Verständnis muss sich auf die im Verantwortungsbegriff enthaltene Struktur von Verantwortung und das damit verbundene Bild vom Menschen als eines verantwortungsfähigen und verantwortungspflichtigen Wesens beziehen. Wichtige, im Unterricht zu erschließende Unterscheidungen beziehen sich darüber hinaus etwa auf verschiedene Formen der Verantwortung: individuelle, kollektive, korporative, globale Verantwortung usw. sowie auf verschiedene Bereiche der Verantwortung: ethisch, rechtlich, politisch, ökonomisch usw. Hilfreich könnte dabei folgender Fragenkatalog sein (Leiner & Boomgaarden, 2014, S. 10 ff., i. F. gekürzt):

> 1. *Wer* ist verantwortlich? – 2. *In welcher Rolle* ist er/sie verantwortlich? – 3. *Wofür* ist er/sie verantwortlich? – 4. *Wovor* ist er/sie verantwortlich? – 5. Aufgrund *welcher Maßstäbe* ist jemand verantwortlich? – 6. *Wann* ist er/sie verantwortlich? – 7. *Wie entdeckt* jemand seine/ihre Verantwortung? – 8. Wie wird jemand *zur Verantwortung gezogen?* – 9. *Welche Konsequenzen* stehen zu erwarten, wenn jemand zur Verantwortung gezogen wird? – 10. *Wie lange* ist jemand verantwortlich?

Für den Religionsunterricht besonders bedeutsam ist auch die Bereitschaft, *Verantwortung für die Vergangenheit* (im Sinne einer Schuldgeschichte vor allem des Nationalsozialismus, aber auch beispielsweise des deutschen Kolonialismus) sowie *für die Zukunft* zu übernehmen. Dabei muss allerdings zugleich – was wohl noch zu wenig geschieht – die *Frage nach den Grenzen* der menschlich möglichen Verantwortung diskutiert werden.

Weitere didaktische Aufgaben – dann vor allem in der Sekundarstufe II – betreffen die begriffliche Unterscheidung zwischen *Gesinnungsethik* und *Ver-*

antwortungsethik sowie die mit beiden ethischen Ansätzen verbundenen Probleme. Beispielsweise kann das oben beschriebene »Prinzip Verantwortung« in Gestalt des von Jonas geforderten verantwortungsethischen Imperativs aufgenommen werden. Was würde dieser Imperativ für das eigene Leben der SuS bedeuten, was für die Schule, die jeweilige Stadt oder das eigene Land? Dabei käme rasch auch konkret die oben beschriebene Frage nach den Grenzen der Verantwortung in den Blick und damit zugleich die Ambivalenz einer grenzenlosen Verantwortung.

Soweit die *Erziehung zur Verantwortung* in den Blick genommen werden soll, sind die Grenzen von Fachunterricht allerdings rasch erreicht. Die entsprechenden Vorschläge aus der Erziehungswissenschaft beziehen sich hier denn auch auf die Schule als Institution, in der die verschiedenen Schulfächer zusammenwirken und gemeinsam eine entsprechende Entwicklung der Schule in Gang bringen – etwa in Gestalt ökologischer Selbstverpflichtungen (auch in der Schule bewusst Energie einsparen, Verpackungsmüll vermeiden usw.), nicht-diskriminierender Verhältnisse (Projekte wie »Schulen ohne Rassismus – Schulen mit Courage«, www.schule-ohne-rassismus.org), Schule als »gerechte Gemeinschaft«, in der jede und jeder Verantwortung für die Schule übernehmen kann und übernimmt (vgl. das Friedrich Jahresheft Verantwortung, 1992). Indem sich der Religionsunterricht an solchen Projekten beteiligt oder sie vielleicht sogar initiiert, unterstützt er auch die Erziehung zur Verantwortung. Solche Ansätze vermeiden auch die in der Erziehungswissenschaft beschriebenen Einwände gegen abstrakte Erziehungsziele, für die als Beispiel etwa Art. 131 der Verfassung des Freistaats Bayern angeführt wird (»Oberste Bildungsziele sind […] Verantwortungsgefühl und Verantwortungsfreudigkeit«). Dazu der Erziehungswissenschaftler Helmut Heid (2007, S. 203): »Wer […] Verantwortungsbereitschaft ›an sich‹ fordert und damit von ihrem konkreten Inhalt trennt, der bezweckt damit offensichtlich die Verpflichtung auf ein Engagement, dem die Qualität der Zwecke und Inhalte dieses Engagements gleichgültig zu sein hat.«

3.2 Didaktische Konkretisierungen

Wie sich gezeigt hat, ist das Spektrum der Anwendungsmöglichkeiten für den Verantwortungsbegriff enorm breit. Im Unterricht können daher zahlreiche aktuelle Zusammenhänge unter dem Aspekt der Verantwortung aufgenommen werden – beispielsweise als Konsumentenverantwortung auch im Blick auf die eigene Person, als Unternehmensverantwortung hinsichtlich wirtschaftlicher Fragen, als Verantwortung im Horizont der Menschenrechte, als Verantwortung für Digitalität oder neuerdings auch als Klimaverantwortung. Zu allen diesen thematischen Bereichen gibt es zahlreiche Modelle und Entwürfe für den Religionsunterricht, die zum Teil auch vom Begriff des Gewissens ausgehen und von dort her den Verantwortungsbegriff aufnehmen (hilfreicher Materialpool: https://material.rpi-virtuell.de/gewissen). In Zeiten von und sicher auch in Zeiten nach Corona könnte auch die ärztliche Verantwortung für das Leben ein Thema sein, beispielsweise im Blick auf die dilemmatischen Entscheidungen bei einer unausweichlichen Triage (Schweitzer, 2020). Dabei sollte auch bewusstwerden, dass solche Triagen keineswegs auf coronabedingte Extremsituationen beschränkt sind, sondern auch alltäglich in Krankenhäusern in Deutschland vorkommen können, vor allem aber im globalen Horizont. Was bedeutet in solchen Situationen verantwortliches Entscheiden und verantwortliches Handeln? Wer soll hier die Verantwortung tragen?

Eine besonders für den Ethik-Unterricht ausgearbeitete, aber auch für den Religionsunterricht sinnvolle Zugangsweise richtet sich auf das Verantwortungsverständnis selbst (Worm, 2015). In diesem Falle werden dann verschiedene Auffassungen von Verantwortung vorgestellt, zueinander ins Verhältnis gesetzt und diskutiert. Theologisch können solche Fragen vor allem in der Sekundarstufe II weiter vertieft werden, etwa anhand der Frage, ob der Mensch tatsächlich Verantwortung für die Schöpfung übernehmen kann oder ob er sich damit selbst zum Schöpfer macht.

4. Literatur

Bonhoeffer, D. (1998): Ethik. Werkausgabe, Bd. 6. Hrsg. von I. Tödt/H. E. Tödt/E. Feil/C. Green. Gütersloh: Chr. Kaiser/Gütersloher Verlagshaus.

Cramer, C. (2007): Verantwortung lernen. Selbstevaluation von Verantwortungskompetenz in der Schule (Sekundarstufe I). Stuttgart: Pädagogisch-Theologisches Zentrum der Evangelischen Landeskirche in Württemberg (PTZ) u. a.

Danner, H. (1985): Verantwortung und Pädagogik. Anthropologische und ethische Untersuchungen zu einer sinnorientierten Pädagogik. Königstein/Ts.: Forum Academicum.

Friedrich Jahresheft X (1992): Verantwortung.

Heid, H. (2007): Ambivalenz des Verantwortungspostulats – Verantwortung unter den realen Bedingungen ihrer Entwicklung und Beanspruchung? In A. A. Bucher (Hg.): Moral, Religion, Politik: Psychologisch-pädagogische Zugänge. FS Fritz Oser (S. 185–208). Wien/Münster: LIT.

Heidbrink, L./Langbehn, C./Loh, J. (Hg.) (2017): Handbuch Verantwortung. Wiesbaden: Springer Fachmedien.

Jonas, H. (1979): Das Prinzip Verantwortung. Versuch einer Ethik für die technologische Zivilisation. Frankfurt a. M.: Insel.

Kant, I. (1956a): Grundlegung zur Metaphysik der Sitten. In W. Weischedel (Hg.): Kant, Werke. Bd. IV (S. 11–106). Wiesbaden: Insel.

Kant, I. (1956b): Die Metaphysik der Sitten. In W. Weischedel (Hg.): Kant, Werke. Bd. IV (S. 309–636). Wiesbaden: Insel.

Kilchsperger, H. (1985): Pädagogische Verantwortung. Bern/Stuttgart: Paul Haupt.
Kreß, H. (2002): Verantwortung II. Theologisch-ethisch. In Theologische Realenzyklopädie. Bd. 34 (S. 577–581). Berlin: De Gruyter.
Leiner, M./Boomgaarden, J. (2014): Vorwort. In J. Boomgaarden/M. Leiner (Hg.): Kein Mensch, der der Verantwortung entgehen könnte. Verantwortungsethik in theologischer, philosophischer und religionswissenschaftlicher Perspektive (S. 7–26). Freiburg i. Br. u. a.: Herder.
Roth, G. (2017): Verantwortung, Determinismus und Indeterminismus. In L. Heidbrink/C. Langbehn/J. Loh (Hg.): Handbuch Verantwortung (S. 295–314). Wiesbaden: Springer VS.
Schweitzer, F. (2020): Homo homini virus? Corona als Testfall menschlicher Würde und Gottebenbildlichkeit. Zeitschrift für Pädagogik und Theologie, 72 (4), S. 413–426.
Symmank, C./Hoffmann, S. (2017): Leugnung und Ablehnung von Verantwortung. In L. Heidbrink/C. Langbehn/J. Loh (Hg.): Handbuch Verantwortung (S. 949–972). Wiesbaden: Springer VS.
Weber, M. (1988): Politik als Beruf (Oktober 1919). In Ders.: Gesammelte Politische Schriften. Hrsg. von J. Winckelmann (5. Aufl., S. 505–560). Tübingen: J. C. B. Mohr (Paul Siebeck).
Wittwer, H. (2002): Verantwortung I. Philosophisch-ethisch. In Theologische Realenzyklopädie. Bd. 34 (S. 574–577). Berlin: De Gruyter.
Worm, H.-L. (2015): Ethik an Stationen. Übungsmaterial den Kernthemen des Lehrplans 5/6 (3. Aufl.). Augsburg: Auer.

Verhältnis der Generationen

Judith Könemann

1. Lebensweltliche Perspektiven

Selten umfasste die gemeinsame Lebenszeit der verschiedenen Generationen so viele Jahre wie heute. So verbindet Eltern und Kinder gegenwärtig im Schnitt eine gemeinsame Lebenszeit von 50–60 Jahren. Hatten in der ersten Hälfte des 20. Jh. geborene Kinder noch wenig Chancen darauf, überhaupt ein Großelternteil kennenzulernen, so können die meisten Kinder heute in der Regel ihre Kindheit und Jugend zumindest mit einem Teil ihrer Großeltern verbringen. Gegenwärtig wird von der gleichzeitigen Existenz von drei Generationen ausgegangen, seltener von vier Generationen, da auch in Rechnung zu stellen ist, dass das Gebäralter der Frauen in den vergangenen Jahrzehnten kontinuierlich gestiegen ist (Grünheid & Scharein, 2011), was Eltern später zu Großeltern werden lässt und Großeltern die Urgroßelternschaft trotz gestiegener Lebenserwartung vielfach verwehrt.

Mit dem demografischen Wandel verschiebt sich zudem die Alterspyramide: Laut Statistischem Bundesamt in Deutschland stehen im Jahr 2021 18 % unter 20-Jährige einer Gruppierung von 62 % der Erwerbstätigen (20–66-Jährige) und einer weiteren von 20 % der über 67-Jährigen gegenüber.[1] Dieses Verhältnis wird sich, so die Hochrechnungen, bis 2060 auf 28 % über 67-Jährige gegenüber 54 % Erwerbstätigen und 18 % unter 20-Jährigen verändern. Das bedeutet: Einer immer größer werdenden Zahl von Großeltern stehen in etwa gleichbleibend bzw. eine um 2 % geringere Zahl an Enkeln gegenüber. Wirft letzteres Fragen der generativen Zukunftssicherung der westeuropäischen Gesellschaften auf, stellen sich vor allem mit dem Rückgang der erwerbstätigen Bevölkerung Fragen nach der angemessenen Versorgung der Generationen und den damit einhergehenden Belastungen bzw. zumutbaren Belastungen der Generationen, und zwar nicht nur in finanzieller Hinsicht. Die bereits gegenwärtig hochvirulenten Fragen nach Versorgung und Pflege der älteren und vor allem alten Menschen in unseren

1 Vgl. Statistisches Bundesamt der Bundesrepublik Deutschland (o. J.): 14. Koordinierte Bevölkerungsvorausberechnung für Deutschland. https://service.destatis.de/bevoelkerungspyramide/index. html#!y=2060 (Zugriff: 05.01.2021)..

Gesellschaften und die damit verbundenen Belastungen für die anderen, jüngeren Generationen werden sich, wenn dann die Hauptjahrgänge der sog. »Babyboomer-Generation«, der Jahrgänge 1950–1965, in Rente geht, noch verschärfen.

1. *Sozialpolitische Fragen:* Mit diesen unter dem Stichwort »Sozialpolitik« behandelten Fragen nach der Sicherung unserer Sozialsysteme verbinden sich nicht nur Fragen der Generationengerechtigkeit und auf das Engste damit verbunden der Geschlechtergerechtigkeit, sondern auch Fragen des guten Lebens. So sind für Eva-Maria Welskop-Deffaa die »Anforderungen einer Gesellschaft langen Lebens« (2012, S. 19) entscheidend für eine konzeptionell ausgerichtete aktive Lebenslaufpolitik. Hier zeigt sich ein Wechsel von einem bevölkerungspolitischen Statusbefund zu einem dynamischen Blick auf das Gelingen individueller Lebensverläufe und deren politischer Rahmung (2012, S. 19).
2. *Ökologische Fragen:* Spätestens mit Ulrich Becks Buch »Risikogesellschaft« (1986) hat sich die Erkenntnis durchgesetzt, dass die Menschen im 20. Jahrhundert sich selbst in die Lage versetzt haben, die Erde mittels ihrer eigenen Errungenschaften zu zerstören. Dazu gehören Waffensysteme genauso wie die Ausnutzung der natürlichen, aber auch irreversiblen Ressourcen wie etwa Bodenschätze. Mit der Privatisierung natürlicher Ressourcen, wie z. B. Trinkwasserquellen, verbinden sich nicht nur Fragen des Klimas und des Klimawandels, sondern wiederum sozialpolitische Fragen der Güterverteilung zwischen Arm und Reich und der Generationengerechtigkeit. Gerade die »Fridays for Future«-Bewegung und ihr Einsatz für Klimaschutz rückt die ökologischen Herausforderungen und Risiken unserer globalisierten Welt, insbesondere den Klimawandel, wieder sehr ins gesellschaftliche Bewusstsein und stellt die Notwendigkeit einer nachhaltigen Klimapolitik in den Mittelpunkt politischen Handelns.
3. *Finanzwirtschaftliche Fragen:* Ein dritter Herausforderungskomplex, der sich mit der Frage nach dem Verhältnis der Generationen verbindet, liegt schließlich in finanz- und volkswirtschaftlichen Belangen. Die Krisen der finanzwirtschaftlichen Systeme in den vergangenen Jahrzehnten und die zunehmende Staatsverschuldung werfen Fragen nach einer Verteilung der finanziellen Lasten für die kommenden Generationen auf. Sehr aktuell stellt sich die Frage einer Generationengerechtigkeit angesichts der Schuldenlast, die volkswirtschaftlich im Zusammenhang mit der Abfederung der Folgen der durch COVID 19 bedingten Krise entstanden ist und noch entsteht. Konkret gefragt: Ist es der jungen Generation, die im Vergleich mit der älteren Generation eher weniger von COVID 19 betroffen ist, zuzumuten, in hohem Maße für die Folgen dieser Krise aufzukommen?

2. Theologisch-ethische Perspektiven

Um sich fundiert mit dem Phänomen des Verhältnisses der Generationen und darin implizierten Gerechtigkeitsfragen näher auseinandersetzen zu können, bedarf es zunächst einer Klärung des Begriffs der Generation. Im Unterschied zu Altersgruppen, die vor allem auf das gemeinsame Alter, z. B. jünger als 20 Jahre, älter als 60 Jahre abheben, wird mit dem Begriff »Generation« auch auf inhaltliche Kriterien abgehoben: So bezeichnet Franz Xaver Kaufmann mit Generation »Angehörige bestimmter, nach inhaltlichen (und nicht bloß statistisch-chronologischen) Kriterien abgegrenzter Kohorten auf der Zeitachse« (Kaufmann, 1997, S. 19). Nach Lutz Leisering handelt es sich um »sinnhaft ausgewählte Gruppierungen [...] von Jahrgängen, denen aufgrund theoretischer Annahmen und empirischer Befunde bestimmte soziale Merkmale gemeinsam sind« (Leisering, 1992, S. 47, zitiert nach Veith, 2008, S. 155). Kennzeichnend sind also vor allem bestimmte qualitative Merkmale der Gleichartigkeit und Zusammengehörigkeit.

Betrachtet man den Begriff genauer, kann man mindestens drei Bedeutungsgehalte unterscheiden (vgl. im Folgenden: Veith, 2006 und 2008, S. 155–162): In einem *(1) genealogisch-familiensoziologischen Konzept* bezieht sich Generation auf die Abstammungsfolge in der Familie bzw. der Verwandtschaft. Entscheidende Elemente sind hier insgesamt der Wandel der familialen Generationenbeziehungen, wie etwa der Wandel der Familienformen oder die Generationengefüge der Familie. Moderne Bedingungen für diesen Wandel sind die oben angesprochene höhere Lebenserwartung mit der Folge einer längeren gemeinsamen Lebenszeit der Generationen. In einem *(2) historisch-soziologischen Konzept,* wie es von Karl Mannheim grundgelegt wurde, meint Generation Gruppierungen von Geburtsjahrgängen, die durch das Erleben bestimmter historischer Ereignisse oder gemeinsame kulturelle Erfahrungen verbunden sind und gemeinsame soziale Merkmale ausbilden. So bildet in der klassischen Definition Wilhelm Diltheys eine Generation

> »einen Kreis von Individuen, welche durch Abhängigkeit von denselben großen Tatsachen und Veränderungen, wie sie im Zeitalter der Empfänglichkeit auftraten, trotz der Verschiedenheit hinzutretender anderer Faktoren zu einem homogenen Ganzen verbunden sind« (Dilthey, 1875/1957, S. 37).

Neue Generationen werden so über historische Ereignisse, gewandelte Wertvorstellungen oder veränderte ökonomische Bedingungen ausgebildet, die damit zugleich Auskunft über die Ordnung der Gesellschaft geben, diese jedoch auch mitkonstituieren (Veith, 2008, S. 157 f.). Am Beispiel der verschiedenen Jugendgenerationen (Generation Golf, X oder Y) lässt sich dies gut beobachten. Der Generationenbegriff in diesem historisch-soziologischen Sinne umfasst dabei sowohl eine synchrone als auch eine diachrone Perspektive. In einem *(3) pädagogischen Verständnis* schließlich wird Generation ausgehend von Friedrich Schleiermacher als zwei Generationengefüge zwischen Älterer und Jüngerer oder Lehrendem und Lernenden verstanden, in deren eindeutig hierarchischer Zuordnung von den Älteren hin zu den Jüngeren sich mehr und mehr Elemente einer situativen Umkehrung des Verhältnisses und damit situativ reziproke Elemente einordnen lassen.

Eine vor allem sozialethische Reflexion auf das Verhältnis der Generationen bezieht sich nun vor allem auf die ersten beiden Bedeutungsformen von Generation, wobei der Begriff der Generationengerechtigkeit selbst aufgrund seiner so unterschiedlichen Bezüge auf sozialpolitische, ökologische sowie finanzwirtschaftliche Fragen begrifflich nicht völlig bestimmt ist (Nothelle-Wildfeuer, 2013, S. 313).

Explizit theologische Begründungslinien finden sich entsprechend der unterschiedlichen Bezüge zum einen im biblischen Schöpfungsgedanken als genuin jüdisch-christlichem Topos. Die von Gott geschaffene und dem Menschen in seinen Verantwortungsbereich übergebene Schöpfung gilt es zu bewahren und zu erhalten. Dem Menschen als Geschöpf Gottes, von Gott mit Würde und Freiheit ausgestattet, kommt gerade aufgrund seiner »Herausgehobenheit« in der Schöpfung eine besondere Verantwortung im Sinne der Bewahrung und Erhaltung für dieselbe zu, und zwar sowohl in einer synchronen wie diachronen Perspektive. Diese Verantwortung kommt als Generationenverantwortung in besonderer Weise auch im vierten Gebot, die Eltern zu »ehren«, zum Ausdruck. Das vierte Gebot, das zu den sog. »sozialen Geboten« gehört, regelt das in das Gottesverhältnis eingebettete menschliche Zusammenleben (Dohmen, 2004, S. 101). Den Eltern »keinen Abbruch zu tun« (Otto, 2012, S. 743), sie also in ihrer Ehre, man könnte auch sagen in ihrer Würde nicht zu verletzen, wird mit der Segensverheißung eines langen Lebens verbunden: Ehre deinen Vater und deine Mutter, wie dir JHWH, dein Gott, geboten hat, damit deine Tage lange währen, und es dir wohlergeht auf dem Ackerboden, den JHWH, dein Gott, dir gibt (Ex 20,12, Übers. Christoph Dohmen). Dieser individuelle, auf den Einzelnen und die jeweilige Familie bezogene Charakter wird zudem in der Perspektive geweitet, wenn wie Christoph Dohmen (2004, S. 96) interpretiert, über den Einzelnen und die jeweilige Familie das Wohlergehen des ganzen Volkes angesprochen ist (vgl. ausführlicher Bobbert, 2019). Dann ist mit dem vierten Gebot der Fortbestand und die wechselseitige Verantwortung der

Generationen intoniert. Diese findet sich auch in markanter Weise in Ez 18,2, »Die Väter haben saure Trauben gegessen, aber den Kindern sind die Zähne davon stumpf geworden«, in dem die Erfahrung zum Ausdruck kommt, dass das Versagen der einen Generation von der anderen bewältigt werden muss, d. h., es ist auch die Verpflichtung angesprochen, dass die jetzt Lebenden den Jüngeren und nachkommenden Generationen nicht die Folgen ihres Handelns aufbürden dürfen.

Eine zweite, anthropologische Begründungslinie basiert auf der in der Geschöpflichkeit des Menschen grundgelegten Gottbildlichkeit und der damit verbundenen unhintergehbaren Würde des Menschen. Im Mittelpunkt dieser Begründungslinie steht die Sorge um den Menschen und die Achtung seiner Würde und Freiheit. Anders formuliert: Maßstab und Ausrichtung ist das Humanum. Das Personprinzip bzw. die Personalität des Menschen als ein wesentliches Grundprinzip der christlichen Soziallehre gilt es dabei allerdings aus ihrer ontologisch-essenzialistischen Verengung herauszulösen und um die nachmetaphysische Dimension der Materialität und Geschichtlichkeit und damit um ein dynamisches Moment zu ergänzen (Heimbach-Steins, 2012, S. 91 f.).

Die Frage nach dem Verhältnis der Generationen bzw. nach der Generationengerechtigkeit wird sozialethisch als Teil der sozialen Gerechtigkeit betrachtet, die mittlerweile einen Kernbegriff christlicher Soziallehre darstellt. Wurde soziale Gerechtigkeit lange als Herstellung ökonomischer Gerechtigkeitsverhältnisse im Sinne einer ökonomischen Gleichheit verstanden (Nothelle-Wildfeuer, 2013, S. 322), wurde und wird diese immer mehr um nicht-ökonomische Momente ergänzt, insofern soziale Gerechtigkeit sich auch auf die Möglichkeitsbedingungen eines Lebens in Freiheit und Würde und die Schaffung derselben bezieht. Gerechtigkeit wird so als ethisches Projekt verstanden, das die gesamte soziale Grundstruktur moderner Gesellschaft zum Gegenstand hat (Veith, 2008, S. 172). In diesem Sinne kann soziale Gerechtigkeit mit Heinrich Pesch auch als »›die der Gesellschaft eigentümliche Gerechtigkeit‹, die ihren eigentlichen Gegenstand im ›Recht auf das Sozialwohl‹ finde«, bestimmt werden (Pesch, 1909, zitiert nach Veith, 2008, S. 172).

Dieses Moment der über ökonomische Aspekte hinausgehenden sozialen Möglichkeitsbedingungen menschlichen Lebens nimmt auch John Rawls in seiner Theorie der »Gerechtigkeit als Fairness« (2003) auf, in dem es ihm unter der Maßgabe der Gleichheit um die Ermöglichung und um eine gleiche und gerechte Verteilung gesellschaftlicher Grundgüter wie Rechte, Freiheiten, Chancen, Einkommen und Vermögen geht. Dieser auf Gleichheit distributiver Gerechtigkeit basierende Ansatz wird in jüngerer Zeit um Ansätze der Befähigungs- und Beteiligungsgerechtigkeit ergänzt (Sen, 2000, 2010; Nussbaum,

1999), die soziale Gerechtigkeit als die Ermöglichung aktiver und produktiver Teilnahme an gesellschaftlichen Prozessen und Gütern betrachten und gerade mit Blick auf die Schwächsten in der Gesellschaft die Befähigung zu einer solchen Beteiligung in den Mittelpunkt rücken. Soziale Gerechtigkeit meint dementsprechend »das fortgesetzte sittlich-praktische Bemühen um die Schaffung der Möglichkeitsbedingungen unter denen sich Freiheit im sozialen Raum als Partizipation an allen sie betreffenden Vorgängen verwirklichen kann« (Nothelle-Wildfeuer, 1999, S. 85).

Diese Bestimmung sozialer Gerechtigkeit wurde allerdings lange Zeit vornehmlich synchron auf die gegenwärtige Gesellschaft bezogen verstanden. Die eingangs skizzierten Herausforderungen machen nun deutlich, dass diese Bestimmung durch eine explizit temporale, diachrone Perspektive zu ergänzen ist. Diese bezieht die vergangenen und vielleicht sogar vornehmlich künftigen Generationen, ihre Freiheitsräume und ihre Würde und Partizipation mit ein.

Generationengerechtigkeit bedeutet in diesem Sinne, allen, auch den zukünftigen Generationen die gleichen Rechte, Freiheiten, Chancen, Vermögen oder auch natürliche Ressourcen zu garantieren, was bedeutet, dass »[w]eder den Optionen der Gegenwart noch den möglichen Optionen der Zukunft [...] in der ethischen Entscheidungsfindung ein einseitiger Vorrang eingeräumt werden darf« (Veith, 2008, S. 176). Generationengerechtigkeit – Veith spricht von intergenerationeller Gerechtigkeit – ist in diesem Sinne kein partikularer ethischer Ansatz, vielmehr sind alle Fragen und Forderungen der sozialen Gerechtigkeit noch einmal unter zeitlichen, das heißt ihrer synchronen und diachronen Perspektive zu behandeln.

In politischer Hinsicht impliziert soziale Gerechtigkeit jedoch nicht nur die Ermöglichung von Rechten, sondern auch die Übernahme von Pflichten. Anders gesagt: Befähigung und die Ermöglichung von Partizipation korrespondieren mit der Erwartung oder Verpflichtung einer aktiven Beteiligung und der Wahrnehmung von Verantwortung in den je gegebenen je eigenen Möglichkeiten. Dies gilt nicht nur individuell, sondern bezieht sich auch auf politisches Handeln, dem die Pflicht zukommt, die Möglichkeitsbedingungen für eine solche Befähigung und Beteiligung zur Verfügung zu stellen. Hier sind vor allem Fragen der Bildung und des Bildungssystems als Ausbildungssysteme solcher Befähigungs- und Partizipationskompetenz angesprochen, aber auch sozialpolitische Bedingungen wie Erwerbsmöglichkeiten, Alterssicherung, Gesundheitssicherung etc. Von daher ist das Thema der Generationengerechtigkeit auf das Engste mit dem Thema der Verantwortungsübernahme und der Verantwortungsermöglichung verbunden. Politisches Handeln ist in sozialethischer Perspektive immer mit einer Politik der Verantwortungsermöglichung zu verbinden (Heimbach-Steins, 2012, S. 97), und zwar sowohl in individueller wie gesellschaftlicher Hinsicht.

Dies gilt nicht zuletzt für die enge Verknüpfung von Generationengerechtigkeit mit Geschlechtergerechtigkeit. In fast allen sozialpolitischen Feldern tragen Frauen die Hauptlast: Sei es in der Pflege der alten Eltern oder in der generativen Sorge für die Zukunft sind es oft immer noch die Frauen, die auf Karriere- und Berufsmöglichkeiten verzichten und damit Nachteile an Lebensmöglichkeiten, und vor allem in ökonomischer Hinsicht Einbußen sowohl hinsichtlich der Verdienstmöglichkeiten als auch in der Alterssicherung in Kauf nehmen (müssen).

Angesichts des demografischen Wandels und längerer Lebenserwartung bedeutet Generationengerechtigkeit in diesem Sinne auch, Menschen zu befähigen, sich der Tragweite und Langfristigkeit ihrer lebensbiografischen Entscheidungen bewusst zu werden und diese so bewusst und zukunftsweisend, wie es unter den gegebenen Bedingungen möglich ist, zu gestalten. Vonseiten der Sozialpolitik bedarf es der Schaffung entsprechender politischer, bildungspolitischer, ökonomischer und ökologischer Rahmenbedingungen, die solches vorausschauendes Handeln ermöglichen.

3. Didaktische Perspektiven

3.1 Didaktische Orientierungen

Das Thema »Verhältnis der Generationen« ist dem Bereich der Ethik zuzuordnen, der in den Bildungsplänen der einzelnen Bundesländer und den verschiedenen Schulformen unter verschiedenen Titeln, z. B. »Welt und Verantwortung« (Bildungsplan Baden-Württemberg) oder »Menschsein in Freiheit und Verantwortung« (Sek I NRW) bzw. »Verantwortliches Handeln aus christlicher Motivation« (Sek II NRW) als ein inhaltlicher Kernbereich ausgewiesen wird.

Das Thema bietet aufgrund seiner sehr verschiedenen Bezugsgegenstände auch in didaktischer Hinsicht thematisch unterschiedliche Schwerpunktsetzungen an, die im Folgenden zumindest angerissen werden sollen.[2] Im Sinne der Kompetenzorientierung sind sie alle geeignet, das Zusammenspiel von Wissen, Können und Wollen (Feindt, 2010, S. 85–89) zu ermöglichen. Die Aktualitätsbezüge, die bei jedem der inhaltlichen Schwerpunkte des Themas aus-

---

2 Ich danke an dieser Stelle Gabriele Klingberg für den Austausch und wertvolle Hinweise. Das Thema »Generationenverhältnis« bietet zudem Verbindunglinien zu den weiteren ethischen Kernthemen der Gendergerechtigkeit, der Nachhaltigkeit sowie der Verantwortung an.

gemacht werden können, bieten im Sinne der Merkmale kompetenzorientierten Unterrichts von Andreas Feindt (2010, S. 85–89) zudem hohe lebensweltliche Anknüpfungspunkte und Anwendungsmöglichkeiten und können sich in diesem Sinne motivierend auf das Wollen auswirken.

Insofern Kompetenzorientierung in der inzwischen weitgehend konsensual gefundenen Bestimmung auf die Problemlösungskompetenzen von Sachverhalten abzielt, kann für das hier zu bearbeitende Thema auf didaktischer Ebene zumindest ein Bewusstseinsbildungsprozess im Sinne eines Problembewusstseins für die einzelnen Sachverhalte angezielt werden.

Das Thema des Generationenverhältnisses sowie der Generationengerechtigkeit zielt explizit, wie schon in der theologisch-ethischen Perspektivierung deutlich geworden ist, unmittelbar auf das grundlegende Lernziel jedes christlich verantworteten Religionsunterrichts, des Verantwortungslernens und der Verantwortungsübernahme sowohl in individueller wie gesellschaftlicher Hinsicht ab, und vermag auf der Metaebene die diachrone Perspektive in die Auseinandersetzung über Fragen sozialer Gerechtigkeit einzubringen.

Im Folgenden werden unterschiedliche Bezugsfelder mit Blick auf ihre didaktischen Anknüpfungspunkte beleuchtet. Ein erster didaktischer Anknüpfungspunkt, stärker vielleicht im Feld des intergenerationellen Lernens (Domsgen, 2018) verortet, liegt in der Auseinandersetzung mit den Bedeutungsebenen des Begriffs »Generation«, insbesondere in der Verbindung von einem genealogisch familiensoziologischen und einem historisch-soziologischen Generationenverständnis. In der Tatsache, dass die meisten Heranwachsenden ihre Großeltern aktiv als eine eigene Generation erleben, liegt ein lebensweltlicher Anknüpfungspunkt sowie auch die Möglichkeit der kognitiven Aktivierung. Die Großeltern vermitteln über ihre Erzählungen Wissen und Gehalte, die an etwas Vertrautem ansetzen, dann jedoch historisch kontextualisiert und damit im Sinne eines historisch-soziologischen Generationsbegriffs erweitert und auch verallgemeinert werden können. Damit steht die Möglichkeit zur Verfügung, Vertrautes mit neuem Wissen zu verbinden. Die diachrone Perspektive wird hier eher in Form einer Erinnerungskultur und eines kollektiven Gedächtnisses, das seinen Niederschlag in den den Heranwachsenden vertrauten individuellen Biografien der Großeltern findet, einbezogen. Der Bildungsgehalt und die lebensweltliche Anwendung liegen im Bewusstwerden des Zusammenhangs von individueller Biografie und ihrer historischen, politischen, religiösen und gesellschaftlichen Kontextualisierung. Ziel ist es, diesen Zusammenhang altersgemäß deuten zu können und mit Folgerungen für die eigene Biografiegestaltung zu verbinden. Inhaltlich könnte an Erfahrungen und Bedingungen des Aufwachsens der älteren Generation und die Verbindung zur religiösen Biografie in der zeitgeschichtlichen Einordnung gedacht werden.

Eine weitere sehr naheliegende didaktische Orientierung richtet sich auf die ökologische Herausforderung des Themas und verbindet sich auf das Engste mit dem Thema Nachhaltigkeit und der Bewahrung der Schöpfung. Die diachrone Perspektive wird hier nicht auf die Vergangenheit bezogen, sondern explizit mit der Frage nach den Lebensmöglichkeiten der künftigen Generationen und deren Zukunftsperspektiven verbunden. Aufgrund des hohen Aktualitätsbezugs des Themas lässt sich hier unmittelbar an die Lebenswelt der Schülerinnen und Schüler (SuS) anknüpfen. Am Beispiel des Klimawandels, konkret an den Forderungen der »Fridays for Future«-Bewegung, können die SuS in der Überschneidung von inhalts- und prozessbezogenen Kompetenzen individuell und differenziert die damit einhergehenden Herausforderungen wahrnehmen und Handlungsmöglichkeiten entwickeln, die insbesondere auch der diachronen Perspektive Rechnung tragen. Darüber hinaus kann am Beispiel des Handelns von Protagonistinnen und Protagonisten sowohl etwas über politische Verfahrensprozesse gelernt werden und wie politisches Handeln »funktioniert«, als auch wie durch die Handelnden – christlich motiviert oder nicht – Schöpfungsverantwortung wahrgenommen wird.

Die sozialpolitische Dimension des Themas stellt in sich noch einmal sehr unterschiedliche inhaltliche Themen und Anknüpfungspunkte zur Verfügung. So besteht unter dem Stichwort des demografischen Wandels die Möglichkeit, sich mit den individuellen wie gesellschaftlichen Anforderungen einer Gesellschaft des langen Lebens auseinanderzusetzen. Auf individueller Ebene wäre im Bewusstwerdungsprozess der eigenen Lebensspanne insbesondere die langfristige Bedeutung der individuellen bildungs-, berufs- und lebenslaufbiografischen Entscheidungen zu thematisieren. In gesellschaftlicher Hinsicht wäre an die Frage der individuellen Vorstellungen vom guten Leben und wie diese im Kontext einer pluralen Gesellschaft und darin eventuell divergierender Vorstellungen vom guten Leben zu vermitteln sind, anzuknüpfen. In diese Auseinandersetzung können aus christlicher Perspektive Vorstellungen und Modelle eines guten Lebens und diesen zugrundeliegende Werte eingebracht werden. Daran anschließende Fragekomplexe können in die Richtung einer Auseinandersetzung mit staatlicher Lebenslaufpolitik (Heimbach-Steins, 2012; Welskop-Deffaa, 2012) und deren Einfluss auf die individuellen Lebensläufe gehen. Damit würde die Frage aufgegriffen, welche Verantwortung dem Staat hinsichtlich struktureller Maßnahmen in Sachen Bildungs- Familien- und Sozialpolitik zukommt, seine Bürgerinnen und Bürger in der Verwirklichung ihrer Vorstellungen vom guten Leben zu unterstützen und demografischen Wandel nicht nur zu erleiden, sondern aktiv zu gestalten.

3.2 Didaktische Konkretisierungen

Eine inhaltliche Facette des Themas »Generationenverhältnis« ist mit der Solidarität der Generationen angesprochen. Die hier zu behandelnden Gerechtigkeitsfragen erstrecken sich auf unterschiedliche Aspekte: Auf die Frage nach dem Schutz der Alterssicherung und einer gerechten Verteilung der Lasten oder auf die Frage der (auch pflegerischen) Versorgung des immer größer werdenden Anteils alter Menschen an der Bevölkerung und der damit wie oben beschriebenen einhergehenden Genderimplikationen. Die Corona-Pandemie bietet hochaktuelle Anknüpfungspunkte und lebensweltliche Anwendungsbezüge, wenn es um konkrete Fragen nach Impfprioritäten oder der gebotenen, gesollten, gewollten Rücksichtnahme der jüngeren Bevölkerung auf die ältere geht, oder um die Notwendigkeit des Verzichts auf eine individuelle Lebensgestaltung. Fragen nach der Bedeutung und Ausgestaltung individueller Freiheit in Abwägung mit anderen Bedarfen schließen sich hier unmittelbar an.

Am konkreten Beispiel der Corona-Pandemie könnte mit SuS z. B. anhand der vom Tübinger Oberbürgermeister geäußerten Formulierung »Wir retten möglicherweise Menschen, die in einem halben Jahr sowieso tot wären« (Sat 1 Frühstücksfernsehen am 28.04.2020) die Frage der Solidarität der Generationen kontrovers diskutiert werden.

In der Nachhaltigkeitswissenschaft wird zudem der Begriff der »sozialen Nachhaltigkeit« verwendet. Empacher und Wehling (2002) formulieren Leitorientierungen, auf deren Grundlage soziale Nachhaltigkeit begründet werden kann: Menschenwürdige Existenz (materielle und immaterielle Grundbedürfnisse); Existenzsicherung durch gerechte Arbeit (ganzheitlich aufgefasst), Sozialressourcen als Handlungschancen und -potenziale, Chancengleichheit und Partizipation. Indem der Begriff mit den Fragen der Generationengerechtigkeit in Verbindung gesetzt wird, kann auch noch einmal seine diachrone Perspektivierung herausgearbeitet werden. Mit SuS könnten nun zum einen im Rückgriff auf die Prinzipien der katholischen Sozialethik die theologischen Grundlagen dieser Leitprinzipien erarbeitet werden und zum anderen am Beispiel der überproportionalen Beteiligungen von Frauen an der Pflege diese Leitkategorien mit Blick auf Generationen- und Gendergerechtigkeit diskutiert werden. Zudem können an diesem Beispiel die Langfristigkeit und Tragweite lebenslaufbiografischer Entscheidungen verdeutlicht werden. Gegebenenfalls lässt sich hier auch an Erfahrungen in den eigenen Familien der SuS anknüpfen.

Eine Fülle sehr hilfreicher Materialien finden sich zudem unter www.generationengerechtigkeit.info.

4. Literatur

Bobbert, M. (2019): »Ehre deinen Vater und deine Mutter«: Exegese und Theologische Ethik im Gespräch. In M.-T. Wacker (Hg.): Wozu ist die Bibel gut? Theologische Anstöße (Münstersche Beiträge zur Theologie. Neue Folge 3). Münster: Aschendorff.

Dilthey, W. (1875/1957): Über das Studium der Geschichte der Wissenschaften vom Mensch, der Gesellschaft und dem Staat. In Ders.: Die geistige Welt. Einleitung in die Philosophie des Lebens. Erste Hälfte: Abhandlungen zur Grundlegung der Geisteswissenschaften (Gesammelte Schriften, Bd. 5, unv. Aufl.). Stuttgart/Göttingen: Vandenhoeck & Ruprecht.

Dohmen, C. (2004): Exodus 19–40 (Herders Theologischer Kommentar zum Alten Testament). Freiburg i. Br.: Herder.

Domsgen, M. (2018): Religiöse Bildung in intergenerationellen Lernprozessen ermöglichen. Eine Bestandsaufnahme und einige Anmerkungen zu deren Chancen und Grenzen. Theo-Web. Zeitschrift für Religionspädagogik 17 (2), S. 103–119.

Empacher, C./Wehling, P. (2002): Soziale Dimensionen der Nachhaltigkeit. Theoretische Grundlagen und Indikatoren (Studientexte des Instituts für sozial-ökologische Forschung 11). Frankfurt a. M.: Springer.

Feindt, A. (2010): Kompetenzorientierter Unterricht – wie geht das? Didaktische Herausforderungen im Zentrum der Lehrerarbeit. Friedrich Jahreshefte, S. 85–89.

Grünheid, E./Scharein M. (2011): Zur Entwicklung der durchschnittlichen gemeinsamen Lebenszeit von Drei- und Vier-Generationen-Familien in West- und Ostdeutschland – Eine Modellrechnung. Comparative Population Studies. Zeitschrift für Bevölkerungswissenschaft, 36 (1), S. 3–40.

Heimbach-Steins, M. (2012): Verantwortung ermöglichen, Generationen- und Geschlechtergerechtigkeit fördern: Zur sozialethischen Rezeption der Lebenslaufperspektive. JCSW 53, S. 75–106.

Kaufmann, F. X. (1997): Generationsbeziehungen und Generationenverhältnisse im Wohlfahrtsstaat. In J. Mansel/G. Rosenthal/A. Tölke (Hg.): Generationen-Beziehungen, Austausch und Tradierung (S. 17–30). Opladen: Westdeutscher Verlag.

Nothelle-Wildfeuer, U. (1999): Soziale Gerechtigkeit und Zivilgesellschaft (Abhandlungen zur Sozialethik 42). Paderborn: Ferdinand Schöningh.

Nothelle-Wildfeuer U. (2013): Generationengerechtigkeit – jetzt und in Zukunft. Sozialethische Aspekte. In P. Schallenberg/A. Küppers (Hg.): Interdisziplinarität der Christlichen Sozialethik (Christliche Sozialethik im Diskurs, Bd. 4) (S. 311–329). Paderborn: Ferdinand Schöningh.

Otto, E. (2012): Deuteronomium 4,44–11,32 (Herders Theologischer Kommentar zum Alten Testament). Freiburg i. Br.: Herder.

Nussbaum, M. (1999): Gerechtigkeit oder das gute Leben. Frankfurt a. M.: Suhrkamp.

Rawls, J. (2003): Gerechtigkeit als Fairness. Ein Neuentwurf. Frankfurt a. M.: Suhrkamp.

Sen, A. (2000): Ökonomie für den Menschen. Wege zu Gerechtigkeit und Solidarität in der Marktwirtschaft. München: C. H. Beck.

Sen, A. (2010): Die Idee der Gerechtigkeit. München: C. H. Beck.

Statistisches Bundesamt der Bundesrepublik Deutschland (o. J.): 14. Koordinierte Bevölkerungsvorausberechnung für Deutschland. https://service.destatis.de/bevoelkerungspyramide/index.html#!y=2060 (Zugriff: 05.01.2021).

Veith, W. (2006): Intergenerationelle Gerechtigkeit. Ein Beitrag zur sozialethischen Theoriebildung. Stuttgart: Kohlhammer.

Veith, W. (2008): Intergenerationelle Gerechtigkeit. Sozialwissenschaftliche Analyse des Begriffs ›Generation‹ und normative Reflexionen der Generationenrelationen. JCSW 49, S. 153–181.

Welskop-Deffaa, E-M. (2012): Lebenslaufpolitik – Anforderungen an Generationen- und Geschlechtergerechtigkeit in einer Gesellschaft des langen Lebens. JCSW 53, S. 17–35.

Vorbilder / Modelle / Heilige / Local Heroes

Hans Mendl

1. Lebensweltliche Perspektiven

»Gib mir 'n kleines bisschen Sicherheit
In einer Welt, in der nichts sicher scheint
Gib mir in dieser schnellen Zeit irgendwas' das bleibt«,

heißt es im bekannten Lied der Popband Silbermond. Der Mythos der Moderne, der Mensch könnte sich aus eigener Kraft eine stabile Identität stiften, hat sich längst verflüchtigt. Der Emanzipationsgedanke und die Idee der Selbstentfaltung des Subjekts, mit denen seit den 1960er Jahren ein Kontrapunkt gegen eine fremdgesteuerte gehorsamsorientierte Pädagogik gesetzt wurde, erscheinen heute als ergänzungsbedürftig, da sich das Subjekt als äußerst fragil und kontingent erlebt. Der fragmentarische Verlauf einer Identitätsbildung erweist sich als ein dynamischer, narrativer, fluider und vorläufiger Prozess, der sich als balancierter Akt zwischen personalen und sozialen Momenten vollzieht (Pirker, 2015; Mendl, 2021, S. 78–80).

Insofern erscheint eine Orientierung an fremden Biografien als unverzichtbar für ein biografisches Lernen (Sajak & von Eiff, 2017; Ziebertz, 2010a): Kinder brauchen für die Entwicklung ihres moralischen Universums ein fantasievolles Aufblicken zu Heldinnen und Helden als Garantinnen und Garanten einer ewigen Ordnung. Jugendliche benötigen in der Lebensphase, in der es um die Erkundung von Möglichkeitsräumen und das Ausprobieren von Lebensentwürfen im Weltzusammenhang geht, personale Orientierungsmarken, mit denen sie sich konstruktiv und kritisch auseinandersetzen können.

Freilich hat sich das Personal, an denen solche Orientierungsprozesse stattfinden, verändert: Es sind nicht mehr die »großen« Helden der Geschichte und vorbildhaften Heiligen, die als »peinliche Überbautypen« (Lenz, 1973, S. 45) dekonstruiert wurden. Als weit bedeutender erscheinen die medialen Protagonisten aus Blockbustern (Grimm, 2014) und Streaming-Serien, die Influencer und Sinnfluencerinnen (Mendl, Sitzberger & Lamberty, 2020) oder die Menschen aus dem Nahbereich der eigenen Familie oder die »Helden von nebenan« (Mendl, 2020). Mit der Veränderung des Personals erfolgte auch eine Dekonstruktion des Heroischen: Vorbilder müssen nicht perfekt sein – gerade in ihrer Unvollkommenheit, in ihren Krisen und Schwächen erscheinen personale Skizzen als reizvolle Spiegelungsangebote (Mendl, 2015a, S. 234–244).

Studien belegen, dass – nach einem Auswandern aus der Pädagogik in den 60er Jahren des letzten Jahrhunderts – eine Orientierung an fremden Biografien seit der Jahrtausendwende wieder zugenommen hat (Mendl, 2015a, S. 17–25). Kinder und Jugendliche greifen von sich aus auf Vorbilder zu, die positive Eigenschaften aufweisen, und wählen bevorzugt solche aus, die auf den Feldern der eigenen Interessen und Hobbies aktiv sind (von Eiff, 2018, S. 394–409); insofern ist auch eine Orientierung an medialen Vorbildern (z. B. Sportler, Musikerinnen) verständlich. Gelassen sollte man aus der Erwachsenenperspektive das Anhimmeln von Stars aus der Mediengesellschaft durch Kinder und Jugendliche betrachten. Die Kinder- und Jugendmedienforschung zeigt, dass Kinder meist souverän mit Stars umgehen. Imaginäre Lebensbegleiterinnen und -begleiter sind nötig, wenn die eigenen Kräfte (noch) nicht reichen; sie werden wie ein Trikot übergestreift, um Leben zu erproben, dann aber wieder abgelegt. Jugendliche profitieren in ihrer Identitätsbildung beispielsweise durch Kinofilme, wie neuere Medienstudien ergaben: Filmheldinnen und -helden ermöglichen ein Feld für beobachtendes Lernen an stellvertretenden Erfahrungen und eine fiktive Teilhabe an den dargestellten Konflikten – unbewusst überlegt man, wie man selbst agieren würde (Grimm, 2014, S. 52).

Auf dem Marktplatz der Postmoderne gibt es nicht nur eine Vielzahl an Wahlmöglichkeiten in allen Lebensbereichen, sondern auch an personalen Angeboten, gerade in Medienwelten. In pädagogischer Hinsicht erscheint es als unverzichtbar, auf diesem Areopag der Lebensorientierungen auch ermutigende Lebensentwürfe darzubieten: Menschen, die zeigen, dass man in einer Wohlstandsgesellschaft leben und gleichzeitig Ausflüge in gute Welten wagen kann. Zivilgesellschaften sind auf zivilcouragierte Persönlichkeiten und ehrenamtliches Engagement angewiesen (vgl. Mendl, 2017, 2020). Das ist der gesellschaftliche Kitt, denn solange es solche Menschen gibt, gerät die Welt nicht aus den Fugen. Den Blick daraufhin zu schulen und nachfolgende Generationen dazu anzuregen, eigene Formen einer altruistischen Einstellung zu entwickeln, ist für die Gesellschaft überlebensnotwendig – gerade in Zeiten, in denen verstärkt Prozesse des Cocoonings, des Sich-Einspinnens in die Behaglichkeit der eigenen Familie, festzustellen sind.

Dabei erweist sich ein biografisches Lernen insofern als riskantes Unternehmen, als es angesichts der radikalen Ausdifferenzierung der Gesellschaft und der Heterogenität von Lebensentwürfen keine standardisierten Biografiemuster mehr gibt, sondern jede und jeder ein Einzelfall ist, der sich vor die »Aufgabe Biografie« (Lindner, 2011) gestellt sieht.

Wenn man ein Lernen an fremden Biografien einem biografischen Lernen als zugeordnet sieht, ergibt sich eine weitere Folgerung: Über die Plausibilität und Lebensrelevanz dieser fremden und eigenen Perspektiven müssen die Lernenden selbst entscheiden. Deshalb ist ein biografisches Lernen im Religionsunterricht auch an fremden Biografien immer ein »freiheitsverbürgendes Lernen« (Ziebertz, 2010a, S. 382). Dieses Postulat muss dann auch in didaktischer Hinsicht eingeholt werden. Wenn also das lernende Subjekt der Ausgangs- und Zielpunkt eines Lernens an fremden Biografien darstellt, erscheint eine terminologische Unterscheidung zwischen »Vorbild«, »Modell«, »Idol« »Heiliger« oder »Held« als zweitrangig (zur Begrifflichkeit siehe Mendl, 2015a, S. 45–49; bzw. die einzelnen Stichwörter in Mendl, 2019): Letztlich muss in der Auseinandersetzung mit der breiten Palette möglicher fremder Biografien das lernende Subjekt selbst dazu befähigt werden, dem eigenen Leben eine selbstverantwortete Gestalt zu geben.

2. Theologisch-ethische Perspektiven

Ein Lernen an fremden Biografien oszilliert zwischen zwei Polen: dem lernenden Subjekt, das seinem Leben und Glauben immer wieder eine je eigene Bestimmung geben soll, und dem Lerngegenstand in Gestalt einer anderen Person. Beides bedarf einer genaueren *theologischen* Bestimmung, die in eine Klärung der entsprechenden moral- und lernpsychologischen Perspektiven einmünden soll.

Wenn man über das Vorbild-Personal nachdenkt, kommen geschichtlich betrachtet zunächst einmal die großen Gestalten (Martin Luther, Albert Schweitzer, Dietrich Bonhoeffer, Kardinal von Galen) und – katholischerseits – die großen Heiligen (Elisabeth von Thüringen, Franz von Assisi, Mutter Teresa; zur evangelischen Sicht vgl. Barth, 2000) in den Blick, die in der Geschichte der religiösen Bildung lange Zeit im Vordergrund standen.

Dass die Vorbildthematik zwischenzeitlich religionspädagogisch an Bedeutung verloren hat, hängt auch mit der kritischen Reflexion über die Grenzen der Bedeutung eines überhöhten Heiligkeitsideals zusammen:

> »Mir nach, spricht Christus, unser Held, mir nach ihr Christen alle! Verleugnet euch, verlasst die Welt, folgt meinem Ruf und Schalle! Nehmt euer Kreuz und Ungemach auf euch, folgt meinem Wandel nach« (Gotteslob, Nr. 461/Evangelisches Gesangbuch, Nr. 385),

lautet die erste Strophe des bekannten Kirchenlieds von Angelus Silesius (1688). Das hier aufscheinende Nachfolgekonzept ist schon ein starker Tobak für Menschen »wie du und ich«! Von mehreren Perspektiven aus keimt demgegenüber Unbehagen auf: In *theologischer* Hinsicht erscheint insbesondere das klassische Vorbildkonzept der katholischen Kirche als problematisch: Sowohl die theologische Beschreibung des Heiligen (»Es gibt keine Heiligkeit ohne Entsagung und Kampf. Der geistliche Fortschritt verlangt Askese und Abtötung«, Ecclesia catholica, 1993, Nr. 2015) als auch die Praxis der Heiligsprechung, bei der bis heute fast ausschließlich zölibatär lebende (viele) Männer und (wenige) Frauen heiliggesprochen werden, stellen eine Engführung dar. Wenn Heilige Realsymbole sind, an denen man »am besten ablesen kann, was Kirche ist« (Deutsche Bischofskonferenz, 1985, S. 285), dann stellt sich die Frage, durch welche Nachfolge-Vorbilder sich nichtklerikale Christinnen und Christen auf ihrem Weg zur Heiligkeit repräsentiert fühlen. In *pädagogischer und lernpsychologischer* Hinsicht demotiviert ein Modell, das nach dem Gipfelstürmerprinzip aufgebaut ist: Wer Hochsprungweltmeister werden will, wird bei seinem ersten Training nicht die Latte auf 2,45 Meter legen.

Freilich braucht es entwicklungspsychologisch beides, sowohl die großen Ideale als auch die Vorbilder für den nächsten Entwicklungsschritt: »Unser Alltag bedarf großer Bilder, in denen die alles Irdische übersteigende Gnadenmacht Gottes offenbar wird« (Guardini, 1977, S. 677). Die großen Heiligen und Märtyrerinnen dienen als Gegenentwürfe zu einer Ich-Gesellschaft sowie der Transzendierung des Alltags und sie kultivieren eine heilige Scheu (*tremendum* als Rückseite der Medaille von Religion, auf der Vorderseite steht *fascinosum*) (Mendl, 2015a, S. 127–152; Rothgangel & Schwarz, 2011).

Insgesamt erscheint aber eine Blickveränderung hin auf die *kleinen* Vorbilder theologisch und pädagogisch als angebracht: Während man sich angesichts der Größe der Nachfolgegestalten davonstehlen kann, geht dies beim »Heiligen der Unscheinbarkeit«, wie ihn Romano Guardini bezeichnet, nicht so leicht: »Der Christ, der heilig werden will, […] solle gar nicht Besonderes planen, sondern immer nur das tun, was von Mal zu Mal die Stunde von ihm verlange. […] Der Mensch, der diesen Weg geht, tut, was jeder tun müsste, der jetzt und hier seine Sache richtig machen will. Nicht mehr und nicht weniger« (Guardini, 1973, S. 677). Einem statischen Heiligkeitskonzept steht also ein dynamisches Heilig-Werden-Konzept gegenüber, welches theologisch mit dem Prinzip der Gradualität begründet werden kann: Der Weg zur eigenen Vervollkommnung vollzieht sich in kleinen Schritten.

Auch wenn diese vorgenommene kritische Ausdifferenzierung zwischen kleinen und großen Heiligen didaktisch im Folgenden noch bedeutsam werden wird, so lassen sich beide theologischen Perspektiven durchaus miteinander verbinden. Alle Christinnen und Christen sind als Glieder der Kirche zum Laienapostolat berufen und sind Teil der »Communio Sanctorum«, der Gemeinschaft aller Heiligen und der pilgernden Kirche auf ihrem Weg durch die Zeit. Dies verbindet die Lebenden mit den Verstorbenen. In dieser großen Heilsgemeinschaft spielt es keine Rolle, ob die einzelnen »Laien oder Amtsträger sind, in der Welt oder in einer religiösen Gemeinschaft leben, verheiratet oder unverheiratet sind« (Deutsche Bischofskonferenz, 1985, S. 284). Der Erwachsenenkatechismus fährt fort: »Solche Heiligkeit ist kein Werk und keine Leistung, sondern Frucht des Heiligen Geistes und seiner Gaben. Sie besteht nicht primär in außerordentlichen oder gar auffälligen Taten, sondern in außerordentlicher Treue, Liebe und Geduld im ordentlichen und alltäglichen Leben, in der Verherrlichung Gottes und im Dienst am Menschen, besonders im Ertragen von Leiden, Verfolgungen und Widerwärtigkeiten aller Art.« Papst Franziskus folgert: »Wir sind alle berufen, heilig zu sein, indem wir in der Liebe leben und im alltäglichen Tun unser persönliches Zeugnis ablegen, jeder an seinem Platz, an dem er sich befindet« (Sekretariat der Deutschen Bischofskonferenz, 2018, S. 14).

Dieser theologischen Standortbestimmung schließt sich eine *moral- und lernpsychologische Reflexion* an.

Nicht nur im Kontext eines Vorbildlernens erweist sich ein *verhaltenstheoretischer Ansatz* als defizitär, sondern insgesamt gilt, dass es für die Lerndomäne einer Handlungs- und Wertorientierung keine unmittelbar wirksamen Methoden einer Wertübertragung gibt. Die Beschränkung auf eine Bewunderung und Nachahmung großer Helden führte geschichtlich betrachtet zur Krise des Vorbilds und trägt auch pädagogisch nicht: Eine unmittelbare Übertragung des Verhaltens einer vorbildhaften Person auf Kinder und Jugendliche im Sinne einer Wertübertragung (zu den Modellen siehe Ziebertz, 2010b, S. 439–445; Winkelmann & Kropač, 2021, S. 295 f.; siehe auch die entsprechenden Stichworte in Mendl, 2019) erscheint insofern als defizitär, als im Kontext dieses Modells eine kritische gedankliche Kontrolle über das nachahmenswerte Verhalten und die eigene Entscheidungsfreiheit fehlen. Von neueren neurobiologischen Erkenntnissen her erfährt das Imitationslernen zwar eine gewisse Rehabilitation, weil sich durch die Theorie der Spiegelneuronen nahelegt, dass gerade die Fähigkeit zur Empathie durch die Spiegelung am anderen erlernt wird (vgl. Bauer, 2010; Mendl, 2015a, S. 78–81); in schulischen Orientierungsprozessen wird man aber darauf insistieren, dass durch die Aktivitäten der Spiegelneuronen dem Individuum lediglich ein Planungs-, Vorstellungs- und Gedankenraum zur Verfügung gestellt wird, über dessen Plausibilität das lernende Subjekt selbst entscheiden muss.

Die *sozial-kognitive Theorie des Modell-Lernens* (Bandura, 1979; Stachel & Mieth, 1978) hingegen ist bereits komplexer angelegt und impliziert gegenüber dem verhaltenstheoretischen Ansatz Aspekte der Reflexion: Werterhellend wird in den Blick genommen, welche ethischen Kategorien (Interessen, Werte, Motive) Menschen zum Handeln bewegen: Aus welchen Gründen handelt ein mutiger Mensch wie der Kriegsdienstverweigerer Franz Jägerstätter oder eine Jugendliche, die sich sozial engagiert (Aufmerksamkeitsprozess)? Die Kinder und Jugendlichen werden in deren Geschichten involviert – mit dem Ziel, dass sie selbst am Beispiel lernen und unmittelbar aufs eigene Leben übertragen: Welche Bedeutung haben die Wertvorstellungen, die die vorgestellten Personen motivieren, für mich (Gedächtnisprozess)? In welchen Situationen wird von mir Mut verlangt bzw. könnte ich Zeit für andere investieren (Reproduktions-, Verstärkungs- und Motivationsprozess)? Das Modell-Lernen im engen Sinn zielt aber letztlich ebenfalls auf eine Wertübertragung in einem Teilsegment ab: Als erfolgreich ist ein Lernen dann zu qualifizieren, wenn Lernende in analogen Situationen mit einem begründeten Rückbezug auf eine zuvor besprochene Person ähnlich handeln.

Letztlich bieten sich zwei komplexere lernpsychologische Modelle an: Bei einem *diskursethischen Lernen* verzichtet man auf unmittelbare Transfers. Man bringt Vorbild und Lernende möglichst produktiv ins Gespräch, setzt sich mit den herausfordernden Situationen, den damit verbundenen Wertimplikationen und möglichen Handlungsoptionen auseinander. Lehrenden fällt es häufig schwer, auszuhalten, wenn Kinder und Jugendliche dem Wertmuster einer normativen Moral widersprechende Entscheidungen fällen: sich nicht für Mobbingopfer einsetzen, sich an einer Sozialaktion nicht beteiligen oder sich gegen einen Organspendeausweis entscheiden. Aber nur, wenn die Lernenden tatsächlich das Gefühl haben, ehrlich ihre Meinung kundtun zu können, funktioniert eine solche produktive Auseinandersetzung mit Fremdbiografien!

Ein zweites lerntheoretisches Modell ist das *Handlungslernen:* Gerade bei sozialen Aktionen erleben die Schülerinnen und Schüler (SuS) sich selbst in sozialen Zusammenhängen (in einer sonderpädagogischen Einrichtung, einem Altenheim, bei einem Solidaritätslauf u. a.) und auch die ehrenamtlichen oder professionellen Helferinnen und Helfer in ihrem Handeln.

3. Didaktische Perspektiven

3.1 Didaktische Orientierungen

Vor dem Hintergrund der skizzierten theologischen, lernpsychologischen und religionspädagogischen Grundsatzerwägungen können folgende Kompetenzen aufgezeigt werden, auf die ein Lernen an fremden Biografien zielt; diese müssen dann auch in entsprechenden Unterrichtssettings (3.2) didaktisch angegangen werden (Kuhn, 2010, S. 85–109; Mendl, 2015a, S. 83–85):

Die SuS erwerben durch die Beschäftigung mit anderen Personen wertorientierte Bausteine zur Entfaltung der eigenen Identität: Eine Annäherung an die Fragen »Wer bin ich?« oder »Wer möchte ich sein?« kann durch die stetige Auseinandersetzung mit den Lebenserfahrungen und Entscheidungen von Fremdbiografien erfolgen (Mendl, 2015b). Wenn sich Lernende in diese Fremderfahrungen einklinken und sie erprobend nachvollziehen, können sie in Freiheit diese Angebote für plausibel halten – oder auch nicht. Jede unterrichtliche Begegnung mit einer Biografie führt zu einem Ausloten dessen, was einem selbst als lebenswichtig und sinnstiftend gilt. »Die Frage nach Identität erweist sich als hermeneutischer Schlüssel zum Verständnis der Erschließungssituationen zur sachgemäßen Verschränkung gegenwärtiger und überlieferter Lebensgeschichten« (Biehl, 1987, S. 275).

Die SuS gewinnen durch die Beschäftigung mit anderen Personen die Fähigkeit zur Perspektivenübernahme und empathischen Identifikation (Empathie): Durch die Auseinandersetzung mit Fremdbiografien erweitern SuS ihren Denk- und Welthorizont auf mehrfache Weise: Sie nehmen Anteil an den Deutungsangeboten aus dem Leben der Fremdbiografie und setzen sich mit den Rezeptionen ihrer Mitlernenden auseinander. Die multiperspektivische Auseinandersetzung mit eigenen und fremden Positionsbestimmungen fördert die Entwicklung einer differenzierten Sicht auf verschiedene Wertoptionen und soll die Fähigkeit zur Metabetrachtung (nach Robert Selman; vgl. Mendl, 2021, S. 41 f.) schulen: Wie von einer höheren Warte aus betrachtet sollen verschiedene Optionen wertschätzend wahrgenommen und kritisch analysiert werden.

Die SuS schreiten in der Entwicklung der moralischen Urteilsfähigkeit fort: Die Diskussion moralischer Dilemmata ist immer narrativ und personal gebunden. Ein häufiger Einsatz diskursethischer Verfahren trägt zur Weiterentwicklung und Ausdifferenzierung der moralischen Urteilsfähigkeit bei. Deshalb sollen an Schulen sowohl fiktive als auch lebensnahe Lernumgebungen geschaffen werden, in denen immer wieder Fragen der Moral, des Umgangs und der Zivilcourage diskutiert werden.

Die SuS lernen Wertvorstellungen eines jüdisch-christlichen Ethos kennen: Diskursethische Ansätze sind zunächst einmal einer formalen Ethik zuzurechnen. Freilich erfolgt ein solcher Prozess der ethischen Urteils- und Entscheidungsbildung nicht ohne Rückgriff auf eine materiale Ethik. Inmitten der Angebotspalette auf dem Markt postmoderner Möglichkeiten wird es die Aufgabe des Religionsunterrichts sein, immer wieder Biografien einzuspielen, deren Lebensentscheidungen von einem jüdisch-christlichen Ethos mit entsprechenden Werten und Normen gespeist sind. Ein Lernen an solchen markanten Biografien muss aber immer auch ein Lernen in Freiheit sein – die SuS können auch zu anderen ethischen Folgerungen kommen.

Ein solcher Zielhorizont fordert im unterrichtlichen Umgang mit diesen Personen »eine permanente Denkbewegung ein, die von der fremden Biografie zur eigenen und umgekehrt bzw. nur reflexiv auf die eigene bezogen läuft« (Lindner, 2011, S. 64). Die grundlegende Absicht besteht darin, die SuS zu Positionierungen herauszufordern, Bedeutungszuschreibungen zu ermöglichen und Möglichkeitsräume zu eröffnen.

3.2 Didaktische Konkretisierungen

Die bisherigen Ausführungen münden in didaktische Konkretisierungen, die auf zwei Perspektiven hin entfaltet werden – bezogen auf die möglichen Personengruppen, an denen gelernt werden kann und auf grundlegende didaktische Modelle im Umgang mit diesen Personen.

Vor dem Hintergrund der eingangs vorgenommenen Weichenstellung, dass ein Lernen an fremden Biografien dem biografischen Lernen zuzuordnen ist und unter Berücksichtigung der skizzierten differenzierten lernpsychologisch fundierten Didaktik gilt: »Jeder Mensch als Bild Gottes und jeder Mensch als Bild der Menschlichkeit ist ein ›würdiger Gegenstand der Anschauung‹ in seinem Versuch, Leben zu lernen« (Frost, 1996, S. 123). So betrachtet kann man von verschiedenen Personengruppen etwas lernen: von biblischen und historischen Personen, Personen des Nahbereichs, Helden des Alltags, medialen Personen und Figuren sowie auch von negativen Vorbildern (vgl. Mendl, 2015a, S. 93–244). Nach einem diskursethischen Modell methodisch kreativ bearbeitet enthalten auch die ferneren Vorbilder genügend Lernpotenziale für ein orientierendes Lernen. Es gilt nur, diese Gestalten zu »erden«, sie in ihrer Menschlichkeit, ihren Entscheidungsnöten und durchaus auch in ihrer Gebrochenheit didaktisch zu bearbeiten.

Die zweite Perspektive bezieht sich auf grundlegende didaktische Lernwege: Wenn die permanente Pendelbewegung zwischen den fremden Biografien und der eigenen grundlegend für ein biografisches Lernen ist, bieten sich didaktisch vor allem solche Lernwege an, die dialogisch und diskursethisch angelegt sind (Mendl, 2015a, S. 245–252; methodische Hinweise S. 253–287):

Mit der basalen Grundform einer gut aufbereiteten *Dilemmaerzählung* kann man die Lernenden anregen, sich in die Entscheidungssituationen der Person hineinzubegeben und sich werterhellend mit den herausfordernden Motiven und Werten der Person und ihres Umfelds zu beschäftigen (Mendl, 2021, S. 127–129; Mendl, 2019, S. 45–46).

Davon ausgehend lässt sich das Arsenal weiterer *kreativer, dialogischer, perspektivischer und diskursethischer Methoden* einbeziehen: die Erstellung von Wertepyramiden, Kommunikations- und Einschätzungsübungen, Gruppendiskurse oder kreative Schreibmethoden (Nachruf, Gedenktafel, Tagebucheintrag, E-Mail).

Bei der Beschäftigung mit noch lebenden Personen bieten sich Formen des *Begegnungslernens* (eine Exkursion direkt an die Handlungsorte der Personen, eine Einladung in die Schule) und des Interviews an (auch medial vermittelt, beispielsweise über eine Videokonferenz mit einem Local Hero).

Projektlernen: Als besonders bedeutsam erscheint die individuelle Spurensuche vor Ort (»Helden wohnen nebenan«, Mendl, 2020), die beispielweise in ein Ausstellungs- oder Kalenderprojekt münden kann und sich über die breite oben skizzierte Palette an Personengruppen erstrecken kann.

Frei verfügbare Materialien, die diesen didaktischen Prinzipien entsprechen und ein breites Arsenal an Beispielen enthalten, findet man beispielweise in der Datenbank »Local Heroes« (www.uni-passau.de/local-heroes) und in den darauf bezogenen Projekten (z. B. eine ausleihbare Wanderausstellung: Mendl, 2017) und Publikationen (z. B. Mendl, 2015a; Mendl, 2020).

Wenn fremde Biografien in ihrer Lebensambivalenz und Prozesshaftigkeit, in Gebrochenheit und Größe, im Suchen und Sich-Einsetzen, im Abwägen und in der Entschiedenheit vorgestellt werden, dann können sie in einer Zeit, in der die Entfaltung eigenen Lebens als risikobehaftet und fluide erscheint, taugliche Orientierungspunkte für SuS sein, die sich mit eigenen Stärken und Schwächen darin fragmentarisch wiederfinden, eigene Vorstellungen eines guten und gelingenden Lebens entwickeln und ermutigende Anregungen für die eigene Zukunft erhalten.

4. Literatur

Bandura, A. (1979): Sozial-kognitive Lerntheorie. Stuttgart: Klett-Cotta.

Barth, H.-M. (2000): Art. Heilige/Heiligenverständnis. III. Dogmatik, 3. Evangelisches Verständnis. In Religion in Geschichte und Gegenwart. Handwörterbuch für Theologie und Religionswissenschaft. Bd. 3 (RGG[3]) (4. Aufl.) (Sp. 1544–1545). Tübingen: Mohr Siebeck.

Bauer, J. (2010): Warum ich fühle, was du fühlst. Intuitive Kommunikation und das Geheimnis der Spiegelneurone (15. Aufl.). München: Wilhelm Heyne Verlag.

Biehl, P. (1987): Der biographische Ansatz in der Religionspädagogik. In A. Grözinger/H. Luther (Hg.): Religion und Biographie. Perspektiven zur gelebten Religion (S. 272–296). München: Chr. Kaiser.

Deutsche Bischofskonferenz (Hg.) (1985): Katholischer Erwachsenenkatechismus. Das Glaubensbekenntnis der Kirche. Kevelaer u. a.: Butzon & Bercker.

Ecclesia Catholica (1993): Katechismus der Katholischen Kirche. München u. a.: Oldenburg.
Eiff, M. v. (2018): Star – Heiliger – Vorbild. Eine empirische Untersuchung zum Vorbildverständnis von Kindern im Grundschulalter. Münster: LIT.
Frost, U. (1996): Erziehung durch Vorbilder? In H. Schmidinger (Hg.): Vor-Bilder – Realität und Illusion (S. 91–127). Graz u. a.: Styria.
Gotteslob. Katholisches Gebet- und Gesangbuch. Ausgabe für das Bistum Passau (2013). Hg. v. den (Erz-)Bischöfen Deutschlands und Österreichs und dem Bischof von Bozen-Brixen. Stuttgart: Katholische Bibelanstalt.
Grimm, J. (2014): Identitätsbildung durch Kino? In Ministerium für Integration, Familie, Kinder, Jugend und Frauen Rheinland-Pfalz et al. (Hg.): Medienkompetenz und Jugendschutz IV (S. 44–61). Wiesbaden.
Guardini, R. (1977): Der Heilige der Unscheinbarkeit. Katechetische Blätter 102, S. 677–678.
Kuhn, K. (2010): An fremden Biographien lernen! Ein religionspädagogischer Beitrag zur Unterrichtsforschung. Münster: LIT.
Lenz, S. (1973): Das Vorbild. Hamburg: Hoffmann und Campe.
Lindner, K. (2011): »Aufgabe Biografie« – eine religionsdidaktische Herausforderung? Loccumer Pelikan, H. 2, S. 62–67.
Mendl, H. (2015a): Modelle – Vorbilder – Leitfiguren. Lernen an außergewöhnlichen Biografien. Stuttgart: Kohlhammer.
Mendl, H. (2015b): Wer bin ich und durch wen werde ich? Biografisches Lernen im Religionsunterricht. In Grundschule Religion 50, S. 4–8.
Mendl, H. (2017): Helden auf Augenhöhe. Didaktische Anregungen zur Ausstellung und zur Datenbank »Local Heroes« (3. Aufl.). Winzer: Duschl.
Mendl, H. (2019): Taschenlexikon Religionsdidaktik. München: Kösel.
Mendl, H. (2020): Helden wohnen nebenan. Lernen an fremden Biografien. Ostfildern: Grünewald.
Mendl, H. (2021): Religionsdidaktik kompakt. Für Studium, Prüfung und Beruf (8. Aufl.). München: Kösel.
Mendl, H./Sitzberger, R./Lamberty, A. (2020): Identitätsbildung in digitalen Welten. In Österreichisches Religionspädagogisches Forum (ÖRF) 28 (Heft 1), S. 143–160. https://unipub.uni-graz.at/oerf/periodical/titleinfo/5090635 (Zugriff: 15.01.2021).
Pirker, V. (2015): Identität. In B. Porzelt/A. Schimmel (Hg.): Strukturbegriffe der Religionspädagogik (S. 38–43). Bad Heilbrunn: Klinkhardt.
Rothgangel, M./Schwarz, H. (Hg.) (2011): Götter, Heroen, Heilige. Von römischen Göttern bis zu Heiligen des Alltags, Frankfurt a. M. u. a.: Peter Lang.
Sajak, C./ Eiff, M. v. (2017): Art. Biografisches Lernen. In WiReLex – Das Wissenschaftlich-Religionspädagogische Lexikon im Internet. http://www.bibelwissenschaft.de/stichwort/100230/ (Zugriff: 15.01.2021).
Sekretariat der Deutschen Bischofskonferenz (Hg.) (2018): Apostolisches Schreiben Gaudete et Exsultate des Heiligen Vaters Papst Franziskus über den Ruf zur Heiligkeit in der Welt von heute. Bonn.
Stachel, G./Mieth, D. (1978): Ethisch handeln lernen. Zu Konzeption und Inhalt ethischer Erziehung. Zürich: Benziger.
Winkelmann, M./Kropač, U. (2021): Ethisches Lernen. In U. Kropač/U. Riegel (Hg.): Handbuch Religionsdidaktik (S. 292–298). Stuttgart: Kohlhammer.
Ziebertz, H.-G. (2010a): Biografisches Lernen. In G. Hilger/S. Leimgruber/Ders. (Hg.): Religionsdidaktik. Ein Leitfaden für Studium, Ausbildung und Beruf (S. 374–386). München: Kösel.
Ziebertz, H.-G. (2010b): Ethisches Lernen. In G. Hilger/S. Leimgruber/Ders. (Hg.): Religionsdidaktik. Ein Leitfaden für Studium, Ausbildung und Beruf (S. 434–452). München: Kösel.

1. Lebensweltliche Perspektiven

Mit der für (post-)moderne Gesellschaften charakteristischen Pluralität in allen Lebensbereichen geht ein elementarer Bedarf an Orientierung einher, insofern die Subjekte selbst entscheiden können bzw. müssen, wie sie Leben gestalten wollen. Werten und Normen kommt dabei eine wichtige Bedeutung zu: *Ethische Normen* stellen Richtlinien dar, die auf Basis sozialer Aushandlungsprozesse von außen an das Individuum herangetragen werden und (z. T. auch gesetzlich sanktionierend) festlegen, welches Handeln moralisch zulässig ist und welches nicht. Im Hintergrund ethischer Normen stehen meist Wertüberzeugungen, die artikulieren, was als positiv und somit erstrebenswert erachtet wird, z. B. Freiheit, Gerechtigkeit etc. *Ethische Werte* besitzen eine stark subjektive Dimension: Individuen klären im Rahmen verschiedener Bildungskontexte für sich, was »das Gute« ist, an das sie sich freiwillig binden und auf dessen Basis sie handeln wollen. Diese Bindekraft von Werten resultiert u. a. aus ihrer emotionalen Komponente, da sie dem Subjekt ein intensives Gefühl des Bei-sich-Seins ermöglichen, das »selbst unter Bedingungen äußerer Unfreiheit nicht verschwindet« (Joas, 2005, S. 14). Das eigene Wertegerüst gibt Menschen Orientierung und hilft ihnen zugleich zu klären, wofür sie stehen, was sie selbst ausmacht.

Veranschaulichen lässt sich die von außen kommende Verortung von Normen und die selbstbildende Entfaltung von Werten an einem Aspekt der nachhaltigen Entwicklung: Normierende Vorgaben klären hinsichtlich des Umgangs mit Ressourcen u. a., dass Bildung für alle zugänglich sein, dass Müll getrennt werden muss etc. Schülerinnen und Schüler (SuS), die Nachhaltigkeit als elementaren Wert identifizieren, leben diesen durch bewusstes Konsumverhalten bis hin zum politischen Engagement im Rahmen von medialen Aktionen oder öffentlichen Demonstrationen.

Wie Normen werden auch Werte über soziale Systeme generiert und tradiert: In der *Kindheitsphase* haben die Eltern großen Einfluss, da sie durch Erziehungsprozesse bei ihren Kindern ein normenbezogenes Orientierungsgefüge dazu aufbauen, was erlaubt ist und was nicht. Zugleich werden von ihnen Werte sowohl kommunikativ-argumentativ als auch durch das Verhalten weitergegeben. Insbesondere von Eltern, die ihnen mit »akzeptierender Wärme« (Stein, 2021, S. 35) begegnen, übernehmen Kinder dauerhaft Wertvorstellungen. Diese familiale Verortung der Werte spiegeln in gewisser Weise die Ergebnisse des Kindermonitors wider: Ihm zufolge sind 6- bis 14-Jährigen in Deutschland Freundschaft (98 %) und Familie (97 %) »total wichtig« bzw. »wichtig«, gefolgt von Werten wie Vertrauen/Zuverlässigkeit, Geborgenheit und Ehrlichkeit (GEOlino & UNICEF, 2014; vgl. Riegel, 2021).

In der *Jugendphase* kommt verstärkt den Gleichaltrigen (Peers) wertebildende Bedeutung zu. Sie ermöglichen es, vorhandene Wertorientierungen in einem »erziehungsfreien« Raum zu erproben und überdies alternative Werte kennenzulernen. Bisweilen ergeben sich dabei Wertkonflikte, die jedoch angesichts der zunehmenden Fähigkeit, Perspektivenwechsel selbstgesteuert vornehmen zu können, für die Heranwachsenden bearbeitbar sind. So zeigen verschiedene Studien, dass Jugendliche konkurrierende Werte pragmatisch synthetisieren: Aus der Sinus-U18-Studie geht z. B. hervor, dass 14- bis 17-Jährige »weniger einer ›Entweder-oder-Logik‹ als vielmehr einer ›Sowohl-als-auch-Logik‹« (Calmbach et al., 2016, S. 30) folgen. Die Ergebnisse der 18. Shell Jugendstudie belegen die Wertesynthese bei 12- bis 25-Jährigen: So wollen beispielsweise 4/5 der Befragten ihr Leben in vollen Zügen genießen. Zugleich aber ist ihnen die Pflege persönlicher Beziehungen und eine bewusste Lebensführung wichtig. Die gegenwärtige Jugendgeneration ist »bereit, sich in hohem Maße an Leistungsnormen zu orientieren, und hegt gleichzeitig den Wunsch nach stabilen sozialen Beziehungen im persönlichen Nahbereich« (Schneekloth, 2019, S. 113). Gute Freunde, ein/e vertrauenswürdige/r Partner/in, gutes Familienleben, aber ebenso Eigenverantwortlichkeit und Respekt gegenüber Gesetz sowie Ordnung sind die von Jugendlichen als am wichtigsten erachteten Wertorientierungen (Schneekloth, 2019, S. 106; ähnliches zeigen Ergebnisse des World Values Survey: Haerpfer et al., 2020, S. 5–7). Auch die *Schule* ist für die Normen- und Wertebildung der Heranwachsenden elementar – durch indirekte Prozesse des täglichen Umgangs in der Schulfamilie miteinander wie auch durch explizite Thematisierung von Normen- und Wertefragen im Unterricht.

In entwicklungspsychologischer Hinsicht ist zu bedenken, dass Heranwachsende erst mit zunehmendem Alter ein eigenständiges Werturteil fällen können. Lawrence Kohlbergs *strukturgenetisches Modell moralischer Urteilsfähigkeit* verweist darauf, dass (Klein-)Kinder ihre moralischen Entscheidungen zugunsten der Vermeidung drohender Strafen (Stufe 1) oder in Orientierung am Kosten-Nutzen-Prinzip (Stufe 2) fällen. Heranwachsende auf Stufe 3 entscheiden in moralischer Hinsicht zunächst so, dass ihre Handlungen den Erwartungen ihrer wichtigsten Bezugspersonen entsprechen. Erst auf Stufe 4 orientieren das Gewissen und die Verantwortung einer sozialen Ordnung gegenüber. Im Erwachsenenalter kann es auch dazu kommen, dass moralische Urteile am Wohlergehen aller (Stufe 5) oder gar an universellen ethischen Prinzipien (Stufe 6) ausgerichtet werden (Kohlberg, 1996).

Neben der kognitiven hat auch die emotionale Entwicklung entscheidenden Anteil an der Normorientierung und Wertebildung (Malti, 2010; Nunner-Winkler, 2013): Das »happy victimizer phenomenon« erweist dies, insofern sich bei jüngeren Kindern moralisch gute Gefühle einstellen, wenn sie etwas Erstrebenswertes erreichen, obwohl sie wissentlich moralische Regeln gebrochen haben. Mit voranschreitendem Alter erkennen sie die emotionalen Folgen ihrer Handlungen. Regelverletzungen geben dann Anlass zu Schuldgefühlen: »unhappy victimizer«. Im Jugendalter gelingt es den Heranwachsenden immer mehr, in Übereinstimmung mit vorgegebenen Normen oder gar in Übereinstimmung mit ihren Werten zu agieren. Sie sind dann »happy moralists« bzw., wenn sie ihnen bedeutsame Werte oder Normen übertreten, »unhappy moralists«.

Obgleich Religionen die Möglichkeit bieten, Normen und Werte zu begründen, finden sich nur marginale Hinweise auf entsprechende Bezugnahmen Heranwachsender: Trotz eventueller Religionsaffinität beziehen sich beispielsweise Erstkommunionkinder bei der Begründung moralischer Vorgaben kaum auf religiöse Argumentationsoptionen (Forschungsgruppe »Religion und Gesellschaft«, 2015, S. 294). Auch bei Jugendlichen lassen sich – wenn überhaupt – nur schwache Korrelationen zwischen Religiosität und Werthaltungen nachweisen: Religiös Praktizierende haben eine etwas höhere Neigung zu familialen Werten oder zu Ordnung. Heranwachsende ohne religiöse Praxis sind leicht hedonistischer ausgerichtet und etwas technikaffiner (Ziebertz & Riegel, 2008, S. 98).

2. Theologisch-ethische Perspektiven

Der vielerorts selbstverständlich gebräuchliche Terminus »christliche Werte« signalisiert, dass Christentum und Werte – und damit auch Normen – oftmals als verzahnt gedacht werden. Dabei ist zu bedenken, dass viele Werte, die dezidiert als christlich bezeichnet werden (z. B. Barmherzigkeit oder gar Nächsten- und Feindesliebe), nicht lediglich in der christlichen Überlieferung, sondern beispielsweise auch in der jüdischen zu finden sind. Neben anderen religiösen oder humanistischen Traditionen bietet der christliche Sinnzusammenhang gleichwohl einen normen- und wertebegründenden Referenzpunkt (Auer, 1995).

Er verweist auf den trinitarischen Gott als eine letzte, konstitutive Quelle, »die Kraft gibt, gut zu handeln und gut zu sein« (Taylor, 1994, S. 178). Somit kann der christliche Glaube Menschen eine transzendenzbezogene Antwort darauf bieten, warum sie gut handeln sollen bzw. wollen und woran sie sich dabei orientieren können: u. a., um »an der *story* Gottes in Jesus Christus« (Hofheinz, 2013, S. 41) teilzuhaben oder um auf letztendliche Gerechtigkeit hoffen zu dürfen (Eid, 1995, S. 170).

Ein theologisch-ethischer Zugang zum Thema »Werte und Normen« kann unterschiedlich angelegt sein: tugendethisch, deontologisch bzw. pflichtenethisch, teleologisch bzw. strebens- oder güterethisch (Hofheinz, 2021, S. 101–105). *Tugendethische Reflexionen* fragen nach Voraussetzungen und Haltungen, über die Menschen verfügen sollten, um zu gutem Handeln fähig zu sein. *Deontologisch angelegte Reflexionen* fokussieren Normen und klären, was im Sinne des Guten zu tun ist; wobei gut im Sinne Immanuel Kants (Kategorischer Imperativ) das ist, was als vernünftig und allgemein gültiges Prinzip gelten kann. *Teleologische Reflexionen* widmen sich eher dem Werteaspekt, indem sie die Folgen des Handelns zum Ausgangspunkt machen und danach fragen, wie Leben gestaltet werden soll.

Alle drei theologisch-ethischen Herangehensweisen *integrieren den christlichen Glauben* in unterschiedlicher Weise. Tugendethische Setzungen leiten aus der christlichen Tradition normative Grundhaltungen ab, die durch Übung angeeignet werden müssen und Orientierungspunkte für die Lebensgestaltung bieten (vgl. z. B. den theologisch erweiterten Tugendkatalog Glaube, Hoffnung, Liebe sowie Weisheit/Klugheit, Tapferkeit, Mäßigung, Gerechtigkeit). Sie liefern damit Kriterien, um menschliche Handlungsweisen hinsichtlich des Guten einzuschätzen. Deontologische Argumentationen wiederum fußen meist in göttlich Gebotenem, um zwischen »gut« und »böse« unterscheiden zu können (vgl. den Dekalog oder jesuanische Weisungen). Die teleologische Perspektive wiederum diskutiert Werthaltungen im Licht der biblischen Tradition und deren Ausgestaltung in Geschichte und Gegenwart, um das Gute für möglichst alle zu erzielen.

In inhaltlicher Hinsicht lassen sich zentrale *Referenzpunkte theologisch-ethischen Reflektierens* ausmachen, die sich in Bezug auf den christlichen Sinnzusammenhang von Werten und Normen als prägend erweisen (Lindner, 2017, S. 133–141, 241–249). Sie stecken grundsätzliche Begründungsfiguren ab, müssen hinsichtlich jeweiliger ethischer Kernthemen – z. B. Gentechnik oder Medien – aktualisierend entfaltet werden und verleihen dem Religionsunterricht »im Bereich der Wertebildung […] ein klares religiöses – im vorliegenden Falle: christliches – Profil« (Schweitzer, 2012, S. 26).

Die Deutung von Welt in Referenz zum *trinitarischen Gott* als Ursprung allen Seins und auf das sich davon ableitende Menschenbild prägen christlich-theologische Diskurse um Werte- und Normfragen. Insbesondere die jüdisch-christliche Anthropologie, die den Menschen als *von Gott her freies und verantwortliches Wesen* deutet, stellt dabei eine Bezugsgröße dar, die dem Subjekt als Ebenbild Gottes Autonomie in wertebezogenen Fragen garantiert. Zugleich wird mit der biblischen Deutung, dass der Mensch am göttlichen Schöpfungsauftrag partizipiert (Gen 1,28) und mit freiem Willen sowie Freiheit ausgestattet ist, auch die Kategorie der Verantwortung relevant: Denn in Referenz zu Gott ist die orientierende Begründung des Handelns nicht nur im menschlichen Verantwortungsraum möglich, sondern auch in Bezug auf ein Transzendentes, das jedoch dem Menschen und seiner potenziellen Fehlerhaftigkeit oder egoistischen Parteilichkeit entzogen ist. Verantwortung ist damit nicht egozentrisch definierbar. Dieses Potenzial integriert u. a. die Präambel des Grundgesetzes der Bundesrepublik Deutschland: »Im Bewusstsein seiner Verantwortung vor Gott und den Menschen …«.

Mit der jesuanischen *Reich-Gottes-Botschaft* wird ein Menschenbild geprägt, das Hoffnung und Gerechtigkeit für alle verheißt. In Bezug auf Werte und Normen geht von dieser christlichen Verheißung sowohl Orientierung für die Klärung ethischer Fragen als auch die grundsätzliche Aufforderung aus, inhumane Verhältnisse kritisch zu betrachten und zugunsten einer besseren Welt auszuhebeln. Überdies eröffnet das in Jesus Christus allen Menschen zugesprochene Heilshandeln Gottes in Bezug auf *Schuldfragen* eine radikale Perspektive, die innerweltlich durch juristisch-gesetzliche Gerechtmachung nicht gegeben werden kann: Ein in werte- und normbezogener Hinsicht immer mögliches Fehlverhalten oder Scheitern lässt sich als Scheitern vor Gott deuten, das im Horizont der göttlichen Liebe jedoch aufhebbar ist. *Vergebung* erscheint selbst für schwerste Vergehen möglich.

Theologisch-ethische Überlegungen zu Werten und Normen finden nicht nur im wissenschaftlichen Diskurs statt, sondern kommen auch in den unterschiedlichen kirchlichen Aktivitäten sowie in *kirchenamtlichen Äußerungen* zu ethischen Fragestellungen zur Geltung: z. B. in der Enzyklika »Laudato si'« (2015), in der Papst Franziskus seiner Sorge um die Zukunft der Welt Ausdruck verleiht, oder in der EKD-Denkschrift »Umkehr zum Leben« (2009), mit welcher aus christlicher Perspektive zu Nachhaltigkeit angesichts des Klimawandels Stellung bezogen wird. Kirchliche Äußerungen zu lebenspraktisch-ethischen Fragen besitzen orientierendes Potenzial, das christlich fundiert ist – gerade auch dann, wenn, wie beispielsweise die katholische Sexualmoral, Lehrmeinungen auf nicht ungeteilte Zustimmung treffen. Im Diskurs darüber kann sich das kritisch-produktive Potenzial des christlichen Glaubens für die Wahrnehmung und Gestaltung von Welt erweisen.

Neben dem biblischen Fundament und/oder kirchenamtlichen Äußerungen können theologisch-ethische Vergewisserungen auf einen reichhaltigen Schatz aus 2.000 Jahren Kirchen- und Christentumsgeschichte zurückgreifen. Denn Werte drängen grundsätzlich auf *Realisierung:* »Es geht um die Ausgestaltung des Christlichen mit seinen moralischen Optionen und Perspektiven mitten in unserer ›Welt‹« (Eid, 1995, S. 172). Menschen, die sich aus ihrem Glauben heraus sozial engagieren – beispielsweise in der Pflege, in Hilfsorganisationen oder im Einsatz für Frieden und Gerechtigkeit – legen beredtes Zeugnis von christlich fundierten Werthaltungen ab. Eine Auseinandersetzung mit dem *Handeln von Christinnen und Christen auf dem Weg durch die Zeit* kann Orientierungspunkte dafür zugänglich machen, wie sich christlich fundierte Werte und Normen realisieren lassen. Dabei darf in ideologiekritischer Hinsicht nicht vergessen werden, dass mit Verweis auf den christlichen Glauben nicht nur das Gute fundiert und forciert, sondern Menschen auch unsagbares Leid zugefügt werden kann. Stigmatisierende Auslegungen *verzerrten* (und tun dies bis in die Gegenwart) die jesuanische Botschaft dahingehend, dass daraus Werte und Normen abgeleitet wurden und werden, um bestimmte Personen auszugrenzen, zu verfolgen oder gar zu töten. Eine geschichtsbewusste Auseinandersetzung damit sensibilisiert für die Gefahr, die von Werten und Normen ausgeht, wenn diese nicht im Horizont des »Guten für alle« plausibilisiert werden – eigentlich ein zentrales, christlich begründetes Kriterium, das im Kontext des Evangeliums als »frohe Botschaft« nicht aufgebbar sein sollte.

3. Didaktische Perspektiven

3.1 Didaktische Orientierungen

In (allgemein-)bildender Hinsicht ist es bedeutsam, dass christliche Begründungen von Werten und Normen in verschiedene gesellschaftliche Wertediskurse eingebracht und abseits einer religiösen Sondersprache *verständlich kommuniziert* werden. Auch für Menschen, die eine christlich-religiöse Weltdeutung nicht teilen, können religiös fundierte Werte- und Normbegründungen Vernunftpotenzial bergen, weshalb Jürgen Habermas sogar von säkularen Bürgerinnen und Bürgern einer Gesellschaft erwartet, »dass sie sich an Anstrengungen beteiligen, relevante Beiträge aus der religiösen in eine öffentlich zugängliche Sprache zu übersetzen« (Habermas, 2006, S. 36). Schulische religiöse Bildung kann dabei als eine entsprechende Option betrachtet werden.

Religionsunterricht bringt die SuS mit konkreten werte- und normbezogenen Lerngegenständen in Kontakt, die im Verlauf menschlichen Lebens virulent werden können, z. B. Fragen nach dem Lebensbeginn und Lebensende, nach Wahrhaftigkeit oder medizinischem Fortschritt. Entsprechende Lernprozesse ermöglichen einen *Aufbau an Verfügungs- und Orientierungswissen,* um »mit kulturell und religiös differenten Wert- und Lebensorientierungen konstruktiv umgehen zu können« (Schweitzer, 2012, S. 24). D. h., die Sachstrukturen der thematisierten Werte und Normen müssen erfasst und in ihrer lebensweltlichen Relevanz reflektiert werden. Insbesondere gilt es in religiösen Lern- und Bildungsprozessen die *christliche Tradition als Begründungszusammenhang* von werte- und normenbezogenen Fragen ins Lerngeschehen zu integrieren – auch im Austausch mit weiteren religiösen und säkularen Deutungen. Dabei ist ein mehrperspektivischer, reflexiver Blick das Ziel und nicht eine unhinterfragte Übernahme vorgegebener Ansprüche. U. a. sollte darüber nachgedacht werden, was eine auf Transzendenz bezogene Begründung von Werten und Normen austrägt. Dadurch kann den SuS der spezifische Sinnzusammenhang von Religion deutlich werden, insofern der Mensch in diesem Kontext bei seiner Orientierungssuche nicht auf sich selbst zurückgeworfen ist.

Auch gilt es im Religionsunterricht, unterschiedliche *Repräsentationsdimensionen* von Werten und Normen zu integrieren: Die biografisch-selbstreflexive Dimension sensibilisiert SuS für die persönlich-lebensgestaltende Relevanz von Werten und Normen. Entsprechende Lernanlässe geben Gelegenheit, ethische Fragen im Horizont eigener Lebenserfahrungen und Zukunftsperspektiven zu reflektieren. Mittels der personal-kommunikativen Dimension werden Werte- und Normenfragen aus der Sicht eines »Du« erfasst – sowohl im Rahmen des unterrichtlichen Austauschs mit anderen SuS als auch über mediale Formate (Texte, Videoclips oder Gäste). Dadurch weitet sich der Blick auf alternative und neue Perspektiven; ganz im Sinne der mit Werten und Normen einhergehenden Fragen nach Verantwortung und den sich von daher ergebenden Grenzen der eigenen Freiheit. Eng damit verknüpft ist die sozial-handlungsleitende Dimension. Deren Berücksichtigung in Lernprozessen garantiert, dass Werte und Normen in ihrer gesellschaftlichen sowie kulturellen Geprägtheit zur Geltung kommen und dass SuS für Kontexte sensibilisiert werden, wo sie selbst werte- und normenbasiert an der Gestaltung von Welt mitwirken (können). Die transzendenzbezogene Dimension wiederum repräsentiert Werte und Normen in religiösen Zusammenhängen und markiert das zentrale Proprium werte- und normenbildender Zugänge im Religionsunterricht.

Die Thematisierung von Werten und Normen im Religionsunterricht hängt u. a. von der leitenden *Strategie* ab, mit welcher sie ins Lerngeschehen eingebracht werden. Eine Wertübertragung bzw. -vermittlung fokussiert die Weitergabe bestimmter Werte und Normen über Erziehungs- und Lernprozesse. Wäre sie jedoch die primäre Strategie unterrichtlichen Handelns, so würde dies der werte-pluralen Gesellschaft nicht gerecht. Auch würde die Freiheit des lernenden Subjekts in seiner Wertebildung missachtet. Gleichwohl leben Gesellschaften von der Weitergabe der für gut befundenen Werte und Normen. Um die SuS bei der Bildung ihres individuellen Wertegerüsts zu unterstützen, braucht es weitere Strategien. Werterhellung beispielsweise will SuS befähigen, ihre eigenen Werte und Normen bezüglich deren Orientierungstauglichkeit zu beurteilen. Auch diese Strategie ist begrenzt, insofern sie v.a. auf Vorhandenes bedacht ist. Wertentwickelnde Lehr-Lernarrangements erweitern dagegen den Binnenraum, indem sie SuS mit Dilemmasituationen konfrontieren. Die Arbeit damit kann zu einer Erhöhung der Werturteilsfähigkeit führen. Auch die Wertkommunikation zielt auf Letztgenanntes, nimmt ihren Ausgangspunkt jedoch nicht nur bei Dilemmata, sondern bei konkreten, strittigen Fragestellungen angesichts des Werteplurals. Dabei werden die SuS gefordert, verschiedene Perspektiven zu berücksichtigen: die eigene, die des Gesprächspartners/der Gesprächspartnerin und auch die von Personen, welche an der Kommunikation nicht aktiv beteiligt, jedoch von den thematisierten Wert- und Normenfragen tangiert sind. Alle diese Strategien haben einen kognitiven Schwerpunkt. Da Werte und Normen aber auf Handeln drängen, gilt es in (religions-)unterrichtlichen Lernprozessen auch erfahrungseröffnende Optionen aufzugreifen: Das Ermöglichen von Wertprimärerfahrungen bietet SuS Gelegenheit, Werte und Normen im »geschützten« Experimentierraum schulischen Lernens aktiv zu realisieren und zu reflektieren. Lehrkräfte sollten diese verschiedenen Strategien sowie damit verbundene Vor- und Nachteile (Lindner, 2017, S. 192–211; Naurath, 2021) kennen, um je nach inhaltlichem Kontext sowie damit angezieltem Kompetenzerwerb bei der Planung und Durchführung von Religionsunterricht begründet darauf zurückgreifen zu können. Ein dynamischer Rückgriff auf die verschiedenen Strategien garantiert zugleich, dass neben *kognitiven* auch die affektiven bzw. *emotionalen* (Naurath, 2010) und die *praktischen Aspekte* von Werten und Normen im Unterricht zugänglich werden.

3.2 Didaktische Konkretisierungen

Neben der inhaltlich-diskursiven Beschäftigung im Horizont gegenwärtiger ethischer Fragestellungen oder konkreter Handlungsbedarfe lassen sich spezifische Herangehensweisen für die Thematisierung von Werten und Normen im Religionsunterricht identifizieren. Drei exemplarische Optionen werden im Folgenden skizziert:

Typisch für ein lebensweltnahes und kompetenzorientiertes Lernen mit Werte- und Normenfragen ist die *Beschäftigung mit vorbildhaften Personen* (Mendl, 2020) – ob mittels realer Begegnung oder medial vermittelt (z. B. anhand von Zeitungsberichten, Vlogs, historischen Darstellungen, Biopics; vgl. auch die Webseiten »Local Heroes«, https://www.uni-passau.de/local-heroes; oder »Was Promis glauben« https://promisglauben.de). Die Auseinandersetzung mit Personen (z. B. Jugendlichen, die sich für Bedürftige engagieren, indem sie Essen in einer von der Kirche verantworteten »Tafel« reichen, Dietrich Bonhoeffer, Franz von Assisi u. a.) veranschaulicht SuS, wie bestimmte Werte und Normen aus religiöser Motivation heraus gelebt werden können, und eröffnet diesbezüglich kritische Reflexionsoptionen. Eine religionsdidaktische Sequenzierung des Umgangs mit vorbildhaften Personen sollte folgende Unterrichtsschritte berücksichtigen: (1) Austausch über die Präkonzepte der SuS in Bezug auf vorbildhaftes Verhalten; (2) Präsentation des werte- bzw. normbezogenen Verhaltens einer bestimmten Person und kritische Auseinandersetzung damit; (3) werteerhellendes Recherchieren dazu, inwiefern der christliche Kontext das Verhalten dieser Person prägt; (4) Integration theologisch-ethischer Wissensbestände zur Einordnung potenzieller christlicher Werte- bzw. Normenbegründungen; (5) abschließende, wertkommunikativ angelegte Positionierung auch in Bezug auf damit verbundene persönliche Orientierungspotenziale.

Werte werden bisweilen ausgehend vom Gegenteil des Guten gebildet. Entsprechend bietet die (religions-)unterrichtliche Beschäftigung mit *negativem moralischen Wissen* Potenzial (Rommel, 2021). Dabei bildet die Wahrnehmung inhumaner, ungerechter oder gewaltbehafteter Situationen (z. B. Ausbeutung von Kindern, rassistische Diskriminierungen etc.) und damit verbundener wert- bzw. normbasierter Erfahrungen den Ausgangspunkt (1). Weitere Lernschritte können sein: (2) Artikulation der Empfindungen bzgl. der wahrgenommenen Situation; (3) Reflexion über eigene Werte, die durch diese Situation tangiert werden; (4) Auseinandersetzung mit dem als »negativ« Bewerteten – auch unter Einbezug christlich-religiöser Kontextualisierungen; (5) Formulierung von positiven Werthaltungen und Normen als Korrektiv zur wahrgenommenen negativen Situation.

Im Sinne der Ermöglichung von Wertprimärerfahrung bieten sog. »Wertebegründer/-innen-Projekte« für SuS im Rahmen des Religionsunterrichts Anlässe, Werte zu realisieren und die beim Handeln gemachten Erfahrungen zu reflektieren (vgl. Lindner, 2017, S. 277–281). Diese Form des Arbeitens eignet sich für verschiedene Werte, die im Lebensalltag der Lernenden bedeutsam sind (z. B. Nachhaltigkeit, Gerechtigkeit etc.). In mehreren Schritten, die je nach Projektthema im Unterrichtsverlauf oder z. T. in zusätzlichen außerunterrichtlichen Aktionen umgesetzt werden, identifizieren SuS in Kleingruppen einen zu realisierenden Wert (1), recherchieren zu diesem potenzielle, christlich-religiöse Verortungen (2), präsentieren ihre Ergebnisse den anderen Kleingruppen der Klasse (3), planen auf dieser Basis eine Aktion (4) und setzen diese um (5). Dies könnten beispielsweise eine »Woche nachhaltigen Smartphone-Nutzens« oder Online-Postings in sozialen Netzwerken zu »Bildungsgerechtigkeit« sein. Die dabei gemachten Erfahrungen werden in der Klasse (oder auch in einer schulöffentlichen Präsentation) vorgestellt und diskutiert (6). Abschließend gilt es, das jeweilige Projekt zu reflektieren – u. a. in Bezug auf christlich-religiöse Begründungszusammenhänge – und weitere Wertrealisierungsformen zu fokussieren (7).

4. Literatur

Auer, A. (1995): Zur Theologie der Ethik. Das Weltethos im theologischen Diskurs. Freiburg i. Ü./Freiburg i. Br.: Universitätsverlag/Herder.

Calmbach, M./Borgstedt, S./Borchard, I. et al. (Hg.) (2016): Wie ticken Jugendliche 2016? Lebenswelten von Jugendlichen im Alter von 14 bis 17 Jahren in Deutschland. Wiesbaden: Springer.

Eid, V. (1995): Moralerziehung in pluraler Lebenswelt – und die »christliche Moral«? In V. Eid/A. Elsässer/G. Hunold (Hg.): Moralische Kompetenz (S. 143–174). Mainz: Grünewald.

Forschungsgruppe »Religion und Gesellschaft« (2015): Werte – Religion – Glaubenskommunikation. Eine Evaluationsstudie zur Erstkommunionkatechese. Wiesbaden: Springer.

GEOlino/UNICEF (2014): Kinderwertemonitor 2014. www.unicef.de/blob/56990/a121cfd7c7acbdc2f4b97cbcdf0cc716/geolino-unicef-kinderwertemonitor-2014-data.pdf (Zugriff: 31.03.2021).

Habermas, J. (2006): Vorpolitische Grundlagen des demokratischen Rechtsstaates? In Ders./J Ratzinger: Dialektik der Säkularisierung (S. 15–37). Freiburg i. Br.: Herder.

Haerpfer, C./Inglehart, R./Morena, A. et al. (Hg.) (2020): World Values Survey. Round Seven: Germany. Madrid/Wien: JD Systems Institute/WVSA Secretariat.

Hofheinz, M. (2013): Das gewisse Etwas. Zur Frage nach dem Proprium christlich-theologischer Ethik. In G. Büttner/H. Mendl/O. Reis/H. Roose (Hg.): Ethik (S. 33–46). Hannover: Siebert.

Hofheinz, M. (2021): Theologische Ethik. In K. Lindner/M. Zimmermann (Hg.): Handbuch ethische Bildung. Religionspädagogische Fokussierungen (S. 101–113). Tübingen: Mohr Siebeck.

Joas, H. (2005): Die kulturellen Werte Europas. Eine Einleitung. In H. Joas/K. Wiegandt (Hg.): Die kulturellen Werte Europas (2. Aufl., S. 11–39). Frankfurt a. M.: Fischer.

Kohlberg, L. (1996): Die Psychologie der Moralentwicklung. Frankfurt a. M.: Suhrkamp.

Lindner, K. (2017): Wertebildung im Religionsunterricht. Grundlagen, Herausforderungen und Perspektiven. Paderborn: Ferdinand Schöningh.

Malti, T. (2010): Moralische Emotionen und Moralerziehung der Kindheit. In B. Latzko/Dies. (Hg.): Moralische Entwicklung und Erziehung (S. 181–198). Göttingen: Hogrefe.

Mendl, H. (2020): Helden wohnen nebenan. Lernen an fremden Biografien. Ostfildern: Patmos.

Naurath, E. (2010): Mit Gefühl gegen Gewalt (3. Aufl.). Neukirchen-Vluyn: Neukirchener Verlag.

Naurath, E. (2021): Übertragung, Erhellung, Entwicklung, Kommunikation, Erfahrung. Strategien ethischer Bildung im Religionsunterricht. In K. Lindner/M. Zimmermann (Hg.): Handbuch ethische Bildung. Religionspädagogische Fokussierungen (S. 222–229). Tübingen: Mohr Siebeck.

Nunner-Winkler, G. (2013): Moral Motivation and the Happy Victimizer Phenomenon. In K. Heinrichs/F. Oser/T. Lovat (Hg.): Handbook of Moral Motivation (S. 267–288). Rotterdam: Springer.

Riegel, U. (2021): Wertorientierungen von Kindern und Jugendlichen. Ergebnisse empirischer Studien. In K. Lindner/M. Zimmermann (Hg.): Handbuch ethische Bildung. Religionspädagogische Fokussierungen (S. 16–24). Tübingen: Mohr Siebeck.

Rommel, H. (2021): Lernen an »negativer Moral«. In K. Lindner/M. Zimmermann (Hg.): Handbuch ethische Bildung. Religionspädagogische Fokussierungen (S. 326–332). Tübingen: Mohr Siebeck.

Schneekloth, U. (2019): Entwicklungen bei den Wertorientierungen der Jugendlichen. In M. Albert/K. Hurrelmann/G. Quenzel: 18. Shell Jugendstudie. Jugend 2019. Eine Generation meldet sich zu Wort (S. 103–131). Weinheim: Beltz.

Schweitzer, F. (2012): Was bedeutet Wertebildung im BRU? Zur Begründung der Studie. In Ders./J. Ruopp/G. Wagensommer (Hg.): Wertebildung im Religionsunterricht. Eine empirische Untersuchung im berufsbildenden Bereich (S. 11–31). Münster: Waxmann.

Stein, M. (2021): Familie, Freunde, Schule und Religion – Einflussfaktoren auf ethische Urteilsbildung und Wertebildung. In K. Lindner/M. Zimmermann (Hg.): Handbuch ethische Bildung. Religionspädagogische Fokussierungen (S. 33–41). Tübingen: Mohr Siebeck.

Taylor, C. (1994): Quellen des Selbst. Die Entstehung der neuzeitlichen Identität. Frankfurt a. M.: Suhrkamp.

Ziebertz, H.-G./Riegel, U. (2008): Letzte Sicherheiten. Eine empirische Untersuchung zu den Weltbildern Jugendlicher. Gütersloh/Freiburg i. Br.: Gütersloher Verlagshaus/Herder.

Wirtschaft/Kapitalismus/Soziale Marktwirtschaft

Bernhard Grümme

1. Lebensweltliche Perspektiven

Heranwachsende sind ein zentrales Objekt der Werbung. Sie dienen als Vehikel, um die Erwachsenen zu erreichen, sind aber vor allem Adressaten für mannigfaltige Initiativen, um »aus Kindern Konsumenten« (von der Hagen, Hampel & Liebrich, 2017, S. 1) zu machen. Wenngleich durch soziale Schichtungen in unterschiedlicher Form, ist andererseits der konsumorientierte Umgang mit Dingen zum Teil ihrer erlebnis- und authentizitätsgeleiteten Lebenswelt geworden, wie Zalando-Partys und andere Kaufevents zeigen. Überdies avanciert das Internet zum Ort der Selbstinszenierung, wo etwa in der Figur des Influencers bzw. der Influencerin die Grenzen zwischen Markt, Werbeträger, Konsument und Produzentin verwischen.

Nun weiß man aus wirtschaftswissenschaftlichen Forschungen, dass sich weder der Typos des manipulierten Objekts der Konsumindustrie noch der des frei entscheidenden Konsumenten bestätigen lassen. Konsumverhalten ist komplexer als zumeist unterstellt wird (Jähnichen & Wiemeyer, 2020). Aktuelle Jugendstudien deuten in eine ähnliche Richtung. Vor dem Hintergrund einer spannungsvollen Wertorientierung, in der Leistungsorientierung, Authentizität, Hedonismus, Toleranz, Orientierung an Familie und sozialen Bindungen mit zunehmendem Umweltengagement und politischem Bewusstsein eine sehr komplexe Konstellation eingehen (Hurrelmann et al., 2019), bewerten in der Shell Jugendstudie von 2019 Heranwachsende etwa die Rolle der hier exemplarisch herangezogenen Influencerinnen und Influencer durchaus unterschiedlich. Einerseits werden diese als Vorbilder gesehen, denen Jugendliche wegen des ausgewählten Contents und der Authentizität folgen, andererseits sehr kritisch, insofern »junge Teenager als leichter beeinflussbare Zielgruppe« (Hurrelmann et al., 2019, S. 33) eines milliardenschweren Systems verstanden werden. Ähnlich die Sinusstudie 2020: Andererseits messen die Befragten Werten wie Leistung und Selbstverantwortung hohe Bedeutung bei, »obwohl die Skepsis gegenüber dem neoliberalen Wettbewerbsparadigma zugenommen hat« (Calmbach et al., 2020, S. 565). Neben Distanz gegenüber Effizienz- und Leistungsdenken breiten sich

»Zweifel aus am Wachstumsglauben, an der wirtschaftlichen Steigerungslogik und an der Ökonomisierung des Lebens. Gleichzeitig wird die Übereinstimmung zwischen Ich und Außenwelt (soziales Umfeld, natürliche Umwelt) immer bedeutender« (Calmbach et al., 2020, S. 567).

Als Ergebnis der Jugendstudien bleibt damit eine Spannung zwischen lebensweltbezogener Internalisierung kapitalistisch-konsumorientierter Mechanismen und Anbahnungen kritischer Distanz festzuhalten.

Eine solche Komplexität findet sich ebenfalls in der hier einschlägigen wirtschaftsbezogenen Bildung. Vor allem Wirtschaftsvertreterinnen und -vertreter halten ein Fach Wirtschaft, das mit den Mechanismen des wettbewerbsorientierten Kapitalismus vertraut macht, für bildungstheoretisch elementar. *Andere* plädieren demgegenüber für eine multiperspektivische Erörterung aus der Perspektive aller Sozialwissenschaften, die erst durch Einbettung in politische, sozialwissenschaftliche und kulturelle Horizonte eine angemessene ökonomische Bildung im Sinne einer kritischen Urteilsbildung erlaube (Pohl, 2019).

Für die Religionspädagogik ist daran interessant, dass sie dieses hohe Komplexitätsniveau aus drei Gründen nicht unterbieten darf, wenn sie ihre eigene Perspektive profiliert: (1) curricular, weil Wirtschaft einen nicht unwesentlichen Inhalt ethischen Lernens in der Schule darstellt; (2) bildungstheoretisch, weil religiöse Urteilsbildung sich elementar auf die lebensweltlichen Vollzüge sowie auf religiöse Aufladungen bestimmter Phänomene bezieht; und (3) konzeptionell, weil eine sich ihrer politischen Dimensionen bewusste Religionspädagogik diesen Bereich prinzipiell zu bedenken hat. Dies freilich setzt begriffliche Klärungen voraus.

2. Theologisch-ethische Perspektiven

»Wirtschaft« hat sich im Zuge funktionaler Ausdifferenzierung in den Prozessen der Moderne als eigener Wirklichkeitsbereich neben Politik, Kultur oder Religion herausgebildet. Ob man dies systemtheoretisch als Teilsystem der Gesellschaft, das im binären Muster von zahlen/nicht-zahlen agiert, oder in der Differenz von System und Lebenswelt im Rahmen kommunikativer Handlungstheorie anlegt, ob man dies mit einer empirischen oder normativen Ökonomik reflektiert: entscheidend ist, dass die Zuordnung von Produktion, Konsum, Transformation und Distribution von Gütern und Dienstleistungen im Modus von Angebot und Nachfrage unter Knappheitsbedingungen derzeit durch zwei im Ansatz konträre Modelle von Wirtschaft organisiert ist: einerseits das planwirtschaftliche Modell, das nach dem Umbruch von 1989 global kaum noch existiert, andererseits das in verschiedenen kulturellen, gesellschaftlichen und vor allem politischen Facetten weltweit dominierende Modell der Marktwirtschaft (Bendel, 2020).

Im Gegensatz zu staatlich festgesetzten Vorgaben erfolgen dort Entscheidungen über die Zuordnung von Produktion und Konsum dezentral über den Markt unter Bedingungen von Konkurrenz und Wettbewerb (Jähnichen, 2015). Diese Logik des wohlstandsorientierten Wettbewerbs ist strukturell auf Wachstum ausgelegt, insofern es – wie von einer unsichtbaren Hand (Adam Smith) geordnet – auf einem Zusammenspiel von Kapital, Wertschöpfung durch Einsatz von Natur und Arbeitskraft, Kapitalgewinn und erneuter Investition beruht, woraus nicht nur ökonomische, sondern auch politische und gesellschaftliche Macht resultiert (Jähnichen, 2015). Darin zeigt sich die Logik des Kapitalismus, die in ihrem Streben nach Kapitalgewinn zu einer Ökonomisierung des gesamten Lebens führt, weil alles unter Verwertungsinteresse gesetzt wird. Dieser Prozess bringt eine »ungeheure Rationalisierung des Lebens durch diese ständige Berechnung des Ertrages, durch die rationell-wissenschaftliche Methode der Technik, durch die rationale Kunst der Arbeitsteilung, die Berechenbarkeit jedes Wertes in bestimmten Tauschwerten, die Konstruktion des ganzen Daseins aus wirtschaftlichen Gesetzen« (Troeltsch, 1925, S. 309 f.), wirkt also »in der Hauptsache depersonifizierend« (S. 309 f.). Zwar hat der Kapitalismus mit der starken Anhebung des allgemeinen Wohlstands in den Industrienationen, mit kulturellen und politischen Freisetzungsprozessen oder auch der Verkürzung der Arbeitszeit durchaus große Erfolge. Aber diese gehen einher mit der Verdrängung eingelebter Traditionen und Berufsstrukturen, mit beträchtlichen negativen Konsequenzen für Natur und Lebenswelten und mit grassierend-eskalierenden Ausbeutungen in den Ländern des Südens. Der Ökonom Joseph Schumpeter qualifizierte diese tiefe Ambivalenz des Kapitalismus als »Prozeß schöpferischer Zerstörung« (Schumpeter, 1950, S. 134; Jähnichen, 2015; Bucher, 2019).

Je offensichtlicher dieser »Geist des Kapitalismus« (Max Weber) wurde, desto intensiver die Versuche, ihn einzuhegen, ihn reformerisch zu verbessern oder zu beseitigen. Beruhend auf Initiativen aus beiden großen Kirchen heraus, lässt sich in diesem unabgeschlossenen Prozess die Soziale Marktwirtschaft als Versuch interpretieren, die Dynamiken eines sich unkontrolliert entfaltenden Kapitalismus zu kontrollieren. Insofern ist die Soziale Marktwirtschaft ein Ordnungsmodell, das gegen einen Marktliberalismus durch Sozial- und Strukturpolitik Grenzen setzt, um die Partizipation aller zu ermöglichen. In der Sozialen Marktwirtschaft bleibt die Markt- und gewinnorientierte Wettbewerbsorientierung erhalten, die aber durch einen starken, jedoch nicht selbst dominant auftretenden Staat reguliert wird. Die Logik des Marktes wird in seiner Universalisierungsdynamik, die alle Traditionen, Konventionen und Institutionen zu unterminieren droht, mit einem auf den »Ideen der Freiheit und der sozialen Gerechtigkeit« (Müller-Armack, 1974, S. 90) basierenden Konzept unterbrochen. Wegen dieser ethischen, sozialen wie politisch wirksamen Ausrichtung wird die Soziale Marktwirtschaft insbesondere in der christlichen Wirtschafsethik favorisiert (Wiemeyer, 2015).

Analysiert man freilich die Dynamiken des Kapitalismus selbst, so wirft dies die Frage auf, ob dieses Konzept der Sozialen Marktwirtschaft den Dynamiken des Neoliberalismus überhaupt gewachsen ist. Die Soziale Marktwirtschaft wurde vor allem in der kritischen Auseinandersetzung mit dem Industriekapitalismus entwickelt. Dieser wurzelt im Einsatz von Maschinen und auf Arbeitsteilung in Großbetrieben. Im gegenwärtigen globalen Finanzkapitalismus jedoch beschleunigt sich die auf Dauer gestellte Steigerungslogik des Kapitalismus nochmals und koppelt diesen von der Realwirtschaft ab (Rosa, 2016), einzig ausgerichtet an der Gewinnmaximierung der Shareholder (Schramm, 2020). Alles kann zum Gegenstand der Spekulation werden, selbst Lebensmittel – mit verheerenden Folgen für ganze, ohnehin schon schwer benachteiligte Regionen der südlichen Hemisphäre. Kann eine Soziale Marktwirtschaft mit ihrer konzeptionellen wie strukturellen Ausrichtung an nationalstaatlichen Strukturen dieser Dynamik des globalisierten Kapitalismus Grenzen setzen? Dazu kommt eine neuerliche Verschärfung durch einen Digitalen Kapitalismus, dessen Erscheinungsformen sich mit der zunehmenden Digitalisierung des gesamten Lebens auch in den erwähnten Lebenswelten Heranwachsender zeigen (Betancourt, 2018). Ob sich wirklich, wie Verfechter einer Wirtschaftsethik 4.0 meinen, die Errungenschaften der Sozialen Marktwirtschaft im digitalen Wandel durchhalten lassen, nämlich »das Selbstinteresse in eine Gesamtordnung« (Jähnichen & Wiemeyer, 2020, S. 29) einzubinden, scheint nicht nur angesichts dessen überoptimistisch. Der Kapitalismus hat selbst eine Dynamik entwickelt, die ihn viel subtiler arbeiten lässt als man erwartet (Piketty, 2014). Er kommt als internalisierter Zwang daher, insofern durch Selbstoptimierung und Tracking, durch Singularisierungs- und Subjektivierungspraktiken Wettbewerbs- und Tauschkategorien noch in die persönlichen Identitätskonstruktionen Einzug gehalten haben (Reckwitz, 2017); er artikuliert sich im Feld der Ökonomie selbst, indem dort durch Strategien etwa des Diversity Managements oder von Corporate-Identity-Praktiken Fremdzwang in Selbstzwang überführt wird (Honneth, 2020); und schließlich hat der Kapitalismus sich selbst so transformiert, dass er die ästhetischen Formen der Kapitalismuskritik als *progressive neoliberalism* und dessen Fixierung auf Identitätspolitiken in sich selbst aufgenommen – und damit entmächtigt hat (2017).

Wie kann diese Dynamik unterbrochen werden? Planwirtschaftliche Modelle haben in Gegenwart und Vergangenheit wegen anthropologischer wie empirischer Defizite ihre Legitimation verloren. Auch der klassische Marxismus hat in seiner gesellschafts- und intersubjektvitätsvergessenen Fixierung auf ökonomische Gesetze konstitutive Grenzen (Honneth, 2020). Strittig ist zwischen systemtheoretischen und handlungstheoretischen Kapitalismusanalysen die Möglichkeit politischer Strukturmaßnahmen (Nassehi, 2020; Fraser & Jaeggi, 2020). Insbesondere angesichts der Klimakrise wird derzeitig über Postwachstumsstrategien nachgedacht, die freilich wohl nur dann nicht das Niveau der hochkomplexen Dynamiken spätmoderner Gesellschaften verfehlen, wenn man sie im Sinne qualitativer Gestaltung von Wachstum anlegt. Angezielt ist eine politisch-demokratische Kontrolle des Kapitalismus. Als ein weiterführender Weg wird die demokratisch durch den Willen aller bestimmte Qualifizierung, was und worin zu welchem Vorteil produziert werden soll, gesehen – die kategorische Ablehnung von Wachstum oder die Bindung an einen »fest verdrahteten Wachstumsimperativ« (Fraser & Jaeggi, 2020, S. 253) figurieren nicht das Verständnis von Wachstum.

An genau dieser Stelle kommt nun die theologische Perspektive ins Spiel. Traditionell wird ohnehin der Kapitalismus mit Religion in Verbindung gebracht: genealogisch, aber nicht monokausal sieht Max Weber den Kapitalismus aus dem Geist des calvinistischen Christentums hervorgehen (Schroer, 2017, S. 63–65); analytisch wird auf die funktional-religiösen Aspekte verwiesen, wonach Kapitalismus mit seinem Unbedingtheits- und Verabsolutierungsmoment selbst als »Religion« (Walter Benjamin) verstanden werden kann (Hinkelammert, 2018); historisch reicht die Kritik an solchen Verabsolutierungspraktiken von der Kritik der biblischen Propheten an Ungerechtigkeit, der biblischen Religionskritik über die Scholastik und Luther bis zur Soziallehre der Kirchen (Platow, 2017). Theologisch ist die Schöpfungs- und Erlösungslehre der Ansatzpunkt kritischer wie weiterführender Überlegungen. Die Impulse von Freiheit und sozialer Gerechtigkeit als Möglichkeit, die Verabsolutierungstendenzen des Kapitalismus und seine strukturell verankerten dehumanisierenden wie ressourcenverschwendenden Momente zu dekonstruieren, finden hier ihre theologische Begründung. Die Wirtschaftsethik, ökumenisch angelegt und im interdisziplinären Dialog situiert, ist der Ort ihrer theologisch-ethischen Reflexion (Jähnichen, 2015), die als Element Öffentlicher oder Politischer Theologie zugespitzt werden kann (Roth, 2017). Dabei ist es die Theologie der Gottebenbildlichkeit, die kritische Gegenimpulse einbringt. Verstanden als relationales Konzept, würdigt sie die unbedingte Würde und Gleichheit der Person in ihrer Individualität. Jede Person, unabhängig von Leistungen und Fähigkeiten, ist von

Gott her vorauslaufend befreiend in ihrer Freiheit anerkannt, jedoch nicht allein in einer bloß negativen Freiheit, sondern in der Interdependenz aufeinander angewiesener, sich in der Kraft göttlicher Liebe gegenseitig ermächtigender Freiheiten. Freiheit und Gerechtigkeit, Verantwortung, Gemeinschaft und Gesellschaft sind damit aufs Engste verbunden. Als zugleich immer auch fragmentarische, sich enteignete, von schuldhaftem Scheitern bedrohte, befreite Freiheit ist sie konstitutiv von freisetzender, schöpferischer und erlösender Liebe abhängig (Wiemeyer, 2015). Als Fundament eines theologischen Beitrags zur Wirtschaftsethik begriffen, erschließen sich somit produktive wie kritische Perspektiven für die gegenwärtigen Diskussionen um die Humanisierung der Wirtschaft. Die Maximen katholischer Soziallehre – »Solidarität«, »Personalität«, »Subsidiarität« –, die sich im Horizont globalisierter Wirtschaft weiter in die Postulate der Gemeinwohlorientierung und der Option für die Armen ausdifferenzieren, lassen sich kritisch-dekonstruierend wie produktiv einbringen. Christliche Ethik liefert somit einen weiterführenden Beitrag dazu, die konfligierenden Gerechtigkeitskonzepte von Teilhabegerechtigkeit, Chancengerechtigkeit, Verteilungs- und Leistungsgerechtigkeit in ein menschlicher Freiheit und gesellschaftlicher Verantwortung angemessenes Verhältnis zu bringen, das einer einseitig gewinnfixierten, leistungsorientierten, auf permanente Selbstoptimierung ausgerichteten Praxis und Mentalität entgegenläuft (Mette, 2016). Für Rainer Bucher sind es alternative Praktiken und »Anders-Orte« (Michel Certeau) in Theologie, in Pfarrgemeinden, in Liturgie, um dem »kulturell hegemonialen Kapitalismus« (Bucher, 2019, S. 179) nicht zu verfallen. Doch wäre nicht auch religiöse Bildung im Sinne einer Öffentlichen Religionspädagogik relevant (Biehl, 2001; Heller, 2019)?

3. Didaktische Perspektiven

3.1 Didaktische Orientierungen

Zunächst ist festzustellen, dass das Thema »Wirtschaft« als Lerngegenstand im Rahmen des Ethischen Lernens insbesondere im RU der gymnasialen Oberstufe verhandelt wird. So ist es z. B. unverzichtbarer Bestandteil der EPA (Einheitlichen Prüfungsanforderungen der KMK für die Abiturprüfung in Katholischer Religionslehre). Dort wird sie als ethische Herausforderung sowie als anthropologische Größe bis zur »Selbstbedrohung« durch Effizienzdenken und Gewinnstreben gesehen (EPA, 2006, S. 34) und soll bis in seine Strukturen hinein erörtert werden. Im BRU ist es naturgemäß von besonderer Bedeutung, insbesondere in den kaufmännischen Fächern, wobei in Form des *islamic banking* darüber hinaus interreligiöse Aspekte zum Tragen kommen (Roth, 2017; Schneider, 2012). Die didaktische Konzeptionalisierung bleibt »bemerkenswert blass« (Schröder, 2012, S. 172), was sich wohl erst ab 2021 ändert (Fuchs, 2015, S. 227). Dabei steht man freilich vor analogen Problemen wie in der theologischen Wirtschaftsethik: Ist dort die Frage virulent, wie denn die jeweilige relative Eigenlogik christlicher Ethik und Wirtschaftswissenschaft korreliert werden können, so verdichtet sich dies religionspädagogisch. Aus einem profilierten Dialog mit der Wirtschaftsdidaktik folgern Thomas Retzmann und Thomas Schlag (2010) zu Recht, ökonomische Sachfragen grundlegend einzuspeisen, jedoch die jeweiligen Kompetenzen ökonomischer Bildung zugleich in einer »anknüpfenden und kritisch-konstruktiven Absicht« (S. 245) im Design religiöser Kompetenzen zu profilieren. Diese Hermeneutik einer kritisch-konstruktiven Zuordnung gewinnt noch dadurch an Überzeugungskraft, als das funktional-ökonomistische Selbstverständnis eine der derzeit »maßgeblichen Plausibilitätsstrukturen« (Schröder, 2012, S. 177) der Wirklichkeits- und Identitätskonstruktionen bildet. Daran hätte ein kompetenzorientiertes Konzept religiöser ökonomischer Bildung Maß zu nehmen. Vor dem Hintergrund entwicklungspsychologisch konkretisierter Aspekte biografischen Lernens und der erforderlichen Ausdifferenzierung unterschiedlicher Kompetenzstufen könnten damit in einer ersten Skizze grob folgende Kompetenzen unterschieden werden:

- *Ökonomische Wahrnehmungskompetenz* zielt auf die Fähigkeit, ökonomisch relevante Situationen, Strukturen und Erfahrungen sowie religiös aufgeladene Phänomene zu entdecken, sowohl im Mikrokosmos des privaten Lebens als auch im Makrokosmos gesellschaftlicher Strukturen.
- *Ökonomische Inhaltskompetenz* zielt auf ein Kennenlernen, Verstehen und Beurteilen ökonomischen und religiösen Orientierungswissens in dessen gegenseitiger kritisch-konstruktiver Bezogenheit.
- *Ökonomische Kommunikationskompetenz* zielt auf die Fähigkeit und Bereitschaft, in dem ökonomischen Feld religiöser Bildung sprachfähig zu werden.
- *Ökonomische Beurteilungskompetenz* zielt auf Kritik- und Urteilsfähigkeit im Horizont der biblischen Botschaft und seiner ökonomischen Implikationen.

Dies bezieht sich auf analytisch-kritische, deskriptive wie konstruktiv-kritische Momente. Zugleich gilt es insbesondere (aber nicht nur) für die Lehrkräfte, die Verflochtenheit in ökonomische Prozesse und die »Ambivalenz ihrer eigenen Grundhaltung« (Retzmann & Schlag, 2010, S. 254) ohne Moralisierung selbstreflexiv zu bearbeiten. Dies erfordert aber zudem die selbstkritische Einsicht darin, dass ungerechte Strukturen im RU durch methodische und didaktische Arrangements praxeologisch reproduziert werden (Grümme, 2021). Und schließlich wird auch die paradoxale Tiefenstruktur kompetenzorientierter Bildung ideologiekritisch aufzuklären sein, weil sich die Kompetenzorientierung im Ansatz einer Logik der Ökonomisierung von Bildung verdankt (Domsgen, 2019).

3.2 Didaktische Konkretisierungen

Der Inhaltsfelder einer solchen ökonomischen religiösen Bildung sind viele. So wären exemplarisch zu nennen: Nachhaltigkeit; Arbeit und Beruf; Konsum – Konsumverzicht, Fair Trade, Geld, wirtschaftliche Strukturen; Marktwirtschaft – Planwirtschaft – Kapitalismus – Finanzkapitalismus, biblische Götzenkritik, biblische Visionen von Gerechtigkeit, globale Vernetzungen, Primat der Politik – Primat der Ökonomie (Schröder, 2012). Möglicherweise bietet sich folgende Sequenzialisierung des Kompetenzaufbaus an, der vom Lebensweltlichen zum Ökonomischen und Theologischen fortschreitet und ökonomische mit religiösen Aspekten korreliert:
1. »Money rules the world«: Ökonomie und Lebenswelten Heranwachsender.
2. Exemplarische Felder der globalisierten Wirtschaft.
3. Konzepte: Kapitalismus, Planwirtschaft, Soziale Marktwirtschaft.
4. Ökonomische Religionskritik und biblische Gerechtigkeitsvisionen.
5. Fair Trade in unserem Stadtteil: ein multiperspektivisches Planspiel.
6. Ethische Perspektiven für eine verantwortbare Wirtschaft. Reflexionen und Perspektiven.

Das Arsenal methodischer Konkretisierungen ist reich und kann wie auch bei Unterrichtsmaterialien aus Quellen anderer Fächer (v. a. Wirtschaftsdidaktik) schöpfen. Handlungsorientierte und produktorientierte Verfahren, die Ausweitung bis in außerschulische Lernorte hinein etwa durch (in reflexive Bildungsprozesse eingebettete) Besuche in Unternehmen und in Fair-Trade-Betrieben, die Analyse von Werbung und der Dechiffrierung religionsanaloger oder religionsfunktionaler Elemente in der digitalisierten Lebenswelt und in den sozialen Netzwerken bieten sich ebenso an wie kreative Formen der Textarbeit (Mathes, 2020). Es wären hier vielfältige Materialsammlungen und Unterrichtsreihen zu nennen, die schulform- und jahrgangsspezifisch ausdifferenziert sind. Stellvertretend für viele leicht aufzufindende Werke sollen hier zwei markante wie zielführende Beispiele genannt werden: Das Themenheft Wirtschaftsethik für den evangelischen Religionsunterricht in der Oberstufe bietet vor allem eine fein gegliederte und ausdifferenzierte Materialsammlung. (Penzold, 2013). Nach einer einleitenden Auseinandersetzung mit der Grundsatzfrage, ob und inwiefern Wirtschaft im Religionsunterricht zu thematisieren sei, wird mit protestantischem Einschlag ein multidimensionales Kompendium unterschiedlicher Bausteine eröffnet. Im Lichte jeweils einer kurzen wie präzisen Einführung werden mehrere Materialien unterschiedlicher Gattungen zu den Bausteinen 1. Wirtschaft und Ethik; 2. Geld; 3. Wirtschaft als Beruf; 4. Armut als Plage präsentiert. Dabei werden u. a. jeweils biblische und humanwissenschaftliche wie ökonomische Perspektiven konstelliert. Eine Sammlung an Hinweisen auf Literatur und Filme beschließt das Themenheft.

Anders gelagert ist das Themenheft der renommierten Reihe *entwurf* zum Kapitalismus (Fachgemeinschaft Evangelischer Religionslehrerinnen und Religionslehrer in Württemberg/Fachverband der Evangelischer Religionslehrerinnen und Religionslehrer in Baden, 2018). Dieses verbindet einen theologischen, sozialethischen und religionspädagogischen Teil mit konkreten Unterrichtsideen. Theorie und Praxis sind insofern konstruktiv aufeinander bezogen. Grundlegende Reflexionen zu lebensweltlichen Implikationen des Kapitalismus stehen neben einer aus katholischer Sozialethik formulierten Kapitalismuskritik, neben Überlegungen zum Heilsversprechen des Kapitalismus sowie zum religionspädagogischen Bildungsgehalt dieses Themas. Dies wird konstelliert mit Unterrichtsideen zum Thema Schenken (Primarstufe), zur Sage von König Midas (Klasse 5–6) und zum Wachstumsbegriff (Sek I./Oberstufe).

Mithilfe dieser exemplarisch für viele andere herangezogenen Werke kann dieses wichtige Inhaltsfeld Ethischen Lernens im RU didaktisch bearbeitet werden, um den eingangs skizzierten Herausforderungen religionspädagogisch gerecht zu werden.

4. Literatur

Albert, M./Hurrelmann, K./Quenzel, G. (2019): 18. Shell Jugendstudie. Jugend 2019. Eine Generation meldet sich zu Wort. Weinheim: Beltz.

Bendel, O. (2020): Wirtschaft. https://wirtschaftslexikon.gabler.de/definition/wirtschaft-54080/version-277134 (Zugriff: 26.8.2020).

Betancourt, M. (2018): Kritik des digitalen Kapitalismus. Darmstadt: Wissenschaftliche Buchgesellschaft.

Biehl, P. (2001): Gott und Geld. Neukirchen-Vluyn: Neukirchener Verlag.

Bucher, R. (2019): Christentum im Kapitalismus. Wider die gewinnorientierte Verwaltung der Welt. Würzburg: Echter.

Calmbach, M./Flaig, B./Edwards, J./Möller-Slawinski, H./Borchard, I./Schleer, C. (2020): SINUS-Jugendstudie 2020. Wie ticken Jugendliche? Lebenswelten von Jugendlichen im Alter von 14 bis 17 Jahren in Deutschland. Frankfurt a. M.: Zarbock.

Domsgen, M. (2019): Religionspädagogik. Leipzig: Evangelische Verlagsanstalt.

EPA (2016): Einheitliche Prüfungsanforderungen in der Abiturprüfung. Katholische Religions-

lehre. https://www.kmk.org/fileadmin/veroeffentlichungen_beschluesse/1989/1989_12_01-EPA-kath-Religion.pdf (Zugriff: 07.09.2020).
Fachgemeinschaft Evangelischer Religionslehrerinnen und Religionslehrer in Württemberg/Fachverband der Evangelischer Religionslehrerinnen und Religionslehrer in Baden (Hg.) (2018): Im Kapitalismus leben. entwurf, 49 (4).
Fraser, N./Jaeggi, R. (2020): Kapitalismus. Ein Gespräch über kritische Theorie. Berlin: Suhrkamp.
Fuchs, M. E. (2015): Ethik in der Religionsdidaktik der letzten zehn Jahre – ein Literaturbericht im Längs- und Querschnitt. In R. Englert/H. Kohler-Spiegel/E. Naurath/B. Schröder/F. Schweitzer (Hg.): Ethisches Lernen (Jahrbuch der Religionspädagogik, Bd. 31) (S. 219–236). Neukirchen-Vluyn: Neukirchener Verlag.Grümme, B. (2021): Praxeologie. Eine religionspädagogische Selbstaufklärung. Freiburg i. Br.: Herder.
Heimbach-Steins, M. (Hg.) (2010): Weltwirtschaft und Gemeinwohl. Eine Zwischenbilanz der Wirtschaftskrise. Münster: Aschendorff.
Heller, T. (2019): Die Macht des Geldes als Herausforderung für Politik und Religion, Politik- und Religionsunterricht. Systemtheoretische Überlegungen und fachdidaktische Konkretionen. Theo-Web. Zeitschrift für Religionspädagogik, 18 (2), S. 79–92.
Hinkelammert, F. (2018): Marktreligion und Religionskritik. In M. Ramminger/F. Segbers (Hg.): »Alle Verhältnisse umzuwerfen ... und die Mächtigen vom Thron zu stürzen«. Das gemeinsame Erbe von Christen und Marx (S. 170–181). Hamburg: VSA.
Honneth, A. (2020): Die Armut unserer Freiheit. Aufsätze 2012–2019. Berlin: Suhrkamp.
Jähnichen, T. (2015): Wirtschaftsethik. In W. Huber/T. Meireis/H.-R. Reuter (Hg.): Handbuch der Evangelischen Ethik (S. 331–400). München: C. H. Beck.
Jähnichen, T./Wiemeyer, J. (2020): Wirtschaftsethik 4.0. Der Digitale Wandel als wirtschaftliche Herausforderung. Stuttgart: Kohlhammer.
Loccumer Pelikan (2017): Geld und Wirtschaft, H. 4.Mathes, C. (2020): Wirtschaft unterrichten. Methodik und Didaktik der Wirtschaftslehre (10. Aufl.). Haan-Gruiten: Europa-Lehrmittel.
Mette, N. (2016): Art. Gerechtigkeit. In WiReLex – Das Wissenschaftlich-Religionspädagogische Lexikon im Internet. https://www.bibelwissenschaft.de/stichwort/100209/ (Zugriff: 26.08.2020).
Müller-Armack, A. (1974): Genealogie der Sozialen Marktwirtschaft. Bern/Stuttgart: Haupt.
Münnich, S. (2017): Luc Boltanski und Eve Chiapello: Der Neue Geist des Kapitalismus. In K. Krämer/F. Brugger (Hg.): Schlüsselwerke der Wirtschaftssoziologie (S. 385–392). Wiesbaden: Springer.
Nassehi, A. (2020): Das große Nein. Eigendynamik und Tragik des gesellschaftlichen Protests. Hamburg: kursbuch.edition.
Penzold, M. (2013): Wirtschaftsethik. Themenheft für den evangelischen Religionsunterricht in der Oberstufe. Göttingen: Vandenhoeck & Ruprecht.
Piketty, T. (2014): Das Kapital im 21. Jahrhundert (2. Aufl.). München: C. H. Beck.
Platow, B. (2017): Art. Wirtschafts-/Unternehmensethik. In WiReLex – Das Wissenschaftlich-Religionspädagogische Lexikon im Internet. https://www.bibelwissenschaft.de/stichwort/100291/ (Zugriff: 26.08.2020).
Pohl, K., (2019): Brauchen wir ein eigenes Unterrichtsfach Wirtschaft? https://www.bpb.de/gesellschaft/bildung/politische-bildung/301282/fach-wirtschaft 29.11.2019 (Zugriff: 26.08.2020).
Reckwitz, A. (2017): Die Gesellschaft der Singularitäten. Zum Strukturwandel der Moderne (3. Aufl.). Berlin: Suhrkamp.
Retzmann, T./Schlag, T. (2010): Ökonomische Bildung – wirtschaftsdidaktische und religionsdidaktische Perspektiven. In M. L. Pirner/A. Schulte (Hg.): Religionsdidaktik im Dialog – Religionsunterricht in Kooperation (S. 225–258). Jena: IKS Garamond.
Rosa, H. (2016): Resonanz. Eine Soziologie der Weltbeziehung (2. Aufl.). Berlin: Suhrkamp.
Roth, A. (2017): Option Menschlichkeit. Wirtschaftsethische Perspektive im Kontext Öffentlicher Theologie und religiöser Bildung. Leipzig: Evangelische Verlagsanstalt.

Schneider, P. (2012): Wirtschaftsethik als Zündstoff für den Religionsunterricht in der dualen beruflichen Erstausbildung Baden-Württembergs. Berlin: LIT.

Schramm, M. (2020): Art. Politische Ökonomie/Wirtschaftsethik/Ökonomie & Religion. In WiReLex – Das Wissenschaftlich-Religionspädagogische Lexikon im Internet. https://www.bibelwissenschaft.de/stichwort/200629/ (Zugriff: 26.08.2020).

Schröder, B. (2012): Religionspädagogik und Ökonomie. Annäherung an eine lebensweltliche Schlüssel-Herausforderung. In T. Klie/D. Korsch/U. Wagner-Rau (Hg.): Differenzkompetenz. Religiöse Bildung in der Zeit (S. 171–182). Leipzig: Evangelische Verlagsanstalt.

Schroer, M. (2017): Soziologische Theorien. Von den Klassikern bis zur Gegenwart. Paderborn: Wilhelm Fink.

Schumpeter, J. A. (1950): Kapitalismus, Sozialismus und Demokratie. Bern: Francke.

Troeltsch, E. (1925): Das Wesen des modernen Geistes (1907). In Ders.: Gesammelte Schriften. Bd. 4 (S. 297–337). Tübingen: J. C. B. Mohr (Paul Siebeck).

Hagen, H. v. d./Hampel, L./Liebrich, S. (2017): So machen Konzerne aus Kindern Konsumenten. Süddeutsche Zeitung, 05.05.2017. https://www.sueddeutsche.de/wirtschaft/einkaufsverhalten-so-erziehen-konzerne-unsere-kinder-zu-konsumenten-1.3492336 (Zugriff: 26.8.2020).

Wiemeyer, J. (2015): Keine Freiheit ohne Gerechtigkeit. Christliche Sozialethik angesichts globaler Herausforderungen. Freiburg i. Br.: Herder.

1. Lebensweltliche Perspektiven

Die Zehn Gebote (Ex 20,2–17 und Dtn 5,6–21) und die Bergpredigt (Mt 5–7) haben eine breite Wirkungsgeschichte in allen Bereichen der Kultur entfaltet. Einen lebensweltlichen Zugang zu den Zehn Geboten bieten u. a. Ratgeber, die unter populären Titeln zu fast allen Themen des Alltags und Berufslebens erschienen sind, z. B. »Die 10 Gebote erfolgreichen Verkaufens« (von Michael Fischer, 2014), »10 Gebote für erfolgreiche Frauen« (von Ursula Nuber, 2009), »Die zehn Gebote der Erziehung« (von Laurence Steinberg, 2008) oder »10 Gebote für glückliche Paare« (von Catherine Cardinal, 2003). Die Zehn Gebote stehen hier als Inbegriff für das, was jede/r wissen sollte oder was unbedingt (beim Verkaufen, Erziehen, Zusammenleben etc.) beachtet werden muss.

Beispiele zur Wirkungsgeschichte der Zehn Gebote in der Kultur finden sich nicht nur in der Ratgeberliteratur, sondern auch in der Belletristik (z. B. Thomas Manns Novelle »Das Gesetz«, mit der er 1943 im amerikanischen Exil auf die Verachtung der Zehn Gebote bei den Nationalsozialisten reagiert), in der bildenden Kunst (z. B. Lukas Cranachs Wandbild für das Rathaus in Wittenberg aus dem Jahr 1516), in der Musik (z. B. »Die 10 Gebote« der Toten Hosen, 1996), in Filmen (z. B. der Zeichentrickfilm »Die Zehn Gebote – Mose und das Geheimnis der steinernen Tafeln« aus dem Jahr 2007) und in der Politik (z. B. die »Zehn Gebote der sozialistischen Moral und Ethik«, die 1958 von der SED in der DDR verkündet wurden).

Lebensweltliche Zugänge zu den Zehn Geboten ergeben sich vor allem über die ethischen Themen, die in ihnen angesprochen werden. Dazu gehören das in der Pubertät erstmals, aber auch später auf die Probe gestellte Verhältnis zur Elterngeneration (Was heißt »Vater und Mutter ehren«?), die Reichweite des Tötungsverbotes (Gilt es auch in Notsituationen, bei einem assistierten Suizid und für Tiere?), das Verbot des Stehlens (Gilt es auch für geistiges Eigentum, das Abschreiben von Hausaufgaben oder Raubkopien aus dem Internet?) und das Verbot von Falschaussagen (Darf ich in einer Notsituationen ausnahmsweise lügen oder »falsch Zeugnis reden« für jemanden, um sie oder ihn zu schützen?).

Einen lebensweltlichen Zugang zur Bergpredigt ermöglichen Redewendungen wie »sein Licht nicht unter den Scheffel stellen« (Mt 5,15) und das aus Ex 21,24 stammende »Auge um Auge« (Mt 5,38), das bereits bei neun Filmen als deutscher Titel gewählt wurde (u. a. bei der der US-amerikanischen Produktion *Out of the Furnace* von Scott Cooper aus dem Jahr 2013). Wie bei den Zehn Geboten kann als ein Mindeststandard religiöser Bildung gelten, dass Schülerinnen und Schüler (SuS) wichtige Verse der Bergpredigt kennen und ihre Wirkungsgeschichte nicht nur in Filmen, sondern auch in der Literatur (z. B. Leo Tolstoi), in der bildenden Kunst (z. B. Carl Heinrich Bloch), in der Musik (z. B. die Vertonungen der Seligpreisungen von César Franck oder des Vaterunsers von Ben Becker), Philosophie (z. B. Friedrich Nietzsches Diktum von der christlichen Sklavenmoral und Ernst Blochs Utopie einer egalitären Gesellschaft) und Politik (z. B. Mahatma Gandhi, Martin Luther King und die Friedensbewegung in der DDR) verstehen.

Neben wirkungsgeschichtlichen »Lernwegen« eröffnen vor allem die ethischen Themen der Bergpredigt Zugänge zur Lebenswelt der SuS. Darf man in Computerspielen »zum Spaß« töten? Und was bedeutet eine Ehescheidung für die betroffenen Kinder? Die Aussagen zum Töten und Ehebrechen in der Bergpredigt, aber auch die zum Schwören, Vergelten und zur Feindesliebe führen nicht nur zu der Frage ihres Lebensweltbezugs, sondern auch nach ihrer lebenspraktischen Erfüllbarkeit: Ist es bei einem Streit auf dem Schulhof wirklich sinnvoll, freiwillig auch die »andere Wange« hinzuhalten und auf eine aktive Verteidigung zu verzichten? Einige Aussagen der Bergpredigt erscheinen als eine Relativierung der Zehn Gebote, andere als deren Erfüllung oder ethische Überbietung. Im folgenden Abschnitt wird daher nach dem historischen und systematischen Verhältnis beider Texte in theologisch-ethischer Perspektive gefragt.

2. Theologisch-ethische Perspektiven

Die Zehn Gebote (Ex 20,2–17 und Dtn 5,6–21) und ihre Auslegung in der Bergpredigt (Mt 5–7) gehören zu den zentralen Texten des Judentums und Christentums. Eine gemeinsame Betrachtung beider Überlieferungen stellt eine sachliche Notwendigkeit, aber auch ein theologisches Wagnis dar. Sachlich notwendig ist sie im Blick auf die Bergpredigt. Matthäus »ist ein an Jesus als Messias glaubender Jude« (Wengst, 2019, S. 20) und konstruiert in seinem Text eine Analogie zwischen Mose und Jesus, die sog. Mosetypologie: Sie beginnt bereits mit Mt 2 (Flucht nach Ägypten) und setzt sich u. a. in den fünf Reden Jesu fort (in Analogie zu den fünf Büchern Mose). Die Bergpredigt erscheint so als die neue

Sinai-Offenbarung, zumal Mt 5,17–20 das Gesetz/die Tora explizit nennt und in den sog. Antithesen explizit auf einzelne Gebote des Dekalogs Bezug genommen wird. Das Beispiel der Bergpredigt eröffnet damit den SuS die Möglichkeit, die konstitutive Bedeutung des Judentums für das Christentum zu entdecken, das dialogische Prinzip neutestamentlicher Texte zu verstehen, die identitätsstiftende Funktion von Lebensgeschichten am Beispiel von Mose und Jesus zu erkennen und differenzierte Antworten auf das historische und systematische Verhältnis von Judentum und Christentum zu geben.

Auch wenn die theologisch-ethische Dimension der Bergpredigt nur vor dem Hintergrund der Zehn Gebote deutlich wird, stellt eine gemeinsame Betrachtung aber auch ein Wagnis dar: Auf der einen Seite haben die Zehn Gebote (wie die gesamte Hebräische Bibel) eine vom Christentum unabhängige Auslegungs- und Wirkungsgeschichte im Judentum; auf der anderen Seite muss bereits SuS deutlich werden, dass die Bergpredigt ein prominentes, aber kein singuläres Beispiel für die Auslegungs- und Wirkungsgeschichte der Zehn Gebote im Judentum, Christentum und Islam ist (zu den Spuren der Zehn Gebote im Koran vgl. Köckert, 2007, S. 108–113).

Um der Gefahr einer einseitigen *interpretatio christiana* zu entgehen und die Bergpredigt als eine mögliche Lesart der Zehn Gebote neben anderen zu erschließen, sollten SuS a) den Dekalog zunächst im biblischen Kontext, d. h. im Zusammenhang der Exoduserzählung und des Deuteronomiums kennenlernen, b) die Pluralität an Lesarten in der jüdischen und christlichen Tradition verstehen und c) die Bergpredigt als eine mögliche Lesart der Zehn Gebote erschließen. Der folgende Überblick zu beiden Überlieferungen folgt diesen drei Schritten und endet d) mit einem Überblick über weitere theologische und ethische Fragen der Bergpredigt, die über den konstitutiven Bezug zum Dekalog hinausgehen.

a) *Die Zehn Gebote im biblischen Entstehungs- und Erzählkontext:* In der Hebräischen Bibel werden die Zehn Gebote an zwei Stellen überliefert (Ex 20,2–17 und Dtn 5,6–21). Beide Fassungen unterscheiden sich an ungefähr 20 Stellen, sodass in der Forschungsgeschichte drei Modelle ihrer Entstehung diskutiert wurden: 1) Beide Fassungen gehen auf einen Urdekalog zurück, der nicht mehr erhalten ist, 2) Dtn 5 bietet eine ursprüngliche Fassung, die später in den Erzählzusammenhang von Ex 20 eingetragen wurde, oder 3) Ex 20 bietet eine ursprüngliche Fassung, die später in Dtn 5 eingefügt wurde (vgl. Köckert, 2012).

Wichtiger als die Frage nach der Urfassung des Dekalogs ist der Erzählzusammenhang, in den die Texte eingebettet sind. Im Exodusbuch wird erzählt, wie die Israeliten nach dem Auszug aus Ägypten am Berg Sinai eintreffen (Ex 19,1). Mose agiert hier als einziger Zeuge von Gottes Theophanie und einziger Mittler der Worte Gottes, wie auch sonst die Einzigartigkeit der Ereignisse in der Erzählung hervorgehoben wird (vgl. Köckert, 2007, S. 15–18). Die Gebote werden Mose mündlich mitgeteilt und erst in Ex 24,4 verschriftlicht.

Dtn 5 setzt demgegenüber andere Akzente. Der Abschnitt ist weniger narrativ gestaltet. Der Berg der Offenbarung heißt Horeb (und nicht Sinai), und die Israeliten befinden sich auf ihrer Wanderschaft bereits östlich des Jordans. Mose empfängt in Dtn 5 nicht die Gebote, sondern wiederholt, was er am Horeb (= Sinai) von Gott gehört und auf zwei steinernen Tafeln festgehalten hatte (Dtn 5; 22). Die mündliche und schriftliche Weitergabe und Wiederholung der Gebote sind für das Verständnis von Gottes Weisungen im Judentum konstitutiv (vgl. Schröder, 2018).

b) *Die Pluralität an Lesarten in der jüdischen und christlichen Tradition:* Weder in Ex 20 noch in Dtn 5 ist davon die Rede, dass es sich um zehn Gebote handelt. Die Bezeichnungen »Zehn Gebote« (so Luthers Übersetzung), »Zehn Worte« (so die jüdische Tradition) und »Dekalog« stammen von dem griechischen Begriff *deka logoi,* der in der Septuaginta, einer frühen, griechischen Version heiliger Schriften Israels in Dtn 10,4 zu finden ist. In Ex 20 und in Dtn 5 finden sich zudem mehr als zehn Aussagen mit Gebotscharakter, was in der jüdischen und christlichen Tradition zu unterschiedlichen Zählungen geführt hat. Entweder werden das Fremdgötter- und Bilderverbot am Anfang (so die römisch-katholische und evangelisch-lutherische Zählung) oder das verbotene Begehren einer fremden Frau und eines fremden Besitzes am Ende (so die jüdische und reformierte Tradition) zusammengefasst.

Die Pluralität an Lesarten in der jüdischen und christlichen Tradition bezieht sich nicht nur auf die Zählung, sondern auch auf die Auslegung der Zehn Gebote. Der Dekalog gilt u. a. als Zusammenfassung aller 613 Ge- und Verbote des Judentums beispielsweise bei Philo, Saadja Gaon und Jehuda Ha-Levy, wobei jüdische Gelehrte wie Maimonides oder Samson Raphael Hirsch die Gleichwertigkeit *aller* »Mitzvot« (= Ge- und Verbote) betonten (vgl. Schröder, 2018, S. 234).

Eine Pluralität an christlichen Lesarten ist bereits in den neutestamentlichen Texten angelegt. Diese stehen in der Spannung zwischen einer generellen Verschärfung bzw. Radikalisierung einzelner Gebote bei Jesus (z. B. in der Bergpredigt mit Blick auf das Töten, Ehebrechen, Schwören, Vergelten und zur Feindesliebe) und einer Entschärfung bzw. Relativierung (etwa der Speisegebote in Mk 7). Das auf Gott und den Nächsten bezogene Doppelgebot der Liebe (vgl. Mk 12,28–34 par; Mt 5,17; Gal 5,14) kombiniert Dtn 6,5 und Lev 19,18 und wurde in der christlichen Tradition (so schon bei Augustinus) wiederholt auf die beiden Tafeln bzw. Gebotsreihen des Dekalogs bezogen (die auf Gott bezogenen Gebote 1–4 sowie die auf das Zusammenleben der Menschen bezogenen Gebote 5–10). Bemerkenswert ist, dass die Zehn Gebote im Neuen Testament nie im Ganzen zitiert werden und die Gebote der ersten Tafel ganz fehlen. Dies entspricht der Praxis des zeitgenössischen Judentums, mit einzelnen Versen stets den gesamten Kontext vorauszusetzen bzw. in Erinnerung zu rufen. So zitiert Paulus in Röm 13,9 die Verbote der zweiten Tafel und weist auf deren exemplarischen Charakter hin (vgl. Köckert, 2007, S. 97).

c) *Die sog. Antithesen als eine mögliche Lesart der Zehn Gebote:* In *Mt 5,17–48* wird explizit auf das Töten und Ehebrechen, aber auch das Schwören und Vergelten Bezug genommen. In den vorangestellten Versen zu Jesu Stellung zum Gesetz (Mt 5,17–20) macht Matthäus deutlich, dass er die Forderungen der Bergpredigt nicht als Auflösung, sondern als Erfüllung der am Berg Sinai offenbarten Tora versteht. Daher ist die traditionelle Bezeichnung des Textes als »Antithesen« (im Sinne einer ablehnenden Gegenposition) ungenau. Die Aussagen zum Töten, Ehebrechen, Schwören, Vergelten und zur Feindesliebe zeichnen sich vielmehr durch eine Verschärfung der Zehn Gebote aus: Dem Morden soll beispielsweise schon im Vorfeld ein Riegel vorgeschoben werden, dem Ehebrechen ebenfalls (dazu ausführlich Wengst, 2019, S. 82–95). Die Aussagen haben daher in der Geschichte des Christentums immer wieder zu der Frage nach ihrer lebenspraktischen Erfüllbarkeit geführt.

Die sog. *Zwei-Stufen-Ethik* geht davon aus, dass die Zehn Gebote für alle Menschen, die sog. Antithesen jedoch nur für besondere Menschen gelten, z. B. für Nonnen und ihre klösterliche Lebensform (vgl. dazu schon Mt 19,21). Eine *Ethik des Amtes und der Person* geht demgegenüber davon aus, dass sich die sog. Antithesen an Privatpersonen richten, während Amtspersonen bei der Ausübung ihres Amtes (z. B. Richterinnen und Richter, Polizei) an das Gesetz und nicht an das Gebot der Feindesliebe etc. gebunden sind (so auch Luthers Zwei-Regimenten-Lehre). Die *gesinnungsethische Interpretation* geht davon aus, dass die Forderungen nicht wörtlich zu befolgen, sondern als eine wünschenswerte Gesinnung zu betrachten sind (so u. a. Wilhelm Herrmann). Als eine *Ethik der Selbstrelativierung* können solche Auslegungen gelten, bei denen die Forderungen die Menschen zu der Erkenntnis führen sollen, dass das eigene Handeln prinzipiell hinter regulativen Ideen zurückbleibt (so schon bei Luther). Die Forderungen der Bergpredigt können auch als *Aussagen über den neuen Menschen* interpretiert werden, der in Jesu Auftreten bereits Wirklichkeit geworden sei (so Eduard Thurneysen). Als *eschatologische Ethik* verweisen sie auf eine andere, bessere Welt, die heute schon in Teilen anbrechen kann (vgl. dazu schon die Zwei-Stufen-Ethik). Die Deutung als *Interimsethik* geht davon aus, dass Jesus und seine Jünger das Weltende erwarteten und für die kurze Zwischenzeit eine Realisierung für möglich hielten (so u. a. Albert Schweitzer). Eine Deutung als

Kontrast- oder Aussteigerethik geht schließlich davon aus, dass Menschen durch ihr sozial abweichendes Verhalten nicht nur auf gesellschaftliche Missstände hinweisen, sondern auch eine bessere Gerechtigkeit leben wollen (so Gerd Theißen).

d) *Weitere theologische und ethische Fragen der Bergpredigt:* Die theologische Auslegungsgeschichte der *Seligpreisungen (Mt 5,3–12)* kennt u. a. eine ethische und geistliche Interpretation: Im ersten Fall werden die Aussagen zu den Armen und Hungernden etc. als Appell gelesen, ihre Notlage zu lindern; im zweiten Fall werden sie so verstanden, selbst ein Leben in Armut und Askese (z. B. als Bettelmönch) zu führen. Diese Interpretation versteht den Text als Zuspruch für solche Menschen, die (freiwillig) ein Leben in Armut etc. führen, was nicht selten mit einer Spiritualisierung der Armutsforderung einherging. Während Mt 5,3 (»geistliche Armut«) eine solche Auslegung nahelegt, findet sich diese Sinnverschiebung nicht in der Feldrede in Lk 6,20.

Die Aussagen zum *Salz und Licht (Mt 5,13–16)* bieten ebenfalls eine Vielzahl an ethischen Lesarten: Richtet sich Jesus nur an die Apostel (und, so eine konservative Lesart, an die in ihrer Sukzession stehenden Priester und Bischöfe) oder an alle Hörerinnen und Hörer? Handelt es sich bei dem Salzwort um eine Zusage oder, wie es der Fortgang des Verses nahelegt, um ein Drohwort? Bezieht sich die Parabel vom Licht unter dem Scheffel auf Jesus oder seine Gegner, die den Menschen das Gottesreich vorenthalten (vgl. Mt 23,13)?

Das an die *sog. Antithesenreihe* (s. o.) anschließende *Vaterunser (Mt 6,1–18)* steht kompositorisch im Zentrum der Bergpredigt, das u. a. durch die Bitte »Dein Name werde geheiligt« (Mt 6,9) einen Bezug zum dritten Gebot (Ex 20,7) herstellt. Neben der Vatermetaphorik, die das christliche und jüdische Gottesverständnis miteinander verbindet, bietet sich die Beschäftigung mit zwei Lesarten der sechs Bitten an: Eine alltagsethische Deutung bezieht die Bitten um das tägliche Brot und die Sündenvergebung etc. auf die Gegenwart, eine eschatologische Deutung hingegen auf das in der Zukunft verheißene Mahl aller Völker und das Endgericht.

Die goldene Regel (Mt 7,12) stellt eine Variante des auch heute noch bekannten Sprichworts »Was du nicht willst, dass man dir tu', das füg' auch keinem anderen zu« dar und findet sich in zahlreichen religiösen und philosophischen Texten u. a. aus China, Indien, Persien, Altägypten und Griechenland. Hinzuweisen ist in diesem Zusammenhang auch auf die wohl von Matthäus hinzugefügte Deutung (»Darin besteht das Gesetz und die Propheten«), mit der er die Goldene Regel mit Mt 5,17 verknüpft und als Erfüllung der Tora (und nicht als deren Aufhebung) interpretiert.

3. Didaktische Perspektiven

3.1 Didaktische Orientierungen

Der theologisch-ethische Überblick über die Zehn Gebote und die Bergpredigt hat eine Vielzahl an Lesarten und offenen Fragen zutage gebracht. Der Religionsunterricht sollte diese Pluralität und Mehrdeutigkeit sichtbar machen. Offene, unter Umständen sogar unbeantwortbare Fragen sind nicht als Mangel, sondern als Anregung zum Nachdenken über die Begrenztheit menschlicher Erkenntnis (und menschlichen Handelns) zu verstehen. Im Sinne einer zu erlernenden Ambiguitätstoleranz (Bauer, 2018, S. 17 f.) ist vor allem wichtig, dass SuS lernen, die mit Mehrdeutigkeit und Vielfalt einhergehende Unsicherheit auszuhalten, konkurrierende Antworten auf umstrittene Fragen zuzulassen und vermeintlich einfache Lösungen auf komplexe Probleme zurückzuweisen.

Für die ersten vier, auf das Verhältnis zu Gott bezogenen Gebote (nach jüdischer bzw. reformierter Zählung) erscheinen dafür u. a. die folgenden Leitfragen als geeignet:

- *Das erste Gebot: »Du sollst keine anderen Götter haben neben mir« (Ex 20,3).* Fördert der Monotheismus Intoleranz und Gewalt, während der Glaube an mehrere Götter ein friedliches Zusammenleben ermöglicht?
- *Das zweite Gebot: »Du sollst dir kein Bildnis noch irgendein Gleichnis machen, weder von dem, was oben im Himmel, noch von dem, was unten auf Erden, noch von dem, was im Wasser unter der Erde ist« (Ex 20,4).* Bezieht sich das Bilderverbot nur auf bildliche, vereindeutigende Darstellungen im engeren Sinn (Statuen in Menschengestalt, naturalistische Gemälde etc.) oder auch auf bildhafte Vergleiche, Gleichnisse, Metaphern und Symbole (Gott als Mutter, als Vater, als guter Hirte, als König etc.)?
- *Das dritte Gebot »Du sollst den Namen des Herrn, deines Gottes, nicht missbrauchen, denn der HERR wird den nicht ungestraft lassen, der seinen Namen missbraucht« (Ex 20,7).* Ist die Androhung von Strafe eine überzeugende Begründung und Motivation zum ethischen Handeln?
- *Das vierte Gebot: »Gedenke des Sabbattages, dass du ihn heiligst« (Ex 20,8).* Ist die Feiertagsruhe eine sinnvolle Maßnahme, Arbeits- und Privatleben miteinander in Einklang zu bringen (die sog. Work-Life-Balance)? Oder handelt es sich um eine unzulässige Einschränkung von Freiheitsrechten, die u. a. den freien Handel im globalen Konkurrenzkampf behindert?

Ein konstruktiv-kritischer Zugang zum Dekalog unterscheidet sich dadurch von problemorientierten Ansätzen, dass SuS die Gebote nicht nur als biblische

Antwort auf ethische Schlüsselprobleme in den Blick nehmen, sondern auch die impliziten Machtstrukturen der Texte rekonstruieren und kritisieren. Ein solcher Zugang zu den Zehn Geboten versteht sich als Ideologiekritik an der biblischen Tradition und an der gesellschaftlichen Gegenwart zugleich. Für die zweite Tafel des Dekalogs ergeben sich unter dieser didaktischen Maßgabe u. a. die folgenden Gesprächsimpulse:

- *Das fünfte Gebot: »Du sollst deinen Vater und deine Mutter ehren« (Ex 20,12).* Geht es nur darum, die Eltern (in einer Zeit ohne Sozial- und Rentenversicherung) im Alter zu versorgen und zu schützen, oder geht es auch darum, die Kinder zu angepassten, autoritätshörigen Menschen zu erziehen? Müssten nicht vielmehr die Kinder (im Sinn moderner Kinderrechte) vor Gewalt und den ökologischen Hinterlassenschaften der Elterngeneration geschützt werden?
- *Das sechste Gebot: »Du sollst nicht töten« (Ex 20,13).* Bezieht sich das Tötungsverbot nur auf die Angehörigen der eigenen Gruppe und ist damit Ausdruck einer auf Selbsterhalt bezogenen Moral, oder handelt es sich um eine universelle Forderung, aus der sich eine grundlegende Kritik an der Todesstrafe (z. B. in den USA), am Recht auf Abtreibung (z. B. in Deutschland), an einer Legalisierung des assistierten Suizids (z. B. in den Niederlanden) und ggf. sogar an der Tötung von Tieren ergeben muss?
- *Das siebte Gebot: »Du sollst nicht ehebrechen« (Ex 20,14).* Kann das Gebot, das die soziale Realität der Entstehungszeit voraussetzt, weiterentwickelt werden (dem verheirateten Mann war erlaubt, mit ledigen, geschiedenen und verwitweten Frauen zu verkehren, einer verheirateten Frau hingegen nicht)? Gilt das Gebot auch für Beziehungserfahrungen neben der Ehe?
- *Das achte Gebot: »Du sollst nicht stehlen« (Ex 20,15).* Gilt das Gebot, das im biblischen Text kein Objekt nennt, auch für Lebensmittel in geringen Mengen zum eigenen Verzehr (der sog. Mundraub), für Menschen in Notsituationen (vgl. das sog. Heinz-Dilemma oder den Kohlenklau im Hungerwinter 1946) und für geistiges Eigentum (vgl. die Weitergabe illegaler Downloads)?
- *Das neunte Gebot: »Du sollst nicht falsch Zeugnis reden wider deinen Nächsten« (Ex 20,16).* Gilt das Gebot, das sich ursprünglich auf Falschaussagen vor Gericht bezog, auch für Alltagssituationen (kleine Notlügen), ethische Dilemmata (Lügen, um Menschenleben zu retten) und Falschaussagen zum Wohl einer anderen Person?
- *Das zehnte Gebot: »Du sollst nicht begehren deines Nächsten Haus. Du sollst nicht begehren deines Nächsten Frau, Knecht, Magd, Rind, Esel noch alles, was dein Nächster hat« (Ex 20,17).* Legitimiert das Gebot ungleiche Besitzverhältnisse und desavouiert den Wunsch nach Veränderung als Sozialneid?

Nicht nur die zweite Tafel des Dekalogs, sondern auch die Texte der Bergpredigt verweisen auf konkrete ethische Fragen, darunter das Töten, Ehebrechen, Schwören, Vergelten und das Gebot zur Feindesliebe in den sog. Antithesen, aber auch das Spenden an Hilfsbedürftige (Mt 6,1–4) oder alltagsethische Vollzüge wie das Beten (Mt 6,5–15) und das Fasten (Mt 6,16–18). Ein performativer Zugang zu diesen Texten geht davon aus, dass sich der Gehalt einer religiösen Praxis nur über deren Gestalt erschließt, auch im ethischen Bereich. So können die SuS ein Rollenspiel einüben, bei dem deutlich wird, was sich für Gebende, Nehmende und Beobachtende einer Spende ändert, wenn sie »vor den Leuten« oder »verborgen« erfolgt (vgl. Mt 6,1 und 6,4). Bezogen auf das Beten können sie (etwa im Rahmen einer fiktiven Probe für eine Fernsehserie) eine Szene mit einer Pfarrerin einüben, bei der der Regisseur Gebetsgesten für das Vaterunser ausprobiert. Auch in diesem Zusammenhang können die SuS darüber nachdenken, was sich an einem Gebet ändert, wenn es an einer »Straßenecke« oder in einem »Kämmerlein« gesprochen wird (vgl. Mt 6,5 f.).

Für die einzelnen Abschnitte der Bergpredigt ergeben sich darüber hinaus die folgenden ethischen Leitfragen (vgl. Käbisch, 2018): Handelt es sich bei den Seligpreisungen (Mt 5,3–12) eher um eine konkrete sozialethische Ermahnung oder eher um einen nicht wörtlich gemeinten Aufruf zu geistlicher Armut und Askese? Soll man ethisch handeln, damit andere die »guten Werke« (Mt 5,16) sehen? Und muss man Christin oder Christ sein, um Gutes im Sinne der goldenen Regel (Mt 7,12) tun zu können?

3.2 Didaktische Konkretisierungen

Zu den Zehn Geboten und der Bergpredigt gibt es eine große Zahl an Unterrichtsmaterialien für alle Schulformen. Die darin zu findenden didaktischen Konkretisierungen decken ein breites Spektrum an Methoden und Formen ethischen Lernens im Religionsunterricht ab. Diese lassen sich vier Grundformen zuordnen.

Das *ethische Lernen am Modell* fragt nach biografischen Schlüsselerfahrungen, in denen einzelne Aussagen des Dekalogs und/oder der Bergpredigt Bedeutung im Leben von Menschen erlangt haben, z. B. Dietrich Bonhoeffers Nachdenken über das Gebot »Du sollst nicht töten« und die ethische Rechtfertigung eines Attentats auf Adolf Hitler. Zum Prinzip des gewaltlosen Widerstandes in der Bergpredigt bieten sich die biografische Beschäftigung mit Mahatma Gandhi, Martin Luther King und einzelnen Akteurinnen und Akteuren der DDR-Friedensbewegung an (z. B. Käbisch & Träger, 2011).

Das *ethische Lernen an Schlüsselproblemen* hat zum Ziel, biblische Antworten auf Gegenwartsfragen zu sondieren, ohne in der Bibel »die« Lösung heutiger Herausforderungen zu sehen. Ethische Schlüsselprobleme finden sich vor allem auf der zweiten Tafel des Dekalogs, darunter der Umgang mit Gewalt (Tötungsverbot), Gerechtigkeitsfragen (Diebstahlverbot), das Verhältnis der Generationen (das Elterngebot), der Umgang mit der Wahrheit (das Lügenverbot) und der Umgang mit fremdem Besitz (das Habgierverbot). In der Bergpredigt lassen sich ebenfalls ethische Schlüsselprobleme identifizieren, darunter das Friedensproblem (vgl. die Seligpreisung zu den »Friedfertigen« in Mt 5,9, das Talionsgesetz in Mt 5,38 und das Gebot zur Feindesliebe in Mt 5,44) und das Gerechtigkeitsproblem (der »Hunger« nach Gerechtigkeit in Mt 5,6, die Gerechtigkeit der »Schriftgelehrten und Pharisäer« in Mt 5,20, das göttliche Gleichheitsprinzip in Mt 5,45 und das Trachten »nach dem Reich Gottes und nach seiner Gerechtigkeit« in Mt 6,33). Als Beziehungsprobleme zwischen Personen lassen sich darüber hinaus der Ehebruch in Mt 5,27–32, der Meineid in Mt 7,1–6, das Vergeltungsdenken in Mt 5,38–42 und die Heuchelei in Mt 7,1–6 als Beispiele nennen (vgl. dazu Mokrosch, 1991; und die hier ausgeführten Anregungen und Materialien für die Sekundarstufe I/II).

Das *ethische Lernen an Fallbeispielen* hat zum Ziel, dass die SuS Entscheidungssituation wahrnehmen, Handlungsmöglichkeiten diskutieren, Werte, Ziele und Motive zur Entscheidungsfindung auflisten, eine Rangordnung der Werte, Ziele und Motive aufstellen und am Ende zu einer begründeten ethischen Entscheidung gelangen. Diese Methode eignet sich für alle Werte, die im Dekalog und in der Bergpredigt angesprochen werden. Das ethische Lernen an (fiktiven) Dilemmata steht dem Lernen an Fallbeispielen nahe. Das Dilemma zeichnet sich allerdings dadurch aus, dass sich zwei ethische Normen nicht gleichzeitig realisieren lassen. Dies ist zum Beispiel dann der Fall, wenn der Schutz von Leben (als positive Variante des im Dekalog negativ formulierten Tötungsverbots) nur durch den Diebstahl eines lebensrettenden Medikaments möglich ist (vgl. das sog. Heinz-Dilemma). Eine lebensweltnahe Zusammenstellung von Fallbeispielen und Alltagsdilemmata für die Sekundarstufe I bietet u. a. Menn-Hilger (2003).

Das *ethische Lernen durch Perspektivübernahme* hat zum Ziel, dass SuS die Fähigkeit erwerben, das Denken, Fühlen und Handeln anderer Menschen in ethischen Entscheidungssituationen zu imaginieren. Das ist u. a. dann der Fall, wenn sie Briefe, Tagebucheinträge, innere Monologe etc. in der Perspektive biblischer Figuren verfassen (z. B. der »Ehebrecher« in Mt 5,28 oder der zürnende Bruder in Mt 5,22). Neben diesem interpersonellen Perspektivenwechsel kann auch der bewusst vollzogene Wechsel zwischen einer Binnen- und Außenperspektive eingeübt werden. So macht es einen Unterschied, ob Menschen religiös reden, indem sie Gott als Vater ansprechen (Mt 6,9–13), oder über Religion reden, indem sie über Gott sprechen. Experimente mit der Gebetsprache können schließlich die Eigenlogik einer religiösen Ethik im Unterschied zu politischen, rechtlichen, sozialen etc. Begründungen deutlich machen (interdisziplinärer Perspektivenwechsel). Was ändert sich, wenn die Bitten des Vaterunsers in eine politische Agenda umgewandelt werden, und wie ändern sich ethische Forderungen, wenn sie als Lob, Dank, Bitte oder Klage, d. h. als performative Sprechakte in einer Fürbitte formuliert werden? Alle Formen des kreativen Schreibens und Spielens aus unterschiedlichen Perspektiven sind daher auch für die Erschließung der Zehn Gebote und der Bergpredigt geeignet (vgl. Sauter, 2007).

Im Unterschied zu einer an Modellen, Schlüsselproblemen und Fallbeispielen orientierten Erschließung des Dekalogs und der Bergpredigt sind symbolische, rituelle und performative Zugänge in besonderer Weise dazu geeignet, die Eigenlogik von Religion gegenüber anderen Modi der Welterschließung (Politik, Recht, Ökonomie etc.) deutlich zu machen. Gleichwohl lassen sich die genannten Grundformen ethischen Lehrens auf den Dekalog und die Bergpredigt beziehen. Sie schließen sich nicht aus und sollten im Religionsunterricht altersangemessen, sachgemäß und methodisch abwechslungsreich miteinander kombiniert werden.

4. Literatur

Adam, G. (2012): Bergpredigt. In R. Lachmann/Ders./C. Reents (Hg.): Elementare Bibeltexte. Exegetisch – systematisch – didaktisch (5. Aufl., S. 336–359). Göttingen: Vandenhoeck & Ruprecht.

Bauer, T. (2018): Die Vereindeutigung der Welt. Über den Verlust an Mehrdeutigkeit und Vielfalt (2. Aufl.). Ditzingen: Reclam.

Deuser, H. (2002): Die zehn Gebote. Kleine Einführung in die theologische Ethik. Stuttgart: Reclam.

Feldmeier, R. (Hg.) (1998): Salz der Erde. Zugänge zur Bergpredigt. Göttingen: Vandenhoeck & Ruprecht.

Futterlieb, H. (2007): Die Bergrede (Mt 5–7) im Religionsunterricht der gymnasialen Oberstufe. In C. Bizer/ R. Englert/H. Kohler-Spiegel/N. Mette/F. Rickers/F. Schweitzer (Hg.): Bibel und Bibeldidaktik (Jahrbuch der Religionspädagogik, Bd. 23) (S. 156–165). Neukirchen-Vluyn: Neukirchener Verlag. Hügel, S. (2002): Die Bergpredigt als Lesestoff im 9. Schuljahr. In ZPT 54, S. 37–377.

Käbisch, D. (2018): Bergpredigt. In M. Zimmermann/R. Zimmermann (Hg.): Handbuch Bibeldidaktik (2. Aufl., S. 221–228). Tübingen: Mohr Siebeck.

Käbisch, D./Träger, J. (2011): Schwerter zu Pflugscharen. Impulse für friedensethisches Lernen im Religionsunterricht (Themenheft Religion 9). Leipzig: Evangelische Verlagsanstalt.

Köckert, M. (2007): Die Zehn Gebote. München: C. H. Beck.

Köckert, M. (2012): Art. Dekalog/Zehn Gebote (AT). In WiBiLex – Das wissenschaftliche Bibellexikon im Internet. https://www.bibelwissenschaft.de/stichwort/10637/ (Zugriff: 15.05.2021).

Langer, W. (1996): Die Bergpredigt – Eine »überschießende Gerechtigkeit« (Mt 5,20)? In G. Adam/ F. Schweitzer (Hg.): Ethisch erziehen in der Schule (S. 214–226). Göttingen: Vandenhoeck & Ruprecht.

Luz, U. (2002): Das Evangelium nach Matthäus. Teilband 1: Mt 1–7 (5. Aufl.). Düsseldorf/Neukirchen-Vluyn: Benziger/Neukirchener Verlag.

Menn-Hilger, C. (2003): Die 10 Gebote heute. Infos, Materialien, Provokationen. Mülheim: Verlag an der Ruhr.

Mokrosch, R. (1991): Die Bergpredigt im Alltag. Anregungen und Materialien für die Sekundarstufe I/II. Gütersloh: Gütersloher Verlagshaus.

Sauter, L. (2007): Kreatives Schreiben im Religionsunterricht. Stuttgart: Calwer.

Schmidt, W. (1993): Die Zehn Gebote im Rahmen alttestamentlicher Ethik. Darmstadt: Wissenschaftliche Buchgesellschaft.

Schröder, B. (2018): Der Dekalog. In M. Zimmermann/R. Zimmermann (Hg.): Handbuch Bibeldidaktik (2. Aufl., S. 131–137), Tübingen: Mohr Siebeck.

Weidemann, H.-U. (Hg.) (2012): Er stieg auf den Berg … und lehrte sie (Mt 5,1 f.). Exegetische und rezeptionsgeschichtliche Studien zur Bergpredigt. Stuttgart: Katholisches Bibelwerk.

Wengst, K. (2019): Das Regierungsprogramm des Himmelreichs. Eine Auslegung der Bergpredigt in ihrem jüdischen Kontext (2. Aufl.). Stuttgart: Kohlhammer.

Namensregister

Die Autorinnen und Autoren

Dr. **Hans-Ferdinand Angel** ist Professor für Katechetik und Religionspädagogik an der Katholisch-Theologischen Fakultät der Karl-Franzens-Universität Graz.

Dr. **Stefan Altmeyer** ist Professor für Religionspädagogik der Katholisch-Theologischen Fakultät der Johannes-Gutenberg-Universität Mainz.

Dr. **Katrin Bederna** ist Professorin für Katholische Theologie und Religionspädagogik an der Pädagogischen Hochschule Ludwigsburg.

Dr. **Bettina Brandstetter** ist Universitätsassistentin am Institut für Praktische Theologie der Katholisch-Theologischen Fakultät der Universität Wien.

Dr. **Peter Bubmann** ist Professor für Religions- und Gemeindepädagogik an der Philosophischen Fakultät und Fachbereich Theologie der Friedrich-Alexander-Universität Erlangen-Nürnberg.

Dr. **Michael Domsgen** ist Professor für Praktische Theologie/Religionspädagogik an der Universität Halle.

Dr. **Janine Hoffmann** ist Gemeindepädagogin in Sangershausen in Sachsen-Anhalt.

Dr. **Monika E. Fuchs** ist Professorin für Evangelische Theologie/Religionspädagogik an der Leibniz Universität Hannover.

Dr. **Claudia Gärtner** ist Professorin für Praktische Theologie an der technischen Universität Dortmund.

Dr. **Stephan Goertz** ist Professor für Moraltheologie an der Johannes-Gutenberg-Universität Mainz.

Dr. **Matthias Gronover** ist Professor am Katholischen Institut für berufsorientierte Religionspädagogik der Eberhard-Karls-Universität Tübingen.

Dr. **Bernhard Grümme** ist Professor für Religionspädagogik und Katechetik an der Ruhr-Universität Bochum.

PD Dr. **Thomas Heller** ist Privatdozent für den Fachbereich Religionspädagogik und Leiter der Geschäftsstelle für zentrale Gremien an der Friedrich-Schiller-Universität Jena.

Dr. **David Käbisch** ist Professor für Religionspädagogik am Fachbereich für Evangelische Theologie an der Goethe-Universität in Frankfurt am Main.

Dr. **Konstanze Kemnitzer** ist Professorin für Praktische Theologie an der Kirchlichen Hochschule Wuppertal/Bethel.

Dr. **Thorsten Knauth** ist Professor für Evangelische Theologie mit Schwerpunkt Religionspädagogik und Leiter der Arbeitsstelle interreligiöses Lernen (AiL) am Institut für Evangelische Theologie der Universität Duisburg-Essen.

Dr. **Helga Kohler-Spiegel** ist Professorin für Religionspädagogik an der Pädagogischen Hochschule Vorarlberg in Feldkirch.

Dr. **Judith Könemann** ist Professorin für Religionspädagogik, Bildungs- und Genderforschung an der Westfälischen Wilhelms-Universität Münster.

Dr. DDr. h. c. **Ulrich H. J. Körtner** ist Professor für Systematische Theologie an der Evangelisch-Theologischen Fakultät der Universität Wien.

Dr. **Britta Konz** ist Professorin für Evangelische Theologie mit dem Schwerpunkt Religionspädagogik am Institut für Evangelische Theologie der TU Dortmund.

Dr. **Andreas Kubik** ist Professor für Praktische Theologie und Religionspädagogik am Institut für Evangelische Theologie der Universität Osnabrück.

Dr. **Andrea Lehner-Hartmann** ist Professorin für Religionspädagogik und Katechetik am Institut für Praktische Theologie an der Katholisch-Theologischen Fakultät der Universität Wien.

Dr. **Konstantin Lindner** ist Professor für Religionspädagogik und Didaktik des Religionsunterrichts am Institut für Katholische Theologie an der Universität Bamberg.

Dr. **Hans Mendl** ist Professor für Religionspädagogik und Didaktik des Religionsunterrichts an der Universität Passau.

Dr. **Karlo Meyer** ist Professor für evangelische Religionspädagogik an der Universität des Saarlandes.

Dr. **Elisabeth Naurath** ist Professorin am Lehrstuhl für Evangelische Theologie mit Schwerpunkt Religionspädagogik und Didaktik des Religionsunterrichts der Universität Augsburg.

Dr. **Ilona Nord** ist Professorin für Religionspädagogik und Didaktik des Religionsunterrichts am Institut für Evangelische Theologie und Religionspädagogik an der Julius-Maximilians-Universität Würzburg.

Dr. **Manfred L. Pirner** ist Professor für Religionspädagogik und Didaktik des evangelischen Religionsunterrichts an der Friedrich-Alexander-Universität Erlangen-Nürnberg. Er ist dort auch Direktor der Forschungsstelle für Öffentliche Religionspädagogik (RUPRE), Co-Direktor der Kompetenzstelle für Schulentwicklung und Evaluation (KSE) sowie Gründungsmitglied des Centre for Human Rights Erlangen-Nürnberg (CHREN).

Dr. **Birte Platow** ist Professorin für Evangelische Theologie mit Schwerpunkt Religionspädagogik und Didaktik des Religionsunterrichts am Institut für Evangelische Theologie der TU Dresden.

Dr. **Annegret Reese-Schnitker** ist Professorin für Religionspädagogik am Institut für Katholische Theologie der Universität Kassel.

Dr. **Oliver Reis** ist Professor für Religionspädagogik unter besonderer Berücksichtigung von Inklusion am Institut für Katholische Theologie der Universität Paderborn.

Dr. **Martin Rothgangel** ist Professor für Religionspädagogik an der Evangelisch-Theologischen Fakultät der Universität Wien.

Dr. **Matthias Roser** ist Assistent für Praktische Theologie an der Kirchlichen Hochschule Wuppertal und Lehrer am Berufskolleg für Technik und Medien in Mönchengladbach.

Dr. **Claußß Peter Sajak** ist Professor für Religionspädagogik an der Katholisch-Theologischen Fakultät der Westfälischen Wilhelms-Universität Münster.

Dr. **Mirjam Schambeck** (sf) ist Professorin für Religionspädagogik an der Katholisch-Theologischen Fakultät der Albert-Ludwigs-Universität Freiburg.

Dr. **Thomas Schlag** ist Professor für Praktische Theologie mit den Schwerpunkten Religionspädagogik, Kirchentheorie und Pastoraltheologie sowie Leiter des Zentrums für Kirchenentwicklung (ZKE) an der Theologischen Fakultät der Universität Zürich.

Dr. **Bernd Schröder** ist Professor für Praktische Theologie mit Schwerpunkt Religionspädagogik an der Theologischen Fakultät der Georg-August-Universität Göttingen.

Dr. **Susanne Schwarz** ist Professorin für Religionspädagogik am Institut für Evangelische Theologie der Universität Koblenz-Landau.